近世東南アジア世界の変容

グローバル経済と
ジャワ島地域社会

Atsushi Ota
太田 淳 ……【著】

名古屋大学出版会

近世東南アジア世界の変容

目　　次

関連地図 v
凡　　例 viii

序　章　東南アジア史におけるバンテン ………………………………… 1
　　　　　──「停滞の 18 世紀」論を超えて

　　はじめに　1
　　1　東南アジアの近世と近代──問題の所在　1
　　2　バンテンをどう捉えるか──先行研究の状況　16
　　3　バンテンとランプンのダイナミズム──分析方法と本書の構成　26

第 1 章　基層の歴史 …………………………………………………………… 33
　　　　　──環境，人口，経済

　　はじめに　33
　　1　バンテン王国の環境と住民　34
　　2　バンテンの人口　40
　　3　1750 年までのバンテンおよびランプン　44
　　4　コタ・バンテン──首都の概要　54
　　5　王国の経済　61
　　おわりに　72

第 2 章　支配のイデオロギーと構造 ………………………………………… 75
　　　　　──王権，社会，イスラーム

　　はじめに　75
　　1　王権とイスラーム　77
　　2　バンテン村落と国家支配の構造　93
　　3　バンテン王国のランプン支配　114
　　4　王権と社会──支配の正統性を伝える装置　117
　　おわりに　122

第 3 章　バンテン反乱 1750-52 年 ………………………………………… 127

　　はじめに　127

1　ラトゥ・シャリファ・ファーティマの台頭と宮廷の混乱　128
    2　反乱の指導者とその支持者　130
    3　反乱の開始と拡大　136
    4　戦局の転換——首都から東部へ　148
    5　反乱の終焉　157
    おわりに　161

第4章　共栄の時代 …………………………………………165
　　　　——スルタンとオランダ東インド会社の蜜月，1752-70年

    はじめに　165
    1　支配の再構築　166
    2　オランダ東インド会社のランプン進出　177
    3　バンテン内陸部の胡椒栽培　191
    おわりに　201

第5章　スルタン統治の終焉 …………………………………205
　　　　——王権の衰退と地方のダイナミズム，1770-1808年

    はじめに　205
    1　王権力の衰退　206
    2　バンテン地方社会の変容　214
    3　ランプン社会の経験と選択　235
    おわりに　245

第6章　海賊と貿易ネットワーク ……………………………247
　　　　——中国-東南アジア貿易の拡大の中で

    はじめに　247
    1　中国市場志向型貿易構造とランプン　249
    2　リアウの盛衰と周辺の海賊　259
    3　ランプンにおける海賊の活動　264
    4　貿易の発展と地域社会　273
    おわりに　279

第7章　糖業の展開と境界社会の形成 ……………………283
　　　　――華人移民のインパクトと越境貿易

　　　はじめに　283
　　　1　ジャワ糖業の展開　284
　　　2　サダネ川周辺地域の糖業　290
　　　3　境界社会の発展　297
　　　おわりに　305

第8章　植民地国家の構築 ……………………………………309
　　　　――統治の浸透と限界，1808-30年

　　　はじめに　309
　　　1　ダーンデルスの強圧統治　311
　　　2　ラッフルズの構想と現実　318
　　　3　オランダ植民地統治の開始と反乱の頻発　323
　　　4　オランダ支配の浸透と限界　328
　　　5　植民地村落の形成と村落首長の創出　334
　　　おわりに　337

終　章　バンテンにおける近世，世界史の中のバンテン ………341

　　注　　　353
　　あとがき　431
　　参考文献　438
　　資　料　461
　　図表一覧　492
　　索　引　495

関連地図　v

地図1　東南アジア島嶼部

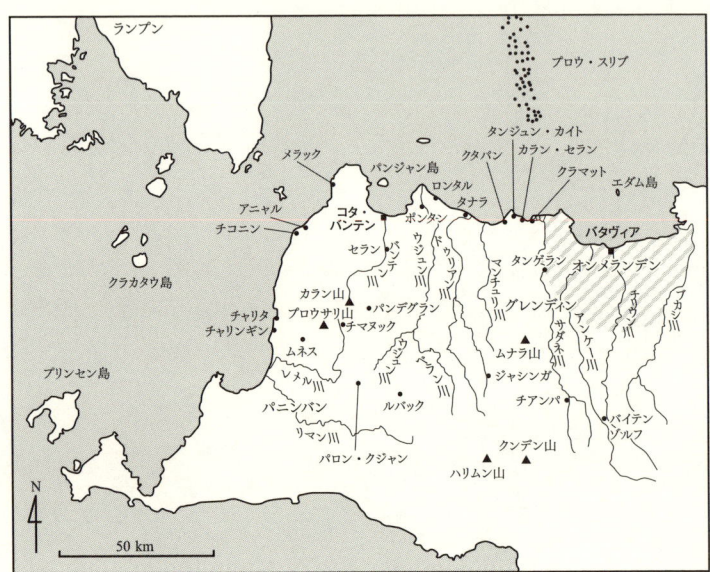

地図2 バンテン，バタヴィア，オンメランデン

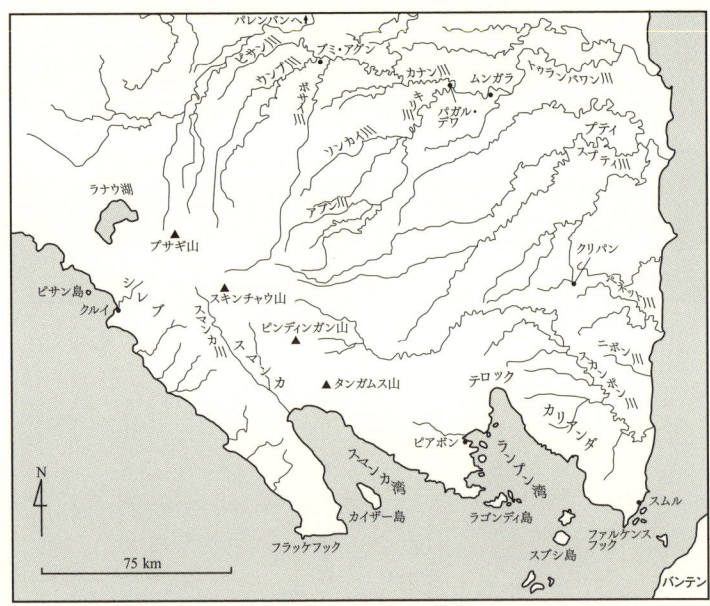

地図3 ランプン

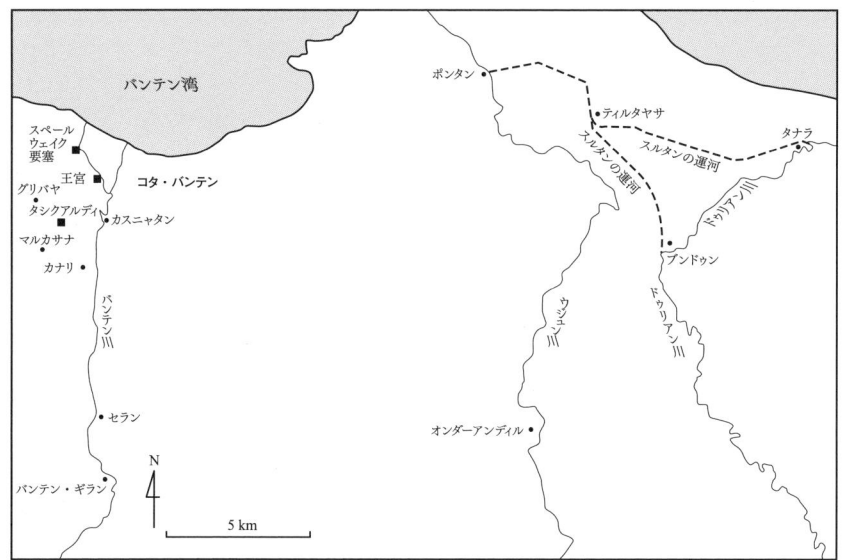

地図4　コタ・バンテン周辺

注）海岸線は20世紀初頭のもの。18世紀の海岸線については図1-2を参照。

凡　例

【略　号】

ADB	Arsip Daerah Banten, Arsip Nasional Republik Indonesia, Jakarta（インドネシア国立文書館所蔵バンテン地域資料）
ADL	Arsip Daerah Lampung, Arsip Nasional Republik Indonesia, Jakarta（インドネシア国立文書館所蔵ランプン地域資料）
ANRI	Arsip Nasional Republik Indonesia（インドネシア国立文書館）
Batavia	注の資料表示においては Gouverneur-Generaal en Raad van Indië, Batavia（バタヴィア政庁総督および東インド評議会）
BGB	Archieven van de Boekhouder Generaal te Batavia, Nationaal Archief, The Hague（オランダ国立文書館所蔵バタヴィア会計官資料）
BKI	*Bijdragen tot de Taal-, Land- en Volkenkunde van Nederlandsch-Indië*
CZOHB	Archieven van het Comité tot de Zaken van de Oost-Indischen Handel en Bezettingen, Nationaal Archief, The Hague（オランダ国立文書館所蔵東インド貿易・所領委員会資料）
GM	Generale Missive（一般政務報告）
HMS	Home Miscellaneous Series, the British Library, London（大英図書館所蔵ホーム・ミセラニアス・シリーズ資料）
HRB	Archieven van de Hoge Regering van Batavia, Nationaal Archief, The Hague（オランダ国立文書館所蔵バタヴィア政庁資料）
JFR	Java Factory Records, British Library, London（大英図書館所蔵ジャワ商館文書）
JMBRAS	*Journal of the Malayan Branch of the Royal Asiatic Society*（1963年まで）または *Journal of the Malaysian Branch of the Royal Asiatic Society*（1964年以降）
KITLV	Koninklijk Instituut voor Taal-, Land- en Volkenkunde, Leiden（王立言語地理民族学研究所）
LOr	Oriental Department, Leiden University Library, Leiden（ライデン大学図書館東洋資料部）
MCM	Mackenzie Collections : Miscellaneous, the British Library, London（大英図書館所蔵マッケンジー・コレクション：ミセラニアス）
MCP	Mackenzie Collections : Private, the British Library, London（大英図書館所蔵マッケンジー・コレクション：プライベート）
MK	Archieven van Ministerie van Koloniën（Archives of the Ministry of Colonies）, Nationaal Archief, The Hague（オランダ国立文書館所蔵植民省資料）
MvO	Memorie van Overgave（引継文書）
RABE	Archieven van de Raad der Aziatische Bezittingen en Etablissementen, Nationaal Archief, The Hague（オランダ国立文書館所蔵アジア所領評議会資料）
TBG	*Tijdschrift voor Indische Taal-, Land- en Volkenkunde*

TNI	*Tijdschrift voor Nederlandsch-Indië*
VBG	*Verhandelingen van de Bataviaasch Genootschap van Kunsten en Wetenschappen*
VHR	VOC Hoge Regering, Arsip Nasional Republik Indonesia, Jakarta（インドネシア国立文書館所蔵オランダ東インド会社バタヴィア政庁資料）
VOC	Verenigde Oost-Indische Compagnie（オランダ東インド会社）；資料表示の略号としては Archieven van de Verenigde Oost-Indische Compagnie, Nationaal Archief, The Hague（オランダ国立文書館所蔵オランダ東インド会社資料）

【各言語の表記について】
　本書におけるジャワ語の表記方法は，ティテック・プジアストゥティによる『サジャラ・バンテン』の翻訳および注釈（Titik Pudjiastuti, "Sadjarah Banten: Suntingan Teks dan Terjemahan Disertai Tinjauan Aksara dan Amanat"（Ph. D. dissertation, Universitas Indonesia, 2000））で用いられているものに従った。バンテンおよびランプンの地名や人名は，オランダ語資料にオランダ風のスペルで表されている場合でも，原則として現代インドネシア語のスペルおよび読み方に従った。しかしジャワ語で用いられたと考えられる場合には，ジャワ語の読み方を記した場合もある。オランダ東インド会社やイギリス東インド会社の拠点が置かれた地は，バタヴィア（Batavia），マラッカ（Malacca），ベンクーレン（Benkulen）など会社関係者が用いたスペルおよび読み方を用いている。オランダ語の地名，人名などは資料に記された通りのスペルを用いている。

【貨幣および度量衡の単位】
　スペインリアル（Spanish Real, Spaanse Reaal）
　　近世東南アジア各地で広く用いられた銀貨。時代や地域によって様々な比率で他の貨幣と交換されたが，18世紀のバンテンでは1スペインリアル＝1.31ライクスダールダー（Rijksdaalder）との記録がある（HRB 1004 : 330, report by Commander J. Reijnouts, Banten, 2 July 1766）。
　ライクスダールダー，ギルダー（guilders, gulden, florin）
　　オランダで用いられた貨幣。1ライクスダールダー＝2.5ギルダー。
　バハル（bahar），ピコル（pikol），ポンド（pond）
　　重さの単位。1バハル＝3ピコル＝375オランダポンド。オランダポンドは地域によって差異があるが，最もよく用いられたアムステルダムポンドの場合，1ポンド＝0.494キログラム。
　ルーデ（roede）
　　オランダで用いられた長さの単位。複数形はルーデン（roeden）。最もよく用いられたラインラント・ルーデ（Rijnland roede）の場合，1ルーデ＝12または16フィート（Insituut voor Nederlandse Geschiedenis (ed.), *VOC-glossarium* (The Hague : Instituut voor Nederlandse Geschiedenis, 2000), p. 98）。
　モルヘン（morgen）
　　オランダで用いられた広さの単位。複数形はモルヘンス（morgens）。時代や地域によって異なる広さを示したが，18世紀バンテンでは1モルヘン＝15×6ファソムス（fathoms）との記録がある（1ファソムは約1.8メートル。ADB 27 : 28-29, pepper cultivation inspection report, J. v. d. Boogaart and F. Chambon, Banten, 31 July 1789）。

序 章
東南アジア史におけるバンテン
――「停滞の18世紀」論を超えて――

はじめに

　本書は，独立王朝期から植民地期へと転換する時期の東南アジア地域社会が，世界各地から訪れる商人，植民地政府などによってもたらされる刺激にいかに対応し変容していったかという，そのダイナミズムについて，ジャワ島西端のバンテン（Banten）地方（以下，バンテン）とスマトラ島南端のランプン（Lampung）地方（16世紀にバンテンに設立されたバンテン王国のスマトラ領土。以下，ランプン）において考察を試みるものである。バンテンには16世紀から正統的イスラームが根付いたと見なされ，17世紀のバンテン王国は東南アジア有数の貿易国家として隆盛を誇ったことで知られる。また，19世紀末から20世紀初めにかけてバンテンで起きた大規模な反乱に関しては，幾つかの重要な著作がある。しかし，この間の時期，特に18世紀後半から19世紀初期は，バンテンに限らず東南アジア史全体においても，以下に述べるような事情から，研究が立ち後れている。本書はこの研究上の欠を補いつつ，1750-1830年という時期がまさに東南アジアの転換期におけるダイナミズムを示していたことを論じる。

1　東南アジアの近世と近代――問題の所在

1) 東南アジア史研究における近世と近代

　東南アジア史において18世紀後半から19世紀初期に関する研究が遅れていることには，二つの問題点が関連している。第一は，東南アジア史における18世紀の評価の問題である。1990年代半ばまでの研究では，東南アジアは1450-1680

年頃に「商業の時代」（本書では近世初期と捉える）と呼ばれる経済的・政治的隆盛期を迎え[1]，18世紀（本書では近世後期と捉える）に停滞または衰退の時期に入り，さらに19世紀には植民地体制下に組み込まれ，地方社会は世界経済に従属させられたと理解されてきた[2]。1990年代後半以降の研究では，一部の地方社会における18世紀における状況の検討が進み，18世紀にも東南アジア社会で様々な発展や挑戦が見られたことが強調されるようになった[3]。しかし近年の18世紀に関する研究は，この後すぐに述べるように，今なお一部の地域に限られており，しかも貿易に大きく偏って進められている。第二は，独立王朝の時代から植民地期（これを本書では近代と捉える）への連続性という問題である。東南アジアの一地域に焦点を当て，植民地期以前から植民地期までを連続的に考察した研究は，今も非常に少ない[4]。独立王朝の国家体制や社会を扱う研究は，植民地統治の開始時点で研究を終えることが多い。そうした研究者たちはまるで，東南アジア社会が支配者の変遷とともに全く異質なものに変化してしまったと理解しているかのように，その先の時代へ足を踏み入れるのを躊躇している。一方19世紀東南アジアに関する研究は，植民地体制下での社会変容を詳細に議論してきたが，対象社会が植民地支配以前から一定の変化を経ていたのではないかということについて，深く検討することはあまりなかった。あたかも社会変容は植民地支配によってのみもたらされたのであって，それ以前の地方社会は太古よりほとんど変化を経験していない「伝統社会」であったと示唆するかのようである。こうした先行研究の分布によって，植民地支配以前と植民地期との間には，深い断絶が存在している印象が作り上げられている。

　このような先行研究のありようは，歴史研究者を取り巻く環境や資料の性質と密接に結びついている。東南アジアの多くの地域，特に海域部では17-18世紀にオランダやイギリスの東インド会社が活動し，19世紀から20世紀半ばまで欧米各国による植民地統治が行われた。植民地期における歴史研究者たちは，17-18世紀の東南アジア史を東インド会社の資料が示す通りにヨーロッパ人との接触を中心に描き，植民地期の歴史については，植民地政府の資料に基づき欧米人による統治史を議論した。そうしたヨーロッパ中心の研究姿勢は第二次世界大戦直前から批判されるようになり[5]，植民地支配が終焉を迎えた第二次世界大戦後になると，研究者は東南アジアの「自律的な歴史（autonomous history）」を標榜するようになった[6]。この流れの中で，近世初期（15-17世紀）の活発な貿易活動や隆盛

を誇る港市国家は[7]，東南アジアの自律的発展を議論する格好の対象となった。15世紀末からヨーロッパ言語の資料が利用可能であることも，そうした研究を後押しした。

　一方18世紀は，貿易や現地国家の勢力が衰えると考えられたため，「自律的」歴史像を求める研究者からはあまり注目されなかった。この傾向には，いくつかの著作が影響を与えている。オランダ東インド会社の統計資料を分析したクリストフ・グラマンの『オランダ－アジア貿易，1620-1740』(1958)は，1740年前後のオランダ貿易がアジア各地で停滞気味となっていることを示して議論を終えた[8]。同様にオランダ東インド会社支配下のバタヴィア（現ジャカルタ）の社会経済を論じたレオナルド・ブリュッセの『ストレンジ・カンパニー』(1986)も，1740年からバタヴィアのジャンク（中国の伝統的帆船）貿易が衰退したことを論じた[9]。これらの影響力のある著作は，アジアの貿易が1740年頃に衰退したとの印象を広く与えたように見える。そして最も重要なのは，アンソニー・リードの『商業の時代の東南アジア，1450-1680』（全2巻，1988-93）の影響であろう。近年の近世東南アジア史研究に最もインパクトを与えたこの本において，リードは，いくつかの港市国家がオランダに制圧された1680年で商業の時代が終わり，その後多くの国家が内向化して，貿易の振興よりも農業化を目指したと論じた[10]。これによって，その後東南アジア全域が長い経済的衰退と政治的混乱に陥ったと解釈される傾向が生じたことを，リード自身が認識し，後にその修正を図っている[11]。こうして1990年代半ばまで，研究者の間では18世紀を停滞ないし混乱の時期と見なす傾向が強く存在した[12]。

　他方，唯物史観やナショナリズムの影響を受けたポスト植民地期の歴史研究者は，土地制度や村落構造の変遷，また民族主義運動や反植民地闘争などに焦点を当て，植民地資料の分析に精力的に取り組んだ[13]。しかしこうしたグループの研究者が，18世紀以前の土地制度や村落構造に関心を向けることはなかった。植民地政府自体が現地社会の土地制度，村落構造，地域支配者などに注意を払い調査を行っていたのに対し，現地の独立王朝や東インド会社が地方社会の土地や村落に関して記録を残すことはないと考えられたことも，18世紀以前の研究が立ち後れる要因となった。

2) バンテンの近世と近代

　本書の対象地域であるバンテン地方は，このような研究の偏りと断絶が特に顕著に見られ，断絶を挟んだ前後の時期を扱った研究が，相互に関連しない異なる像を描いている地域である。そのため，その歴史展開には今なお多くの謎が残されている。先行研究が示してきたバンテン王国とバンテンおよびランプン地方の歴史は，以下のように略述できよう。

　1520年代に設立されたイスラーム国家バンテンは，商業の時代における長距離貿易の発達とともに港市国家として発展し，ヨーロッパから日本に広がる国際貿易の結節点となった。王国が発展する過程で，胡椒の重要な産地であるランプン地方も17世紀初め頃バンテンのスルタンの支配を受け入れた。ところが1682年から，スルタン・アグン・ティルタヤサ（Sultan Agung Tirtayasa，在位1651-82）とその実子スルタン・ハジ（Sultan Haji，在位1676?-87）との間で抗争が拡大し，内乱に陥った。スルタン・ハジは，オランダ東インド会社の武力援助を受けて内乱に勝利した。しかしその結果スルタンは主要産品の貿易独占権を会社に譲与することを余儀なくされ，この時からバンテンは「衰退の時代」に入った。

　1750年にはバンテンで大規模な反乱が発生し，ランプンにも拡大した。オランダ東インド会社はそれを武力鎮圧し，反乱後に結ばれた条約によってバンテン王国をその支配下に収めた。会社はその後間もなく支配を地方社会まで深化させ，ランプンおよびバンテンで胡椒の強制栽培を推し進めて住民の生活を圧迫した。また，18世紀末葉から19世紀初めにかけては，ランプンおよびバンテンの周辺海域で海賊の活動が活発化し，特にランプンの胡椒産地とバンテンに向かう胡椒運搬船が大きな被害を受けた。

　1808年，当時フランスの影響下にあったホラント王国（Koninkrijk Holland，現在のオランダが位置する地域に存在した国家）からヘルマン・ウィレム・ダーンデルス（Herman Willem Daendels）が東インド総督としてジャワに派遣された。この時からバンテンに，ジャワの他の地域と同様に，ヨーロッパ支配の時代が始まる。その後ナポレオン戦争の混乱期にイギリスがオランダに代わってジャワを統治するが（1811-16年），この時スルタンはイギリス政庁から年金と引き換えに退位することを受け入れ，その結果1813年にバンテン王国は消滅する。1816年に再びオランダがジャワに復帰すると，バタヴィア政庁はバンテンを直接支配下に置いた。地方行政システムを「近代化」するためのバタヴィア政庁による様々な

改革は1830年以降にようやく本格的に実行され，強制栽培制度期（1830-70年）を通じて，植民地当局による地方社会支配が次第に浸透していった。

　このようなバンテンとランプンの歴史は，今まで研究が不均等に進められたことによって，一貫性に欠けたものとなっている。多くの研究者がバンテン王国の創設について，また隆盛を誇った時代の首都の機能や貿易の詳細，国家の構造，イスラームの発展などについて検討したが，彼らは1990年代末まで，ほぼ全てが1682年（スルタン父子による内乱が始まった年）で考察を終えていた[14]。これらの研究は1682年にバンテンの繁栄は終焉を迎えたと見なしていたので，いわばバンテンの「黄金時代」だけが集中的に研究されていた。オランダ人歴史学者ヨハン・ターレンスによって1682年を越える本格的な実証研究が試みられたのは，ようやく1999年のことである。1600-1750年を対象としたその研究で，ターレンスは1682年衰退説を批判し，その後も王国が一定の繁栄を維持することを主張した[15]。1750年以降のバンテンは，植民地期における強制栽培制度下におけるジャワ各地の社会変容を検討したR. E. エルソンが取り上げるまでは，実証研究の空白期に置かれている[16]。それにもかかわらず，一部の研究はほとんど一次資料に依拠することなく，18世紀後半から19世紀初めにかけてオランダ当局が地方社会を厳しく抑圧したと強調している[17]。

　他方，強制栽培制度時代以降のバンテンに関しては，貧困に喘ぎ反乱が頻発する地域というイメージが定着している。元植民地官吏エドゥアルト・ダウエス・デッケル（Eduard Douwes Dekker）がムルタトゥーリのペンネームで書いた半自伝的小説『マックス・ハーフェラール』は，19世紀末のバンテンを，植民地官僚の腐敗と現地人為政者の圧政に苦しむ地域として描いた[18]。この小説はオランダ本国で人気を博しただけでなく，多くの言語に翻訳され何度も映画化もされたため，「貧困に苦しむバンテン」というイメージは広く定着した。また，バンテンでは1888年と1926年に大規模な反乱が起きたが，これらをそれぞれ詳しく検討したサルトノ・カルトディルジョとマイケル・ウィリアムズが，反乱の原因として，政府の産業振興策が成功せず，地域が貧困化していたことを強調した[19]。

　ところが，近年の藤田英里の研究は，1900年前後のバンテン社会が，活発な商品作物生産と近隣の大都市バタヴィアへの出稼ぎによって比較的高い収入を得ていることを統計的に明らかにした[20]。これにより，植民地期バンテンが必ずしも貧困のイメージだけでは捉えられないことが示された。

このようにバンテンに関する歴史研究では近世の繁栄と近代の貧困が強調されてきたが，実際に実証研究が進んでいるのは近世において1750年まで，植民地期で19世紀末以降に過ぎない。このように研究に空白期があるがために，これまでの研究で示された近世と近代の歴史像におけるギャップがどのように生じたのか，またそもそもそのようなギャップはどの程度実際に存在していたのかは十分解明されていない。一方藤田の描く1900年前後のバンテン像は，「貧困の植民地期」のイメージに再考を迫っている。従って一貫性のあるバンテン歴史像を構築するためには，18世紀半ばから19世紀初めの研究空白期についても実証的検討が必要であり，それによってこれまで研究者が描いてきた様々な像の検証ならびにそれらとの接続が求められていると言える。

3) 本書のねらいと考察対象

本書は，東南アジア史における今までの研究状況の問題点を乗り越えるべく，東南アジアでもとりわけ顕著に「繁栄の近世」と「貧困の近代」とのギャップが見られるバンテンとその属州であるランプンを取り上げ，その狭間に位置する時期に見られる国家と社会のダイナミズムを検討する。王国の隆盛期にあたる近世前期（15-17世紀）から「停滞」の近世後期（18世紀）への移行は既にターレンスによって検討されたが，本書は今なお研究が行われていない，近世後期から植民地期への移行期にあたる1750年から1830年まで――バンテン王国がオランダ東インド会社の支配下に入る契機となった反乱が勃発した時点から，植民地行政が一定の安定を得るまでの時期――を検討対象とする。

バンテンにおける近世と近代との間の歴史像のギャップは，単にバンテン研究の空白から生じているのではなく，先に述べたように今までの東南アジア研究の偏りがこの地域に顕著に現れたものである。それゆえ本書が目指すものは，バンテン史の再構成だけではない。本書は独立王朝から植民地支配へと転換する時代のバンテン国家と社会におけるダイナミズムを検討することによって，独立王国時代の繁栄を強調し植民地期の困窮を描く傾向のあったこれまでの東南アジア史研究に新たな視点を提供したい。さらに本書は，バンテンやランプン地方における外来者との接触や公認・非公認の貿易にも着目することによって，ヒトやモノの動きをグローバルに捉えることを試みる世界史の研究とも接続を図る。

本書が対象とする地域は，バンテン王国の領域である西ジャワのバンテン地方

と，その海外領土の一つであるランプン地方とする（地域の詳細な範囲については第1章で論じる）。ランプンは当時の重要な輸出品であった胡椒を産したことから，バンテン王朝の介入を受けてバンテンと強いつながりを持ったため，本書の考察の対象とし，王国時代の両地域における動態とその関連性を検証する。バンテン王国は他にも西カリマンタンのランダック（Landak）地方を海外領土として有していたが，この地域に対するバンテン王国の影響は少なく，バンテンとの関係も弱かったため，本書では取り上げない。王国が消滅する1813年以降の時期については，ランプンに関する情報が減少しバンテンとの結びつきも弱まるため，バンテン地方に考察の対象を絞る。

4）近年の18世紀東南アジア史研究

先に触れたように，18世紀東南アジア史の研究は，特に1990年代後半以降急速に進みつつあり，本書もそれに大きな影響を受けている。以下，そうした研究を略述して，本書の議論を近年の18世紀東南アジア史研究の流れに位置づけることを試みたい。

「繁栄の17世紀」と「停滞の18世紀」という東南アジアの歴史像のギャップは，1990年代半ばから研究者の間で重要な問題として認識されるようになった。リードと，ブリュッセおよびフェメ・ハーストラがそれぞれ1997年と1998年に編集した2冊の本は，ともに東南アジア史における18世紀の再検討を主題とし，その後の研究に大きな影響力を持った[21]。リードは1750年から19世紀半ばにかけての東南アジアの貿易を再検討するにあたって，オランダ東インド会社だけでなく中国のジャンク貿易やイギリス私商人等の貿易も分析し，この時期の東南アジアの貿易は特に中国南岸との間で拡大していたと結論づけた。彼によれば貿易拡大の原動力は，乾隆帝の長い治世下で発展した中国経済のもとで東南アジア産品（錫，胡椒，食用海産物，森林産物など）への強い需要が生まれたことと，イギリスが広州での茶貿易を促進するために中国で需要の高い東南アジア産品を求めたことであった。さらにリードは，1750-80年という時期は一種の危機の時代で，そこから新しい近代的秩序が生まれた分水嶺であったと述べる。彼によれば，それは特に商業化，行政の集権化，知の革新，そして文化の大衆化といった面で顕著となり，植民地期にさらに展開していった[22]。一方，ブリュッセとハーストラが編集した本の執筆者はむしろ，オランダ東インド会社などヨーロッパ勢

力が18世紀まで比較的強固な存在であったことを指摘し、東南アジアの国家や社会がそれに適応する形で制度や政策を改変し発展させたことを主張している[23]。本書は、これらの議論から構想を出発させている。

リードに続いて近年多くの研究者が、ジャンク貿易やイギリス私商人、さらにブギス（Bugis）人（南スラウェシを故地とする人々）等が東南アジアで行った貿易に関する研究を進めている。エリック・タグリアコッゾの幾つかの論文、およびローデリッヒ・プタック、ワン・グンウーとンゴ・チンキョン、さらにタグリアコッゾとウェンチン・チャンがそれぞれ編集した著作に収録された多くの論考は、東南アジアの多くの地域が様々な中国向け産品を採集・輸出して、中国－東南アジア貿易に強く結びついたことを論じた[24]。またそうしたネットワークがスールー（Sulu）、リアウ（Riau）、シアク（Siak）など特定の国家の盛衰に大きな影響を与えたことも、ジェームズ・F. ワレン、レイノウト・フォス、ティモシー・P. バーナードなどの研究が明らかにしている[25]。もっともこれらの研究は、地域または国家がどのように貿易ネットワークと関わっているかを明らかにしたが、中国向け産品を扱うネットワークが東南アジア各地の地域社会にどのような影響を及ぼし、変容させたかについては、まだ十分検討が行われているとは言いがたい。本書は、活発化する中国－東南アジア貿易が東南アジアの地域社会にどのように影響しどのような対応を引き出したのかを、バンテンやランプンの事例で論じたい。

オランダ東インド会社の貿易に関しては、1990年代後半から研究者たちが1702-80年のオランダ東インド会社貿易統計であるバタヴィア会計官資料（Boekhouder-Generaal te Batavia）に注目するようになったことから、18世紀の研究が進んだ。八百啓介、エルス・M. ヤコブス、島田竜登といった研究者は、銅など特定の商品に注目して、堅調な貿易がアジア各地の港の間で1780年頃まで続いたことを指摘した[26]。つまり、18世紀後半にオランダ東インド会社によるヨーロッパ・アジア間の貿易が減少したにもかかわらず、アジアの各地域間では活発に貿易が行われていたことが示された。本書もこうした観点からランプンやバンテンと、他の東南アジア各地および中国との間で行われた貿易に着目するが、同時にオランダ東インド会社の統計に残らなかった貿易に対しても考察を試みたい。

ビルマ史を専門とする歴史学者ヴィクター・リーバーマンは、ユーラシア各地

に存在した国家の発展のリズムに強い平行性が見られたことを論じる意欲作『ストレンジ・パラレルズ』の中で，18世紀の海域東南アジアを取り上げている。彼は18世紀の東南アジア貿易に華人商人，イギリスの私商人，さらにブギス人など多くの集団が参入したことによって，貿易パターンが中国向け産品の輸出に比重を移しながら活発化したことを，多くの先行研究に依拠して論じている。しかしリーバーマンの問題関心は民間の貿易商人よりも国家の発展のリズムにあるため，彼はこの時代に多くの国家やオランダ東インド会社が衰退した現象を東南アジアにおける「18世紀の崩壊」と呼び，それが19世紀に入ってからの政治的秩序の劇的な回復の前提条件となったと論じている[27]。これに対し本書は，周辺海域で活躍する民間貿易商人が，国家よりもむしろ地域社会に対してもたらした影響に注目し，地域全体としては決して崩壊ではなく，一定の発展が見られたことを論じたい。

やや古い研究になるが，18世紀後半における中部ジャワ・マタラム (Mataram) 王国の歴史を検討したM. C. リックレフスの研究も，18世紀東南アジア国家を理解する上で重要である。リックレフスは，王国が内戦によって分裂しオランダ東インド会社の影響力が強まった1755年以降，マタラム宮廷では司法における定型主義の発展と王権絶対主義の進展が見られたと論じた[28]。このことからは，現地国家がオランダの影響下に置かれたことが，必ずしも国家内部での活力低下と捉えられる必要はなく，戦乱の減少と外来者との恒常的接触が宮廷文化の発展と変容をもたらしていたことが示唆されている。「停滞の18世紀」という概念を批判する論者が主に経済面の発展を指摘することが多い中で，文化・制度面における発展を論じた貴重な研究と言えよう。

18世紀のジャワ地域社会に関しては特に，植民地統治の開始（1808年）以前からオランダ東インド会社の政策がいかに「植民地的」衝撃を与えていたかについて，近年議論が進められた[29]。大橋厚子は，バタヴィア政庁が18世紀から19世紀初めに西ジャワ・プリアンガン (Priangan) 地方において輸出用のコーヒー生産を導入するにあたり，政庁が市場に代わって農産物の生産割当・価格決定・集荷・輸送，生産者への必需品供給などを実施するシステムを構築する必要があり，このシステム形成過程が当該時期の社会変化の中心的現象となったと論じた[30]。メゾン・C. ホードレイは，オランダ東インド会社が西ジャワ・チレボン (Cirebon) におけるジャワ法制度を，会社の利益にかなうように1740年代までに

変容させたと論じた[31]。ホードレイはまた，オランダによる商業作物に対する要求が強まる中で，チレボンとジョグジャカルタ（Jogjakarta）では，根本的な社会経済的変化が植民地的／帝国主義的拡大が始まる以前から起こっていたと結論づけた。彼によればその変化は，支配者が人々をその生産手段（主に土地）へのアクセスに基づいて分類する傾向と，支配者の権力の源泉が労働力支配から土地所有へ移行する過程において明白となった[32]。これらの研究は，オランダによる商品作物生産管理や社会経済的支配基盤の変化という「植民地的」衝撃が，地方社会制度を18世紀から「近代的」なものに変えつつあったと論じる。その結果は，大橋によればプリアンガン社会が世界経済に「組み込」まれ住民が生産と生活上の選択肢や決定権を奪われたことであり，ホードレイによればチレボン社会が「封建化」したことである[33]。世界経済への従属は通常島嶼部東南アジアでは植民地期に起きたことと認識されているが，大橋はプリアンガンではそれは他の多くの地域よりも先行したと捉えている。ホードレイの場合にはそれが「封建化」という，歴史を逆行するような変化であったということになる。これらの研究と本書の視角の違いについては，以下の部分で論じる。

5) 本書の焦点

このような研究潮流を踏まえた上で，本書が試みたいことは主に五つある。第一は，国家政治の中心から地方社会の庶民に至るまで，様々なレベルにおけるダイナミズムとその相互作用（interaction）を明らかにすることである。先述のように，18-19世紀の東南アジア国家と地域社会の動態を検証する研究は近年顕著に進んでいる。しかしまだ多くの研究は国家の支配者または地域社会のどちらかに焦点を当てる傾向が強く，この両者がどのように関連し影響し合っていたかについてはまだ研究が進んでいない。例えば，先に述べたリーバーマンの研究は，18世紀東南アジアの活発な貿易を論じながら，議論はそれがいかに国家に対して影響を与えたかに集中し，地域社会に対する影響は考察されない。ジャワに関しては古代から近世までの国家の構造と，植民地期村落社会の変容に関する研究が顕著に進展しているが，ここでもそれぞれを検討する研究は大きく乖離している[34]。従って植民地期に変容する前の村落が，それまで近世国家とどのような関係を有したのかは，あまり議論されていない。言うまでもなく，社会と国家は密接に関連し合うものである。本書では，バンテン国家の構造や様々な社会制度を

分析する一方で，国家の影響力がいかに社会に浸透したのか，また社会の様々な集団の活動が国家の役割にいかに影響を与えたのかを論じたい。また，バンテンには東南アジアでは例外的に18世紀村落に関するジャワ語およびオランダ語の資料が存在するので，第2章でそれらに基づいて村落構造を検討し，極めて蓄積の厚い研究史を持つジャワ村落の議論に対して，バンテンで得られる村落像からの一視角を提起したい。

　地方社会のダイナミズムという点では，(1)商品作物生産者に対する支配強化を試みる地方有力者の主体的な取り組みと，(2)商品作物生産者と取引商人による，商業的機会へのアクセスと利益拡大に向けた対応という面に，特に着目したい。ここで大橋とホードレイの議論に戻ると，バタヴィア政庁が地方支配制度を変容させたという点において，2人の論証はともに実証的で異論の余地はほとんどない。しかし地方有力者や一般農民の間で，政庁の試みをすり抜け，自らの自由な経済活動や利益の拡大を主体的に図る動きは全くなかったのだろうかという疑問は残る。バンテンやランプンの場合には，地方有力者や商品作物生産者，商人などが，バタヴィア政庁やバンテン宮廷の意に反して自らの利益拡大を図ることは極めて一般的であった。その結果，政庁やバンテン国家の試みるシステムがそのまま実効性を持つことはほとんどなく，地方政治や経済は思わぬ方向へ発展するのが常であった。本書では，こうした展開が地域の歴史発展にどのような役割を果たしたかを考察したい。

　このように，地方社会の様々なグループがヨーロッパ勢力や現地王権の意思に沿わない行動を取り，意図と異なる社会展開があったことは，恐らく18世紀の南・東南アジアの一般的な傾向であろう。というのも，オランダ東インド会社が進出した地域を見渡しても，会社が商品作物の安定生産に成功し，地方支配制度まで変容させた例はプリアンガンやチレボンを除けば18世紀までは非常に少ないからである。ところが，こうした地域にはヨーロッパ資料が比較的多く残され研究も進んでいるだけに，それらが代表的な例と考えられがちである。例えば中国史研究者の岸本美緒は，16-18世紀における東・東南アジアの社会変容を考察した論考において，「朝鮮・日本・東南アジア島嶼部などにおいては，16-17世紀の膨張・流動化の動きが18世紀には停止し，一種の堅い構成をもつ，総体的に動きの少ない社会を作り上げていく」と述べた[35]。ここで東南アジア島嶼部の例として挙げられるのは，コーヒー義務供出制度が採用されたプリアンガンとス

ペイン政庁によってタバコ独占栽培が行われたルソンである。しかし同時期の東南アジア島嶼部の多くの地域ではヨーロッパ諸国の支配はあまり浸透せず，また中国市場と強く結びついた貿易パターンが各地で新たに生まれ，それを機に新しい国家が成立し移民も活発であった[36]。こうしたことを考えると，岸本は例外的にヨーロッパ支配の進んだ地域を取り上げて，東南アジア島嶼部を「動きの少ない社会」と一般化していることになる[37]。もっとも岸本が行った一般化は，18世紀地方社会に関する論考がヨーロッパ支配の浸透した地域に集中しているという，東南アジア史研究の不均衡な展開ゆえに生じたものである。従ってヨーロッパ勢力の進出があまり成功しなかった地域の社会についても今後研究を進めることは，18世紀東・東南アジアといった大きな枠組みにおける歴史理解のために，東南アジアを対象とする歴史研究者に与えられた責務とも言えよう。

　本書が試みたいことの第二は，経済の変化や政治的出来事の歴史に影響を及ぼす，環境のはたらきについても考察することである。言うまでもなくこれは，フランス人歴史学者フェルナン・ブローデルが地中海の歴史を考察した研究に影響を受けている。ブローデルは環境を最も変動の少ない歴史の最下層と捉え，その上に経済や社会構造などの中期的な変化の歴史があり，さらにその上に政治的出来事など短期的に変動する歴史が展開すると論じた[38]。近世バンテンの歴史においても，生態的・社会的環境およびその変化が，経済のような中期継続と，政治的出来事といった短期継続の歴史展開に，どのような影響を及ぼしたかを考察してみたい。

　第三は，商品作物の生産や貿易を統計的に考察し，「停滞の18世紀」という一般的理解を経済的数値からも再検討することである。本書では，近年注目されているバタヴィア会計官資料に基づいて胡椒と砂糖に関して生産と輸出の推移を分析し，さらにオランダ東インド会社のバンテン商館で1790年代末まで作成された様々な統計資料から，バンテン国内における胡椒の生産やスルタンの収入の変化，バタヴィアとの貿易内容などを明らかにする。また，バンテンのオランダ商館は非オランダ人による貿易についても得られる限りの情報を収集しており，さらに18世紀後半に中継港として発達したリアウ諸島のビンタン（Bintan）島や，清朝が西洋諸国に対して唯一開港していた広州においても，東南アジア産品の貿易に関する情報が集められている。これらの資料を活用することにより，非オランダ人によって行われるアジア地域間貿易がどのように行われ，どのようにバン

テンやランプンの社会と結びついていたのかを考察する。このようにして本書では，バンテンやランプンにおける貿易をより大きなアジア地域間貿易の中に位置づけて論じる。

　第四は，外来者との接触が与えたインパクトを重視することである。ここで言う外来者とは，オランダ東インド会社や植民地政庁といった外国起源の国家支配者だけでなく，外部の様々な地域から来る商人，海賊や移民，さらに近隣諸国の王など，バンテンおよびランプンの地域社会を訪れるか，あるいはそれらに影響を与えた様々な外部集団や人物を指すこととする。近年まで島嶼部東南アジアの歴史研究は，特定の地域における社会内部の展開か，もしくは現地の国家や社会と欧米勢力との折衝に注目する一方で，他のアジア諸地域の商人や移民との接触については，華人移民の研究[39]を除けば本格的に議論してこなかった。しかしデイヴィッド・ヘンリーが近年提起した「異人王（stranger king）」の概念は，ある地方社会が外来の支配者を迎え入れる慣習を論じて，外来者が与えた地方政治におけるインパクトに関して興味深い示唆を与える。ヘンリーは東南アジアに多く見られるこの慣習のケースを分析して，どのような場合にいかなるタイプの異人王が現れるのかを理論的に類型化した[40]。本書でも，バンテンのスルタンの権威を受け入れたランプン社会の構造と変容を理解するために，異人王の受け入れがランプンにおいてどのような条件のもとに行われ，どのような社会的インパクトを持ったのか，ヘンリーの理論を参照して考察したい。

　本書で述べる外来者には，周辺国家やその他の地域からやって来る様々な商人や移民に加えて，「海賊」と記録された人々も含むことにする。このような人々を論じる際には，近年東南アジア史において進展している海賊に関する研究が参考となる。18世紀後半から19世紀にかけてアジアの多くの地域で海賊の猖獗が記録され，多数の研究がこの問題を取り扱った。植民地期から1960年代前半頃までの研究は，18-19世紀に活発化する海賊を現地国家衰退の結果と捉え，それゆえ海上貿易に「安全と秩序」をもたらす植民地当局を正当化する傾向が強かった。一方1960年代後半以降の研究は，海賊を反植民地闘争の一環と捉えるナショナリズムの観点から論じることが多かった。ワレンはそれぞれの傾向を，「衰退説」と「敵対説」と呼んだ[41]。この両極端の議論を乗り越え，海賊を植民地期東南アジア史の重要なテーマの一つにしたのが，ワレンとタグリアコッゾの一連の研究である。彼らは「海賊」と「密輸」を，中国市場向け熱帯産物輸出が

ますます重要となりつつあった18世紀後半の海域東南アジアに形成された新しい経済システムの一環であったと論じた。ワレンによれば，中国社会がナマコ，フカヒレ，真珠，燕の巣といった東南アジア産品を求めたことにより，そうした産物を島嶼部東南アジア一帯で収穫するための労働力を供給するために，スールー海賊による奴隷貿易が発達した[42]。タグリアコッゾは，清王朝やオランダ東インド会社による禁輸をかいくぐるジャンク船の組織とネットワークが，中国市場向け東南アジア海産物の取引において重要な役割を果たしたと論じた[43]。バンテンとランプンの周辺でも18世紀後半から海賊活動が活発化したが，先行研究はやはり衰退説または敵対説の立場から議論してきた（本章第2節）。ところがオランダ東インド会社資料は，ランプンで海賊が「密輸商人」とともに胡椒やその他の中国向け産品を集荷していたことも記録している。東部バンテンに定住した華人移民もまた，しばしば「非公認」貿易に関与していた。本書は海賊に加えてこうした商人や移民も考察に含めて彼らの経済活動の把握を試み，かつそれを中国－東南アジア貿易の発達という大きな枠組みの中で捉えた上で，それがバンテン国家や地域社会に与えたインパクトを検討する。

　第五は，バンテンとランプン地方社会における動態を，世界経済の中に位置づけることである。これらの社会に起きつつあった変容は，国際的に需要のある商品作物の生産や輸出と強く関連していたという点で，当時グローバル化が進む世界経済の動きと無縁ではなかった。本書はバンテンやランプンが産した国際商品とそれらを求めた商人の流れを分析して，地方社会の変化が世界経済とどう関連していたかを検討する。

6) 世界経済とバンテン

　本書が言及する世界経済とは，イマニュエル・ウォーラーステインが提唱した「世界システム」を指すものではない[44]。世界システム論は，ごく簡略に述べるならば，15世紀末から発達するヨーロッパを中心とする世界経済が地球上に拡大し，その他の地域を辺境，半辺境として従属化させてしまうという考えである。一方アンドレ゠グンダー・フランクは，ウォーラーステインの議論に正面から反論している。フランクの議論を要約すると，単一の世界システムは有史以来何度も拡大と収縮を繰り返したが，15世紀初め以降は東アジアを基盤として拡大した。ヨーロッパはアメリカ大陸からもたらされた貴金属の供給によって経済

活動を拡大させたが，世界経済における主導的地位がアジアからヨーロッパに移行するのは，1750-1850年頃のことに過ぎない[45]。フランクの説はその後，18世紀後半までの世界経済における中国の優位性を主張するケネス・ポメランツなどの支持も得て，現在の経済史研究者の間で広範に認められているように思われる[46]。

　本書の立場は，フランクをはじめとする「ヨーロッパ中心史観批判」グループに近い。本書が研究対象とする時期はフランクが述べる「移行」の時代にあてはまるが，筆者はその時期の世界経済はヨーロッパを唯一の中心とするものではなく，北西ヨーロッパ（イギリス，オランダ，フランス）と中国の経済先進地域（揚子江中下流域，北京など）を二つの極とし，さらにインドもこれらよりもやや小規模ながら重要な役割を果たす構造を有したと考える。産業革命期に入りつつあった北西ヨーロッパの経済は急速に発展しつつあったが，中国の巨大な人口と旺盛な消費が作り出す経済活動は，なお世界に大きな影響力を持っていた。そしてこれらの極が別個に発展していたのではなく，既に相互に結びつき影響し合っていたというのが，当時の世界経済に関する筆者の理解である。この点については第6章で詳しく述べるが，本書が扱う時代のバンテンおよびランプン社会はこのような世界経済と対峙していたとして議論を進めることとする。

　先に触れたように，大橋もまた，西ジャワ・プリアンガン社会の変容を世界経済との関係から考察し，プリアンガン社会が世界経済に組み込まれたと結論づけている。大橋が理解する「世界経済」はウォーラーステインが論じた西欧中心的なものである点で，本書の理解とは異なる。プリアンガンの主産品であるコーヒーが主にヨーロッパで消費されたのと異なり，バンテンやランプンでは，主産品の胡椒はヨーロッパだけでなく中国でも消費され，また胡椒以外にも多様な産品が中国などに向けて輸出された。中国への輸出は世界経済とは別個の地域間貿易ではなく，当時の世界経済の重要な一部を構成したというのが，筆者の理解である。また，プリアンガンには東インド会社の支配が比較的強く浸透したのに対し，バンテンやランプンではオランダ支配の浸透は限定的であった。中国などで需要のある商品を産出したバンテンおよびランプン地方社会の有力者や農民，商人などは，そうした商品の生産と輸出の管理を試みていたバンテン宮廷やオランダ東インド会社による制約を乗り越えて，積極的に外部経済に関与しようとしており，それが最終的に世界経済と結びつくことになったと本書は主張する。この

ように本書では，バンテンやランプンにおける地域社会と世界経済との関係は，前者が後者に「組み込まれる」といった受動的で従属化を示唆するものではなく，地域社会もまた世界経済との取引を求める積極的で双方向的なものであったと論じる。

こうした問題関心に沿って本書は，バンテンおよびランプンにおける国家と地域社会，さらに外部経済が相互に影響し合うダイナミズムを検討する。こうしたダイナミズムを論じるために本書が焦点を当てるのは，18世紀後半にバンテン宮廷とオランダ東インド会社が進めた胡椒栽培促進政策，それを地方有力者が自身の支配力拡大に利用した試み，地域社会と外部諸勢力との間の「密輸」，その結果としての世界経済のつながり，19世紀バンテンに「近代的」統治をもたらした植民地政府とそれに対する地域社会の反応などとなる。

2　バンテンをどう捉えるか──先行研究の状況

バンテン王国の歴史に関する先行研究は非常に多く，様々な側面から考察が行われている。その首都が商業の時代に隆盛を誇る港市であったこと，また早くから「正統的イスラーム」が広く根付いていたと考えられたことなどから，バンテン王国は現在のインドネシアの領域にかつて存在した国家の中でも特に研究者の注目を集めたものの一つである。以下，まず全体的な研究傾向の発展と変容を時系列的に整理し，次いで本書が取り扱う特定のトピック，出来事や時代に関する先行研究を検討する。

1）古典期からパックス・ネールランディカ史観（植民地期）へ

早くも18世紀には，オランダ人聖職者フランソワ・ヴァレンタイン（Francois Valentyn）による著名な博物誌『古く新しき東インド』（1724-26）と，バンテンに駐在したオランダ東インド会社職員 J. ドゥ・ローフェレ・ファン・ブリューヘル（J. de Rovere van Breugel）が作成したバンテンおよびランプン社会に関する報告書（1780年頃）が，バンテン王国設立をめぐる伝説に始まり自分たちの時代までの出来事を記した簡潔な歴史を描いた[47]。19世紀初めにはイギリス統治期のジャワ副総督トーマス・スタンフォード・ラッフルズ（Thomas Stanford Raffles）とジョグジャカルタ州理事ジョン・クロウファード（John Crawfurd）も，それぞ

れの博物誌的著作の中で，バンテン王国の設立や歴史の一部について取り上げている[48]。19世紀半ばには，言語学者 P. P. ロールダ・ファン・エイシンガと歴史学者 J. ハーヘマンが，王朝の成立から終焉に至る王国の全史を書いた[49]。こうした初期の研究の歴史記述は，スルタンの王位継承や現地支配者とオランダ人との折衝といった，王朝に直接関係する政治的事件を時系列的に記述することに焦点が当てられていた。また，当時利用可能な資料には限りがあったことから，その記述は少なからず推測を含んでいた。

19世紀半ばになると，歴史資料の整理と出版が活発に行われるようになり[50]，それに基づいて多くの研究者が，特に資料の豊富なジャワについて歴史叙述（多くがバンテンに関する叙述を含む）を試みるようになった[51]。植民地期に出版されたこれらの研究のほぼ全てが，17世紀におけるバンテン王国の発展とオランダ東インド会社とのライバル関係を詳述する一方で，1682年以降の歴史に関しては以下の三つの出来事に焦点を当てている。つまり(1)スルタン・アグン・ティルタヤサとその息子スルタン・ハジとの間の抗争（1682-83年），(2)宗教指導者キヤイ・タパ（Kyai Tapa）と王族の一員ラトゥ・バグス・ブアン（Ratu Bagus Buang）が，バンテン宮廷とオランダ東インド会社に対して起こしたバンテン反乱（1750-52年），(3)ダーンデルスによるスルタン・ムタキン（Sultan Mutakin, 在位1804-08）の廃位，である。植民地期の研究者はこれら三つの出来事を詳述しつつ，1682年から1808年までのバンテンの歴史を，前半の繁栄期と後半の衰退期に区分しているように見える。繁栄期は，スルタンとオランダ東インド会社が良好な関係を保ち，会社が王国内部のライバルや外部の敵からスルタンを保護した時期である[52]。これに対し衰退期には，王位継承をめぐる抗争，胡椒生産の減少，スルタンの抑圧的政策などによって地域が活力を失ったとされる[53]。もっとも衰退が始まる具体的な時期については議論の一致がなく，J. K. J. デ・ヨンゲなどがオランダによるジャワ海やスンダ海峡における海賊統制が破綻をきたした1780年頃と考えるのに対し，M. L. ファン・デーフェンテールなどは数十年早い時期を主張した[54]。1808年以降の時期について研究者たちは，ダーンデルスの強圧的統治がさらなる社会不安を引き起こし，バンテンは「盗賊集団によって争乱に陥った」と叙述した[55]。

以上のような叙述に見られる歴史観を，「パックス・ネールランディカ（Pax Neerlandica, オランダによる平和）史観」と呼ぶことにしたい。この史観は，バン

テンにおけるオランダの存在に否定的な評価を下したごく少数の研究者を除けば，植民地期における研究の主流であった[56]。パックス・ネールランディカ史観は，1682年以降のバンテンの歴史をほとんどオランダ東インド会社との関係からのみ説明する。つまりオランダがバンテンを強い保護下に置いた時には平和と発展が享受されるが，保護が弱まると混乱と衰退に陥る。混乱をもたらすのはスルタンが引き起こす王位継承争いや抑圧的政策または海賊・盗賊集団など現地の要因であり，オランダはダーンデルスの強圧的統治を除けば，常にそうした社会不安要因を取り除く努力をしていたと考えられている。こうした歴史観が，植民地支配を正当化する役割を担っていたことは言うまでもない。

ランプンに関する歴史叙述も，バンテン史と同様に，植民地期はほぼ完全にパックス・ネールランディカ史観に基づいていた。研究者たちによれば，ランプンは隣国パレンバン（Palembang）とイギリスから来る商人が行う密輸に苦しんでいたが，1750年代からオランダ東インド会社職員の努力によって平和と胡椒生産の増加を享受するようになった。1780年代に第四次英蘭戦争の結果としてオランダ支配が弱まると，現地住民は再びパレンバン，イギリス，そしてアジア人海賊による被害に加え，強欲な地方有力者による搾取，さらに疫病といった災害にも苦しめられたとされる[57]。オランダ人研究者は，ジャワのイギリス統治期間にランプンにやって来たイギリス人ジャワ副総督ラッフルズの介入については批判的であったが，オランダ人の統治は「平和と秩序」をもたらしたとして賞賛した。特に地方有力者でランプンにおける支配的地位を「強奪」したラデン・インタン2世（Raden Intan II）との戦いに関して，彼らはオランダ人統治者への賞賛をはばからなかった[58]。

植民地期のパックス・ネールランディカ史観の傾向は，当時利用可能であった資料の状況と密接に関連している。当時利用された刊行資料は主に政治・軍事面の問題に関連するものが中心であり，社会経済的側面に関しては極端に情報が少なく，そうした側面からオランダ支配を再検討する試みは行われなかった[59]。ランプンを取り扱った研究者はまた植民地官吏が出版した手記なども資料に用いたが，これらは独善的・自己賛美的性格の強いものが多く，パックス・ネールランディカ史観をさらに補強することになった[60]。例外的に未刊行資料を綿密に調査した植民地官僚／研究者として，P. J. B. C. ロビーデ・ファン・デル・アーとN. マクレオドがおり，それぞれバンテン反乱（1750-52年）とバンテン宮廷の内部

抗争（1682年前後）の展開を実証的に整理した。それでも彼らの結論は刊行資料のみに基づいた同時期の研究者とそれほど変わらず，オランダの介入が内乱を解決し「平和と秩序」をもたらしたと論じた[61]。

　もっとも植民地期においてもパックス・ネールランディカ史観に依拠しない研究は存在し，様々な側面の検討が行われた。オランダ語教育を受けたバンテン人文献学者フセイン・ジャヤディニングラットは，バンテン王朝の年代記『サジャラ・バンテン（*Sajarah Banten*）』の記述をオランダ語，ポルトガル語，ジャワ語資料ならびに現地の口承伝承と比較して，詳細なテキスト分析を行った[62]。スルタンの命令を刻んだ銅板であるピアグム（piagem）も，多くの文献学者の関心を集めた[63]。ランプンでは多くの研究者や植民地官吏によって民族誌が編纂され，人類学者は特有の氏族制度に注目して分析した[64]。こうした分野の発展も，行政上の目的だけでは説明できない，植民地科学の興味深い一面と言えよう。ジャワ語の研究は当初植民地当局によって行政上の必要性から進められたが，語学の訓練を受けた一部のオランダ人官吏は古典作品や碑文を「発見」して研究者とともに分析を進め，後にインドネシア人研究者も参加してジャワ学を発展させた。氏族制度と慣習法制度の研究は，現地社会の効率的支配を試みる行政上の目的に合致したことから，研究が進められた。しかしインドネシアの各地で広範かつ組織的に行われた慣習法調査は非常に学問的水準の高い資料を残し，後の法制史研究に貢献することになった。

2）反植民地史観（独立後～スハルト期）

　オランダの植民地支配が終了しインドネシアが独立しても，すぐには研究者の歴史観に大きな変化は生じなかった[65]。ようやく1960年代以降になって，次第にオランダ人研究者の間にもオランダ支配を批判的に再検討する傾向が生じてきた。文献学者G. W. J. ドゥリュブズと歴史学者D. H. ビュルハーは，1682年のオランダ東インド会社による介入がバンテンの商業的発展に終焉をもたらしたと述べた[66]。

　独立後のインドネシアでは，オランダ東インド会社の介入に対する否定的評価は，やがて「反植民地史観」へと発展した。それでもインドネシア「国家史」が比較的中立的な叙述を試みたのに対し，バンテン地方史には反植民地史観の傾向が色濃く現れた。例えば，日本占領期に準備され独立直後に出版されたサヌシ・

パネの『インドネシア史』は，18世紀後半に胡椒を栽培するよう命令した東インド会社に農民たちは従わなかったと述べ，オランダによる強制力の限界とバンテン住民による選択の余地を示唆している[67]。インドネシアの正史とも言える『インドネシア国家史』は，17世紀におけるバンテン王国とオランダ東インド会社のライバル関係を詳述する一方，18世紀から19世紀初頭のバンテンに関しては叙述がない[68]。それに対しバンテン人歴史学者と考古学者によるバンテン史は，オランダ東インド会社は常に抑圧的で住民はいつも搾取されたという，抑圧者と非抑圧者の立場を強調する二項対立的枠組みの中で叙述された。彼らの研究は，利用可能な資料を十分に吟味することなく，少数の先行研究ならびに正統性が疑問視される現地語資料に基づくことが多かった[69]。ニナ・ヘルリナ・ルビスによる近年の研究はより広い先行研究を参照しているとはいえ，反植民地史観的傾向はやはり否めない[70]。ランプンに関する先行研究も，独立後は反植民地史観が支配的となった。インドネシア教育文化省ランプン支局が作成したランプン地方史の概説書は，様々な集団の人々が，18世紀を通じてオランダ植民地主義と戦ったと述べる[71]。反植民地史観を取る人々にとって，先述のラデン・インタン2世は19世紀初頭にオランダ植民地主義と戦った「英雄」である[72]。

　反植民地史観は，独立前後の時期においては，高まる民族主義的感情に後押しされていたであろう。しかしスハルト大統領の時代（1968-98年）になると，それは中央政府の政策に影響された側面が大きい。国民統合を経済開発と並ぶ国家の最重要課題とするスハルト政権は，インドネシアを構成する諸民族，諸地方の位置づけを中央政府の主導で規定しようとした。その目的のために1970年代後半に文化政策が本格化し，インドネシア各地で地方文化調査や地方史の編纂が進められた[73]。ランプン地方史の概説書はまさにこうした政策のもとで書かれたものであり，バンテンの歴史家が書いた地方史もその影響を強く受けていた。オランダの抑圧と住民の抵抗はインドネシア国民の共通の経験として，国民統合のために強調されなければならなかった。

3）貿易インパクト論

　しかし戦後の国際的学術環境の中では，バンテン研究史において最も注目されたテーマは，国家形成における貿易のインパクトであった[74]。M. A. P. メイリンク＝ルーロフスは綿密な史料調査に基づいて17世紀初頭におけるバンテン国家

とイギリス人,オランダ人,中国人との間のライバル関係を詳論し,彼らが競合し合ったことがスルタンと貴族たちによる社会経済支配——特に貿易と胡椒生産の支配——の強化につながったと結論づけた[75]。この議論に刺激されて,ブリュッセと J. カティリタンビー＝ウェルズは,ヨーロッパ人の到来がバンテンの商業と国家形成に与えた影響を論じた[76]。さらにケネス・R. ホールが古代東南アジアにおける国家システムを理論的に整理し,国家形成プロセスにおける国際貿易の影響について新たな関心を呼び起こすと[77],フレーク・コロンバインとカティリタンビー＝ウェルズはホールの提出したモデルを参照しつつ 17 世紀のバンテン王国をそれぞれ検討した[78]。さらにクロード・ギヨーが国際貿易をめぐる王族と宮廷官僚との抗争について取り上げ,リードがオランダ東インド会社からの絶え間ない圧力のもとでバンテンの国家権力が集約化したことを論じたのも,同様の研究関心に基づいていたと言えよう[79]。ウカ・チャンドラサスミタとギヨーがそれぞれ書いたスルタン・アグン・ティルタヤサ（在位 1651-82）の伝記においても,このスルタンの治世下で貿易が発展したことが強調された[80]。メイリンク＝ルーロフスはまた,中国,ペルシャ,インド出身でバンテンに定住した商人が,17 世紀以降国内政治にも大きな影響力を持ったことを指摘した[81]。メイリンク＝ルーロフスとその支持者たちによる「貿易インパクト史観」は,前節で触れた東南アジアの「自律的な歴史」を叙述しようとするポスト植民地期の研究潮流の中で形成され,広く支持されるに至った。この史観は研究者たちに実証的な歴史学的資料読解の技法を要請し,17 世紀バンテンの国家形成プロセスに関して研究者間の理解と関心を広げ深化させたと言える[82]。

しかし貿易インパクト史観の問題は,研究者たちが「繁栄期」と考えた 1682 年までの時代にのみ集中し,つい最近まで誰もそれ以降の時代を本格的に議論しようとしなかったことである。その結果として貿易インパクト史観は,1682 年がバンテン史における重要な転機であり,その後は国家がただ衰退の一途をたどったという印象をもたらした。実際ギヨーは,1682 年以降のバンテンは「かつてのコスモポリタン国家の幻以上のものではなかった」とまで述べている[83]。

4）様々なアプローチ

もっとも,特定のトピックや資料を扱う研究においては,決して少なくない著作が 1682 年以降の時代を取り扱っている。岩生成一によるバンテンの華人街に

ついての研究は，都市史の研究としても価値の高いものである[84]。ターレンスは1691 年の宮廷儀礼の政治的効果を分析したほか，1680 年から 1720 年頃における国家とオランダ東インド会社の関係を検討した[85]。考古学者の坂井隆は，バンテンで発掘された 15 世紀から 19 世紀までの膨大な量の陶磁片を分析して，それらの制作時期と制作地を明らかにした[86]。デニー・ロンバールは，1769 年のオランダ人による旅行記と 1788 年頃に書かれたランプンに関するマレー語文献を詳しく紹介している。アン・クマールは，ドゥ・ローフェレ・ファン・ブリューヘルによる 2 本の報告書と 1802 年に別のオランダ東インド会社職員によって書かれた報告書に基づいて，ヨーロッパの影響下にある世紀転換期のジャワ社会の一例として，バンテンにおける都市と村落の生活を詳細に描いた[87]。しかしトピックや依拠する資料がこのように限られていることにより，彼らの議論もまた限定的であるのはやむを得ないことであった。こうしてこれらの特定的研究は，「停滞の 18 世紀」のイメージを覆すものとはならなかった[88]。

5) ターレンスの実証研究

　こうした従来の研究傾向に転機をもたらしたのが，ターレンスによる近年の研究である。彼は 1600-1750 年のバンテン国家と社会を議論するにあたり，オランダ東インド会社の未刊行文書を綿密に分析し，バンテンの国家形成を，政治的中心とバンテン社会を構成する様々な社会集団との関係という視点から検討した。その結果として彼は，1682 年は必ずしもバンテン史における重大な転機ではなく，バンテン国家は 1600-1750 年を通して封建国家であり続けたと結論づけた。ターレンスによれば，オランダ東インド会社による継続的な胡椒の購入によって，バンテンに流入した資金は 18 世紀前半にむしろ増加した。しかし小規模な市場経済がはるかに大規模な自給経済に結びつけられていたため，貿易収入の好調にもかかわらず構造的な経済発展は阻害されたとされる[89]。

　一方ターレンスは，一部の研究者がバンテンの「コスモポリタン性」や「先進性」を過度に強調しているとして，彼らによる 17 世紀バンテンの「栄光化」を批判した。ターレンスは東インド会社文書の様々な例から，外来のイスラーム教師や商人が恒常的に大きな政治権力を行使した訳ではないこと，軍事面の近代化は起こらなかったこと，イスラームの普及は平等主義的な新しいタイプの国家の出現につながらなかったことを論じた[90]。こうしてターレンスの研究は，バンテン

王国における二つの神話, すなわち「栄光の 16-17 世紀」と「1682 年の失墜」という通説を実証的に否定し, バンテン史の脱神話化を大きく成し遂げたと言えよう。

6) バンテンのイスラーム

ここからは本書が取り扱う特定のトピック, 出来事や時代に関する先行研究を検討する。バンテンの歴史研究において貿易とならんで強く研究者の関心を引きつけたテーマは, 国家と社会におけるイスラームの影響力である。植民地期から多くの研究者が, バンテンには早くから純粋で正統的なイスラームの伝統が根付いたと論じた。その理由としては, バンテン王国自体がイスラーム教師によって建国され, 早い時期からカーディ (qadi, イスラームの最高裁判官), シャリアー (syariah, イスラーム法), タレカット (tarekat, スーフィ教団) などの諸制度が整備されていたことなどが挙げられた[91]。このような主張に対しては近年, マーティン・ファン・ブライネッセンとターレンスが批判を展開している。2 人はともに, シャリアーの施行はむしろ例外的で, 特に王族に対して過酷な刑が科されることはなかったと指摘した[92]。またファン・ブライネッセンは, 16 世紀におけるタレカットの存在を記すテキストを分析して, それがバンテンに存在したと特定することはできず, タレカットの発展は 18 世紀後半を遡るものではないと結論づけた[93]。本書もまた第 2 章で, バンテンのイスラームは純粋で正統的であったとする「神話」を再検討し, 王国の創設者や歴代スルタン, 反乱指導者などが土着のヒンドゥー的要素と妥協を試みていたことを議論する。

7) バンテン反乱

1750-52 年に起きたバンテン反乱に関しては, 1881 年に発表されたロビーデ・ファン・デル・アーの論考が, 同時代資料に基づくこれまで唯一の実証研究である。彼はオランダ東インド会社が反乱に対して取った軍事行動を時系列的に説明することに重点を置きつつも, 反乱の要因としては, 当時王国の実質的支配者であった女性摂政ラトゥ・シャリファ・ファーティマ (Ratu Sharifa Fatime) の政治権力への執着とその恣意的な権力行使が最も重要であったと結論づけた[94]。このようにシャリファによる政治的抑圧を強調するロビーデ・ファン・デル・アーの分析は, 現在までこの反乱を論じる際の主流となる視点を提供している[95]。

一方, カティリタンビー゠ウェルズとターレンスは, シャリファによる経済的

抑圧を反乱の要因として強調した。2人はそれぞれ胡椒の強制栽培と新宮殿建設作業のための労働動員を指摘して、それらに伴う経済的抑圧が反乱を引き起こしたことを示唆した[96]。

また、バンテンの歴史家トゥバグス・ルスヤンとターレンスは、支配者の正統性の問題を指摘した。ルスヤンは、異教徒であるオランダ人と協力したシャリファによる支配を農民が嫌悪したと主張した[97]。ターレンスもまた、シャリファが会社と協力して政治的権力を握ったことにより、宮廷による支配の正統性が掘り崩されたと論じた[98]。

これらの議論のいくつかにはパックス・ネールランディカ史観と反植民地史観が明確であるが、いずれも十分に説得力のあるものではない。政治的要因を強調する議論は、政治的有力者がどのように大多数の一般住民を反乱に動員できたのかを説明できていない。しかも反乱指導者たちは宮廷外部の人物であったので、彼らがシャリファの恣意的権力行使を嫌って反乱を起こしたとする考えはあまり有効でない。経済的要因に関しても、胡椒の強制栽培はこの時期に特徴的な現象であった訳ではなく、栽培命令が当時どの程度厳格に実行され、どの程度実際に人々に困難をもたらしていたのかも明らかではない[99]。ターレンスの仮説は興味深いが、彼は宮殿建設の作業と反乱参加者との直接的つながりを示していない。宗教的要因に関しては第3章で、イスラームは大多数の人々にとって反乱参加の決定的な要因とはならなかったことを示したい。

8) 18世紀後半〜19世紀初頭のバンテンとランプン

18世紀後半のバンテンとランプンに関しては、反植民地史観を超克する本格的研究がまだ現れていない。タイ人歴史学者ディナー・ブーンタルムはその博士論文で1750-1808年におけるバンテン王国を対象としたが、その内容は裁判記録の分析と主な考古遺跡の説明であり、政治経済的変容は考察されていない[100]。ランプンに関しては鈴木恒之が、地方首長制度が17-18世紀を通じて変容したと論じた。スルタンと地方首長間の相互交渉が首長制度の変容を促したとする鈴木の議論は興味深いが、18世紀の資料が参照されていないため、なお検討の余地があると言えよう[101]。ジェフ・キングストンは、18-19世紀のランプン史をオランダ人、イギリス人、そして現地首長間の抗争という視点から叙述した。19世紀にオランダ人とイギリス人がランプン地方に影響を及ぼそうと試み、現地首長

の抵抗にあったとするキングストンの説明は，文書資料を綿密に検討して非常に詳細であるが，18世紀ランプンに関する彼の議論はほとんど資料に依拠していない[102]。

19世紀のバンテン社会については，大規模な反乱に関する研究が強い影響力を持っている。1888年のバンテン農民反乱の研究で知られるサルトノは，オランダ植民地政庁が1830年までに地方有力者の支持を得ることに失敗していたことを強調した[103]。しかし，サルトノの19世紀末バンテンの政治状況に関する分析は極めて実証的だが，彼は19世紀初頭を議論する時も19世紀末の資料に依拠しており，そこではやや説得力が弱まると言わざるを得ない。ピーター・ボームハールトとエルソンは，同時代資料に依拠して19世紀バンテン社会を論じている。彼らはともに1820年代のバンテンに関する未刊行政府文書を参照しているが，それぞれジャワにおける土地権，村落環境，村落内構造などを議論するために各地の事例を比較する中で，バンテンにも簡略に言及しているに過ぎない[104]。その結果，19世紀初期の社会の経済的・政治的状況に関しても，サルトノの述べた「失敗の歴史」の見解が今なお参照され続けている[105]。

9）海賊と密輸

18世紀のランプンとバンテン周辺で頻発した「海賊」と「密輸」は，多くの著作の中で言及されているが，ここでもワレンが論じたように，両極端の捉え方がなされている。パックス・ネールランディカ史観を取る研究者は，情報源となるオランダ東インド会社資料を無批判に受け取って，「海賊」と「密輸」は王国の衰退によって引き起こされたと論じた[106]。他方，反植民地史観を取る著作は海賊を極度に英雄視して，インドネシア各地の「海人たち（pelaut）」が協力して反植民地闘争を繰り広げたと述べ[107]，後のインドネシア建国につながる国民統合がまるで18世紀から始まっていたかのように叙述している。ランプンとバンテン周辺の海賊に関しては，まだこれらの史観を乗り越えた見地からの研究は行われていない。

このように膨大な数の先行研究が存在するバンテンとランプンの歴史叙述は，研究が行われた時代や環境における政治的影響を強く受けてきた。植民地期の終了直後まで見られたパックス・ネールランディカ史観は，オランダ勢力の介入が

地域の平和と発展に貢献したと論じて植民地支配を正当化した。一方，ポスト植民地期の反植民地史観は，オランダによる抑圧と住民の抵抗を強調して，やがてスハルト政権が推進する国民統合の目的に沿うものとなった。実証性が不十分なこれらの研究と異なり，ポスト植民地期の貿易インパクト史観は，一次資料を詳細に検討して学問的専門性を高めることによって，従来の研究に見られた強い政治性から脱しようとしていた。しかしそれらの研究が，国家と貿易が発展した時期に極度に集中し，繁栄期における栄光神話とそれに続くオランダ介入期の衰退イメージを作り出してしまったことは，パックス・ネールランディカ史観の反省という，その時代の持つある種の政治性の結果と言えよう。1990年代半ばからはそうした神話からの脱却が試みられており，本書もその中に位置づけられるであろう。

3　バンテンとランプンのダイナミズム――分析方法と本書の構成

1) 社会内国家モデルと東南アジアの国家類型

　このような先行研究の傾向と問題点を確認した上で，どのような方法を取ればバンテンとランプンにおける国家と社会，および外部諸勢力をめぐるダイナミズムを捉えられるであろうか。そもそも，国家や社会とはどのように定義できるのか。本書では，アメリカの社会学者ジョエル・S. ミグダルが提起した「社会内国家モデル（state-in-society model）」に若干の修正を加えることによって，本書における分析のツールとする。ミグダルは国家の定義を，暴力の行使と威嚇によって印づけられ，(1)境界によって区切られた領域とそこに存在する国民の上に一貫した支配組織があるという「像」と(2)様々な社会集団による実際の「行為」とによって形作られる場であるとした[108]。ミグダルによれば，社会の様々な集団は，その像を通じて唯一の支配的存在である国家に統合されているのであるが，「行為」はそのような国家の求心力を弱めるかも知れない。なぜならば国家内の多様な集団は，自分自身や彼らが忠誠心を持つ近接した上位者に特権が与えられる，オルタナティブな支配のあり方を求めるからである[109]。

　社会内国家モデルによれば，社会とは，中心－周縁，近代－伝統といった二項対立構造で構成されるのではなく，むしろ様々な社会集団が混在する場と考えられる[110]。社会集団の混在は，利益や社会的支配力を求める抗争によって特徴づ

けられる。さらに政府は，社会集団を超越し統括する存在というよりはむしろ，互いに抗争する様々な社会集団や組織の一つであるとされる[111]。このようなモデルにおいて，国家が現地支配者と西洋権力といった二つの政府（国家の中心）を持つ状況を考察することも可能であろう。また本書における社会集団には，外部から訪れて影響を及ぼす外来者も含めることにする。

　近世東南アジア国家を扱う難点の一つは，そもそもその対象をいかなる性格において国家と認め得るのかがあまり明瞭でない点である。そこに西洋勢力が支配権を主張した場合，その国家像はいっそう不安定なものとなる。ミグダルのモデルがこの点で有効と思われるのは，ある支配者が一貫した国家像を人々に与えているならば，その像がどれほど有効かつ明確であるかどうかにかかわらず，その支配者が維持する政体を国家と見なし議論を進めることが可能となるからである。そうした像を提供するのは国家の中心（宮廷，東インド会社政庁，植民地政府など）であるが，国家はすぐに権益や支配力をめぐって様々な社会集団と争われる場となる。

　このようなモデルを採用することにより，本書はバンテン国家を何らかの既存の国家類型に当てはめたり，新たな国家類型を提示したりすることは試みない。むしろこのモデルは，これまで提示された様々な歴史的東南アジア国家の類型に，俯瞰図を提供するように思われる。例えばロバート・ハイネ＝ゲルデンは，国家内にマンダラのように複数の中心が複製されていくモデルを提唱した[112]。これを批判したスタンリー・ジャヤラジャ・タンビアーは「銀河系政体」モデルを提起し，支配者は統合のシンボルとなるけれども，上位の支配者と下位の支配者との間や，下位の支配者同士の間では政治的・社会的に緊張関係が維持されたと述べた[113]。別の言い方をすれば，ハイネ＝ゲルデンは国家の中心が国家像を創造し分配する役割に注目していたのに対し，タンビアーは社会の様々な集団による抗争に注意を向けたと言える。クリフォード・ギアツや A. C. ミルナーが論じた国家によるシンボルの提示や操作は，国家の中心がより有効な国家像を提供しようとする試みであったと理解できる[114]。マイケル・アダスやルク・ナフテハールは国家を地方有力者，村落首長，一般住民との間の一貫した抗争と流動の場と捉えたが[115]，これも様々な社会集団による利益と支配力をめぐる抗争の分析であったと見ることができるであろう。

　もっとも，本書はバンテン王国がどのように国家の像を作り，他の社会集団と

関係を結ぼうとしたかを重要な検討の項目とするため，他の近世国家において同様の側面を検討した幾つかの研究を参照する。本書に最も大きな示唆を与えているのは，ギアツがバリのケースで論じた「劇場国家」論で，さらに桜井由躬雄の19世紀ヴェトナム国家論やジェーン・ドラカルドが検討したスマトラ・ミナンカバウ（Minangkabau）国王のスラット・チャップ（surat cap, 直訳は「印が押された手紙」）にも触発されている[116]。これらの議論は第2章で検討したい。

2) 本書のアプローチ

　本書は，国家の中心（スルタン，オランダ東インド会社バンテン商館，植民地政府など）が自らの提示する国家像を実効化しようとする試みと，様々な社会集団がその像を時に支持し，時に掘り崩そうとする試みとの間における相互作用に着目する。ミグダル，タンビアー，アダス，ナフテハールは，国家と様々な社会集団の抗争的性格を強調した。しかしバンテンでは，国家と社会集団の関係，および社会集団間相互の関係は，抗争だけでなく妥協，提携，ネットワーク形成などを含む様々な相互作用によっても形成されていた。このような相互作用は国家システムの維持と変容の両方において重要であった。国家の中心と様々な社会集団が互いを支持することによって利益を得られる場合は，彼らの間の相互作用は既存の国家システムを維持するのに貢献する。他方，互いの利益が相反する場合は，国家の中心と様々な社会集団はそれぞれ，自らの利益を維持するための他の行為を探し求めるが，その行為は常に他方によって制限された。本書はさらに，「海賊」や「密輸商人」などと国家の側から呼ばれた，国家外の集団も分析に取り入れる。国家はその国家像に基づいて彼らをコントロールしようとしたが，外来者集団はしばしば国家内の集団と提携してその像を掘り崩したため，彼らの活動は往々にして国家内部の問題となった。

　バンテンの国家内の権力関係は，様々な社会集団が水平的にのみ位置したのではなく，その大部分は最下層の人々から最上層である国家の中心へと重なる多層的なものであった。そしてその関係は，O. W. ウォルタースが近世東南アジア国家における一般像として述べたように[117]，あまり制度化されずむしろ個人の関係に基づいていた。したがって，ミシェル・フーコーやフレデリック・クーパー，アン・ストーラーなどが近代フランス史や植民地期インドネシアの文脈で論じたように，バンテンやランプンにおいても国家とその中の諸社会集団は，安

定した構造を構築するよりも，むしろ権力関係の絶え間ない変化によって常に流動していた[118]。本書はこうした議論に依拠し，国家と社会集団との間の関係やその権力関係の流動に注目して，それらの間の相互作用を分析することとする。逆に，ジャワの国家構造に関する古典的研究であるスマルサイード・ムルトノの著作は，国家を比較的安定した構造体と捉え，その体制内における制度（彼の議論に外来者の要素は少ない）を静的に説明する傾向が強い[119]。本書はそれとは異なり，構造や制度が時代とともに変容したことを論じる。さらに，制度自体を検討するよりも，制度をすり抜けそれを骨抜きにしていた様々な集団の行為に着目して，そうした行為がいかにして制度に影響し変容をもたらしていたかを検討したい。18世紀ジャワの地方社会を論じた大橋やホードレイも制度の変容に焦点を当てているが，制度をすり抜ける人々の行為に着目するのは，本書の大きな特徴の一つとなる。

　本書の議論の中心は，国家や様々な社会集団，外来者などが利益や支配力の拡大をめぐって，いかに実際的に抗争や妥協，提携，ネットワーク形成を行ったかという行為の側面の検討にある。しかし近世国家においては，国家の支配を正統化する原理といったイデオロギーの側面も，国家の構造や社会集団の行為において重要な役割を果たしていた。こうした国家のイデオロギーとそれを支える制度と構造については，第2章で詳しく論じる。

3）本書の構成

　こうした分析の枠組みに基づき，本書は以下のように議論を進める。この後に続く最初の二つの章でまず当該時期のバンテンとランプンにおける経済的・政治的歴史展開の基礎条件を検討し，その後の六つの章でおおよそ時系列に沿って歴史展開に関する議論を行う。

　第1章では基礎条件の一つ目として，ブローデルに着想を得て，当該地域の環境，先行する歴史，人口，経済を検討する。これによって1750–1830年における経済や出来事の歴史の基層となる要素を検討し，それらが地域の歴史にどのような影響を与えたのかを考察する手がかりを得る。

　第2章では第二の基礎条件として，ギアツに着想を得て，バンテン国家による社会支配のイデオロギーと構造を検討する。国家が社会を支配するにあたり，どのように支配を正統化するイデオロギーを用意し，国家と社会を関係づける制度

がどのように整備され，さらにそれを機能させるためにどのような装置が働いていたかを分析する。この分析にあたっては，支配の対象となる社会単位や住民の社会区分も検討し，国家や有力者が何を（誰を）支配しようとしていたのかを明らかにする。こうした議論を通じて，バンテン宮廷がいかなる国家像を作っていたかを分析するとともに，国家と社会という本論における議論対象の枠組みを明確にする。もっとも，この章の第2節と第3節は，それぞれバンテンとランプンの地方社会制度に関する専門的な議論となるため，こうしたテーマにあまり関心のない読者は飛ばして先に進んでもらっても構わない。

第3章は，1750-52年に起きたバンテン反乱を取り上げる。この反乱は，国家像と国家を支えるイデオロギーを攪乱する出来事となった。反乱指導者や一部の地域有力者はどのようにして住民を動員できたのか，なぜ一部の地域指導者は反乱側ないし宮廷側に与することを選択したのか，どのような要素が人々の行動を規定したかを検討する。これによって，国家支配の正統性が揺らいだ状況で地域社会ではどのようなイデオロギーが働いたのか，そしてその結果として王国の支配体制がどのように揺らいだのかを分析する。また，従来の研究の視点と異なり，反乱参加者が増減し戦況が変わる要因について，現地の農作業暦や生態環境から分析を試みる。

第4章は，スルタンの権力が比較的安定していた1752年から1770年の時期を取り扱う。まず，反乱終結後にスルタンとオランダ東インド会社との間でどのような関係が再構築され，どのような国家像が再建されたかを検討する。それから，ランプンとバンテンの地方社会に対するオランダの介入を論じて，地方有力者と一般農民が，それぞれの利益を確保するためにいかに所与の国家像と調和的に，または非調和的に行動したかを論じ，それによって国家支配の構造がどのように変化しつつあったのかを分析する。さらに大橋とホードレイによる18世紀プリアンガンとチレボンの社会変容をめぐる議論を適宜参照して，バンテンの事例との共通性や相違を確認する。ランプンにおける外部支配の受け入れに関しては，ヘンリーによる異人王の議論を参照する。これらの研究は，以下の章でも参照される。

第5章は，スルタンの権力の衰退で特徴づけられる，1770年から1808年にかけての時期を取り扱う。まず，スルタンと会社との関係の変化を説明し，どのようにして会社による支援がかえってスルタンの権力を弱体化させたのかを検討す

る。次いで，会社が推進したバンテン内陸部における胡椒栽培促進政策に対する，地方有力者の対応を分析する。それから議論をランプン社会に転じ，地方首長と胡椒栽培農民がなぜ，どのようにパレンバン人やイギリス人といった外部集団と協働し，バンテンの支配から離れていったのかを検討する。

第6章と第7章では，次第にスルタンの支配から離れていった周縁地域を取り扱う。まず第6章で，オランダ人がランプン周辺で「海賊」，「密輸」と呼んだ現象を分析する。ここでは，この現象は拡大する中国－東南アジア貿易に刺激されたもので，それによってランプン周辺でも新たな貿易パターンが生まれていたと論じる。第7章ではバンテン東部を取り上げ，18世紀後半にこの地で発展した糖業が，いかに地方社会と国家支配の構造に影響を与えたかを検討する。特に，糖業を通じて華人移民が増加し，国家支配が弱まったことによって，活発な越境貿易・交流で特徴づけられる境界社会がこの地域に形成されたと論じる。

第8章は，オランダ人とイギリス人がそれぞれ積極的に植民地国家形成に取り組んだ1808年から1830年の時期を取り扱う。まずスルタンと植民地支配者の関係を論じ，ついで行政や歳入システムの改革といった植民地政策が地方社会にどのような影響を与え，様々な社会集団がそれにどう対応したかを検討する。植民地後期の地方社会で重要な役割を果たしたことが知られる宗教指導者については，当該時代には情報が少ないため，ここでは取り上げない。同様にランプンについても同時代資料は地方社会の政治経済についての情報に欠けるため，本書では取り上げないこととする[120]。

終章では以上の議論を総括し，バンテンおよびランプンの当該時期の歴史が，国家と様々な社会集団および外部諸勢力の関係の中でどのように説明できるのかを確かめる。さらに環境要因の果たした役割を検討した後，当該地域の歴史が東・東南アジア史や世界史の中にどう位置づけられるのかを検討したい。最後に当該時期がバンテンおよびランプンの歴史においてどのような意味を持ったのかを検討することを通じて，近世から近代へという移行を特徴づけ，当該地域に一貫する歴史像を提起したい。

本書の議論の基となる史料としては，主としてオランダ東インド会社関連資料，イギリス・オランダの植民地政庁で作成された資料，さらにバンテン宮廷で作成されたジャワ語資料を利用する。それらの詳細については，巻末資料1を参照されたい。

第 1 章
基層の歴史
―― 環境，人口，経済 ――

はじめに

　この章では，本書が対象とする 1750-1830 年のバンテン王国の領域（および元領域）の歴史の基層となる，環境，人口，初期の歴史，および経済的背景を検討する。フェルナン・ブローデルが環境を「ほとんど動かない歴史」と呼び，その上に経済や社会の構造といった中期継続の歴史が生じ，さらにその上に政治的出来事といった短期継続の歴史が展開するという三層構造を論じたことはよく知られている[1]。本書でまず環境を検討し，さらに経済について論じるのは，このブローデルの歴史理解に大きな影響を受けている。また，歴史における人口の重要性もやはりブローデルの指摘するところであり，それを受けて本章でも人口について考察する[2]。さらに本書が対象とする時代に至る前史も，対象時代の歴史展開に大きな影響を与えたことが明確であるため，本章でそれらを検討することにする。バンテン経済に関する従来の研究は，ほとんど国際貿易と胡椒生産のみを論じており，まだ経済の全体像が把握されているとは言いがたい。そこで本章では，内陸部を含む王国版図のできる限り広い範囲における様々な経済活動を，環境要因と結びつけつつ論じ，王国の貿易や胡椒生産が 18 世紀半ばの王国経済の中でどの程度の重要性を持っていたのかを位置づけたい。首都コタ・バンテン (Kota Banten) も，王国の政治経済のみならず象徴的な意味での中心でもあったので，その構造や機能について第 4 節で論じる。このような議論を通して本章は，第 3 章以下で議論する 1750 年から 1830 年のバンテンおよびランプンにおける経済や出来事の歴史の基層を確認する。本章はまた，こうした議論を通じて，フセイン・ジャヤディニングラット，クロード・ギヨー，アンソニー・リードと

いった著名な研究者が，バンテン王国の領土拡張や人口などに関して過大な解釈を行ってきたことを指摘して[3]，バンテンに関する様々な「神話」を再検討するものとなる。

1　バンテン王国の環境と住民

1) 王国の範囲

バンテン王国の主な領域は，ジャワの西端部（バンテン地方）とスマトラ南端部（ランプン地方）である。この他に王国は西カリマンタンのランダック地方を1661年から1778年まで領有し，その後オランダ東インド会社に譲渡している。王国の首都は当時は王国名と同じバンテンという名で呼ばれていたが，混乱を避けるために本書では首都をコタ・バンテン（「バンテンの都」を意味するスンダ語およびマレー語）と呼んで区別する[4]。

バンテン王国の国境は，オランダ東インド会社との間で断続的に戦争が行われた1677年から1683年にかけて，両者の間で頻繁に再定義された[5]。王国と会社との間でいったん国境が確定されるのは，1684年に会社の支持によって内乱に勝利したスルタン・ハジと東インド会社バタヴィア政庁（以下，バタヴィア政庁もしくは政庁）との間で条約が結ばれた時である。これによってスルタンは，それまで王国が影響力を行使したことのあるチレボンおよびタンゲラン（Tangerang）地方東部における支配を放棄することを余儀なくされ，ジャワにおけるバンテン王国領とバタヴィア政庁領との境界はサダネ川（Ci Sadane）の西600ルーデン（roeden）[6]の線とされた。この境界設定は，タンゲラン地方が二分され，西部が王国領に，東部が政庁領になったことを意味する[7]。ランプンにおいては，トゥランバワン（Tulang Bawang）地方が王国の北辺とされ，クルイ（Krui）周辺を指すシレブ（Silebu）地方[8]が西の境と定められた[9]。19世紀に植民地行政が開始されると，ランプンはバンテンと完全に切り離され，当初はパレンバンを中心とする南スマトラ州の一部に編入されたが，後に独自の州となった。本書は，1684年条約に示されたバンテン王国のバンテンおよびランプン地方における領域を考察対象とする。

しかし国境の制定は，スルタンがその範囲に支配を確立できたことを意味するものではなかった。まずオランダ東インド会社に対して，王国は1731年にバン

テン湾に浮かぶパンジャン島（Pulau Panjang）を，1751 年にはダダップ川（Sungai Dadap）東岸を譲渡することを強いられた[10]。ランプンは名目上 1684 年の条約においてスルタンが支配を維持すると定められたが，スルタンの支配力は弱かった。1730 年以降は特にトゥランバワンにおいて，パレンバンの影響力が浸透し始めた[11]。シレブは，1713 年にイギリス東インド会社が現地首長から胡椒を買い取る契約を結んで以降は，実質的にイギリス支配下にあった[12]。バタヴィア政庁は 18 世紀を通じてシレブの領有を主張したが，イギリス支配を排除することはできなかった[13]。1808 年には，当時オランダを支配していたフランスから派遣されたウィレム・ヘルマン・ダーンデルスが，スルタンの宮殿を制圧した。ダーンデルスはこの武力行動の後，カンディ川（Ci Kandi，またはドゥリアン川 Ci Durian）以東のバンテンおよびランプン全域が，彼がジャワに打ち立てる政府に接収されると宣言した[14]。しかし実際には第 8 章で詳説するように，この時にはバンテンの海岸地域だけがバタヴィア政府領となり，山間部はスルタンの支配下に残された。1810 年代に入ると植民地政庁がジャワ全土で境界を再定義し，この時にバンテン全域が政府の直接支配下に組み入れられた。

2）生態環境

　バンテンの大部分は山地から成る（地図 2）。北西部のカラン（Karang）山地と南東部のクンデン（Kendeng）山脈は，それぞれ 1,700 メートルおよび 1,900 メートル級の山々を連ねる。カラン山地が比較的独立した山々から成り，その間にいくつもの盆地を包有するのに対し，クンデン山脈では南部の海岸から山々が連続して隆起し，北部ではなだらかな高原を構成して海岸部の平野につながる。海岸平野は，バンテンの北岸と南西岸に形成されている。北岸平野は東部では小規模であるが，西部では比較的大きく広がってカラン山地の麓につながる。南西岸ではカラン山地の南端とクンデン山脈の西端に平野が構成される。主要な河川は，ほぼ全て南から北に流れ，西岸でのみ東から西に流れる。山がちの地形のため陸上交通は河川に大きく依存しており，このため内陸部産品の流通も川の流れと同じ方向をたどった。従って内陸部の産品を輸出し外来産品を輸入する貿易港は，北岸および西岸にのみ発達した。インド洋に面する南海岸では山が海まで迫り，内陸部と結びつける大きな河川もないこと，さらに波や潮流も強く，恐らく地震や津波の被害を受けることから[15]，港や集落の発展は見られなかった。

バンテンは土壌の性質から見ると，農業に恵まれた地域ではない。20世紀初頭の様々な地質学資料を検討したマイケル・ウィリアムズによれば，バンテンの土壌にはリン酸塩，マグネシウム，鉄，そして石灰が不足している。有機成分の集約はまれで，その結果土壌は極めて水持ちが悪い。強制栽培制度の時代 (1830-70年) を通じて，バンテンにおける米と商品作物の生産量はジャワで最低であった[16]。このような土壌の要因は，バンテンの「貧困の植民地期」を説明するのにたびたび用いられてきた。ところが，本書が対象とする時期においてはバンテンでは商品作物生産が活発であり，藤田英里の研究によれば20世紀初頭も同様である。強制栽培制度期の生産量の低さは，土壌の性質よりもむしろバンテン住民が制度にあまり従わなかった結果と言えよう。本書では，少なくとも18世紀後半から19世紀初頭にかけては，土壌の貧しさが必ずしも住民の経済活動の低調にはつながらなかったことを示す。

バンテンは生態および社会環境面から，北部海岸平野，南西部海岸平野，カラン山麓，クンデンおよび南部山地，および最南部という五つの地域に分けることが可能である。北部海岸平野では18世紀にも水田耕作が活発に行われていたが[17]，米の生産は不安定で，しばしば輸入を余儀なくされた。植民地期にもこの地域は米以外の産品が生産されず，飢饉が頻繁に発生することで知られていた。この地域は港の周辺で商業が発達しバンテンの経済活動の中心であったが，このように生態的には恵まれていなかった。南西部海岸平野については情報が少ないが，16世紀から胡椒栽培が行われていたことが知られている。18世紀後半にオランダの主導で胡椒栽培が進められた時期にも重要な産地となり，この時期には比較的大きな集落が形成された。しかし水田耕作は知られておらず，海岸部の港が活発に貿易を行った記録もない。カラン山麓は，比較的冷涼な気候と無数の伏流水の湧出のため最も人間の生活に適しており，米といくつかの二次作物が畑で栽培された。その結果，山麓と盆地には比較的大きな集落が発生した。クンデンおよび南部山地では，ウジュン川（Ci Ujung）とドゥリアン川が二大水系を作っている。その中・上流域では，これらの川の複数の支流に沿って集落が点在し，一定の耕地を持つ盆地では比較的大きな集落も発達した。水田耕作は行われず，畑もしくは焼畑において米の他，根菜・野菜類が栽培された[18]。最南部については本書の対象時期にこの地域の情報が資料に現れることはほとんどない。この地域は現在でも最も開発が遅れ，人口が非常に希薄である。要約すると，バンテン

では，最南部を除けば一般に海岸部よりも山間部の方が，生態環境において人間の生活に適している。この環境条件は，以下の章で論じるように人間社会や経済活動の発達にも大きく影響した。

ランプンでは 2,000 メートルを超えるバリサン（Barisan）山脈が南西海岸に沿って走っている。山地は西側では急斜面で海に迫る一方，東側ではまずゆるやかな丘陵部を構成し，それはさらに広大な低地と接続している。海抜 50 メートル以下の低地はランプンのおよそ半分を覆い，さらにその大半は低湿地である。主要な河川はこの地域を大きく蛇行しながら西から東へと進み，多くの氾濫原を作った。オランダ東インド会社職員はこの低湿地のことを「溺れる土地（verdronken land）」と呼んだ[19]。ランプンの土壌は概して上流部で豊かであり，胡椒などの商品作物や自給用の米などが栽培された。下流の低湿地は，河川に沿う一部の土地で稲作が行われたほかは，農業に適していない。

ランプンでも人の移動と物資の流通は，河川を通じて活発に行われた。従って，トゥランバワンなど内陸部でも主要河川の通る地域では人口の集約が起こり，商品作物の生産と外来産品の輸入が行われていた。もっとも内陸部では山道を利用して北辺の分水嶺を越える陸上交通も発展しており，それはパレンバンなど隣国との間にも交通網が形成されることを意味した。従って，物資の流通や人の移動を王国政府やオランダ人が管理することは極めて困難であった。一方海岸部では，主要河川の河口付近に港が発達した。港は比較的波の穏やかなスンダ海峡やジャワ海にそれぞれ面した南岸と西岸に多く発達したが，インド洋に面した西岸でも，深い湾に抱かれたクルイは背後に広がるシレブおよびスマンカ地方の産物を輸出する重要な港の一つとなった。

3）王国の住民

バンテンの住民を，18 世紀のオランダ語資料は 2 種類に分類していた。一方のグループは「バンテン人（Banteners）」または「ジャワ人（Javanen）」と呼ばれ，他方は「山地ジャワ人（Berg Javanen）」または「山地人（Berg Mensen）」と記された。前者のグループがコタ・バンテンの周辺に居住しジャワ語を話す人々を指すのに対し，後者はそれ以外の地域に住み，「ジャワ山地語（Javaanse bergtaal）」を話す人々とされた[20]。現在でも北部の平野部にはジャワ語を話す人々が多く住んでおり，前者のグループがこうした人々につながったことは間違いない。他

方，現在バンテンの中央部および南部ではスンダ（Sunda）語が話される。「ジャワ山地語」がスンダ語であったことはほぼ間違いないと考えられるが，18世紀の資料でそのように記したものは見当たらない。独立した民族，言語，文化としてのスンダの概念は，19世紀に至るまで未発達であり[21]，その結果がここに述べたような住民の呼称にも反映していると言える。しかし，西ジャワでは9世紀の碑文がスンダという地域に言及していること，13世紀の漢文地理書に「新拖国」（スンダ国と考えられる）が記載されていること[22]，14世紀初めに西ジャワに成立したパジャジャラン（Pajajalan）王国が16世紀のポルトガルや東部ジャワの資料で「スンダの王国」と呼ばれていることを考慮すれば，少なくとも地域名としてのスンダがこうした時期から知られていたことは間違いない[23]。さらに「スンダ語」を西ジャワの言語と言及した17世紀末の資料も存在する[24]。これらのことを考慮すれば，18世紀資料における「山地人」が今日の意味におけるスンダ人を指していることは間違いない。他方，現在南部の山間部に住むバドゥイ（Badui）人に関しては，18世紀の記録には全く言及がない[25]。

このように異なるグループの住民がバンテンに存在したのは，移民の結果である。西ジャワでは遅くとも16世紀頃までにはスンダ語もしくは古スンダ語が話されており，これは中部および東部ジャワで用いられるジャワ語とは明確に区別されていた。西ジャワの一部を形成するバンテンでも，恐らくスンダ語を話すスンダ人が土着の住民であっただろう。一方バンテンに住むジャワ語を話す人々はもともと中部および東部ジャワの出身で，恐らくイスラーム王国が設立された16世紀初頭にバンテン北部に移住したと考えられる。20世紀初めにS. J. エッセルが作成した言語地図は，ジャワ語を話す人々がほぼ北部のセラン（Serang）県に相当する地域に居住し，それ以外の地にスンダ語の話者が住んでいたことを示している[26]。

16世紀におけるジャワ人の移民は，先に述べた海岸部と内陸部における耕作方法の違いに影響を残した。19世紀に採録された伝承によれば，1520年代にバンテンの地にイスラーム王国が建設された頃にやって来たジャワ人移民が，この地に水田耕作をもたらしたとされる[27]。つまり，土着のスンダ人は，水田耕作技術をそれまで持たなかったと考えられる。彼らは恐らく気候が比較的冷涼で耕作に適した内陸の丘陵部に居住し，環境の厳しい海岸平野へは積極的に進出しようとしなかったのであろう。18世紀後半に入ってもスンダ人は丘陵地帯での陸稲

耕作や根菜などの畑作を好み，強い強制があった場合を除いては，平野部に進出して水田耕作を試みることは一般的でなかった。

ジャワ人の移民に関しては，後で詳述するが，16世紀のポルトガル語資料ならびに17世紀の現地資料がともに，2,000人の兵士が中部ジャワ北岸のデマック（Demak）からコタ・バンテンにやって来たことを記している。彼らの一部はその周辺に定住することを選んだであろうし，またそうした経緯はその後もジャワ人移民を誘発したことであろう。中部ジャワでは既に水田耕作が発達しており，現地の伝承が述べるように，ジャワ移民が水田耕作技術をもたらした可能性は十分あったと考えられる。

18世紀の人々は，ランプンにも2種類の住民がいると考えていた。1749年のオランダ東インド会社職員の報告によれば，海岸部には「低地人（Benedenlanders）」または「海岸の人々（kust volkeren）」と呼ばれる人々が住み，山間部には「高地人（Hooglanders）」と呼ばれる人々が居住していた。これは住民自身が用いていた区分で，主に人々の住む地域と従事した産業に基づいている。つまり，前者のグループが川沿いの低地で米やその他の作物を栽培するか，または沿岸部や上流地域との貿易に従事していたのに対して，後者は丘陵部で胡椒その他の作物を畑または焼畑で栽培した[28]。この区分は遅くとも1730年代から40年代までには知られている。高地人の一部族であるアブン（Abung）人の首狩りの習俗が低地人によって強く恐れられたことから，低地人は特に明確に自らと高地人を区分するようになった[29]。

19世紀後半にはオランダ人言語学者H. N. ファン・デル・テュークが，ランプンの住民をパミンギル（Paminggir）・グループとアブン・グループに区分した。この分類は，先述の18世紀における低地人－高地人の区分にほぼ相当する。ファン・デル・テュークは，この分類は純粋に言語的なものではなく，単に文化的な区分でしかないと述べた。ファン・デル・テュークによればこの二つのグループは，同じランプン語（これにはジャワ語とマレー語が大きな影響を及ぼしている）の異なる方言を話すとされた[30]。18世紀における低地人－高地人間の強い自己区分も，おそらく言語的というよりは習俗や文化の違いに基づいていたであろう。今日のランプンでは，慣習，居住形態，職業，氏族制度，および婚姻グループに基づいて，住民を「アダット・ペパドン（Adat Pepadon）」グループと「アダット・サイバティン（Adat Saibatin, プシシル（Pesisir）またはパミンギルとも

呼ばれることもある）」グループに二分するのが一般的である[31]。この区分では東海岸に住む人々がパミンギル・グループに含まれないという点で，18-19世紀の区分とは異なる。このような違いは，人の移動と，研究の進展による知識の精緻化が要因となっていると思われるが，その歴史的展開に関しては，より詳細な検討が必要である。

2 バンテンの人口

1) 18世紀のコタ・バンテンと海岸部の人口

　王国時代の人口については，ランプンでは資料が欠如しており知ることができないが，バンテン（特にコタ・バンテン）に関しては一定の情報を得ることができる。このため，先行研究はコタ・バンテンの人口について様々な推計を行ってきた。リードとギョーは，17世紀第3四半期におけるコタ・バンテンの人口を，それぞれ10万から22万，および15万から20万と計算した[32]。18世紀のコタ・バンテンの人口については，ヘリヤンティ・オンコダルマやニナ・ヘルリナ・ルビスといった研究者が，1708年に3万6,302人，1726年に3万人から4万人であったと述べている[33]。これらの人口推計は多くの著作に引用される定説であり，また17世紀の数値に関しては，絶頂期におけるバンテンの発展と栄光を示す根拠の一つとなってきた。

　しかしヨハン・ターレンスは，リードやギョーによる17世紀人口の数値を，極めて過大な推測と批判した。ターレンスは2人が基づいた資料の信頼性を批判し，彼自身はオランダ東インド会社の事務総長（後に総督）ヤコブ・モッセル（Jacob Mossel）が1747年に作成した報告書で述べた1万というコタ・バンテンの人口推計[34]および他のいくつかの資料に基づいて，1670年代におけるコタ・バンテンの住民を1万2,000人から1万5,000人と推測した[35]。

　筆者はまずバンテンで作成された住民台帳に基づいて，リードとギョーによる推計が受け入れられないことを示したい。まずリードは1696年または1697年に製作されたその住民台帳に基づいて，コタ・バンテンの人口を約12万5,000と計算している。しかし，リードをはじめ今まで全ての研究者が実際に参照しているのは住民台帳そのものではなく，オランダ人文献学者テオドール・G. Th. ピジョーが作成したオランダ所蔵ジャワ語資料のカタログに過ぎない。同カタログ

はその住民台帳をごく簡潔に紹介し，そこに「スラソワン（Surasowan）に3万1,848人」と記されていることを示している。リードはこの数値を首都に住む成人男子の数と解釈し，それを4倍することによって首都の全人口を推計した[36]。しかし原資料を通読して分析すれば，この解釈が誤りであることは明白である。確かに，スラソワン（より一般的にはスロソワン［Surosowan］）は通常コタ・バンテンを意味する。しかし原資料を見れば，最終ページに示されているこの数値は，直接の支配者（パトロン）に対して労働奉仕の義務を負った家長の数であり，しかも内陸部を含むバンテン全域に住む人々を数えていることは明らかである[37]。従って，この数値から首都人口を知ることはまったく不可能である。この資料に関しては次章で詳しく論じるが，そもそもこの住民台帳は住民とそのパトロンの主従関係を明確にすることを目的としており，人口数値を示すことにそれほど重点を置いていない。研究者がジャワ語の原資料を読むことなくカタログの記述に頼ってきたことが，このような資料の誤読をもたらしている。

　さらに先述の住民台帳は期間をおいて2部作成されており，ヘリヤンティなどが用いる3万6,302人という数値は，ピジョーのジャワ語資料カタログにおいて1708年に作成されたと紹介される住民台帳から得たものである。しかしこの資料も上記の1696年または1697年の台帳とほぼ同一の方法で編集されており，これから首都人口の情報を得ることは不可能である。さらにこの住民台帳は，実際のところ制作年代も明らかでない。カタログに挙げられた1708年という年代は原資料本体の中に示されたものではなく，挿入された別の紙片に明らかに異なる筆跡で書かれたものである[38]。従って何人かの研究者が行ったように，これら二つの数値から首都の人口変動を論じるのは全く意味がない[39]。

　1726年にコタ・バンテンに3万人から4万人が住んでいたとする説は，オランダ人聖職者フランソワ・ヴァレンタインが，自らの著作で「バンテンの幾つかの町と20の村落に8,170戸，すなわち4万850人の住民がいた」と記述していることに基づいている[40]。しかし，ヴァレンタインの述べる「幾つかの町と20の村落」がどの地域を指すのか，またどのようにして彼がこのような具体的な数値を得たのかは，原資料でまったく明らかにされていない。従って，この情報は正確さに欠けると言わざるを得ない。

　ギヨーはコタ・バンテンの人口に関して，彼が信頼に足りないと述べる情報も論文で紹介しているが，この情報こそが，先に紹介したモッセルが示した情報と

整合性を持つ。ギョーによれば，1677年のあるイギリス資料は，バンテン王国全体から1万人の成人男子が徴兵されると記した[41]。実際スルタンが兵を集めることができたのは，彼が直接支配を及ぼしていた首都とその周辺地域からのみであったので，この兵士の数からその家族を推計するならば，3万人から4万人が，スルタンの直接支配下にあった住民と考えられよう。首都に住んでいたのはさらにその一部に過ぎない。1684年にはスルタンによって外国人商人が追放されているので，それに伴い人口は減少したことであろう。そうすると，モッセルが述べたように，1747年の時点で首都の人口が1万というのは妥当に思われる。

モッセルの情報は，18世紀末の情報と比べても信憑性が確かめられる。オランダ東インド会社バンテン商館の会計官であったJ.ドゥ・ローフェレ・ファン・ブリューヘルによる1787年の報告によれば，サダネ川からパニンバン（Panimbang）に至る海岸地域の総人口は4万5,000人であった[42]。この海岸地域には，コタ・バンテンとタンゲラン，および幾つかの比較的人口の多い町が含まれている。1796年にはまた，タンゲランの人口が1万476人との情報がある[43]。第7章で詳述するが，18世紀末のタンゲランは商業が活発化して人口が増えており，この時期にコタ・バンテンと同じくらいか上回る人口を有していたことは驚くにあたらない。従ってドゥ・ローフェレ・ファン・ブリューヘルが述べるように18世紀のバンテン海岸部に4万5,000人が住んでいたとすると，同じ頃のコタ・バンテンとタンゲランにそれぞれ1万人ほどの住民がいたと推計することは，理にかなっていると思われる。

このように筆者の推計は，ジャワ語，英語，オランダ語の各種同時代資料と整合性を持つものである。コタ・バンテンの人口に関するこれまでの定説は，資料の不適切な利用による過大解釈に過ぎない。

2）内陸部の人口

王国時代のバンテン内陸部に関して過去の研究は総じて資料が不足していると考えてきたが，いくつかの同時代資料は内陸部における人々の居住のしかたについて言及している。先述のモッセルとドゥ・ローフェレ・ファン・ブリューヘルはともに，その地が極めて人口希薄であったと述べ，人々は集落に分散して暮らしていたと記している。ドゥ・ローフェレ・ファン・ブリューヘルによれば，一つの集落は10-20戸から成っていた[44]。このように人口に関して同時代資料は，

内陸部における人口の希薄さや集落の小規模さを強調した。

　1767年から1790年にかけてオランダ東インド会社が行った胡椒栽培に関する年次調査は，バンテン内陸部の住民に関する情報を含んでいる。しかしこの調査報告が示すものは，オランダ東インド会社職員が把握した限りにおける胡椒栽培を行った成人男子の数であるため，全人口についてのデータではない。胡椒栽培が行われていない地域の住民は全くカバーされず，胡椒栽培が行われている地域でも，女性，子供，老人，さらに独立農民に依存して生活していた従属民などは恐らく情報に含まれていないであろう。それでもこの資料は内陸部に多くの集落が存在し，カラン山麓や南西部の平野には胡椒栽培者だけで100人以上に及ぶ集落が存在したことを示している（表5-1）。この資料はさらに第4章以降で，胡椒農民の取った行動を分析する上で検討することとする。

　19世紀に入ると，イギリスおよびオランダ政庁が実施した複数の人口調査の結果が利用可能となる。図8-2と巻末資料10は一見すると，1815-34年の間に特に内陸部（西部と南部）で人口が急増したとの印象を与える。しかしこれはむしろ，内陸部における当局の人口捕捉能力の高まりを反映したものと考えられよう。第8章で述べるように，オランダ植民地政庁による支配は1820年代にいっそう地方に浸透した。しかし人口の捕捉は，特に内陸部ではその後の時代になっても常に困難であり，課税や労働力の徴用を避けるため，少なからぬ住民が植民地期を通じて統計にカウントされることから逃れようとしていた。1830年より前に人口が急増したとの情報はないため，実際には早い時期からこれらの図表に表されるよりもずっと大きな人口が存在したことは確実である。統計と実際の人口との差は，時代を遡るほど，また山間部に行くほど大きかったと考えられる。

　巻末資料10のうち1834年のデータに着目すると，ここにも18世紀に見られた人口分布の特質と傾向が確かめられる。この資料で示されるバンテン各地の人口を，本章における海岸部（北部）と内陸部（西部と南部）に再分類して計算し直すと，海岸部の人口が22万9,023人であるのに対し，内陸部の人口は15万8,654人となる。先に述べた統計の不均等を考慮すると，実際にはこの差はさらに小さかったと考えられよう。そのように考えると，たしかに海岸部により多くの人口が集中する傾向はあるが，内陸部が極端に人口希薄とは言えない。表5-1で確かめられたように，内陸部でも中央部の丘陵地帯，特にカラン山麓（ムネス，チマヌックなど）やクンデン山麓（パラカン・テラン，パロン・クジャンなど）

には一定の人口集中が生じていたのである。

バンテン中・南部では19世紀後半以降水田開拓と新村開発が活発に行われたこと，さらに今まで19世紀前半までの人口に関する資料がほとんど存在しないと考えられてきたことから，これまで19世紀前半までのバンテン内陸部は非常に人口希薄な地域と考えられてきた。19世紀後半に人口が急増したことは事実であるが，水田開拓と新村開発は無人の地で行われたのではない。気候と生態環境に恵まれたこの地域には，18世紀半ばまでに既に一定の人口を抱えており，そこに植民地期に入ってさらなる人口増加と耕地の拡大が起きたと考えるべきである。

3　1750年までのバンテンおよびランプン

1) バンテン・ギランの時代

バンテン地方は10世紀頃から貿易で栄えていたことが，考古資料から確かめられている。しかしその中心は，15世紀末までは内陸部にあった。コタ・バンテンからバンテン川（Ci Banten）を13キロほど遡った地点にあるバンテン・ギラン（Banten Gilang）遺跡からは，数多くの中国陶磁片や建築遺構が発見され，この地が10世紀から中国貿易の拠点であったことが確かめられている（地図4，図1-1）[45]。14世紀には西ジャワ一帯をパジャジャラン王国が支配するようになったので，バンテン・ギランも恐らくその影響下に入ったと考えられる。

13キロも川を遡った地点に国際的貿易港が存在したことは，現在の感覚からすると一見意外に感じられる。しかし前節で述べたように，気候と生態環境の面では，バンテンでは海岸部よりも内陸部の方がはるかに暮らしやすい。当時のジャワに存在したヒンドゥー王国であるパジャジャランおよびマジャパヒト（Majapahit）は内陸部に都を置いたが，これはヒンドゥーが聖山信仰を重視したことのほかに，当時のジャワでは，気候や生態環境が農業に適した山間部に人々の活動の中心が存在したことを反映している。バンテン・ギランはカラン山地から伸びる丘陵部が終わる地点にあり，そこから北は海岸平野である。海からバンテン川を遡ってくる貿易船を迎え入れたバンテン・ギランの港は，まさに海の世界と山の世界の境界に位置した。

バンテン・ギラン（ジャワ語で「上流のバンテン」）という名称は，恐らくバン

テン川の下流に別のバンテンと呼ばれる町が成立して以降，それと区別するために付けられたものであろう。バンテン・ギランという名称を伝える資料は17世紀初頭に作成された『サジャラ・バンテン』が最初であり，この名がいつ頃から使い始められたかは明らかでない。1320年代にこの地を訪れたイタリア人旅行家オドリコ・ダ・ポルデノーネ（Odorico da Pordenone）

図1-1　バンテン・ギラン遺跡

出典）Claude Guillot, Lukman Nurhakim, and Sonny Wibisono, *Banten Sebelum Zaman Islam : Kajian Arkeologi di Banten 932?-1526* (Jakarta : Pusat Penelitian Arkeologi Nasional and École Française d'Extrême-Orient, 1996), p. 57.

は，パンテン（Panten）と呼ばれる町のことを記している[46]。これは恐らく最盛期にあったバンテン・ギランであり，この頃この町が恐らくバンテンと呼ばれていたことを示していよう。この名称が貿易の栄え始めた10世紀から用いられていた可能性も十分考えられるが，文献資料から確かめることはできない。15世紀末になるとバンテン・ギランから発見される中国陶磁片は急減し，それ以降の時期からの出土は極めてわずかとなる。このため，バンテン・ギランは15世紀末までに衰退したと考えられる[47]。

2）バンテン・ヒリルの時代

ところが16世紀初頭には，バンテンと呼ばれる発達した沿岸港市が文献に現れるようになる。ポルトガルのインド総督に派遣されて1512年頃にジャワを訪れたトメ・ピレス（Tomé Pires）は，当時西ジャワを支配したスンダ国（パジャジャランの別名）にある港の中で，バウタン（Bautan）という港がスンダ・カラパ（Sunda Kalapa，現在のスンダ・クラパ Sunda Kelapa，ジャカルタの旧港）に次いで2番目に重要な港であったと述べた[48]。この港が川の上流に位置したか下流にあったかは原資料に記されていないため，研究者の中にはこの港がバンテン・ギランであった可能性に言及する者もいる[49]。しかし先述のようにバンテン・ギランが15世紀末までに衰退していたことを考えれば，ピレスの記すバウタンが上

流のバンテン・ギランであったとは考えられない。一方，1617年に張燮が著した航海書・地理書である『東西洋考』の中のジャワ島に関する箇所には，「下港」という繁栄する港町が，そこから半日の距離にある加留吧を属国としているとの言及がある[50]。バンテン王国はスンダ・クラパ港を擁するジャカトラ（Jakatra）国を支配下に置いていたので，この情報はバンテン王国の都コタ・バンテンを当時の華人が下港と呼んでいたことを意味している。下港という名称は，既に岩生成一などが述べているように，恐らく現地名であるバンテン・ヒリル（Banten Hilir，ジャワ語で「下流のバンテン」）を漢訳したものであろう[51]。つまり，ある時期にバンテン川下流に港が発達し，それに伴い上流にあった港はバンテン・ギランと呼ばれるようになったと考えられる[52]。下流の港は当初バンテン・ヒリルと呼ばれたが，それが急速に発展しバンテン・ギランが衰退するにあたって，バンテン・ヒリルの名はあまり使われなくなり，一般にバンテンと呼ばれるようになったと考えられる[53]。

　バンテン・ヒリルの台頭は，恐らくこの頃活発化したムスリム商人の来航と深く関連している。ピレスが訪れた1512年までに，ジャワはイスラーム勢力の急速な拡大を経験しつつあった[54]。当時活発に訪れるようになっていた西アジアやインド各地のムスリム商人は，当初はジャワ東北海岸の港を主に利用していた。彼らとの接触を通じて，その地域の一部の支配者はイスラームに改宗した。ピレスの記述によれば，西ジャワのパジャジャラン王国の領域でも，外国人ムスリム商人がチ・マヌック（Ci Manuk）というマジャパヒトとの国境に接する地域の港に住み，ジャワ東北岸の港（恐らく支配者がイスラームに改宗した地域）と密接に貿易を行うようになっていたとされる[55]。このようにジャワにおけるムスリム商人の活動は16世紀初頭までに次第に西漸し，パジャジャランの領域にまで進出し始めていた。バンテン・ヒリルは，恐らくそうしたムスリム商人の寄港地として発達したものであろう。西アジアやインド各地からやってくる彼らの船は東南アジアでは内陸部よりも沿岸部の港を訪れることが多く，ムスリム商人たちは見知らぬ土地で内陸部まで航行するよりも，沿岸部の取引を好んだと思われる。そうして次第にバンテン・ヒリルが発達し，バンテン・ギランに取って代わった。外来商人の来航が，生態環境に恵まれた内陸部から海岸部へと経済の中心が移る要因となったと言える。

3）バンテン王国の設立

　現在最も定評のあるインドネシア史概説書である M. C. リックレフスの『インドネシア近代史』によれば，バンテン・ヒリルの支配者はイスラーム化に抵抗しポルトガルとの間に反デマック同盟を構築しようとしたが，イスラーム教師ファレテハン（Faletehan）が彼を追放し，バンテン王国を設立したとされている[56]。これはバンテン王国設立に関する最も通説的な理解である。しかし本書は資料を詳細に分析することにより，この通説を再検討したい。

　バンテン王国設立を最も近い時代に記録した資料は，1550-60年頃に編集されたジョアン・デ・バロス（João de Barros）の『アジア史』である[57]。ポルトガル人の海外遠征に関する記録をまとめたこの資料によると，スンダ国のサミアン（Samian）王は，1522年にポルトガルの使者エンリケ・デ・レメ（Henrique de Leme）をスンダ・クラパに迎え入れた。この時，「バンテンから来た人々」も一緒にポルトガル使者団を歓迎した。サミアン王とエンリケ・デ・レメは，協力してムスリムと戦うことに同意し，この目的のために王はポルトガル人が彼の領域内に要塞を築き胡椒取引を行うことを認めた[58]。ここで述べられるバンテンとは，恐らくバンテン・ヒリルのことであり，この港町を代表する人物がポルトガル人を友好的に迎えたことが資料から確かめられる。ところが上の記述からも分かるように，ポルトガル人と反ムスリム協定を結んだのはスンダのサミアン王であってバンテン・ヒリルの代表ではない。ジャワ東北岸では，ムスリム商人との貿易を通じて得た経済力を背景に，いくつかの港の支配者たちが，その宗主国であるヒンドゥー国家のマジャパヒトに対して独立を主張し始めていた。ピレスによれば，このためスンダ王は，彼の領域にイスラームが浸透して同様の事態が生じることを強く恐れていた[59]。しかし貿易が自らの収入と権力の源泉となるバンテン・ヒリルの代表にとって，イスラームの浸透は恐れることというよりもむしろ，貿易の活発化のために歓迎すべきことであったであろう。『アジア史』は，スンダ王がポルトガル使者団と反ムスリム同盟を結んだ場にバンテン・ヒリルの代表が同席したことを伝えているが，彼がそれに積極的に参加したとは述べていない。

　『アジア史』は，ファレテハンによるバンテン・ヒリルにおけるイスラームの布教について，次のように語る。北スマトラ・パセイ（Pasai）出身のイスラーム教師であるファレテハン（原資料ではファラテハン Falatehan）はメッカに修行に出

かけたが，帰国すると故郷の町はポルトガルに占領されていた。落胆したファレテハンは中部ジャワ北岸デマックに行き[60]，そこで王の保護を得てイスラームをさらに人々に広める許可を得た。デマックは早くからイスラーム化した港町で，当時ジャワの他の新興イスラーム国に対して影響力を強め，急速に勢力を拡大していた。ファレテハンの実績に満足したデマック王は，彼を自分の妹と結婚させ，さらに当時は山に住む王（スンダ国王と理解できる）の影響下にあったバンテンと呼ばれる町（バンテン・ヒリルと理解できる）に送り，イスラームのさらなる布教と彼の影響力の拡大を図った。バンテン・ヒリルの「重要な男」はファレテハンを歓迎し，彼の教えを受け入れ，さらに彼を行政顧問として待遇した[61]。この役割を見ると，「重要な男」とはバンテン・ヒリルの支配者と考えて間違いないであろう。従ってこの資料によれば，定説と異なり，バンテン・ヒリルの支配者は反イスラームの姿勢を取る主君のスンダ王の意に反して，イスラーム勢力を受け入れようとしていたと理解できる。これは恐らく，より多くのムスリム商人を引きつけることによってさらに貿易を促進しようとする，支配者の現実的な判断が働いていたと考えられよう。

　さらに『アジア史』は，バンテン王国設立の経緯を以下のように述べる。ファレテハンはやがてこの町の重要性を認識し，デマック王に彼の妻と兵士を送るように依頼し，その結果 2,000 人の兵が送られてきた。一方「重要な男」はファレテハンの勤勉さを見て，彼をバンテン・ヒリルの支配者にした[62]。つまりこの資料は，この政権委譲にあたり何の軍事的衝突も述べていない。もっとも，この委譲が本当に自発的なものであったか何らかの圧力のもとに行われたのかは，明らかでない。少なくとも 2,000 人のデマック兵がバンテン・ヒリルに来たことは，ファレテハンの交渉力を強めたであろうし，またバンテン・ヒリルがスンダ国からの圧力に抗して自律性を維持するのに役立ったことも間違いないであろう。この権力委譲に伴い，ファレテハンはこの地に自らが支配するバンテン王国をうち建てた。これによってバンテン・ヒリルは王国の首都コタ・バンテンとなり，イスラーム勢力の一角を形成した。そして 1527 年にポルトガル船が，恐らく 1522 年の協定に基づいてバンテン・ヒリルを訪れると，ファレテハンはこれを攻撃し撃退した[63]。ここから，バンテン王国の設立は 1522 年から 27 年の間であったと理解できる[64]。

　バンテン王国の設立に関しては，王国の年代記である『サジャラ・バンテン』

も詳しく述べている。しかし様々な超自然的現象を含むこの資料の叙述は，設立の歴史的経緯を知るためよりも，王国における支配のイデオロギーを知るためによりふさわしいと考えられるため，『サジャラ・バンテン』の分析は第2章第1節で行うことにする。ここでは，『アジア史』が語ったファレテハンが，『サジャラ・バンテン』で述べられるパセイ出身のイスラーム教師スナン・グヌン・ジャティ（Sunan Gunung Jati）に比定できるとするジャヤディニングラットの説には問題がないと思われること，また『サジャラ・バンテン』では王国の創設者がスナン・グヌン・ジャティでなく，その息子モラナ［マウラナ］・ハサヌッディン（Molana［Maulana］Hasanuddin）とされていることを指摘するにとどめたい[65]。

4）バンテン王国の拡大と発展

　バンテン王国はこのような設立経緯から，当初はデマックの強い影響下に置かれていた。ポルトガル人冒険家で著述家でもあるフェルナン・メンデス・ピント（Fernão Mendes Pinto）によれば，1545年の時点でバンテンはデマックの封国であった[66]。翌年，デマック国王であるスルタン・トゥレンゴノ（Sultan Trenggana）がパレンバン遠征中に没したのを契機に，バンテンはデマックの軛を脱したように見える。デマックはスルタン・トゥレンゴノの死後急速に衰退したため，バンテンはこの国との関係を重視する必要がなくなった。この出来事の後，オランダ人が来航する1596年までは，『サジャラ・バンテン』と現地の伝承だけがバンテン王国の歴史に関する情報源となる。

　一般に，バンテンはこの時期に領域的に急拡大し，パジャジャランに代わって西ジャワ一帯を制圧し，ランプンを支配下に置いたと考えられている[67]。しかしいくつかの資料を参照すれば，この理解が根拠に欠けることは明らかである。『サジャラ・バンテン』は確かに，ハサヌッディンの次の王マウラナ・ユスップ（Maulana Yusup，在位1570?-80?）がパジャジャランの首都パクワン（Pakuwan）を制圧したと述べている[68]。しかし1596年にオランダ人ウィレム・ローデウェイクスゾーン（Willem Lodewycksz.）がコタ・バンテンを訪れた時，彼は別の王国がジャカルタの上流に存在したと記している[69]。従ってバンテンがこの時までにパジャジャランの領域を完全に引き継いでいたとは考えられない。一方，バンテンが16世紀の間にランプンを支配したと主張したのは，ジャヤディニングラットである。彼は『サジャラ・バンテン』の記述に基づき，スナン・グヌン・ジャ

ティの息子モラナ・ハサヌッディンがランプンを訪れた際に，現地首長がイスラームへの改宗と彼への忠誠を近い，胡椒を栽培することを約束したと述べている[70]。しかしこの記述は『サジャラ・バンテン』の中でも1884年に編纂されたテキストEeと称されるヴァージョンにしか残されず，それ以前に作られたものには示されていない[71]。ジャヤディニングラットはまた，住民による胡椒栽培の義務が記されたピアグムがランプンに存在することもバンテン王の支配浸透の証拠として指摘しているが，現存する最古のピアグムが作成されたのは17世紀末に過ぎない[72]。一方，1596年にコタ・バンテンを訪れたローデウェイクスゾーンは，胡椒がバンテンのいくつかの場所で生産されていることを述べているにもかかわらず，17世紀初頭には重要な胡椒生産地として知られていたランプンについて全く言及していない[73]。したがって16世紀末までにバンテンの支配がランプンに深く浸透していたとは考えにくい。『サジャラ・バンテン』には特に初期の王の功績を栄光化する傾向が強く，王国の領域拡大といった側面を証明する資料に用いるには難がある[74]。

　ランプンがバンテン王国の支配下に入る経緯に関しては，鈴木恒之がランプン各地の民間伝承を検討して分析している。鈴木によれば，当時地方有力者の支配権をめぐる争いが絶えず生起したにもかかわらずそれらを調停するに足る強力な権力が存在しないため，胡椒の取引によって影響力を持ち始めていたバンテン王国のスルタンに地方有力者たちが依頼したか，またはスルタンが自ら介入した[75]。次章や第5章で詳論するように，外部勢力に対するこのような調停依頼が18世紀に入っても頻繁に行われていることを考慮すると，同様の経緯でスルタンの支配が始まったことは十分にあり得るだろう。それはたとえ16世紀に始まっていたとしても，ランプンからバンテンへの胡椒供給の状況を考えると，バンテン王国による支配は17世紀に入ってから本格化したと理解すべきであろう。

　いずれにしてもコタ・バンテンが，1596年までにジャワおよびその周辺における一大貿易拠点に成長したことは間違いない。ローデウェイクスゾーンは同年，アフリカ東岸，西・南・東南アジア，中国，ポルトガルから数多くの商人がコタ・バンテンを訪れていたことや，商人たちが各地の様々な産物やバンテンの豊富な胡椒を取引していた様子を生き生きと描いた[76]。ローデウェイクスゾーンの記録から20年ほど後に著された『東西洋考』も，コタ・バンテンが交易の拠点となる重要な港であったことを記している[77]。

5）オランダの進出と抗争

　1595年，9名の裕福なオランダ商人は，貴重な熱帯産物を直接ヨーロッパに運んで巨利を得ることを目論み，アジアに船隊を送った。オランダ人が初めて東インド諸島にやって来る機会となったこの航海で，船隊がコタ・バンテンをジャワで最初の訪問地に選んだことも，この貿易港の重要性を示しているであろう。オランダ人商人コーネリス・デ・ハウトマン（Cornelis de Houtman）が率いたこの航海に同行したローデウェイクスゾーンは，彼がそれまで訪れたアジアの港の中でもコタ・バンテンを「最良で最大の港」と述べている[78]。

　コタ・バンテンにおけるこの時のオランダ人の取引は，ポルトガル人による妨害もあってそれほど大きな利益を得られなかったが，この航海が航路を開拓し大きな貿易の可能性を示したことは他の多くのオランダ商人を刺激した。その結果20近くの貿易会社が設立され，コタ・バンテンをはじめ東インド諸島各地に次々に船隊を送った。オランダ商人が取引を広げることを快く思わないポルトガル商人は，オランダ船の活動をアジア各地で妨害した。彼らはコタ・バンテンでも港の外で海上封鎖を行って対抗しようとしたが，オランダの船団は1601年，バンテン湾でポルトガルの海上封鎖を打ち破った。オランダの勝利を見たバンテンのスルタンは，恐らくヨーロッパ人の間の勢力均衡を図るため，1602年，イギリス東インド会社に商館の開設を許可した。一方，オランダの有力商人や政治家たちは，貿易会社の乱立によって競争が激化し利益が減少することを恐れ，1602年に各地の貿易会社を統合してオランダ東インド会社（Verenigde Oostindische Compagnie，直訳は「連合東インド会社」）を設立させた。早くも翌1603年には，オランダ東インド会社はコタ・バンテンに商館を建設した。1619年までこの商館は同社のアジア本部として機能した[79]。

　1608年から若年のスルタンを支えたバンテンの宰相（パティ patih）は，現地の海上貿易支配を試みるオランダ東インド会社とすぐに抗争に陥った。オランダの影響力がさらに拡大するのを防ぐために，宰相は現地の華人商人と協力して胡椒の生産と取引を独占し，オランダに高値で売りつけようとした。こうした状況に対応するために，当時オランダ東インド会社の事務総長（後に総督）としてバンテンに乗り込んだヤン・ピーテルスゾーン・クーン（Jan Pietersz. Coen）は，バンテン王国との全面対決を選んだ。クーンはまず，当時バンテン王国の封国であったジャカトラを攻撃して支配下に収め，1619年，バタヴィアと改名したそ

の地に会社の政庁を設立し,会社の新たなアジア本部とした。バタヴィアを出港したオランダ艦隊はバンテン湾を封鎖し,この時から 1629 年まで,あらゆる船舶がコタ・バンテンに出入港するのを妨害した[80]。

　オランダ東インド会社による海上封鎖は,1620 年代には王国の胡椒輸出に打撃を与え,結果として王国の経済にも低迷をもたらした。しかし 1633-39 年,および 1656-59 年と繰り返し会社が試みた海上封鎖は,華人やイギリス人商人がオランダの監視をかいくぐって胡椒を購入したことなどにより,その影響は限定的であった。さらにバンテンの宰相,スルタン,そして有力貴族たちは軍隊や私兵を編成し,しばしばバタヴィアを攻撃した[81]。ターレンスは,1640 年代におけるランプンからの胡椒供給が増加していることから,この頃にバンテンの影響力がランプンに浸透したのではないかと論じている[82]。

　6 代目の王スルタン・アブルファス・アブドゥル・ファター (Sultan Abulfath Abdul Fattah, またはスルタン・アグン・ティルタヤサ,在位 1651-81) の時代に,王国は再び繁栄を取り戻した。彼はオランダ,イギリス,デンマーク人たちと友好的な関係を築き,マカッサル (Makassar),パレンバン,マラッカ,アチェ (Aceh) といった東南アジアの港や,さらにインド,ペルシャ,アラビア地方の港との貿易を促進した。さらに華人の使者を通じてトンキン,マニラ,広州,台湾,日本とも貿易を行った。マラッカが 1511 年にポルトガルによって征服され,さらに 1641 年にオランダに支配されると,コタ・バンテンは東南アジアの自由港の一つとして,そして胡椒の最重要供給地の一つとして,中心的な中継港としての地位を確立した。胡椒は中国,インド,ポルトガル,そしてアルメニア人などの商人を引きつけた。1661 年には,王国は西カリマンタンのスカダナ王国から内紛の調停を依頼され,その見返りとしてスカダナ支配下にあったランダックを保護領として受け取った。バタヴィア政庁はライバルであるバンテン王国の経済的繁栄と政治的台頭に焦燥を覚えていたが,1677 年以後は中部ジャワで勃発したトゥルノジョヨ (Trunajaya) の反乱に対する処置に忙殺されて,バンテンに敢えて介入しようとはしなかった[83]。

6) 内乱と宮廷権力の衰退

　しかしスルタン・アグン・ティルタヤサ統治下のバンテンの繁栄は,長くは続かなかった。1670 年代にスルタン・アグンは行政の大部分を,彼の息子で皇太

子のアブル・ナザル（Abul Nazar, 後にスルタン・ハジとして知られるスルタン・アブル・ナザル・アブドゥル・カハル Sultan Abul Nazar Abdul Kahar, 在位 1676?-87）に譲り，自身はコタ・バンテンの東方ティルタヤサ（Tirtayasa）にある彼の居邸に移った。もっとも彼自身はこの時に退位しておらず，2人のスルタンが並び立ち，一種の共同統治が行われた。しかしスルタン・アグンや宮廷の重臣たちがトゥルノジョヨ反乱の間にオランダ東インド会社に対し強硬路線を取って王国勢力のいっそうの拡大を図ろうとしたのに対し，アブル・ナザルはオランダ人と協力する方策を選択し，父親や多くの重臣たちの支持を失う結果となった。アブル・ナザルは父親が，最終的に自分の弟を自分の代わりに王位につけたいと考えていると信じ，ついに1680年，父親をティルタヤサに包囲して権力を完全に奪った[84]。しかし彼の対オランダ協力路線に反発したグループは，1682年2月にスルタン・アグンを奉じて，逆に宮廷のアブル・ナザルを包囲した。アブル・ナザルはバタヴィア政庁に支持を求め，オランダ人は同年3月バンテンに兵を送り，激しい戦闘の末，スルタン・アグンを捕らえた。これによって正式に唯一のスルタンとなったアブル・ナザルは，1684年にオランダ東インド会社との間で条約を結んだ。その条約で彼は，引き続き会社の軍事援助を受ける見返りに，他のヨーロッパ人をバンテンから追放すること，またオランダが胡椒の独占貿易権を得ることを認めさせられた[85]。これによりイギリス東インド会社はバンテンからの撤退を余儀なくされた。

　これらの一連の出来事は，それによって王国が外交的自立を失い，オランダ以外との長距離貿易が衰退したことから，バンテン史の分水嶺を成すものと長く考えられてきた。つまり，豊かで強力なバンテン王国がオランダ東インド会社との抗争に敗れ，これ以降は会社に政治的に従属し貧困化する「暗黒の時代」に入ったと考えられた。しかしターレンスは近年，オランダ東インド会社と結んだ条約は必ずしも王国における重大な転機を意味しないと指摘している。1684年の条約によってオランダ人以外のヨーロッパ商人が追放され，重要な輸出品である胡椒がオランダ東インド会社によって独占されると，確かにバンテン王国はそれまで重要な収入源であった長距離貿易を失った。しかしターレンスによれば，オランダ東インド会社はこの時に胡椒買取価格を1バハルあたり15スペインリアルと，それまで一般的であった額よりも高く固定したため，スルタンは胡椒販売から安定した収入を得るようになった。もっとも，宮廷内の政治的問題に対して会

社が頻繁に介入したことは，スルタンの権威弱体化につながったとターレンスは指摘している[86]。

4　コタ・バンテン——首都の概要

1）町のデザイン，シンボル，機能

　　コタ・バンテン[87]はバンテン川とカランガントゥ川（Ci Karangantu）との間，およびバンテン川の西岸に位置する（図1-2, 図1-3a）。『サジャラ・バンテン』は，スナン・グヌン・ジャティがハサヌッディンに対して，どこに王宮，王宮前広場，および市場を築くべきか指示したと記している[88]。新しい王国の都は16世紀初め頃から既に発展していたバンテン・ヒリルに置かれたのであるが，『サジャラ・バンテン』のこの叙述は，この時にコタ・バンテンが王国の象徴的中心として新たな意味を与えられたことを示している。1630年代に作成された地図（図1-3a）によると，王宮，王宮前広場，および市場という，スナン・グヌン・ジャティがハサヌッディンに示した施設が，コタ・バンテンの三つの本源的要素として町の中心で南北軸を形成している（図1-3b）。四つの主要な道路は，王宮前広場の近くからほぼ東西南北の四方向に放射状に伸びている。このようなデザインを，フレーク・コロンバインはヒンドゥー・仏教的要素から着想を得たものと論じ，ギヨーはこれを一種のマンダラの表現と述べた[89]。つまり，バンテン王国はイスラーム王国として設立されたにもかかわらず，土着のヒンドゥー・仏教的要素を持っていた。

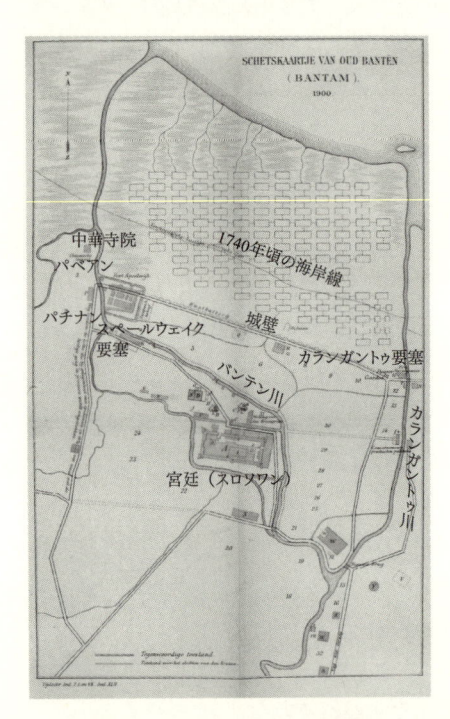

図1-2　コタ・バンテンの遺跡

出典）M. Serrurier, "Kaart van Oud-Banten (Bantam)," *TBG* 45 (1902).

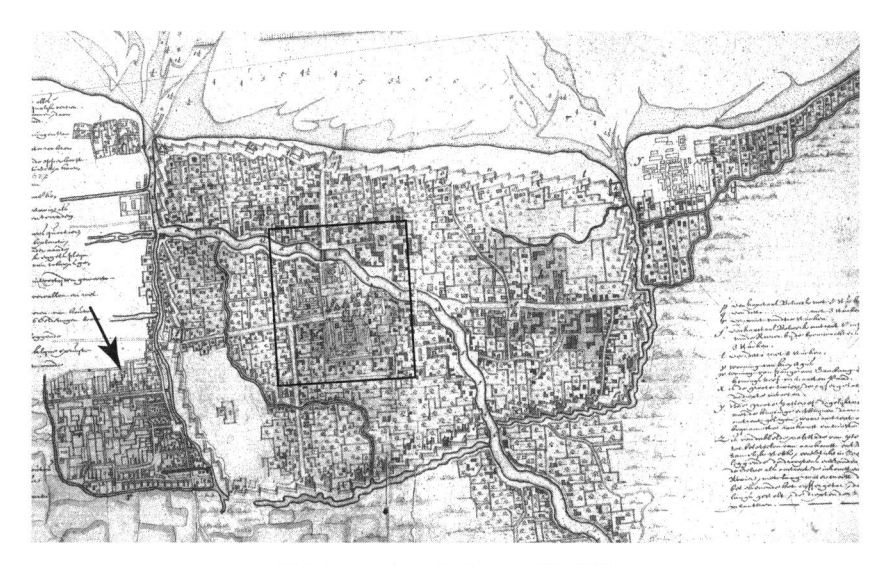

図 1-3a　コタ・バンテン，1630 年代

出典）VEL 1175, Nationaal Archief, The Hague.
注）矢印は当時の華人街を指す。

　コタ・バンテンは東西南北に走る主要道路によって四つの街区（カンポン kampong）に分けられ，それぞれがそこに居邸を持つ重臣たちに属していた[90]。4 本の主要道路はほぼ直線に伸びていたが，そのすぐ裏では細い通路が様々な方向に入り組んでいた。1780 年代の資料によると，マンクブミ（Mangkubumi, 首相）やキヤイ・ファキー（Kyai Faqih, 最高裁判官）といった重臣たちは石造りの住居に住んでいたが，それらのほとんどはスルタンの所有物であった。ほとんどの一般住民の住居は竹製で，そのうちのごくわずかだけが木製の柱や梁で支えられていた。各住居には通常小さな庭があり，

図 1-3b　コタ・バンテンの中心部

出典）図 1-3a と同じ。画像を加工。
　注）A. 王宮，B. モスク，C. 市場，D. バンテン川。A，B，D に囲まれる空間が王宮前広場。

ココヤシやバナナが育てられていた[91]。

『サジャラ・バンテン』とローデウェイクスゾーンの記述によれば，町は恐らく1570年代から，城壁と堡塁によって囲まれていた[92]。しかし，コロンバインは城壁や堡塁は単に象徴的な意味を持っていたに過ぎず，本来の防衛上の機能はなかったと論じている[93]。城壁と堡塁は1682-83年の内戦時に破壊され，以後再建されることはなかった[94]。

2) 王宮と広場

スロソワンと呼ばれた王宮は，バンテン川の左岸に位置した（図1-2，図1-3，図1-4）。『サジャラ・バンテン』によると，ハサヌッディンが王国を設立した時に[95]，父の助言に従って王宮を建てたとされる[96]。1680-81年にスルタン・ハジは王宮を改築し，それを厚い城壁と堡塁，濠を備えた西洋風の要塞とした。この改築に主導的役割を果たしたのは，オランダ人技師ヘンドリック・ルカスゾー

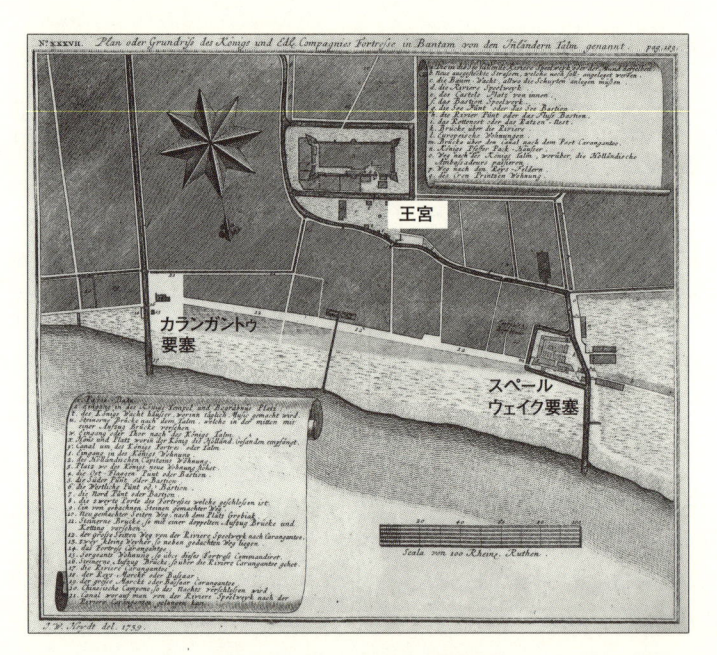

図1-4　王宮と要塞，1739年

出典）J. W. Heydt, *Allerneuester* ...（Willhermsdorff：Tetschner, 1744).

ン・カルデール（Hendrik Lucasz. Cardeel）であった。彼はもともと東インド会社の職員であったが，職場でトラブルを起こしスルタンのもとに亡命した後，宮廷の改築に全面的に協力した[97]。今に残る王宮の廃墟は，この時改築されたものである（図1-5，図1-6）。スルタンは二重の壁で囲まれた王宮の最奥部で暮らし，女性だけがその内部に入ることを許されていた[98]。

王宮の内側には幾つかの浴場があり，山から水路を通ってくる水で満たされていた。水路は途中でタシクアルディ（Tasikardi，ジャワ語で「山の中の海」）と呼ばれる王の別宮を経由した。王宮から南西に約2キロ離れたこの別宮は，小さな湖の中の人工島から出来ていた。島の上の二階

図1-5　スロソワン王宮全景
出典）筆者撮影。

図1-6　スロソワン王宮の一部
出典）筆者撮影。

建ての建物は1684年以前に建てられ，山と王宮とをつなぐ水路は1701年に完成した（図1-7，地図4）[99]。ここにも，聖なる山とのつながりや聖なる川を重視する，ヒンドゥー的要素が窺える。

ギヨーは，アルン・アルン（alun-alun）と呼ばれる王宮前広場が，町の聖なる中心であったと論じている（図1-3b）[100]。ギヨーによれば，アルン・アルンに置かれたワトゥ・ギギラン（watu gigilang，ジャワ語で「光る石」）と呼ばれる長方形の石（図1-8）と，聖なるワリンギン（waringin）の樹が，超自然的力，精霊の座，最高権力を持つ王の玉座，そして世界の中心を表象した。スルタンはアル

図1-7 タシクアルディ（人工島を周囲の湖から望む）
出典）筆者撮影。

図1-8 ワトゥ・ギギラン
出典）筆者撮影。

ン・アルンの中に据えられたパセバン（paseban）と呼ばれる無蓋の高座を，重臣たちとの会議を行う場に用いた。ギヨーによれば，1674年にスルタン・アグンが保安上の理由から会議を王宮内で行うことを決めた時からアルン・アルンは象徴的重要性を失い，さらに1678年以降彼が会議をティルタヤサで開くようになった時にそれは決定的になったとされる[101]。

しかしオランダ東インド会社資料によれば，パセバンは18世紀後半までスルタンとの謁見場として用いられており，スルタンの命令もそこで重臣たちに伝えられていた[102]。オランダ人海軍将官 J. S. スタヴォリヌス（Johan Splinter Stavorinus）は1769年にコタ・バンテンを訪れた時に，アルン・アルンの中の歴代スルタンの墓のそばにワリンギンの樹が茂り，その近くでスルタンの子供のために華やかな割礼の儀式が行われたことを記している[103]。こうしたことから，アルン・アルンが1670年代にその象徴的重要性を喪失したのは一時的であると確かめられる。スルタンは18世紀末に至るまで，アルン・アルンを，宮廷高官に命令を伝え，儀礼の来賓や観衆に自らの姿を示す場として用いたのであった。

王宮は1832年，オランダ植民地政府が引退したスルタンをスラバヤ（Surabaya）に移送した時に，政府によって破壊された[104]。スルタンの居所変更も王宮

の破壊も，王国の終焉を地域住民に印象づけるためのオランダの施策であった。

3）オランダ要塞

　オランダ東インド会社はコタ・バンテンに三つの要塞を設置した（図1-4）。バンテンにおける会社の最重要拠点とされ，商館長やその他の職員が事務を執り行ったのは，スペールウェイク要塞（Fort Speelwijk）（図1-9）である。重武装されたこの要塞は，バンテン川の河口部に1682年から85年にかけて建設された。名前は1682-83年の内乱に介入することを決定した総督コーネリス・スペールマン（Cornelis Speelman）にちなんでつけられたが，彼はその完成を見る前に没した[105]。この要塞には，1789年の時点で64人のオランダ兵が駐留した[106]。

　オランダ東インド会社のもう一つの要塞は，スルタンの王宮であった。スタヴォリヌスによれば，1682年にバタヴィア政庁は，「スルタンの保護のため」という口実で王宮の四隅と正門にオランダ人部隊を駐留させたが，実際のところそれは「王宮の主人となる」ことを意図したものであった[107]。実際，政庁は王宮をオランダ要塞と考え，それをディアマント要塞（Fort Diamant）と呼んだ。

　もう一つはカランガントゥ要塞（Fort Karangantu）で，カランガントゥ川の河口に建てられた（図1-2，図1-4）。しかしこの小さな砦は平時には軍事拠点として機能しておらず，1770年代以降兵員の不足が深刻になってからは，兵士の駐留は行われなかった[108]。

　カランガントゥに限らずオランダ東インド会社の要塞は，18世紀末には十分な兵員が配置されることはなくなっていた。1789年のバンテン商館長の引継文書によれば，上記の三つの要塞と王国内のその他の四つのポストには計302人が駐留することになっていたが，実際には病気，衰弱，死亡のため，現地人兵も含めて178人しかいなかった[109]。財政的に困窮していた当時のバタヴィア政庁に

図1-9　スペールウェイク要塞
出典）筆者撮影。

4）華人街と市場

　外国人住民は特別に指定された地域に住むこととされていた。その中でも華人街は，遅くとも 16 世紀末までに成立していたと考えられる。ローデウェイクスゾーンが作った略地図では，華人街は町の城壁の北西の角の向かいにあって，海岸に近い一角にある[110]。この部分は現在パベアン（Pabean，ジャワ語で「関税徴収所」）と呼ばれており，華人商人が行った取引との関連が窺える（図1-2）。しかしこの一帯は，1619 年に王国とオランダ東インド会社が争った時に戦場となり，華人街はこの時に破壊された[111]。華人街はまもなく再建されたが，それは 1630 年代の地図によれば，町の城壁の南西の隅の向かいという，今までよりもだいぶ内陸に入った地域にあったことが分かる（図1-3a，矢印）。ドゥ・ローフェレ・ファン・ブリューヘルは 1787 年の報告の中で，華人は二つのカンポンに住んでおり，一つはカランガントゥに，もう一つはスペールウェイク要塞の少し南にあると述べている。後者は，今も中華様式の住居が残る，現在パチナン（Pacinan）と呼ばれる地域であったに違いない（図1-2）。このように，華人街は 1780 年代までに，かつて 16 世紀にあった場所の近くに再び移転していたことが分かるが[112]，二度にわたる移転の理由は明らかでない。

　華人住民は自らが選んだ首領（カピタン kapitan または capitan）が統治する，結束力の強い自治組織を形成していた。華人首領はオランダ語資料では早くも 1602 年には言及されており，華人コミュニティにおける治安維持，徴税，および司法行政を取り仕切っていた。17 世紀半ばには華人首領がシャーバンダル（shahbandar，港湾長官）を兼任するなど，華人は経済行政上の要職も務めていた[113]。パベアンの近隣には

図 1-10　中華寺院

出典）筆者撮影。

1740年の設立と言われる中華寺院があり、改築を重ねて現在まで多くの信者を集めている（図1-10）[114]。パチナンには17世紀末にはモスクも建てられていた[115]。華人がどの程度イスラームに改宗していたのかは不明であるが、今もこの地にはパチナン・ティンギ（Pacinan Tinggi）と呼ばれる建物が廃墟として残り、華人とつながりのあるモスクであったとの伝承が残っている（図1-11）。

　市内には三つの大きな市場があり、その位置は数世紀にわたって変化していない。市内最大の市場はカランガントゥ川河口東岸のカランガントゥ市場（Pasar Karangantu）で、毎日朝に開かれていた。トモンゴン市場（Pasar Tomongon）はアルン・アルンの北の部分にあって、日中に開かれた（図1-3b）。もう一つは新市場（現地名は資料にないが、恐らくPasar Baru）と呼ばれ、スペールウェイク要塞近くの華人街の中で夜に開かれた[116]。1680年代初頭までこれらの市場は国際色豊かな商品であふれ、世界中から集まる商人たちの取引で活況を呈していた。1780年代の資料からはそうした活気は窺われないが、三つの市場はまだ開かれていて、あらゆる必需品を地域住民に提供していた[117]。

図1-11　パチナン・ティンギ
出典）筆者撮影。

5　王国の経済

1）胡椒貿易とスルタンの収入

　胡椒はバンテン王国の経済に最も大きな影響を与えた産物であり、その輸出はオランダ東インド会社にとってもスルタンにとっても極めて重要であった。まず会社にとって、18世紀のバンテン王国は東南アジア最大の胡椒供給者であった。図1-12が示すように、バンテンはオランダ東インド会社がバタヴィアで集荷する胡椒のうち、18世紀を通じて40-80％を供給した。この胡椒の確保こそが、会社が王国に存在し続けた最大の理由であったと言える。また、後の章で述べるよ

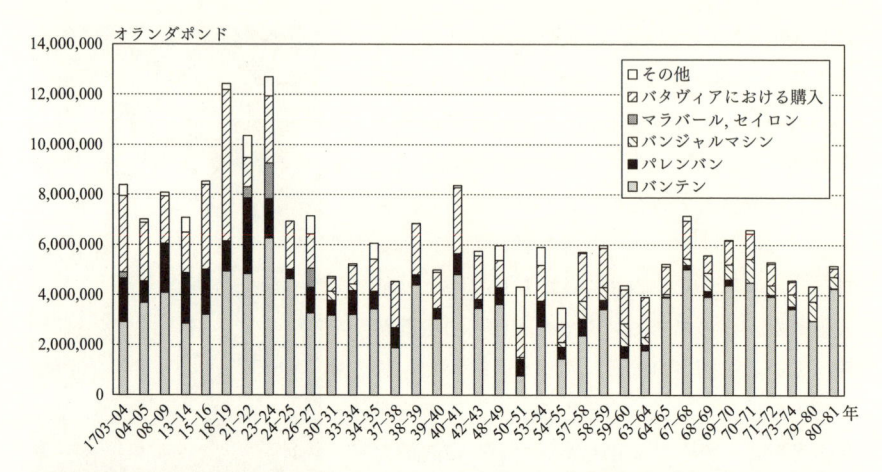

図1-12 オランダ東インド会社がバタヴィアで購入した黒胡椒の生産地，1703-81年

出典）巻末資料3に同じ。
注）数値が欠けている年は，原資料に情報がない。

うに，オランダ東インド会社に限らず，華人やイギリス人など多くの外来商人も，胡椒を求めて1684年以降もバンテンおよびランプンを訪れた。胡椒は，バンテンおよびランプンが外部世界とつながる最大の要因であったと言っても過言ではない。オランダ東インド会社による胡椒の輸出先は，当初は主にヨーロッパであったが，1730年代以降になると中国市場の重要性が高まった（図1-13）。

胡椒は王国の国内経済にとっても，決定的な重要性を持っていた。表1-1は，1747年に皇太子の任命式典の際にバンテンを訪れた東インド会社事務総長モッセルによる，スルタンの年間収入の推定である[118]。注目すべきことに，スルタンの収入のほぼ70%は胡椒の輸出から得られていた。スルタンは，自分が胡椒商人から買い取る価格（通常1バハルあたり7-8スペインリアル）と1684年以降固定された会社が自分から買い取る価格（1バハルあたり15スペインリアル）の差額から，利益を得ていた。これに加えて，スルタンは胡椒生産の11%から最高で30%を，栽培農民からの貢納の形式で受け取っていた[119]。モッセルの推定はこの貢納の分を考慮していないので，スルタンが胡椒から得ていた利益はさらに大きかったと言える。

第二の収入源であるダイヤモンドは，西カリマンタンのランダックからもたらされた。1690年以降，バンテンのスルタンはランダックと朝貢関係を結んでお

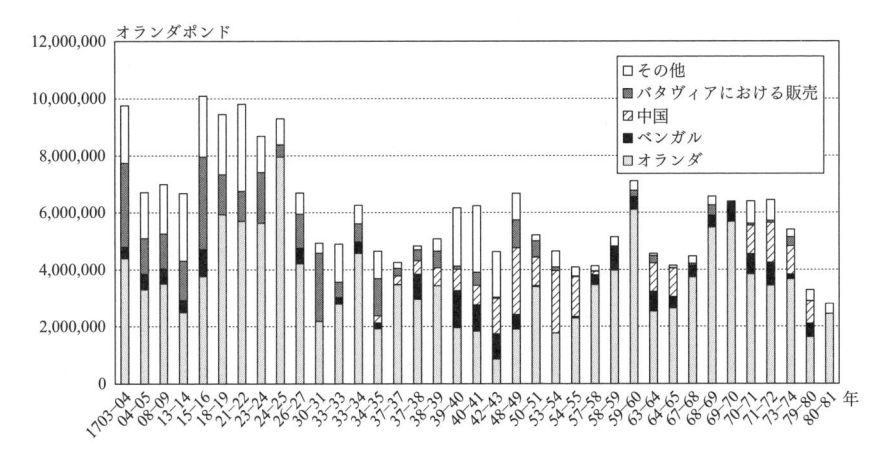

図1-13 オランダ東インド会社がバタヴィアで集荷した黒胡椒の輸出先，1703-81年

出典）巻末資料4に同じ。
注）数値が欠けている年は，原資料に情報がない。

表1-1 スルタンの収入，1747年

スペインリアル

胡椒（販売）	60,000
7基の砂糖工場からの地代	3,000
シャーバンダリー，華人からの人頭税，市場税など	8,000
アヘン，アラック酒，中国劇（への課税）	4,800
タナラ，チョボン・パンジャン，ロンタル，ポンタンにおけるシャーバンダリー	700
塩と金など（への課税）	500
ダイヤモンド（販売）	10,000
計	87,000

出典）J. K. J. de Jonge (eds.), *De Opkomst* ..., vol. 10, p. 122, Director-General J. Mossel in Banten to Batavia, 21 Feb. 1747.

り，ダイヤモンドの貢納を受けていた[120]。少量の取引が行われている金も，恐らくランダックからもたらされたものと思われる。

収入源の第三であるシャーバンダリー（shahbandary）は，シャーバンダルが集める税を指す。この表の3段目で示されるシャーバンダリーは，5段目で挙げられているタナラ（Tanara）や他の港で集められた額よりもはるかに大きいことから，恐らくコタ・バンテンで集められたものと考えられる。

コタ・バンテンおよび他の港で集められるシャーバンダリーと華人に課せられ

た人頭税や市場税は，貿易関連税としてまとめることが可能であろう。そうすると貿易関連税は 8,700 スペインリアルとなり，スルタンの年間収入のちょうど 10％を占める。長距離貿易から得られる収入が 1682 年以降途絶えたことは既に述べたが，それでもスルタンは収入の 10％をまだ沿岸貿易を通じた貿易関連税から得ていた。つまり，長距離貿易の終焉はコタ・バンテンにおける貿易の終焉を意味するものではなく，1682 年以後も沿岸貿易が王の収入において大きな比重を占めていたことが分かる。

2) コタ・バンテンにおける沿岸貿易

18 世紀半ば以降，オランダ東インド会社は勢力範囲内の主要な港において，出入りする非オランダ船の大きさ，積荷，出港地ならびに行き先などを記した出入船記録を作成した。ヘリット・J. クナープは，ジャワの 15 の主要港で作成された出入船記録のうち，1774-77 年という期間を取り上げて分析した。この研究によれば，コタ・バンテンの貿易量はジャワで第 8 位を占めた[121]。また，コタ・バンテンの貿易相手はほとんどバタヴィアであり，それ以外の港との取引はわずかであった[122]。ランプン各地からは大量の胡椒が毎年運ばれていたが，スルタンの許可状を得た商人によって運ばれる胡椒の全てがオランダ東インド会社に売られたため，非オランダ人の貿易を把握するために作られたこの出入船記録に，胡椒貿易は含まれていない。

沿岸貿易で取り扱われた品物は，王国の基本的な経済構造をよく示している。表 1-2 の左の欄は，1767 年にコタ・バンテンにおいてオランダ東インド会社船以外の船舶に積み下ろしされた品とその量を示す。根拠となる資料は，クナープが利用したものと同じく，オランダ東インド会社によって作成された出入船記録である。1767 年は，貿易関連税がピークに達した時期にあたる。一番右の欄には，クナープが示した 1774-77 年におけるコタ・バンテンの貿易に関する情報を挙げている。この表から分かるように，輸出品の多くが魚や果物といった食料および陶器（表 1-2 では「鍋」，「平鍋」）やござといった単純な手工芸品であるのに対し，輸入品は中国磁器（表 1-2 の「碗と皿」），インド染織品を中心とする外国製工芸品と，さらにタバコや木綿のようなジャワの手工芸品である。つまり，バンテン王国は 18 世紀半ばまでに，基本的にバタヴィアの都市住民に供給する食料と単純な手工芸品の生産・輸出基地となっていたと言える。一方，コタ・バン

表 1-2 コタ・バンテン－バタヴィア間の主要商品の輸出入, 1767, 1774-77 年

	単 位	1767 輸入	1767 輸出	1774-77 輸入	1774-77 輸出
〈食品〉					
魚	1,000 匹	30	53		> 75
〃	籠		302		
蟹	1,000 匹		21		
ココナッツ	1,000 個		703		> 193
果物（不特定）	束		5,600		22,000
〃	籠	300	2,080		14,900
ガンビル	ピコル	196		590	
クルアック（香料の一種）	個		6,000		320
油（不特定）	ケルダー	161	22	> 780	< 5
米	ピコル		7	> 4,050	
豆	〃	290			
アガルアガル（海藻の一種）	〃		260		
〈その他天然産品〉					
木綿	ピコル	18.5		80	
〃	綛	13,400			
カポック	袋		2,770		> 3,700
キンマの葉	ピコル	28			
アレカナッツ	1,000 個		3,981		460
乾燥アレカナッツ	個		1,761		
材木	本	497			
ラカ（木材の一種）	〃		1,300		
板	枚	1,107			
石	個		6,000		
舗装用の石	〃	1,400		5,400	
籐（結索用）	1,000 本		1,717		> 4,100
〃	束		200		
籐（工芸用）	1,000 個		48		
鼈甲			436		
石灰	壺		3,852		> 5,400
〈手工芸品その他〉					
染織品（インド製）	枚	6,625		15,500	> 2,700
〃 （ジャワ製）	ピコル	7	30	1,900	
〃 （不特定）	枚	1,337			
麻布（中国製および不特定）	〃	9,156			
碗と皿	個	22,000		> 50,000	
鍋	〃		4,094		> 78,000
鍋と平鍋	〃		127,850		
平鍋	〃	3,100			
中国製ランプ	〃	5,000	7,000		
タバコ（ジャワ製および不特定）	ピコル	26,926		1,235	
〃 （中国製）	〃	88			
アラック酒	ケルダー	160			
アヘン	ピコル	11			
タイル	個			> 23	
ござ	1,000 枚		146		
鉄	ピコル	3		170	

出典）1767 年輸入：VOC 3214：no pagination, list of ships coming from Batavia to Banten and their cargo, Banten, 1 Jan. 1768；1767 年輸出：VOC 3214：no pagination, list of ships leaving Banten for Batavia and their cargo, Banten, 1 Jan. 1768；1774-77 年：G. J. Knaap, *Shallow Waters, Rising Tide* (Leiden：KITLV Press, 1996), p. 95.

テンは海外やジャワの工芸品をバタヴィアから輸入した。バタヴィアは国際貿易都市であるとともに，国際商品やジャワ各地の産品を周辺諸地域に分配する役割も果たしていた。このようにバンテン王国は，沿岸貿易においてはバタヴィアに大きく依存していた。

このようなバタヴィアとバンテンとの間の沿岸貿易を行った商人について，この出入船記録はあまり多くの情報を含んでいない。船主の名前から華人やジャワ，スンダまたはマレー系商人が貿易を行っていたことは確認できるが，エスニック分類が可能なほど明確な情報ではない。

3) バンテンの産物

ここからは上記の輸出産品ならびに自給産品の生産を，できる限り王国内各地の環境と結びつけつつ考察したい。大量に輸出された果物・果実類は，主に平野部で作られた。ココナッツとピナン（pinang, アレカナッツ areca nuts または檳榔子の現地名）はチャリンギン（Caringin）周辺で集められ，前者はアラック酒（椰子酒）に加工され，後者はビンロウ[123]の主原料として利用された。ロンタル（Lontar）やタナラで栽培されるスイカ，チャリンギンの特産であるマンゴスティンなどの砂地に強い産物は，海岸平野部で作られた。ロンタル，タナラなどバンテン東部の地域では，当初砂糖産業に従事するために移民して来た華人労働者が，糖業の衰退とともに果実・野菜生産に転じていた（第7章第3節）。ランブータン（rambutan），ガンダリア（gandaria），バナナなどの果物の主産地は不明であるが，おそらく各地で広範囲に生産されたことであろう。これらの大量に生産された品に加えて，ジャックフルーツ，ジャンブー（jambu），ジャンブラン（jamblang），カシューナッツ，リンゴ，オレンジなども少量ながらバタヴィアに輸出されていた[124]。

もう一つの主要な輸出品である魚類は，保存用に加工されてから出荷された。魚はランプンとバンテンの沿海で捕獲され，地元消費用にはイカン・ペダ（ikan peda, 塩干し魚）に，輸出用にはイカン・チョンボン（ikan combon, 塩漬け魚）に加工された。

米は豊作の時だけ輸出され，不作の時には輸入されていた（表1-2）。従って輸出産品としては安定性に欠けるものであったが，地域の社会史においては重要な意味を持っていた。先に述べたように，北部海岸平野における水田耕作はジャ

ワ人の移民によって発達したと考えられる。しかしバンテンの北部海岸平野は先述のように農業環境としては恵まれていなかったため，彼らが北部海岸平野に定住したのは必ずしも完全に自発的な選択ではなかった可能性がある。

というのは，海岸平野に稲作農民が定住するようになった背景の一つには，初期の国王たちによる政策があったと考えられるからである。バンテン王国の年代記である『サジャラ・バンテン』には，第3代王マウラナ・ユスップ（在位1570?-80?）がコタ・バンテンの周辺に水田を拓くのを主導し，運河やため池の建設を命じたとの記述がある[125]。その結果，実際にマルカサナ（Markasana）とカナリ（Kanari），そしてポンタン（Pontang），タナラ，ブンドゥン（Bendung）を結ぶ水路が17世紀末までに掘削され，それらは「スルタンの運河」と呼ばれていたことが，同時代のオランダ東インド会社資料や20世紀初頭の地図から確認できる（地図4）。これらのことから，初期の国王たちはジャワ移民を積極的にコタ・バンテン周辺および北部海岸平野で受け入れ，水田耕作を奨励していたと考えられる。この点は国王の統治政策に関わる問題でもあるため，改めて第2章第2節で論じる。

水田は16世紀以降着実に拡大し，17世紀末までにアニャル（Anyar），チャリタ（Carita），そしてウジュン川とドゥリアン川の下流域まで広がっていた[126]。18世紀には内陸方向にも，マルカサナからカナリ，そしてセランにかけて広がっていた[127]。これらの記録から，水田は北岸平野の広い部分と北西海岸にまで広がっていたことが確かめられるが，それでも水田耕作は20世紀初頭におけるジャワ人の居住地域をあまり越えず，内陸部には至らなかった。内陸部ではスンダ人が陸稲や根菜などの畑作を行っており，その地域にジャワ人の農耕文化は浸透していかなかった。ジャワ人は恐らく，それまで人口希薄であった海岸部で水田耕作を行いながら居住範囲を広げていったのであろう。

北岸平野では，「スルタンの水路」の存在から，少なくとも一部の水田は灌漑が施されていたと思われる。しかし20世紀に入ってもセラン地方で天水田が灌漑田の2.5倍を占めていたことを考えると[128]，18世紀はさらに天水田が卓越していたであろう。表1-2に見られるように，米の輸出と輸入が年によって入れ替わることは，生産の不安定さを示している。そのため米以外にも，キビなどの雑穀やトウモロコシが，セランからカナリにかけての地域で栽培された[129]。

海岸部では，果物以外にも商品作物が作られた。インディゴは，アニャルとチ

コニン (Cikoning) で栽培された。バンテンのインディゴは液体のまま壺に入れた状態で出荷されたため，輸出には不向きであった。会社はしばしば乾燥インディゴの生産を強制しようとしたが，生産者は労力を要するその乾燥作業を常に嫌ったため，不成功に終わった[130]。砂糖生産は1630年頃に東部の平野部で始まり，華人もしくはオランダ人が大規模な農園を経営した（第7章参照）。しかし，おそらく最終製品が直接政庁に売られたために，砂糖は表1-2には示されていない[131]。木綿は各地で栽培されたが，現地の需要には不十分であったためランプンやジャワの各地から輸入された[132]。

バンテン内陸部では胡椒が最重要の商品作物であったが，その生産地は時代とともに変化した。16世紀末には，カラン山麓での栽培が記録されている。生産者は，東部ジャワのパスルアン（Pasuruan）から移民した非イスラームのジャワ人農民であった[133]。1740年代にはパニンバンが最も重要な胡椒産地となった[134]。1770年代から80年代にかけてバンテンの胡椒生産は著しく増加したが，これはオランダ東インド会社が1763年から導入した栽培促進政策の効果である（図1-14）。この政策とその影響については第4, 5章で詳しく論じるが，この時には生産地はカラン山麓からウジュン川の中上流域にかけて拡大した。

内陸部でも，胡椒以外にも商品作物が作られた。そのうちナツメグとコーヒーは輸出用であった。ナツメグは，スルタンやオランダ東インド会社が栽培を禁止していたにもかかわらず，西部の山間部で耕作された[135]。コーヒーもまた，オランダの禁止をかいくぐって山間地域で耕作された（第5章第2節参照）[136]。しかしナツメグとコーヒーは会社職員の強い注意を引き，それが生産された時には詳しく記録されるにもかかわらず，生産が記録されること自体は少なかった。このため恐らくナツメグとコーヒーはそれぞれ1740年代と1780-1800年代の短い時期に試みられただけであったと考えられる。この他には，カポック（kapok）が山間部で生産された。カポックの実からは木綿の代用となる繊維が採れ，国内および近隣地域で消費された（表1-2）[137]。

内陸部で作られた自給作物には，米，ココナッツ，バナナ，各種根菜などがあった。胡椒と米の栽培は同じ生産者によって随時変換可能であったので[138]，米が灌漑水田（サワー sawah）ではなく，焼畑（フマ huma）または畑（ガガ gaga）で耕作されていたことは間違いない。内陸部で作られる米は現地消費用であった。

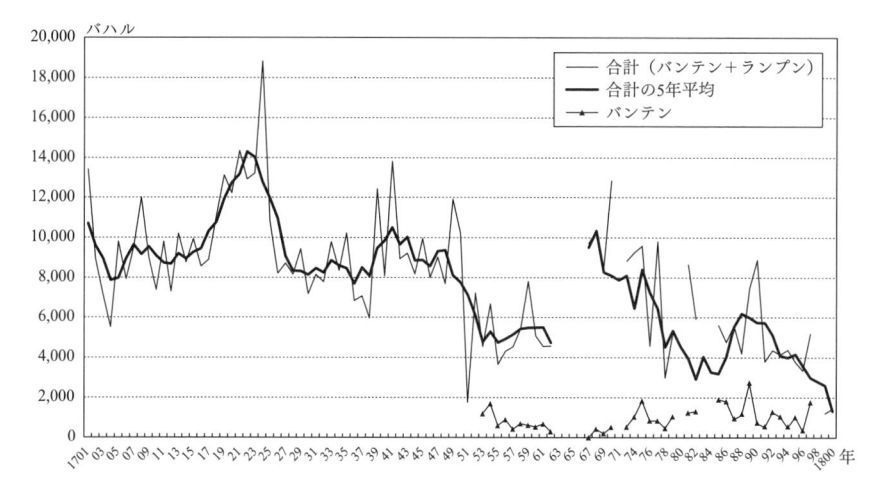

図1-14 バンテン王国からオランダ東インド会社に供給された黒胡椒, 1701-1800 年

出典) 1701-52 年：J. de Rovere van Breugel, "Beschrijving over den Staat van Banten," *BKI* new series 1, pp. 358-360；1753-1800 年：巻末資料5に同じ。

単純な手工芸も，バンテンの各地で行われていた。高品質のござはパンダン (pandang) と呼ばれる植物から作られ，プジュック (pujuk) という植物を織って作る品質の低いものは，胡椒を入れる袋や帆布に用いられた。バンテンの女性が木綿を織って作る布は，主に地方消費用ではあったが，一部は輸出された。様々な種類の陶器が鍋類，花瓶，建物の内装などのために作られ，一部は地域で消費され，一部は輸出された。バンテン湾に沿った塩田では，製塩も行われた[139]。

他にバンテンで輸出用に生産されたものには，ビンロウの原料となる石灰があった。石灰は珊瑚を燃やして作られ，海岸部のチャリンギン，アニャル，リマス島 (Pulau Limas)，プロウ・スリブ (Pulau Seribu)，パンジャン島などで産出したものがバタヴィアに輸出された。パンジャン島は特に生産量が豊富で，十分な労働力が確保された時には，この島だけで年間に1万袋を生産したとされる[140]。

これらのことから確かめられることは，バンテンはバタヴィアに輸出する食料や手工芸品の大半を海岸部で生産しており，内陸部は1760年代以降に胡椒を生産するようになるまでは，ほとんど輸出産品を生産していなかったことである。米の不作は主に海岸部で記録されているが，その場合不足する食料はバタヴィアからの輸入で補われ，内陸部からの供給に関しては情報がない。つまり，バンテ

ン海岸部は経済的にはバタヴィアとより強く結びついており，内陸部とのつながりは弱かったと言える。バンテン海岸部は，18世紀半ばまでに都市近郊型経済となり，市場税が現金で徴収されていることからも，貨幣経済の浸透が強く窺われる。これに対し内陸部は，カポックの採集や，比較的短期間行われた胡椒やナツメグの栽培を除けば，地域外部とつながる経済活動は弱かった。食料も自給されており，貨幣経済の浸透は胡椒栽培が本格化する1760年代まで限定的であったと考えられる。

4) ランプンの産物

ランプンの低地では貴重な森林産物，海産物が輸出用に採集される一方，米も一部で自家消費用に生産された。1749年には，トゥランバワン川の下流域の氾濫原で米が作られたことが記録されている[141]。しかし，19世紀のランプンにおける稲作が主にジャワ出身の移民によって行われていたことからすると[142]，18世紀までは米生産はそれほど発展していなかったと考えるべきであろう。ランプンで採れる工芸用の籐（handrotting）は，高品質なことで知られていた。この種の籐は大量にバタヴィアへ送られたが（表1-2），その大半はそこから中国へと輸出された。スマンカ（Semangka）では最高品質の結索用の籐（bindrotting）が採集された。燕の巣は利益が大きいためスルタンの独占品とされていたが，ランプン各地で採集されたものは，密かに地元の住民によって華人商人に売られた。その大半は中国に運ばれたが，一部はバタヴィアに送られた。スマンカで採れる白い燕の巣は，最も品質が高く最も高価であった。海草の一種であるアガルアガル（agar-agar）も各地で採集され，洗って乾燥させた後，食用として中国に輸出された。ナマコはスンダ海峡に面したランプンおよびバンテンの海岸とプリンセン島（Prinsen Island）で採集され，茹でて乾燥させた後，中国市場向けに華人商人に売られた[143]。

胡椒はランプンの高地および低地の両方で生産された。18世紀の重要な胡椒産地は南部のシレブ，スマンカ，テロック（Telok），カリアンダ（Kalianda）と，東部および北部のトゥランバワン，プティ（Puti），ペネット（Penet），ニボン（Nibong）の中上流域，およびスカンポン（Sekampong）地方であった（図1-15）。

ランプン高地は他にも多くの貴重な輸出産品を生産した。ダンマル（dammar, フタバガキ科の樹木から採れる樹脂で，染織品の防染などに用いられた）は遅くとも

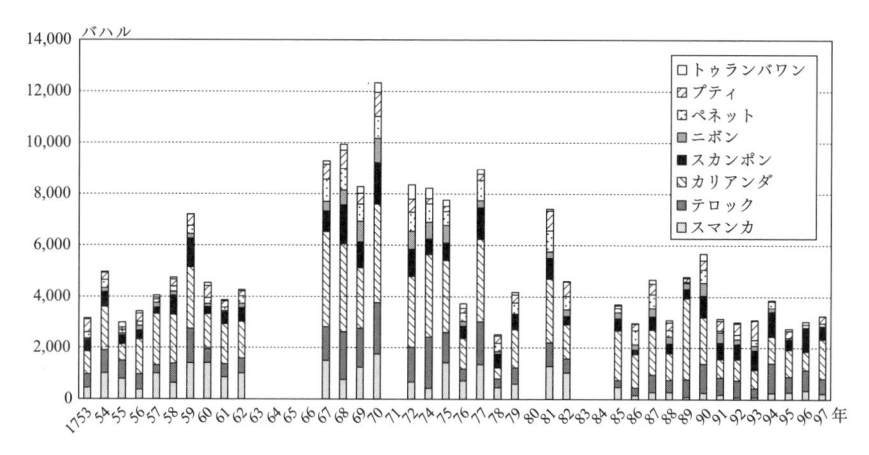

図1-15 ランプンの様々な地域からオランダ東インド会社に供給された黒胡椒，1753-97年
出典）巻末資料5に同じ。

1734年までにオランダ東インド会社に販売され始めていた。その最高品種であるダンマル・カチャ（dammar kaca）は，トゥランバワンおよびプティ地方だけで採集され，ジャワでバティック（ジャワ更紗）の染色のために需要があった。その他の種類は，ランプンのあらゆる場所で得ることができた。象牙もまたランプン各地で採集され，パレンバン，バンテン，および華人商人に販売された[144]。トゥランバワン川上流部，特にウンプ川（Way Umpu）とボサイ川（Way Bosai）流域では砂金が産出された。2人のオランダ人起業家による金採掘の試みは1750年に失敗に終わったが，地元の住民は採集を続け，パレンバンやバンテンから来る商人および華人商人に，本書が取り扱う時代を通じて販売していた[145]。

18世紀のランプンでは，自給作物に関する情報はわずかしか得られない。オランダ語資料はしばしばバンテンからランプンへの米の輸送に言及し，また輸送の不確実さが，胡椒栽培農民が生産を続ける意欲を失う原因になっていると説明している。米の供給は，特に胡椒生産地においては，相当程度を外部に依存していたと考えられる。

5）輸送と市場

内陸部の産物を下流域または外部に運び出す方法は，バンテンとランプンで大きく異なっていた。バンテンでは，内陸部の住民が自分たちの産物をほぼ毎週，

川船，牛車，徒歩などによって，またはそれらを組み合わせて，コタ・バンテンに運んでいた[146]。これに対しランプンでは，内陸部の産品を海岸部の港に運び出したのは地元の住民ではなく，海岸部の住民，またはスルタンの許可を得たバンテンおよびマレー商人であった[147]。産品の一部はコタ・バンテンで地域消費用に売られ，残りはバタヴィアへと出荷された。

　このようにして各地から運び込まれた産品に対しては，コタ・バンテンのほか幾つかの港や市場において，関税または市場税が課され，先述のようにスルタンの収入の一部を構成した。このことはまた，貨幣が港町における取引で重要な役割を果たしたことを示している。ランプンでは，海岸部の港を除くと，市場税が課された情報はないが，これは一部の港町以外の地域では貨幣がそれほど浸透しなかったと言うよりも，スルタンの影響力が海岸部にしか及んでいなかった証左であろう。実際ランプンの胡椒栽培農民は胡椒の対価として，18世紀後半には染織品などよりも明らかに貨幣を，特にスペインリアルを好んだ。第4章でまた詳しく論じるが，パレンバン，イギリスやその他の商人がバンテンから来る商人よりも高い買値を示す時には，農民はバンテン国王の命令を無視して，喜んで彼らに胡椒を売った[148]。このようなことから，バンテンの主要な港町とランプンの胡椒生産地域には，貨幣経済は18世紀半ばまでに相当程度浸透していたと考えられる。もっともバンテン内陸部でも，1760年代に胡椒栽培が導入されると，農民は常にスペインリアルでの支払いを要求し，市場の動向や現金収入の機会に対して非常に敏感になる。こうした展開については，第4章以下で論じたい。

おわりに

　バンテンの大半は，山の世界から成る。それにもかかわらず従来の研究は，国際貿易やオランダ東インド会社との抗争といった，海の世界とつながる海岸部の出来事に終始する歴史像を描いていた。しかし冷涼な気候，豊富な湧出水，そして交通や輸送が可能な河川など，生態環境に恵まれた内陸部の山の世界は，15世紀末まではバンテンの政治経済の中心であった。16世紀初頭から，ムスリム商人の活動の拡大を受けてバンテンでも沿岸部の港市が発展し，外来のイスラーム教師が渡来して王国が建設された。この時からコタ・バンテンおよび周辺の沿岸部が，バンテン王国の中心となる。王国の支配は内陸部まで強く及ばず，18

世紀の半ばまで王国の収入はほとんどが海岸部とランプンにおける商品作物栽培や経済活動から得られる一方，バンテン内陸部は海岸部の経済とは切り離されていた。バンテン内陸部が王国の収入の一部を支えるようになり，地域有力者が影響力を強めるなどの展開が見られるようになるのは，1760年代に胡椒の強制栽培が始められてからである。その時からのバンテン内陸部における社会変容は第4章以下で論じる。ここでは，これまで首都や海岸部の人口や経済の規模が過大に評価され，内陸部の人口は過小評価されてきたことを指摘しておきたい。バンテンは16世紀初めから海とつながる海岸部の発達を見たが，内陸部の人口・経済規模と社会的重要性は，その後の時代においても過小評価されるべきではない。

　山の世界の住民はほとんどスンダ人で，海岸部世界の主役はジャワ人であった。ジャワ人は16世紀前半に恐らく最も大規模に移民し，海岸部に定住した。恐らく海岸部はそれまで人口が希薄で，移民に伴う現地住民との衝突は少なかったと思われる。ジャワ人は主に水田耕作農民となり，畑作農民であるスンダ人との生業の違いが，20世紀初頭まで（一定程度は現在まで）ジャワ人とスンダ人の地理的な棲み分けを可能にした大きな要因であろう。移民したジャワ人の多くは王の直接庇護下に入った。王族とジャワ移民はジャワ文化とイスラームをもたらしたが，首都コタ・バンテンの都市デザインは，ヒンドゥー的要素を強く持っていた。外来の王がどのように土着のスンダ人を自らの権威の下に取り込んだのか，新来のジャワ・イスラーム文化は，土着のスンダ・ヒンドゥー文化とどのような関係を構築したのかといった問題は，次章のテーマとなる。

第 2 章
支配のイデオロギーと構造
―― 王権,社会,イスラーム ――

はじめに

　本書の議論の基礎条件の二つ目として,この章ではバンテン国家による社会支配のイデオロギーと構造を検討する。桜井由躬雄は 19 世紀ヴェトナムの「国家は制度的な秩序ではなく,イデオロギー的な秩序である」と述べ,クリフォード・ギアツは 19 世紀バリを「上から降りてくるとされる文化的範例と,下から昇ってくるとされる実際的秩序との間で張りつめる社会」と論じた[1]。近世国家を成立させる原理として,国家の支配を正当化し社会の規範となるイデオロギーが重要であったことを強調するこれらの議論に,筆者は大きく触発されている。一方,ギアツは,実際的な秩序がそれだけでは国家のイデオロギーとの緊張関係を社会にもたらすことも示唆している。筆者は,国家および社会の作り出す秩序が制度によって保証されることで,国家支配が構造を成すと考える。そこで本章では,バンテン王国という近世国家を原理的に支える,王の正統性を示すイデオロギーと,その秩序構成を具現化する様々な制度とその働きを検討する。

　第 1 節では,王国初期の王がどのように自らが国家を体現し,支配者としての正統性を有すると主張したかを,特にイスラームとの関係を中心に検討する。というのもバンテン王国は,後にジャワのイスラーム九聖人(ワリ・ソンゴ Wali Sanga)の一人として祀られたイスラーム教師スナン・グヌン・ジャティによって西ジャワ初のイスラーム国家として建設されたため,イスラームは何よりも強く国家の正統性原理として機能したからである。従って初期の王たちは,モスクを建設しアラブ世界からイスラーム法の専門家を招くなどして,イスラームの振興に努めた。こうしたことから先行研究では,バンテンは正統的イスラームが早

くから社会に根付いた地域であるとの理解がかつてより定着している。確かに支配者がイスラームを自らの権威の源泉としていたことは事実であるが，イスラームがそのまますぐに住民にも王の正統性の根拠として受け入れられたと理解するのは，やや早計に思われる。イスラーム到来後も住民の間では土着的ヒンドゥーの影響が大きく，イスラームは長い間，外来の要素として認識された。このような状況では，王たちは自らの先祖がもたらしたイスラームの正統性を主張しつつも，土着的ヒンドゥーとの妥協を図らねばならなかった。そこで本章では，まず第1節において，17世紀前半に成立した王朝年代記『サジャラ・バンテン』の叙述を分析し，年代記作家が王とイスラーム，ヒンドゥーの関係をどのように捉え，どのような国家像を作り出そうとしていたかを検討する。次いでジャワ語およびオランダ語の資料に基づいて，後期の王たちや反乱指導者がイスラームとどのような関係を構築し，イスラーム要素をどのように自らの権威とその正統性に結びつけようとしたかを分析する。

　第2, 3節は，それぞれバンテンとランプンの地方社会が，どのように村落から国家の中心までを貫く支配構造の中に位置したかを検討する。まず民衆にとって極めて身近な社会共同体である村落から議論を始め，それが上位支配者を通じてどのように制度的に国家の支配構造に位置づけられたかを論じる。この構造を十分理解するために，人々の社会区分を検討し，どのような人々がどのように地方有力者やスルタンといった支配者と関係づけられたかも確認する。さらに，そのような支配関係を具現化する，税や労働奉仕などの制度も検討する。

　村落は，住民にとって最重要の共同体であり，地域有力者にとっては有効な支配単位であり，さらに植民地期には国家によって，地方社会における生産と支配の枢要として重視された。こうしたことから，植民地期およびそれ以降のジャワ社会史研究において，村落は最も注目されるテーマとなった。研究者はジャワ各地の一定地域の村落を論じつつも，「ジャワ村落」の一般化・抽象化を試み，研究を厚く蓄積してきた[2]。そこで本章でもそうしたジャワ村落の議論を参照しつつ，バンテン村落の特質を検討することとする。一部の研究者が村落をジャワ社会の最も根源的要素として「神話化」する一方で，別の研究者たちは，地域社会ではパトロン・クライアント間の人的かつ脱領域的つながりが重要であったと指摘して，地理的共同体としての村落は存在しなかったとまで主張した。他方，こうした研究者が取り扱う資料は植民地期のものがほとんどで，研究者たちは植民

地期における村落の変容を論じる際に，変容以前の姿についてはわずかな資料から推測することが多かった。これに対し本章では，植民地化以前の18世紀におけるジャワ語・オランダ語の資料に基づき，18世紀のバンテン村落を分析する。

第4節では，国家が示す正統性のイデオロギーが支配原理として機能するために，どのような装置が整備されていたかを検討する。国家支配を正統化するイデオロギーは，村落レベルで住民に浸透して初めて，税や労働奉仕などの支配者に対する義務が制度として機能する。国家と村落との間に，国家の正統性のイデオロギーを伝達するためにいかなる装置が用意され，機能していたのかを検討することによって，国家と地方社会がどのように結びつけられていたのかを論じたい。

1 王権とイスラーム

バンテンに正統的イスラームが早くから社会に根付いたと論じる研究者は，王国におけるイスラームの以下の三つの要素を強調する。すなわち，(1) そもそも王国がイスラーム教師によって，教義を広めるセンターとして設立されたこと，(2) 人の交流を通じ外部ムスリム世界との強いつながりを維持したこと，(3) よく発達したイスラームの制度や組織――シャリアー（イスラーム法），カーディ（最高裁判官），タレカット（スーフィ教団），プサントレン（pesantren，イスラーム寄宿学校）など――が存在したこと，である[3]。しかしこうした研究者は，実は極めて限られた資料を非常に拡大解釈して議論しているか，原資料を検討することなく他者の研究に従っていることが多い。以下，このような先行研究の見解についても批判的に検討しながら，バンテンにおける王権とイスラームの関係について検討していきたい。

1) 建国神話におけるイスラームと土着要素の調和

『サジャラ・バンテン』は，バンテン宮廷で作成された一連の王朝年代記で，1662年もしくは1663年に最初に編纂された。現存する最古のヴァージョンは1732年編集との奥付を持つ[4]。宮廷で作成される他の文書と同様に，この年代記も宮廷の公式言語であったジャワ語で書かれている。

他の多くのジャワ年代記がそうであるように，『サジャラ・バンテン』にも多

くの超自然的出来事が描かれ、事件の年代は記されず、歴史資料として利用するには困難が伴う。それにもかかわらずこの年代記は、17世紀後半から18世紀初期にかけての王ならびに宮廷高官たちの視点や世界観を表す、非常に貴重な資料であることは間違いない[5]。

『サジャラ・バンテン』を利用する歴史研究では長い間、インドネシア人文献学者フセイン・ジャヤディニングラットがテキスト分析した『サジャラ・バンテンの批判的考察』が、参照される唯一の資料であった[6]。しかし2000年にやはりインドネシア人文献学者であるティティック・プジアストゥティが、現存する31のヴァージョンの『サジャラ・バンテン』テキストを分析し、そのうち四つをローマ字化してさらにインドネシア語訳したことによって、この資料の利用しやすさは飛躍的に高まった[7]。プジアストゥティが新たに世に出したテキストは、ジャヤディニングラットが要約した文章では明らかにし得なかった、王朝史の文化的、イデオロギー的側面を生き生きと魅力的に示している。プジアストゥティがローマ字化したテキストのうち、本書は主に、最も情報の豊富なテキストG（1732年の奥付を持つ）を参照する。

ポルトガル語資料と異なり、『サジャラ・バンテン』は王国設立におけるイスラーム要素に多く言及している。テキストGは王国の設立に関して、二つの挿話を語っている。その一つ目によると、子供をほしがっていた北スマトラ・パセイに住むある男が、夢のお告げに従って海に潜ってみたところ、海中に小さな箱を見つけた。箱を開けてみると、中に後光（チャフヤ cahya）を放つ赤ん坊がいた。男は赤ん坊を連れ帰り、息子として育てた。後に彼は、その息子をパセイの有名なイスラーム教師のもとへ連れて行き、イスラームの教えを学ばせた。やがてその息子は成長すると、教師に勧められてジャワに向かった。彼がチレボンに滞在すると、彼の教えを請いに大勢の人々が詰めかけた。その男の知識に感心したチレボンの王は、彼に自分の王国を譲ることにした。男はこの申し出を受け入れ、マクドゥム（Makhdum）という名でチレボンの王（jumeneng Cirebon）となった。後に彼は2人の息子をもうけ（彼の妻は明らかでない[8]）、上の子をチレボン王に、下の子をバンテン王とした[9]。

第二の挿話によると、ある聖人（Susunan waliullah）が、ジャワを神の慈悲（rahmating Allah）で祝福するためにやって来た。彼の父親はイエメン人（Yamani）で、母親はユダヤ人（Banisrail[10]）であった。その聖人はジャワのパクワティ

(Pakwati，位置は不明）に上陸し，2人の息子をもうけた（母親は不明）。聖人は下の子であるモラナ・ハサヌッディンを連れて西に向かい，バンテン・ギランに到着した。ハサヌッディンはさらに，ヒンドゥー僧たちが修行を行うプロウサリ山（Gunung [Ukir] Pulosari）を訪れた[11]。山中で彼は見捨てられた修行者の庵を見つけ，そこに10年間滞在した。後に彼の父親がその庵に彼を訪ね，イスラームの教義（imaning Islam）と智恵（ilmu）を授けた。その後ハサヌッディンは指導者がいなくなったばかりの800人のヒンドゥー僧に出会った。指導者を失い戸惑っていた僧たちは，ハサヌッディンの頭に後光（チャフヤ）が差すのを見て，彼に従いイスラームに改宗することを決めた。この出来事の後，彼は神からの聖なる霊感（ワフユ wahyu）を得るために，瞑想修行（atapa）をプロウサリ山および周辺の山々でさらに7年間行った。この時までに彼の父親である聖人はススフナン・ウキル・ジャティ（Susuhunan Ukir Jati）またはススフナン・グヌン・ジャティ（Susuhunan Gunung Jati）と呼ばれていたが，再び息子のもとへ訪れ，一緒にメッカへ巡礼した。聖地でさらにイスラームの知識を学んだ後，ハサヌッディンはバンテン・ギランに戻り，父親はチレボンにあるジャティ山（Ukir Jati）に行った。ハサヌッディンはバンテン・ギランに住み着き，住民たちにイスラームの教えを広めた[12]。

　前章で述べたように，ジャヤディニングラットはポルトガル語資料『アジア史』の記すファレテハンを，『サジャラ・バンテン』のマクドゥムおよびスナン・グヌン・ジャティに同定した[13]。二つの資料には多くの相違もあるが，パセイ出身のイスラーム教師がバンテンを支配し，イスラームを広めたことは双方の資料において確認できる。

　『サジャラ・バンテン』は，一見イスラーム的「正統性」を強調しているように見えるが，詳細に検討するとここにはイスラーム以前に定着していた土着的ヒンドゥーの要素が豊かに混淆しているのが見て取れる。「正統性」の強調は，まずスナン・グヌン・ジャティの両親がともに中東の出身であること（彼自身がどうやってジャワにやって来たのかは明らかでないが）に示されている。この年代記の作者はまた，グヌン・ジャティとハサヌッディンの「正統的」イスラームの知識を強調するために，彼らが2人ともメッカに巡礼したと主張する（ポルトガル語資料では，ファレテハンの息子の巡礼は述べられていない）。同様に作者は，イスラームに関連した用語に多くのアラビア起源の語を使うことによって，ストー

リーに中東風の雰囲気を作り出そうとしている。そのような語には，先述部分にあるものだけで，聖人（waliullah,「聖者，聖人」を示すアラビア語の wali Allāh から派生），rahmating Allah（神の慈悲 rahmat Allāh），imaning（真実 īmān），および ilmu（知識 elmu）などがある。

　他方，年代記作家は，創始者たちが王国を設立する資格があると主張するためには，中東やイスラームではなく，ジャワやスンダ文化のコンセプトを用いた。キーとなるコンセプトは，(1) ジャワ語・スンダ語の両方に存在するワフユ，(2) ジャワ語のチャフヤまたはスンダ語のチャハヤ（cahaya），および(3)同様にこれら2言語に存在するタパ（名詞形で tapa. 年代記に記された atapa は原語サンスクリットにおける動詞形）である。まず(1)はアラビア語で神の啓示を意味する wahyu に由来し，イスラームの文脈では神の啓示と霊感を意味する。近世ジャワ文化の中心であった中部ジャワのマタラムでもまた，ワフユは聖なる霊感または神の啓示を意味した。そして王がワフユと，超自然的力であるセクティ（sekti）とを持つ時に，彼は(2)のチャフヤ（後光）を発すると考えられた。チャフヤはサンスクリットで人の幽体または幽像を表す chaya に由来するが，ジャワおよびスンダの伝統では，国家を支配する王の資格を正当化・可視化する重要な要素である。聖なるワフユとセクティは，ある王が支配者として十分な資格を持つと考えられている時に，一時的に王のものとなるが，王が肉体的，政治的力を失うと，ワフユとセクティも消失すると考えられた[14]。『サジャラ・バンテン』によれば，スナン・グヌン・ジャティは彼の養父に海中で発見された時にチャフヤを発しており，プロウサリ山の800人のヒンドゥー僧がイスラームへの改宗を決めたのもハサヌッディンがチャフヤを放っていたからであった。マタラム王国でチャフヤは王の超自然的徳を示す不可欠の象徴であり，人々の尊敬と崇拝の源泉であったが，バンテンでも同様の機能を持ったと考えられよう。スンダ語においても，チャハヤはブパティ（bupati, 領主）の所有物とされているほかは，ジャワにおけるチャフヤとほぼ同義である[15]。初期の支配者がワフユおよびチャフヤを有したことを強調することによって，年代記作家は王朝の正統性を地域住民に分かりやすく，また受け入れやすくすることを意図したに違いない。

　(3)のタパは，サンスクリット語で「熱」，および「熱する」をそれぞれ意味する（tapasya, atapa）に由来し，ジャワおよびスンダ文化においては典型的なヒンドゥー・仏教的修行行為と考えられた。ジャワの多くの地域でタパは，自然の孤

立した場所——深い森や洞穴，山の頂上など——で瞑想し，神と交信することを意味する[16]。このような修行は，イスラームでもスーフィズム（Sufism）の神秘主義において重要であった。スーフィズムはバンテンを含む東南アジアで，初期のイスラームの普及に大きな役割を果たした[17]。土着的ヒンドゥーとイスラーム・スーフィズムの修行におけるそのような共通性は，現地住民にイスラームを受け入れさせるための鍵となった。

『サジャラ・バンテン』はまた，首都のデザインにもタパが考慮されたことを，次のような挿話の中で語っている。スナン・グヌン・ジャティは（バンテンの）海岸部を歩き，首都となるべき場所を指し示した。彼はその中にさらに市場，王宮前広場，そして王宮が作られるべき場所を選んだ。それに加えて彼は，瞑想（patapan）のための場所として近くの山を指さした[18]。首都は王国設立時に既に存在していたバンテン・ヒリルに定められたわけだが，この時グヌン・ジャティがこれらの四つの場所を決定することによって，町は象徴的に新たな命を与えられたと年代記は主張していると言えよう。17世紀の地図は，王宮前広場が首都の中心にあり，それが北の市場，東の川，南の王宮，そして西のモスクによって取り囲まれる配置を示している（図1-3b）。これらの四つの要素は，首都の基本的な要素である商業，（河川）交通，王権，そしてイスラームを示しているように思われる。ところが年代記によれば，スナン・グヌン・ジャティがこれらの象徴的要素のうち王宮前広場，市場，および王宮となるべき場所を指し示したとされるが，ここにはイスラームの象徴であるモスクが含まれていない。代わりに彼は前イスラーム的要素の強い，瞑想（タパ）のための場所を選んだ。この選択もまた，年代記作家が，彼の時代の人々の宗教生活における前イスラーム的要素の重要性をよく認識していたことを示しているように見える。作家は（そしてその背後にいる王や宮廷の重臣たちは）土着的ヒンドゥーを信仰する地域住民と調和を図ろうと試みていたと言えよう。

また，初期の支配者たちは，やはり土着の要素との調和を図る試みとして，自分たちの称号の選択にも注意を払っていたように見える。『サジャラ・バンテン』でグヌン・ジャティの称号に用いられているジュメネン（jumeneng），ススナン（Susunan）またはスナン（Sunan），ススフナン（Susuhunan）は全てジャワ語で，順に王，聖人，そして支配者（または王）を意味する。こうしたジャワ語の称号は，現地のジャワ語を用いる住民に理解しやすいものであったに違いない。一

方，ハサヌッディンの称号であるモラナ（Molana）は恐らくアラビア語で支配者に呼びかける時に用いる mawlānā から派生している。ジャワ語でモラナまたはマウラナ（Maulana）は，非常に見識の高いイスラーム学者に用いられる称号である。ハサヌッディンに続く2人の王，モラナ・ユスップ（Molana Yusup）とモラナ・ムハンマド（Molana Muhammad）も，このアラビア語起源のイスラーム的称号を用いた（現在はこれらの王を，よりアラビア語の原語に近いマウラナという称号で呼ぶことが多い）。ここには恐らく，支配者たちのよく計算された戦略が働いているであろう。つまり，外来者であるグヌン・ジャティは，地域住民の理解を得やすいようジャワの称号を用いた一方で，現地生まれの後継者たちは，彼らのイスラーム的性格を強調するためにアラブ世界の称号を用いたと思われる。

2）調停者ハサヌッディン

　『サジャラ・バンテン』は，ハサヌッディンがヒンドゥーとイスラームの調停者としての役割を果たしていたことを繰り返し強調している。彼はヒンドゥー僧をイスラームに改宗させるまで，彼らの聖山で恐らく宗教的生活を送るために10年間滞在し，さらにその後も7年間瞑想修行（タパ）を行った。先述のように，タパは『サジャラ・バンテン』が王国建設者たちの正統性を主張するために用いたジャワ・スンダ文化のキー・コンセプトの一つである。ハサヌッディンが繰り返しタパを行い，何年にもわたってプロウサリ山に籠もりヒンドゥー僧と接触を持ったと述べることによって，年代記作家はハサヌッディンが前イスラーム的伝統をよく理解し，二つの宗教の調和を図る調停者になり得ることを強調したのである。

　そのような調停者としての役割を創出した上で，年代記作家はハサヌッディンがバンテン王国の最初の王であると主張している。『サジャラ・バンテン』におけるハサヌッディン即位の叙述は，建国当初は中部ジャワのイスラーム国家デマックの強い影響下に置かれていたバンテンの，微妙な立場をよく表している。この年代記によれば，スナン・グヌン・ジャティは，パンゲラン・カリ・ジョゴ（Pangeran Kali Jaga）なる人物（ジャワの九聖人の一人スナン・カリ・ジョゴ Sunan Kali Jaga である可能性もある）の助言を受けて，息子のハサヌッディンがデマックのスルタンの娘と結婚することを決めた。デマックで結婚式を挙げた後，デマック王は新婚夫婦と共にチレボンに来た。その時デマック王は，その場にいたスナ

ン・グヌン・ジャティと他のイスラーム聖人,およびチレボンの人々に,ハサヌッディンが彼の指導の下で,ジャワを支配するブパティ(bupati angreya Jawa)になるべきだと提案した。その場にいた者は皆その提案に賛成した。しかし彼らは実際には,ハサヌッディンをパネンバハン・モラナ・ハサヌッディン(Panembahan Molana Hasanuddin)の名で王(ジュメネン)として即位させた[19]。

　このように『サジャラ・バンテン』は,デマックの王が当初はハサヌッディンを彼の指導の下にある支配者(ジャワにおいてブパティは,王によって任命された行政官または地方領主の称号である)に任命したと述べており,デマック王がハサヌッディンを通じてバンテンに強い影響を及ぼそうとしたことを示唆している。このようなデマック王の試みに対して,スナン・グヌン・ジャティと他のイスラーム聖人,さらにチレボンの人々は,彼らの合意と祝福によって,ハサヌッディンを新たなパネンバハンの称号とともに王(ジュメネン)に推挙したと年代記作家は説明している。つまりバンテンの王権は,それを支配下に置こうとしたデマック王の意思に反し,イスラーム聖人と地域の人々に支持されることによって成立したことが主張されているのである。ここでもまた,イスラームと現地の要素の調和が強調されていることは明らかである。イスラーム聖人と地域の人々は,ハサヌッディンを推挙することにおいて同意し,協力した。しかし『サジャラ・バンテン』に示される通りにハサヌッディンが王国創立の時点(1520年代)からバンテンの王であったとは考えにくい。『アジア史』などその他の資料は皆,イスラーム教師である建国者(すなわちスナン・グヌン・ジャティ)が建国当初から強いリーダーシップを発揮していたことを示しているからである。それにもかかわらず,当時の王や宮廷の重臣たちは,上述のような調和を体現できるハサヌッディンが,外国出身であるスナン・グヌン・ジャティよりも王国の創設者として当時の現地住民に受け入れられやすいと考えたことが,このような『サジャラ・バンテン』の記述につながったと考えるのは可能であろう。この機会に与えられた王の新しい称号は,イスラーム的なモラナと,ジャワおよびスンダ社会における王の称号であるパネンバハンとを組み合わせたものであった[20]。

3) 首都におけるイスラーム

　16世紀のコタ・バンテンにおいて,幾つかの宗教施設が存在したことと,イスラームを信仰する人々の様子が報告されていることは,バンテンにおける早く

図 2-1 19世紀前半のマスジッド・アグン

出典) C. W. M. van de Velde, *Gezigten uit Neerlands Indië* (Amsterdam : Frans Buffa en zonen, 1845).

からのイスラームの浸透を示す例としてしばしば指摘される。しかしそのことがイスラームの広い定着を意味すると議論するには，慎重な注意が必要である。王国最大のモスクであるマスジッド・アグン（Masjid Agung）は，現地の伝承によれば，1559年に王宮前広場の西面に建てられた（図 2-1)[21]。1596年にコタ・バンテンを訪れたウィレム・ローデウェイクスゾーンは，バンテン海岸部の人々が熱心なムスリムで，モスクで毎日何度も礼拝しラマダン月に断食するなどの宗教的義務を厳格に行っていたことを観察している[22]。しかし1606年にコタ・バンテンを訪れたイギリス人エドムンド・スコット（Edmund Scott）は，首都の最も重要な人々は敬虔なムスリムであるが，一般の人々はいかなる宗教についてもほとんど知識を持っていないと述べている[23]。クロード・ギヨーは，コーランの教えが授けられるイスラーム施設であるカスニャタン（Kasunyatan）は，16世紀半ばに第4代王モラナ・ムハンマドの精神的指導者によって首都に建設された可能性が高いと指摘した（図2-2)[24]。しかし，『サジャラ・バンテン』は確かにモラナ・ムハンマドの時代（1580?-96年）にカスニャタンが存在したことに触れているものの，この施設がいつ建てられたのか，そして早い時期からイスラームの教えが授けられるセンターであったのかは，ほとんど分からない。こうしたことから，17世紀初期までイスラームの影響は，首都社会の上層部に限られていたと考えるべきであろう。

もっとも現地の敬虔なムスリムの中には，モスクに奉仕するコミュニティを作る者もいた。前章で取り上げた，1700年前後に作られた住民台帳の一つは，計246人からなる六つのイスラーム・コミュニティがカウィササントゥ（Kawisasantu），カワロン（Kawaron），パチナン，カスニャタン，カナリ，セランに存在したことを示している[25]。最初の二つの地は不明であるが，残りの四つは既に取

り上げたように，いずれも首都内部もしくは近郊の地名である（地図4，図1-2）。例えば，マスジッド・セラン（Masjid Serang）というモスクは，パングル・セラン（Pangulu Serang）と呼ばれる聖職者の下に29人の名が連ねられるコミュニティを有していた。後に論じるようにバンテンの住民台帳は通常税が課される世帯主の名を挙げるので，このコミュニティには彼らの家族もさらに含まれていよう。名が記された29人のうち16人はハビブ（habib），モディン（modin），マルボット（marbot）またはムルボット（měrbot）と呼ばれ，モスクの代表（アワック-アワック・マスジッド awak-awak

図 2-2 1930年頃のカスニャタン
出典）KITLV Media Library.

masjid）と総称されているのに対し[26]，別の8人はカウム（kaum）と呼ばれ，労働者（パカルディ pakardi）と説明されている（巻末資料6-c）。恐らく後者は，モスク職員である前者のグループに労働力を提供していたのであろう[27]。19世紀初期の資料によると，パングル・セランはバンテンにおける全てのイスラーム専門家の最高位にあるとされているので[28]，バンテンにおけるイスラームの専門家はその時までにヒエラルキー構造を形成していたと思われる。

4）外部イスラーム世界との接触

コタ・バンテンがイスラームの中心であったと述べる研究者は，支配者たちがイスラームに強い関心を持ち，早い時期から中東世界との接触を促進していたと述べる[29]。たしかに，バンテン王国の支配者の中に，外部ムスリム世界とのつながりの強化を図った者がいたことは間違いない。第5代王スルタン・アブル・ムファキル・マフムッド・アブドゥル・カディル（Sultan Abul Mufachir Machmud Abdul Kadir, 在位 1596-1651）はアチェ，メッカ，メディーナの高名な学者に宗教上の問題に関して質問状を送り，回答を得た[30]。彼がメッカのグランド・シャリフに使者を送り，1638年に王国で初となるスルタンの称号を与えられたことは

よく知られている[31]。しかし、「メッカのグランド・シャリフ」なる人物が実際のところ、外国の王に称号を授けるといった権利を有していたのかどうかは明らかでない[32]。重要なことは、バンテンの支配者が称号を自称するのではなく聖地の権威者からそれを得ることによって、正統性を得ようとしたことである。メッカとのつながりは、確かに王の権威の重要な源泉となった。

しかしヨハン・ターレンスによれば、バンテンの王族が自身でメッカに巡礼した例は、1660年以前はあまり明らかでない[33]。バンテン宮廷とメッカとのつながりは、その時期にはまだ限られていたと考えるべきである。1638年にメッカに行ったバンテンの使節は、イスラーム法の専門家を招くよう王から指示されていたが、この時は誰もバンテンに来ようとする者を見つけることができなかった[34]。このこともまた、コタ・バンテンのイスラーム・センターとしての名声がこの頃はまだ十分には確立していなかったことを示していると考えるべきであろう。

第6代王スルタン・アグン・ティルタヤサ（在位1651-83）は、1666年以降メッカのシャリフならびにイスタンブール、スーラト他のインド海岸部のムスリム諸王国に使者を出している。この時には多くの学者がこれらの地域からバンテンを訪れ、ある者は要請されて、人々にイスラームの教えを授けた。そうした教えを受けに、島嶼部各地からコタ・バンテンにやって来る者もいた。コタ・バンテンにやって来た最も有名な学者は、南スラウェシ・ゴワ（Gowa）出身のユスフ・アル＝マカッサリ（Yusuf al-Maqassari, 1627-1699）であろう。彼はイスラームの知識を求めて中東に20年以上滞在した後、コタ・バンテンに1644年または1672年にやって来た。スルタン・アグン・ティルタヤサの保護の下、彼はバンテンに滞在して教育と執筆を続け、また宮廷における最も高い地位にまで上った[35]。こうしたことから、17世紀半ばまたは後半に至って、コタ・バンテンが周辺地域におけるイスラーム・センターとして発展したことは間違いない。

1660年以降は、王族の中でもメッカ巡礼（ハジ）を行う者がいた。ユスフ・アル＝マカッサリの弟子でもある第7代王スルタン・アブル・ナザル・アブドゥル・カハル（在位1676?-87）は、皇太子の時期に2度メッカに巡礼しており、そのためスルタン・ハジと呼ばれるようになった。彼はバンテン人にアラブ風の衣服を着るよう訴えたりするなど、中東文化に強く魅了されていたように見える[36]。

5) 外国人イスラーム知識人

B. シュリーケは，宮廷重臣によるメッカ巡礼に加え，アラブ出身のウラマ (ulama, イスラーム教師) がカーディに任命されていたことが，16世紀末以降のバンテン王国が中東と強いつながりを有していたことを示していると述べた[37]。1596年にコタ・バンテンを訪れたローデウェイクスゾーンは，確かにシェイク (sheik, Ceque, イスラーム教師) がメッカから来ていたことを述べている。しかしマーティン・ファン・ブライネッセンは，スルタンは外国人のウラマだけでなく現地の聖職者もまたカーディの地位に任命していたと指摘している[38]。コタ・バンテンのカーディが常に外国人であったと考えるべきではない。

カーディ以外でも，外国人知識人たちの政治分野での影響力は限られていた。数少ない例外であるユスフ・アル＝マカッサリも，1682-83年の内乱で敗者の側についたことから，オランダ人によってセイロン，後にケープタウンに流刑された。その後は，外国人知識人は誰も政治的に重要な地位に就いていない。もっとも，中東出身のイスラーム学者は18世紀末まで断続的にバンテンに来ており，特にサイードの称号を持つ者は宮廷で歓迎された。例えば，第9代王スルタン・アブルマハシン・モハンマド・ザイヌル・アビディン (Sultan Abulmahasin Mohammad Zainul Abidin, 在位1690-1733) の時代，アラブ人ウラマであるサイード・アフマッド (Said [Sayyd] Ahmad) は，そのイスラーム法に関する深い知識によって，王や宮廷重臣からの尊敬を集めた[39]。しかし彼がそれによって強い政治権力も手にしたとは資料からは読み取れない。彼の娘であるラトゥ・シャリファ・ファーティマは，スルタン・アビディンの息子で後に第10代王スルタン・アブルファス・モハンマド・シファ・ザイヌル・アリフィン (Sultan Abulfath Mohammad Syifa Zainul Arifin, 在位1733-48) となる皇太子パンゲラン・ロノモンゴロ (Pangeran Ranamangala) と結婚した。彼女は夫を追放して，最終的に王国の実質的支配者にまで上り詰める。しかし次章で詳述するように，彼女がその政治的地位を得たのは彼女がバタヴィアやバンテンのオランダ人との間に築いた人脈を利用したためであり，父親の影響力というわけではない。彼女の後は，アラブ移民は18世紀を通じて政治的に重要な地位には就いていない。

バンテンにおけるイスラーム的制度や組織の役割や成立時期についても，従来の定説には問題がある。ファン・ブライネッセンは，パキー・ナジムッディン (Pakih Najmuddin) やキヤイ・ファキー——ともにカーディの別称——は16世紀

末または17世紀初頭から重要な役割を果たしたが，シャリアーに基づく体系的な処罰や処刑はむしろ例外的であったと論じた[40]。ターレンスも，シャリアーは非常に限られた分野でそれが政治的重要人物の利害に抵触しない時だけ実施されたと指摘している[41]。18世紀のオランダ語資料は，シャリアー法廷やキヤイ・ファキーについて，ほとんどその重要性を語っていない。例えば，1789年にスルタンは，恐らくキヤイ・ファキーと思われるキヤイ・フォッキー・ナチャ・ムディン（Kyai Fokkee Naca Mudin）を争いの調停者として任命しているが，東インド会社資料によれば，ナチャ・ムディンは控えめでヨーロッパ人の良き友であるがその職務には適さず，多くの争いが長い間未解決のまま放置されていると指摘している[42]。このような像は，キヤイ・ファキーのいかなる強い影響力も感じさせない。その役割は，18世紀以降は大きく後退してしまったように見える。

6）地方社会のイスラーム

近世までの東南アジア社会に関する研究が概ねそうであるように，バンテンのイスラームの研究においても，王国期の周辺部・内陸部に関してはほとんど検討が行われていない。その中で数少ない言及が，G. W. J. ドゥリュブズとニナ・ヘルリナ・ルビスによってなされているが，その議論も根拠は弱い。ドゥリュブズは，最初期のプサントレンの一つが16世紀バンテンのカラン山麓に位置したと述べ，バンテンにおいて早い時期からイスラームが浸透していたとする議論の根拠とした[43]。しかしファン・ブライネッセンは，同時代資料を批判的に分析して，その16世紀のテキストで言及される地名をバンテンに比定することは不可能であり，バンテンのプサントレンは18世紀半ば以前に遡ることはなく，19世紀後半以降に発展したと主張した[44]。ルビスは，ハサヌッディンがプロウサリ山，カラン山，ロル山（Gunung Lor）からさらにバンテン南西端沖にあるパナティアン島（Pulau Panatian, プリンセン島に同じ）まで教えを説いて回り，イスラームの浸透に努めたと述べている[45]。しかしルビスが参照している『サジャラ・バンテン』の箇所は，ハサヌッディンが単に上記の山々で瞑想修行（タパ）を行い，パナティアン島に渡ったと述べるに過ぎず，イスラームの教義を広めたとは一切言及していない[46]。さらに『サジャラ・バンテン』は王の業績を誇張・栄光化する傾向が強いことから，ある現象の地理的範囲や発生時期を検討する資料としては有効ではない。

一方，同時代のオランダ人は，バンテン内陸部ではイスラームの影響が弱いことを記している。1596年ローデウェイクスゾーンは，内陸部の人々は今なおヒンドゥーを信奉していると述べた[47]。1787年になってもオランダ東インド会社バンテン商館員 J. ドゥ・ローフェレ・ファン・ブリューヘルは，山地の人々は宗教に全く熱心ではなく，彼らの宗教は「迷信と混ざり合っている」と記している[48]。

こうしたヨーロッパ人による観測情報にもかかわらず，17世紀末までにはイスラームがバンテン内陸部まで一定程度浸透していたことは現地資料から確かめられる。1700年前後に作成された先述の住民台帳は，バンテン一帯にわたってサントリ（santri）と呼ばれる人々がいたことを記している。19世紀初期のオランダ語資料によれば，バンテンにおいてサントリとは，イマム（imam），ハジ（haji），グル（guru）といった宗教専門家を包括する名称である[49]。ほぼ完全な形で現存する2部の住民台帳はともに，各カンポン（集落）に1人から数人のサントリがいることを示しており，その合計は一方の台帳で全240カンポンに計660人，もう一方では全191カンポンに648人である[50]。住民台帳はサントリの数を示すのみで，彼らの果たした役割などについては何の情報も含んでいないが，600人以上のイスラーム専門家がいたという記録は，彼らが地域社会で何らかの宗教的役割を果たした可能性を示していよう。

イスラームの内陸地域浸透の程度を示すもう一つの手がかりは，1750-52年に発生したバンテン反乱である。反乱の2人の主要な指導者のうち，キヤイ・タパは宗教指導者で，ラトゥ・バグス・ブアン（Ratu Bagus Buang）は王族の一員である。彼らはオランダ人と当時実質的支配者であったラトゥ・シャリファ・ファーティマの追放を主張して，1750年10月末に反乱を起こした。反乱は初期には王国の広い範囲に広がったが，1751年7月以降は支持者の大半を失い，最終的に1752年10月末にオランダ軍によって鎮圧された。

この反乱については次章で詳しく論じるので，ここではイスラームの浸透という点のみを検討したい。指導者の一人であるキヤイ・タパはバンテンもしくは東ジャワの出身で，聖人を自称した。反乱の前に彼はバンテン東部のムナラ山（Gunung Munara）に修行者として籠もり，周辺の人々に自ら調合した薬を渡すなどして多くの信者を集めた。このように彼は超自然的能力の持ち主として自身をアピールしたが，山に籠もっての修行（タパ）という行為はヒンドゥー的である

と同時に，この頃にはイスラーム的行為とも認識されていた可能性もある。さらにキヤイ・タパは反乱を起こす理由として，ヨーロッパ人はムスリムの大敵であるというイスラーム要素を主張した。もう一人の指導者ラトゥ・バグス・ブアンが広い支持を得たのは，高い人望で知られた彼の祖父の影響力が大きい。それでもなお，彼は反乱中に自身が預言者ムハンマドの墓を訪れ，その地の高位聖職者からスルタンの称号を受け取ったと主張し，中東と結びついた自らのイスラームの「正統性」を強調した。このように，反乱指導者がカリスマ性を得たのは超自然的能力や貴種崇拝の要素が強いものの，それでも彼らは自らとイスラームとのつながりを主張している。さらに彼らがイスラーム的要素に基づいて自らの反乱を正当化しようとしたということは，イスラームが地方社会で一定の支持を得，権威の源泉となり得たことを意味していよう。

7) 後の時代の建国神話

『サジャラ・バンテン』の後，バンテン王国の建国神話は，様々に変更を加えられながら，宮廷において18世紀から19世紀初頭にかけて何度も作られた。そうして繰り返し再構築された建国神話は，ハサヌッディンでなくスナン・グヌン・ジャティが，イスラームの普及と王国の設立に果たした役割をいっそう強調する傾向があった。

18世紀初頭にオランダ人聖職者フランソワ・ヴァレンタインが記録した伝承によれば，シェイク・イブン・ムラナ (Sjeich Ibn Mulana) もしくはイブン・イスラエル (Ibn Israel) というアラビア出身の人物が，パジャジャランとバンテン・ギランの王たちを改宗させ，彼らの王国を自らの支配下に置いた。後に彼はそれを三つの王国に分割し，ジャワ人の妻との間にもうけた3人の息子に譲った。彼はさらにスマトラのランプン，ベンクーレン，シレバルを自らの支配下に置いた。息子の一人であるパンゲラン・ハサノッディン (Pangerang Hassanoddien) は1406年または1407年にバンテンの初代王となった。シェイク・イブン・ムラナは後にススフナン・グヌン・ジャティと呼ばれるようになった[51]。先述の『サジャラ・バンテン』テキストGの記述と比べると，ここではスナン（ススフナン）・グヌン・ジャティのアラブ起源はより明確に示されている。『サジャラ・バンテン』ではハサヌッディンが現地住民の改宗において重要な役割を果たしていたのと異なり，このテキストでは，スナン・グヌン・ジャティが西ジャワで王た

第 2 章　支配のイデオロギーと構造　91

ちを最初に改宗させたことが明確に述べられている。

　ドゥ・ローフェレ・ファン・ブリューヘルは 1780 年代に，当時彼が伝え聞いたバンテン王国の建国神話を記している。それによると，あるアラビア出身のバニ・イスラエル（Bani Israel）というシェイクが，中国を経由してデマックに渡来し，さらにチレボンに移動してイスラームを布教し，多くの支持者を得た。彼の息子のススフナン・グヌン・ジャティは，イスラームをジャワ中に普及させた。その結果，チレボンにある彼の墓所は強い信仰対象となり，ジャワ中から参詣者が途切れなく訪れるようになった。彼の 2 人の息子のうちの一人はチレボンの王となり，アサヌッディン（Assannuddin）もしくはディパティ・スルスアン（Dipati Surousouan）という名のもう一人の息子はバンテンの王となった[52]。ここでスナン（ススフナン）・グヌン・ジャティは，ちょうど『サジャラ・バンテン』におけるハサヌッディンと同様に，イスラームの最初の布教者の息子として叙述されている。スナン・グヌン・ジャティの役割はさらにいっそう強調されて，ジャワ中にイスラームを広めたとされる。

　イギリス人政府官吏 H. バウド（H. Baud）によってイギリス統治期間（1811-16 年）に収録されたもう一つの宮廷伝承によれば，サイード・モラナ（Said Molana）もしくはシェイク・イブン・モラナ（Sheik Ibun Molana）というアラビア出身の人物が，14 世紀にチレボンでイスラームを布教し，ススフナンの称号を名乗ってジャワ全土を版図とする王国を設立した。彼は王国を三つに分割し，それらをデマックの王女との間にもうけた 3 人の息子に譲った。バンテンは三男であるハサヌッディンもしくはアディパティ・スラソワン（Adipati Surasowan）に譲られた。死後，サイード・モラナはジャティ山に埋葬された[53]。

　これらの伝承は皆，スナン・グヌン・ジャティがジャワでイスラームの布教に成功し，バンテンよりも大きな王国を設立したと述べる[54]。つまりこれらは，『サジャラ・バンテン』がイスラーム布教と王国設立においてハサヌッディンの役割を強調していたのと異なり，スナン・グヌン・ジャティの業績をいっそう強調し栄光化している。その結果，彼の王国や宗教的影響力の範囲は，後の時代の伝承になるほど拡大し，彼がイスラームの布教に成功した時期は，時代の下る伝承ほど古い時代に遡る。19 世紀初めにバウドが伝えた伝承は，現地生まれのハサヌッディンの役割を強調した『サジャラ・バンテン』と異なり，外国人イスラーム教師であるスナン・グヌン・ジャティが王国の創設者であったと述べるこ

とに，もはや躊躇しない。『サジャラ・バンテン』がイスラームとヒンドゥーの調和を重視していたのに対し，後の時代の王国建設神話は，イスラームをジャワにもたらし広く普及させた王を創設者に持つことを，王権の正統性の重要な要素としている。

こうして建国者の像は，『サジャラ・バンテン』が作られた頃に強調されていた「イスラームとヒンドゥーの調和」をもたらす建国者というものから，18世紀後半から19世紀初頭に至ると，ジャワに偉大なイスラーム国家を設立した王へと変容した。このことは恐らくイスラームが次第に深く社会に浸透して，それが新たな外来の要素と認識されなくなったことと関連していよう。さらにスナン・グヌン・ジャティがジャワにイスラームをもたらした九聖人（ワリ・ソンゴ）の一人として尊敬を集めるようになったことも，彼を建国者として称揚する理由になったであろう。スナン・グヌン・ジャティ信仰については，本章第4節で検討する。

以上の議論はいずれも，バンテンに正統的イスラームが早くから社会に根付いたと論じられる際の三つの要素が，今まで考えられていたほど早い時期から強固であった訳ではなかったことを示している。確かにバンテン王国はイスラーム教師によって設立されたが，初期の王たちはイスラームを強調するというよりも，むしろその教えを土着信仰やヒンドゥーと調和させることに努めていた。外部ムスリム世界との強いつながりが宮廷において定着するのは17世紀後半以降のことであり，また外国人イスラーム関係者が宮廷で権力を有することは，18世紀以降はなくなった。イスラームの制度や組織もまた，これまで論じられたものの全てが早くから発達していた訳ではなかった。カーディは16世紀から存在したが，外国人によって占められていた訳ではなかった。シャリアーは実施されていたものの，その施行対象は限定的であった。タレカットやプサントレンは，18世紀後半になるまでは発展しなかった。一方ヨーロッパ人観察者は，イスラームが18世紀末に至るまで内陸部や一般民衆までは浸透していなかったと述べているが，18世紀初頭の住民台帳や18世紀半ばの反乱時の情報によれば，民衆の間にも一定の浸透が見られたことが確かめられる。もっとも内陸部のイスラームは，民衆の超自然的能力や貴種崇拝と強く混淆していた。このように，バンテンのイスラームは従来理解されてきたように，初期の段階から外国の影響によって正統的な教えが定着したと考えるよりは，当初からヒンドゥー的土着信仰との混

済が積極的に進められ、18世紀末までの長い時間をかけて一般民衆に広まっていったと考えるべきであろう。それに従ってスルタンも、自分たちの先祖である王国設立者の像を、ヒンドゥーとの調和を図る王から偉大なイスラーム国家の創設者へと、変容させたのであった。

2　バンテン村落と国家支配の構造

　村落は、長い間ジャワ社会史における重要な論争の主題であった。オランダ植民地政府は村落を生産と支配の枢要と見なして、ジャワ全域にわたって多くの詳細な村落調査を行った。戦後こうした資料を利用して、土地制度、賦役、農民の土地に対する権利や階層分化といった様々な論点に関して、オランダやアメリカ、日本などで研究が進められた[55]。多くの研究が19世紀ジャワ農村社会の変容を問題としながらも、村落そのものの共同体（コミュニティ）としての自明性は問題としなかったのに対し、オランダの社会学者ヤン・ブレマンは、「伝統的村落」という概念自体を否定して、広範な論争を引き起こした。ブレマンによれば「コミュニティとしてのジャワ村落とはヨーロッパ人による創造物」であり、しばしば語られる「調和的で自給的なジャワ村落」というイメージは、「伝統の創造」であったと指摘する[56]。これに対しピーター・ボームハールトをはじめとする論者たちは、村落は植民地期以前も植民地期にも真のコミュニティであったと述べ、ブレマンに反論した[57]。

　この論争に関する問題点の一つは、先述のように、論者のほとんどが植民地期の資料に基づいて村落の変容を論じており、それ以前に作成された資料への言及が少ないことである。そのため彼らは植民地政府の政策による影響を非常に大きく捉える一方で、それ以前の時代まで村落には顕著な変化は起こらなかったと考える傾向がある。もう一つの問題は、オランダの人類学者 C. G. J. ホルトゥザッペルを除けば、議論が村落内部の水平的および垂直的社会関係にのみ集中し、それが国家といったより大きな政治体制とどう関連しているかを論じていないことである。そこで本節および次節では、18世紀の現地資料ならびにオランダ東インド会社資料に基づいて、王国時代の村落が、国家全体の支配構造の中にどのように位置づけられるかを検討する。村落と上位権力との関係は、本書が対象とする期間に大きく変容したというのが本書の主張であるが、本節ではまず支配構造

の概要を検討することとし，対象期間を通じたその変容については第4, 5, 8章で論じることとしたい。

1) ジャワ村落論争①　「村落は存在しない」

　ブレマンが疑問を投げかけたのは，植民地期および戦後の研究の通説におけるジャワ村落のイメージである。ブレマンによると，そうした通説は今まで，ジャワ村落を同質的，調和的，自給的で，かつ変化に必要なダイナミズムに生来的に欠けた，閉じたコミュニティであったと捉えてきた。ブレマンによれば，そのような村落の概念は，最初にイギリス統治期にイギリス人官吏によって作り出され，後にオランダ植民地政府が，「土着支配層による破壊的効果を終了」させるという口実のもとに，村落を財政負担の単位として直接管理するのに用いた。それによって植民地政府は，「最大の収益」を上げられるようになったとブレマンは述べる[58]。さらにブレマンは，ジャワ社会における「支配秩序の断片的性格」を強調する。彼によれば，農民＝被保護者（クライアント）は，保護者（パトロン）を同じくする者の集団であるチャチャー（cacah）[59]に属しており，チャチャーは地理的に散在する。保護者と農民との間のパトロン-クライアント関係は社会のあらゆるレベルに存在し，異なる村の成員同士の間でも成立する一方で，同じ村の中の裕福な農民と土地無し農民との間ですらその関係であり得る。その結果，農民は自らをパトロン-クライアント関係のネットワークの一部とは捉えていても，ある特定の住空間における成員と意識することはあまりなく，住民間の地理的一体性はあまり認識されない。従ってブレマンは，「村落は，植民地体制の下において初めて一体的な空間的・行政的単位となった」と結論づけた[60]。

　筆者の見るところ，ブレマンは，植民地政府が搾取の目的のために村落に特別な重要性を与えたことを正しく指摘している。村落内部でもパトロン-クライアント関係が卓越し社会的階層が存在したことに関する彼の議論は説得力があり，村落が緊密に統合され同質的であったとする過去の言説を否定するのに十分である。しかしながら，彼の提示する資料は1830年以降のものであるため，それに基づいて植民地期以前の支配単位を論じるのは困難である。ブレマンの議論はほとんどが，植民地政庁が1820年代以降，既存の支配単位を統合または分割することによって作り出した，新しい「植民地村落」を扱っている。そのように人工

的に再構成された植民地村落は，確かに断片的に見えたに違いない。しかしその ことは，植民地期以前から存在した社会単位が，かつてコミュニティとして機能 していたことを否定するものとはならない[61]。また，彼が用いる資料は主に西 ジャワのものであるため，中・東部ジャワでも同様の社会構造とその変容が見ら れたのか疑問が残る。

ホルトゥザッペルも，ブレマンと同様に，オランダ人がジャワ村落を創造した と論じた。ホルトゥザッペルは，マジャパヒトおよびマタラム時代の資料を分析 している。つまり，彼が論じる「ジャワ社会」が，主として中・東部ジャワの社 会であることには注意が必要である。ホルトゥザッペルは，「農業共同体として のデサ（desa，村落）」や「村落における封建的生産様式」といった，植民地期以 前の村落に関する議論に用いられてきた従来の概念は，その時代のジャワの統治 単位には当てはまらないと述べる。彼によれば，オランダ語資料は王が臣下に与 える封地であるルングー（lungguh）を「村」と叙述しているけれども，これは あらゆる村落が備えるべき，集団的目標やカリスマ的リーダーシップに欠けてい るため，実際のところ村落ではなかったとされる[62]。ルングーとは，ホルトゥ ザッペルによれば，スルタンがその「父権的役人（patrimonial functionaries，封建社 会の有力者を指す——引用者注）」に与えた，6ユング（jung）の土地と25世帯 （チャチャー）の人々[63]からなる「6ユング・ユニット」という財政-政治単位を 恣意的に集めたものに過ぎない[64]。「6ユング・ユニット」は地域レベルにおけ る最小の統治単位であったけれども，それは恣意的に構成されたルングーの一部 分に過ぎなかった[65]。ホルトゥザッペルは，それにもかかわらず「オランダ人は 17-19世紀に，彼らが輸出作物の栽培を村落に課すことができるように，意図的 にルングーを『1人の首長のもとで生産管理を行う村落』と叙述した」と指摘し た。これによってオランダ人はジャワの村落を領域的な「生産共同体（Produk- tionsgesellschaften）」として創り出したと，ホルトゥザッペルは結論づけた[66]。

ホルトゥザッペルの議論は，彼が同時代の資料を参照しながら，ジャワ前近代 国家の支配構造全体という枠組みにおける統治単位として村落を論じたという点 で，非常に重要である。オランダ人が効率的生産管理のためにルングーを敢えて 村落と読み替えて解釈したという彼の主張は，興味深くまた説得力を持つ。しか し筆者は，彼の説の有効性に関して，二つの点において強い疑問を持つ。第一 は，彼が前近代ジャワにおける統治単位は村落ではなかったと論じる点である。

彼が用いる術語からも明らかなように，ホルトゥザッペルの視点は典型的なウェーバー派のそれである。前近代ジャワの統治単位がウェーバー派の概念における村落ではなかったとする彼の議論は，恐らく正しい。しかしこの議論は，ジャワ人の概念においてジャワの統治単位が村落として機能したことを否定するものとはならない。実際ホルトゥザッペルは，「6 ユング・ユニットはしばしば自選の首長を持つ一種の集落であり，何らかの村落機能を有する共同体の一部でもあった」と，その共同体的機能を認めている[67]。第二は彼が，オランダ人官吏がルングーを曲解して領域的生産共同体としての「村落」を創造したと論じる点である。これに対しては，いかにしてオランダ人が全く新しいタイプの共同体を望むままに作り得たであろうかという疑問が生じるが，ホルトゥザッペルのやや理論的で抽象的な議論は，それに答えていない。

2) ジャワ村落論争② 共同体としての村落

R. E. エルソンとボームハールトは，ブレマンが古いジャワ村落の概念を「脱神話化」したことは評価しつつも，共同体としてのジャワ村落はヨーロッパ人の創造であるとする彼の議論には強く反発している[68]。エルソンは，19 世紀初頭のジャワ村落における地域的一体性は，その伝統的な習慣——自選首長を持ち，村落の問題をその内部で調整し，警察や司法の機能を持ち，時にリンチさえ用いて悪漢から村民を守ろうとする——から明白であると述べた[69]。ボームハールトは，初期植民地期およびそれ以前のジャワにおける統治単位ないし地域単位としての村落の重要性を，次のような点から主張した。(1)一村落に複数の徴税請負人がいたことを根拠にジャワ村落が共同体ではなかったと主張する研究者がいるが，これはクジャウェン（Kejawen，王侯領）に限られた現象でしかない，(2)中部ジャワと東部ジャワのその他の地域では，村落は「徴税最小単位」である，(3)村落は自選の首長を持つ自律的な村落統治機能を持つ，(4)村落は小規模であるため，内部の社会経済的相互扶助活動や集団的文化宗教行為といった共同活動には，その総人口が動員される，(5)初期植民地国家は，地域的・共同体的村落を「創造」し得るような強力な存在ではなかった[70]。このように 1830 年代以前のジャワ村落構造を議論して，エルソンとボームハールトは，村落は真の共同体であったと結論づけた[71]。

エルソンとボームハールトの社会単位としての村落に関する議論は，極めて実

証的で説得力に富む。しかし村落とその上位権力との関係に関しては，彼らはまだ十分に議論を行っていない。例えばエルソンは国家の影響力がどのように人々に及ぶのかを村落を通してのみ論じているが，それがチャチャーといった他の統治単位とどのような関係にあったかについては明確にしていない[72]。

　加納啓良は，中部ジャワ・ウンガラン郡における村落史を検討し，ブレマンに批判的な議論を展開している。加納は 19 世紀初めと 1840 年代のオランダ語資料，さらに彼が 1980 年代に行ったフィールド調査とを組み合わせて，村落の変遷をたどった。その結果，19 世紀初めの資料に挙げられる村落名が，それ以降の時代に村落下位区分である区（dusun または linkungan）や集落（カンポン）となって存続したことを指摘した。それによって加納は，1840 年代の資料に挙げられる村落（行政村）とは，それ以前から存在した集落を統合して形成されたものであると論じた。加納は，さらに 19 世紀資料に現れる村落名を現在の地名と対照させることで，その地理的範囲の変遷も考察している[73]。これまでの村落論争が具体的な村落の地理的範囲への言及を欠いたまま抽象的に行われていたのに対し，加納の議論は地理的に極めて具体的となった。一方で，19 世紀の村落がどのように共同体として機能し，どのように上位権力と関係づけられたかについては，資料の制約から議論が行われていない。

3) ジャワ村落史研究の課題

　ここに挙げたのは，ジャワ村落論争の中でも，ブレマンの議論に関連したごく一部であるが，論者の議論が十分にかみ合っていないのは，使用する概念が十分に明確化されていないことから生じているように思われる。我々はまず，これまで漠然と「村落」として論じられているものの中に，(a)地域住民にとっての「共同体（コミュニティ）」，(b)オランダ人が，19 世紀初期の地方行政制度の改革以前に「村落」と認識した地理的範囲，および(c)植民地期の制度改革によって設立された村落（植民地村落）があることを認識しなければならない。(c)に共同体としての特徴が見られないことは，(a)が存在したことや(b)が真の共同体であったことを否定することにはならない。さらに上述の論争における村落という用語には，三つの異なる側面が混同されている。すなわち，(i)個々の成員が協力的活動を執り行う「共同体」，(ii)税や労働供出といった被支配者の義務と，保護の提供といった支配者の義務が交換される際に必要とされる「統治単位」，

さらに(iii)一定数の住居が存在する「集落」の三つである[74]。(iii)の存在を資料で示すことができても，(i)や(ii)の側面が説明できなければ，その集落がどのような社会的機能を持っていたのか十分に理解することができない。一方，(i)の側面に議論を集中させると，その共同体が国家の支配構造の中に位置づけられず，植民地期における議論のように，村落が隔絶した小宇宙であるかのように捉えてしまうことになる。それを避けるためには，(ii)がどのように機能し，国家や住民と関わっていたかを明らかにしなければならない。本節ではこれらを区分しながら，バンテン村落を国家の支配構造の中に位置づけて論じることにする。

これまでの論争から明らかになったことは，(1)植民地期以前の統治単位は，村民とのパトロン-クライアント関係を通じて上位の権力者と結びついていた，(2) 1830年頃の村落内部の構造は平等でも一様でもなく，階層化していた，ということである。そしていまだに明らかになっていないことは，(a)パトロン-クライアント関係を構築していたのは，そもそもどういった人々であったのか，(b)パトロン-クライアント関係に基づく伝統的統治単位は，どのように国家の権力構造の中に位置していたか，(c)その統治単位はどのようにして集落という領域単位や，人々の協力的活動を伴う共同体と結びついていたか，(d)オランダ人はどのようにして上位権力者とその統治単位の関係に介入したか，さらに(e)その結果として，その関係性は植民地期の行政制度改革において，どのように変容したか，である。これらのうち(a)から(c)の問題を本章で取り扱い，(d)と(e)は第4，5，8章で論じることとする[75]。

4) 人々の社会区分①　支配する人々

村落の成員とその上位権力の関係を検討するために，まず誰が社会の成員であり，彼らが社会的にどのように区分され階層化されていたかを確かめることにしたい。村落を越えて人々に権力を行使する支配者には，次のような人々がいた。

バンテン王国において，スルタンは常に国家の最高権威であった。スルタンは宰相または首相（マンクブミまたはパティ）や財政長官といった宮廷官僚を，王族やポンゴウォ（ponggawa）と呼ばれる有力者のメンバーから任命し，また解任する権利を有していた[76]。スルタンはそうした官僚に，その奉仕態度や業績に応じて称号や土地（実際重要であったのはそこに住む人々）を与えた。19世紀初めのオランダ語資料によれば，そうした称号や土地は，有力なポンゴウォに関しては

一定の世襲的権利が考慮されたが、通常は受領者の死後に回収されたとされる[77]。しかし18世紀の同時代資料を検討すると、以後の章で述べるように、スルタンがどれほど思いのままに人事を行えるかは、実際には彼と他の有力者との力関係次第であったことが分かる。スルタンとポンゴウォの姻戚関係やオランダ東インド会社との同盟関係は、宮廷における権力状況をより複雑で流動的にした。原則として、宮廷官僚はジャワ系の人々であったが、アラブ出身者もしばしば宗教上の問題において責任を与えられていた。18世紀後半には華人その他の外国人がシャーバンダル（港湾長官）に任命された情報はないが、華人首領は港で税を徴収しており、貿易や経済行政に影響力を維持した。

　宮廷に勤めるポンゴウォの他に、都から離れた場所で自らの支配地域に住むポンゴウォもいた[78]。スルタンは、こうした地方のポンゴウォが自らに服従し生産される胡椒を供出することと引き換えに、彼らに称号を与え地位を保証していた。彼らは一定の自立性を享受し、その地位には通常、世襲的権利を持っていた[79]。

　そのようにしてスルタンに権威を保証されたポンゴウォが、地域社会における有力者であった。1765-90年のオランダの胡椒栽培調査報告は、地方社会の個々の一般農民が誰か1人のポンゴウォの影響下に置かれたことを明確に示している（表2-1）。19世紀のオランダ語資料は、王国時代には内陸部の広大な地域がポンゴウォの支配下にあり、それはスルタンには名目上属しているに過ぎなかったと述べる。スルタンは首都周辺とその他のわずかな地域に存在するサワー・ヌゴロ（sawah negara）と呼ばれる王領地にのみ、直接の影響力を持っていた[80]。ポンゴウォは決して均一なエリート集団ではなく、彼らは内部で階層化されていた。1700年頃にバンテンで作成された住民台帳は、少数のクライアントしか持たない弱小ポンゴウォはしばしば他のより有力なポンゴウォのクライアントであったことを示している[81]。

　スルタンはポンゴウォを通じて、地域社会の一般農民に命令を伝えていた。そのうち最も重要なものが胡椒の栽培を奨励するもので、スルタンは王国の全ての15歳以上の臣民は1人につき500本の胡椒苗木を栽培しなければならないという布告を、繰り返し発布していた[82]。これ以外にも、後述するように、ポンゴウォ支配下の一部の住民も、しばしばスルタンに労働奉仕を行う義務を有した。しかし、これらを除けばスルタンが地方社会に直接介入することは少なく、ポン

表 2-1　1765 年胡椒栽培調査報告の「村落」リスト（一部）

調査日	首都からの距離（時間）	「村落」名[1]	首長名	栽培者の数	地域	（首都に住む）上位権力者の名[2]	若い苗木	結実している苗木	新たに植えた苗木
6/18	11	Cg. Sura Geti	Masals	14	西部	Tumengung Suradikarsa	7,000		
6/19	12	Ng. Tanjak	Marang	15	〃	Ratu Bagus Rambon	7,800	200	
〃	12	Ng. Tanjak	Boidin	8	〃	Ratu Bagus Sake	4,000		
〃	12.5	Cg. Kinomia	Tasig	8	〃	Ingabei Lamiang	4,000		
〃	12.5	Cg. Kinomia	Sajia	6	〃	Ingabei Cinata	3,000		
〃	13	Cg. Cijamari	Dampul	13	〃	Kyai Aria Suradiraga	6,500		
〃	13	Ng. Cijamari	Machit	12	〃	Ingabei Cinata	6,000		

出典）VOC 3157: no pagination, pepper cultivation inspection report, 10 Aug. 1765.
注 1 ）Cg：カンポン，Ng：ホーフト・ネホレイ．
　2 ）「上位権力者（principale hoofd）」は報告書の内容から，明らかにポンゴウォを指すと考えられる．また，このリストではポンゴウォが「首都に住む」と示されるが，同様に報告書の内容から，彼らの多くが（少なくとも胡椒栽培調査期間は）彼らの支配下の地域に住んでいることは明確である．

ゴウォは地方社会で相当程度の自立的権力を有した実力者であった．
　ポンゴウォはバンテンで最も強力な地方有力者であったけれども，その影響力は，ジャワの他の地域におけるレヘント（regent, ブパティ）よりもはるかに小さかった．レヘントという制度は，バンテンでは実際上存在しなかった[83]．ジャワの他の地域では，レヘントは広範な地域を支配する地方領主であり，その範囲は植民地期のレヘンシー（regency）や独立後の県（kabupaten）に相当した[84]．一方，バンテンにおける 1 人のポンゴウォの領域的統治範囲は，第 5 章で論じるように，18 世紀後半の時点で最大でも 20 余りの集落でしかなかった．

5）人々の社会区分②　支配される人々

　1700 年頃にバンテン宮廷で編纂された住民台帳は，ポンゴウォやスルタンの支配下にあった地方の人々に関して，貴重な情報を提供する．ほぼ完全な形で残っている二つの台帳——以後，台帳 A（LOr 2052）と台帳 B（LOr 2055）と呼ぶ——は，バンテンの全人口を大きく二つのカテゴリーに分ける．つまりプデカン（pĕdhekan, 恐らくプルディカン［pĕrdikan］の変化したもので，直訳は「自由民」）とそれ以外の二つである（表 2-2）[85]．自由民（プデカン）カテゴリーは 2 種類の人々，すなわちプデカンと職能者——鍛冶屋（tiyang pandhe）や家畜商（tiyang balantik）など——から成る．一方，プデカンでない人々（以後，非自由民カテゴリーと呼ぶ）は，以下の 3 種類の人々，すなわち王の奴隷（アブディ・ダルム abdi

第 2 章　支配のイデオロギーと構造

表 2-2　バンテンの住民台帳に記される人々

住民台帳 A（LOr 2052）	本文[1]	要約 1[2]	要約 2[3]	要約 3[4]
非自由民カテゴリー				
奴隷（アブディ・ダルム）	2,250	2,710	2,690	—
カウム	460	316	213	—
奴隷とカウムの混合[5]	491	—	—	—
サンプタン	—	374	373	—
食料を提供しない奴隷とカウム	—	2,148	2,148	—
その他	1,234	—	—	—
小　計	4,435	5,518	5,424*	—
自由民カテゴリー				
自由民	19,971		21,752	—
計	24,706	—	27,176*	31,848
住民台帳 B（LOr 2055）	本文		要約	
マントリ・ダルム	1,362		1,362	
非自由民カテゴリー				
奴隷	2,781		29,906[6]	
カウム	343		—	
奴隷とカウムの混合	193		—	
小　計	3,317		29,906	
自由民カテゴリー				
自由民	23,934+[7]		36,302[8]	
職能者	992			
小　計	24,926+			
計	29,605+			

注 1 ）この部分は，筆者が住民台帳本文に挙げられる数字（巻末資料 6 参照）を，筆者が数え，合計したものである。その他の部分は，原資料中に挙げてある数字を転記した。
2 ）非自由民カテゴリーの合計（LOr 2052 : 27r）。小計の数値も原資料に拠る。
3 ）パトロン別に整理された，全ての人々の合計（LOr 2052 : 171r-188r）。*は筆者による計算。
4 ）職能や社会区分別に分けられた，全ての人々の合計（LOr 2052 : 188r-188v）。
5 ）ここでは奴隷とカウムが混じり合った形で記載されており，それらを独自に数えることは不可能である。そのように二つのタイプの人々を混ぜて記載した理由は不明である。
6 ）有力者（ポンゴウォ），王族，およびスルタンの保護下にある奴隷（アブディ・ダルム）の合計。この数値が他の数値と比べて特に大きい理由は不明である。
7 ）本文の一部の情報が欠けている。
8 ）この数字は他よりも大きく書かれていることから，一見王国全体の人口を示しているようにも見えるが，実際には人口の一部である自由民の合計と説明されている（LOr 2055 : 646）。もっとも，この 36,302 という数字は，筆者が数えた自由民の数とは一致しない。

dalěm)、イスラーム共同体の中でモスク役人に奉仕する人々（カウム）[86]、そして債務者（サンブタン sambětan, 恐らく「債務 sambutan」の派生語）から成る。プデカンという語がそれ自体彼らの自由な地位を示す一方、ここに挙げた非自由民カテゴリーの人々は不自由な身分に置かれていたように見える。住民台帳によると、アブディ・ダルムにはスルタンに食物を提供するという特別な義務があり（巻末資料 6-B）、カウムはモスクの役人に労働力と恐らく農産物を提供していた（巻末資料 6-C）。サンブタンはその名称からすると、債務を負った人々を意味する（巻末資料 6-D）。ここから、これらの人々は非自由民であったと理解することが可能であろう。表 2-2 から分かるように、非自由民は全体の 11-19 パーセントほどで、残りは自由民であった。

　オランダ語資料もまた、非常によく似たバンテン住民の社会区分について言及している。1789 年に書かれたある報告書は、地方社会の人々を自由バンテン人（vrije Bantammer）と宮廷奴隷（abdi または rijksslaven）の 2 種類に区分した。これらは文字通り、住民台帳におけるプデカン（自由民）とアブディ・ダルムに相当する[87]。別の 19 世紀の資料も、同様に住民をマルディコ（mardika）と呼ばれる自由民とアブディと呼ばれる非自由民に分けている[88]。プデカンとマルディコがどちらもジャワ語で独立または自由を意味する měrdika ないし mardika から派生していることは明らかである[89]。1789 年の報告書によれば、アブディはスルタンに人頭税（hoofdgeld）を納めることが義務づけられる一方、自由バンテン人は労働供出と収穫物を一定価格でパトロンに売る義務はあるものの、人頭税は免除されていた[90]。この 18 世紀資料における人頭税は、住民台帳が述べる、スルタンに食物を提供する義務に相当するものと思われ、オランダ語資料はカウムやサンブタンには言及しないものの、ジャワ語資料と同様に自由民と非自由民から成る社会区分を説明していると考えられる。

　非自由民カテゴリーの人々は、時折その身分から解放されることがあった。1753 年にバタヴィア政庁から派遣されてスルタンの即位儀礼に出席したオランダ東インド会社役員は、退位したスルタンの生計を支えるために、1,250 人が宮廷任務（hofdiensten）から解放されて彼に与えられたと報告している[91]。アブディ・ダルムを直訳すると「宮廷の奴隷」となるので[92]、これはスルタンの退位に合わせてアブディ・ダルムが解放されたことを意味するものと解釈できる。このような解放は、住民台帳でも数多く言及されている。例えば、あるポンゴウォ

の下でプデカンとされている人々が，しばしば「スルタンまたは（ある）ポンゴウォのもとから来た［かつての］アブディ・ダルム（またはサンブタン）」と記されていることがある（巻末資料 6-A）。これは恐らく，かつて非自由民カテゴリーにいた人々が，何らかの機会に解放されて別のパトロンのもとにプデカン（自由民）として所属させられたことを表していよう。

　このような人々を，住民台帳は次のようなフォーマットで記述している（巻末資料 6 参照）。まず序に相当する部分が冒頭で，どのタイプの人々（アブディ・ダルム，プデカン，サンブタン等）の名前をこれから挙げるかを示す。もしプデカンの名前が挙げられる場合は，そのパトロン（ポンゴウォまたはスルタン）の名前が次に示される。それから人々が住んでいる場所の地名が述べられ，次いで首長（ジャントゥン jantën）の名と彼に率いられる数人から数百人の人々の名が列記される。このようにして住民台帳では全ての地域住民が，1 人の首長と彼に率いられる人々から成る数百のユニットに分けられる。

　首長に率いられる人々は，さらに幾つかのグループに分類される。プデカンの場合，どのユニットも，人々の構成はほぼ同一である。つまり一つのユニットには 1 人の首長がおり，彼が率いる人々として，常にコンチョ（kanca）[93]，キルナン（kirnan），パカルディまたはパカルドス（pakardos）と呼ばれる中核住民がいる。これ以外には，若い未婚男性であるプラジョコ（prajaka），サフクル（sahukur, 意味不明）[94]，宗教専門家（サントリ）[95]，高齢またはその他の理由で働けない者（ジュバッグ jubag）[96] などがユニットを構成する。このような区分は，人々に義務づけられている労働奉仕との関連で定められていると考えられる。20 世紀初めにバンテンで作成されたある調査報告書によると，世帯主は noe rahajatan, noe koerenan, または noe bota èwè などと呼ばれ，彼らはパトロンに対して労働奉仕を行う義務を有した。一方，未婚の若者にはその義務はないとされた[97]。ここで述べられる noe koerenan が，住民台帳のキルナンと関連していることはほぼ間違いないであろう。つまり，住民台帳で中核住民と記される人々は世帯主であって労働奉仕が義務づけられているが，プラジョコはそれから免除されているということである。サフクル，サントリ，ジュバッグも恐らくその義務から免除されているということで，中核住民に含まれていないのであろう。女性も，例えばもし夫が何らかの理由で労働奉仕を行えない場合は，その妻の名が世帯主として記載される（妻が代わりに労働奉仕を行うものと思われる）[98]。このよう

にこの住民台帳は，首長と彼が率いる人々のうち，中核住民の中の世帯主と，そうではない一部の人々（プラジョコ，サフクル，サントリ，ジュバッグ）の数を数えている。逆に，子供と女性（世帯主とならない限りにおいて）は，原則として台帳に記されない。

　一方この住民台帳は，植民地期のオランダ語資料にしばしば現れる隷属民を含んでいない。植民地期のジャワ村落に関する資料は通常，村落内にシクップ (sikěp) 等と呼ばれる独立民と，ムヌンパン (menempan) 等と呼ばれる隷属民がいたことを指摘する。20世紀初頭のバンテンでも，ブジャン (bujang) またはランジャン (lanjang) と呼ばれる隷属民が，比較的裕福な土地持ち農民の保護下で暮らしていることが知られている。彼らは自分の保護者である裕福な農民を農作業や家庭内作業で手伝うが，村外の上位権力者への労働奉仕といった義務からは免除されていた[99]。住民台帳には，パナカワン (panakawan, 字義通りには「従者」)，サンブタンといった隷属民と受け取れなくもない名称の人々も記載されているが，その人数はそれぞれ162人と374人であり，20世紀資料に見られるブジャン，ランジャンに相当すると考えるには，少なすぎるように見える。そのような隷属民が20世紀初頭になって突然現れたとは考えにくいが，このようにスルタンやポンゴウォの支配の外にある人々を，住民台帳など王国時代の資料で確かめることは不可能である。

6) 統治単位

　このように社会的に区分された被支配者と支配者は，どのようなチャネルを通じて関係を構築しただろうか。支配者たちは，被支配者たちに保護とその他の利益を供与するのと引き換えに，彼らに税や労働奉仕その他の義務を課した。このような利益と義務の交換には，支配者と被支配者との接触を可能にする何らかの統治単位を必要とした。この「統治単位」という語は，本書では住民ベースの単位と領域ベースの単位の両方を意味するものとする。

　バンテンの住民台帳の重要な特徴は，記載されるほとんど全ての人々を，ポンゴウォもしくはスルタンというパトロンのもとに配置していることである。つまり住民台帳はバンテンの人口の大半を，同じパトロンに属する人々ごとにグループとしてまとめ，そのグループ内の人数を数えている（巻末資料6-A参照）。このようにしてバンテンの住民の大半は，あるポンゴウォもしくはスルタンのクラ

イアントであることが明確に示されている。同じパトロンを持つクライアントは，通常1人のリーダー（首長）とその従者から成るユニットを構成している。1冊の住民台帳には，このようなユニットが数百含められている。この種のユニットを，クライアント・ユニットと仮に呼ぶことにする。同じパトロンに属するクライアント・ユニットが異なる場所に散在することもあれば，同じ場所にパトロンを異にする複数のクライアント・ユニットが存在することもあった。このように地理的に不規則にクライアント・ユニットが存在したため，住民台帳の編者は人々を地域ごとに整理するのでなく，人間集団であるクライアント・ユニットごとに整理して編纂したように思われる。このような住民台帳の構成は，バンテン人が地方社会を，数百に及ぶクライアント・ユニットの集合と認識していたことを反映していると言えよう。

　しかしオランダ人は，バンテン地方社会を全く異なる視点から見ていた。先述の，オランダ人調査官によるバンテンの胡椒栽培調査報告は，調査日記と村落リスト（表2-1）という二つの部分から構成されている。両方の部分とも，全ての情報を，ネホレイ（negorij）またはホーフト・ネホレイ（hoofd negorij），カンポン（campong），ブキット（bukit）と呼ばれる集落ごとに整理している[100]。オランダ人調査官はしばしばこれら3種類の集落を，その差異を問題とすることなく，全てドルプ（dorp，オランダ語で「村」）と総称している。本書でも説明を簡潔にするために，それら全てを，オランダ人が「村落」と認識した地理的範囲という意味で，括弧付きで「村落」と呼ぶことにする。しかし「村落」は，調査日記と村落リストとの間では，異なった方法で叙述されている。調査日記では，調査官は「村落」ごとに，その位置，土壌，胡椒栽培の状況といった地理的情報を記録している。換言すると，調査官は地方社会を数百の「村落」の集合として観察している。村落リストでも，調査官は情報を各「村落」ごとに整理しようと試みている。それにもかかわらず，詳しく見ると，村落リストは1人の首長と平均16人ほどの従者から成る人間集団ごとに整理されていることが分かる。というのは，しばしば二つ以上（最大で12）の人間集団が，全く同じ位置に同じ「村落」名を持って連続して記載されているからである（表2-1）。各集団は，それぞれ異なるポンゴウォの権威のもとに置かれている。つまり，これらの人間集団は，同じ地域に並立してまたは重なり合って分布するものの，その一つ一つが異なるパトロンに属している。一方で，同一のパトロンに属する集団が，異なる地域に

散在していることもある。こうしたことから，これらの集団は，バンテンの住民台帳が示すクライアント・ユニットと同一のものであると理解できる。オランダ人調査官は明らかに，彼らの見た「村落」に複数のクライアント・ユニットが存在し，それが社会の基本的な統治単位であることを十分理解していたのである。

その結果，現地の住民台帳とオランダ人の調査報告は，外観の大きな相違にもかかわらず，クライアント・ユニットを非常によく似たものとして描写している。どちらの資料においても，クライアント・ユニットは1人の首長と10-20世帯（時に300近いこともあった）から成る成員で構成される[101]。個々のユニットは，常に1人のパトロン（主にポンゴウォ，稀にスルタン）の支配下にあった（表2-1および巻末資料6参照）。

さらにクライアント・ユニットは，しばしばそのパトロンを変更することがあった。住民台帳には，あるパトロンのもとにいるクライアント・ユニットが，かつては他のパトロンに属していたことを示す記述が数多くある（巻末資料6-A参照）。そのようなパトロン変更の理由は，スルタンがあるクライアント・ユニットを功労のあったポンゴウォに対して報酬として与えたり，もしくはあるポンゴウォが死亡した際あるいは懲罰を与えるために，彼からそのクライアント・ユニットを取り上げたりしたことが考えられよう。ポンゴウォはまた，第5章で述べるように，ライバルと頻繁に抗争し合っていたため，その結果として，抗争相手のクライアント・ユニットの支配権を奪うこともあったであろう。さらにオランダ語資料には，クライアントの住民が，重い課税を避けて逃亡し，他のポンゴウォの保護を求めて移住することもしばしば記されている。

7）権利と義務

では，このようなクライアント・ユニットを通じて，支配者と被支配者はどのような関係を構築していたであろうか。一般住民の大半を占める自由民（プデカン）は，有する権利と義務の点から，スルタンに属する者とポンゴウォに属する者の2種類に区別された。前者は耕作するサワー・ヌゴロ——ほとんどが首都近郊に位置した——の周辺に住み，収穫の一部をスルタン，宮廷の重臣たち，およびその家族に供出した。後者は首都から離れた地方に住み，サワー・ヨソ（sawah yasa）またはヨソ地（yasa landen）と呼ばれる土地を耕し，パトロンであるポンゴウォの要求に応じることが義務づけられていた。

プデカン以外の少数の住民には，アブディ・ダルム，カウム，サンブタンから成る非自由民がいた。このうち前の2者は，先述のように，それぞれスルタンとモスク役人という彼らのパトロンに対して労働力，人頭税，食料などを提供する義務があった。サンブタンは，その債務を支払い終えるまでの間，隷属的身分になることによって上位権力者に対する税を免除されていた可能性があるが，詳細は不明である。

ドゥ・ローフェレ・ファン・ブリューヘルの記した1787年の報告書によれば，サワー・ヌゴロ栽培者（スルタンの直接支配下の自由民）は収穫の10分の1から5分の1をスルタンに提供しなければならなかった[102]。18世紀後半のオランダ人胡椒栽培調査官は，ポンゴウォの支配下にいる一般農民（自由民）は胡椒畑を維持し，生産物の全てを一定価格でポンゴウォに売ること，またポンゴウォのために新田開発などの労働奉仕を行うことが義務づけられていたと指摘している。1811年のイギリス人による報告書によれば，ポンゴウォ支配下の住民はさらに，彼らが払えるとポンゴウォの使者が判断した恣意的な税額を収めなければならず，一方スルタン支配下の住民は，ポンゴウォの労働奉仕に徴用されることもあったため――ポンゴウォが自分の従者を過度に酷使するのを避けるため――，さらに過酷な条件の下に置かれたとされる。しばしば住民は，重い負担から逃れる唯一の手段として，パトロンから逃亡した[103]。

同時代の資料がこのように住民の重い負担を指摘しているのに対し，19世紀のオランダ語資料は住民の負担が軽かったことを述べ，こちらの方が研究者の間では定説となっている。1860年代のジャワの土地制度についてのオランダ植民地政府の調査報告書である『ジャワ・マドゥラの現地人土地権調査最終提要』（以下，『最終提要』）は，バンテン住民の負担は軽かったことを強調している。『最終提要』によれば，王国時代のヨソ地栽培者（ポンゴウォ支配下の人々）がパトロンに払うキラス（kiras）と呼ばれる貢物は非常に安かった。ヨソ地をスルタンの直接支配下の人々が耕作する場合に課されたプククスット（pekukusut）と呼ばれる税も，厳密に定められていないものの，彼らがサワー・ヌゴロの耕作時にスルタンに支払うルランジャン（lelanjan）と呼ばれる地税――収穫の10分の1から5分の1――より安かったとされる[104]。しかし，『最終提要』が19世紀後半に，土地に関連する権利や義務を調査することを意図して作成されたことには，注意が必要である。なぜなら，レオナルド・ブリュッセが述べたように，ジャワ

の農民に対する税金は，強制栽培制度（1830-70年）を通じて次第に農民が耕作する土地に対して課されるようになったのであって，それ以前は労働者自身に課されるのが一般的であった[105]。18世紀バンテンの統治制度はまだ土地ではなく住民を基盤に構築されていたので，税と労働義務は主に住民に対して課されていたであろう。『最終提要』は，土地と明確に関連しない義務についてはあまり注意を払わなかった可能性が高い。

　ポンゴウォに対する税や労働奉仕の他に，ポンゴウォ支配下の住民はスルタンにも労働力を提供することが義務づけられていた。1766年のあるオランダ東インド会社職員の報告によると，宮廷の警備人と使用人は，地方から徴用された人々で構成されていた。人口の多い地域は16歳以上の男子を宮廷に供給することが定められ，彼らはそこで様々な役職に就いた。8-9ヶ月の労働の後，彼らは自分の土地に戻った[106]。

　バンテンの住民台帳では，宮廷の警備人や使用人はマントリ・ダルム（mantri dalĕm）と呼ばれている。台帳Bにはマントリ・ダルムのリストが載せられていて，それは28のグループに分けられた1,362人の名前を挙げている（表2-2）。それぞれのグループは警備，調理，室内装飾といった役職を与えられていた。その台帳によれば，全てのマントリ・ダルムはシクップと呼ばれる土地持ち農民であった。マントリ・ダルムの一部は，ルラー（Lura，村長の意味もある）やトル（Thol）といった称号を持っていた。これらはバンテンの称号では最下級のものであるが，その保持者は地方社会では一定の高位に位置づけられる人々であったに違いない。

　このような義務を遂行させるために，ポンゴウォは強制力を用いることがあった。18世紀のオランダ語資料によると，ポンゴウォはたびたび，彼のクライアント・ユニットを監督させるために使者を派遣した。オランダ人がオッパー・マンドール（opper mandoor）と呼ぶポンゴウォの使者は，彼ら独自の胡椒栽培調査を各地で行い，しばしば兵士を伴って，作物の収穫と収穫物の運送を監督した。彼らは住民が義務を怠けていると判断すると，その首長を捕らえてポンゴウォのもとに連れて行った[107]。1812年の資料によれば，このようなポンゴウォの使者が一般住民から徴税も行っていた[108]。

　クライアント・ユニットの首長は，ポンゴウォやその使者が支配力を及ぼす際の，地方社会におけるカウンターパートであった。彼らには，住民を日常的に監

督する責任が課せられていた。彼らには自分たちの畑で生産された胡椒の収穫とそれをポンゴウォのもとに運搬する義務も課されており，収穫期が終わると川船，牛車，または徒歩によって胡椒をポンゴウォのもとに運んだ[109]。もっとも，後に検討するように，首長はしばしば住民の利益を守るために，ポンゴウォの使者を騙したり買収したりして，栽培している胡椒苗木の本数をごまかすことがあった。それでも負担が重いと感じられる時は，住民を率いて他の場所に移動することもあった。そのような場合には，住民の逃亡を避けるために，ポンゴウォが施策を変更することもあった。つまりクライアント・ユニットの首長や農民が，常に上からの強制力によって縛り付けられている訳ではなく，ごまかしや逃亡を通じて彼らも抵抗し交渉する能力を持っていたのである。このような展開については第4，5章で詳しく論じる。

このような抵抗や交渉に訴えることもありながらも，住民やその首長が先に述べたような義務を甘受することが多かったのは，それに伴って彼らの権利が保障されたためと考えるべきであろう。決められた税を支払うことにより，彼らはサワー・ヌゴロやヨソ地を耕作することを保障されたのである。

さらにバンテンにおける住民の権利に関して重要な特徴は，住民が個人で土地を所有したことである[110]。ドゥ・ローフェレ・ファン・ブリューヘルは1780年代に，バンテン内陸部では，栽培者個人が胡椒畑を私的に所有していると言及している[111]。1820年代のいくつかの資料によれば，バンテンではある土地を最初に開墾した人物がその地に所有権を持ったとされた。そのような土地がサワー・ヨソまたはヨソ地と呼ばれ，その土地は開墾者の子孫によって世襲された。人々はその土地を売ることも質入れすることもできたが，完全に自由に処分できた訳ではない。土地を他の地域に住む人物に売る場合は，首長に報告しなければならなかった。土地を外部者に売ることは稀で，しかもその土地が重要でない場合に限られた[112]。『最終提要』は，サワー・ヌゴロの耕作者はその周りに新たな土地を開墾し，それを所有し子孫に継承させることが認められ，そのような土地がやはりヨソ地と呼ばれたことを指摘している[113]。20世紀初頭の資料は，バンテンにおける土地所有者と土地無し農民の比率は6.1：1であったと述べているが，この数値はジャワで最高であり，かつ平均よりもはるかに高い。しかし世帯ごとの所有規模はジャワの平均よりもはるかに小さかった[114]。こうした傾向は，特に内陸部——北部海岸平野を除いた地域——で顕著であった。

ジャワでは特例的とも言える土地の私的所有が、バンテンで顕著であった理由についてはあまり明らかでないが、いくつかの要因を指摘することはできよう。まず、内陸部ではスルタンの影響力が弱く、サワー・ヌゴロが形成される契機があまり存在しなかった。また、内陸部では水田耕作があまり行われず畑作や焼畑耕作が中心であったため、ジャワの他地域で見られるように村落が耕地を共同所有して労働や収穫を管理する制度が発達しなかった。さらに、それまで頻繁に移動して耕地を変えながら耕作を行っていたところに胡椒やコーヒーの栽培が導入され、他の作物よりもはるかに長い期間土地を占有する必要が生まれたことから、耕作農民に土地所有の意識が生まれた可能性も考えられるであろう[115]。特にこの最後の点については、また第5章で検討したい。

　このように一般住民やカンポン首長が様々な税や義務を（実効性の程度はさておき）上位権力者（スルタンおよびポンゴウォ）に対して有していたのとは対照的に、ポンゴウォがスルタンに対して遂行する義務は非常に少なかったように見える。18世紀の資料は、ポンゴウォが支配下の地域で得られる胡椒をスルタンにのみ売らなければならなかったことを除いては、彼らのスルタンに対する義務に全く言及していない。19世紀初期のイギリス資料は、ポンゴウォはスルタンに対して何の収入ももたらさないと明確に述べている[116]。もっともポンゴウォのうちの一部が首都に居住したという事実は、ちょうど中部ジャワで見られたように、彼らがスルタンに対する臣従の証として首都に住まわせられた可能性も考えられる。それを考慮しても、ポンゴウォとスルタンとの関係は、胡椒の取引を除けば強固なものではない。首都に居住した一部のポンゴウォを除けば、地方有力者は一定の自立的権力を有したと考えるべきであろう。

8）共同体と集落

　同じパトロンに属するいくつかのクライアント・ユニットは、バンテンでは恐らくプチャトン（pecaton）と呼ばれたと考えられる。プチャトンとは19世紀資料によれば、スルタンがポンゴウォに与えた「土地」のことであるとされるのだが[117]、資料を詳細に検討するならば、それはクライアント・ユニットという人間集団を指したと考えられる。『最終提要』によると、一人のポンゴウォに属するプチャトンは、時に「村落」の一部であり、ある時は一つの「村落」全体であり、さらにまたいくつかの「村落」で出来ていることもあったとされる[118]。プ

チャトンのこのような存在の仕方は，1人のポンゴウォに属するクライアント・ユニットと全く同じである。これはクライアント・ユニットが，土地と共にポンゴウォに与えられた結果であろう。『最終提要』は，スルタンがポンゴウォに与えたものはプチャトンの土地ではなく，そこから収入を得る権利であると述べている[119]。人口が比較的希薄なバンテン内陸部でポンゴウォが収入を得るためには，土地よりも人々に対する支配が非常に重要であったことは間違いない。プチャトンの供与とは，実際にはそこで土地を耕す住民の供与を意味し，彼らを通じてポンゴウォは土地から収入を得る権利を獲得したに違いない。その結果オランダ人官吏は，プチャトンという統治単位が，彼らが「村落」と見なした地理的範囲と一致しないと考えたのであろう。

　クライアント・ユニットはこのように地理的には不規則に分布しているにもかかわらず，それでもなお一定の領域性を持っていた。胡椒栽培調査報告書は，一つのクライアント・ユニットがその成員の住居（これは通常集在している）と耕地を備えていることを示している。つまりこれは集落を構成している。しかしクライアント・ユニットが構成する集落は通常「村落」よりも小さかったため，複数の集落が「村落」内部に存在するように記載されるケースが多かったと言えよう[120]。

　先述のようにバンテンの住民台帳は，一つのクライアント・ユニットが首長，中核住民，未婚男子，宗教専門家，そして高齢者および労働不能者からなる社会構成を有していたことを示している。このことは，クライアント・ユニットが容易に認識し得るコミュニティを構成していたことを意味する。さらにオランダ東インド会社の胡椒栽培調査報告によれば，クライアント・ユニットの成員は明らかに協調的行動を取っていた。例えば，胡椒畑の数は常に一つのユニットにおける栽培者の数よりも少なく，多くの場合一つのユニットがただ一つの胡椒畑を持っていた[121]。このことは，栽培者たちが胡椒畑を開設し維持するのに，協調して作業を行ったことを示唆していよう[122]。胡椒苗木の数を数えるためにスルタンによって官吏が派遣された時には，クライアント・ユニットの首長は，その成員の利益のためにしばしば賄賂を渡して官吏を買収した[123]。このようなことから，バンテンの地方社会において，クライアント・ユニットは成員が共通の目的のために協調的行動を取る，コミュニティとして機能していたと結論づけられよう。クライアント・ユニットは，共同体的アイデンティティの基盤となり得る

社会的一体性を有していた。

　このような共同体的性格を持つクライアント・ユニットは，先に述べたように集在した住居と耕地から成る集落を形成していた。このような集落のことを，本書ではカンポンと呼ぶ[124]。これは成員が協調的行動を取るコミュニティであり，同時に税や労働奉仕といったクライアントの義務と保護の供与といったパトロンの義務が交換される，最も重要な統治単位でもあった。

　カンポンの内部には一定の社会階層が存在した。住民台帳は，プリヤイ（priyayi）と呼ばれる高位の人々——字義的には尊敬される人々または上流階級の成員——が少数のカンポン内部に存在したことを示している。彼らはパトロンに対して「贈り物（pepundhutan）」をする義務を免除されていた[125]。プリヤイは少数の大規模なクライアント・ユニットにのみ存在し，彼らは中核住民や未婚男子といった通常の機能的社会区分の中には含まれない，別の範疇を構成している。残念ながら，彼らがどのような権威を有し，なぜ彼らが一定の義務を免除されていたのかは明らかでない。しかしそのような一定の特権的社会階層が存在したことは，人々がある場合には協調して行動したことを否定するものではない。

　平均して10-20世帯から構成されるバンテンのカンポンは，ブレマン，ホルトゥザッペル，およびボームハールトが説明したジャワの他の地域の統治単位と比べると，これらの研究者が論じた「村落」またはルングーよりもかなり小さい。ホルトゥザッペルによれば一つの6ユング・ユニットは25世帯を有し，ルングーは複数の6ユング・ユニットから構成される[126]。しかし18世紀のバンテン内陸部では，人々が10-20軒の家々からなる小さなヘヒュフト（gehugt，英語のhamletに相当する小集落）に暮らしていると，オランダ東インド会社職員が，驚きを込めて述べており，彼らもバンテンのカンポンの小ささに強い印象を受けたことが分かる[127]。そしてこの「10-20軒の家々」という記述は，まさに住民台帳や胡椒栽培調査報告書が示すカンポンの規模に相当する。ボームハールトもまた，中部ジャワのデサが，一つの中核集落としばしばそれを囲む衛星集落から構成されていたのとは対照的に，19世紀バンテンでは集落が分散しているのが特徴的であったと論じている[128]。バンテンにおいて，カンポンがそれほど小さい理由はあまり明らかでない。しかしバンテン内陸部では，ジャワの他の地域と違って水田耕作が発達せず，陸稲や焼畑耕作が卓越していた事実は，恐らくその重要な要因となるであろう。生産規模の小さい畑作や焼畑耕作では，人口が抑制

されただけでなく，水田耕作に必要な一定の労働力の集約も求められなかったに違いない。

9) ジャワ村落論争とバンテンのカンポン

　このように検討したバンテン地方社会における村落および支配制度は，先述のジャワ村落論争の中にどのように位置づけられるであろうか。バンテンでは，最も基本的な統治単位は1人の首長と彼が率いる人々から成るカンポンであり，このカンポンを通じてポンゴウォまたはスルタンが住民に税と労働義務を課していた[129]。これはジャワの他の地方における，6ユング・ユニットまたは一定数のチャチャーから成る基本的課税単位に相当する[130]。バンテンのカンポンは地理的に散在し，内部は階層化していた。これはブレマンやホルトゥザッペルが論じるジャワ村落の特徴と一致している。しかし彼らの議論とは異なり，バンテンのカンポンが集落を形成しコミュニティとして機能したことは明白である。カンポンはコミュニティを維持するのに都合良く機能的に分化しており，その成員は胡椒栽培を維持し，共通の利益を追求するために協調的行動を取った。

　それにもかかわらず，オランダ人の胡椒栽培調査官は，現地の統治単位があたかも「村落」であるかのように記述した。これには恐らく，オランダ人自身の社会観が反映されていると思われる。彼らは胡椒生産を管理するために，領域的単位である「村落」を好み，クライアント・ユニットの一つ一つに「村落」名を与えた。これには二つの理由が考えられよう。第一に，パトロン-クライアント関係を通じて人々を監督することは，同じことを地理的に固定された「村落」を通じて行うよりも，はるかに非効率であった。「村落」は，ジェームズ・スコットが述べたような，「それを通じ社会が集権的に記録され監督されるような標準的グリッド」と考えられたのである[131]。第二に，オランダ人役人たちは，ポンゴウォによる中間搾取が，住民の栽培意欲に悪影響を与えることを危惧していた[132]。このように調査報告の形式には，オランダ人が「村落」を通じ，バンテン地方社会に領域的支配を導入する決意が反映していると考えられよう。この点は，ホルトゥザッペルが中・東部ジャワで説明した例と極めて似ている。

　ところがバンテンでは，オランダ人調査官は，カンポンがバンテン社会における基本的な統治単位かつ生産単位であることを理解して，実際には，第4章で論じるように，カンポン首長に対して，住民の胡椒栽培と収穫を監視し，産物を首

都へと運ぶ義務を課した。このようにしてバンテンでは，ホルトゥザッペルの議論とは異なり，オランダ人は新たな生産単位を創り出すことはなく，胡椒の生産管理にあたっては，既存の統治単位に依存した。

バンテンのカンポンは，18世紀のオランダ人がバンテンで「村落」と呼んだ地理的範囲や19世紀オランダ資料に現れるプチャトンとは異なる。というのも，カンポンはそれ自身の首長を持ち，ここに挙げたその他の単位はそれを持たないからである。バンテンのカンポンは，首長と彼に従う人々が協調的行動を取る共同体であり，支配者との間で義務や権利の交換をする統治単位であり，一定の地域に集まった住居と耕地を持つ集落であった。

3 バンテン王国のランプン支配

バンテン王国のランプン支配制度については，鈴木恒之が，現在まで最も詳細な研究を行っている[133]。そこでまず鈴木の議論を検討してから，ランプンの支配制度を考察することにしたい。

鈴木によれば，バンテン王国のスルタンは，古くから二つの方法を通してランプンの地方社会に影響力を及ぼした。一つは，在地の有力者をスルタンの権威の代理執行者として任命することであり，もう一つは，バンテン人の官吏をランプンの特定地域の行政官として派遣することである。こうして在地有力者はスルタンの命令を自分の従者に伝え，バンテン人官吏はスルタンの命令が正しく実行されるよう監督することが意図された。ところが鈴木によれば，17世紀から18世紀にかけて，パンカット（pangkat）とバンダル（bandar）という2種類の新しいタイプの地方首長がランプンに現れたと主張する。トゥランバワン，プティ，およびスカンポン地方では，胡椒栽培により適した地に移民する者が増えたことが，伝統的な血縁集団であるマルガ（marga）の重要性を低下させたため，代わって地縁集団が重要となった。その結果，居住地の首長であるパンカットが，スルタンの権威を象徴的に示すペパドン（pepadon）と呼ばれる椅子を，金や贈物によってマルガ首長から購入し保有することによって，その権威を確立した。スマンカ，テロック・ブトゥン（Telok Betung），カリアンダ，およびスカンポンの海岸部では，胡椒貿易に従事するジャワ人，マレー人，またはミナンカバウ人移民の首長を，スルタンがバンダルの地位に任命した。バンダルはこれによって

従来の血縁集団を超えた影響力を行使するようになり，現地の血縁集団首長との婚姻関係を通じて，次第に現地化した[134]。

　鈴木は以上の議論を，主に17世紀と19世紀のオランダ語資料に基づいて行った。しかし18世紀の資料は，ランプン地方首長に関して異なる情報を提供する。トゥランバワンでは，1749年のオランダ東インド会社職員による報告書が，人々は血縁集団に基づいて分散して居住しており，さらに一つの血縁集団が幾つかの居住地に分かれて暮らしていることを述べている[135]。18世紀オランダ語資料は一般的に，それぞれの血縁集団をアブン（Abung），ソンカイ（Songkai），ボサイ（Bosai）といった地名で呼んでいる。これらの名前は，通常河川の名前と一致しており，かつそれらの血縁集団の居住地域の名称ともなっている。18世紀末まで，バンテンまたはパレンバンのスルタンは，胡椒栽培を促進したことへの報償として，あるいはより多くの胡椒を供給することの約束と引き換えに，トゥランバワンなどの地方首長に称号を授与していた[136]。報償として称号を受け取るほかに，地方首長は1-5バハルの胡椒を支払うことによって，スルタンから称号を購入することもできた[137]。このような習慣が18世紀末まで続いていたということは，血縁集団がその頃まで重要であったということであり，パンカット型の首長がまだ顕著ではなかったことを意味する（鈴木のパンカットに関する議論は，19世紀の資料に基づいている）。このことはまた，19世紀になって顕在化したパンカット型首長の台頭は，その時までに既に衰退していた胡椒栽培とは強い関連を持たなかったことを意味しよう。

　バンダルに関しては鈴木が主張したように，バンダルとよく似た地位を持つ首長が，18世紀中葉のスマンカにいたことが確かめられる（もっとも，バンダルという名称は18世紀資料には現れない）。ナコダ・ムダ（Nachoda Muda）または別名をキヤイ・デマン・プルワセダナ（Kyai Demang Purwasedana）というこの首長は，スルタンによってスマンカにおけるスルタンの代理執行人として任命され，胡椒貿易の許可状発行といった重要な内容を含む行政任務を執行していた。このようにしてナコダ・ムダは，平時にはランプン人，ジャワ人，マレー人を含むスマンカの全住民に影響力を行使していた。一方，ナコダ・ムダが，スマンカに派遣されたバンテン人官吏や東インド会社職員と抗争した時には，現地のマレー人だけが彼を支持した[138]。このことは，エスニックな紐帯がバンダルの支配においてまだ重要であり，バンダルの現地化にはまだ限界があったことを示していよう。

このように，鈴木の議論には一部に修正が必要であるけれども，現地有力者を代理執行人として任命することとバンテン人官吏を派遣することは，18世紀後半のランプンにおいて，スルタンが自らの支配を確立させるために取った二つの主要な方法であったことは，18世紀資料からも確かめられる[139]。このような方法は主要な胡椒生産地において，胡椒栽培を促進し生産物の供給をバンテン向けに独占するために実行された。

　スルタンや宮廷の役人は，ランプンの地方有力者や胡椒貿易商人（またはその代理）がコタ・バンテンにやって来た時に，しばしば彼らをランプンにおける自らの権威の代理執行人として任命した。スルタンはその代理人に，一般住民の義務に関する命令を授けた。このような命令はしばしばピアグムと呼ばれる銅板に刻まれた[140]。現存するピアグムは共通して，全ての人々が1人あたり500本または1,000本の胡椒苗木を栽培すること，および得られた胡椒をコタ・バンテンに向かう商人にのみ販売することを指示している。そのうちのいくつかはまた，首長の義務として，公共の平和を維持すること，現地の重要な出来事をバンテンの宰相に報告すること，河川交通において通行料を徴収すること，貿易を監督することなどを命じていた。このような現地首長は，バンテン人およびランプン人の商人に胡椒取引を認める許可証を発行し，また許可証のない貿易を禁止することが求められていた[141]。しかしながら，実際には胡椒生産地までスルタンの影響力がそれほど強くは及ばなかったことから，後の章で詳述するように，「密輸」は常に行われていた。

　バンテンから派遣される官吏は，ランプンの赴任地でしばしば高圧的な態度を取り，定められた以上の負担を住民に課したため，現地住民は彼らをトラブルメーカーと見なすことが多かった。そのような搾取から逃れるために，現地住民はしばしば外部権威者に支援を要請したり，別の土地へ移動したりした。こうした点については，第4, 5章で検討することとする。

　18世紀のオランダ語の資料は，ランプンの地方有力者のことを一般に首長（ホーフトhoofd）と呼んでいる。その中でも特に有力な者は，彼がスルタンに与えられた称号やピアグムを保持するか否かに関わらず，ポンゴウォと呼ばれた。スルタンの支配力は常に強制力によって保障されている訳ではなかったので，ポンゴウォが自らの利益のためにスルタンから命じられた義務を無視することは極めて一般的であった。

ランプンのポンゴウォは，コタ・バンテンに在住することはなく，常に彼の支配地域に住んだ。バンテンの場合と同様に，彼らの権力は領域よりも住民に基盤を置いていた。有力なポンゴウォは幾つもの散在する集落に影響を及ぼし，一方で同じ地域に存在する複数の集団が異なるポンゴウォの権威下にあることは珍しくなかった[142]。有力なポンゴウォは，より下位の首長をクライアントとした。ある地方で最有力のポンゴウォは，オランダ語資料ではホーフト・レヘント（hoofd regent）と呼ばれた[143]。そのような有力者は地方内部の問題を調停し，必要ならば自らの影響下にある人々のために，他地域の有力者，バンテン人官吏，またはオランダ人と交渉した。こうした経緯とその結果についても，後の章で検討することとする。

4　王権と社会──支配の正統性を伝える装置

　第2，3節で論じたような王国の支配構造や制度は，どのようにして地方社会の住民の間で正統性を認められたのであろうか。当時の支配制度では監視や強制が不十分であることから，スルタンやポンゴウォは，自らの支配の正統性を地方の住民に伝達し，納得させる必要があった。そのような伝達の装置も，国家の支配構造の重要な一部であったと言えよう。国家の支配構造を論じる本章を締めくくるにあたり，本節では，支配を正統化する国家のイデオロギーが村落に伝達される装置がどのように用意され，機能したかを検討する。

1）スナン・グヌン・ジャティの聖人化とスルタン信仰

　本章の第1節では，主に初期のスルタンが，自らがイスラームの権威を体現すると同時に，在来のヒンドゥーをいかに深く理解しているかを主張したこと，また住民の間でイスラームが土着の要素と混淆しながら普及したことについて論じた。とすればスルタンにとっては，土着化したイスラームと自らが強く結びついていることを示すことができれば，王として支配の正統性を住民に分かりやすく訴えることができる。18世紀に入り，バンテンで建国者スナン・グヌン・ジャティをワリ・ソンゴの一人として信仰する習慣が広まった背景には，スルタンがそのように自らの支配の正統性を住民に分かりやすく伝達する試みがあった。

　ワリ・ソンゴとは「九人の聖人」の意味で，ジャワにイスラームをもたらし普

及させたとされる伝説的人物たちを指す。この中にはスナン・グヌン・ジャティをはじめ，外国人も存在する。ワリ・ソンゴはイスラームがジャワに浸透していく過程で民間の信仰対象とされたと考えられるが，信仰の成立過程などはよく分かっていない。しかしスナン・グヌン・ジャティに対する信仰が，先述のスルタン・アビディン（在位 1690-1733）の時代までに相当発展していたことは確かめられる。このスルタンは，チレボンでスナン・グヌン・ジャティの墓所が多くの人々に参詣されているのを知り，バンテン王朝とスナン・グヌン・ジャティの聖墓との関係を調べさせるために，サイード・ウマル（Sayid Umar）というアラビア出身のウラマをチレボンに派遣した[144]。ターレンスによるこの短い説明からはサイード・ウマルが実際に何をしたかは明らかでないが，恐らくスルタンはスナン・グヌン・ジャティの信仰をバンテン王朝の正統性と結びつけようとしたことであろう。中東においても，聖者信仰やそれに伴って行われる聖者の墓の参詣は一般的な習慣であるので，スルタンがサイード・ウマルに命じて母国の知識に基づいてバンテンの聖墓信仰を確立させようと考えたとしても不思議ではない。ワリ・ソンゴ崇拝の一部としてのスナン・グヌン・ジャティ信仰は，墓所のあるチレボンでは民間の間で自然に発生したようであるが，バンテンにおいてはむしろスルタンがそれを強化して王族の影響力と結びつけようとしていたと言える。この目的のために，彼はバンテン王族の「正統性」の源泉である中東出身のウラマの知識を利用して，ワリ・ソンゴとの結びつきをスルタンの権威の一部として取り込もうとしたのである。

　スルタンの意図はもちろん，スナン・グヌン・ジャティ信仰の強化を通じて，住民が彼の子孫たち（＝現王朝のスルタンたち）を崇拝するように促すことであった。恐らくこの意図から，1777年と1802年のスルタン即位式典の締めくくりとして，スルタンとその側近たちは，コタ・バンテンにある彼の先祖の墓所（チレボンにあるスナン・グヌン・ジャティの墓所ではない）を，イスラーム聖人の墓所を参詣するのと同様に訪問していた[145]。恐らくこうした努力を通じて，18世紀末までには，バンテンの歴代スルタンの墓所は多くの人々によって参詣されるようになっていた[146]。このようにしてワリ・ソンゴ信仰の普及は，スルタンに対する畏敬と崇拝の念を人々の間で強めることに貢献した。

2) 宮廷儀礼とその模倣

　聖墓崇拝に加えてその他の宮廷儀礼も，スルタンの権威と正統性を大衆に視覚的に印象づける効果があった。スルタンは，王族の割礼，婚礼や葬儀，または皇太子の立太子式など様々な機会に，荘重で華麗な儀礼を催した。これらの儀礼は，しばしばオランダ東インド会社の職員を含む大勢の招待客と，それを取り囲む無数の一般大衆の面前で執り行われた[147]。

　宮廷儀礼の中でも最も重要なものは，スルタンの即位式であった。1777年と1802年にバタヴィア政庁から即位式に派遣された会社の特別委員は，数日にわたって行われた華やかな儀礼の様子を詳細に記している。それによると，色鮮やかな武器と衣服を身につけた数百の兵士が，幟，旗，吹き流しで飾られたパセバン（アルン・アルン［王宮前広場］の中に盛り土を施して設置された式壇）の周りに集められた。オランダ人が上級聖職者（opperpriester）と呼ぶ高位のイスラーム教師が，新しいスルタン，王族，宮廷有力者，および東インド会社職員の面前で，王家の系譜を朗唱した。数百の銃砲による礼砲が空を轟かせ，アルン・アルンに並べられた現地，中国，およびヨーロッパの楽器が奏でる音楽に合わせて踊りが演じられた。その後すべての催しの後で，先に述べたように，スルタンとその側近が王家の馬車に乗って先祖の墓地を参詣した[148]。

　この儀礼において重視されているのは，新スルタンと王国の創設者であるジャワのイスラーム聖人とを結びつけることである。儀礼のハイライトであるイスラーム教師による朗唱では，新スルタンと王国の創設者であるイスラーム聖人スナン・グヌン・ジャティとが系譜的に結びつけられ，それによってスルタンの権威とイスラームの権威が結びつけられた。さらに先祖の墓地を参詣することによって，新しいスルタンと宮廷有力者たちは，スルタンの先祖への尊敬と崇拝を，ムスリムがイスラーム聖人に対して行うのと同じやり方で示した。このようにして，スルタン崇拝とイスラーム信仰が，シンクロナイズされた。恐らくこうした儀礼の効果もあって，実際に人々の間では，スルタンの墓を参詣することが信仰活動の一部となっていたのである[149]。

　スルタン即位の報せは，離れた地方まで届けられた。1802年の即位式の2ヶ月後に，オランダ人官吏のP. C. クーンラート（P. C. Coenraadt）とP. A. ブラーム（P. A. Braam）は，海賊襲来の可能性のある地域をパトロールするために，ランプンの幾つかの場所を訪れた。この時彼らは，スマンカ，カリアンダ，およびテ

ロックなどにおいて、スルタンの権威を代理執行する地域有力者が、スルタンの即位宣言を「古い習慣に則って」周辺地域の全ての有力首長の面前で朗唱していたことを観察している[150]。

このような特別な儀礼の他に、スルタンや有力者が出席する平時の集会もまた儀礼化されていた。そうした集会は、恐らく誰もが目にすることができるように、屋外のパセバンの上で行われた。スルタンの命令は、ゴム・ゴム（gom-gom）と呼ばれる金属のドラムの音に合わせて、荘重に宮廷役人や有力者たちに伝えられた[151]。

興味深いことに、こうした儀礼的な宮廷の集会は、地方においても模倣されていた。地方のポンゴウォがスルタンの命令を支配下の人々に伝達する際には、しばしば儀礼化された集会が執り行われた。あるオランダ人の観察者によると、ポンゴウォはそのような集会を、竹で方形に高く築いた式壇の上で、つまりパセバンに似た場を用意して開催した。そしてポンゴウォは、まさにスルタンがパセバンで行ったように、ゴム・ゴムの音に合わせてスルタンの命令を詠み上げた[152]。

このような一連の儀礼は、ギアツが有名なバリの「劇場国家」論の中で例に挙げている、様々な国家儀礼を想起させる。残念ながらバンテンの儀礼については、ギアツが論じたバリの儀礼ほど詳細な記録が残されていないが、根本的な部分でそれらは多くの共通性を持つことは間違いないであろう。ギアツによれば、バリの国家儀礼はその対象となっている君主を、神聖なるものの形象化へと変容せしめた。それによって、バリにおいてはシヴァ神が模範的な形で王がその活性化（体現）となったのと同様に、バンテンではイスラーム聖人となった王国創設者スナン・グヌン・ジャティが模範で、現王はその活性化であることを人々は儀礼で観察した。さらにバンテン地域社会の有力者は、まさにバリで行われていたように、王の儀礼を模倣することによって王との隔たりを狭め、さらにそれを地域社会の観衆に示すことによって、彼らと自分との隔たりを広げようと努めていたのである[153]。

ポンゴウォはまた、しばしば王からの「手紙」を用いて、王の命令を下位の首長に伝えた[154]。地方の首長が、恐らくジャワ語で書かれたそうした手紙を理解したとは考えがたい。しかしそれは、ミナンカバウ地方の辺境地域を巡回した王のスラット・チャップ（直訳は「印が押された手紙」）のように、地方社会で王の権威を示す象徴的な意味を持ったに違いない。ジェーン・ドラカルドは、スラッ

ト・チャップは辺境地域の人々をミナンカバウ・マレー文化のアイデンティティの源泉としての輝かしい祖先と結びつけることによって，彼らに共通の遺産とのつながりを実感させるものであったと論じた[155]。バンテンのスルタンの命令を含む書簡はその内容は不明であるが，スラット・チャップのように，地域社会の有力者に王とのつながりを象徴的に実感させるものであったことであろう。

3) スルタンと地方社会――称号，レガリアの授与と調停

儀礼以外にもスルタンは，地方社会とつながる幾つかのチャネルを持っていた。まずスルタンは，王国内の様々な称号の唯一の正統的な授与者であり，このことは，彼が地方社会に影響力を維持することに役立った。称号は，地方有力者が地域の抗争においてライバルに対し優位に立つために，重要なツールとなった。ランプンでは，スルタンから称号を受けたものは「第一のポンゴウォ」と呼ばれ，自分で貴族の称号を名乗った者とは区別された。そのため称号を自称する者は，第一のポンゴウォと婚姻関係を結ぶことでその権威を取り込もうと試みた[156]。スルタンがある地方有力者を自分の代理執行人に任命する時には，称号とともに衣服，槍，そして大きな傘が授与された。称号が効果的にその受領者の権威を確保する限り，そのような称号への渇望はスルタンの権威を高めることとなった[157]。称号と共に与えられた装飾品は，その任命の正統性を保証する標章（レガリア regalia）となった。

このように考えると，ピアグムもまた，単に王の命令を伝える媒体ではなく，スルタンとその受領者とのつながりを示す象徴でもあったと言えよう。実際ほとんどの場合，スルタンと受領者――ランプンの地方有力者――の名前が銅板に刻まれた。ピアグムの文面はミナンカバウのスラット・チャップのように象徴的ではなく，むしろ実利的性格のものであったとはいえ，スルタンの名と並んで首長の名が刻まれた輝く銅板は，地方の住人にとっては秘儀的な意味をも有したことであろう。そのような象徴的な意味が込められたために，17-18世紀に作られたピアグムは20世紀に至るまで，受領者の家で非常に注意深く保管されてきた。クルイに伝えられたあるピアグムは，魔力を持つと考えられ，現地の人々は，その上に注いだ水を飲めば病気を治すことができると信じていた[158]。

注意すべきは，王がこのようにして象徴的に王権の正統性を主張した時，用いられるのはジャワ語でありジャワ文化の象徴であったことである。例えば，王が

地方の首長を自らの代理として任命する際，授与するのは「ジャワの役人 (punggawa ditana Djawa)」としての称号，頭部に巻く布，クリス（Kris, 装飾の付いた短剣），および傘であった[159]。王の手紙も，宮廷の使用言語を考えればジャワ語で書かれていたことであろう。スンダ人が多数を占めるバンテン社会においても，また一部の移民や派遣された役人しかジャワ語話者がいないランプンにおいても，ジャワ文化はこのように高位の文化として機能した。王はジャワ文化を代表し，彼はそれによっても自らの権威を荘厳化したのであった。

このような象徴的な役割の他に，スルタンはより実際的な側面においても地方社会とつながりを持った。スルタンは地方の抗争における究極の調停者と考えられた。カンポンレベルの抗争においてさえ，関連する首長たちは，自らそれを解決できない場合は，都を訪れその問題をスルタンのもとに持ち込んで調停を依頼することができた。これはランプンでも同様で，地方の人々が自分自身で問題を解決できない場合には，関連する首長が宮廷での調停を求めてコタ・バンテンにやって来た。このような場合一般的にはまずキヤイ・ファキーや宰相といった宮廷役人が対処したが，スルタン自身が裁定を下すこともあった[160]。スルタンがそうした抗争を調停できた場合は，地方首長たちの忠誠心を引き出すことができたが[161]，もちろんそれは，反対に調停に失敗すれば，彼が人々の忠誠心を失うことを意味した[162]。

おわりに

以上検討してきたように，バンテンの王権は，そのイスラームとのつながりを，支配の正統性を保証する最も重要な要素と見なした。もっとも現地社会には先来のヒンドゥーが強い影響を持っていたために，初期の王は自らのイスラーム的要素と在来のヒンドゥー的・土着宗教的要素とをできる限り調和させようとしたことが，王朝年代記『サジャラ・バンテン』から読み取れる。この年代記の作者は，王国創設者たちが中東から正統的イスラームをもたらしたことを強調する一方で，現地住民が理解し，受け入れやすいよう，王権の正統性を保証し可視化するものとして，チャフヤ（後光）などジャワやスンダにおける王権のシンボルを建国神話の中に取り込んだ。パセイ出身のイスラーム教師スナン・グヌン・ジャティがバンテンを建国したことは，他の文献から明らかであるにもかかわら

ず,『サジャラ・バンテン』は,その息子モラナ・ハサヌッディンが「ヒンドゥーを理解し,イスラームの調和を図る王」であることを強調し,彼を初代国王として記した。

このような正統性のイデオロギーを構築する一方で,バンテン宮廷は1700年前後に幾つかの住民台帳を編集した。その目的は,王国の全ての人々を,スルタンを頂点とする階層的なピラミッド構造の中に位置づけることにあったと言えよう。住民台帳は,人々の名を平均10-20世帯のユニットに分けて記し,それぞれのユニットが,地方有力者であるポンゴウォもしくはスルタンに属することを強調している。こうして王国の人々は階層的なパトロン・クライアント関係の中に組織され,バンテン地方社会は無数のクライアント・ユニットの集合と認識された。

こうしたクライアント・ユニットから成る地方社会の構造は,オランダ語資料からも確認できる。個々のクライアント・ユニットは複数の住居と耕地から成る集落(カンポン)を形成し,さらにその成員は協同的行動を取ってコミュニティを構築した。しかしそのコミュニティは地理的には不規則に(時に重なり合って)分布しており,その構成原則は何よりも,ある1人のパトロン(スルタンまたはポンゴウォ)に属する人々であるということであった。様々な税や労働奉仕などの義務は,人々の社会区分に基づいて,そのパトロンに対して行われた。

もっともオランダ東インド会社の職員は,バンテン地方社会を「村落」の集合として理解しようと試み,彼らの胡椒栽培調査報告書にはそのように記述していた。彼らの考える「村落」とは領域的統治単位であり,パトロン・クライアント関係に基づく人的統治単位であるカンポンとは,認識に隔たりがあった。そのように現実の統治単位を読み替えたのは,領域的統治単位の方が,彼らにとって理解しやすく,また胡椒栽培の監督という目的のためにも好都合と考えられたからであろう。しかし実際に胡椒栽培を監督する政策は,カンポン首長を通じて行われており,オランダ人職員が,バンテンの地方社会が人的統治単位から構成されたことを理解していたことも確かである。彼らは,一部の研究者が主張したように「村落」という統治単位を新たに創造することはなく,既存の構造を利用したのであった。

スルタンやポンゴウォは,その支配下にいる人々に税などの義務を課す一方で,耕作権の保障などの保護を与えていた。そのような支配構造を維持するため

には，彼らの支配の正統性を人々に伝達しなければならなかった。そうした伝達のための装置は，国家と村落をつなぐ様々な場で用意されていた。ジャワのイスラーム聖人の一人でありバンテン王国の建国者でもあるスナン・グヌン・ジャティの墓所は，18世紀までにチレボンで民間信仰的イスラームの崇拝対象になっていたが，それを知ったバンテンのスルタンは，18世紀からイスラーム聖墓崇拝を模したスルタン墓所参拝を宮廷儀礼に取り入れ，スルタン信仰と一体化したイスラーム聖人信仰を振興した。宮廷における儀礼や集会は音楽，踊り，装飾などで荘厳化され，スルタンの権威を視覚的・聴覚的に人々に印象づける試みがなされた。このような儀礼の一部は村落でも模倣され，地方のポンゴウォがスルタンの権威を代表していることが確認・強調された。スルタンの与える称号，レガリア，ピアグムなども同様に，受領者であるポンゴウォの影響力にスルタンの権威を重ね合わせる効果があった。スルタンはまた実際的に，地方社会における最終調停者としても機能しており，村落レベルの抗争を仲裁することがあった。支配の正統性はイデオロギーによってだけでなく，象徴的かつ実践的な制度によっても支えられていたと言える。

　このようにして，王はイスラーム聖人の直系の子孫でその権威を体現するがゆえに，国家の中心であり全ての臣民に対する命令者であるとのイデオロギーが構築された。王が国家の中心であるとのイデオロギーは建国と同時に作られたであろうが，実際に統治している王とスナン・グヌン・ジャティとの系譜的つながりを強調するのは，イスラームの社会浸透とともに18世紀を通じ次第に行われるようになったと考えられる。こうしてスルタンの権威と命令が，宮廷高官や地方ポンゴウォを通じて放射的に広がり，次第に下降して村々にまで伝えられるという国家の像が形成され，それが儀礼やレガリアを通じて象徴的に人々に示される装置が整備された。

　第1章では，経済的にバンテン海岸部は内陸部と強いつながりを持たなかったと指摘したが，政治的支配構造とそれを支える象徴的・実践的制度においては，スルタンは首都からバンテン内陸部にまで，一定の影響力を及ぼしていた（もしくは影響力が及んでいるという像を構築していた）と言える。ランプンにおいても，少なくとも主要な胡椒生産地では，スルタンの影響力を伝達し支える象徴的制度が機能していた。しかしランプンの現地有力者が宮廷で影響力を持ったり，宮廷から派遣された有力者が地方エリートになったりすることはなく，首都との政治

的関係はそれほど強くなかったと言える。

　しかしながら，本章で論じた国家像やそれを支える制度は国家の原理であり，実際の運用は，その時点での中央権力と地方政治との関係に基づいて，極めて流動的であった。従ってそのような制度から構成される支配構造も，常に流動し変化するものとなった。宮廷や地方社会にいる人々がどのように流動的な政治・経済的状況に対処し，その結果，支配構造がどのように変化したかというのが，続く章の主題となる。

第3章
バンテン反乱 1750-52 年

はじめに

　1750 年 10 月，宗教指導者のキヤイ・タパと王族の一人ラトゥ・バグス・ブアンは，彼らのもとに参集した 2,000 人から 3,000 人の支持者とともに，バンテン東部にあるムナラ山に立て籠もった。彼らはオランダ勢力のバンテンからの追放と，当時，王国の実質的支配者であった女性摂政ラトゥ・シャリファ・ファーティマの退位を求め，オランダ東インド会社とバンテン宮廷に戦いを挑むことを決意していた。報せを聞いたシャリファは，即座にその鎮圧のために，44 挺の銃を持った 200 人の兵から成る部隊を準備した。指揮官には臣下のラデン・スロディプロノ（Raden Suradiprana）を任命し，さらに沿道の住民を脅し部隊に参加させながらムナラ山に向かうよう命じた。この部隊が最終的にどの程度増えたかは明らかでないが，仮に増員できていたとしても，そのような臨時徴用兵は士気や練度において話にならなかったことは間違いない。いずれにしてもこの部隊は，カリスマ的指導者に率いられ士気の高い反乱軍に，全く太刀打ちできなかった。反乱軍はシャリファの派遣した部隊を一蹴すると，首都コタ・バンテンへ向かって進軍を始めた[1]。こうして，2 年間に及ぶバンテン反乱の火蓋が切って落とされた。

　反乱軍は多くの住民の支持を得て，その勢力は一時的にはバンテンの大部分にまで拡大した。しかしバンテン反乱は，決して一枚岩の抵抗運動ではなかった。地方有力者や住民の一部は反乱軍に参加したが，一方でオランダ東インド会社を支持するグループは地方社会にも存在した。また，反乱に加わった者の全てが指導者の主張に共鳴した訳ではなく，彼らの参加動機は極めて多様であった。

オランダ東インド会社バンテン商館は直ちに兵員を配備して反乱軍に対処する一方で、会社のバタヴィア政庁は反乱勃発後早い時期から、蜂起の要因が王国の政権担当者にあると見て、程なく宮廷の主要指導者の顔ぶれを一新させた。そうして2年間にわたる激しい戦闘の末、東インド会社の軍隊は1752年10月末頃に、反乱軍を鎮圧した。

序章で紹介したように、バンテン反乱に関する先行研究は反乱が発生した原因を、(1)ラトゥ・シャリファ・ファーティマが政治権力に執着し恣意的に権力を行使したこと、(2)労働動員に伴う経済的抑圧、(3)シャリファが異教徒のオランダ人と協力したことから支配の正統性を失ったとする観点から説明していた[2]。また、反乱軍が次第に劣勢になり最終的に制圧された要因は、オランダ東インド会社軍兵士が増強されたためと説明されていた[3]。本章の議論は、これらの説がいずれも説得力に欠けることを示す。本章は同時代資料に基づき、反乱軍に合流した者にもオランダ東インド会社側に参加した者においても、それぞれその地域や立場によって異なる参加動機が存在したことを論じる。また、戦況の変化については、現地の農作業暦や生態環境の要素から分析を試みる。

反乱の影響は政権の中枢だけでなく、王国の多くの地域に及んだ。地方有力者や一般住民までが、王国の支配体制を揺さぶるこの事件に対応を迫られた。本章は、反乱の指導者たちがどのように自らの正統性を訴えて兵員を動員しようとしたか、またバンテン宮廷、オランダ東インド会社のバンテン商館やバタヴィア政庁、さらに地方有力者や一般住民などがどのように反乱に対応したかを分析する。それによって人々がどのような動機やイデオロギーによって反乱軍側もしくは会社側への参加を決心したのか、また彼らの判断と行動が王国の支配制度や体制にどのような影響を与えたのかを検討する[4]。

1 ラトゥ・シャリファ・ファーティマの台頭と宮廷の混乱

反乱勃発当時に実質上王国を支配していたラトゥ・シャリファ・ファーティマは、アラブ人学者サイード・アフマッドの娘としてコタ・バンテンで生まれた。父サイード・アフマッドは、イスラーム法の権威として宮廷内で高い尊敬を集める人物であった。シャリファは幼い頃から多くの時間をバタヴィアで過ごしたらしい。経緯は明らかではないが、早くからオランダ東インド会社のバタヴィア政

庁職員と接触する機会もあり，オランダ語を理解するようになった。成長したシャリファは，第9代王スルタン・アビディン（在位1690-1733）の息子であるパンゲラン・ロノモンゴロ（後の第10代王スルタン・アリフィン，在位1733-1748）と結婚した[5]。外国人でありながら，シャリファは当時女性が就ける最高の地位に登り詰めたと言える。

　ところがシャリファは，その地位では満足しなかった。1733年に夫がスルタンに即位するとすぐに，シャリファは宮廷内で自分の権力を拡大するために，一連の画策を始めた。当時皇太子に指名されていたのは，前妻との間に生まれたスルタンの嫡子パンゲラン・アリフ・グスティ（Pangeran Arif Gusti）であった。彼女はこのパンゲラン・アリフ・グスティと，夫のスルタン・アリフィンとの関係が悪化するよう工作した。その結果1746年，グスティは父親に対して反乱を起こし，彼を殺害しようとした。東インド会社バンテン商館はすぐに兵を派遣してこの反乱を鎮圧し，グスティをセイロンへ流刑に処すことに決定した。するとこの機会にシャリファは会社政庁の高官に対して，自らの養子とした甥（シャリファは子供に恵まれなかった）が，パンゲラン・シャリフ・アブドゥッラー・モハンメド・シャフィル（Pangeran Sharif Abdullah Mohammed Shafil）の名で皇太子となることを認めるよう説得した。このように強引な工作をする上で，シャリファが若い頃から培ってきたバタヴィア政庁高官との人脈は大いに効果を発揮した。彼らは，オランダ語を解し知的で快活なシャリファを非常に好意的に受け止めており，この時も若干躊躇する意見はあったものの，最終的に彼女の要望が受け入れられた[6]。彼らは恐らく，シャリファがバンテン王国における彼らの交渉相手になるのが好ましいと考えていたと思われる。こうしてシャリファは，皇太子の母として宮廷内で強い権力を持つに至った。

　ところがシャリファには，この地位も十分ではなかった。彼女は自ら国家権力を掌握すべく，さらに画策を進めた。1748年には夫であるスルタン・アリフィンが精神障害に陥ったと主張して，再びバタヴィア政庁高官を説得して夫を逮捕させた。この際に彼女はさらに高官たちを説得して，バタヴィア政庁に，夫をアンボンに流刑に処し，自らを女性摂政（regentesse）に任命させることに成功した。シャリファはラトゥ・シリ・スルタン・バンタム（Ratu Siri Sultan Bantam）と名乗ってこの地位に就いた。この称号はかつてバンテン王国に存在したことのない，女性スルタンとして王国に君臨することを宣言したものと言える。これに

よってシャリファは，宮廷において完全に権力を掌握した[7]。バタヴィア政庁はこうした展開の間，ほぼ一貫してシャリファを支持した。そして即位後間もなく彼女が会社に対する胡椒供給を大きく増加させたこともあって，会社総督のヒュスターフ・ウィレム・ファン・イムホフ（Gustaaf Willem van Imhoff）は，シャリファの統治に大きな満足を表明した[8]。

しかしバンテン宮廷では，シャリファの台頭と実質的な王位簒奪は，大きな混乱を意味した。シャリファは1730年代から自分の親族を宮廷内の要職に就け，一族で権力を掌握しようとしていた。しかしシャリファ一族の政治は強引かつ傲慢で，すぐに人々の間に反感と憎悪を醸出した。シャリファは思いのままに官吏や高官を解任し気に入った側近に替える一方で，会社高官以外の誰も信頼しなかった[9]。反乱勃発後に東インド会社職員が宮廷で収集した情報によると，シャリファ一族は強圧的で極端な恐怖政治を行ったようである。彼らはしばしば他の宮廷官吏を激しい言葉で罵り，彼らをほとんど「猿のように」取り扱った。そして些細な問題を大袈裟に取り上げては，政敵となり得る人物を次々に投獄した[10]。こうして宮廷の反主流グループの間に，シャリファ一族に対する強い不満と憎悪が積み重なっていった。

2 反乱の指導者とその支持者

1) キヤイ・タパ

この反乱の最も重要な主導者は，宗教指導者のキヤイ・タパである。もっともバンテンの歴史家トゥバグス・ルスヤンが描いたように，彼を抵抗運動指導者としてのみ理解するのは困難である[11]。また，その称号から彼を単なるイスラーム教師と想定するのも一面的な理解である。同時代資料はむしろ，彼の複雑な人物像を示している。

オランダ東インド会社のスパイがもたらしたキヤイ・タパに関する最初の情報によると，彼は東ジャワ出身の巡礼者で，ある時からムナラ山（図3-1）にやって来て修行を行い，そこに居住するようになったと報告された[12]。彼は聖者との評判を得て，さらに周辺地域からやって来る病人に自ら調合した薬を手渡すなどして，人々の間に支持を拡大した。キヤイとはイスラーム教師の称号であるが，タパは，第2章で述べたように，ヒンドゥーの伝統に基づく，神との交信を求め

る瞑想修行を意味する。従ってキヤイ・タパとは，イスラームと前イスラームの要素を組み合わせた名前ということになる。彼はまさにその名の通り混淆した宗教を体現し，人々の病を治す超自然的能力の持ち主として人々に君臨した。

ムナラ山は現在でも，修行（ブルタパ bertapa，インドネシア語におけるタパの動詞形）の場として人々に崇拝されている。この山はボゴール（Bogor）県カンプン・サワー（Kampung Sawah）村の西部に位置し，標高は346メートルである[13]。山頂近くには二つの洞穴があり，修行者はここに寝起きし瞑想に励む（図3-2）。さらに山頂には巨大な岩が屹立しており，これが神との交信の場とされている（図3-3）。この岩は遠く山の周辺地域からも望むことができ，岩の上からはバンテン東部の丘陵地帯をはるかに眺望することができる（図3-4）。山頂付近には平坦な広場もあり，相当数の人々が兵員として待機することが可能であったと考えられる。

現在でもこの山には，修行と神との交信を求めてジャワ中から人々がやって来る。山頂付近の洞窟や山頂の岩は聖性に満ち，各所に崇拝の跡が残されていて，

図 3-1　ムナラ山
頂上部分に見える突起物は巨大な岩。
出典）筆者撮影。

図 3-2　ムナラ山の修行場
巨岩の隙間にある洞穴。
出典）筆者撮影。

今も信仰が息づいていることが確かめられる。現地の伝承によると、ムナラ山における修行の伝統はバンテン王国の設立よりも古いとされ、地域の人々は建国に重要な役割を果たした第2代王マウラナ・ハサヌッディンもここを訪れたと信じている[14]。このように土着的・混淆的宗教における霊的な場において、キヤイ・タパの反乱参加への訴えは最大の効果を持ったことであろう。このように混淆した宗教が、バンテン地域社会で最も住民の支持を得るものであったことは前章で指摘した通りである。さらに神と交信し病を癒やす彼の超自然的能力（を有するとの主張）は、支持者の間に強い畏敬の念を引き起こしたことであろう。

　もっとも先述のスパイは後に、先の報告を大幅に訂正している。それによると、キヤイ・タパは本当の隠者ではなく、アヌス・アハット（Anus Ahat）という名のバンテン人で、1746年にパンゲラン・アリフ・グスティによって起こされた反乱の煽動者であった。彼は反乱鎮圧後にバンテンを逃れ、ムナラ山に隠遁したとそのスパイは報告した[15]。一方、捕虜として捕らえられたあるスンダ人の反乱軍兵士は、キヤイ・タパはスンダ語を後から習得した東ジャワ

図 3-3　ムナラ山頂の巨大な岩
出典）筆者撮影。

図 3-4　ムナラ山頂から望む周辺の山野
出典）筆者撮影。

人であると述べている[16]。これらのことから，彼が東ジャワの出身であれ，コタ・バンテンの出身であれ，ジャワ語を母語とした非スンダ人であることは間違いないであろう。彼はスンダ語を習得し，バンテン東部の人々が理解できるように教えを説いたものと考えられる。

　オランダ語資料も，隠者のイメージとはほど遠いキヤイ・タパ像を描いている。例えば，彼は他の反乱指導者と共に，砦の中で50人以上もの女性にかしずかれており，他の男性は門の守衛を除いてはそこに留まることを許されなかった[17]。また，すぐ後で述べるように，彼は反乱の成功後にはバタヴィアの世俗的支配者となることを主張していた[18]。これらのことを考えると，キヤイ・タパが純粋な宗教指導者であったとは考えにくい。彼がパンゲラン・アリフ・グスティの反乱に一定の役割を果たしたという情報は他の資料に見つからないが，いずれにしても彼は反乱を成功させてバタヴィアの支配者となるという強い政治的目的を持ってムナラ山にやって来たか，もしくはムナラ山で支持者を増やすとともにそのような政治的目的を持つようになったと考えられる。

　キヤイ・タパは，それぞれ宮廷役人とオランダ東インド会社職員に送った2通のジャワ語で書かれた手紙の中で，彼の蜂起に関する声明を出している。彼の主張は非常に込み入っているが，要約すると，彼が要求していることは，オランダ人がバンテンを去ることと，彼がバタヴィアを支配することの二つである。ちなみに反乱指導者の間では，反乱が成功した暁にはラトゥ・バグス・ブアンがバンテンを支配し，もう一人の指導者パンゲラン・マドゥラ（Pangeran Madura）──スルタン・アリフィンの甥[19]──がタンゲランの地を獲得することが合意されていた[20]。キヤイ・タパの手紙によれば，彼が上に挙げた二つを要求できる理由は，(1)バンテンの人々がオランダ人によって奴隷とされ，その平和が乱されていること，(2)ヨーロッパ人はムスリムの最大の敵であること，(3)彼がかつてのジャカルタ王の子孫の中で最年長者であること，さらに(4)バタヴィアの地は彼の祖先に属していたのであって，オランダ人の祖先に属していたのではないこと，にある[21]。

　この声明に，ジャカルタの古代王の伝説とイスラームの原理とが混淆した，一種の習合主義が働いているのを見て取るのは容易である。ジャカルタにかつてオランダ東インド会社によって滅ぼされた王がいたのは事実であるが，キヤイ・タパがその子孫である証拠はどこにも存在しない。しかしかつての王族の血を引く

との主張は，貴種崇拝の強いバンテン地方社会では，支持者を集める上で有効であったことだろう。イスラームの原理は，ヨーロッパ人がムスリムの敵であるとする主張から見て取ることができる。ムスリムは非ムスリムの支配者に従属すべきではないという考えは，確かにイスラーム原理主義思想の一つの要素である。ところが彼は，反乱の成功後にイスラームの教えに基づく王国を建設するとは一切主張していない。彼は単にバタヴィアを「支配する」と宣言しているのであり，これは彼が世俗的支配者になることを主張していると理解するべきである。イスラームと土着的・前イスラーム的要素の混淆が地域住民にとって最も理解しやすいイデオロギーであった点をよく理解して，キヤイ・タパは神秘的修行者を体現し，イスラームの思想によって反乱の大義を説明した。しかし実際には，彼の目的は世俗的支配者になることであって，宗教的要素は非常に薄い。

キヤイ・タパの支持者は，反乱の全期間を通じて反乱軍の中核を構成した。反乱軍に捕らえられ6週間拘束された後に逃亡したあるオランダ東インド会社の兵士は，キヤイ・タパの支持者は皆スンダ人で，その指導者に熱烈に心酔していると報告した[22]。彼らの勇猛さと恐れを知らぬ戦闘精神は，会社軍兵士を常に震撼させた。会社のバンテン商館長は，こうしたキヤイ・タパの信奉者に影響される反乱軍兵士たちは，降伏するよりは死を選ぶだろうと述べている[23]。こうした熱狂的な信奉者が核に存在して，バンテン反乱は2年間にわたって続けられたのであった。

2) ラトゥ・バグス・ブアン

もう一人の主要なリーダーであるラトゥ・バグス・ブアンは，スルタン・アリフィン（在位1733-48）の従兄弟パネンバハン2世（Panembahan II, 別名パンゲラン・プートラ Pangeran Putra）の息子であるとも[24]，あるいはスルタン・アリフィンの実弟とパネンバハン2世の妹との間の息子とも言われている（巻末資料2参照）[25]。ラトゥ・バグスはバンテン宮廷で用いられる称号で，スルタンとその側室との間に生まれた子供に授けられる[26]。ブアン（buang）はマレー語で，「捨てる，追放する」といった意味を持つ。ここから彼の名前は，「見捨てられた（認知されない）スルタンの庶子」を意味し得ると言えよう。

ラトゥ・バグス・ブアンは蜂起の後，自らをスルタン・アブン・バッサール・ムハンマド・ユスフ・アフメッド・アディル・アルリック・フィディン（Sultan

Abun Bassar Muhammad Yusuf Achmed Adil Arlik Fidin）と称した[27]。先に述べたように，彼は反乱の成功後にはコタ・バンテンを獲得することを，他の指導者との間で合意していた。つまり彼は，やがてバンテン王国の支配者となることを主張し，そのために蜂起したと見なすことができよう。彼が既存の王朝の正統な継承者となろうとしていたのか，それとも新たな王朝を設立しようとしていたのか（あるいはその両方を目論んでいたか）は，明らかでない。

　ラトゥ・バグス・ブアンによる支持者の動員には，彼の父や祖父が住民から得ていた信望と崇敬が重要な役割を果たした。彼の父または伯父であるパネンバハン2世は，住民の間で大きな信望を集めていた。彼は1734年に宮廷内の紛争に敗れてバタヴィアに追放され，軟禁状態のまま1749年に同地で没している[28]。さらにパネンバハン2世の父であるパネンバハン1世は，彼の権力基盤であるチャリンギン後背地で，住民から深い信頼と尊敬を得ていた。この地の住民は，パネンバハン1世のことを「聖人」または「抑圧からの救世主」と呼んでいた[29]。チャリンギン地方を偵察したあるオランダ東インド会社のスパイは，「一般の住民は，この反乱の指導者は（ラトゥ・バグス・ブアンでなく）パネンバハンだと考えている。彼らは，パネンバハンは死んでおらず，バタヴィアでの拘禁から脱出したのだと強く信じている。山地の人々は彼を熱烈に崇拝している」と報告した[30]。このパネンバハンが，パネンバハン2世を指していることは間違いない。

　チャリンギン後背地に支配基盤を持ったパネンバハン1世は，恐らく非常に高貴な性質の持ち主で，住民をその公正な支配で印象づけていたと思われる。ヨハン・ターレンスによると，宮廷の有力者たちは1710年代以降互いに抗争するようになり，しばしば私的に組織した兵力を用いて戦った。パネンバハン1世は，スルタンの権威に挑戦した宮廷有力者グループの一人であった。彼は「ウォン・グヌン（wong gunung，直訳は「山の人」）」と呼ばれる人々の崇拝を集めており，宮廷内の抗争の際には彼らを私兵として動員したことが知られている[31]。このウォン・グヌンは，オラン・グヌン（orang gunung，やはり「山の人」を意味する）を自称したスンダ人と同義であるか，またはその一部であろう[32]。

　このような経緯を考慮すると，パネンバハン1世の影響下にあった人々が政治エリートの抗争に動員されることに慣れていたこと，またその慣行が彼の孫に当たるラトゥ・バグス・ブアンの世代の人々にまで記憶されていたことは，十分あ

り得ることである。チャリンギン後背地の人々は，ラトゥ・バグス・ブアンのことをパネンバハン2世だと信じていた（彼自身が人々にそう信じさせた可能性もあろう）。保護者（パトロン）のために戦闘に加わることを慣行とする地域で，「聖人」，「救世主」として知られたパネンバハン1世の息子だと信じられる（あるいは信じさせる）ことによって，ラトゥ・バグス・ブアンは地域住民の強い支持を集めたのであった。

　この2人の主要な指導者を崇拝し反乱に参加した支持者の数は，資料にあまり明確に現れない。しかし蜂起直後に反乱軍の構成員として推測された2,000-3,000人という数は，恐らく2人の元々の支持者の数に近いと考えられよう[33]。バンテン山間部のそれほど多くない人口を考えると，この数字はやや大きすぎるようにも感じられる。また，東インド会社職員は，反乱の処理に手間取っていることを正当化し増派を要請するために敵の人数を過大報告する傾向があったため，この数字が誇張されている可能性はある。しかしラトゥ・バグス・ブアンの支持基盤であるチャリンギン後背地はカラン山麓の比較的人口の多い地域であるし，キヤイ・タパはムナラ山近隣だけでなくもう少し広い地域から信者を集めていたようである。上の数字が事実とほど遠からぬ可能性も十分あると言えよう。

3　反乱の開始と拡大

1) 初期の戦闘と会社軍の規模

　1750年10月末にムナラ山でシャリファの軍を打ち負かした反乱軍は，首都コタ・バンテンを目指して西方へ進んだ。この時から1751年5月末までは，反乱軍支配地域が大きく拡大し，宮廷とオランダ東インド会社軍を圧迫した時期にあたる。

　オランダ東インド会社バンテン商館は，反乱軍が首都を目指しているという情報を11月1日に聞きつけると，即座にバタヴィア政庁に兵員と銃器の補充を申請した。シャリファはバンテン商館長に，ヨーロッパ人とインドネシア人の混合部隊をセランに派遣することを要求したが，商館長はそれは不可能として拒否している。恐らく，後ですぐ述べるように，この時点では会社軍は十分な人数の兵員を持っていなかったためであろう。同日夜には，会社のスペールウェイク要塞の南西方にある，シャリファの外宮カユダン（Kayudang）のすぐ後方で火が放た

第3章 バンテン反乱 1750-52年　137

れ，人々を驚かせた。もっともこの時はわずかな街区の焼失があっただけで，火はすぐに消し止められた[34]。

　反乱勃発の知らせが首都に届いた翌日の11月2日には早くも，首都およびその周辺に住む人々が逃亡し始めた。人々は海岸部でも内陸側でも続々と首都周辺から逃げ出しており，これによって市場や商店からは品物がなくなり，さらに周辺地域からの生活必需品の供給も途絶えた。バンテン商館長はバタヴィア政庁に，食料その他の必需品，さらに弾薬を至急コタ・バンテンに届けるよう要請した[35]。シャリファもこの状況に非常に動揺し，バタヴィア政庁にすぐ兵員を派遣するよう申請する一方で，状況を好転させることには極めて悲観的になっていた[36]。

　宮廷高官たちの反乱への反応もまた素早かった。早くも11月12日には，パンゲラン・ラジャディニングラット（Pangerang Rajadiningrat）といったスルタンの兄弟たちが，宮廷を去って反乱軍に合流し始めた。これを見たシャリファは，首都にいる王族や役人を宮廷に招集し，その忠誠心を確かめようとした。この時にシャリファの夫スルタン・アリフィンの弟であるラデン・デルナ（Raden Derna）は，服を着替えるという口実で使者を待たせている間に，裏口から逃亡した。その後，ラデン・デルナは反乱軍に参加したことが判明した[37]。その後もシャリファの側近を含む宮廷高官や王族たちは，少数の例外を除いて次々に宮廷を脱出し，反乱軍に合流した[38]。

　この時点で会社軍は，反乱軍に兵員数で圧倒されていた。反乱が勃発した時点で，コタ・バンテンに駐在した会社軍は，ヨーロッパ人士官および兵士にさらに現地人兵（主にバリ人，ブギス人などインドネシア諸島各地出身の傭兵から成る）を加えても309人に過ぎなかった[39]。これに対し反乱軍兵士は，11月8日に2,000人から3,000人と推測されていた[40]。バンテン商館の要請に応えてバタヴィア政庁が送り始めた兵士は，11月6日からコタ・バンテンに到着し始めた。送られて来たのは主にバリ人，ブギス人などの傭兵で，弾薬などと共に会社船によって一度に50人から100人余りずつ送られて来た。この結果，11月9日の反乱軍との最初の会戦までに，会社兵は800人余りとなっていた[41]。

　反乱軍とオランダ東インド会社・バンテン王国連合軍との間の戦闘は，11月初旬に始まった。もっともそれは連合軍兵士の極端なまでの士気の低さのために，本格的な戦闘とは呼びがたいものであった。ムナラ山を出発した反乱軍は，

コタ・バンテン南方約 8 キロメートルの地点にある経済・交通の要所であるセランを占領した[42]。11 月 8 日にそれを知った東インド会社バンテン商館は，同日のうちに銃で武装した 51 人のヨーロッパ人騎兵と現地人兵，およびシャリファが準備した兵員から成る計 800 人余りの混成部隊を編成して，セランへ向けて出発させた。しかし反乱軍との規模の違いは明白であり，恐らくこれが現地人兵士の士気を甚だしく低下させた。連合軍部隊が一晩野営し，翌日反乱軍と対峙した時には，700 人以上いた現地人兵士のうち残っている者は 120 人になっていた。敵が近づいてくると，シャリファの兵士はまだ一発も銃弾を交わさないうちから一人残らずいなくなった。戦闘が開始され，反乱軍の放つ銃弾が自陣に届き始めると，会社軍の現地人兵も逃亡を始めた。戦闘中のヨーロッパ兵は彼らの逃亡を阻むことにも注意を向けねばならず，いっそう消耗した。最終的に会社軍に留まった現地人兵士は 50 人余りに過ぎなかった。逃亡した多くの兵士は反乱軍に投降し，しかも彼らは持っていた会社軍の弾薬，馬，大砲などを反乱軍に引き渡した[43]。これによってそれまでほとんど竹槍や鉈などの粗末な武器しか持たなかった反乱軍が，この後は会社軍に対抗できる装備を持つようになった[44]。

会社軍は相手にほとんどダメージを与えることもできずに敗退し，その結果ヨーロッパ人兵士も指揮官を含む 4 人が死亡し，9 人が行方不明となった[45]。残った現地人兵士は 50 人余りなので，この時点で恐らく会社軍の兵員は 100 人未満になったと考えられる。王国の兵士は最初の会戦で全員が逃亡していなくなったためか，あるいはその士気が著しく低いためか（恐らくその両方か），会社はその後彼らを戦力として考慮しなくなった。これ以降バンテン商館が自軍の兵員についてバタヴィア政庁に説明する時には，王国兵士を人数に含めることはなかった。もっとも会社軍の現地人兵もそれほど信頼できた訳ではなく，この後の戦闘でも敵前逃亡はたびたび起こった[46]。

反乱軍はセランを中心拠点としながら，11 月から翌年 2 月頃にかけて，首都から王国東部にかけての海岸平野地域で広範に作戦を展開した。彼らは 11 月 12 日までにカナリに，同月 18 日までにはマルカサナに，さらに 12 月 24 日頃にはグリバヤ（Gribaya）にも要塞を築き[47]，それらの拠点から首都を襲撃したり，ポンタンなど東部の町の支配を狙って攻撃を仕掛けたり，またバンテン湾や東部の港に停泊している会社軍の補給船を襲撃したりした。一方会社軍の方から，反乱軍の要塞を襲撃することもあった。この時期の戦闘は，首都周辺では両者がほぼ

互角で,一進一退を繰り返したが[48],首都から離れた地域では反乱軍が優勢であった。反乱軍は11月中にセランからタナラにかけての首都の南東地域と,アニャルからチャリンギンにかけての西部海岸地域において,主要な港市とその周辺地域を支配下に入れた[49]。これによって反乱軍は,会社軍の陸上での補給経路を絶つことにはほぼ成功した。しかし会社軍は首都のスペールウェイク要塞とディアマント要塞を拠点として辛うじてバンテン港を維持し,バタヴィアから海路送られてくる補給を受け続けた[50]。

バタヴィアからの食料や物資,および兵士の補強は頻繁に行われ,兵員は早くも11月16日にはヨーロッパ人兵400人,現地人兵士200人まで増強された。もっとも会社軍の兵員数は反乱軍には遠く及ばず,多い時でも1,200人余りで推移した[51]。ちょうどその頃中部ジャワ・マタラム王国で発生していた第三次ジャワ継承戦争に忙殺されていたバタヴィア政庁にとって,バンテンで大きな兵力増強を行うことは不可能であった[52]。従ってバタヴィア政庁による兵員増派によって戦況が会社軍有利に転換したとする先行研究の見解は,誤りと言える[53]。

反乱軍は兵員数では会社軍を圧倒していたものの,その兵士としての質においては問題を抱えていた。11月18日に会社軍が反乱軍のマルカサナ要塞に攻撃をかけた時,要塞には600人から成る部隊が立て籠もっていた。しかし会社軍の報告によると,その多くは反乱軍が支配下に置いたバンテン東部の塩田地帯から集められた住民で,人間の盾として利用されていたとされる。会社軍はわずか24人の騎兵と24人のマスケット銃兵でこの要塞を襲撃し,その奪取に成功した。会社軍は敵兵の多くを捕虜にしたものの,その帰路に部隊指揮者を含むほとんどの捕虜に逃げられている[54]。急速に支配地域を拡大している反乱軍の中でも,このように反乱勃発後に徴用された者は必ずしも高い士気を持っていた訳ではないことが見て取れる。もっとも兵員不足に悩む会社軍は,確保した捕虜の扱いにも不自由していたようである。

2) 反乱軍の拡大とその動員戦略

この時期に反乱軍が広範囲の地域を支配下に収め,首都周辺でも会社に圧力をかけ続けることができたのは,その膨大な兵員数のためである。兵員は,11月後半までに7,000人に拡大し,さらに12月半ばには「2万人」に上ったと報告されている[55]。ここで注意しなければならないのは,東インド会社のバンテン商館

長はバタヴィア政庁に増派を依頼するために，彼らが絶望的状況にあることを強調しなければならなかったことである。このため彼らがバタヴィアに書き送った書簡は，反乱軍の人数を誇張する傾向にあったことは十分に考えられよう。従って正確な兵員の数を知ることは困難であるが，後に述べるように，反乱軍は首都の二つの要塞を拠点とした会社軍を常に圧迫し，その陸上補給を断ち切れるだけの規模を有したことは間違いない。

　このような反乱軍の急激な兵員増加は，どのようにして可能だったのであろうか。反乱軍は多くの一般住民を動員するために，非常によく考慮された戦略を持っていた。その最も重要な要素は，彼らが食料を確保したことである。反乱軍が豊富な食料を確保していることは，反乱当初からよく知られていた。バンテン商館長は1750年11月，「反乱軍はあらゆる地域から必需品を確保しており，彼らはそれによって3ヶ月は持ちこたえることができるだろう」と報告している[56]。この必需品には，米が含まれた。反乱軍に捕らえられ，マルカサナの要塞で拘束された後に逃亡したあるブギス人奴隷は，そこでは米が豊富で非常に安く，さらにタナラや王国東部の華人商人が次々にやって来て，煙草やアヘンといった品々を反乱軍兵士にもたらしていたと報告している[57]。このように反乱軍に出入りする商人たちを通して，彼らは必要な物資を入手していたのである。タナラはシャーバンダリー（港湾税）も徴収された，王国の主要な商業拠点の一つであり，物資の確保に適していたことであろう。別の主要な港町であるクラマット（Kramat）が反乱軍の支配下に置かれていた時には，ビンロウなど需要のある商品を供給する商人だけが，町への立ち入りを許可された[58]。このように反乱軍は，蜂起の直後から幾つかの港町を影響下に置いて，物資を確保した。さらに反乱軍は，首都周辺の水田地域を支配した。反乱軍が有した豊富な食料の少なくとも一部は，支配地域に備蓄されていた米を強制的に接収した可能性もあるだろう。逆に東インド会社軍や首都の市場では，11月2日には食料や様々な品物が不足し始め，その10日後には生活必需品の供給はもはやほとんど不可能となり，さらにその後2月まで首都における物資の不足が引き続き報告されている[59]。こうした状況では，反乱軍が保持する豊富な食料や必需品は，住民を引きつける重要な要素となったことであろう。

　さらに11月に首都周辺を支配し食料を確保するという反乱軍の戦略は，農作業暦を熟知した周到な計算に基づいていた。というのも，首都周辺で反乱に参加

した人々の大半は水田稲作農民であり，その労働と食料確保は季節によって大きく制限されていたからである。上述のように，反乱軍の兵員は，1750年の11月末から12月半ばにかけて急速に増加した。翌年1，2月の兵員数については全く情報がないが，2月末には東インド会社の要塞に総攻撃をかけているので，この頃までは相当数の兵員を維持していたと考えられよう。このような反乱軍兵員の拡大は，バンテンの農作業暦と密接に関連づけられる。

　水田耕作においては，成人男子の労働力を最も集中的に必要とする作業は，水田の開墾および修復を除けば，本田の耕起である。19世紀初頭のプリアンガン地方における農作業暦を検討した大橋厚子によれば，天水田を用いる場合，雨期が始まる11月に耕起が開始され，同時に苗代で播種が行われた。苗は苗代で約40日育てられた後，本田に植え替えられた[60]。マイケル・ウィリアムズによれば，20世紀初めのバンテンでは米は年に1度，雨期（11-4月）に育てられた[61]。耕起がいつ終了するのかは明らかでないが，遅くとも田植えが可能になる播種後約40日までには終えられたことは間違いない。田植えは主に女性，老人，子供によってなされたので，成人男子はその頃まで，つまり12月初め頃までには重労働から解放され自由になったのである。40日というのは苗が田植えをするのに十分育つまでに必要な期間のことであり，それより少し前に男性が耕起を終えることも恐らく可能であっただろう。

　もっともウィリアムズは，天水田が卓越したバンテン海岸部の地域では「水田の［耕起の──引用者注］作業は2ヶ月間（11月と12月）続いた」と説明しているため，上述の議論と矛盾するように見えるかも知れない[62]。しかしウィリアムズがこれを，20世紀の事例に基づいて説明していることには注意が必要である。20世紀になると，播種から収穫までに6ヶ月かそれ以上かかるが収穫量の多い長期品種が，オランダ植民地政府によって推奨されていた。実際彼が，水田は一期作で米だけが植えられ，乾期（5-10月）には何も植えられることがなかったと述べていることを考慮すると，当時植えられていたのは播種から収穫までに6ヶ月（11-4月）を要する長期品種であったことが分かる。

　しかし18世紀半ばには，栽培期間は恐らくもっと短かったと考えられる。17世紀末のバタヴィア，バンテン，チレボン地方において栽培された稲の品種を分析した大木昌によると，これらの地域では4ヶ月半から5ヶ月で栽培が可能となる短期種が支配的であった。大木によれば，19世紀においても農民は，早く収

穫することのできる短期種を常に好み，少雨の年には特にその傾向が強かった[63]。これは恐らく 18 世紀半ばでも同様であり，これらのことを考えると，1750 年の反乱時には，本田の耕起は 12 月初めかそれより少し早く終わっていたことだろう。そうすると，11 月末から 12 月初めまでに成人男子が大規模に反乱軍に参加することは可能であったと考えられる。

　反乱軍の食料戦略は，この時期にはより一層効果的であった。というのは，12月の途中からは成人男子が農作業から一定程度解放されるだけでなく，翌年 3 月の収穫期まで食料が不足する季節（パチェクリック paceklik）となるからである。そのため反乱軍が確保した豊富な食料は，農民を引きつける強い要因となったに違いない。

　さらに，反乱軍が兵員数で会社軍を大きく上回っていたことは，住民が反乱側に荷担する上で非常に魅力的な要素となった。というのも，勝利者の側につくことは，特に首都への攻撃の際に，略奪品を得る機会があることを意味したからである。実際反乱軍が首都を攻撃した時にはいつも，その兵員は多くの家々，特に華人のそれに火を放った[64]。この時に一般農民を含む反乱軍兵士が金品を掠奪し持ち帰ったことは想像に難くない。

3) シャリファの退位

　東インド会社バタヴィア政庁は反乱勃発から 1 ヶ月もしないうちに，早くもシャリファの圧政が反乱の要因であると確信した[65]。そして 11 月 23 日，バタヴィア政庁の東インド評議会は討議の末に，この混乱を収束させるためにシャリファを退位させ，バタヴィアに搬送することを決定した。その代わりとして，スルタン・アリフィンの長兄であるパンゲラン・アリア・アディ・サンティカ（Pangeran Aria Adi Santika）に政権を担当させることも，この時に決定された[66]。

　1751 年 2 月 1 日，バタヴィア総督の命を受けたバンテン商館長 G. T. ファルク（George Tammo Falck）は，首都にまだ留まっている全ての高官と王族のメンバーを，ディアマント要塞に招集した。そしてシャリファの暴政が人々に嫌悪され反乱を招いたこと，さらに混乱を収拾するためにはシャリファを拘束してバタヴィアに搬送し，その周辺で拘禁するのが最善であることを説明した。出席者たちは満場一致で，それは王国にとって最善の策であり彼らの希望であると応えた。ファルクはさらに，皇太子パンゲラン・シャリフもシャリファと同じ処遇とし，

その後は当分スルタンの地位を空位としたままにして，パンゲラン・アリア・アディ・サンティカをパンゲラン・ラトゥ・レヘント（Pangerang Ratu Regent）の称号で摂政の地位に就けることについて，出席者たちの了承を取り付けた[67]。

同年3月8日，シャリファは皇太子パンゲラン・シャリフと共にオランダ東インド会社軍によって拘束され，まずバタヴィア湾に浮かぶエダム島（Edam Eiland）に搬送された。その後2人は，それぞれマルク諸島のサパルア（Saparua）島（アンボン諸島の一つ）とバンダ（Banda）島へ流刑に処されることになっていた。しかしシャリファは既に心労から重い病に伏せており，エダム島に搬送されると2日後に死亡した。パンゲラン・シャリフは約1年後にバンダ島へ送られ，その地で没するまで30年以上平和に暮らした[68]。

その後，セイロンに流刑されていたパンゲラン・アリフ・グスティを呼び戻して次期スルタンとして即位させることが決定され，彼は皇太子としての地位を回復した。同時に，パンゲラン・アリア・アディ・サンティカが政権を担当するのはグスティの帰還までとし，それまでの彼の称号はプリンス・レヘント（Prins Regent）となることが決定された[69]。

4) 首都の攻防

1750年12月から翌年4月までは，首都とその周辺が主戦場となった。12月4日には反乱軍に派遣された一団が，夜陰に紛れて首都のスペールウェイク要塞のすぐそばまで現れ，さらにカランガントゥの華人街に進んで火を放った。2日後にはスペールウェイク要塞そばの外宮カユダンにも火を放った。この頃からキヤイ・タパは，本格的に首都の会社要塞を攻撃するために，城壁を登るための竹の梯子やフックなどをマルカサナ要塞で準備し始めた[70]。

その後キヤイ・タパが各地を転戦したため準備が遅れたが，翌年2月19日にマルカサナを視察した会社のスパイは，彼が要塞に戻り，本格的に首都攻略の準備を始めていることを報告した[71]。そして1751年2月25日未明，反乱軍はついに大軍を擁して首都にあるカランガントゥ要塞を総攻撃した。反乱軍は梯子などを利用して城壁を登ろうと試みたが，事前に攻撃を察知していた会社軍は周到に準備された銃砲類で効果的に応戦した。反乱軍は夥しい死傷者を出した後，約1時間後に撤退した。短時間の夜襲であったため反乱軍の兵員数は不明であるが，会社軍の被害はわずか2名の死者と3名の負傷者だけであった[72]。

反乱軍はその後も 3 月末まで首都の様々な地点を攻撃し，また火を放った[73]。しかし 3 月に入ると攻撃はやや小規模になり，会社軍はよく防御して被害は小さくなった。4 月から 5 月にかけては，反乱軍の活動がやや弱まった。

5) 地方有力者の対応および反乱軍の外部との接触

ここでは，主に反乱初期における地方有力者の対応と，反乱軍の外部勢力との接触を検討したい。当時バンテン最大の地方有力者は，チャリンギンを拠点として西海岸北部から南西端のプリンセン島に及ぶ広範な地域を支配した，スダ・ナラ（Suda Nara）であった。彼はその強大な権力から，チャリンギンのパンゲランとも呼ばれていた[74]。チャリンギンは当時のバンテン西海岸における最大の港で，その背後にはカラン山麓の豊かな後背地が広がっている。チャリンギンの後背地は胡椒の重要な生産地であったが，スダ・ナラは以前から東インド会社の禁制を犯して，支配地域で生産された胡椒を密かに輸出しているとの疑いも持たれていた[75]。

あるオランダ東インド会社のスパイは 1750 年 12 月末に，キヤイ・タパがスダ・ナラをランプン南東岸のシレブに派遣し，オランダに対抗するための派兵をイギリス人に要求させたことを探り出した[76]。このイギリス人というのが，当時ベンクーレンに置かれたイギリス東インド会社商館の職員であることはほぼ間違いないであろう。彼らはベンクーレンから南東に広がるオランダ支配地域のシレブやスマンカ地方にも影響力を及ぼしており，オランダ東インド会社から度重なる抗議を受けながらも，それらの地域で密かに胡椒を購入していた。ベンクーレン商館がオランダ支配下地域から胡椒を得ることに熱心であるのを，胡椒の密輸に関わっていたスダ・ナラは恐らく知っていたに違いない。それを知ったキヤイ・タパは，スダ・ナラを通じて，胡椒を提供する代わりに反乱への支援を要請することを考えたのであろう。スダ・ナラとしては，反乱軍と協力し，さらにイギリスとも関係を結ぶことによって，自分の胡椒貿易を促進する機会を得ることは魅力的な選択であっただろう。

実際にイギリス人は，この要求に応じて反乱軍を支援した。もっともそれはキヤイ・タパが望んだ派兵ではなく，軍事物資の補給であった。反乱軍に捕らえられ，彼らの要塞で拘束された後に脱走したあるオランダ人兵士によると，1750 年 4 月頃，彼が拘束されていた要塞には，イギリス人から胡椒と引き換えに得た

10樽分の火薬が運び込まれていた。加えてイギリス人は，反乱軍を支援するために40隻の船を派遣することを約束していた[77]。この状況から考えて，イギリス人の得た胡椒は恐らくスダ・ナラの提供したものであっただろう。ベンクーレン商館のイギリス人としては，バンテンにおけるオランダ東インド会社の力が弱まれば，彼らがバンテンとランプンでもっと胡椒を得ることが容易になると考えたことであろう。火薬などの物資の補給がどのようにして行われていたかは明らかでない。また，その後イギリス人が実際に40隻の船を派遣したとの情報は，どこにも見当たらない。

　その後も反乱軍は，1751年7月にシレブ近郊のマラバラ（Mallabara, シレバル近郊のベンクーレンに建てられたイギリス東インド会社商館のマールボロ要塞［Fort Marlboro］を指す可能性もある）でイギリス人と接触しようとしたことが報告されている[78]。しかしこの時にどのような交渉が行われたかは明らかでなく，彼らが実際に何らかの支援を受けたとの情報はない。そしてこの後は，反乱軍とイギリス人の連絡は途絶えた。その理由としては，後述するようにスダ・ナラが1751年8月以降に反乱軍から離脱したことが，大きかったと考えられる。反乱軍がシレブもしくはベンクーレンのイギリス人と交渉して支援を引き出すには，胡椒を供給できるスダ・ナラの関与が不可欠であったに違いない。彼の離脱は，恐らく反乱軍とイギリス人との間のパイプが失われたことを意味したであろう。

　やや後の出来事となるが，反乱末期の1752年7月に，反乱軍はフランス人とも接触した。7月9日，バンテン西海岸のチャリニ（Carini）に2隻のフランス船が現れた。その数日後，1隻のデンマーク船がチャリンギンに現れ，上級操舵手と書記，および7人の船員が水牛を購入するために小舟で岸に向かったところ，反乱軍に捕らえられた。キヤイ・タパはそのデンマーク人船員たちを連れて来させ，バンテン王を名乗って尋問した。その後彼は，フランス船に使者を送り，水牛と武器弾薬とを交換するよう交渉させた。フランス人はデンマーク人船員たちを引き取ることを条件に，交渉に応じることにした。こうした事情をフランス船から送られた使者によって知ったオランダ東インド会社軍の部隊長は，会社兵がフランス船で待ち構えて反乱軍兵士を捕らえることを提案した。しかしそのフランス船の船長は，バンテン王は自分たちの王の敵ではないと述べて，その提案を拒否した。その後フランス人は捕虜と複数の水牛を受け取るのと引き換えに，火打ち石銃（数量は不明）を反乱軍に引き渡し，チャリニを去った。フラン

ス船はさらにチャリンギンに進み，その地で胡椒や丁字を購入した[79]。

　この時のフランス人の取った行動からすると，彼らは恐らく初めから反乱軍を支援しようとの意図を持っていた訳ではなかったと思われる。しかし彼らは，オランダ東インド会社の支配力が衰えていると考え，バンテンで胡椒その他の産物を確保することは意図していたかも知れない。反乱の展開については，東南アジアで貿易を促進したいフランス人も興味を持っていたのであろう。反乱軍指導者は偶然捕らえたヨーロッパ人船員を利用しながらも，そうした外部勢力と交渉して，武器の獲得に成功した。

　ランプンの地域有力者も，バンテンで展開する反乱に対応した行動を取っていた。1751年3月，トゥランバワン地方のバコナン（Bakonang）地域の首長であるパンゲラン・アブ・バカール（Pangeran Abu Bakker）は，トゥランバワン川上流のブミ・アグン（Bumi Agung）地方にあるオランダ東インド会社の地方ポストであるファルケンオーフ要塞（Post De Valkenoog）を，従者と共に襲撃した。ポストの責任者とその他のオランダ人会社職員は，即座にポストを放棄してコタ・バンテンに逃亡した[80]。

　アブ・バカールが会社ポストを襲撃した動機は，資料からは明らかでない。しかし恐らく彼は，それによって周辺地域に権威を確立することを意図していたことであろう。アブ・バカールは地域の有力首長の一人であったが，その地に君臨できるほど群を抜いた勢力ではなく，周囲の首長と絶え間なく抗争を繰り返していた。もともとアブ・バカールおよびその一族は，会社の権威に服従しないことで知られていた[81]。恐らくアブ・バカールは，トゥランバワン上流地域の胡椒集荷・輸送の拠点であるブミ・アグンからオランダ人を追放して，胡椒貿易を支配することによって，地域の抗争で優位に立とうと考えたのであろう。アブ・バカールと反乱軍との関係を示す資料は存在しない。彼は恐らく反乱軍と接触することはなく，ただ反乱によってバンテン商館からトゥランバワンのポストへの支援が途絶することを考慮に入れて，単独でこの時期のポスト襲撃を敢行したのであろう。1752年7月にトゥランバワンの会社の権威が復活すると，彼とその従者は周辺の地域首長と共に逃亡し，パレンバンのスルタンに保護を要請した[82]。

　バンテン北東海岸のクタパン（Ketapang）では，トゥカン・ワヤン（Tukang Wayang）またはキヤイ・ワヤン（Kyai Wayang）と呼ばれた華人火薬職人のリーダーとその仲間たちが，遅くとも1751年4月までに反乱軍に合流した。反乱軍

によって捕らえられ，拘束された後に逃亡したオランダ東インド会社のスパイによると，トゥカン・ワヤンは彼の影響下にある同業の華人職人と共に，マルカサナ要塞で火薬を製作していた。彼らが使う素材または彼らの技術は（あるいはその両方が）劣悪だったようで，彼らの作る火薬の品質は低く，使用した際の破壊力もあまり高くなかった。バンテン商館長は彼の首に 500 ライクスダールダー (rijksdaalders) の賞金をかけたところ，1751 年 8 月に地域住民が彼を捕らえて会社側に引き渡した。商館長は賞金を支払って，彼の身柄を引き取った[83]。1751 年 8 月には戦局が会社軍側に有利に傾いてきていたので，住民の間にトゥカン・ワヤンを捕らえて会社に引き渡す機運が高まったのであろう。

　なぜ華人火薬職人がこのように反乱軍に参加したのかは明らかでない。トゥカン・ワヤンがこのようなジャワ人風の名前（直訳は「操り人形職人」）とキヤイというジャワの称号を持つことと，後に会社軍に投降した火薬職人がパルナック・シネーゼン (parnack Chineesen, 恐らく土着化した華人を指すプラナカン華人 peranakan Chinesen を意味する) と記されていることを考えると[84]，彼はジャワで生まれ土着化した華人であっただろう。軍事物資を製作する職人たちが地方有力者に歓迎されてその地に定住することは，インドネシア諸島ではたびたび見られた。ジャワでは 1740 年代から，華人虐殺事件（第 7 章第 1 節）からマタラム王国の第三次ジャワ継承戦争へと争乱が続いていたことも，そうした軍事物資職人の需要を高めたことだろう。そのような技術を持つ彼らが，さらにバンテン反乱の指導者に招かれた（もしくは脅迫されて引き入れられた）ことは驚くには当たらない。

　反乱指導者は，このようにイギリス人，フランス人，さらに華人火薬職人などと積極的に接触し，銃器や弾薬などの供給を受けていた。反乱指導者たちだけでなく，こうした外部勢力の側にも支援に積極的な者がいたのは，バンテンに胡椒という重要産品があったという要素が大きかった。外部勢力との接触には，チャリンギンのスダ・ナラのような地域有力者が重要な役割を果たすこともあった。また，地域有力者の中にはトゥランバワンのアブ・バカールのように反乱軍と接触することなく，ただ反乱の戦況を自らの影響力拡大に利用する者もいた。様々な集団がそれぞれの利害から反乱軍に協力し，この 1750 年 10 月から 51 年 4 月頃までの戦況は，総じて反乱軍に有利に展開していた。

4 戦局の転換——首都から東部へ

　1751年6月から同年9月までの間，反乱の主戦場はバンテン東部およびバタヴィア後背地へと移った。反乱軍は，コタ・バンテンやバンテン西部を監視するためにカラン山麓に部隊を残しつつも，主な攻撃の標的をタンゲランなどの王国東部の町とバイテンゾルフ（Buitenzorg, 現在のボゴール）周辺のオランダ東インド会社領に移した。反乱軍はまずバタヴィアとの境界に当たるタンゲラン地方に500人から1,000人ほどの兵員から成る部隊を複数送り，オランダ人起業家の経営するチリドゥック（Ciliduk）周辺の砂糖工場を破壊した。そのようにして武器や弾薬を奪うなどの活動を続けながら，反乱軍はこの地域の支配確立を試みた[85]。キヤイ・タパの率いる部隊は6月12日から13日にかけて，会社軍部隊を打ち負かしながら，タンゲラン南南東にあるジャシンガ（Jasinga）からムナラ山，さらにサダネ川上流にかけての地域に支配を確立した[86]。

　しかしながら，同年7月下旬以降は会社軍が次第に反乱軍を山岳地域へと後退させ，さらにムナラ山に籠もる反乱軍との1ヶ月以上に及ぶ激しい戦闘の後，1751年9月22日にこの拠点を制圧した[87]。この敗北の後，反乱軍は数ヶ月間姿をくらませる。

1) 兵員の減少

　反乱軍が主戦場を首都周辺からバンテン東部やバタヴィア後背地に移したことは，反乱軍が遅くとも1751年3月までにその兵員を大きく減らしたことと関係している。1750年12月に，誇張は含まれるにせよ「2万人」と言われるピークに達していた反乱軍の兵員は，翌年の3月まで情報がないものの，会社の要塞に積極的に攻撃を仕掛けていた2月までは恐らく一定の水準を保ったと思われる。ところが1751年4月になるとその人数は突然2,000人に減った。反乱軍が攻撃の標的を東部の丘陵地域に移した6月以降は，彼らは通常2,000-3,000人で戦った。

　1751年3月以降に反乱軍の兵数が急減した理由を説明する重要な要素は，ここでも恐らく農作業暦であろう。先述のように，バンテンにおける水田耕作は播種から収穫まで4ヶ月半から5ヶ月ほどで行われていた。そのため収穫は恐らく

3月の中旬から下旬にかけて行われたはずである。その結果，大半が水田農民であった反乱軍参加者は，彼らの耕地に戻ったと考えられる。収穫は通常女性，子供，および老人の仕事ではあったけれども，穫れた米を安全に管理するのは男性の仕事であった[88]。つまり，反乱に参加していた水田耕作者は，3月中旬から下旬以降は収穫物を保護するために耕地に戻らなければならなかった。収穫を終え食料を確保した後は，もはや反乱軍に食料供給を求める必要はあまりなく，軍に再び戻ることは彼らにとって魅力的な選択肢ではなかったであろう。キヤイ・タパは全てのオランダ人の追放とバタヴィアの占領を主張していたため，反乱軍は東部に戦線を移す十分な理由があった。しかし現実には，3月以降は兵員が減少したため首都の会社要塞攻撃を続けることが不可能となり，会社軍の主力が置かれた首都における戦闘を放棄せざるを得なかった可能性が高い。

　主戦場が首都から東部の丘陵地帯に移ったことは，反乱軍の戦略に大きな打撃を与えた。というのも，この比較的人口が希薄で畑作・焼畑が中心の地域では，兵員を集めることも食料を調達することも困難となったからである。戦闘を継続するために，反乱軍は支配下地域で強制的に兵員を徴用するという方法に頼らなければならなくなった。彼らはカンポン首長に兵員を供給するよう迫り，拒否された場合には家々に火を放ったり，時には人々を殺したりさえした[89]。パルマヤン（Parmayang）という地域では，キヤイ・タパはカンポン内の各住居と，バレバレ（bale bale）と呼ばれた賭博場から，課税と称して金品を徴収した[90]。このように強制的な手段によって，1751年9月にはムナラ山に900人の兵員が徴用されていた[91]。そうした動員や物資調達が成功した時は，例えば反乱軍がサダネ川沿いのチャティウォンガン（Catiwongang）というカンポン近隣で会社軍と交戦した時のように，激しく銃撃し敵を敗退させることもあった。この時の反乱軍部隊の兵員は6,000と報告されている[92]。しかし通常はそのような動員や調達の方法は，真の戦闘精神を引き起こすのに有効ではなかった。反乱軍兵員の数は常に大きく変動しており，このことは兵員の逃亡が頻繁で，再徴用を繰り返したことを示唆している。彼らは自軍が会社軍に対して兵員数で勝る場合には戦闘に参加することもあったが，そうでなければ全く戦うことなく逃亡した[93]。

　もっとも，キヤイ・タパとその直属の兵員たちの士気は，この時期も高かった。会社軍指揮官は要塞に立て籠もる反乱軍にたびたび書簡を送っていた。7月23日の書簡では反乱軍に投降を呼びかけたことが分かっているが，恐らく他の

機会に送られたものも同様の内容であっただろう。反乱軍側から反応が示されることはなく、6月21日には恐らくそのような呼びかけを相手にしないことを示すために、反乱軍は会社軍から受け取った書簡を砦の外で吊り下げ、会社軍から見えるようにそれを燃やした[94]。

このように高い士気を持つキヤイ・タパ直属の兵員を中心として、1751年6-7月にかけての東部丘陵地域での直接対戦では、反乱軍はたびたび会社軍を敗走させている[95]。7月初めには別働部隊が初めて会社軍の中心拠点であるスペールウェイク要塞とディアマント要塞に攻撃し、会社軍を苦しめた[96]。7月下旬にはサレバンタル（Salebantar）、ジャンパン（Jampan）といった東部丘陵地域の要所を反乱軍が支配下に置いた[97]。激戦が続いたこの1ヶ月の間、会社軍ヨーロッパ人兵士の戦死者は72人、負傷者は200人近くに上った[98]。

戦局が転換したのは、恐らく7月下旬から8月上旬である。会社軍は7月23日に、グリバヤ周辺での激しい戦闘の末、反乱軍要塞を陥落させ、武器を押収した[99]。7月28日にもやはり激戦の末、ポンタンとタナラを会社が支配下に収めた[100]。8月4日には、この後すぐに述べるように、チャリンギンのスダ・ナラが会社軍に投降したため、王国西部が会社側の支配に落ちた[101]。こうして会社軍が西部から東部にかけての海岸部をほぼ制圧し、反乱軍は兵員を山間部に集めざるを得なくなった[102]。会社軍の方もそれに伴って総力を山間部に集中させていった。

2）地方社会の人々
①スダ・ナラ

首都周辺で1751年7月下旬以降、会社軍が支配を確立させたことは、地方の戦局にも影響をもたらした。会社軍が有利になるのを見て、一部の影響力ある地方有力者はオランダ東インド会社側につくことを選択し、このことが戦局をいっそう会社側に傾ける働きをした。

チャリンギンの有力者であるスダ・ナラは、先述のように、反乱の初期には、反乱軍と協力し禁制品である胡椒の輸出に関わった。しかしオランダ東インド会社軍が1751年7月23日に首都周辺の支配を奪回すると、同月26日、バンテン商館はチャリンギンに出兵してスダ・ナラを懲罰することを決定した。そして翌27日には早くも中佐J. C. ファン・オッセンブルフ（Jan Cornelis van Ossenberch）を指揮官とする重武装部隊をチャリンギンに向かわせた。スダ・ナラがイギリス

第 3 章　バンテン反乱 1750-52 年　151

人と内通し胡椒を密輸していることがバンテン商館に脅威となっていたことに加え[103]，チャリンギンの帰順が会社の王国西部支配につながるという軍事戦略も考慮されたと考えられる。

　このことを伝え聞いたスダ・ナラは，すぐさま態度を変えた。会社軍部隊が近づいて来ると，8月4日に彼は少数の従者を率いて，進軍途中のファン・オッセンブルフを訪ねた。そして自分が会社の権威の下に入ること，さらにこれによって王国西部の全海岸地域が会社に服属することを宣言した。彼はまた，会社軍がチャリンギンに到達次第，胡椒，水牛，およびその他の必需品を提供させる手筈が整っていると述べ[104]，それは数日後に実現された[105]。さらに8月29日には，彼は自らの誠意の証として，自分の従者を多数会社軍に送り，現地人兵士として提供しさえした[106]。

　もっともこのようなスダ・ナラの決断と行動に，地域住民がすぐに喜んで従った訳ではなかった。もともとチャリンギンの後背地は，住民がラトゥ・バグス・ブアンを強く崇拝している地域として知られており，反乱勃発後すぐから，この地域の多くの人々が反乱軍に参加した[107]。スダ・ナラが，1751年8月以降は地域住民にも東インド会社に協力するよう強い圧力をかけたにもかかわらず，住民の一部はラトゥ・バグス・ブアンに強い共感を持ち続け，彼が1752年3月にこの地に再び戻って来た時には，彼のもとにまた参集する者もいた[108]。

　さらにチャリンギンにおける密貿易が，この時の会社軍指揮官との合意によって完全に途絶えた訳でもなかった。1752年7月に一時的にチャリンギンとその周辺の西部海岸地域が再び反乱軍の影響下に入った際に，チャリンギンに赴こうとしていた会社軍将官は，同地の住民とイギリス人とが，胡椒と弾薬を交換していたとの情報を得ている[109]。これにスダ・ナラが関与したとの直接情報はないが，彼の影響力を考えると，彼を経由しない貿易は困難であったと思われる。反乱軍が弾薬を強く要求したことが大きな理由であろうが，スダ・ナラが何らかの利益を得ようと考えた可能性もあろう。

　スダ・ナラが反乱に対して取った行動は，非常に合理的で経済的計算に基づいていた。彼は当初は反乱軍と協調し，オランダ東インド会社の禁制を無視した胡椒貿易によって利益を拡大しようとしていた。しかし後に情勢が会社側に有利になってくると，彼は自分の地位を維持し，さらに胡椒の販路も確保するために，寝返って会社と協力する決断をした。もっとも彼はこうした方針を思いのままに

取ることができた訳ではなく，地域住民の中には，スダ・ナラの妨害にもかかわらず，ラトゥ・バグス・ブアンに忠誠心を抱き続け反乱軍に参加した者もあった。

②ナコダ・ムダ

　ランプン・スマンカ地方でも，地域有力者がバンテン反乱への対応を迫られ，その決断と行動が，同地における反乱の展開に決定的な役割を果たした。当時のスマンカの地方首長は，ナコダ・ムダと呼ばれるミナンカバウの出身者であった。彼がどのようにしてスマンカの首長に就任し，影響力をつけていったかについては，ランプン地方社会の変容を扱う次章で詳論することにして，ここでは彼のバンテン反乱への対応を検討する。ナコダ・ムダの一生に関しては，彼が口述した話をその甥が筆記した伝記が存在する。この資料は当時のスマンカの状況や人々の行動を生き生きと描写しているだけでなく，すぐこの後に見るように，その中のいくつもの出来事がオランダ語資料でも確認できるため，歴史資料としても極めて重要なものである[110]。ナコダ・ムダは胡椒商人として，マレー人の従者から成るコミュニティを率いてスマンカに定住していた。ここで言うマレー人とは，伝記作者がミナンカバウ人をそのように呼んだものと考えられる。ナコダ・ムダはやがてエスニシティを超えて，スマンカ地方全域の支配者となり，さらに同地方におけるスルタンの権威の代理人として，宮廷の任命を受けた。彼は貿易や治安維持に関する様々な行政業務に関して責任を与えられていたが，スマンカには同時にコタ・バンテンの宮廷からも官吏が派遣されており，彼の監督のもとで業務を遂行していた。

　反乱の報せがスマンカに伝わった時，バンテンから派遣されていた官吏であるキ・リア・ミンジャン (Ki Ria Minjan) は，反乱側につくことを決めた。ナコダ・ムダの伝記によれば，彼がそう決断したのは，彼自身がラトゥ・バグス・ブアンの出身地である「バンテン後背地」（これがカラン山麓のチャリンギン後背地を指すことは，前後の記述から確かめられる）の「オラン・グヌン」（スンダ人）であったからである[111]。出身地域の有力者に対するこのような忠誠心の他に，その頃まで戦局が反乱側に有利であったことも，恐らくキ・リア・ミンジャンに反乱軍に参加する決心をさせる要因となったことであろう。彼はバンテンに戻り，戦闘を指揮していたラトゥ・バグス・ブアンを訪ね，自分がスルタンへの忠誠を捨て，彼の指示に従うことを誓った。するとラトゥ・バグス・ブアンは，キ・リ

ア・ミンジャンに対しスマンカにマレー人がいるかと尋ねた。成年男子だけで250人ほどいるとの答えを聞くとラトゥ・バグス・ブアンは，キ・リア・ミンジャンにそのうち150人以上を自分のもとに連れて来るように，そして拒否された場合はその指導者の首を持って来るようにと命令した[112]。

　キ・リア・ミンジャンは，すぐにチャリンギン川から——ここから当時のラトゥ・バグス・ブアンの陣地のおおよその位置と，チャリンギンのスダ・ナラがまだ反乱軍側についていたことが確かめられる——スマンカに戻った。彼は最初に会ったスマンカの有力者の一人に，ラトゥ・バグス・ブアンは反乱に「勝利するので」，そちらに荷担するようにと命じた。この模様を耳にしたあるランプン人は密かにナコダ・ムダのもとに赴き，彼に状況を伝えた。ナコダ・ムダは話を聞くと，彼のマレー人コミュニティのうちの船主たち——このコミュニティは基本的に貿易商人から成り，有力者は自分の船を持っていた——を全員招集し，この問題を討議するための会議を開いた。会議は紛糾し人々の意見は分裂したが，最終的に問題を一任されたナコダ・ムダは，「ラトゥ・バグス・ブアンの命令に従うべきではない」と決断した。そしてそれは「たとえラトゥ・バグス・ブアンが現在強力であっても，会社が支援する以上，バンテン宮廷が打ち負かされることはない」からであると人々に告げた[113]。

　こうした経緯は，人々の反乱に対する認識を生き生きと示していて非常に興味深い。まずキ・リア・ミンジャンは，自分自身は出身地のカリスマ的指導者への忠誠心を主な理由として反乱軍への参加を決めたにもかかわらず，スマンカの有力者の一人を説得する際には，反乱軍が「勝利する」ことを考慮するよう迫っている。ナコダ・ムダと彼のマレー人従者が態度を決する時にも，会社の軍事力に対する評価が決断の決め手となった。勝者の側につくことは，反乱終結後の彼らの地位を保証することになったであろうし，またマレー人コミュニティが主に従事する胡椒貿易にも有利になると考えられたに違いない。スマンカが当時のランプンの重要な貿易拠点で経済先進地域であり，また住民には移民が多く，王国に対する忠誠心が比較的弱かったことも，このように経済的合理性が重視される背景となったと考えられるであろう。

　ナコダ・ムダが会社側につくと決断したことは，マレー人コミュニティがキ・リア・ミンジャンおよびその支持者たちと対決しなければならないことを意味した。ナコダ・ムダは即座に自分たちの集落を，武装した船舶と人員で警備させ

た。コミュニティのある者は、かつて海賊と戦った経験に基づいて、予想される攻撃に備えた。さらにナコダ・ムダは、首都にいるオランダ東インド会社指揮官に、このようなスマンカの状況を伝えるために使者を送った。伝記によると、その知らせを聞いたファン・オッセンブルフが兵員を派遣したことになっている[114]。東インド会社の資料によれば、1751年6月16日にその使者はバンテンに向かう途中でスマンカ湾に着錨していた会社の軍艦を偶然見つけ、反乱側からの保護を依頼したとされる。いずれにせよ双方の資料の記述は、会社の軍艦と兵員がスマンカに到着し、その時までに反乱軍に協力した者たちがチャリンギンに逃亡していたことで一致している。会社資料によると、ナコダ・ムダとその周辺地域の首長たちは会社船を歓迎して感謝の意を表し、今後会社に胡椒を供給することを約束した[115]。伝記によると、会社船はナコダ・ムダやその他の地域首長から贈られた胡椒を大量に積んで、3ヶ月後にコタ・バンテンに戻った。スルタンは反乱が鎮圧された後に、ナコダ・ムダの行為を表彰して称号を授与した[116]。

　ナコダ・ムダはスルタンによって地域首長およびスルタンの権威の代理として認められ、バンテン王国の支配体制に組み込まれていたのであるが、このようにひとたび体制を揺るがす出来事が起きると、彼は直接オランダ東インド会社の商館長に接触を試みて事態の解決を図った。王国は、地域社会が問題に遭遇した場合には現地に派遣されたバンテン人官吏に相談したり、またはスルタンに直接訴えを持ち込んだりといった解決策をその制度の中に有していたのだが、実際の有事では、このように地域社会の当事者が問題の解決を図らねばならない事態も生じた。そうした場合に協力を求める相手は、必ずしも王国体制内の人物や、エスニックまたは宗教的につながりのある相手である必要はなく、軍事的に強大な、体制外部の存在も対象に選ばれた。ランプンやバンテンの多くの地域が、体制外部の存在（外国商人や東インド会社の職員・軍人など）と日常的に接触する機会が多い開かれた社会であったことが、このような判断を可能にした。実際ナコダ・ムダはコタ・バンテンに胡椒を届けるという彼の商売を通じてバンテン商館と接触し、オランダ東インド会社の軍事力も認識していたと思われることも、彼の判断の有力な要素となったと考えられる。

③パンゲラン・ムスタファ
　反乱時に会社軍に参加した地方有力者の中でも、パンゲラン・ジャヤ・マンガラ・ムスタファ（Pangeran Jaya Mangala Mustafa）は、戦局の転換に最大の貢献をし

第 3 章　バンテン反乱 1750-52 年　155

た人物と言える。彼はスルタン・アリフィン（在位 1733-48）の弟であるが，反乱以前もその後の政権再編においても，宮廷で重要な役割を果たすことはなかった。オランダ東インド会社が反乱勃発後に最重要視したのはスルタンの兄弟の中で最年長のパンゲラン・アリア・アディ・サンティカであり，パンゲラン・ムスタファはその再編構想にはなかった。ムスタファはそれからむしろ宮廷から遠ざかり，地域社会の有力なポンゴウォとしてはるかに重要な役割を果たすことになった。

　1751 年 7 月 22 日頃から会社軍の主力はムナラ山の近くまで兵を進めていたが，キヤイ・タパの率いる反乱軍は周辺のいくつもの村に相次いで攻撃を仕掛ける陽動作戦を取り，会社軍との間で激しい攻防を繰り返していた[117]。一方，反乱軍が首都および王国西部を監視するために設置していたカラン山の反乱軍陣地に対しては，J. C. コンヴァート（Jan Cornelis Convert）率いる部隊がランチャル（Lancar）に陣地を設営して対峙していた。コンヴァートは 8 月 15 日頃からしばしば攻撃を仕掛けていたが，山に籠もる 2,000-2,200 人ほどの反乱軍部隊は数門の大砲を有し士気も高く，激しく応戦していた[118]。

　8 月 19 日，パンゲラン・ムスタファは，槍などで武装した約 1,000 人の兵士と共に，ランチャルにいるコンヴァートの部隊を訪れた。コンヴァートは，この美しい衣服とターバンを身にまとった若者が，従者たちに深く尊敬されているのを見て取った[119]。その 2 日後コンヴァートは，ムスタファがランチャルにいるというだけの理由で，現地の人々が様々な物資をもたらし，さらに数百人もの人々が「彼に対する尋常ならざる強い愛情」のために彼の兵士になることを志願して次々にやって来ることに驚嘆した[120]。

　カラン山周辺の地理に通じた現地住民が集まって来るのを見て，彼らを反乱軍攻撃に利用したいと考えたコンヴァートは，ムスタファに対し，あと 1 日長くランチャルの会社軍陣地に留まるよう依頼した。ムスタファは集まった人々に，オランダ東インド会社と摂政パンゲラン・アリア・アディ・サンティカに対して忠誠を誓わせた。そして彼は，こうして集まった人々と共にカラン山に籠もる反乱軍に対する攻撃に兵士として参加することを申し出た。ムスタファはこのようにして彼の兵士となった者たちに，布と貨幣を授けた[121]。

　最終的にランチャルでムスタファのもとに参集した現地人兵士は 2,000 人以上に上った。この間にコタ・バンテンから派遣された会社兵士もおり，コンヴァー

トの部隊は総勢4,000人となった[122]。会社軍は8月29日から再びカラン山に攻撃をしかけたが，反乱軍は激しく抵抗して会社軍の側にも死傷者が出て，征服は成功しなかった[123]。この時パンゲラン・ムスタファとその従者たちがどのような働きをしたのかは明らかでない。

しかし彼らは，その後バンテン東部に移動し，ムナラ山を攻撃しようとしていた会社軍に9月9日に合流して，この戦場では中心的な役割を果たした。会社軍はそれまで反乱軍の陽動作戦に非常に苦戦し，多数の死傷者を出していたために，ムナラ山を攻撃できる状態になかった[124]。そのような時に，パンゲラン・ムスタファとその従者たちが「非常にいい状態で」到着したのを見て，会社軍指揮官はこれによってムナラ山を二方向から攻撃できるとして非常に喜んだ[125]。

ムスタファとその兵士たちは，実際に期待通りの働きをした。9月22日，彼らは会社軍の主力部隊とは別行動を取り，ムナラ山の後方に回って，山頂に向かう「第三のルート」なるものを確保した。このルートを通って，300人の現地人兵士と200人のムスタファの兵士を含む会社軍が進撃し，ついにムナラ山を占領した[126]。キヤイ・タパおよびラトゥ・バグス・ブアンを含む反乱軍は山を下り，敗走した。ムスタファは会社軍部隊とともに周辺の村落を奪還し，さらに反乱軍兵士を追撃するよう，従者たちに命令した[127]。この時に反乱軍にいた女性および多くの兵員が，指導者に従うのをやめて会社軍に投降した。指導者たちも分裂し，この時にパンゲラン・マドゥラはキヤイ・タパらと袂を分かち，別行動を取り始めた[128]。

パンゲラン・ムスタファが東インド会社に協力した真の動機は明らかでない。彼はムナラ山陥落後も1751年12月まで会社軍と行動を共にしていたことが明らかであるが[129]，1752年3月初めまでに死亡したことが確かめられる。バンテン商館長は，摂政パンゲラン・アリア・アディ・サンティカが狭量な人物で，彼を補佐する首相にも人心を掌握できる者がいないことを嘆き，ムスタファの死を惜しんだ[130]。このことからすると，ムスタファ自身も会社側の期待に応え，反乱鎮圧後の新政権で権力を得ることを意識していたかも知れない。軍事作戦への協力を通じて，彼はその有能さと忠誠心によってバンテンの会社職員に強い印象を与えた。この点においても，彼は現実的で政治的な動機を持っていた可能性を見て取ることができるであろう。他方，支持者を動員する際には，ムスタファは強いカリスマ性を発揮し，彼らの情緒に訴えていた。彼が従者に授けた布と貨幣

は，恐らく報酬ではなく忠誠心のシンボルであり，何らかの超自然的力でその受領者を自らと結びつけるものであったであろう。ラトゥ・バグス・ブアンやキヤイ・タパの時と同様に，一種の貴種崇拝と超自然的能力への畏敬が，彼の動員戦略においては重要な役割を果たしたと言える。

④ランチャル周辺のその他の人々

パンゲラン・ムスタファやラトゥ・バグス・ブアンが人々の情緒に訴え，住民にもそのカリスマ性に惹かれて行動する者がいたのとは対照的に，カラン山周辺でも一部の人々は，非常に現実的で経済的な動機から行動した。ムスタファがまさにランチャルに滞在していた1751年8月21日に，ある複数のスンダ人が同じ東インド会社軍陣地を訪ね，胡椒のサンプルを持ってきた。そして彼らは会社軍司令官に，自分たちの胡椒を首都まで運ぶことの許可を求めた[131]。他方数日後には，1人の華人と数人のジャワ人から成るグループが，ランチャルで330バハルの胡椒を密かに集めていたのを発見され，捕らえられて死刑に処された[132]。

恐らく最初のグループは胡椒生産地域の首長で，反乱のため生産物を首都に届けられなくなっていたために，オランダ東インド会社の許可のもとに販路を確保しようと試みたのであろう。第二のグループは恐らく，そうした状況下で密かに胡椒を買い集めて密輸しようと試みていたと考えられる。彼らが一定の胡椒を集めていたということは，彼らの買い上げに応じる者もいたということである。これら二つのグループが取った行動は異なるものの，これらのケースは共通して，情緒面に訴える指導者の動員戦略には影響されず，経済的動機を優先させた人々が地方社会に一定程度いたことを示している。オランダ東インド会社を選ぶにせよ密輸商人を選択するにせよ，彼らは自身の利益と安全を考慮して最善の道を選ぼうとしていたのである。

5　反乱の終焉

1）新スルタンの即位と反乱軍の妨害

1752年2月から，反乱軍は再び活動を活発化させた。2月22日，キヤイ・タパとラトゥ・バグス・ブアンに率いられた反乱軍が再びポンタンとタナラに現れ，これらの町を支配下に置いた。会社軍は彼らの動きを事前に察知して，これらの町の首長に反乱指導者を捕らえるように命じていたのだが，実際に反乱軍が

到達すると彼らはその多勢に恐れをなし，会社の保護を求めてコタ・バンテンまで逃亡した[133]。反乱軍はさらにロンタルなど他の町も押さえて東部海岸地域一帯を支配下に収めると，略奪を繰り返し，住民を殺害した[134]。住民を殺害したのは，これまで反乱軍がたびたびそうしてきたように，住民を兵士として動員するための脅迫であると思われ，実際に少なからぬ人々が「恐怖のために」反乱軍に合流した[135]。

それとほぼ同じ頃，4,000人と推測される反乱軍がセラン後方に現れた[136]。この目的は恐らく，宮廷で近く予定されていたスルタンの即位式を妨害するためであったと考えられる。シャリファの退位後はパンゲラン・アリア・アディ・サンティカが摂政の地位に就いていたが，バタヴィア政庁は間もなく，正統性を考慮して，政権担当者はやはりスルタンであるべきだと考えるようになった。そこでアディ・サンティカをスルタンの地位に上げることを打診したが，本人はそれを強く拒んだ。しかしバンテン商館長が説得を続け，パンゲラン・アリフ・グスティがセイロンからできる限り早く帰国して彼と交代するという条件で，アディ・サンティカは最終的に王位に就くことを了承した[137]。

3月20日には，宮廷官吏であるラデン・スバ（Raden Suba）の息子が，反乱軍と接触を取っていたことにより，摂政によって逮捕された。彼の父ラデン・スバは一貫して反乱軍と行動を共にしており，娘をキヤイ・タパと結婚させていた[138]。接触の内容は明らかでないが，このような状況からするとキヤイ・タパは，アディ・サンティカや近く皇太子になろうとしているパンゲラン・アリフ・グスティと必ずしも良好な関係にない一部の宮廷官僚を，味方に取り込むことを試みたのではないかと考えられる。

4月11日には，1,000-1,500人の反乱軍兵士が，キヤイ・タパに率いられてカナリとマルカサナまで進軍し，首都に迫った[139]。3月末には2,000-2,500人の兵がタングランに向けて派兵されていたので[140]，この時に反乱軍は二方面から東インド会社軍に圧力をかけていた。それでも即位式は予定通り遂行され，1752年4月16日に，パンゲラン・アリア・アディ・サンティカは第11代王スルタン・アブル・モハリ・モハンマド・ワシ・ザイヌル・ハリミン（Sultan Abul Mohali Mohammad Wasi Zainul Halimin）として正式にスルタンとなった[141]。ところが式の途中の食事時間に，新スルタンの即位を妨害するため，キヤイ・タパが800人の兵を連れて陣地を出発したとの報せが伝わった。この報せを聞いてバタ

第 3 章 バンテン反乱 1750-52 年　159

ヴィア政庁から派遣されて即位式に参加していた特別委員 J. G. ローテン（J. G. Loten）は，反乱指導者たちに恩赦を与えることを提案した。しかしバンテンの宮廷官僚たちは誰もその案に賛成しなかった。結局キヤイ・タパの軍勢は宮廷に攻撃を仕掛けることはなく，やがて撤退した[142]。恩赦の案にはさらにバンテン商館のオランダ人職員からも強い反発があり，結局実現しなかった[143]。

2）プリアンガンから中部ジャワへ

　しばらく戦闘のない期間が続いた後，1752 年 5 月 18 日，キヤイ・タパの率いる 150 名の反乱軍勢力が，ドゥリアン川沿いのパヌアングラン（Panuangulang）にいるとの情報が伝わった[144]。その後キヤイ・タパはドゥリアン川上流のチカドゥ（Cikadu）や，サダネ川流域のグレンディン地域などの複数の村を襲撃して火を放った[145]。彼の派遣した別働隊は，クタパンの砂糖工場を襲撃した[146]。これに対し会社軍も 6 月以降，内陸部や東部に向けて積極的に部隊を派遣して反撃した。会社軍は悪路やぬかるみに苦しめられ，また不慣れな気候によってヨーロッパ兵が多数病気になりながらも，6-7 月になると直接対戦では反乱軍を破り敗走させることが多くなった[147]。

　反乱軍が次第に劣勢になるのは，兵員の士気の低さが大きな要因であったと考えられる。村に火を放つのは，先述のように，反乱軍が住民を動員するための脅迫としてしばしば用いる手段であった。しかしこれも先に述べたように，そのような動員方法は，一時的に兵員数を増やしても士気を高めることはできなかった。会社軍の報告によれば，反乱軍の兵員数は戦況の推移に従って大きく増減しているが，これも恐らく度重なる逃亡に直面して徴兵を繰り返している結果であろう。一方，会社軍の方ではバタヴィアから派兵される人数について職員があまり不満を示しておらず，この時期は兵の増強が比較的順調に行われているように見える。

　7 月 29 日のパンデグランにおける戦いは，再び戦況の転機となった。キヤイ・タパの率いる反乱軍は，会社軍部隊と夕方 5 時から翌朝 9 時まで激しい戦闘を繰り広げたが，最終的に打ち負かされて敗走した。この敗戦によって反乱軍はバンテン王国内での戦闘を放棄し，プリアンガンまで撤退した[148]。反乱軍は 8 月にバンドゥン（Bandung）の会社軍に対する攻撃に失敗すると，9 月 6 日にはプリアンガンも越えて中部ジャワのバニュマス（Banyumas）まで撤退した[149]。

しかしバニュマスに入った反乱軍は,東インド会社と協力していた同地の領主(レヘント)の抵抗に遭い,ポマルデン(Pomarden)に逃走した。ところがポマルデンのレヘントも,バニュマスのレヘントと共同して攻撃して来たため,反乱軍はさらに逃走せざるを得なかった。9月12日に,キヤイ・タパとラトゥ・バグス・ブアンの率いる200人の従者は,パンゲラン・アルヤ・マンクブミ(Pangeran Arya Mangkubumi)——当時,自らの甥であるマタラム王国スラカルタ王朝のススフナン・パクブウォノ3世(Susuhunan Pakbuwana III)に対抗する反乱を指導していた——の率いる1,000人から成る軍勢に合流した[150]。10月1日にキヤイ・タパは従者と共にバゲレン(Bagelen)まで転進し,10月30日まではその地にいたことが確かめられるが,反乱軍に関する情報はこれ以降途切れる[151]。そのためP. J. B. C. ロビーデ・ファン・デル・アーをはじめとする先行研究は,この時点をもって反乱の終結としている[152]。

反乱軍が繰り返し戦いに敗れ撤退した理由は,兵員の減少に尽きるであろう。バンテンの拠点を失った後は,支持基盤のないプリアンガンや中部ジャワの内陸部で,反乱軍指導者は大規模な動員を行うことは不可能であった。1751年4月以降にバンテンでの戦闘に参加していた兵員の大部分は強制的に徴用されていた者たちであったので,彼らはプリアンガンやさらに遠方での戦闘には従軍することなく,脱走して出身地に戻ったことであろう。反乱軍はオランダ軍の追撃にも悩まされ,パンゲラン・マドゥラやその妻ラトゥ・シティ(Ratu Siti)など主要な指導者たちまでが反乱軍を見捨て,会社に投降した[153]。最後までキヤイ・タパとラトゥ・バグス・ブアンに付き従った200人は,恐らく蜂起以前からの熱烈な支持者の生き残りであろう。彼らがパンゲラン・アルヤ・マンクブミの軍勢に合流した理由は明らかでないが,会社に協力する地元のレヘントたちの攻撃を避ける目的が,恐らく大きかったに違いない。

3) 指導者の失踪と死亡

バンテン反乱の主要な戦闘が1752年10月末までに終わったのは確かであるが,これで反乱が完全に終結したと捉えるのは誤りである。反乱主導者のキヤイ・タパとラトゥ・バグス・ブアンは,1754年と1755年にそれぞれ再びスルタン軍の前に姿を現した。

1754年9月,キヤイ・タパは潜伏先のバニュマスから突然姿を現し,少数の

従者と共にプリアンガン地方を通過してセランに進んだ。彼はそこで人々を動員しようと試みたが失敗に終わり，スルタンの臣下によって捕らえられた。しかし1ヶ月後，彼は監禁をすり抜けて逃亡に成功した[154]。キヤイ・タパはその後いかなる資料にも登場せず，歴史から完全に姿を消した。

　他方ラトゥ・バグス・ブアンは1755年1月，逃亡生活を続けていた中部ジャワを少数の兵員とともに離れ，王国の山岳地域にあるグラジュール（Gulajur）に現れた。彼は2月にさらにプリンセン島に進んだところをスルタン軍の兵士たちに発見され，彼らとの戦闘の中で死亡した[155]。

　2人の主要な反乱指導者がなぜこの時期に相次いで潜伏先から姿を現し，宮廷に再び挑戦しようとしたのかは明らかでない。2人の遺志を引き継ぐ指導者はその後現れず，この2人がいなくなったことをもって，バンテン反乱は終結した。

おわりに

　これまでのバンテン反乱に関する先行研究は，反乱が発生した原因を，当時の支配者ラトゥ・シャリファ・ファーティマによる政治的・経済的抑圧，および彼女がオランダ人との協力を通じ，支配者としての正統性を喪失したことから説明していたが，本章における分析は，これらがいずれも説得力に欠けることを明らかにした。キヤイ・タパとラトゥ・バグス・ブアンという2人の主要な指導者は，いずれもシャリファの統治下で直接被害に遭った者ではない。シャリファの独裁政治は宮廷高官を反乱側に引き寄せる上では好条件となったが，そのことが多くの参加者が武器を取って立ち上がったことの直接的理由とはならない。経済的抑圧が反乱に直接結びついた可能性を示す情報は，反乱が進行した時期やその直前に全く資料に現れない。また，シャリファがオランダ東インド会社の支持によって支配の正統性を失ったことは間違いないが，会社と協力してさらに人々の強い支持を得たパンゲラン・ムスタファのような指導者もいたため，会社との協力をすぐにリーダーの正統性喪失と結びつけることも困難である。

　バンテン反乱は確かに王国の広い範囲に拡大したが，決して人々が統一された目的のもとに参集して戦った訳ではない。むしろ反乱は，様々な指導者が個人的かつローカルな要因によって支持者を集めることで継続された。

　キヤイ・タパとラトゥ・バグス・ブアンは，ともに反乱終結後にそれぞれバタ

ヴィアとバンテンの政治的支配者となることを目的としていた。そのような世俗的野心があったにもかかわらず，彼らは参加者を動員する場合には，宗教的要素を前面に押し出した。しかし土着宗教と混淆したイスラームが普及していた内陸部において，異教徒と協力した為政者を断罪するといった原理主義的な主張が受け入れられる素地はなかった。そこで 2 人は，支持者を得るために土着信仰的な要素で訴えた。キヤイ・タパは，自身に神秘的な雰囲気を創り出し，病を癒やすといった超自然的能力を演出することによって，彼を狂信的に支持するグループを作り上げた。ラトゥ・バグス・ブアンは，パネンバハン 2 世と錯覚されることによって——あるいは彼自身がそう詐称することによって——パネンバハン 2 世および救世主と呼ばれたその父パネンバハン 1 世を強く慕っていた地域住民に支持を呼びかけた。このように主要な反乱指導者は，個人的資質に基づいてローカルに支持者を動員していた。

　それにもかかわらず反乱が大規模化したのは，反乱指導者が首都周辺で多数の水田農民を動員することに成功したからである。食料が不足する季節においては，反乱軍に提供される食料と略奪の機会は，農民の生存のために重要であった。彼らは政治的または宗教的な動機はほとんど持ち合わせていなかった。反乱軍は当初人数でも敵を圧倒しており，敵軍との戦闘に勝利し支配地を拡大すると，米やその他の必需品，さらに武器などを参加者に供給することができた。ところが収穫期が近づき，自分の水田から食料が得られるようになると，食料や略奪品を求めて参加した農民たちは戦線を離れ，自分たちの耕地に戻って行った。これが 1751 年 3 月以降，反乱軍が急速に縮小した最大の要因であった。その後，比較的人口が少なく粗放な農業しか行われていない山岳地帯に戦場が移ると，反乱軍は威嚇による強制的動員を続けるものの，水田耕作地帯で可能であった大量の食料確保や参加者動員は不可能となった。

　反乱には他にも多くの人々が参加したが，彼らは主に自らが住む地域の地方政治・経済的要素と結びついた様々な動機から，反乱軍もしくは会社軍に身を投じた。まず山岳地域の住民の間では，土着信仰的要素が重要であった。オランダ東インド会社に協力したパンゲラン・ムスタファは，2 人の反乱主導者と同様に，王族としての出自や超自然的能力と結びついたカリスマ的資質によって，地域住民の熱烈な崇拝と支持を集めた。ここではイスラームやスルタンの権威は，全く重要ではなく，会社との協力も問題とならなかった。

商業活動に深く関わった集団の間では、経済的要素が重要であった。一部の地方有力者とその従者たちは、オランダ東インド会社が彼らの取引にとってより利益を生む相手であったために、会社側を支持することを決めた。チャリンギンのスダ・ナラは当初は反乱軍と協力することで胡椒輸出を促進しようとしていたが、戦局がオランダ側に有利になると、最終的に東インド会社側につくことを選んだ。スマンカのナコダ・ムダとそのマレー人従者たちが会社を支持したのもまた、自分たちの集団の安全と利益を確保するための現実的な判断であった。

　反乱軍側も会社側も、敵を打ち負かすだけの十分な兵力を持っていなかった。そのために、地方有力者とその従者を自分たちの側に引きつけることが、双方において重要であった。反乱軍は当初非常に優勢であったので、それを見て反乱軍側に参加する者も多かった。しかし主な地方有力者や王族は最終的に、勢力を挽回した会社と協力する方が、反乱鎮圧後の新体制においてより大きな経済的利益または政治的権力を得られると判断した。パンゲラン・ムスタファをはじめとする、国家の中枢にいないこのような人々の判断が、最終的に反乱の結果を決定した。

　反乱が継続する間の様々な局面において、人々は地域ごとに異なる政治的・経済的・宗教的要素を考慮しながら、それぞれに自らの利益や権力を拡大するための選択を試みた。バンテン王国の支配体制は、このように人々が自らの判断と選択に基づき、国家の制度と異なる行動を取ったために動揺した。王権を代表すべき地方官吏や地方有力者の一部が宮廷の命令に背いただけでなく、地方社会の人々がローカルなカリスマ的指導者のもとに結集したり、オランダ東インド会社職員と直接交渉したりする場合もあった。スルタンから地方有力者を経由して地域社会の人々を結ぶ象徴的なつながりは、このようにして各所で揺らいだ。反乱後からいっそう宮廷政治に関与するようになった東インド会社バンテン商館は、もはや支配者の交代だけでは支配構造の修復は不十分と考え、新たな安定体制作りに腐心することになる。

　次章ではまず、反乱終結後に王国がどのように支配体制を再構築したかを検討する。その後、オランダ東インド会社がどのようにして地方社会にまで影響力を及ぼしていったのか、そしてその結果として支配構造がどのような挑戦を受け、地方社会がどう変容していったのかを分析する。

第 4 章
共栄の時代
―― スルタンとオランダ東インド会社の蜜月，1752-70 年――

はじめに

　バンテン反乱の最中の 1752 年 4 月 16 日，新たに擁立されたスルタン・ハリミン（在位 1752-53）とオランダ東インド会社との間で，条約が締結された。この条約は，両者の間に新たな関係が樹立されたことを意味するものとなった。これによって会社は王国の全領土に対する上位権威と主権（oppergezag en souveraintyt）を委譲され，総督と東インド評議会はその領土をスルタンに封土（leengoed）として与えると明確に規定された[1]。会社はこの条約によって，自らが王国の上位支配者であるとの法的根拠を手にし，以後スルタンの継承をはじめとする国内問題に合法的に介入できるようになった。しかし先行研究が論じたように，このような関係が王国の自立性を喪失させ経済的に圧迫するといった負の側面ばかりが強調されるべきではない[2]。この条約のもう一つ重要な点は，スルタンが経済的特権を維持することが保障されたことである。すなわちこの条約は，スルタンが王国の最重要輸出品である胡椒を栽培者と会社との間で独占的に仲介することによって，彼が主要な収入源を維持することを認めた。その結果，バンテンのスルタンは会社の影響下にありながらも収入を増やすことができた。スルタンはまた，王国全土における法的権威も従来通り維持した。こうしたことが，1770 年頃までスルタンが比較的安定した権力を行使できた要因となった。

　この章の第 1 節では，まずスルタンとオランダ東インド会社の関係の，二面的性格を分析する。二面的とは，東インド会社が政治的優位性を保ちながらも，スルタンが経済的特権を維持したことを指す。この二面的関係がどのような意味を持ち，それによって王国の国家像がどのように再形成され，さらにそれが王国の

政治および経済にどのように影響した（しなかった）のかを検討する。

　この時期における重要な展開は，オランダ人が初めてランプンおよびバンテン内陸部の地方社会と直接的接触を持ったことである。バンテン反乱から生じた混乱が収まるとすぐに，オランダ東インド会社はトゥランバワンとスマンカというランプン北東部および南西部の二つの地にポストを設立し，反乱によって大きな被害を受けた胡椒供給を早急に回復することを意図した。バンテン内陸部では，会社のバンテン商館長が 1763 年に，胡椒畑を毎年調査しカンポン首長に直接栽培促進を命令することによって，胡椒栽培を強化することを決定した。

　これらの政策は，それぞれの地で異なるインパクトを持った。ランプンでは当初，地域住民はオランダの権威を熱烈に歓迎したが，それは人々がその後もオランダに無条件に協力することを意味しなかった。バンテンでは，オランダ人会社職員は，胡椒生産を「村落」に基づいて管理することを試みたが，これは地方有力者であるポンゴウォがその従者である農民を強く支配していることから，困難に直面した。本章の第 2，3 節では，これらの政策を通じて地方社会と国家がどのように相互に影響し合ったか，そしてそれぞれの側にどのような結果が生じたかを検討する。

1　支配の再構築

1)　1752 年条約

　先述のように 1752 年の条約は，オランダ東インド会社の政治的優位とスルタンの経済的特権を確立した。会社の政治的優位に関しては第 23 条が，スルタンが会社の決定のもとに王国の行政権を受け入れ，彼の地位が彼と会社にとって有用である限り，その地位に留まることを定めた[3]。つまり王国の主権者は会社であり，スルタンには彼が会社にとって有用と判断され会社の決定に従う限りにおいて，行政権だけが与えられたのであった。明確に示されていないものの，外交権も会社が握っていたと考えるべきである。

　スルタンの経済的特権は，会社は胡椒をスルタンから条約更新前と同額の 1 バハルあたり 15 スペインリアルで買い取ること，またランプンから供給される胡椒は，会社でなくスルタンがまず購入することが定められた（第 7，8 条）ことによってほぼ確定したと言える[4]。これらの条項によって，スルタンはそれまで

と同様に，胡椒栽培者と会社との間で仲介収入を維持することが認められた。バンテン王国は 18 世紀を通じて東南アジア最大の胡椒生産地であったので，スルタンはこれによって大きな収入を維持することができた。また，同条約はスルタンの収入源に関して何の制限も示さなかったので，彼はさらにダイヤモンドや港における関税など他の主要な収入も維持できた（表 4-1）。

　しかし，スルタンの経済的特権は無制限ではなかった。彼は全ての胡椒を会社に売る義務に加えて，バンテン反乱の鎮圧に関連する会社の支出と，先代までのスルタンたちが会社に負った債務とを，25 年かけて毎年 2 万スペインリアルずつ返済することが義務づけられた（第 17 条）。スルタンはまた，会社に対する誠意のしるしとして毎年 50 バハルの黒胡椒および白胡椒を納めることが定められた（第 22 条）[5]。もっともこれらの義務も，すぐ後に詳論するように，必ずしも大きな負担を意味するものではなかった。

　この条約がこのようにスルタンが健全な財政を維持することに注意を払った要因は，第一に，当時会社が王国に胡椒という重要商品を強く求め，かつその確保をスルタンに一任しようとしたことにある。1753 年，当時東インド評議会の一員であった P. A. ファン・デル・パッラ（Petrus Albertus van der Parra，後に総督）は，スルタンの継承を承認する特別委員としてバンテンに派遣された際に，王国に胡椒供給を増加させる唯一の方法は，スルタンに生産を促進するよう要求することだと報告した。彼はスルタンには十分迅速に胡椒を集荷できる能力があると判断して，胡椒栽培の促進に関する責任もスルタンに残すべきだと助言した[6]。つまりこの考えによれば，スルタンに胡椒生産を促進し迅速に集荷する能力があることが重要であるため，スルタンの収入を制限し財政を悪化させることは好ましくないということになる。またこのようにスルタンが生産促進と集荷に責任を取るという方法は，王国に散在する胡椒生産地域で会社が直接生産や出荷を管理するよりも，はるかに低コストであると判断されたに違いない。

　会社がスルタンの健全財政に留意した理由の第二は，会社が王国の平和と安定を追求しようとしたことである。同じ 1753 年にアムステルダムの役員会は，王国内の「平和と秩序を維持することによって」，できるだけ多くの胡椒を購入するようにバタヴィア政庁に命じた。さらにその平和と秩序は，「会社が適切なスルタンを任命することによって」維持されるべきだと指示した[7]。バンテン反乱の間に，一連の政治的混乱の原因は「女性と外国人（ラトゥ・シャリファ・ファー

表 4-1　スルタンの収入の詳

収入の種類	1747		1766	
胡椒取引	販売	60,000	販売	64,000
			貢納[1]	40,000
小　計		60,000		104,000
その他の輸出品	ダイヤモンド	10,000	ランダック産ダイヤモンド	12,214
			ランプン産樹脂	102
			米	1,323
小　計		10,000		13,638
輸入品の販売			スーラト産品	712
小　計		0		712
貿易関連の税	アヘンおよび華人劇に対する税	4,800	スペールウェイク要塞における関税	7,389
	シャーバンダリー，市場税，華人に対する人頭税	8,000	コタ・バンテンにおける華人劇とアラック酒に対する税	4,473
	ポンタン，タナラ，ロンタルなどにおけるシャーバンダリー	700	コタ・バンテンにおける市場税	1,476
			タナラにおける市場税，関税，およびアヘンに対する税	611
			ポンタンにおける同様の税	366
			コタ・バンテンにおける人頭税	2,779
			華人の住居と墓に対する税	305
			チャリンギンにおける人頭税	407
小　計		13,500		17,806
農産物・手工芸品に対する税			バナナ	203
			乾燥バナナ	266
			鍋と平鍋	111
			パンジャン島における木材の伐採，アガルアガル，ラカに対する税	1,018
			ランプンにおけるアガルアガルとラカに対する税	102
小　計		0		1,700
徴税請負からの収入				
小　計		0		0
土地の賃貸				
小　計		0		0
糖業からの収入	砂糖工場からの地代	3,000	砂糖工場の賃貸料	4,071
			木材伐採権	305
			砂糖工場向け薪	407
小　計		3,000		4,783
その他の産品への課税	塩と砂金	500	塩	611
小　計		500		611
合　計		87,000		143,250[2]

出典）1747 年：J. K. J. de Jonge (eds.), *De Opkomst*..., vol. 10, p. 122, Director-General J. Mossel in Banten to Batavia, July 1766；1777 年：ADB 25：119, report by Special Commissioner H. Breton, Banten, Sep. 1777；1804 年：

注 1 ）スルタンは生産された胡椒の 11–30％を貢納の形式で受け取っていた（本書 62，174 ページ）。その具体他の年との比較のため，図 4-1 には含まれていない。
　　2 ）一部に他の通貨から変換した数値を使用しているため，上記の数値の合計との間にわずかな違いが生じて

第4章　共栄の時代

細, 1747-1804年

スペインリアル

1777		1804	
販売	52,282	販売	11,466
	52,282		11,466
	0		0
	0		0
スペールウェイクおよびカランガントゥ要塞における関税	4,800		
アヘン，華人劇，アラック酒に対する税	3,960		
タナラにおける諸税	600		
ポンタンにおける諸税	300		
	9,660		0
バナナ	100		
乾燥バナナ	75		
	175		
バナナおよび乾燥バナナ	160	砂糖	100
		油	150
		20カ所におけるその他46点の品々	14,157
	160		14,407
プロウ・スリプ	1,000	プロウ・スリプ	1,216
3カ所における華人住居および市場の賃貸料	1,130	ブトン	2,000
4カ所における市場の賃貸料	366	その他22カ所	5,192
10カ所における山林の賃貸料	895	4カ所における森林	476
		タンジュン・ブルンの家屋	25
	3,391		8,909
砂糖工場の賃貸料	2,000	砂糖工場の賃貸料	1,260
	2,000		1,260
塩	600		
	600		0
	68,268		36,042

21 Feb. 1747；1766年：HRB 1004：329-330, report by Commander J. Reijnouts, Banten to Batavia 2 MCP 4 (6)：266-272, Annual income of the sultan, 18 Mar. 1804.
的な量または金額は，1766年を除いて資料に情報がないので，同年における胡椒貢納の金額は，いる。

ティマとその親族——引用者注) による支配」にあったと結論づけられた[8]。そうしてバンテン反乱が多大な出費を要してようやく鎮圧された時,会社は支配者の正統性の重要性を強く認識するようになったに違いない。要するに,会社は自らの都合に合う「正統な」スルタンを任命することによって,政治的安定を維持し,それによって安定した胡椒供給を確保しようと考えたのであった。

2) オランダ東インド会社の宮廷人事への介入

　スルタンとの関係における会社の政治的優位は,宮廷内の人事への介入という形で体現された。その最初の重要な試みは,会社が王位継承を主導することであった。1753年8月24日,スルタン・ハリミンは,かねてから彼自身が望んでいたように,王座から退くことが認められた。代わりにセイロンから帰国した皇太子パンゲラン・アリフ・グスティが,スルタン・アブル・ナザル・モハンマド・アリフ・ザイヌル・アシキン (Sultan Abul Nazar Mohammad Arif Zainul Asikin) として,第12代王に即位した。アシキンの即位は,1751年の総督および東インド評議会の発した命令に基づいて,伝統的儀礼に従って承認された[9]。

　数日後,引退したばかりのハリミンは,自分とその子供たちの将来を心配して,バタヴィアから派遣されていた特別委員ファン・デル・パッラに対し,自分たちに何らかの財政的保障を与えるよう要求した。これに応じてファン・デル・パッラは,ハリミンが二つの地域にある水田と別の場所にある市場,さらに宮廷奴隷 (アブディ・ダルム) を収入源および労働力として確保できるように手配した。さらに彼はこれに加えてスルタン・アシキンに,引退したハリミンに毎年3,000スペインリアルの年金を,彼が存命している限り供与するよう命じた[10]。ハリミンからアシキンへの譲位は,ハリミンの希望に沿ったとは言え,バタヴィア政庁が定めた路線の通りであった。さらに引退したハリミンに年金を支払うようファン・デル・パッラがアシキンに命令するなど,スルタンの継承とそれに関連する諸問題へのバタヴィア政庁の介入はかつてなく大きく,また強い圧力として新スルタンに働くようになった。

　宮廷人事における会社の発言力の強さは,スルタンが後継者を指名する時に,いっそう明確になった。1768年春,スルタン・アシキンは東インド会社総督ファン・デル・パッラに対し,自分の長子であるパンゲラン・グスティ (Pangeran Gusti) を後継者に指名したいことを繰り返し要請した。5月27日,ファン・

デル・パッラと東インド評議会はこの要求に合意し，評議員の一員でかつてバンテン商館長であった W. H. ファン・オッセンブルフを，人事承認のための特別委員としてコタ・バンテンに派遣した。彼が後継者指名に関する会社の認可を宮廷で宣言すると，ラトゥ・アブル・モハキル・モハンマド・アリ・ウッディン（Ratu Abul Mochakir Mohammad Ali Uddin）と改名した新皇太子とスルタンは，ファン・オッセンブルフの面前で会社に対する忠誠を誓い，胡椒栽培の促進に向け努力することを表明した[11]。このように，自らの後継者を選ぶのはスルタン自身であったが，その実現には会社の公式な承認を必要とした。会社の特別委員がそのような承認を表明する場は，後継者の決定を明らかにするというよりもむしろ，スルタンが会社に従属することを再確認する儀礼として機能していた。

　会社はまた，首相と華人首領の人事にしばしば直接介入した。これらの役職は，それぞれ宮廷における胡椒取引と港における関税の徴収を管轄するという点で，会社の利害とも深く関係するものであった。華人首領に関しては例えば 1766 年 2 月に華人首領リム・ムイコー（Lim Moeijko）が病死した時，当時のバンテン商館長ヨハネス・レイノウツ（Johannes Reijnouts）は，副首領ケー・ブーコー（Kee Boeko）にその後継者となるよう「要請した」[12]。つまり，商館長は華人コミュニティ内部やスルタンから推薦を受けることなく，自ら好ましいと思う人物を指名したのである。

　首相人事に関してバンテン商館は，より露骨に会社の利害を優先して介入した。1764 年，当時のバンテン商館長トーマス・スヒッパース（Thomas Schippers）は，その時に首相であったパンゲラン・ティスナ・ナガラ（Pangeran Tisna Nagara）は「飽くなき権力欲のために」その役職に不適切であると表明した。そしてスルタンがティスナ・ナガラを擁護したにもかかわらず，スルタンに迫って彼を解任させた。スヒッパースは，代わりに前首相のパンゲラン・クスマ・ディニングラット（Pangeran Kusma Diningrat）を，「会社の利益を十分に考慮することができる」との判断から首相に再任した。この時スルタンは他の高官を任命することを希望したが，その要求は無視された[13]。スヒッパースの発言からして，恐らくパンゲラン・ティスナ・ナガラは会社の意に沿わない，独自の路線を追求しようとしたのであろう。それを見てスヒッパースは，より会社に従順なクスマ・ディニングラットを首相の地位に呼び戻したのである。このように商館長は，ある人物が首相や華人首領として会社の利益にかなうかどうかを常に重視し，たと

えスルタンに反対されてもその人物を就任させたのである。就任式で新首相は，スルタンと商館長の面前で，王国と会社に対して忠誠を宣誓した[14]。

　それにもかかわらず，バンテン商館による宮廷の一部人事への介入は，オランダ人が宮廷政治を完全に支配できたことを意味する訳ではなかった。それどころか，国内的行政や政治的内紛の解決において主要な役割を果たしたのは，これから述べるようにスルタンと宮廷高官であった。また，商人から受け取った胡椒を計量し支払いを行うといった貿易業務を担当するのも，宮廷の役人たちであり，こうした業務にバンテン商館の職員が直接関与することはなかった。

3) 内紛とスルタンおよびバンテン商館

　バンテン商館による宮廷の一部人事への強い介入とは対照的に，国内の政治的内紛，特にスルタンに対する反乱に際しては，その対処に主導権を発揮するのは，商館長ではなくスルタンであった。例えば1760年2月，スルタン・アシキンの叔父または従兄弟であるパンゲラン・マドゥラが王国東部のチマヌック (Cimanuk) 周辺で蜂起した後の展開は，その典型である[15]。パンゲラン・マドゥラはバンテン反乱の主要な指導者の一人であったが，1752年10月25日に会社軍に投降すると，会社から恩赦が与えられた。彼は宮廷で丁重に迎えられて地位を回復し，さらにチマヌック周辺の人々および地域を支配することを認められた[16]。反乱の理由はあまり明らかでないが，自分の支配地域を起点として国内に騒乱を引き起こそうとしていると，当時のバンテン商館長ファン・オッセンブルフは推測した[17]。彼が王位を簒奪しようとしていたのかどうかは明らかでないが，反スルタン武力闘争を指導することによって，王国内で一定の勢力を築こうとしたものと思われる。

　スルタンは2月3日にパンゲラン・マドゥラ蜂起の知らせを聞くと，即座に彼が最も信頼する側近のパンゲラン・スリア (Pangeran Suria) を派遣し，パンゲラン・マドゥラにバンテンに来るよう命じさせた。パンゲラン・マドゥラはこれを拒否し，サラック山 (Gunung Salak) 南方のマンドル (Mandor) まで撤退して対抗しようとした。しかし，スルタンがパンゲラン・スリアに軍勢を伴わせていたことと，さらに他の宮廷高官たちも彼らの兵員と武器を提供して自分を追討しようとしていることを知って，翌2月4日パンゲラン・マドゥラは降伏した。ファン・オッセンブルフは当初パンゲラン・マドゥラをバタヴィアに拘禁することを

決定し，政庁にもそのように報告していた。ところがスルタンは，パンゲラン・マドゥラをバンダ島へ流刑に処すよう強く彼に迫った。これを受けてファン・オッセンブルフは，「この国をさらに発展させ，ますます会社の利益となるように」パンゲラン・マドゥラを妻のラトゥ・シティと共にバンダ島へ流刑に処し，永久にその地で暮らさせるよう，バタヴィア政庁に提案した[18]。

スルタン・アシキンの弟であるパンゲラン・モハンメド（Pangeran Mohammed）の事件では，スルタンの主導はいっそう明らかであった。スルタン・アシキンは長い間パンゲラン・モハンメドを信頼し，重要な問題について相談していた。しかしモハンメドの人望が宮廷で高まるにつれ，スルタンは彼の影響力を懸念するようになり，その結果1764年，スルタンはモハンメドを追放することに決定した。これに対し，当時のバンテン商館長であるスピッパースは考え直すよう求めたが，スルタンはそれを無視してパンゲラン・モハンメドの自宅の包囲を部下に命じた。モハンメドは辛うじて包囲を脱し，妻のラトゥ・シカ（Ratu Sika）と共にオランダ東インド会社商館に逃れスピッパースの保護を求めた。しかしスピッパースはスルタンの強固な意志を見て，ついにモハンメドたちをスルタンに引き渡すことを決定した。スルタンが彼らの搬送費用と流刑地における生活費年間500スペインリアルを支払うという条件で，スピッパースはパンゲラン・モハンメドとその妻を同年アンボンに流刑に処した。スルタンはすぐにモハンメドの財産も没収した[19]。

このようにバンテン商館長たちは王国の内紛においては常にスルタンを支持したが，それは彼らが日頃からスルタンを有能と認識して積極的に支援していたことを意味する訳ではない。それどころか，彼らはしばしば，スルタン・アシキンは政治に関心がなく，行政をほとんど首相に任せ，重要な問題が生じた時にのみ商館長に相談すると述べていた[20]。もっとも，こうした記述に基づいて，アシキンを無能と捉えることにも注意が必要である。オランダ人会社職員は原則的に，スルタンを受動的で無気力な支配者として描く傾向があった。スルタンをそのように描くことによって，職員は自分たちが国内政治問題に介入することを正当化し，政策の失敗をスルタンに帰することが可能だったのである。

バンテン商館長が，スルタン・アシキンをそうした会社資料の記述ほどには低く評価していなかったとしても，彼らはスルタンが自分に従わない人々に対して厳格過ぎるとは認識しており，そうした処置にしばしば反対を表明した，それに

もかかわらず，スルタンの強い意志を見て取ると，彼らはいつも最終的にはスルタンを支持した。会社が最も恐れていたことは，宮廷が党派に分かれ王国が再び混乱に陥ることであった。バンテン反乱の悪夢は，バンテンおよびバタヴィアの会社幹部の脳裏にまだ強烈に焼き付いていた。このことが，彼らがスルタンに内紛処理の主導を許した理由と言えよう。

4) 経済の好調

　経済面では，スルタンは1750年代から60年代にかけて，好調な財政を享受した。彼は胡椒とダイヤモンドの輸出や貿易関連の税収といった主要な収入源を維持しただけでなく，その収入は実際に増加した。1766年におけるスルタンの総収入は14万3,250スペインリアルであったが，スルタンが栽培農民から生産分の11-30%を貢納の形式で受け取っていた（第1章第5節）分を除いても，それは1747年の時点と比べて20%近く増加している[21]（図4-1，表4-1）。このことは，会社に対する借金の返済（後述）を除いても，スルタンは1766年に1万6,000スペインリアル余りに上る収入の純増を享受したことを意味している。

　この好調な財政には，幾つかの要因が働いていた。第一に1760年代は，バンテン反乱の被害から回復して，胡椒生産が伸張した時期であった（図1-14，巻末資料5）。さらに，胡椒生産地における天然痘の蔓延や，海賊の襲撃に伴う輸送リスクの高まりなど，1770年以降に生産減をもたらした要因は，まだ発生していなかった。第二に，背景はあまり明らかでないが，ランダックからのダイヤモンドの輸出も好調であった（表4-1）。第三に，関税，市場税，コタ・バンテンにおける人頭税といった貿易に関連する税金も，1747年の1万3,500スペインリアルから1766年には1万7,806スペインリアルと，大きな上昇を示した。これは，コタ・バンテンにおける貿易が顕著に拡大していることを意味している。

　コタ・バンテンの貿易はバタヴィアと強く結びついていたため（第1章第5節），この頃の貿易拡大も同じ時期におけるバタヴィアの社会経済的回復と明確に関連している。当時のバタヴィアは1740年の華人虐殺がもたらしたダメージから回復しつつあり，また1750-61年には総督ヤコブ・モッセルが貿易の相当部分において，東インド会社の独占をやめて民間に開放する政策を推し進めたこともあって，大きな経済発展期を迎えていた[22]。拡大する貿易はまた，その長期にわたって減少していた人口にも好影響を与えた。1750年代にバタヴィア市内の

人口は20年にわたる減少から初めて回復し，一方その郊外（オンメランデンOmmelanden）は，急速に人口が増加しつつあった。市内の人口は1760年代から減少するものの，郊外と合わせた総体的な人口増は1770年代まで続いた（表7-2)[23]。バタヴィアにおける人口増と好調な経済は，コタ・バンテンとの貿易も刺激したに違いない。

コタ・バンテンの貿易拡大は，さらにランプンからの胡椒供給の増加とも関連していたであろう（図1-14）。というのも，ランプンに向かう商人は胡椒やその他の生産物をもたらしただけでなく，ランプンで日常的に消費される様々な品をコタ・バンテンの市場で購入したからである。

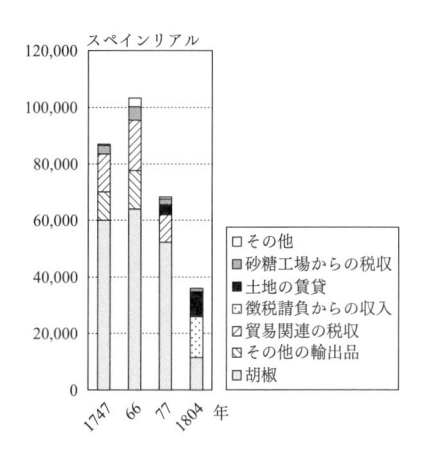

図4-1 スルタンの収入，1747-1804年
出典）表4-1に同じ．

5）スルタンの経済的義務

スルタンはこの経済好調時に相当の収入増加を享受したが，一方でスルタンには，オランダ東インド会社に対する借金の返済と胡椒の貢納という経済的義務も課されていた。1752年条約は，スルタンが毎年2万スペインリアルずつ会社に対する借金を返済することを義務づけた。しかし，この負担は過大評価されるべきではない。というのは，この負担は新しいものではなく，またそれまでと比べて特に過重なものでもなかったからである。会社に対する借金返済は，既に会社とラトゥ・シャリファ・ファーティマとの間で結ばれた1748年条約の時点から義務づけられていた。この条約は，シャリファが会社に対し毎年2万5,000スペインリアルを返済することを定めており，その内訳は，パンゲラン・パネンバハン2世をバタヴィアに搬送し拘禁するのに必要な費用（1734年～），パンゲラン・アリフ・グスティ（1747年～，セイロン）およびスルタン・アリフィン（1748年～，アンボン）に関わる同様の費用，さらに1737年にトゥランバワンに設置された東インド会社ポストの維持費用から成っていた[24]。それゆえ1752年条約における借金返済額は，実際のところ，「王国の困難な状況を顧みて」スル

タンの負担をそれまでから減少させたものであった[25]。

さらに東インド会社は，1752年条約が結ばれて間もない時期から，借金の年間返済額を繰り返し減額した。1753年9月には，年間返済額は1万8,875スペインリアルに減らされ，1761年7月には，「王国にかつての繁栄を取り戻し，胡椒栽培を促進させるため」1万2,000スペインリアルまで縮小することが決められた[26]。実際のところこうした減額が行われたのは，東インド会社がスルタンに巨額の返済を要求し続ける正当な理由をもはや持っていなかったことにある。パンゲラン・パネンバハン2世とスルタン・アリフィンはそれぞれ流刑先で1749年と1758年に死亡し，パンゲラン・アリフ・グスティは1752年にセイロンから呼び戻された[27]。さらに1750-52年の戦争に要した経費は，最終的に10万3,000スペインリアル（40万3,336.12ギルダー）と計算された[28]。ラトゥ・シャリファ・ファーティマとスルタン・ハリミンはそれぞれの在位期間中に返済を完全に遂行したので，その結果，会社は1749年7月から1753年8月の間に，10万2,500スペインリアルを受け取った[29]。

その後のスルタンも，誠実に借金の返済を進めた。1770年までで返済が滞ったのは，「胡椒の収穫が悪かった」ために猶予を求めた1755年から1757年の3年間だけであった[30]。胡椒供給がすぐに再び回復すると，1万2,000スペインリアルの負担もまたスルタンの財政にそれほど大きな重みとはならなくなった。

スルタンはまた，もう一つの会社に対する義務である，毎年50バハルずつの黒胡椒と白胡椒の貢納もほぼ誠実に実行した。もっとも白胡椒は，生産者がしばしば胡椒を精白する手間を嫌ったため，貢納ができない年もあった[31]。だからと言って，白胡椒の未納を会社が大きな問題として取り上げた形跡もない。この義務はスルタンの会社に対する臣従の証として象徴的に重要であったのであり，経済的には双方にとってあまり意味のあるものではなかった。

従って，先行研究が今まで与えてきたイメージとは異なり，1752-70年という時期は，スルタンにとっても，オランダ東インド会社にとっても繁栄の時期であった。バンテン王国は会社にとって何よりも胡椒生産地として重要であり，その安定供給を確保するためには，スルタンの地位の安定が不可欠であるとアムステルダムやバタヴィアの会社幹部は考えた。会社はスルタンの財源を保障し，その政治的ライバルの排除に協力した。スルタンは，そのような会社の姿勢を最大限に活用した。折からの好調な経済の追い風を受けてスルタンは収入を増やし，

会社の支持を背景に政治的地位を安定させた。その結果として，会社は実際に胡椒供給の増加を得た。このような好ましいサイクルの一方で，スルタンは王位継承や経済と密接に関連する高官の任命に会社が介入することを受け入れねばならず，バンテン商館長は国内の内紛において，自分の希望に反する処置をスルタンが取ろうとする場合も承認せざるを得なかった。そうした問題はあるにせよ，国内的にも対外的にも比較的平和な政治状況のもとで，スルタンと会社との間の新しい関係は両者にとって満足のいくものとなったと言えよう。

1752年条約によって，会社は王国の上位権威者としての地位を得たが，同時にスルタンは王国行政における最高権威に留まることが認められた。これにより上位権威者としての会社は王国の一般の人々からは見えなくなり，新たに安定した財政および政治基盤を得たスルタンにより，スルタンを最高権威とする王国の支配構造は維持強化されるはずであった。ところがこのような国家像は，次節以下で検討するように会社が地方社会に直接関与し始めることによって，再び動揺することとなる。

2　オランダ東インド会社のランプン進出

1) トゥランバワン・ポストの再設置

オランダ東インド会社がこの時期にランプンに再進出した唯一の理由は，胡椒供給を安定的に確保することであった。会社はかつてよりポストを置いていたトゥランバワンに加えて，スマンカにも新たなポストを設置した。これらの地域は決して最重要の胡椒生産地ではなかったにもかかわらず（図1-15）そこにポストが置かれたのは，同地で報告される胡椒の「密輸」を阻止するためであった。

1751年9月，つまりパンゲラン・アブ・バカールがトゥランバワンのブミ・アグンにあった会社のポスト，ファルケンオーフ要塞を陥落させたわずか6ヶ月後，まだバンテン反乱が継続中であったにもかかわらず，バタヴィア政庁はポストの奪回のためにトゥランバワンに兵を送った。しかし兵が到達する前にアブ・バカールとその従者たちは既に撤退しており，また現地住民は会社軍に対し即座に恭順を示したため，会社は全く銃火を交えることなく，1751年10月2日にトゥランバワンにおける権威を回復した。トゥランバワンの地方首長たちは会社に対する忠誠を示すために，コタ・バンテンへ引き揚げる会社軍に2隻の船を同

行させ，それらに積んだ胡椒を会社への供物として提供した[32]。

　ファルケンオーフ要塞を回復すると，バンテン商館はランプンにおけるポストを海岸部に移すことに決定した。ブミ・アグンは海岸から数日を要する内陸部にあり，そのアクセスの困難さから，ポストを維持するには不適切と判断されたからである[33]。当初は主要な胡椒産地であるランプン南東部スカンポン地方にポストを建設することが試みられたが，主要村落へのアクセスの困難さから，1752年11月にその案は放棄された[34]。次いで1752年7月にはランプン南東端の岬ファルケンスフック（Varkenshoek）に近いセラム（Seram）が候補に選ばれたが，ここは環境上不健康であることが判明した。さらに1753年2月には，スンダ海峡に浮かぶラゴンディ島（Pulau Lagondi）が候補とされた。というのは，セラムとラゴンディ島は，スンダ海峡における「密輸商人」による「非合法貿易」を取り締まるのに好都合と考えられたからである。しかしこれらの地は主要な胡椒生産地から遠いだけでなく，建物を設置できる場所から海岸までのアクセスが地形上困難であることが判明し，候補から外された[35]。

　1755年12月に至り，会社は最終的にトゥランバワン内陸部に復帰することに決定した。一度放棄を決定していたこの地に復帰することにしたのは，ここに北方からパレンバン人が「侵入」して来ることが深刻な問題になってきたためであった[36]。バンテン商館は，トゥランバワンのより適当な地に新たなポストを設置し，オランダ人会社職員の監視の下で，住民がバンテン人官吏に1バハルあたり8スペインリアルで販売するのを徹底させることを決定した[37]。ポスト建設のために任命されたバンテン商館員クライン・ラーフェン（Kryn Laven）は1756年8月，大小合わせて22隻から成る船団を指揮して，コタ・バンテンを出航した[38]。

　ラーフェン率いる船団がトゥランバワンに到着すると，彼らは地方有力者に熱烈に歓迎された。ラーフェンが建設資材とその他の物資を得るために，まずトゥランバワン川（Way Tulang Bawang）下流の小さな集落であるリムット（Limut）に立ち寄ると，トゥランバワン上流地域に駐在していたバンテン人官吏とその周辺地域の数人の現地首長が，川を下って彼に面会にやって来た[39]。現地首長たちは貢物として食料を献上し，オランダ東インド会社とバンテンのスルタンに対して忠誠を誓った。その一方で彼らはこの機を捉え，自分たちの近隣集落とのトラブルやアブン人が自分たちの集落を攻撃するといった現地の問題に関して，ラー

フェンに解決策を相談した。こうした相談に困惑したラーフェンは，それらの問題に対して後日何らかの見解を与えることを約束し，即答を避けた。約半月にわたる滞在の間，多数の現地首長がほぼ毎日彼に面会を求めてやって来て，同様の相談を行った[40]。

その後トゥランバワン川を遡航したラーフェンたちは1756年9月7日，カナン川（Way Kanang）とキリ川（Way Kiri）が合流する地点——それぞれの川の上流は重要な胡椒産地であった——に近いムンガラ（Menggala）に，以前と同じファルケンオーフ（鷹の目）という名をつけた新しいポストを開設した。ムンガラはまたスルタンが，トゥランバワン上流地域における胡椒栽培と供給を監視するために，バンテン人官吏を駐在させている場所であった。ムンガラには21人の会社職員が駐在し，彼らはバンテン人官吏と協力しながら，胡椒生産が正常に行われていることを監督し「密輸」を阻止することが義務づけられた[41]。

2）トゥランバワンの地域紛争と会社職員

オランダ人たちはムンガラでも，現地首長からの熱烈な歓迎を受けた。彼らはトゥランバワン内からだけでなく，ソンカイ，アブン，アリサン（Arisan），さらにはプティといった遠方からもやって来て，ムンガラのポストでオランダ人に対して忠誠と服従を誓った。そしてここでも同様に，現地首長たちはラーフェンに対し，自分たちが婚資，首長の継承，逃亡奴隷に対する権利といった問題をめぐって近隣の集落と長く抗争中であることを説明し，彼にその仲裁を要請した。しかしラーフェンはほとんど常にそうした要請に対して，自分たちの土地で胡椒を栽培するようにという，会社の要求を伝えるにとどめた[42]。広いランプンに点在する集落において，現地の問題に関与するには会社のスタッフは少な過ぎたであろうし，恐らく彼にとっては，そうした問題のほとんどは彼の任務と無関係に思われたに違いない。

しかし，そのような無関心が常態であった訳でもなかった。ムンガラのオランダ人たちは，もし現地の抗争が胡椒生産を阻害すると判断した場合には，それに積極的に介入した。例えば1762年12月，アブン人がボサイ川流域の胡椒畑を幾つも破壊していることと，パレンバン人がトゥランバワンに影響力を及ぼすために，現地の抗争に介入していることについて情報が入って来た時には，当時のムンガラ・ポストの責任者（レシデント resident）であるウィレム・スフースター

(Willem Schoester) は、これらの問題を自分自身で仲裁することを決断した。アブン人とボサイ川流域の人々は、アブン地域から逃亡した奴隷に対する権利をめぐる問題と、数人のアブン人男性がボサイの人々によって殺害されたことによって、10年間に及んで抗争を続けていた。奴隷は胡椒畑の開設や準備にも使われたことから、会社にとっても重要な問題であった。スフースターは1763年3月に、両方のグループから主だった首長をムンガラのポストに呼び出すと、彼らに互いに妥協することを要請し、さらに彼らおよび他の近隣地域の首長に対し、パレンバン人が入って来ることを認めないよう命じた[43]。

このような仲裁にもかかわらず1767年に平和が破られた時には、次期レジデントのJ. G. ホーデンパイル (Jan Gijsbenti Hodenpijl) が再び抗争に介入した。ホーデンパイルは、関連する現地首長をポストに呼び出して2日間にわたる審問を行い、かつての殺人の罪とこれまでの戦闘による被害については今後もう互いに追及しないことと、ボサイ川流域の人々は現地の慣習に従いアブン人に奴隷1人あたり15スペインリアルを支払うべきことを言い渡した[44]。双方のグループの首長は会社の決定に従うことに合意し、会社職員、バンテン人官吏、およびその他の現地首長の面前で、和解の宣誓を行った。さらにホーデンパイルは首長たちに、自分たちの土地で胡椒栽培を促進するよう促した[45]。

3) 胡椒栽培の調査

現地の抗争への介入の他に、トゥランバワンのオランダ東インド会社職員たちは、広範な地域で視察を行うことによって、さらに胡椒栽培を促進することを試みた。1757年1月、当時のレジデントであるラーフェンは、ムンガラに駐在するバンテン人官吏ラデン・チャクラ・ナガラ (Raden Cakra Nagara) と、ソンカイ川流域にある集落カルタ・ナガラ (Karta Nagara) の首長であるパンゲラン・プアラ・ラガ (Pangeran Puara Laga) を会社のポストに招集し、ラレム川 (Way Rarem)、ソンカイ川、およびアブン川流域で胡椒栽培を監視し、人々に胡椒苗木を植え付けるよう命令するために、最初の視察を行うよう命じた。彼らは5月11日にムンガラに戻ってくると、これらの地域で胡椒栽培はおおむね良い状態にあり、地域の首長たちは栽培を促進するために最善を尽くすことを約束したと報告した[46]。

次節で検討するバンテン内陸部における視察と異なり、トゥランバワンにおけ

る視察は明確に定められた計画に従って行われたものではなかった。視察官は通常影響力のある地方有力者で，しばしばオランダ人会社職員——時にはレジデント自身の場合もあった——が同行した。オランダ人職員は事前に現地人視察官に対し，どの地域で視察を行うべきかを指示していたが，視察が実行される期間やその方法については，制度的に定められていなかった。また，バンテンの場合と異なり，視察官が公式の報告書をまとめることもなかった。視察の後，視察官たちはほぼ毎回好ましい状況だけを報告した。例えば，1759年にアブン地域では胡椒栽培が復活し，1760年にはソンカイ地域で胡椒畑の状況が非常に良かったことが報告された[47]。1760年には胡椒栽培を怠けていると判断された地方首長が捕らえられ，視察官たちがムンガラに連行した[48]。このことは，彼らが何らかの強制手段となり得る兵力を調査地に持ち込んでいたことを意味しよう。1766年にソンカイ地域では，前年よりも14万7,700本多い胡椒苗木が観測され，1769年のソンカイ地域とブラム（Bram）地域では，3万6,450本の胡椒苗木が新たに植え付けられたと報告された[49]。

　しかしながら，このような好ましい報告がなされていたにもかかわらず，実際の胡椒供給には顕著な増加が見られなかった。1756年から1770年にかけてランプン全体では相当量の胡椒供給増があったにもかかわらず，その中でトゥランバワン地方の貢献は非常にわずかにとどまった（図1-15）。つまり，会社職員による地域抗争への介入や栽培調査視察は，生産増にほとんど効果がなかったということである。早くも1760年には，現地人視察官によって作成された報告書に不正が発見された[50]。不正の詳細は不明であるが，トゥランバワンの現地人視察官が，実際1780年代のバンテンにおける胡椒栽培調査で行われたように，地域の利益を守ろうとする現地首長に買収されて，胡椒苗木の数を実際よりも多く報告したことは十分考えられることである。

　トゥランバワンにおける会社の試みがわずかな結果しかもたらさなかったのは，恐らくトゥランバワンの現地首長と生産者が，バンテン人官吏やオランダ人会社職員にあまり胡椒を売りたがらなかったためである。彼らが売りたがらないことには多くの理由があった。第一に彼らは，会社職員が現地の抗争に介入したがらないことに不満を抱いていた。オランダ人たちはそのような介入が人々の忠誠心を得る上で重要であることは認識していたけれども，レジデントは自分たちの能力の限界をよく理解して，代わりにスルタンにそうした抗争に介入するよう

要請していた[51]。第二に，バンテン人官吏による胡椒買取価格は住民にとって満足なものでなかった。1767年までに買取価格は8スペインリアルから7.5リアルに引き下げられていたが，同年にスルタンはそれをさらに7リアルへと再び引き下げることを決定した。当時レジデントであったホーデンパイルは，新しい買取価格は胡椒生産者と商人の利益を消失させてしまうだろうと強く警告したが[52]，引き下げが中止された形跡はない。第三に，ムンガラのバンテン人官吏は，定められた以上の税金を胡椒取引に課し，人々の間に強い不満を引き起こしていた[53]。これらのことが，現地の人々に自分たちの胡椒をバンテン人官吏に売る意欲を著しく減退させたことは間違いないであろう。第四に，最大の要因として，これから述べるようにパレンバンから来る商人が，バンテン人官吏よりも好条件で胡椒を買い取った[54]。

4) パレンバンとトゥランバワン

パレンバン商人は，既にトゥランバワン社会に深く入りこんでおり，彼らの中には，ランプンの幾つかの地域で商売のネットワークを築く者がいた。中でも，ピサン川（Way Pisang）とウンプ川が合流する地点であるブミ・アグンは，彼らの商売における最重要地点の一つであった。彼らがランプンで求めたほぼ唯一の商品は胡椒であった。ランプンのポンゴウォの中には，バンテン人官吏の目をかいくぐって，彼らと積極的に取引に応じる者もいた[55]。

トゥランバワンとパレンバンの関係は，1730年代以来パレンバンのスルタンによって構築され強化されてきた。17-18世紀のジャンビ，パレンバン両王朝の歴史を論じたバーバラ・ワトソン・アンダヤによれば，トゥランバワンの住民はバンテンの強圧的権威に長い間圧迫された結果，1730年代にパレンバンのスルタン・マフムード・バダルッディン（Sultan Mahmud Badaruddin，在位1724-57）に対し，自分たちをパレンバンの権威のもとに置くよう要請した。このような経緯からパレンバンとバンテンのスルタンとの間でトゥランバワンの統治権をめぐって多年にわたる争いが生じたが，1738年にそれに介入したオランダ東インド会社は，それまで会社に対してより従順であったバンテン側に有利になるよう調停した。しかしバダルッディンは，人口希薄な内陸部における人的資源の重要性を十分に理解していたので，その後もトゥランバワン社会に介入を続けた。彼は軍事的侵入を試みることはなかったが，同地の首長たちに贈物，ピアグム，称号な

どを供給することによって，人々に影響力を及ぼす戦略を取った。この戦略は成功し，トゥランバワン住民のバダルッディンに対する支持は強まり，その地の胡椒がパレンバンに送られるようになった。パレンバンから来る胡椒商人たちもまた，現金で前払いを行い，胡椒の対価として現地で人気のある商品をもたらすなどして，胡椒農民にとってバンテン人官吏よりもはるかに好ましい条件を提示した[56]。

当初トゥランバワンの首長たちは，オランダ東インド会社が自分たちの問題の解決を支援してくれると期待して，会社職員を歓迎した。しかしオランダ人職員が，彼らが期待したほどに現地の問題に関与する気がないと判断すると，彼らはオランダ人と協力することを早々にやめてしまった。その結果，早くも 1760 年には一定量の胡椒がパレンバンへと渡っていることが確認された[57]。

5）スマンカのナコダ・ムダとバンテン商館

バタヴィア政庁は，スマンカではイギリス人が胡椒確保の上で最大のライバルであることを十分に認識していた。スマンカはイギリス東インド会社と領有権を争うシレブ地域に接しており，イギリス勢力の前線と対峙する，支配の困難な地域であった。バンテン国王はスマトラの南西海岸に権利を主張しており，その範囲はベンクーレンの南隣であるシレバルにまで及ぶと考えていた。ところがイギリス東インド会社は，1685 年にスマトラ西海岸のベンクーレンに商館を設立すると，それ以来南へ影響力を拡大し，最終的に 1713 年にはスマンカに隣接するシレブ（クルイの周辺）にまで到達した。イギリスの報告によると，クルイの住民はバンテンの商人によって支払われる胡椒価格とバンテン人役人の抑圧的な要求に不満を持っていたため，イギリス人を歓迎したとされる[58]。1734 年のオランダ東インド会社の一般政務報告書もまた，スルタンの搾取と圧政のために，シレバルからスマンカに及ぶ七つの地域の住民がイギリス人に忠誠を誓うようになったと認めている[59]。植民地時代のベンクーレン州はスマトラの南西端まで広がりクルイをその域内に含んだが，上記のイギリスおよびオランダ東インド会社の資料によれば，このように少なくともクルイやシレバルは本来バンテン王国領であるランプンに属し，それが 18 世紀初めにイギリス東インド会社の勢力下に渡ったことが確かめられる。イギリス東インド会社は，バンテンのスルタンから度重なる抗議を受けたが，ロンドンの政府に照会しなければならないことを口実

に，常に決定的な回答を与えることを避けた。そうして時間を稼ぐ間に，ベンクーレン商館は胡椒栽培を実行することを約束した首長に称号を与え，地域に実効支配を確立した。さらにクルイ近隣で地政学的に重要なピサン島（Pulau Pisang）を占領した[60]。オランダ東インド会社も18世紀を通じて彼らのバンテン王国に対する宗主権がシレブまで及ぶことを主張し続けたが，恐らくイギリスと軍事的に敵対することを恐れて，公式な抗議を行うことはなかった[61]。

イギリス東インド会社の勢力浸透に対抗するために，スルタン・アリフィン（在位1733-48）は1747年，胡椒がイギリス人の手に渡るのを防ぐ目的で，同地の胡椒商人には最低でもイギリス人が支払うのと同じ額を支払うよう命じた[62]。バンテン商館もまた，イギリス人がスマンカの地方首長と接触するのを防ぐために，何らかの処置を取る必要を覚えていた[63]。

このような状況の中，イギリスの勢力浸透に対処するために，バンテンのスルタンとバンテン商館長は，スマンカの有力首長でミナンカバウ出身のマレー人であるナコダ・ムダを利用することにした。彼の伝記によれば，ナコダ・ムダの父親がランプン湾に臨むピアボン（Piabon）に定住し，そこからバンテンのスルタンに胡椒を届ける商売を始めた。父の死後ナコダ・ムダはその事業を引き継ぎ，自分の妻の出身地であるスマンカに，マレー人従者と共に移動した。後にスマンカの住民が，首狩りの習慣を続ける内陸部のアブン人の襲撃に悩まされた時，彼はスマンカの他の首長からの支援がほとんど得られなかったにもかかわらず，3ヶ月に及ぶ山間部への遠征をマレー人従者とともに行い，アブン人を追放することに成功した。これによりナコダ・ムダは，スマンカの他の首長たちから，スマンカ地方全体を統括する首長に推戴された。バンテンのスルタンはナコダ・ムダの人望と指導力を評価して，彼をスマンカにおけるスルタンの権威の代理執行者に任命した。オランダ人文献学者G. W. J. ドゥリュブズは，伝記に記された他の事件とオランダ東インド会社資料を照合することによって，これらの出来事が1734年から1748年の間に起こったと推定した[64]。

ナコダ・ムダがスマンカでますます人望を集め影響力を増していることを認識して，バンテンのスルタンは，胡椒の「密輸」に対処するため，彼に協力を要請することにした。スルタンは彼のこれまでの業績に対する報酬として，彼にキヤイ・デマン・プルワセダナ（Kyai Demang Purwasedana）という名誉ある名前を与え，それと引き換えに，スルタンの許可を得ない，いかなる貿易も認めないよう

彼に命じた[65]。アブン人征伐まで,マレー人コミュニティを除けば地域住民からの支援がほとんど得られなかったスマンカ新参者のナコダ・ムダにとって,スルタンからの名前の授与は,王国との強いつながりを維持し,地域に影響力を確立する上で重要であったことであろう。

バンテン商館もすぐに,ナコダ・ムダの影響力を利用することを試みた。彼がオランダの資料に最初に現れるのは,第3章で述べたように,バンテン反乱の最中であった。反乱軍に同調した一団がスマンカのマレー人集落をまさに襲撃しようとしていた1751年5月15日に,ナコダ・ムダはスマンカに着錨していた会社の船に使者を通じて救済を依頼した。間もなくバンテン商館長ファン・オッセンブルフは,ナコダ・ムダがオランダ東インド会社に対して強い謝意と忠誠心を抱いていることを認識して,彼に信頼を寄せるようになった[66]。ナコダ・ムダの伝記とオランダ東インド会社の資料によれば,ファン・オッセンブルフは信頼と友情の証として,ナコダ・ムダに1挺の銃と2挺のピストルを贈り,同時にイギリス人に絶対に胡椒を売らないようにと厳しく命じた[67]。1757年にもまた,ファン・オッセンブルフがナコダ・ムダに,スマンカとその周辺でのイギリス人の行動を監視し報告するように命じたことが報告されている[68]。ナコダ・ムダはそれに応え,イギリス人の胡椒取引の方法を詳しく報告した上で,スマンカの住民は決してイギリス人といかなる取引も行うことはないとオランダ人たちに宣言した[69]。

ナコダ・ムダもまた,ファン・オッセンブルフを強く信頼し,彼の期待に応えようとした。オランダ人と良好な関係を維持することは,スマンカ社会のトラブルメーカーであるバンテン人官吏に対処する上でも,彼にとって有利に働いた。実際にナコダ・ムダの従者たちがスマンカ駐在バンテン人官吏であるキ・アリア・ドゥタ・ムンガラ(Ki Aria Duta Menggala)による中間搾取に苦しめられた時には,ナコダ・ムダはこの不正をファン・オッセンブルフに報告した。ファン・オッセンブルフは,すぐさまスルタンに圧力をかけて,ドゥタ・ムンガラをスマンカから立ち去らせ,他の官吏に替えることに成功した[70]。

しかし,この蜜月は長く続かなかった。ナコダ・ムダとバンテン商館長との間に築かれた,相互の信頼と友情に基づく良好な関係は,1760年代に入ると間もなく終わりを告げた。新しく商館長に任命されたH. P. ファウレ(Hugo Pieter Faure)は,1761年にファン・オッセンブルフを引き継ぐと,ナコダ・ムダが密

かにイギリス人に胡椒を売っていると確信した[71]。1762年にファウレは，胡椒「密輸」を阻止するために，スマンカ住民の出資でスマンカ川河口に監視用のポストを建設させた[72]。ナコダ・ムダの伝記は，ファウレとその部下が彼に対し「言われなき」疑いを持ち，様々な嫌がらせをしたことに何度も言及している[73]。

　オランダ語資料とナコダ・ムダの伝記にはそれぞれ独自のバイアスがあり，誰の言い分が正しかったかを判断することは難しい。ファン・オッセンブルフはナコダ・ムダを完全に信頼していたが，ファウレはその反対であった。一方，伝記はナコダ・ムダの動機や行動を正当化する傾向がある。スマンカからの胡椒供給は1752年から1770年にかけてわずかに上昇したけれども（図1-15），スマンカの胡椒の一部が，ナコダ・ムダが認識していたか否かにかかわらず，イギリス人に売られていた可能性を否定することは困難であろう。というのも，イギリス人はバンテン商人よりも取引においてはるかに好条件を示していたからである。ナコダ・ムダの報告によると，オランダの計量方法では胡椒200コラック（kolak, 砂状のものをすくう道具で，同時にそれを測る道具）が1バハルに等しいが，イギリス人は200コラックを1.5バハルと計算した。また，バンテン人官吏が胡椒を購入する際にしばしば布での支払いを強要するのと異なり，イギリス人は常に現金で支払った[74]。それでもスマンカのマレー人たちが胡椒をイギリス人に売ることはなかったと断言するナコダ・ムダの主張が事実であったかどうかを確かめる手段はない。ただ一つ確かなことは，ファン・オッセンブルフが転任した後，ナコダ・ムダと新商館長との間の緊張が著しく高まったことである。

6) スマンカ事件

　高まる緊張は，やがて惨事に至った。ナコダ・ムダの伝記とオランダ東インド会社資料の双方が，スマンカで起きた血腥い事件を，ほぼ同様に詳しく記している[75]。伝記によると，スマンカのオランダ東インド会社ポストに新たにやって来た武官が，ナコダ・ムダとその4人の息子をオランダ船に招待した。しかしその招待は実は謀略で，その武官は商館長ファウレの命令と主張して，5人を捕らえて監禁した。オランダ東インド会社資料によると，この出来事は1763年2月20日に発生し，この武官はクレイトロウ軍曹（Sergeant Kreitlow）である。ファウレが実際に命令を下したのかどうかは明らかでない。伝記によると，この武官とスマンカ・ポストのレシデントであるピーター・ラウス（Peter Raus）は直ちにナコ

ダ・ムダの自宅を取り押さえ，彼らの財産をそのオランダ船に運び込んだ。

　伝記によると，数日後，ナコダ・ムダとその息子たちは，船内で警備しているオランダ人職員を襲撃して脱走することを決意した。拘束されて6日目，監禁された者たちのために毎日食事を運ぶようクレイトロウに命令されていたナコダ・ムダの2人の親族は，ムダの息子たちの命令により，食事の中に隠して4本の短剣を船内に密かに持ち込み，さらに12人のマレー人から成る小部隊を組織して気づかれないように船の外で待機させた。夜中の3時，監禁されていた5人は彼らを監視していた8人のオランダ人を襲い，全員を殺害した。その時船には7人のジャワ人船員が乗っていたが，彼らはただ呆然と信じがたい出来事を目撃するばかりで，どちらの側にもつかなかった。

　さらに伝記によると，ナコダ・ムダと息子たち，およびマレー人の小部隊は船を離れると直ちにムダの自宅に向かった。そしてそこにいた2人のオランダ人将官と12人のオランダ人兵士を全員殺害した。オランダ語資料によると，彼らが殺害したのはラウス，クレイトロウ，およびムダの自宅を警備していた2人のオランダ人兵士，さらに銃声を聞いて駆けつけたもう2人のオランダ人兵士である。加えて3人の兵士が傷を負って，さらに1人が無傷で，会社のポストに逃亡した。ムダと彼の部隊はそのポストにも，すぐに襲撃に向かった。そこには1人の将官と5人のオランダ人兵士が駐在しているはずだったが，彼らが到着した時には既に全員が逃げ去った後だった[76]。オランダ語資料によれば，11人のオランダ人兵士が辛うじてマレー人たちの襲撃を逃れ，着の身着のまま森の中へ逃走した。三日三晩，食料もないまま森の中を通ってコタ・バンテンへ向かう途中で，さらに5人の兵士が仲間とはぐれ，行方不明となった。その後残りの6人がスンダ海峡を渡り，3月12日の朝にコタ・バンテンの会社要塞に何とか帰り着くことができた[77]。

　伝記はさらに，自宅に戻ったナコダ・ムダが，すぐに他のマレー人首長を招集したことを伝えている。彼らは合議の結果，直ちにスマンカを去ってベンクーレンに向かい，イギリスの保護を要請することを決定した。スマンカに住む全てのマレー人である400人の男女がナコダ・ムダに従ってベンクーレンまで歩き続け，最終的に同地でイギリスの保護を受けることに成功した。商館長ファウレは報せを聞くと速やかに復讐のため船隊をスマンカに差し向けたが，3月20日にそれが到着した時には，マレー人は既にみな姿を消していた[78]。

1750年代のスマンカとバンテン商館との間の良好な関係は，ナコダ・ムダと商館長ファン・オッセンブルフとの間の個人的な人間関係に大きく依存していた。それゆえナコダ・ムダが，後任者のファウレとも同様の関係を築こうと考えたことは十分想像できるだろう。ところがファウレは，地方有力者との間に個人的な絆を構築することには興味がなく，むしろ支配のシステムを制度化・非人格化することを試みたように見える。さらに彼は会社のポストを設置するのに，地域住民に負担させることにも躊躇しなかった。そのような施策は恐らくナコダ・ムダを幻滅させ，彼やその従者たちのオランダ人に対する忠誠心を失わせたことであろう。その結果として，彼らの一部が胡椒をイギリス人に売ることも起きたかも知れない。ナコダ・ムダやその息子たちを謀略によって捕らえるクレイトロウの試みは彼らの必死の抵抗を招き，多くの命が失われる結果となった。

7)「異人王」の理論とランプン

　このようなランプンにおける展開を分析するのに，デイヴィッド・ヘンリーが提唱した「異人王」の理論は，有効なツールになると思われる。ヘンリーは，地方社会が外来の支配者（異人王）を迎え入れるという東南アジアに多く見られる慣習を数多くのケースから分析し，どのような場合にいかなるタイプの異人王が現れるのかを理論的に類型化した。ヘンリーによると，互いに抗争する地方勢力が，外部勢力に上位支配者として介入することを求めて交渉する場合，その相互作用が生み出す結果には二つの変数が働くとされる。それは，外部勢力が持つ独立した軍事力の強度と，外部勢力が地方勢力に対処する際の政治的・司法的中立度である。外部勢力が軍事的に強大であるほど，地方勢力にとっては魅力的な交渉相手となる。一方，外部勢力の軍事力が強大すぎる場合は，危険な同盟者であり潜在的な圧制者と考えられ，信頼されない可能性がある。外部勢力が中立を保てば平和の構築者として歓迎されるが，中立を維持できなかった場合は，地方勢力の中で外部勢力に対する信頼派と不信派との間に抗争を生み出すことになる。このような変数が様々に働きつつ，ある地域の地方勢力が，外部勢力を「異人王」として招聘する例が近世東南アジアには多く見られたとヘンリーは主張する[79]。

　ランプンは，地方勢力が外部の勢力を歓迎した典型例と言える。第1章で述べたように，ランプンはまさに争い合う地方勢力が，抗争の調停と秩序の確立のた

めに外部勢力であるバンテンのスルタンを招いていた。そして本章で示したように，オランダ東インド会社職員のようなスルタン以外の外部勢力を歓迎することも18世紀には活発に行われた。ただしランプンの状況は，ヘンリーが説明したよりもはるかに複雑であった。第一に，オランダ東インド会社はランプンで唯一の外部勢力ではなかった。会社職員は，トゥランバワンにおけるパレンバン人，スマンカにおけるイギリス人といった，強力なライバルたちと競合しなければならなかった。第二に，重要な商品作物生産地域であるランプンでは，ヘンリーが説明した二要素に加えて，経済的，社会的，さらにモラル的要素が重要な役割を果たした。

トゥランバワンでは，会社のオランダ人たちはその外部性によって，高度の中立性を期待され，抗争し合う現地の首長たちから歓迎された。しかし，オランダ人たちが現地の抗争から距離を保とうとすることが明らかになると，彼らの存在はあまり重要と認識されなくなっていった。パレンバン人商人とパレンバンのスルタンも，積極的に地域の抗争を仲介したとの情報はない。しかし彼らは，現金や人気のある商品を用いた胡椒取引という経済的利益と，ピアグムや称号という社会的シンボルを地域社会にもたらすことによって，より魅力的な外部勢力となった。抗争への関与という点では東インド会社とパレンバン人は共に地域社会の要求に応えていなかったが，パレンバン人は経済的利益と社会的シンボルの供与によって，トゥランバワンにおける影響力において会社をはるかに凌駕した。その結果，会社職員やバンテン人官吏が厳しく監視したにもかかわらず，現地の人々は彼らの胡椒の一部をパレンバン商人に売ることに躊躇しなかった。

スマンカでは，バンテン商館長が中立であるどころか，一部の地域首長と特に強く協力する傾向を持った。協力した首長であるナコダ・ムダは，彼とオランダ人商館長との関係は互酬性とモラルに基づく個人的な人間関係であると認識しており，このような関係はファン・オッセンブルフの任期中はうまく機能した。ところが地方勢力と東インド会社の関係がこのような個人的な人間関係に依存していたあまり，互酬性とモラルの重視という個人的特質が次期商館長に引き継がれないと，その関係はすぐに悪化した。ヘンリーは外部勢力の非中立性は複数の地方勢力の間に抗争を生み出すと説明したが，スマンカの場合には外部勢力が一つの地方勢力と非中立的に強く協力し，またそれが急に取りやめられたことが，当該の外部勢力と地方勢力に抗争を生み出した。

このようにトゥランバワンとスマンカの地方社会ではそれぞれ，外部勢力の軍事力や中立性以上に，外部勢力と地方勢力の関係を規定する重要な要素が存在した。トゥランバワンでそれは経済的利益と社会的シンボルであり，スマンカでは互酬性に基づくモラルであった。オランダ東インド会社はそうした要素をそれぞれの地域で供与することができず，またどちらの地域においても社会的シンボルの供与に関して無関心であった。それぞれの地の地方勢力はこのような複数の要素から判断して，オランダ東インド会社を信頼できる外部勢力と見なさなかった。パレンバン人とイギリス人がそれぞれトゥランバワンとスマンカでこれら全ての要素を十分満たした訳では必ずしもなかったが，地域住民はオランダ東インド会社と比べて，彼らをより有利な外部勢力と見なした。ランプンでは会社への胡椒供給が1752年から1770年にかけて全体的に増加したが（図1-15），供給増は会社の勢力が及んでいなかったカリアンダやスカンポンなどで顕著であり，会社の努力とは無関係の発展であった。

とはいえトゥランバワンとスマンカで，それぞれ1750年代と1760年代にオランダ東インド会社の存在が強まったことは確かである。このことは，バンテン宮廷が構築しようとした国家像や支配構造にどのような影響を与えたであろうか。第2章で論じたように，ランプンの現地首長たちは，地域抗争の仲裁をバンテンのスルタンに求めることがあった。しかしそのことは，彼らがスルタンだけに臣従することを意味しなかった。トゥランバワンとスマンカで，18世紀半ばにオランダ東インド会社が有力な外部勢力として現れたことは，現地住民にとって自分たちがスルタンを唯一の中心とする支配構造の中に組み込まれているという意識を弱めるものであっただろう。もっともランプンの住民にとって，バンテンのスルタン以外にも外部勢力が存在することは，新しい経験ではなかった。トゥランバワンにはパレンバンのスルタンが，スマンカにはイギリス東インド会社職員が，本節で取り扱った時代よりもはるか以前から影響力を及ぼしていた。地域の住民にとってバンテンのスルタンは，パレンバンのスルタンやイギリス東インド会社と同様に，状況に応じて協力する外部勢力の選択肢の一つであったに過ぎない。1750年代のスマンカと1760年代初頭のトゥランバワンで，地方首長はオランダ東インド会社との協力を強めたが，後には状況の変化とともに協力を放棄または後退させた。このような対応もまた恐らくランプン住民にとって新しいものではなかったであろう。ランプンにおけるバンテンの支配は，このような外的

要因のために非常に脆く，バンテン国家との関係が振幅することもまた，彼らがバンテンの支配下に入った頃から繰り返されてきたものであっただろう。

3 バンテン内陸部の胡椒栽培

1）胡椒栽培促進政策の開始

　オランダ東インド会社の職員には 1740 年代からバンテン内陸部における胡椒栽培に興味を持つ者もいたけれども[80]，会社は 1763 年までは既存の栽培管理システムを変更して同地で栽培を促進する意図は持たなかった。既存のシステムでは，スルタンが胡椒栽培に関わる命令の最高発令者であった。スルタンの発する命令は，パセバン（宮廷前広場に作られた式台）の会議でポンゴウォに伝えられ，それがポンゴウォによって地方の会議場における集会を通じて，または手紙やピアグムを手渡すことによって，彼らに臣従する地方首長に伝達された[81]。第 2 章で詳述したように，スルタンの命令の伝達は高度に儀礼化されており，命令が王国内の全ての臣民に伝えられるさまが，いわばスルタンの権威の放射状展開として人々に象徴的に認識されていた。

　しかし，18 世紀半ばまでに中国とヨーロッパで胡椒需要の増加が見られるようになると，会社幹部はバンテンに注意を向け始めた。中国は 18 世紀からオランダ東インド会社にとって大きな輸出市場であり，中国向け胡椒輸出も 1730 年代後半から増加していた（図 1-13）。さらに中国は，18 世紀から北西ヨーロッパで急速に人気が高まっていた茶の産地としても重要な貿易相手となりつつあった。会社はヨーロッパ向けの茶の輸出を促進するために，1756 年に中国委員会（China Commission）を設立したが，この時既に胡椒は，広州——ヨーロッパ人に唯一開かれた貿易港——で茶と引き換えに購入される重要な産品の一つとなっていた[82]。胡椒はまた当時ヨーロッパでも消費が増えており，1760 年代にポルトガル人，イギリス人，およびオランダ人がヨーロッパ市場で販売した胡椒の量は，17 世紀の胡椒ブーム以来 4 番目に多かった[83]。

　世界的な需要の増加にもかかわらず，バンテン王国からの胡椒供給は 1720 年代以降，ほぼ一貫して減少し続けていた（図 1-14）。1752 年以降ランプンからの胡椒供給を増加させようとするバンテン商館の努力は，既に述べたように，生産増にあまり結びついていなかった。このような国際市場における需要増とランプ

ンからの供給停滞が，バンテン商館がバンテン内陸部における胡椒生産の拡大に着目した理由であった。

　バンテン商館長のファウレは，王国からの胡椒供給の長期停滞に強い不満を抱き，バンテンで新たなやり方で胡椒生産の監督を行うことを決意した。そのきっかけとなったのは，1761年にスルタンが，宮廷官吏の1人を会社職員1名の同行のもとでバンテン内陸部に派遣して行わせた胡椒栽培の調査視察であった。この調査中，これらの視察官たちは住民に胡椒苗木の植え付けを命じた。前後の事情を考えると，この調査はファウレの要求に基づいて行われたのかも知れない。この調査の結果ファウレは，胡椒栽培の促進をスルタンに委ねるよりも，調査視察を通じてオランダ人職員が直接農民に働きかけた方が胡椒を増産するために効率的であると判断した。さらにオランダ人の視察官は，地方のポンゴウォたちが自分たちの土地で胡椒栽培を促進することに非常に熱心であることを発見した[84]。こうした結果に基づいて1763年，ファウレはオランダ人視察官を通じて，ポンゴウォたちに彼らの支配下にいる農民により多くの胡椒を栽培させるよう，直接命じることを決定した[85]。この目的のためにファウレは，1人または2人の会社職員と1人の宮廷高官が，毎年バンテン一帯の胡椒生産地を監視するための調査視察を行うことも決定した[86]。

　当初スルタンはファウレの決定に対して，「そのようなことはかつて行われたことがない」との理由から反対した。胡椒栽培の管理強化はスルタンの収入増にもつながることから，この反対は一見奇妙に思われる。しかし，スルタンにとっては恐らく，その命令が彼自身によってパセバンでの会議で発せられたものでなく，彼を通さずに臣民たちに伝えられていくことが問題であった。既存のシステムではスルタンが命令を発し，それが有力者を通じて臣民へ伝達されることによって，彼が王国の中心にいることが表象されていたのである。そのような命令がオランダ人商館長によって発せられ，オランダ人会社職員によって住民に伝えられるということは，恐らくスルタンの主導権と力の象徴が失われるだけでなく，王国の象徴的支配体制を揺るがすものとなることが恐れられたのであろう。しかしファウレはそのようなスルタンの不安を一顧だにせず，自分の計画を実行に移した。

　胡椒栽培に関する年次調査は1763年に開始され，1790年まで毎年実施された。毎年1人または2人のオランダ人視察官が，スルタンによって選ばれた1人

または2人の有力宮廷ポンゴウォと複数のバンテン人宮廷官吏に同行されて，調査視察を行った。視察官たちは，バンテン西部から中央部にかけて散在する約300のカンポンで調査を行った（図4-2）。視察は毎年約2ヶ月間，6月から8月にかけて行われた。そうして視察官たちは，王国内の全ての15歳以上の男子に，1人あたり500本の胡椒苗木を植え付けて世話をすることを命じた。この義務はファウレが創り出したものではなく，第2章で述べたように，古くから歴代スルタンが住民の伝統義務として発令していたものを，オランダ人が踏襲したものである[87]。さらに「村落」首長には，全ての生産物をそのポンゴウォに運搬することを命じた。

カンポンにおける調査を通じて，視察官たちは調査報告書を作成した。報告書には，「村落」の名前，地理的位置，首長と彼が属するポンゴウォ（胡椒生産を行う人々は，みな基本的にスルタンでなくポンゴウォをパトロンとした）の名前，胡椒栽培者の数，植え付け直後の苗木，若木，および収穫可能な苗木の本数が記録された（表2-1）。報告書は数年分の欠落があるものの，1765年から1790年のものが現存する。それらは毎年平均300のカンポンと3,000人から6,000人の人々を記載した。その結果，延べ4,827のカンポンと8万2,941人の栽培者の情報がこの資料から読み取れる[88]。

2) 胡椒の生産地と栽培方法

胡椒畑は，北岸平野と南部を除く丘陵や山地で，水田にふさわしいとされる場所よりもやや標高が高い位置に作られた[89]。胡椒は頻繁な給水を必要としたために，胡椒生産集落は通常川のそばに位置した（図4-2）[90]。このことはまた，収穫物の搬送をある程度容易にすることにも役立った[91]。

調査報告書には毎年約300の胡椒生産カンポンの名が記載されているが，それらの地名は現在のものと相当異なるため，カンポンの場所を地理的に正確に比定するのは困難を伴う。しかし筆者は，バンテンに関して最も早く作成された近代地図である，測量協会（Topografisch Richting, 在ハーグ）が1897年に作成した10万分の1地図（測量は1883-84年）の上で報告書に現れた地名を検討することにより，128のカンポンの地理的位置を確定した（図4-2）[92]。この図から，胡椒栽培がバンテンの北西部，カラン山麓，パニンバン地方，および中央部の幾つかの主要河川の中上流域を中心に行われていたことが確かめられる。

194

A. 北西部		
1. Waru		31. Kadubetung
2. Cinangka		32. Menes
3. Ciayam		33. Parigi
4. Kamasan		34. Pacet
5. Panangungan		35. Cimangu
6. Kereok		36. Ceringin
7. Babakan		37. Sikulan
8. Kadu Odeng		38. Cening
9. Ciromo		39. Cijuruk
10. Pamekser		40. Bojong Kakak
11. Lura Jati		41. Bongas
		42. Carita
		43. Canket
北部海岸平野		44. Cilura
12. Bangkalok		45. Duko
13. Patrasana		46. Lampir

B. カラン山北麓		D. カラン山南麓
14. Malang Ninga		47. Pandegelang
15. Muncang		48. Ceket
16. Kadubebek		49. Saruni
17. Negritis		50. Kuranten
18. Rampones		51. Majo
19. Kadugagak		52. Kopahandap
20. Terite		53. Tuboi
21. Tanjong		54. Giripawana
22. Gua		55. Cimanuk
23. Kobang		56. Sompok
24. Ciomas		57. Godong
		58. Sekong
C. カラン山南西部		59. Pade
25. Tenjo		60. Aji
26. Monroi		61. Parianta
27. Mandalawangi		62. Passir Jaha
28. Pandat		63. Ciandur
29. Banjarwangi		64. Parakan
30. Kadujami		

E. ウジュン川中流域	G. レメル川上流域			
65. Kolelet	80. Gredok	96. Parong Kujang	115. Wanti
66. Rankas Butung	81. Bojong Onje	97. Cisalak	116. Dago
67. Poke	82. Kadupandak	98. Onjam	117. Lebak
68. Koncang Balak	83. Babakan	99. Kadurangsang	
69. Naretel	84. Cicadas	100. Kadulembur	J. ベラン川上流域
70. Gunung Anten	85. Kosik	101. Kadulari	106. Gunung Anten
71. Passir Moncang	86. Katumas	102. Parong Panjang	107. Cinine
72. Duko	87. Kompei	103. Bojong Manik	118. Kaduluhur
	88. Purut	104. Parakan Bosi	119. Cikapas
F. パニンバン地域	89. Cibatur	105. Citerip	120. Genting
73. Panimbang Klapadua	90. Kawonalowok		121. Bolang
74. Cipeding	91. Ciomas	I. セニュート川上流域	122. Panongangan
75. Bojong Koning	92. Kadupakis	108. Cipare	123. Somang
76. Lebak Panimbang	93. Somangan	109. Kaduguling	124. Sajira
77. Panimbang Moncol		110. Salebantar	125. Gredok, Guardau
78. Sukasawa	H. ウジュン川上流域	111. Jampang	126. Nangelang
79. Cihoding	94. Sergini	112. Sudamanik	127. Malang Ninga
	95. Lewi Putri	113. Bantar Jaya	128. Sindang Wangi
		114. Angelang	

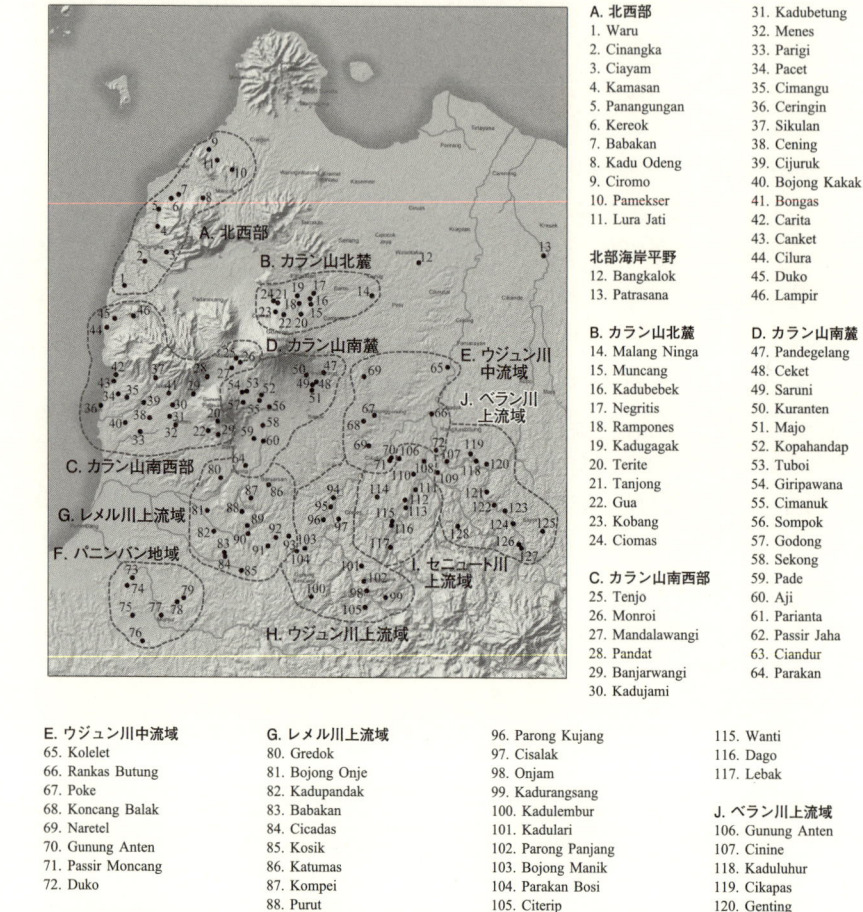

図4-2 胡椒生産カンポンの分布，1765-90年

出典）本文参照。

　注）A-Gの地域分類は，カンポンに隣接する河川に基づいて行った。

栽培者は胡椒畑のために新たに土地を切り拓くこともあったが、そのような記述は比較的少なく、既に存在する畑の一部を胡椒に転用することが多かったようである。特に米から胡椒への転作は、最も一般的であった。人々はまた、米を（恐らくイモ類のような他の自給作物も）自分の胡椒畑のそばに栽培した[93]。バンテン商館が、米や他の食料を胡椒栽培者のために輸入しようと試みた形跡はない。これらのことは、胡椒栽培の導入が生産者の生活様式を劇的に変えた訳ではないことを意味している。18世紀のバンテンにおける胡椒栽培は、19-20世紀のプランテーションのように、労働力を人々の生活基盤から切り離し新たな作物の生産に集約的に投入して行われたのではなく、現地の人々がそれまでに続けてきた農業生活の一部に取り込まれた。

バンテンのオランダ東インド会社職員で、胡椒栽培の方法を概括的に記した者はいないが、1771年から1779年までイギリス東インド会社のベンクーレン商館に勤めたウィリアム・マースデン（William Marsden）と、1808年から1811年までペナン島のイギリス軍に勤務したジョン・クロウファードは、それぞれの地における胡椒栽培の方法に関して非常に詳細な記述を残した。気候の近いこれらの地における栽培の記述は恐らく、バンテンの胡椒栽培の行われ方を示唆するものとなろう。

これらの記述によると、胡椒畑とする土地には、山地の森の中の一角が選ばれ、森を切り拓いて畑が整備された。もっとも先述のように、こうして新たな畑が切り拓かれることはバンテンでは比較的稀であった。畑の整地が済むと、まずダダップ（dadap）と呼ばれる、胡椒の蔓を支えるための2フィート丈の小木が、約6フィートの間隔で植えられた。約6ヶ月後、胡椒苗木がダダップのすぐそばに植えられた。2-3年育った苗木は雨期に一度引き抜かれ、別の畑で直径約18インチのくぼみを作ってその中に植えられたダダップのそばに植え替えられた。苗木はその後の成長を促進するために、ダダップに固定された先端が地面を超えない程度にしばらく切り整えられた。その後苗木は20-25フィートの高さにまで育つが、丈を12-15フィートに切り整えた時に最もよく実を付けた（図4-3）。苗木は3年で実を付け始め、7年から10年の間連続して結実した。12年から16年経つと苗木は衰え始めるが、稀に20年ほど実を付けることもあった。

胡椒畑をいい状態に保つためには、多くの手間のかかる作業が不可欠であった。畑の土からは、雑草や灌木、その他苗木に害を与えかねないあらゆるものを

図 4-3 胡椒の木

出典）Willliam Marsden, *The History of Sumatra* (Kuala Lupur etc.: Oxford University Press, 1975 [1811]), plate 1.

完全に取り除かねばならなかった。苗木の先端はしばしば茂り過ぎることがあったが，先が反り返ったりしないよう，先端部を刈り込んだり枝を間引いたりしなければならなかった。吸枝や横枝も注意深く取り除かれた。6月から8月の間は，強い日光を和らげ露を長く保つために，細かい草が畑の表面を覆うよう工夫された。視察官による栽培調査が6-8月に行われたのは，交通が困難となる雨期を避ける意味もあっただろうが，草で畑を覆うこの作業がきちんと行われているかを確認する目的もあったかも知れない。

胡椒の実は，数十粒の青い粒が付いた小さな長い房の形に実った。胡椒の実は，不規則な成長パターンのために，粒が赤くなった時にはいつでもほぼ通年の収穫が可能であった。収穫された房は籠に入れられ1日放置された後にござの上に広げられ，房の軸から実の粒を取り外すために足で踏みしだかれた。ゴミや潰れた粒を取り除いた後の残りの粒を，日光に当てて堅く乾燥させたものが黒胡椒となった。白胡椒は，黒胡椒を精白して作られた。最もよく熟れた一番質のいい胡椒を収穫後に籠に入れ，8-10日間水の中で（流水が好ましいとされた）浸すと外殻が取れて白胡椒が得られた[94]。

1本の胡椒苗木あたりの収穫量は個体差や年度差が大きかったが，1763年のバンテン商館の報告によると，1,000本の胡椒苗木から年間10バハルの胡椒を生産することが可能であった[95]。

3）胡椒栽培管理と地方支配制度

胡椒栽培を適切に管理して生産を促進するためには，地方社会のリーダーの協力が不可欠であった。調査を通じて明らかになったことは，ポンゴウォが地方社会における最高権威者であり，栽培調査視察を効率的にするのに大きな役割を果

たし得ること，そして彼らは胡椒栽培の促進に非常に熱心であることであった。ポンゴウォは自分の使者や兵士を視察官たちに提供し，胡椒生産カンポンまで同行させた[96]。これらの人々が農民の怠慢を見つけた場合は，その農民のカンポン首長を逮捕し，パトロンであるポンゴウォのもとまで連行した。そのようにして逮捕されたカンポン首長は，合計約300のカンポンのうち1766年には14人におよび，1767年には12人，1768年に4人，1769年に36人を数えた[97]。最も厳しいケースでは，怠慢を指摘された農民自身がコタ・バンテンに連れてこられ，罰として3-4ヶ月間スルタンのために労働することを命じられた[98]。

当時ポンゴウォが胡椒栽培の推進に熱心であった理由は，その経済的利益から説明できよう。資料の不足から，1760年代において胡椒取引がポンゴウォにとってどれほど利益が上がるものであったのかは明らかでない[99]。しかし1780年代には，彼らが農民とスルタンとの間に介在して，1バハルあたり0.5から2スペインリアルの利益を得ていたことが明らかとなる[100]。次章で詳説するように，ポンゴウォが1770年代と1780年代を通じて影響力を拡大したことと，1760年代から彼らが自分のクライアントたちに熱心に胡椒栽培を行わせたことは，恐らく彼らが1760年代から胡椒取引によって利益を得ていたことを示唆していよう[101]。

そのようにポンゴウォが協力的であったにもかかわらず，胡椒栽培調査の視察官たちは，ポンゴウォよりもカンポン首長を重用しようと努めた。彼らはあらゆる集落を「村落（dorp）」と呼び，地方社会を領域的統治単位である「村落」の集合体であるかのように記録する一方で，一つの「村落」に複数のカンポンが存在する場合は，各カンポンの首長に胡椒栽培と輸送を監督するよう命じた。つまり彼らは「村落」には複数のカンポンが存在することもあり，真のコミュニティはカンポンであることを認識していた。視察官たちは当初，調査報告書の中でカンポン首長を，村落首長を指すのに最も一般的なホーフトという語で記載していたが，1781年以降は同じ人々を「監督者」を意味するマンドール（mandoor）と記すようになった[102]。恐らく視察官たちは，カンポン首長が胡椒生産を監督する役人として機能することを期待していたと考えられよう。

1780年代後半までにバタヴィア政庁は，カンポン首長がスルタンと直接結びつき，ポンゴウォの介入を受けることなく胡椒取引を行うのが最善であるという考えを持つに至った。次章で述べるようにバタヴィア政庁は，カンポン首長がコ

タ・バンテンまで胡椒を運び,直接スルタンに売るのが好ましいと考えた。というのも会社の幹部たちは,ポンゴウォが栽培者から安く生産物を買い上げることが,農民の生産意欲を減退させていると認識するようになったからである[103]。ポンゴウォは重要な協力者でありながら中間搾取者であり,やがて生産の障害と見なされるようになったのである。ポンゴウォを迂回して農民がスルタンと直接胡椒の取引をするというバタヴィア政庁のアイデアは,ポンゴウォと農民との間のパトロン-クライアント関係を否定して,カンポン首長が地方社会のキーとなる新たな統治制度を構築しようとする試みでもあった。

しかしこの試みは,結局バンテンでは成功しなかった。バンテンでは地方社会におけるポンゴウォの影響力が非常に強く,彼らを胡椒取引から排除することは全く不可能であった。オランダ東インド会社職員の思惑とは逆に,ポンゴウォが胡椒栽培促進政策を通じて勢力を拡大する過程については,次章で詳論する。

いずれにしても会社の胡椒栽培促進政策は,1770年頃から一定の成果を示し始めた。1768年までにほぼゼロにまで下がっていたバンテン地方の胡椒生産は,翌年から増加を始め,その後も安定して増え続けて,1788年までにはほぼ2,000バハルに達した(図1-14)。この生産増は,オランダ人会社職員が試みたカンポン首長を通じた栽培管理の結果ではなく,ポンゴウォが強く栽培管理に介入した結果であった。胡椒栽培調査報告によると,1770年代までに(特に1766年に)多くのカンポンが開村されたが,これも恐らく強制力を伴って新たな胡椒畑が開拓されたことと関連しているであろう。

4)西ジャワ他地域における商品作物栽培管理との比較

先に述べたように18世紀後半のバンテンでは,オランダ東インド会社がカンポン首長を通じて胡椒栽培を管理しようと試みた。この方針は同じ時期に行われたプリアンガンおよびチレボンのコーヒー栽培における会社の試みと比較した場合,どのように特徴づけられるだろうか。

大橋厚子によれば,プリアンガンでは当初オランダ人は既存のパトロン-クライアント関係を利用して,地方有力者であるレヘントに栽培の促進を命令し,彼らからコーヒーを購入していた。しかしオランダ人は1780年代半ば以降,レヘントが栽培を十分に管理する能力に欠けることに気づき,その後は産品をチュタック(cetak, 首邑)レベルで集荷した。1790年にはコーヒー畑の視察が2年に

1度，各チュタックで行われるようになり，1806年にはチュタック首長が生産されたコーヒーの受け取りと支払いを任されるようになった[104]。

　メゾン・ホードレイによると，チレボンではレヘントまたは王族（彼の用語では「王子 prince」）から派遣されるオンボル（ombol）と呼ばれる役人が，彼らの主人の労働力単位――必ずしも「村落」とは一致しない――を監督していた。1790年代までに，オンボル――オランダ人は彼らをチュタック首長と呼んだ――に対して影響力を行使するのはオランダ東インド会社となった。会社職員はオンボルにコーヒー栽培の監督を命じ，オランダ人会社職員によるコーヒー畑の視察に同行させた。1809年のあるオランダ語資料は，オンボルが一つの「村落」に1人以上存在することはなくなったと述べる。ホードレイによると，オンボルはこのようして有力者の役人から「村落」首長へと変容した[105]。このように，プリアンガンとチレボンでは共通して，オランダ東インド会社は，当初は現地の最高権威である地方有力者にコーヒー栽培促進を委ねようとしたが，やがてより低位のチュタックレベルの首長を利用することによって，コーヒー栽培を管理するようになった。またオランダ人職員による産地の視察も，両方の地域で栽培促進の重要な手段となった。

　18世紀のバンテン，プリアンガン，チレボンにおけるカンポンやチュタック（共にオランダ人は「村落」と呼んだ）は，19世紀後期のインドやジャワの行政村落と異なり[106]，明確に線引きされた境界を持っていなかった。19世紀の植民地政府が，土地を明確に計測しその生産力を査定することによって，地代や収穫の一部を得ることを目的としたのと大きく異なり，18世紀のバンテン，プリアンガン，チレボンにおけるオランダ東インド会社による村落管理では，首長による監督を通じて生産物を確保することが目指された。このような方針においては，オランダ人職員が村落首長を直接指導・監督することが重要となり，18世紀のバンテン，プリアンガン，チレボンでよく似た定期的な調査視察のシステムが実施されたと言えよう。

　つまりこれらの三つの商品作物生産地域には，ほぼ同時期に非常によく似た管理システムが導入された。そうすると，なぜバンテンのポンゴウォだけが，彼らを「村落」首長に置き換えるオランダの試みに抵抗することに成功し，なぜプリアンガンのレヘントやチレボンの王族は影響力を譲り渡すよりほかなかったのであろうか。

大橋とホードレイは，オランダ東インド会社が下位の首長をコーヒー生産管理システムの中心に置く政策を推し進めるにつれて，18世紀半ばからレヘントや王族が次第に会社に依存的となり地方社会における影響力を失っていったと主張する。レヘントや王族が影響力を失っていく過程については，ホードレイはあまり詳しく述べていないが，大橋はプリアンガンにおいてそのプロセスを詳細に論じている。大橋によると，1720年代のレヘントは，地方社会におけるコーヒー集荷とバタヴィアやチレボンへの輸送を独占することによって，コーヒー栽培の主要な受益者となっていた。1750年代からバタヴィア政庁は，レヘントがコーヒー栽培を進められるよう熱心に前貸しを行い，また彼らが灌漑水田を拓く時には財政的に支援した。灌漑水田は，コーヒー栽培農民が安定して食料を確保するために重要と考えられたからである。しかし1770年代後半からは，レヘントたちは次第に多くの負債を抱えるようになり，また会社に財政的に依存することは彼らの社会的地位を弱めた[107]。

　ではなぜオランダ東インド会社はプリアンガンのレヘントを直接財政支援したのに対し，バンテンのポンゴウォにはこの政策を応用しなかったのだろうか。第一にこれは恐らく，コーヒーと胡椒の栽培方法の違いに関係している。コーヒー園を作るためには山麓に大規模に土地を切り拓き，収穫や輸送にも大量の労働力を必要としたのに対して[108]，胡椒畑は数家族という，より小さい規模で開設・維持された。第二に，会社と地方有力者との間の権力関係にも，両地域で顕著な違いがあった。プリアンガンでは，1705年にマタラム国王とオランダ東インド会社との間で結ばれた条約によって，7人のレヘントがオランダ東インド会社の直接支配下に置かれた[109]。これに対しバンテンでは，会社とポンゴウォとの間で何の法的関係も存在しなかった。加えて，プリアンガンにはわずか7人しかレヘントがいなかったのに対して，バンテンには数百人のポンゴウォがおり，彼らの全てを直接支配下に置くことや，まして財政支援をすることは，会社には不可能であったに違いない。このようにしてバンテンのポンゴウォは，プリアンガンのレヘントよりも，商品作物生産に取り組むにあたり，より自由に自らの利益を追求することが可能であった。そうして自らの利益を維持・拡大したバンテンのポンゴウォは地方社会に強い影響力を維持し，それはオランダ東インド会社によっても排除できるものではなかったと考えられよう。

おわりに

　1752年条約によって構築されたバンテン王国における新たなスルタン－オランダ東インド会社関係は，二つの側面を持っていた。すなわち，会社が政治的優位を確立する一方で，スルタンは経済的特権を認められた。平和と安定を維持するために，会社はスルタンができるだけ多くの収入を確保し，国内行政における最高権威を維持することを認めた。それと引き換えに，会社はスルタンが会社に確実に胡椒を供給することを要求した。宮廷内の政治抗争において会社が常にスルタンを軍事的に支援したこと，胡椒生産が拡大したこと，そして比較的平和な政治状況の中でコタ・バンテンにおける経済活動が拡大したこと，これらの全てが1760年代から70年代にかけてスルタンの権力と収入が安定することに貢献した。宮廷官吏が行政業務を担い，スルタンが国内の最高権威であり行政の執行責任者であり続けることによって，オランダ東インド会社の存在はスルタンの陰に隠れ，国内的にはスルタンの権威がさらに安定してその支配体制がさらに強固に確立することが目指された。

　1750-60年代に東インド会社バンテン商館がまずランプンで積極的に胡椒栽培の促進を始めた時，地方社会は様々な反応を示した。トゥランバワンの地方首長は当初オランダ人職員が現地の抗争へ介入し解決に協力することを期待し，歓迎した。この期待はしかし，オランダ人が彼らの抗争に介入することを躊躇するのを見て急速にしぼみ，地域社会の人々はむしろパレンバン人が取引で提示する好条件に惹かれ，彼らとの協力を望むようになった。トゥランバワンの住民はオランダ人職員との名目的な協力は維持したものの，実際には収穫した胡椒の一部をパレンバンの商人に売った。スマンカでは，有力地方首長が，オランダ人商館長との個人的な信頼関係に基づいて，オランダの保護と引き換えに胡椒を会社に供給することを約束した。しかし，後任の商館長がより非人格的・制度的な行政スタイルを導入すると，スマンカにおける会社のプレゼンスは悲劇的な結末を迎えた。ランプンの住民はバンテンのスルタンを中心とする王国の支配体制に入ってはいたが，特にトゥランバワンやスマンカといった周縁部では，住民はかねてよりパレンバンのスルタンやイギリス東インド会社ベンクーレン商館といった外部勢力と折衝し，複数の権威の下に入っていた。18世紀半ばにトゥランバワン

とスマンカでは，オランダ東インド会社の存在が強化されたことによって，オランダ人会社職員は強力な外部勢力として地方社会に影響を行使できる可能性を得た。しかし住民は，パレンバン人やイギリス人が胡椒取引においてより有利な条件を提示すると，彼らとのつながりを強め，会社は強い影響力を行使することはできなかった。

バンテン内陸部では，バンテン商館はスルタンを通じて胡椒生産を促進する伝統的な方策に代えて，オランダ人視察官がポンゴウォや農民に直接胡椒栽培を命令する制度を1763年から開始した。会社は胡椒栽培の促進のためにポンゴウォの協力に依存する一方で，ポンゴウォによる中間搾取を避けるために，彼らを迂回してカンポン首長に生産管理を任せる方法を模索した。しかしそれはポンゴウォの強い影響力を過小評価した政策であり，成功しなかった。この試みはポンゴウォの勢力を排除してスルタンと農民を直接結びつける新たな支配構造を導入することを意味したが，ポンゴウォの権力の強さとバンテン商館の限られた能力から，支配構造を変容させることはできなかった。次章で詳論するように，むしろポンゴウォはオランダ人会社職員が望む以上に強力に胡椒栽培に介入し，自らの影響力を拡大した。これらのプロセスは，地方有力者たちが常に巧妙にそして成功裏に，オランダの介入に対し自分たちの利益を拡大させる方向で対応していたことを示している。オランダ人は地方社会における権力関係を劇的に変化させるだけの力を持っていなかったために，彼らは常に現地の状況に合わせてその政策を調整せざるを得なかった。

このように1752年から1770年の時期は，国内行政に関するバンテン商館とスルタンの思惑が基本的に一致したことと，経済が好調であったことから，スルタンの財政と宮廷における影響力という点では王国に安定と繁栄がもたらされた。ところがランプンの地方社会ではオランダ東インド会社の影響力浸透が不成功に終わり，バンテン内陸部でも会社の意向に反してポンゴウォが勢力を伸ばし始めた。スルタンの国内最高発令者としての地位も，胡椒栽培の命令が会社のバンテン商館から発せられ，ポンゴウォが地方社会に介入する機会をより多く持つようになったことから，その中心性が揺らぎ始めた。つまり王権の安定と繁栄の陰で，地方社会に不安定要因が生じ始めていた。18世紀末に近づくにつれ様々な要因から宮廷財政が悪化するとともに，不安定要因が一気に拡大して王国支配体制は動揺する。オランダ東インド会社の影響力もそれに比例して弱まっていく

が，地方社会の人々はその中でも自身の安全と最大の利益を求めて積極的に行動した。このようなプロセスがどのように行われ，それが地方社会と王国の支配構造にどのようなインパクトをもたらしたのかを検討するのが，次章の主題となる。

第5章
スルタン統治の終焉
―― 王権の衰退と地方のダイナミズム，1770-1808年 ――

はじめに

　1770年以降の約40年に，王国は政治的にも経済的にも著しい変化を経験した。第13代王スルタン・アリ・ウッディン1世（Sultan Ali Uddin I, 在位1777-1802）とその後継者たちは，権力と収入が次第に縮小し，前任者たちよりも会社からより多くの政治的・経済的支援を必要とした。バンテン内陸部のポンゴウォたちは，当初の胡椒栽培促進政策への協力を次第にやめ，やがて自分たちの利益拡大と支配力強化を試み始めた。胡椒生産は，ランプンでは1770年頃から減少に陥った。バンテン内陸部では1770年頃からわずかに生産が上昇したが，1780年代半ばからは衰退した（図1-14）。

　先行研究は，胡椒生産が減少し，オランダ東インド会社の影響力も低下したことによって，国家も地方社会もこの時代に著しい衰退に陥ったと考えてきた（序章第2節）。しかしこの考えは本章でこれから論じるように，あまりに単純すぎ，正確でない。実際には，異なる社会階層と地域において，さまざまな異なる展開が起こりつつあった。それを明らかにするために本章では，スルタン，バンテンの地方社会，そしてランプンの地方社会をそれぞれ別々に検討し，さらに二つの地方社会においてそれぞれ様々な社会的地位の人々に焦点を当てていくことにする。

　まず第1節では，どのようにスルタンの権力が衰退したかについて，スルタンと会社の関係および彼ら自身の財政的問題に注目して考察する。第2節では，バンテン内陸部で何が胡椒生産の増加と減少を引き起こし，それが地方社会の政治経済構造にどのようなインパクトをもたらしたのかを検討する。第3節では，ラ

ンプンからの胡椒供給がなぜどのようにして減少したのか，外部勢力との関係がどのように変化し，それが地方社会にどのように影響を与えたのかを検討する。本章が取り扱う時代には王権や東インド会社の影響力が弱体化する一方で，一部の地方有力者や住民は自らの利益拡大を図った。このような展開がどのように進み，その結果地方社会と王国の支配構造がどのように変容しつつあったのかを考察したい。

1 王権力の衰退

1790年代までに，スルタンの政治権力と経済力は，衰えが明らかになった。1795年から1797年には，スルタンはオランダ東インド会社による過重な軍事協力の要請に苦しんだ。そして1808年にスルタンがオランダ人総督の率いる軍隊から攻撃を受けた時には，彼は有力者からの支援を全く得られないほど政治的に孤立していた（第8章）。経済的には，スルタンの収入は1770年代から激減した（図4-1）。このような権力と経済力の衰退を引き起こした要因は何だったであろうか。

1) オランダ東インド会社のスルタンへの支援

1777年にスルタン・アシキンが没すると，彼の長子で皇太子のラトゥ・アブル・モハキル・モハンマド・アリ・ウッディンが，宮廷で全会一致の支持を得て，第13代王スルタン・アブル・モハンマド・アリ・ウッディン（Sultan Abul Mochakir Mohammad Ali Uddin, スルタン・アリ・ウッディン1世もしくはスルタン・ゴモック Sultan Gomok, 在位1777-1802）として即位した。アリ・ウッディン1世は行政や宮廷政治にはほとんど関心を持たず，タシクアルディの離宮で側室たちと過ごし，イスラームの書物を読むことを好んだとオランダ東インド会社資料には記される[1]。

彼の父親と同様にスルタン・アリ・ウッディン1世もまた，宮廷政治の謀略から自身を保護するために，オランダ東インド会社に強く依存した。1778年に彼の実弟であるパンゲラン・ラジャ・マンガラ（Pangeran Raja Manggala）が，アリ・ウッディン1世の即位への不満を公に示した時，会社はスルタンの要請に基づいて彼を捕らえ，バンダ島に追放した[2]。アリ・ウッディン1世はさらに1782

年と 1798 年に起きた他の二つの政治的混乱においても，一部の宮廷高官が彼の地位に対する脅威になると感じると，スルタンは会社に彼らの逮捕と流刑を要請した[3]。スルタンにとってバンテン商館の支援は，彼の地位を保つために不可欠のものとなった。

　スルタンが自分の後継者を指名する時も，会社幹部への依存は明らかであった。1783 年，スルタン・アリ・ウッディン 1 世は，バンテン商館長 W. C. エンゲルト（Willem Cristoffel Engert）に，彼の生まれたばかりの赤ん坊を後継者として認めるよう，密かに依頼した。エンゲルトはこの指名を認めたが，その子パンゲラン・ラデン・モハメット（Pangeran Raden Mochamet）は，1786 年に 3 歳で死亡した[4]。翌年スルタン・アリ・ウッディン 1 世は，生後半年の息子パンゲラン・モハンマド・アリ・ウッディン（Pangeran Mohammad Ali Uddin）を皇太子に指名したいと考え，この時にも再びエンゲルトに打ち明けて再度会社の承認を得た[5]。これらの要請が「密かに」行われたことは，スルタンが，自分の後継者指名が会社の承認なくしては宮廷高官たちの支持を得られないと考えていたことを示していよう。後に論じるように，後継スルタンの決定には，宮廷高官の満場一致の賛成が望まれており，幼少の皇太子が指名される可能性は少なかった。しかし宮廷内の基盤が弱いスルタンは，溺愛する幼少の息子の将来を案じることに加えて，商館長の支持を得て息子を後継者に指名し，それによって自身の政治的地位も確保しようという狙いがあったのかも知れない。

　スルタンが会社にますます依存するようになったことは，それに比例して会社の要求が強まることを意味した。会社はこれまでもスルタンの要請に応えるにあたっては見返りを期待していたが，1790 年代から国際環境が緊迫化していたことによって，スルタンは以前よりはるかに重い負担を引き受けなければならなくなった。イギリスとの関係が悪化して国際貿易に陰りが見えてきたオランダ本国では，国家において代々指導的な地位を占めて来たオラニエ家に対して，1780 年頃から多くの人々が不満を表明するようになった。反オラニエ家運動はやがて知識人，中産市民，地方貴族などによる愛国者運動（patriottenbeweging）に発展し，1780 年代からは国全体が内乱状態に陥り，当時のオランダ支配者であるオラニエ家出身の全州総督ウィレム 5 世は拠点のハーグを捨てて東部のネイメーヘンに避難した。こうした状況を見透かすように，イギリス船が 1790 年以降たびたびバンテンの海岸に現れ，挑発行動を繰り返した。1791 年，2 隻のイギリスの

フリゲート艦がアニャルに接近し、現地住民から必需品を強奪した[6]。1794年にはアニャル湾に着錨したイギリス船が、フランス船を攻撃した[7]。同じ年には2隻のイギリス船がバンテン湾内に投錨し、さらにもう1隻が避難場所を求めてバンテン岬（Hoek van Bantam）に向かった[8]。

ついに1795年にオランダに革命が起こり、東インド会社に特許を与えていたネーデルラント連邦共和国（Republiek der Verenigde Nederlanden）という国家そのものが消滅した。1794年12月、フランスに亡命していた愛国者派は、フランスの革命勢力とともにオランダに侵攻した。全州総督ウィレム5世は、革命軍が次々に諸都市を制圧するのを見て、翌年1月、イギリスに亡命した。これによってオランダには、フランスの強い影響下にあるバターフ共和国（Bataafse Republiek）が成立した。ウィレム5世は海外植民地がフランスの手に落ちるのを防ぐために、全てのオランダの海外植民地が今後イギリスの支配下に入ることを、1795年1月から2月にかけて、亡命先のロンドンから書簡で命令した。しかしオランダ東インド会社バタヴィア政庁はこれを拒否し、バンテン商館にも、予想されるイギリスからの攻撃に備えて防衛の準備をするよう命じた[9]。

1795年8月、こうした事態に対応するために、当時のバンテン商館長F. H. ベイノン（Fredrik Hendrik Beijnon）は、バンテンの海岸沿いに要塞を建設し、兵士を海岸警備の任務につけるようスルタンに命令した。結局イギリスの攻撃は現実化しなかったが、王国の疲弊は大きかった。海岸に要塞を建設することは極めて危険で労力を要する仕事であり、スルタンの主張によれば、1,000人の命が病気と海賊の襲撃のために失われた。農民を建設作業と軍事任務に動員することはまた、胡椒栽培に労働力不足をもたらした。さらにバンテン内陸部では、逃亡労働者と逃亡兵から成るアウトロー集団が増加して人々の生活を苦しめた[10]。こうした状況が、社会の様々な階層の人々の間に、スルタンと会社に対する深い不満をもたらしたことは疑いない。

2）王位継承の混乱

1802年にスルタン・アリ・ウッディン1世が没すると、その後の王位継承は立て続けに問題に見舞われた[11]。バタヴィア政庁はスルタンの死後すぐに、東インド評議会のメンバーであるW. H. ファン・アイセルダイク（Wouter Hendrik van IJsseldijk）を、王位継承を調停する特別委員としてバンテンに派遣した。ファ

ン・アイセルダイクが示した提案は，15歳の皇太子パンゲラン・モハンマド・アリ・ウッディンが既定の方針通りに即位し，新たに任命される摂政に補佐されて王国を統治するというものであった。ところがこの提案は，宮廷高官たちから全く支持されなかった。彼らの主張する理由は，王国は今まで一度も摂政制を経験していないこと，また，ラトゥ・シャリファ・ファーティマの例が示したように，政治力の弱いスルタンと他の実質的支配者の組み合わせによる政権は政治混乱につながるというものであった[12]。摂政制がバンテン王国に存在しなかったとの主張は17世紀の事実に反するが，いずれにせよ，シャリファの統治と引き続くバンテン反乱の経験がこの時まで強いトラウマとして宮廷高官たちに共有されていたことが分かる。

　代わりに高官たちは，亡くなったスルタンの実弟で，その能力と信頼できる性格が宮廷内だけでなくオランダ人からも高い評価を得ていたパンゲラン・モヒッディン（Pangeran Mochiddin）を，新たなスルタンとして推薦した。ファン・アイセルダイクは宮廷内の意見が一致するのを見て，慎重に考慮した結果，パンゲラン・モヒッディンがスルタンに，パンゲラン・モハンマド・アリ・ウッディンが皇太子の地位にそれぞれ就くことを決定した[13]。

　継承問題をこのようにして解決すると，ファン・アイセルダイクはさらに，モハンマド・アリ・ウッディンが死亡するか何らかの能力不足が見られた場合には，彼の長兄であるラトゥ・バグス・イシャック（Ratu Bagus Ishak）が皇太子の地位を継承することを定めた。パンゲラン・モヒッディンは正式に第14代王スルタン・アブル・ファター・モハンマド・モヒッディン・ザイヌル・サリヒン（Sultan Abul Fatah Mohammad Mochiddin Zainul Salihin, スルタン・サリヒン1世）として，伝統的儀礼に則って1802年9月13日に即位した。新スルタンは会社の承認に対し謝意を表し，さらなる保護を要請した[14]。恐らく誰もが，サリヒン1世の統治の下で王国に安定がもたらされるものと考えた。

　ところが安定を期待された王権は，極めて唐突に，そして短命に終わった。サリヒン1世が即位して1年半後，血腥い事件が王国を揺るがした。1804年3月18日深夜，スルタン・サリヒン1世は，寝室に押し入ってきた前スルタンの第四子であるラトゥ・バグス・アリ（Ratu Bagus Ali）によって，抵抗する間もなくその場で殺害された。ラトゥ・バグス・アリはすぐに宮廷の護衛と乱闘となり殺されたため，この事件の背景は全く分かっていない[15]。

1804年3月30日，事件後の王位継承を調停するために，ファン・アイセルダイクが再び特別委員としてバンテン宮廷に派遣された。この時バタヴィア政庁が既に決定していたことは，2年前に定めた通り，皇太子パンゲラン・モハンマド・アリ・ウッディンがスルタンに即位するということだった。ファン・アイセルダイクがそのことを宮廷有力者たちに説明すると，彼らは皆賛同した。ところがそれに反対したのが，パンゲラン・モハンマド・アリ・ウッディン本人であった。アリ・ウッディンは，代わりに自分の兄であるラトゥ・バグス・イシャックが王位に就き，イシャックが退位するか死亡した時にのみ自分がスルタンになることを提案した。その理由をアリ・ウッディンは，自分がまだ若く経験が不足しているためと説明した。しかしファン・アイセルダイクは，その真の理由はイシャックの嫉妬を恐れるためであろうと推測した[16]。

　イシャックを推す人事は，順調には進まなかった。宮廷高官やオランダ人会社職員は，イシャックは無能で付き合うのも難しく，スルタンには全く不適当な人物と考えていた。このため当初ファン・アイセルダイクは，イシャックが即位することに強い不安を持っていた。それでも最終的に彼がアリ・ウッディンの案に同意した理由は，イシャックが「彼の父である前スルタンと同様に，会社に強く依存しなければならなくなる」ことを期待したからであった。ファン・アイセルダイクが強くイシャックの即位を推すのを見て，宮廷の人々も最終的にそれに同意した[17]。4月9日，彼は第15代王スルタン・アブル・ナズル・イシャック・ザイヌル・ムタキン（Sultan Abul Nazer Ishak Zainul Mutakin, スルタン・ムタキン，在位1804-08）として1804年4月16日に即位した[18]。

　イシャックの即位においてまさにそうであったように，バタヴィア政庁は18世紀後半を通じて，自分たちが容易に影響を及ぼし得る，弱いスルタンを一貫して支持した。アリ・ウッディン1世は会社と積極的に協力しようとしていたために，政治への無関心は指摘されていたものの，会社幹部から比較的好意的に受け止められていた[19]。オランダ東インド会社職員は，スルタンの正統性は，自分たちが宮廷内のライバルを排除しさえすれば，長子相続のシステムによって確保できると信じていた。そのためアリ・ウッディン1世の死後は，オランダ人は長子である若い皇太子が王位に就くべきだと考えた。しかしバンテンの伝統では，長子相続よりも宮廷で満場一致の支持が得られることの方が重要であった。このことが，アリ・ウッディン1世の死後パンゲラン・モヒッディンがスルタンに推挙

された理由であった。バンテンでスルタンの後継者が正統性を主張する根拠は，第2章で指摘したように，その人物がワフユを持つことであった。そのため「無能」との烙印が押されたラトゥ・バグス・イシャックは，たとえ巧妙な手段でオランダの支持を取り付けても，宮廷で支持されることはなかった。その結果，第8章で述べるように，後にオランダと敵対した時に，イシャック（この時にはスルタン・ムタキン）は全く誰からの支持も得られず孤立した。

3) スルタンの財政の悪化

1770年代以降はスルタンの収入も大きく減少し，これによって彼は経済的にもますます会社に依存せざるを得なくなった。次節で論じる胡椒供給の急減に加えて，他の輸出産品からの収入および税収も減少した（表4-1）。

胡椒に次いで重要な輸出産物であったダイヤモンドからの収入は，王国の全てのダイヤモンドを産出していたランダックが1778年に会社に割譲された時に，同時に失われた。ランダックには隣国のムンパワ（Mempawah）が既にますます強い影響力を及ぼすようになっており，これにつれてダイヤモンドからの収入も相当減少していた。従ってスルタン・アリ・ウッディン1世は，ムンパワとの抗争に巻き込まれるよりもむしろ，ランダックを会社に譲り渡すことを選んだ[20]。

貿易に関連した税収もまた顕著に減少したが，これがコタ・バンテンの港における土砂の堆積に由来していることは間違いない。オランダ東インド会社バンテン商館職員 J. ドゥ・ローフェレ・ファン・ブリューヘルは1787年に，彼がコタ・バンテンに赴任してから最初の5年間（1780-85年）は，喫水線から5-6フィートの深さを持つ船がバンテン川とカランガントゥ川を航行することができたが，今や4コヤン（koyan）以上の積み荷を積んだ船はそこを通ることができないと述べた[21]。つまりコタ・バンテンの港は1780年代半ばに，土砂の堆積によって貿易港としての役割を失ったのである。

減少する収入を補うために，スルタンは様々な試みを行った。まず，縮小する関税，商業税，人頭税を補うために，かつて試行されたものの不成功に終わり放棄されていた徴税請負制度が復活された。その再開は1778年，あるバタヴィア出身の華人が，バンテンにおける煙草とガンビル（gambir，スマトラ原産の灌木から採れ，中国や東南アジアでビンロウの材料に用いられた）に課税するための許可を会社に請願したことに始まった。課税対象はすぐに豆，食用油，砂糖，キンマの

葉（ビンロウの原料。シリー sirih とも呼ばれる）といった多くの商品や，水牛の屠殺や運送といった様々な商業活動に拡大された。新たに任命された華人の徴税請負人——そのうちの一人は華人首領であった——が，コタ・バンテンやその他の町で税を徴収した。ドゥ・ローフェレ・ファン・ブリューヘルはこの徴税請負政策を厳しく批判し，それは商業活動の障害になると警告した。この警告は1780年，実際に多くの商人が利益の出なくなった商売を放棄したことによって現実化した。この結果コタ・バンテンとタナラにある華人住居の数はそれまで計800-900戸あったものが，同年には200を下回るまでに減少した[22]。こうして税の負担増はコタ・バンテンとその他の町の商業自体を停滞させてしまうこととなり，徴税請負は期待された収入増をもたらさなかった[23]。

加えてスルタンは1770年代以降，土地の賃貸から収入を増やすことを試みた。スルタンは一定の地域を，その住民とともに個人の事業家（主に華人とオランダ人）またはオランダ東インド会社に貸し出して，地代を得た。こうした借り手はしばしば，その土地をまた別の事業家に又貸しした[24]。ある者はそこで砂糖産業を経営し，またある者はその土地の中の農民や市場から税を徴収した。このような私領地における課税は，一般にスルタンやポンゴウォの支配下にある地域よりも負担が重かったとされる[25]。このようにして地代収入はスルタンの財政をある程度改善することには貢献したが，人々は地主への重い税に苦しむこととなった。

このような18世紀後半における経済的混乱の結果，バンテン王国は，かつて収入の大半を海外貿易から得ていた貿易国家から，収入の65%を徴税請負と土地の賃貸から受け取る国家へと転換した（図4-1）。この転換はスルタンに新たな収入源をもたらしたものの，財政を全体的に好転させることはできず，住民の側からすれば，ただ経済を疲弊させ生活を悪化させるばかりであった。

4）スルタンの収入減と会社との関係

スルタンの収入が減少したことは，彼の会社への依存をいっそう強める結果となった。スルタン・アシキン（在位1753-77）は1773年に，会社に1万スペインリアルの借金をした。スルタンが会社から借金をするのは1752年条約以後初めてであったが，その後も彼は繰り返し借金をして負債を積み増した。借金が必要な理由は，支払いの遅れのためにランプンの港で搬送されずに積み上げられてい

る胡椒の購入費用を得るためであった[26]。彼の息子のスルタン・アリ・ウッディン1世(在位1777-1802)が即位した時には既に先王の作った負債が6万スペインリアルあったが、それに加えて新スルタンは1770年代後半、胡椒取引を円滑化するために、6ヶ月ごとに返済するという約束で月々1,000スペインリアルの前貸しを受けた[27]。1795年、アリ・ウッディン1世が高額の軍事出費のために財政危機に陥った時には、彼はさらに加えて胡椒購入のための前貸しを会社に依頼した[28]。手元の現金不足が深刻となったスルタンは、このように1773年以降、もはや会社の支援なしには胡椒取引を円滑に行うこともできなくなっていた。

スルタンの財政は、様々な出費によっても圧迫された。スルタンは収入の縮小にもかかわらず、一定の免除期間(彼が深刻な財政危機にあった1775年から1782年と1794年から1799年)を除き、毎年の義務である1万2,000スペインリアルの返還も、臨時の負債の返済に加えて行わなければならなかった[29]。さらに、遠方に流刑に処した王族や宮廷高官の搬送や生活に関わる経費も、スルタンの負担に加わった[30]。まさにちょうどこの困難な時期に、ランプンやバンテン周辺では海賊が跋扈した(第6章)。被害を受けた地域に警備艇や兵員を派遣したり、海賊に強奪された警備艇を補充したりするのに必要な費用が、スルタンの財政をさらに圧迫した[31]。

ところが、このような困難な財政状況にもかかわらず、スルタンは1782年から1789年にかけて「多大な費用をかけて」王宮を大規模に改修した[32]。スルタンの富の減退はその権威の低下(ワフユの消失)につながると考えられたことから、彼は敢えて困難な状況下でも威厳を整えるために王宮の改修に取り組んだのかも知れない。しかし改修が国庫を困窮させたことは間違いないと思われる一方、それが威信の回復に役立ったとする情報はない。このように収入が減少し出費が増加したことから、1802年の報告では、スルタンの所有する金は総額2万スペインリアルに満たないと述べられるに至った[33]。

この時期のスルタンは、絶え間ない負のスパイラルに飲み込まれていた。彼の権威回復と財政改善のために、会社は政治的・経済的に彼を支援し、スルタンは財政改革を進めたが、それらが実施されるにつれて、意図とは逆にスルタンの権威低下と財政悪化につながっていった。スルタンは1770年代以降、このようにしてワフユを失っていったのであった。

2 バンテン地方社会の変容

スルタンの権力の衰退とは対照的に、バンテン内陸部からの胡椒供給は1770年代から1780年代にかけて安定的に増加した。これは前章で述べたように、地方のポンゴウォが胡椒栽培促進政策においてオランダ人と協力した結果であった。胡椒生産へのポンゴウォの介入は地方社会の政治構造にどのようなインパクトをもたらしただろうか。また、なぜ1780年代末以降、胡椒栽培は最終的に衰退したのであろうか。

1) ポンゴウォの影響力拡大

この時期のバンテン地方社会における顕著な変化は、一部の有力ポンゴウォがその影響力を拡大させたことであった。これを確かめるために、胡椒栽培調査報告から得られる情報に着目することにする。調査報告は、胡椒を生産するカンポンにいる栽培者の数と彼らのパトロンの名前を掲載している。そのためこうした情報に基づいて、一人一人のポンゴウォがどのカンポンを支配し何人の胡椒栽培者を有していたかを跡づけることができる。

まず全体的な傾向を確認すると、図5-1、図5-2における棒グラフ全体の高さの推移から分かるように、カンポンと胡椒栽培農民の総数は1789-90年に減少するまで、共にわずかずつ増加した。もっとも調査報告書に示されるカンポンと胡椒栽培者の数は、胡椒を生産するカンポンおよび成人男子の数である。従って調査報告におけるこれらの増加は、胡椒生産地と生産者の数が拡大していることを示しているのであって、胡椒を栽培していないカンポンおよび成人男子を含めた全体数の増加を意味するものではない。

次に有力ポンゴウォの影響力拡大を確認するために、ここでクラスターという概念を導入する。筆者がクラスターと呼ぶのは、同じ一人のポンゴウォに属する、地理的に隣接したカンポンの集合のことである。ある複数のカンポンが地理的に隣接することは、栽培調査報告の視察の動きを調べて、あまり長時間を隔てずに視察官たちが移動していることから確認した。つまりこのことは、そうしたカンポンが互いに比較的近い距離の間に存在していることを示すが、それらが完全に境界を接していることを意味するものではない。

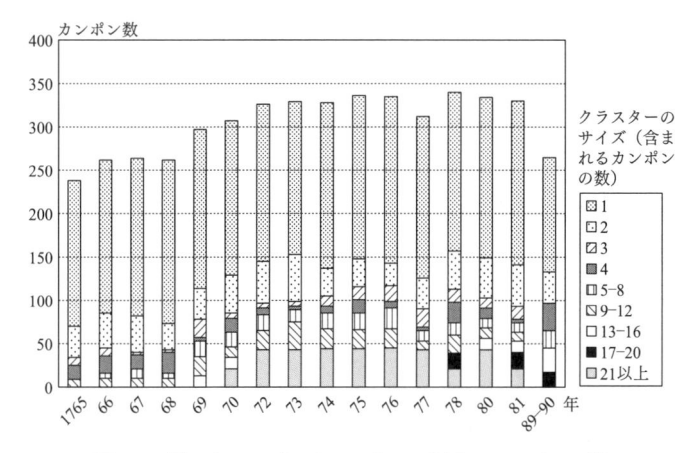

図 5-1 様々なサイズのクラスターに属するカンポンの数

出典) VOC 3157, 3185, 3214, 3248, 3277, 3306, 3363, 3388, 3417, 3444, 3469, 3498, 3527, Nationaal Archief, The Hague; ADB 27, Arsip Nasional Republik Indonesia, Jakarta.
注) グラフの数値は，凡例に示される様々なサイズのクラスターに属するカンポンの数。クラスターの数が 1 と示されているのは，クラスターを構成しない孤立したカンポン。1789 年と 1790 年は，それぞれの年に通常の半分ずつのカンポンを調査し，2 年かけて通常の全てのカンポンに関する情報を得ているため，ここでは 2 年分を合計している。

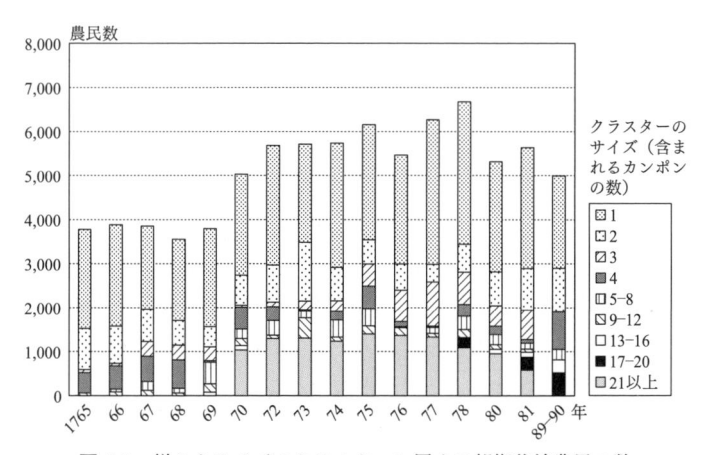

図 5-2 様々なサイズのクラスターに属する胡椒栽培農民の数

出典) 図 5-1 に同じ。
注) グラフの数値は，凡例に示される様々なサイズのクラスターに属する胡椒栽培農民の数。それ以外の点は，図 5-1 の注で示した通り。

1760年代は，ポンゴウォの影響力が地理的に分散していることが特徴的であった[34]。最初の視察が行われた1765年の報告書によると，ある同一のポンゴウォの影響下にあるカンポンは多くが地理的に分散していて，クラスターを形成することはあまりなかった。その結果視察が行われた238のカンポンのうち168は，同じポンゴウォに属するカンポンを周囲に持たなかった。三つ以上のカンポンが隣接して同じポンゴウォに属するケースは，全体の約15％に過ぎなかった（図5-1）。

興味深いことに，胡椒生産が拡大するにつれ，ポンゴウォの影響力が地理的に集中することが見て取れる。図5-1は異なるサイズのクラスターに属するカンポンの数がどのように推移したかを示したものである。グラフの各棒はクラスターのサイズごとに分類されており，グラフの各棒の下部に行くほど，より大きなクラスターに含まれるカンポンが示される。つまりグラフの棒の下部の範疇が大きいほど，より地理的に集中したカンポンに影響力を持つポンゴウォが多く存在したと言える。胡椒栽培カンポンの数は1765年から1772年にかけて安定的に増加し，1770年代の残りでほぼ一定となり，1780年代に入って急に減少する。二つかそれ以上のカンポンから成るクラスターに属するカンポンの数は，1773年まで，カンポン数全体の伸びを上回って増加し，1770年代を通じてほぼ同じレベルを維持した後，1780年以降やや減少する。つまりポンゴウォたちは，当該期間を通じて，より大きなクラスター――より地理的に集中したカンポン――に影響を及ぼすようになってきたことが確かめられる[35]。

結果として，住民に対するポンゴウォの影響力は高まった。図5-2は，異なるサイズのクラスターに含まれる胡椒栽培農民の数の推移を示している。より大きなクラスターに属する農民の数は，1765年から1773年にかけて，栽培農民総数の伸びを上回って増加し，1770年代を通じて安定的に推移し，1780年代に減少する。つまり有力ポンゴウォたちは，より地理的に集中したカンポンに住む住民に対して影響力を拡大させたことが確かめられる。

注目すべきは，ポンゴウォの影響力の拡大とその地理的集中が，バンテンの胡椒供給の拡大と並行していたことである（図1-14）。ポンゴウォの勢力と胡椒供給はどちらも1770年代初めに拡大し始め，前者が衰退し始めた数年後には後者も衰退した。この両者の盛衰がほぼ並行して推移したことは，胡椒栽培の拡大がポンゴウォの地方社会における政治的影響力増大と強く関連していたことを示唆

2）ポンゴウォの影響力拡大の要因と方法

ではなぜ，胡椒栽培を通じてポンゴウォの政治的影響力の拡大が可能となったのであろうか。第一の理由は，ポンゴウォが胡椒栽培によって経済的利益を得たことである。ポンゴウォはスルタンから胡椒1バハルにつき7から8スペインリアルを受け取る一方，カンポン首長には運送費用も含めて1バハルあたり6から7.5スペインリアルを支払っていたので[36]，彼らが胡椒生産を通じた仲介収入によって潤っていたことは明らかである。胡椒栽培から利益を得ようとしたポンゴウォにとって，自分の支配地を地理的に集中させることは，生産を効率化し農民の監視を容易にすることに貢献したことであろう。

第二に，胡椒栽培は，ポンゴウォが自分の支配下の農民をコントロールすることを容易にしたことである。というのは，胡椒を植えることによって栽培者は，それまでよりもはるかに長い年月の間，同じ土地で労働するようになったからである。バンテンの内陸部では焼畑ないし畑作が中心であり，農民は3年から4年の間一つの土地を耕作するとそれを放棄して，また新たな耕地を拓くために次の場所へ移動した[37]。一方，胡椒は十分実を付けるようになるまでに3年から5年かかり，12年から16年，長ければ20年経つまで収穫が可能だった[38]。従って胡椒農民は12年から16年以上1ヶ所の地に定住するようになり，ポンゴウォは彼らがそれまでのようにしばしば移動したりいなくなったりすることを心配する必要がなくなった。また，このすぐ後に述べるように，定住化した農民は，胡椒栽培以外の労働のために動員するのも比較的容易となった。

では，どのようにしてポンゴウォたちは，農民への影響を強め，彼らを地理的に集中した場所に集住させることが可能となったのであろうか。第一に有力ポンゴウォは，人々を胡椒栽培の促進のために，強制的に特定の場所に移住させることがあった。例えば1780年代にパニンバン地域の最有力ポンゴウォであったラデン・デマン・ボラクサ（Raden Deman Boraksa）は，胡椒栽培のために周辺カンポンの人々を強制的にマンペン・コロット（Mampeng Kolot）というカンポンに集めたことが報告されている[39]。こうした地方社会の動きはなかなか資料に現れることがないが，同様のプロセスは恐らく他の地域でも頻繁に起きていたのではないかと考えられる。

第二に，有力なポンゴウォは，より弱いポンゴウォのもとにいる住民や，帰属するポンゴウォが明らかでない人々を，強制的に自らの支配下に連れてくる場合があった。例えばキンドル・サヒッド（Kindol Sahid）というポンゴウォは，支配権がバンテン王国とオランダ東インド会社との間で確立していなかったサダネ川沿いのグレンディン（Grending）地域の住民を，自らの支配下のカンポンに連れ帰った[40]。また，ポンゴウォは常に多くの理由から互いに抗争し合っており，ある者は実際に軍事力（兵士と武器）を用いて，ライバルを攻撃し圧倒しようとしていた[41]。こうした争いの一環として，あるポンゴウォのもとにいた人々が，別のポンゴウォが支配する地域に強制的に集住させられたことは想像に難くない。

　第三に，新来のジャワ人移民が胡椒栽培に組み入れられた。オランダ人はそのようなジャワ人移民をウェタンガー（Wetanger）と呼んだ[42]。ウェタンガーは，当初は中・東部ジャワ各地からコタ・バンテンに移住し，そこでオランダ東インド会社の保護のもとに置かれて，ウェタンガー首領（Hoofd der Wetangers）の下に組織されていた[43]。彼らは，会社ポストの護衛や海岸警備といった様々な会社の仕事に従事した[44]。しかし，会社の支払う給料の少なさやしばしば起きる未払いに強い不満を抱いた彼らは1750年代以降首都を離れ，内陸部に移住し始めた[45]。ウェタンガーたちは通常10-20名から成る集団を形成し，ポンゴウォの保護下に入って，バンテン内陸部の数多くのカンポンで暮らした。1760年代以降，ポンゴウォは彼らを胡椒栽培に従事させるようになり，やがてウェタンガーはその重要な労働力となった[46]。

　第四に，ポンゴウォが支配するカンポンを拡大する方法として，新しいカンポンを開くことがあった。1766年の胡椒栽培調査報告は，新たに建設されたカンポンについて言及する唯一の資料であるが，これによると全262の胡椒生産カンポンのうち，20が「新しいカンポン」とされている[47]。これらが胡椒栽培を促進するために開拓されたことはほぼ間違いなく，これまで述べてきたような経緯からすると，ポンゴウォは恐らく支配下の既存のカンポンと隣接する地域に新たなカンポンを開くことを好んだであろう。

　第五に，重い負担を逃れてより寛大なパトロンを見つけようとする生産者の自発的な選択によって，一部のポンゴウォのもとに集まる農民が増えたことが考えられる。バンテンの住民台帳とオランダ語資料は共に，一般の農民がしばしばパトロンを変更したことに言及している。パトロンの変更は，上述のように，有力

ポンゴウォから移住を強制された場合もあったであろうが，胡椒栽培調査報告書で最も多く言及される理由は，ポンゴウォが課す負担から逃れるためであった。

さらに地方社会におけるスルタンの影響力の衰退も，ポンゴウォの支配力の拡大を可能にしたと言える。理論上スルタンは宮廷ポンゴウォを任免する権利を持っていたが，18世紀後半になるとそのような決定力を実際に行使することはもはやできなくなっていた。スルタンが有力な宮廷ポンゴウォを任命または解任する時には，オランダ東インド会社の承認を得る必要は本来一部の高官を除いてなかったにもかかわらず，スルタンはしばしば会社の支持を必要とした[48]。地方のポンゴウォとの関係では，スルタンの影響力はさらに弱かった。ある地域の胡椒生産が不十分であるとの報告を受けても，スルタンは強力な地方ポンゴウォの支配下にある地域の問題に関して決して介入することはなかった。スルタンの影響力に限界があったことは，一部の強力なポンゴウォが弱小勢力のポンゴウォとカンポンや農民への支配権をめぐって抗争し，それらを獲得する余地を与えたことであろう。

3）ポンゴウォの影響力拡大における地域的特徴

第4章第3節で筆者は，約300の胡椒栽培カンポンのうち，128ヶ所の地理的位置を比定できたことを述べた。これらのカンポンは，そのほとんどが主要な河川とその支流に沿って存在している。そうした主要河川およびその支流ごとに区分すると，128のカンポンを10の地域にグループ化することが可能である（図5-3）。人々の移動において河川が重要な働きをした時代においては，河川によって結びつけられたカンポンのグループが，「地域」としての一体性を有したことは十分考えられよう。

ここでポンゴウォの影響力拡大に関する地域的差異を，図5-3に示した10の地域ごとに検討する。図5-3の右および下方に挙げた円グラフは，それぞれ各地域における上位5人の有力ポンゴウォたち（この5人は，影響下にあるカンポン数に基づいて抽出した）が，地域内の胡椒栽培カンポンおよび栽培者のうちのどのくらいの割合を支配下に置いていたかを示している。パイ状に示された各円グラフ内の右上に最有力のポンゴウォの支配下にあるカンポンまたは栽培者の比率が示され，時計回りに第2位から第5位までのポンゴウォ支配が示され，最後（円グラフ内の左上）に勢力の弱いその他のポンゴウォ支配するカンポンまたは栽

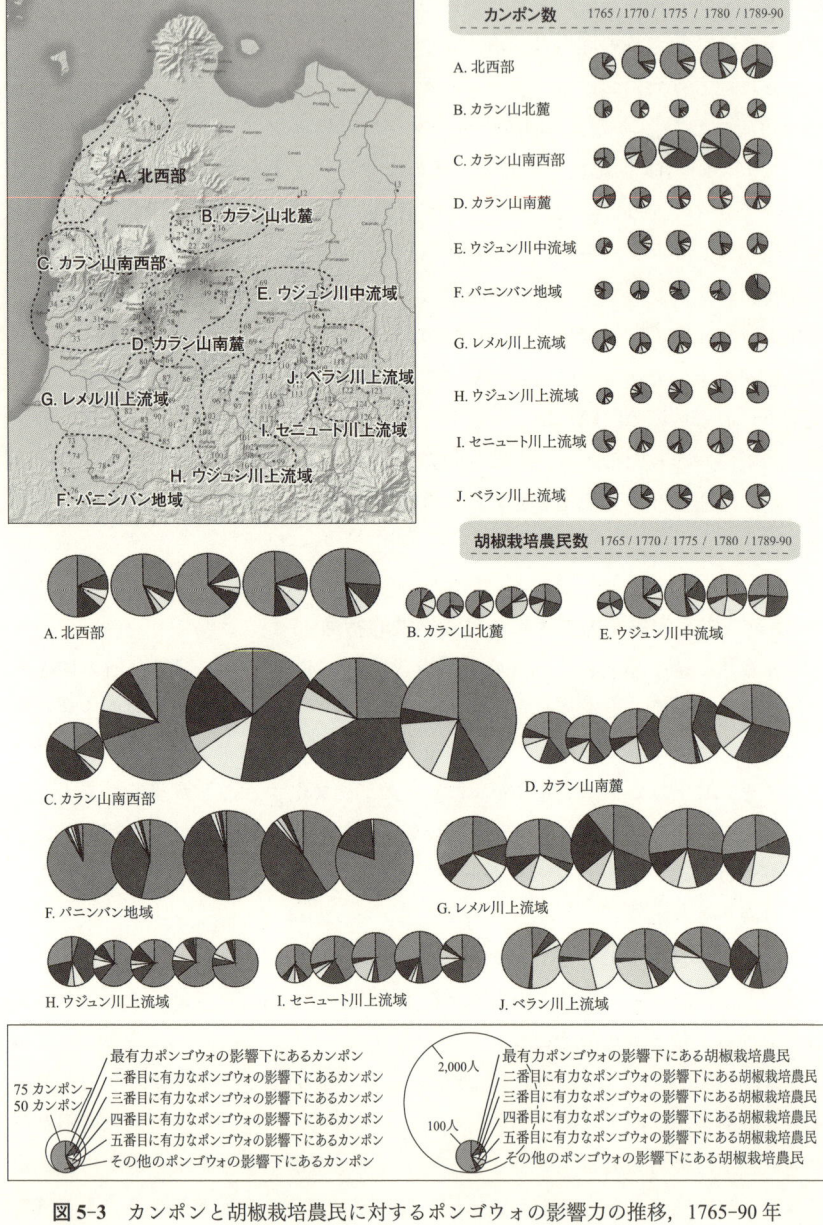

図 5-3　カンポンと胡椒栽培農民に対するポンゴウォの影響力の推移，1765-90 年
出典）図 4-2 に同じ。

培者の比率が表される。つまり，各円グラフをパイ状に刻む境界線が全体として時計回りに進むならば，少数の有力ポンゴウォによる各地域における胡椒栽培カンポンおよび栽培者の寡占が進んだことになる。

　まず全体的な傾向を見ると，カンポン数および成人男子数のいずれにおいても，各地域で上位ポンゴウォの影響力が特に拡大している。つまり多くの地域で少数の有力ポンゴウォたちが支配的になったということである。そうした地域では，1人または少数のポンゴウォが隣接するカンポン──クラスター──に対して支配を及ぼすようになる傾向も強かったと考えられよう。先に図5-1，図5-2で示された傾向が，ここでも確認できると言える。

　次に地域ごとの差異に着目すると，胡椒栽培者の数が特に多いのは，A. 北西部，C. カラン山南西部，D. カラン山南麓，F. パニンバン，およびG. レメル川（Ci Lemer）上流域の各地域であった。カラン山の南部と北西に位置するこれらの地域は，比較的人口が多く土地も肥沃であったため，有力なポンゴウォが，胡椒やその他の作物の栽培を通じて勢力を拡大する可能性もより大きかったことであろう。他方，クンデン山地に位置するE. ウジュン川中流およびH. 同上流，I. セニュート川（Ci Seneut）上流，およびJ. ベラン川（Ci Berang）上流の各地域は，人口が比較的希薄で，重要な産業が存在しなかった。従って胡椒栽培者数もこれらの地域では少ないのであるが，興味深いことに，少数のポンゴウォが1790年にかけて著しく支配的になったのは，これらの地域であった（図5-3）。胡椒生産以外に重要な産業がなかったため，胡椒栽培のインパクトは人口が少ない地域でより大きかったことが確かめられる。

　他産業の存在と有力ポンゴウォの影響力との間におけるこの関連性は，胡椒栽培者の数が多かったA. 北西部，C. カラン山南西部，D. カラン山南麓，F. パニンバン，およびG. レメル川上流の各地域でも確かめられる。例えば，パニンバン地域は1765年以前から重要な胡椒生産地であったが，この地域の土地は稲作に向かなかったこともあり，胡椒生産の他に主要な産業がなかった。パニンバン地域では1765年の時点ですでに1人の有力なポンゴウォの影響下に多数の農民が集中しており，その後も引き続き1人もしくは2人のポンゴウォが支配的であった（図5-3）。このことは，他の産業が発達していないために住民が胡椒栽培に集中し，有力ポンゴウォが彼らに対して支配力を及ぼすことが比較的容易に行われたことを示唆していよう。他方，北西部やカラン山南西部では，貿易や商品作

物栽培といった産業が盛んであり[49]、これらの地域では有力なポンゴウォの勢力拡大はあまり顕著ではない。住民の多くが胡椒栽培以外のこういった産業にも従事していた場合、ポンゴウォの影響力はそれほど顕著に拡大しなかったようである。残念なことに、地域ごとにおける胡椒の生産量は、資料からは明らかでない。

4) 有力ポンゴウォの背景とキャリアパス

　当時のバンテンで強い影響力を持つポンゴウォの大多数は地方有力者であり、王族などもともと宮廷に権力基盤を置いた者は少数派であった。1788年にドゥ・ローフェレ・ファン・ブリューヘルは王族メンバーの詳細な紹介を行っている[50]。筆者は図5-3を作成するにあたり1789-90年の胡椒栽培調査報告書から各地域の有力ポンゴウォを計50名抽出したが、このうちドゥ・ローフェレ・ファン・ブリューヘルの紹介によって確実に王族の出身と分かるのは4人のみである。残りはほとんど皆、地方に拠点を持つ有力者であったと考えられる。

　もっとも一部の地方有力者は、その後胡椒栽培の促進を通じて宮廷で高い役職を得ることがあった。1770年頃カラン山南西部地方に勢力基盤を持ったと胡椒栽培調査報告書に記されるパンゲラン・スラディラガ（Pangeran Suradilaga）は、恐らく他のオランダ語資料でシャーバンダル（港湾長官）とされるキヤイ・アリア・スラディラガ（Kyai Aria Suradilaga）である。1763年に彼は、オランダ東インド会社職員に同行して胡椒栽培の調査視察を行うよう、スルタンに命じられた[51]。視察を行った翌年、彼は胡椒栽培の促進を担当する大臣に命ぜられた。この役職は首相とシャーバンダルに次いで、宮廷で3番目に高位の役職であった。1766年に彼はスルタンによって首相（rijksbestierder）に推薦され、東インド会社バンテン商館幹部の承認を得て就任した[52]。キヤイ・アリア・スラディラガの死後は、1773年にパニンバン地方出身のキ・アリア・トゥルナジャヤ（またはトゥルノジョヨ Ki Aria Trunajaya）が胡椒栽培促進担当大臣に就任した[53]。彼はその後パンゲラン・ディパナガラ（またはディポヌゴロ Pangeran Dipanagara）と改名し、首相に任命された[54]。1784年にパンゲラン・ディパナガラから首相の地位を引き継いだのは、カラン山南西部地方出身で胡椒栽培促進担当大臣であったラデン・アリア・ウィグニャディラジャ（またはウィグニョディロジョ Raden Aria Wignyadiraja）であった[55]。

　連続する3人の首相が異なる地域の出身であったということは、特定の地域や

家系がその地位と関連していたわけではなかったことを意味している。むしろ，ある地域において著しく有力となったポンゴウォから首相が選ばれ任命されたと考えられよう。ある重要な胡椒生産地域のポンゴウォが，まず胡椒栽培促進担当大臣に任命され，その後首相になるというのは，一つの昇進のパターンであったように思われる。ここから，胡椒栽培に関する知識と経験が宮廷と会社幹部によって高く評価されたことが窺われる。実際にバンテン商館長のファウレは，スルタンによって推薦されたキヤイ・アリア・ティスナナガラ（またはティスノノゴロ Kyai Aria Tisnanagara）を，「胡椒栽培を熟知している」という理由で首相として承認した[56]。こうした高位の官職を手に入れて，有力ポンゴウォはさらに権威と収入を拡大したことであろう。

もっとも，このようなキャリアパスは，胡椒栽培促進政策が積極的に進められた1760年代から80年代前半までにのみ顕著であった。例えば，第3章で取り上げたスダ・ナラと本章でこの後に検討するパンゲラン・ユダナガラ（Pangeran Yudanagara）という人物は，共にそれぞれ1750年前後と1790年代前半にチャリンギンのパレンバンと呼ばれた王国最有力の地方エリートであったが，首相など宮廷内の役職を得ることはなかった。恐らく会社やスルタンが胡椒の増産に熱心であった期間に，胡椒栽培に熱心な地方有力者が宮廷で高級官僚になるというキャリアパスが形成され，胡椒栽培の促進がそれほど強く行われなかった期間には，それがあまり顕著でなかった可能性が指摘できよう。オランダ東インド会社が主導した胡椒栽培促進政策は，このように宮廷と地方有力者との間の政治的関係にも大きな影響を与えていたことが確かめられる。

5）胡椒生産の衰退

バンテンの胡椒生産は1770年代に入って着実に増加したが，その生産量は期待されていたよりもはるかに低いものにとどまった。そのため1777年以降，バタヴィアとアムステルダムの会社役員たちは，胡椒生産促進政策の効果に疑いを持つようになっていた[57]。1786年以降に生産が前年を下回り始めると，バタヴィア政庁はバンテン商館長エンゲルトに対し，栽培調査をより厳密に行うよう指示した[58]。これを受けて1789年と1790年の調査は，新たに任命された2人のオランダ東インド会社職員によって，特に厳しく正確を期して実施されることになった。この2年間は，それぞれの年に通常の半分ずつのカンポンだけを調査

し，2年かけて通常の全てのカンポンにおいて調査が行われた。

このようにして行われた1789年の胡椒栽培調査視察は，それまでの視察が1770年代半ば以降既に形骸化していることを明らかにした。視察官たちは，収穫された胡椒に小石が混入されていることや労働力の不足といった，胡椒栽培に関する多くの問題を報告したが，とりわけ強調したのは，調査視察において多くの不正が行われていることであった[59]。1789年の調査報告によると，カンポン首長は過去の調査において，胡椒苗木の本数を実際よりもはるかに多く報告していた。彼らは調査の直前に短く切った胡椒の蔓を地面に挿してあたかもそれが植えられているように見せかけたり，あるいはオランダ人調査官によって派遣された現地人職員（パンラコ panlako）を買収したりするなどして，苗木の本数を実際よりも水増しして報告していた[60]。1777年以降は，オランダ人視察官が直接調査に赴くのは内陸部でも北部の地域だけであり，それ以外の地域へはパンラコを派遣するのみであったことが，こうした不正報告を容易にしていた[61]。こうして不正確な胡椒苗木数の情報に基づいて，バンテン商館の職員たちは供給量に関して楽観的過ぎる予測をしていたのであった[62]。

この視察が明らかにしたもう一つの重要な点は，農民が胡椒栽培を非常に嫌っていること，そして彼らの多くが既に胡椒畑を放棄してカンポンを逃げ出していることであった。生産の低迷には長雨や旱魃といった悪天候も理由に挙げられたが，より深刻な理由は農民の生産意欲の欠如であると結論づけられた。農民が胡椒栽培に不満を持つ最大の理由は，ポンゴウォによって支払われる対価が低いことであった[63]。彼らは1バハルあたり7.5スペインリアルが正当な支払いと考えていた。ところが1789年の報告書において，この価格が栽培者に支払われたケースはわずかに一例しか見られない[64]。それ以外の場合には，農民が受け取っていたのは6から6.5スペインリアルであった[65]。1770-80年代にオランダ東インド会社バンテン商館に駐在したドゥ・ローフェレ・ファン・ブリューヘルも，胡椒栽培農民への支払額が低すぎることが，彼らの意欲を減退させる要因だと述べている[66]。

1760年代にポンゴウォはスルタンから胡椒1バハルにつき8リアルを受け取り[67]，それでも影響力を拡大したことを考えると，彼らは恐らく初期の段階から農民からの買取価格を低く設定していたに違いない。それでも初期においては生産の拡大に成功していたのは，前章で述べたように，ポンゴウォたちが栽培を怠

けた農民に厳しい罰を与えるなどして、栽培を強制していたからであった。しかしそのような強制的手段は、長い間効果を保つことはできなかった。1770年代に入ると、ポンゴウォが低い値段でしか買い取らない場合は、農民はカンポンから逃亡するようになった。1789年の調査報告は、1776年から少なくとも33の「村落」が放棄されたと述べている[68]。彼らは胡椒への支払いが少ないことに強い不満を抱き、多くが胡椒栽培を避けるためにカンポンから逃散していた[69]。

ここで注目に値するのは、農民たちが彼らの胡椒に対する支払額の多寡に極めて敏感であることである。このような姿勢は、彼らが現金収入を得ることに非常に熱心になっていることを示すと言えよう。このことは、胡椒栽培が導入されるまで彼らが現金収入を得る機会がほとんどなかったことを考えると、非常に興味深い。1763年以前にバンテン内陸部で行われた唯一の換金作物は胡椒とナツメグであるが（第1章参照）、その栽培はいずれも短期間で狭い地域に限られていた。そのため、一般農民が恒常的に現金収入を手にするようになったのは、胡椒生産促進政策が進められた1760年代半ばから90年頃にかけてのことに過ぎない。しかしこの期間以降の農民の行動は、彼らがいかに現金収入の獲得に熱心になり、市場志向的になったかを示している。以下、そうした例を幾つか挙げたい。

6）グレンディンへの移住

バンテン農民の市場志向性は、彼らがカンポンを逃亡したときの移住先の選択においても明らかであった。最も人気のある移住先は、サダネ川上流のグレンディン地方であった。胡椒栽培調査の視察官たちは1789年に、近年になって「数千人の」農民が既にグレンディンに移住したとの情報を得た。グレンディンが選ばれる理由は、そこでは「生計の手段を得るのが容易である」ためであった[70]。この「生計の手段」とは恐らく、当初は樹木の伐採と関連していたことであろう。というのもグレンディンは、サダネ川流域の砂糖工場に薪を供給した地域の一つであったからである[71]。薪を得るための樹木の伐採を通じて現金収入を得る機会があったことが、人々をグレンディンに引き付けていたと考えられる。

グレンディンは、支配権が明確かつ安定的に確立していない地域であった。1747年の条約によってバンテンのスルタンは、オランダ東インド会社にこの地域を割譲することに合意していた。ところが周辺地域のポンゴウォの中には、こ

の合意に不満を持ち，例えばグレンディンの住民を自分の支配下の地域に強制的に移住させるなどしてトラブルを起こす者もいた。そのためバタヴィア政庁は1768年，ポンゴウォたちによって任命されていたグレンディン地域の現地人首長を追放し，代わりにオランダ人民間人をグレンディンの首長として任命した[72]。しかしこの解決方法によって当地におけるオランダ支配が強化された形跡は見当たらない。オランダ当局と地方のポンゴウォとの間の複雑かつ相争う関係によって，グレンディンは効果的な統治が行われない地域となった。

　グレンディンはやがて活発な貿易地に発展した。グレンディンはバタヴィア，「ジャカルタ後背地（Jakartase Bovenlanden，バタヴィア南方と考えられる）」，およびバンテンとの間で行われる貿易の拠点となった。このことはまたバンテンの農民が，胡椒栽培で得た金で商品を入手する機会を与えた。バタヴィアおよびその南方から来る多くの華人商人が，布やその他の家庭用品を運んで来て，バンテン内陸部からやって来る顧客に売った。代わりにバンテンから来る人々は，カポック，水牛，山羊，動物の皮革といった天然製品を華人商人たちに売った[73]。グレンディンからやって来る商人たちもまたバンテン内陸部まで入って来て，胡椒を購入することがあった[74]。このようにしてグレンディンにおいて貿易が発達し，バンテン内陸部の住民が商品を購入する機会を得たことは，彼らがいっそう市場志向的となり，貨幣経済に巻き込まれる一助となったことであろう。

7）コーヒー栽培

　現金収入を強く求めるようになったバンテン内陸部の一部の農民は，コーヒー栽培を開始した。1789年，オランダ人の胡椒栽培調査視察官は，カラン南部地域のパンデグラン（Pandeglang）で200本のコーヒー苗木が栽培されているのを発見し，その他にもソマン（Somang）などの場所で，より小規模な栽培が行われているのに気づいた。そうした場所で視察官たちは，カンポン首長に対しコーヒー栽培を即座にやめるよう命令した[75]。しかし翌年の調査では，実に4,000本のコーヒー苗木がカラン山南麓地域のチャンゴアン（Cangoang）とパッシル・ギンテン（Passir Ginteng）で発見された。これを見て視察官は，コーヒーは胡椒栽培に害を与えていないと結論づけた[76]。胡椒栽培調査報告書は通常，ポンゴウォによる米などの栽培強制を胡椒栽培の弊害と見なして詳しく記述するが，コーヒー栽培に関してはポンゴウォの関与を一切記していない。このことは恐

らく，コーヒー栽培が農民による自発的な取り組みであったことを示している。

コーヒー栽培は，バンテンの農民にとってそれほど特殊な事業ではなかったと考えられる。というのは，コーヒーは18世紀ジャワの重要な換金作物であり，距離的に比較的近いプリアンガンを主要な産地の一つとしていたからである。後述するように，バンテン内陸部には1780年代にはバタヴィアやその南方からの商人が頻繁に出入りするようになっており，彼らを通じて苗木や栽培のノウハウが持ち込まれ，さらに産品がバタヴィアに運ばれたことは十分に考えられる。

しかしオランダ本国の会社上層部は，バンテン内陸部におけるコーヒー栽培にあまり関心を持たなかった。1791年にバンテン商館長は，アムステルダムの会社幹部に，バンテンで育ったコーヒーのサンプルを送った。これは輸出のために生産を本格化するかどうかを検討する目的であったと思われ，バンテン商館ではコーヒー栽培を促進する意志があったと考えられる。しかしアムステルダムからの回答は，バンテンで胡椒に加えてコーヒーを栽培するのは困難と思われるため，増産を勧めないというものであった[77]。

1790年以降バンテン内陸部のコーヒー生産に関する情報はしばらく途絶えるが，恐らくオランダ東インド会社上層部の無関心にもかかわらず，栽培は続けられたものと思われる。1801年には，130ポンドのコーヒーがバンテン内陸部から会社に供給されたことが分かっている[78]。次章で論じるように1800年前後のバンテンではオランダ東インド会社の貿易管理が弱まり，外国人商人が取引の機会を窺っていたので，栽培者がより良い買取価格を示す非オランダ人の買い手を見つけることは困難でなかったであろう。バンテンのコーヒー生産は，量的にはジャワ全体の貿易においてあまり大きな意味を持たなかったかも知れない。しかし興味深いのは，一般農民が自発的に換金作物栽培を始めたことであり，この例もまた，バンテン内陸部の農民がより市場志向的になっていたことを示していると言えよう。

8) 胡椒栽培の終焉

胡椒生産の減少に対処するために当初オランダ東インド会社が考えたことは，ポンゴウォを胡椒供給システムから完全に排除し，スルタンとカンポン首長との間の直接取引を促すことによって，栽培農民の利益を確保することであった。胡

椒栽培視察官たちは，そのような提言をバンテン商館やバタヴィア政庁にたびたび行った[79]。しかし農民に対しポンゴウォが強い影響力を持つバンテンでは，そのような直接取引は望むべくもないことであった。ポンゴウォは胡椒生産以外でも，1780年代後半から90年代にかけて多くの強制労働を農民に課していた。そのような強制労働には，新たな水田の開発，灌漑用水路の掘削，生産物をコタ・バンテンまで運ぶことなどが含まれた[80]。このことは，胡椒生産の停滞とは無関係に，ポンゴウォが住民に対する影響力を保持したことを意味する。このため会社職員の呼びかけにもかかわらず，カンポン首長たちは胡椒取引において彼らを決して無視しようとはしなかった。

しかし胡椒栽培を嫌って農民が逃亡を始めると，間もなく多くのポンゴウォは，農民の望むように買取価格を引き上げるのではなく，むしろ栽培を完全に放棄することを選択した。スルタンによる胡椒買取価格は固定されていたので，ポンゴウォが自分たちの利益を維持したまま農民からの買取価格を引き上げることは難しかったと思われる。一方バンテン内陸部社会における労働力の希少さを考慮すると，農民の逃亡を避けるためにポンゴウォが胡椒栽培を断念するのは，順当な発想であったことであろう。こうして生産が放棄されて，バンテン内陸部における胡椒生産は1790年以降急落した[81]。

東インド会社も財政が悪化しており，胡椒栽培の状況を改善することは困難であった。1780年代に入るとバンテン商館長は，胡椒栽培調査視察を，生産の改善のための必要な施策というよりも，商館の財政状況を悪化させる要因の一つと考えるようになった[82]。その結果，視察の任務は商館長エンゲルトの任期（1782-89年）の間にほぼ終了した。1789年の栽培調査がそれまでの調査の非効率性と胡椒取引における不公正な支払いを明らかにした時でさえ，緊迫する外的・内的環境の中では，会社はその改善のために本格的に取り組むことができなかった。先述のように1790年代前半を通じて，イギリスはバンテンの海岸をたびたび奇襲しており，また次節で論じるように，パレンバン人によるランプン・トゥランバワンへの侵入はもう一つの緊急課題となった。1795年から1797年にかけて要塞の建設と軍事徴用が行われたことは，農民をさらに胡椒栽培から引き離すこととなった[83]。結果としてオランダ東インド会社は，バンテンで胡椒栽培を促進することを完全に諦めざるを得なくなった。

9）水田耕作

多くのポンゴウォは，胡椒栽培を放棄する一方で，代わりに水田耕作を開始した。稲作開始の最初の情報は1768年であるが[84]，オランダ語資料がそれに頻繁に言及するようになるのは1789年であった[85]。例えばカラン山南麓地域のセコン（Sekong）では，ポンゴウォが自分の支配下の農民に120モルヘン（morgen）の水田を作るよう強制した[86]。1789年の栽培調査報告は，内陸部の多くの場所で水田開発に労働力が徴用されていることが，人々を胡椒畑から遠ざけていると結論づけた[87]。

水田開発は18世紀後半のプリアンガンでも，コーヒー栽培者に対する安定した食料供給を可能にする目的で進められたが（後述），バンテンにおいてはそうした目的よりも，ポンゴウォが自分たちの収入と影響力を維持するために重要であったように見える。胡椒栽培を放棄した農民にとって，水田耕作が食料の供給のために不可欠であるということはなかった。彼らは陸稲耕作に満足しており，また人口規模が小さいために，水田開発を行って食料を増産する必要もそれほどなかった。むしろ胡椒栽培を通じて集住・定住するようになった農民に対してポンゴウォが影響力を拡大したため，水田開発が可能になったと考えるべきであろう。胡椒栽培が立ちゆかなくなると，ポンゴウォはそれに代わる収入源を求めて，水田開発に取り組んだのである。

そのような水田開発と稲作推進の最も顕著な例が，カラン山南西地域で最有力のポンゴウォである，チャリンギンのパンゲラン・ユダナガラによって行われたケースである。1792年に伝えられたところによると，彼は水路を掘削し新たな水田を拓くために300人の住民を動員し，60人から90人を強制的に水田耕作に従事させていた。彼は全く報酬を支払うことなく人々を働かせるだけでなく，働かない者には罰金を科した。さらに彼は人々から金を徴収して労働者に与える必需品を入手し，また海賊からの防衛のために2門の大砲を購入した。彼の圧政を逃れて多くの人々が逃亡し，結果として31の胡椒畑が放棄された。チャリンギンに視察に来たオランダ東インド会社職員は，ユダナガラは胡椒栽培を衰退させた罪によって罰せられるべきだと結論づけた[88]。しかしスルタンもオランダ東インド会社も財政の悪化に苦しんでおり，それが実行された形跡はない。

興味深いことにパンゲラン・ユダナガラは，自分の支配地域で生産された米を独占し，オランダの禁制に反して，自分の支配下の港から外部市場に向けて売っ

ていた[89]。つまり彼は配下の住民に対する食料供給のためなどではなく，自らの収入の確保のために水田開発と稲作を進めたのであった。バンテン地方社会の有力者もまた一般農民と同様に，強く市場志向的になっていたと言えよう。

10) ポンゴウォの独立と地域領主化

オランダの介入が弱まりスルタンの権力が衰退する間に，有力ポンゴウォはますます王国内で強大化し，自立するようになった。イギリス統治時代の1812年，バンテン州理事であったウドニー・ユール（Udney Yule）は，ポンゴウォとスルタンとの結びつきは大変弱く，前者は後者に全く収入をもたらさないと報告した[90]。この時までにポンゴウォは相当程度に自立化し，スルタンから独立していたのである。

実際ポンゴウォの影響力は18世紀末にますます強大化し，また領域化した。19世紀初期の資料はしばしば，王国時代の地方有力者が多数の「村落」を含む「地域」に権威を確立していたと述べている[91]。1821年の報告書ならびに『最終提要』によれば，スルタンはチャリンギン，チャリタ，ムネス，チマヌック，アニャル，ポンタン，タナラといった場所では，行政権を有力ポンゴウォ（報告者は彼らをブパティと呼んでいる）に譲り渡しており，彼らはこれらの場所で多数の「村落」の上に権威を行使している，とされる[92]。『最終提要』はまた，ポンゴウォの一部は自分のプチャトン（第2章第2節参照）を一生，あるいは世襲的に保有し，中央権力の欠如から利益を得ているとも述べた[93]。

このように19世紀バンテンの政治状況を分析したオランダ人植民地官吏は，有力ポンゴウォが強大，自立的，世襲的であり，かつ一定の領域に影響力を及ぼす地域領主であったことを述べている。このことは，1760年代までポンゴウォの影響力が領域ではなく人々に対して及んでおり，その影響力が地理的に非常に拡散していた（第2章第2節参照）状況から大きく変化したことを意味する。このような変化は，どのように起こったのであろうか。

表5-1は，上述の『最終提要』で指摘された場所のうち，資料の残るチャリンギン，ムネス，チマヌックと，他にも有力ポンゴウォが存在したいくつかの場所における，有力ポンゴウォが支配するカンポンと胡椒栽培者の数の推移を表したものである。この表からは，有力ポンゴウォが自分の影響下に置くカンポンと胡椒栽培者の数は，胡椒栽培促進政策が一定の成果を上げた1760年代後半から70

年代前半にかけて増加し、胡椒栽培を嫌う農民の逃亡が起きた1770年代末からやや減少するというパターンで推移したことが確かめられる。つまり有力ポンゴウォが多数のカンポンや住民を支配する状況は1760年代半ばまであまり一般的ではなく、それ以降の数十年を通じて、有力ポンゴウォが台頭するようになったのである。胡椒栽培調査は、全人口ではなく胡椒栽培者のみを数えている。従って1770年代から住民は胡椒栽培をやめて水田耕作を行うことが多かったことを考慮すると、表5-1でその頃から人数が減少しているように見えても、実際にはポンゴウォがもっと多くの人々を支配下に置いている場合もあったであろう。このようにしてバンテンのポンゴウォたちは1760年代半ばから、先述のようにオランダの胡椒栽培促進政策を通じて、また中央権力が弱体化する中で、次第に勢力を拡大し領域的に影響力を及ぼす強大で自立的な地域領主へと発展していったのであった。このことはつまり、王国の中心にいるスルタンの権威と命令が、ポンゴウォを経由して地方の住民に届けられるという伝統的支配構造がこの時期に崩れ、胡椒栽培促進政策を通じて力をつけたポンゴウォがスルタンとのつながりを弱めるという変化が起きていたと言えよう。

11) チレボン、プリアンガンとの比較

　18世紀末のバンテンにおける胡椒栽培がオランダ東インド会社の期待を下回るまま終わったことは、同じ時期のプリアンガンとチレボンにおけるコーヒー栽培の成功とは対照的と言える。この違いはどのようにして生じたのであろうか。

　大橋厚子は、プリアンガンにおけるコーヒー栽培の成功の鍵は、オランダ当局が現地人首長層および多数の住民に物質的豊かさと安定を、その入手の容易さとともに提供したこと、信用供与や生活必需品の供給など、生活に必要なサービスを独占的に供給したことによると説明する[94]。レヘントたちはコーヒー栽培農民とバタヴィア政庁との間で仲介利益を得たことに加えて、灌漑水田を拓くにあたっては会社の財政支援を受けた。レヘントは支配下の首長たちに水田とそれを耕作する権利を与えることによって、自分たちの権利を強化した。水田耕作の権利を得ることによって農民はかつての畑作栽培よりも安定した食料確保が可能になったため、彼らはコーヒー栽培にも労働力を割くことが可能となった。こうして会社は、水田耕作を推進し、栽培農民の生活と労働力提供を安定化させることによって、コーヒー栽培を促進した[95]。

表 5-1 1765-90年における有力ポンゴ

地域名		1765	1766	1767
チャリンギン	ポンゴウォ	P. Wiradisura	P. Wiradisuta	P. Wiradisuta
	カンポン数	9	10	10
	胡椒栽培者数	68	88	122
ムネス	ポンゴウォ		P. Kusumadiraja	P. Kusumadiraja
	カンポン数		1	1
	胡椒栽培者数		n.d.	n.d.
チマヌック	ポンゴウォ	R. T. Surabaya		
	カンポン数	1		
	胡椒栽培者数	40		
ルバック	ポンゴウォ	P. Mehamet		
	カンポン数	1		
	胡椒栽培者数	12		
パラカン・テラン	ポンゴウォ			
	カンポン数			
	胡椒栽培者数			
パロン・クジャン	ポンゴウォ	K. A. Wangsaduta	K. A. Wangsaduta	K. A. Wangsaduta
	カンポン数	1	1	1
	胡椒栽培者数	92	90	92
地域名		1774	1775	1776
チャリンギン	ポンゴウォ	P. Dipanagara, P. Yudanagara	P. Dipanagara, P. Wiradisuta	P. Dipanagara, P. Wiradisuta
	カンポン数	22	21	21
	胡椒栽培者数	1,013	1,134	1,089
ムネス	ポンゴウォ	P. Kusumadiraja	P. Kusumadiraja	P. Mechamet Sale
	カンポン数	1	1	2
	胡椒栽培者数	120	120	165
チマヌック	ポンゴウォ	T. Jayaprusa	T. Jayaprusa	T. Jayaprusa
	カンポン数	1	1	1
	胡椒栽培者数	60	60	60
ルバック	ポンゴウォ	A. Wangsanagara	A. Wangsanagara	A. Wangsanagara
	カンポン数	10	13	13
	胡椒栽培者数	129	157	159
パラカン・テラン	ポンゴウォ	P. Ratu	P. Ratu	P. Ratu
	カンポン数	22	21	22
	胡椒栽培者数	226	221	228
パロン・クジャン	ポンゴウォ	A. Boraksa	A. Boraksa	A. Boraksa
	カンポン数	12	11	11
	胡椒栽培者数	101	98	95

出典) VOC 3157, 3185, 3214, 3248, 3277, 3306, 3363, 3388, 3417, 3444, 3469, 3498, 3527, Nationaal Archief, The
注 1) ポンゴウォの称号は, 以下の通り。A.: Aria, K.: Kyai Aria, P.: Pangerang, P. A.: Pangerang Aria, R.
 2) 1765-69年のデータには, 他の年には常に 300 人以上の胡椒栽培者を持つカンポン・チャリンギンの

ウォの支配するカンポンと胡椒栽培農民の数

1768	1769	1770	1772	1773
P. Wiradisuta 10 62	P. Suradilaga 14 181	P. Suradilaga 21 1,037	P. Suradilaga 21 1,091	P. Dipanagara, P. Yudanagara 21 1,089
	P. Kusumadiraja 1 14	P. Kusumadiraja 1 40	P. Kusumadiraja 1 83	P. Kusumadiraja 1 120
	T. Suradikarsa 1 28	T. Suradikarsa 1 28	T. Suradikarsa 1 33	T. Jayaprusa 1 33
	Ingabei Tayer 7 79	Ingabei Tayer 11 112	K. A. Wangsanagara 30 308	K. A. Wangsanagara 30 289
	P. Ratu 4 78	P. Ratu 4 89	P. Ratu 22 220	P. Ratu 22 225
K. A. Wangsaduta 1 92	K. A. Wangsaduta 12 76	K. A. Wangsaduta 13 98	K. A. Wangsaduta 11 79	K. A. Wangsaduta 12 85

1777	1778	1780	1781	1789-90
P. Dipanagara, P. Wiradisuta 21 1,095	P. Dipanagara, P. Wiradisuta 21 1,093	P. Dipanagara, P. Wiraprabangsa 24 686	P. Dipanagara, P. Wiraprabangsa 24 822	P. Mechamet Tayer, P. Yudanagara 23 840
P. Kusumadiraja 1 120	P. Kusumadiraja 1 120	A. Wargakusuma 21 318	A. Wargakusuma 21 292	K. A. Jayakarsa, A. Wargakusuma 9 196
T. Jayaprusa 1 60	R. A. Wignyadiraja 1 60	R. A. Wignyadiraja 1 60	R. A. Wignyadiraja 1 60	Ki Haji Gabib 1 100
A. Wangsanagara 13 159	A. Wangsanagara 13 141	A. Wangsanagara 7 77	A. Wangsanagara 5 50	P. Achmat 9 129
P. Ratu 22 236	A. Wargakusuma 17 152	A. Wargakusuma 21 318	A. Wargakusuma 21 297	P. Rajakusuma, R. Deman Boraksa 2 438
P. A. Boraksa 11 102	A. Boraksa 11 100	A. Boraksa 13 120	A. Boraksa 13 118	A. Boraksa 13 138

Hague; ADB 27, Arsip Nasional Republik Indonesia, Jakarta.
T. Raden Tomonggon, T.: Tomonggon.
栽培者数が記されていないため、本表ではその期間のチャリンギン地域の胡椒栽培者数が少なく現れている。

対照的にバンテンでは，バタヴィア政庁やバンテン商館はカンポン首長や栽培農民に利益を配分しようとしなかった。数百人のポンゴウォが強い影響力を持つバンテンでは，わずか7人ほどのレヘントが存在するプリアンガンと異なり，オランダ人が下級首長や栽培農民と直接接触をはかることは著しく困難であった。監視の目の届きにくい地方ポンゴウォの勢力が拡張することは（実際に拡張したのだが），スルタンを国内政治の最高権威とする支配構造を維持したい会社にとっては，好ましいことではなかった。バンテンにおいて会社幹部の考える国家像がプリアンガンの場合とは異なり，それがバンテンにおける胡椒生産の停滞に影響したと言える。

　18世紀末のバンテンにおけるポンゴウォの勢力の台頭は，同じ時期のチレボンにおける伝統的有力者の影響力拡大と平行している。メゾン・C. ホードレイは，チレボンではコーヒー栽培の結果，王族，レヘント，および彼らのトゥムングン（tumenggung，彼らに臣従する上位首長）が耕地を所有し，その耕地に農民がアクセスを得るために「封建地代」を支払うようになったため，そうした伝統的有力者たちが最終的に「封建領主」へと変容したと結論づける[96]。ホードレイが地方社会の変容を説明するのに「封建モデル」を適用したために，チレボンとバンテンでは一見大きな違いがあったように思えるが，詳細に検討すると両者には共通点も見て取れる。ホードレイの説明によれば，「封建地代」とは有力者の所有する水田へのアクセス権と引き換えに，栽培農民がその有力者のコーヒー畑において提供する労働奉仕やその他の形の「労働税」である[97]。コーヒー栽培を始めた有力者たちは，会社と栽培農民との間のコーヒー取引から仲介収入を得て，さらにコーヒー栽培を通じて土地と結びつけられた農民から労働税を徴収した。バンテンでも，ポンゴウォが胡椒における取引仲介から利益を得て，以前よりも長期間にわたって定住するようになった農民に対する支配を強めた点では，チレボンと非常によく似たプロセスを辿ったと言えよう。また，バンテン内陸部の水田耕作が始められた地域では，ポンゴウォは農民に対して大きな強制力を行使していた。

　もっとも，チレボンとの大きな違いは，バンテンではホードレイが論じたような「封建社会」の発展が見られず，むしろ農民による土地の私的所有や市場志向性が顕著になったことである。先に第2章で述べたように，バンテン内陸部——北部海岸平野を除いた地域——では，1780年代には胡椒栽培農民による胡椒畑

の私的所有が認められ、またそうした私的土地所有は、19世紀から20世紀にかけての資料でも明確に示されていた。このうち胡椒畑の私的所有について1780年代に言及したバンテン商館職員ドゥ・ローフェレ・ファン・ブリューヘルは、バンテンの様々な農産物栽培や土地利用について紹介した報告においてわざわざ胡椒畑を指摘していることから、胡椒栽培と私的土地所有が特に密接な関係にあったことが示唆される。胡椒栽培の特徴は、本章でも述べたように、それまで広く栽培されていた稲などの他の作物と比べて、はるかに長期間の世話が必要なことである。このようにして胡椒畑およびその周辺で自給作物を作る土地を長期間維持し、またそれを新たな耕地を求めて移動する他の農民から守らなければならない状況にあった時に、胡椒栽培農民に私的土地所有の意識が生じたと考えることは可能であろう。もっとも1780年代末からは多くの農民が胡椒畑を放棄して移民するのであるが、その後試みられたコーヒー栽培においても同様に私的土地所有が発達する状況が生じたことであろう。ポンゴウォにとっても、農民の定住は支配の確立のために好ましかったことから、彼らの私的所有を禁ずる必要性はあまりなかったと思われる。胡椒やコーヒー栽培は水田耕作ほどには強い共同管理を必要とせず、耕地を村落で共有する必要性もより低かったことであろう。このような状況からバンテンでは、第2章で述べたような、19-20世紀に続く土地の私的所有が発達したと考えられる。さらにまた、バンテンでは農民が積極的に移民して有力者との結びつきを逃れ、現金収入を得る機会を求めていた。こうした点において、バンテンにおける18世紀後半の発展は、ホードレイがチレボンの事例として論じる「封建化」とは大きく異なり、むしろ市場志向化と言える発展を示していた。

3　ランプン社会の経験と選択

　従来の研究は、19世紀末のランプン社会は自然災害、イギリス人とパレンバン人の「侵入」、そして「海賊」の襲撃などによって、深刻に衰退したと指摘してきた（序章第2節）。たしかに1770年以降、バンテンから東インド会社への胡椒供給量が減ったことは事実であるが（図1-14、図1-15）、上に述べたような「衰退要因」がどのように胡椒供給の低下につながったのか、そしてそれがどのように地方社会全体の衰退につながり得るのかについては、先行研究は明らかに

していない。本節は，上述の「衰退要因」が，地域社会に実際にどのようなインパクトをもたらしたのか，そしてその結果王国の支配構造がどのように影響を受けたのかを検討する。「海賊」の問題は，島嶼部東南アジアにおける貿易パターンの変化という文脈から，次章で扱うことにする。

1) 天然痘の流行とその他の自然災害

　ランプン社会をたびたび襲った自然災害のうち，オランダ東インド会社資料で最も頻繁に言及されるのは，天然痘の流行である。1770年，ある不明な疫病がトゥランバワンのアブンおよびソンカイ地域に広がっていることが報告された[98]。1772年にこの疫病が天然痘であると判明すると，この年および翌年に多くの人々が，病気への恐怖からジャングルへ逃げ込んだ[99]。1775年にも天然痘はボサイ，バランバンガン（Balambangan），およびタミス（Tamis）地域で報告された[100]。よく似た疫病は1786年にもトゥランバワンを襲っている。この時も胡椒農民は，栽培を放棄して山中に避難した。ボサイおよびバランバンガン地域では，病気が発見されると，地域有力者が住民を他の地へ移動させた[101]。疫病は，同年末までにはソンカイとブラム地域にまでさらに広がった[102]。農業に不適な痩せた土地に避難することは，大幅な食料減産と，引き続く大規模な飢饉へとつながった。そうした状況は，病気が収まり始めた翌年半ばまで続いた[103]。

　トゥランバワンの胡椒生産は，1770年代初頭と80年代半ばに，著しく衰えた（図1-15）。これらの時期は天然痘の流行期と一致しており，疫病が胡椒栽培に深刻な被害をもたらしたと考えられよう。

　地域社会が，自然災害から大きな被害を受けたことは間違いない。特に天然痘の流行の場合は，被害は人口の減少と飢饉という二重のものであった。疫病の他にも，旱魃（1772年），豪雨（1775年および1781年）もトゥランバワンの人々に飢饉をもたらした[104]。災害を避けるために住民が移動することは，社会の支配構造にも影響を与えたことであろう。このように引き続く災害が，この時代の気候変動によるものであったかどうかは，情報が少なく判断が困難である。

　一方こうした自然災害が，ランプン全体の胡椒生産にどれだけの悪影響を与えたのかを確認することも困難である。というのも，自然災害の情報は会社のポストが置かれた二つの地の一つであるトゥランバワンからしか得られないからである。当時のトゥランバワンは，ランプン全土の胡椒生産においてわずかな割合し

か占めていない（図1-15）。一つ確実なことは，会社職員が自然災害のためにランプン全体で生産が減少していると頻りに主張するのは，しばしば誇張を含み自己弁明的であるということである。胡椒生産の減少を自然災害による被害として説明することは，バンテン商館職員にとって，胡椒栽培や取引に関する自分たちの管理の不十分さを会社高官に非難されないためにも重要であった。オランダ東インド会社資料に頻繁に現れるこうした説明は，よく注意して受け取る必要がある。

2）スマンカのイギリス占領

　ランプンの主要な胡椒産地の一つであるスマンカでの胡椒生産衰退については，先行研究はいつもイギリスの侵入が原因であると論じてきたが，この点も再検討の必要がある。スマンカの胡椒供給は，1763年にナコダ・ムダに率いられたマレー人コミュニティがベンクーレンに移住した時に大きく減少したが，1767年までにほぼ回復した。しかし1780年に勃発した第四次英蘭戦争は，再びスマンカ社会に混乱をもたらした。戦争が始まると，イギリスはそれまでの非干渉政策を放棄して，アジアのオランダ拠点を順次奪っていった。イギリス軍が1781年6月にベンガル，8月にパダン，11月にナガパトナム，12月にペラック，1782年1月にトリンコマレーのオランダ商館を陥落させたのに続いて[105]，1782年5月，ベンクーレン商館のイギリス兵がスマンカに上陸した。「大規模なイギリス軍」が近づいてくるのを見て，オランダ東インド会社スマンカ・ポストのレジデント，エイブラハム・ファン・デル・ステル（Abraham van der Ster）はポストを放棄して，コタ・バンテンに撤退した。イギリス軍はすぐに当地のオランダ要塞ヨンゲ・ペトルス・アルベルトゥス（Fort De Jonge Petrus Albertus）を破壊した[106]。このイギリス軍侵入がもたらした混乱によって，1782年から胡椒生産は再び急落した（図1-15）。

　このようにイギリスのスマンカ占領は確かに胡椒生産の急減をもたらしたが，それが住民の生活にも大きな被害を及ぼしたと結論づけるのは早計であろう。たしかにイギリス軍の侵入とともに，多くの住民は胡椒畑や水田を放棄して逃亡した。しかし1ヶ月以内に多くの者は元の住居に戻り，イギリス人に対して忠誠を誓った。そして彼らの生活は，すぐに通常のパターンを取り戻した[107]。住民はイギリス軍の力が強大であるのを見て，オランダ東インド会社やバンテンのスル

タンへの忠誠を放棄してイギリスに帰順したのである。住民のこのような行動を見る限り、恐らくイギリス軍からの被害や圧迫は少なく、むしろ住民はイギリス東インド会社とのつながりから何らかの利益を得ようとしていた可能性が高い。少なくとも、イギリス占領によって住民の胡椒栽培が不可能になったとは、資料からは読み取れない。

　1784年末の戦争終結とともに、イギリス軍はスマンカから撤退した。バタヴィア政庁は1785年4月に軍隊を派遣して権威の回復を試み、1788年までには要塞も再建した[108]。スルタンによって新たに派遣されたバンテン人官吏は、農民に染織品や装飾品を手渡して、胡椒栽培を再開するよう促した[109]。そうした努力にもかかわらず、胡椒苗木の本数も栽培者の人数も減り続け[110]、胡椒生産も回復することなく、供給量は年300バハル未満にとどまった（図1-15）。

　このようにこの時のバンテン人官吏が住民に対して取った態度は、それまでとはうって変わって友好的なものとなった。彼らは住民に様々な恩恵をもたらすことによって、胡椒栽培を回復しようとしていたのであろう。このような姿勢の転換の背景には、イギリス占領期にイギリス人が同様の恩恵をもたらしており、それに慣れた住民に以前のような強硬な態度は通用しないとバンテン宮廷が考えた可能性も指摘できるであろう。このように胡椒栽培の再開が促されたにもかかわらずスマンカで生産が回復しなかったのは、住民が再開を希望しなかったからであり、生産の復活が阻害される要因が特にあった訳ではない。いずれにしても、このような展開が示すことは、イギリスの占領が胡椒生産にも人々の生活にも、従来の研究がしばしば言及したような悪影響を特に与えていないということである。確かにイギリス占領期に胡椒生産は大幅に減少したが、生産はイギリス人が去った後にも回復しなかった。スマンカにおける胡椒生産の衰退が、イギリス占領によってのみ引き起こされたと理解するのは困難である。

3）胡椒代金の支払い

　一方、胡椒代金の支払いの遅れと取引の不公正は、間違いなくランプンに胡椒栽培の衰退をもたらした。それは胡椒取引のあらゆるレベル、すなわち、トゥランバワンのバンテン人官吏と胡椒農民との間、スルタンと胡椒商人やバンテン人官吏との間、さらに会社とスルタンとの間の取引において生じていた。

　バンテン商館長ヨハネス・レイノウツは、スルタンによる支払いの遅れが、ラ

ンプンからコタ・バンテンへの胡椒輸送を深刻に妨げていることを十分に認識していた。そこで彼は，自分の任期（1765-79年）の間はバンテン人役人に対し，スルタンの貯蔵庫で行われる取引を必ずオランダ人職員の面前で行い，その場で胡椒商人に支払うよう命令した[111]。恐らくこの方法は，彼がバンテンを去ってからは実行されていない。というのも，スルタンによる支払いの遅れがランプンの港からの胡椒輸送に困難をもたらしていることは，その後繰り返し資料に現れるからである[112]。

　オランダ東インド会社によるスルタンや現地商人に対する支払いも，しばしば遅れて行われた。現地の胡椒商人はスペインリアル貨幣での支払いを常に強く希望していたが，この貨幣がバタヴィアから送金されるのはいつも遅れ気味で，バンテン商館はその到着を待たねばならなかった[113]。

　バンテン人官吏が農民に強要する不公正な取引は，トゥランバワンの胡椒栽培における最大の障害であったと言えよう。バンテンの役人は，胡椒の取引の際に，規定外に5％の税や供物を要求し，また提供された胡椒に正当な現金での支払いをせず，農民に対し胡椒を布やその他の商品と交換することを強制した。1787年の報告によれば，バンテンのスルタンから派遣されたある宮廷官吏は，スルタンから与えられた金でまずコタ・バンテンで商品を買ってトゥランバワンに持ち込み，当地では胡椒とこれらの品物を信じがたいレートで交換することを強制した[114]。会社は繰り返しスルタンにこのような不公正取引をやめさせるよう要請していたが，実現できなかった[115]。このような不公正取引は，そもそもスルタンが官吏に与えた金が少なかったために蔓延した可能性も指摘できよう。不規則な取引はこれ以前の時代にも時折起きていたが，スルタンの財政が悪化し始めた1776年からは，特に増加した。

4）トゥランバワンにおけるパレンバンとの関係

　パレンバン人のトゥランバワンへの「侵入」は，今までランプンの「衰退」の原因となる要素の一つとして考えられてきた。しかしこの出来事はトゥランバワンで上述のようなバンテン人官吏による圧政を背景として生じたのであり，スマンカの場合と同様に，慎重な再検討が必要である。

　パレンバンのスルタンたちは，スルタン・マフムード・バダルッディン1世の政策を踏襲して，その後もトゥランバワンの首長たちに称号を無料で提供し，ま

たランプン商人を「丁重に」取り扱うことによって，住民と良好な関係を維持した[116]。この「丁重な」取り扱い（het heuse onthalen）がどのようなものであったかは資料に具体的に書かれていないが，バンテン人官吏による圧政に慣れたトゥランバワンの人々には，魅力あるものであったに違いない。パレンバンのスルタンの姿勢も，そうした事情を承知した上でのものであったと考えられよう。

バンテン支配下で不公正取引と圧政を長く甘受した後，多くのトゥランバワンの住民がパレンバンの権威下に入ることを選択した。1780年の報告によると，バティン（Batin）地域では，35人のポンゴウォのうち30人が，パレンバンのスルタンによって授けられた称号を有していた[117]。これらのポンゴウォの影響下にある人々によって栽培された胡椒は，恐らくパレンバンに供給されたであろう。バンテン商館長 N. L. メイバウム（Nicolaas Lieve Meijbaum）は，パレンバンのスルタンがランプンのポンゴウォを自らの臣民として扱うことに不満を述べていたが[118]，トゥランバワンの住民がパレンバンの権威の下に入ることを進んで選択する背景がなければ，そのような扱いは不可能だったであろう。

しかし，スルタンとの良好な関係にもかかわらず，ランプンとパレンバンの関係は，カンポンレベルでは常に友好的という訳ではなかった。1780年代までにトゥランバワンとパレンバンの地域間抗争は，しばしば敵対するカンポンの襲撃や奴隷狩りといった暴力の形にまで発展した[119]。こうした抗争は，パレンバンとランプンの地域社会で，しばしば現金が必要になるという社会的・文化的伝統によって増幅していた。バーバラ・ワトソン・アンダヤによれば，当時パレンバン社会に浸透し始めたアヘンの中毒となった者は，それを購入し続けるため，または借金の返済のために，さらに続けて現金を必要とするようになった。アヘンの習慣の他にも，パレンバンの男性は結婚する際に80スペインリアルにも及ぶ婚資（ジュジュル jujur）を用意しなければならなかった。奴隷狩りは，こうした際に現金を得るための方策の一つであった。しかし奴隷狩りは，ランプン中央部に住むアブン人の伝統のために，地域間抗争をいっそう複雑化させる場合もあった。アブン人の若い男性は，婚約者の親族に与える婚資の一部として，人間の頭部を提供する必要があった。ところが，もし襲撃の際に抵抗を受けてアブン人集団の中で誰かが殺された場合は，その償いとして襲撃対象の集団から奴隷を確保することが必要とされた[120]。こうした習慣から，パレンバンとランプンとの間でカンポンレベルの抗争が頻発したことは想像に難くない。

パレンバン人との抗争に対処するために，トゥランバワンの首長がバンテンのスルタンの仲介と支援を求めることもあった。1780年，トゥランバワンの30人のポンゴウォとカンポン首長はコタ・バンテンを訪れ，パレンバン人に対して効果的な対策を取るようスルタンに申請した。当時のスルタン・アリ・ウッディン1世（在位1772-1802）は，初めはこの問題に関与するのに乗り気でなかったが，最終的にはバンテン商館長の強い要請を受けて，トゥランバワンからの申請団に会うことにした。スルタンは彼らに対して，宮廷役人のメンバーを問題解決のためにトゥランバワンに送ることを約束した。一方スルタンは申請団に対し，「現地の人々は良い胡椒畑を維持しスルタンの正当な臣民として振る舞うために，有能な首長を選び出すこと」という命令を現地住民に伝えることを命じた[121]。この対応が申請団を本当に満足させたかどうかは極めて疑わしい。この出来事のあと，ランプンの首長が自分たちの地域の問題にスルタンの仲裁を求めたという情報は全く見当たらない。恐らく彼らはスルタンの対応に失望し，スルタンは地域の問題の仲裁者としての権威を著しく低下させたことと思われる。地域の問題の仲裁は，国内の抗争の最終調停者としてスルタンの権威を高め，住民に再確認させるための装置であったが（第2章第4節），この時のスルタンはそれを十分に活用しようとしなかったと言える。

5）パレンバン人の侵入

　1790年から，パレンバンとの関係をめぐるトゥランバワンの状況は一転し，一気に緊迫化した。1790年4月13日，「パレンバンのスルタンに仕える戦士」を自称するラデン・ジャファール（Raden Jafar）という人物とその40人の従者たちが，カナン川地域のカンポンを襲撃し，抵抗するランプン人ポンゴウォから現金，金，船などを強奪した。オランダ東インド会社トゥランバワン・ポストのレジデントは，即座に1人のオランダ人士官と2人の兵士を派遣し，彼らは地元の首長と100人を超える現地住民と協力して，ラデン・ジャファールとその従者たちを追い払うことに成功した[122]。

　ところが2年後に再びパレンバン人が侵入して来た時には，逆に東インド会社トゥランバワン・ポストの能力の限界が明らかになった。1792年5月，ラデン・ジャファールとその父パンゲラン・アディ・ウィジャヤ（Pangeran Adi Wijaya）および200人の武装した兵士が，再びカナン川地域を攻撃した。彼らはカ

ンポンに火を放ち，多数の若い女性と奴隷をさらった[123]。アディ・ウィジャヤは，自分はパレンバン王の命令において，カナン川地域に平和をもたらすためにやって来たと宣言した。彼は，トゥランバワンは今までバンテンとパレンバンの両方に属していたが，今後はパレンバンの権威の下に入るので，トゥランバワンの人々はパレンバンに対して負債を返済しなければならないと主張した[124]。この「負債」が何を意味するのかは明らかでないが，侵入者たちは実際に「負債の返済（schulden in te vorderen）」の名目で金品および人々を強奪した[125]。大胆にもアディ・ウィジャヤは，当時のトゥランバワン・ポストのレシデント C. H. クレイマー（Cristiaan Hendrik Cramer）とバンテン人官吏に対し，自分たちがトゥランバワンの人々から「負債」を回収するのを支援するよう要求した。レシデントはパレンバン人たちに協力することはなかったが，かといって制止することもできなかった[126]。トゥランバワンに駐在する20人の会社軍兵士だけでは対処できないと判断して，クレイマーは何の軍事行動も取ることなく，コタ・バンテンからの派兵を待つことにした[127]。パレンバン人の侵入者たちは，6月に撤退するまでに，トゥランバワンの10のカンポンから31人の住民をさらい，5,000スペインリアル以上を持ち去った。

　パンゲラン・アディ・ウィジャヤの襲撃による混乱を逃れるために，多くの農民と地域有力者たちが，オランダ東インド会社から保護を得ようと試みた。6月16日には，自分たちのカンポンを放棄した200人以上の人々がトゥランバワンの東インド会社ポストに現れ，ポストの周辺に定住する許可を求めた。クレイマーがこの要求を受け入れると，上流地域からますます多くの人々が会社ポストを目指してやって来た[128]。カナン川地域のコタ・ブミ（Kota Bumi）の地域首長（ホーフト・レヘント）とその他の首長たちは，さらにクレイマーにパレンバン人の襲撃からの保護も要請した。しかし彼はパレンバン人と戦う意志は全く持たず，この要請を拒否した[129]。この時に地域住民は，もはやバンテンのスルタンやバンテン人官吏は頼るに足らないと判断したと思われ，彼らはクレイマーの対応を見ると，バンテン人官吏が制止するのを振り切って，身の安全のために森の中に避難した[130]。

　こうした状況の中で，トゥランバワンの有力者の中には，パレンバンの権威下に入ることを決めた者もいた。パガル・デワ（Pagar Dewa）地域の首長でトゥランバワンの最有力ポンゴウォの一人であったパンゲラン・パジャディプラ

(Pangeran Pajadipura) は，周辺の他の首長に対し，彼と一緒にパレンバンの権威下に入ることを呼びかけた。この時にパジャディプラに従わなかったという理由で 2 人の首長が 400 ライクスダールダーの罰金を払わされているので，彼らの選択は必ずしも自発的であったという訳ではなかった[131]。

1790 年代のパレンバン人の侵入の背景は，あまり明らかでない。パレンバンのスルタンは，バタヴィア政庁から強い抗議を受けた時にも，自分とパンゲラン・アディ・ウィジャヤとの関係について何も説明していない[132]。しかし 1792 年の攻撃において，侵入者たちが特に金や胡椒の獲得に熱心ではなく，むしろ人々の確保に強い興味を示したことから，おそらく労働力に対する強い需要が，攻撃の動機として考えられよう。1770 年代に天然痘が多くの人命を奪った後は，パレンバンは労働力不足と，その結果として食料生産の停滞に悩まされていた[133]。

1793 年，既に名目的になりつつあったトゥランバワンにおけるオランダ東インド会社の存在は，完全に終焉を迎えた。同年 4 月，25 隻の「海賊船」がパレンバンから川を遡って来つつあることが報告された[134]。その数がすぐに 40 まで増えたのを知ると，レシデントのクレイマーは 4 月 27 日，ポストを放棄して撤退することを決定した。避難して来ていた現地の人々は，既にその数日前にポスト周辺の仮住居を放棄して逃亡していた。後に噂として伝えられたところでは，彼らの一部は「海賊」に捕らえられたとされる[135]。この「海賊」が誰であったのか，その目的が何であったのかは明らかでない。1790 年代は次章で詳述するように多くの海賊がランプンの海岸から河川に沿って襲撃を繰り返していたので，この襲撃もそうした海賊の活動の一環であっただろう。

バタヴィア政庁はパレンバンのスルタンに対し強く抗議し，トゥランバワンにおける彼の臣下による侵入と掠奪をやめさせるよう要求した。しかしスルタンは，何一つ満足な回答をしなかった[136]。バタヴィア政庁とバンテンのスルタンは，1738 年と 1747 年の条約に基づき，トゥランバワンにおけるバンテンの主権を主張した。両国の交渉を仲裁したバタヴィア政庁は 1793 年 9 月，バンテン側の主張をほぼ受け入れる形でパレンバンとトゥランバワンとの間に境界を決定した[137]。この時の合意にもかかわらず，トゥランバワンの住民はその後もパレンバンの強い影響下にとどまっていることが同年末に明らかになった[138]。そこでバタヴィア政庁は 1794 年に再び，両方のスルタンがパレンバンとトゥランバワ

ンの境界に関して，すぐに交渉を再開すべきだと主張したが[139]，この問題にそれ以上強く関与することは避けた。政庁内でも長い議論が行われた末に，オランダ人は放棄された会社ポストをトゥランバワンに再建することを最終的に決定した。しかし資材と労働力の不足から，建設作業は延期された[140]。オランダ当局が実際にトゥランバワンに権威を再び確立したのは，ヘルマン・ウィレム・ダーンデルスが1810年に艦隊を派遣した時であった。この間，オランダのプレゼンスはトゥランバワンから完全に消失した。

6) ランプンと外部勢力

このように1780年代まで，トゥランバワンにおけるパレンバンの進出は現地社会を「衰退」に導くようなネガティブな要素ではなかった。それどころか，パレンバンのスルタンからランプンの有力者や商人に提供される待遇は，彼らがバンテンのスルタンから得るものよりもはるかに良かった。そのため，トゥランバワンの住民はパレンバンの権威の下に自発的に入ろうとしたのであった。東インド会社資料に見られる「衰退」とは，会社が得られる胡椒の量が縮小し，彼らの現地住民への影響力が減少するという，いわばオランダ権力の衰退を意味するものであって，必ずしも現地社会全体の衰退を意味するものではなかった。しかしバンテンの官吏とスルタンは，住民に過剰な負担を課し，現地の問題を効率的に仲裁することに失敗することによって，トゥランバワン住民の間で次第に権威と正統性を失っていた。このことは，王国支配の正統性が住民の間で大きく揺らいだことを意味していた。一方トゥランバワンの一部の首長は，パレンバンのスルタンの権威を受け入れ，パレンバンの影響下で生きることを選択したのであった。

1790年以降，トゥランバワンとパレンバンの関係は大きく変化した。パレンバン人による暴力的な侵入がトゥランバワンの住民にとってあまりに破壊的であったため，彼らはバンテンのスルタンや役人ではなく，オランダ東インド会社に保護を求めた。それにもかかわらず，この時期の会社はもはやそうした困難に対処するだけの能力を有していなかった。

この時期には，トゥランバワンに現れる外部勢力の数は以前よりもいっそう増えた。パレンバンのスルタン，バンテンのスルタン，オランダ人，パンゲラン・アディ・ウィジャヤとその従者たち，そして1793年にオランダ東インド会社ポ

ストを奪った正体不明の襲撃者たちなどが、トゥランバワンに次々に現れた。現地住民は当初、パレンバンのスルタンが提供する「丁重な」扱いのために、彼の権威の下に入ることを好んだ。パンゲラン・アディ・ウィジャヤによる侵入の後は、住民はオランダ東インド会社の保護下に入ろうと試みたが、オランダ人はトゥランバワンを放棄することを決めた。このようにして現地の住民はあらゆる保護者を失って取り残され、自分たち自身で運命を決定せざるを得なくなった。

おわりに

　この時期のバンテン王国におけるスルタンの権力の衰退と胡椒供給の減少は、大部分はスルタンとオランダ東インド会社の不安定な協力の結果であった。複雑な宮廷政治の中で、会社の支援を受ける代わりにその要求に応じる依存性の強いスルタンを、会社は常に支持した。その理由は、会社がスルタンをコントロールすることによって宮廷内のトラブルを回避でき、またスルタンの政治的地位を安定させることによって、会社が確実に胡椒を確保できると考えられたからであった。しかしランプンからの胡椒供給の衰退、コタ・バンテンの港における土砂の堆積、イギリスの攻撃に対する軍備などの要因がスルタンの財政を悪化させると、スルタンは胡椒取引を維持・回復させる能力を失っていった。弱いスルタンを支援しコントロールするという会社の政策は、王の個人的資質を重視し満場一致で王位継承を決定するという宮廷の伝統を無視したことから、かえってスルタンの正統性を喪失させ、その権力がさらに衰退する結果を生んだ。

　国家中枢のコントロールが弱まったのを利用して、様々な社会集団が自分自身の地位の強化や利益の拡大を試みた。バンテンのポンゴウォたちは胡椒栽培を通じて地域社会における影響力を拡大し、地理的により集中した地域に対して権利を主張するようになった。農民の多くは最終的に胡椒栽培を放棄したが、他の商業作物を栽培したり現金収入を得るために移民を試みたりする者も多かった。ポンゴウォの中には水田耕作を開始し、米を輸出する者もいた。オランダ東インド会社が主導した胡椒栽培促進政策は、生産増という点では顕著な成果を上げなかった。しかし、それは地方社会に現金収入の機会をもたらすことによって、住民が市場志向性を強めるという変化をもたらしたのであった。

　ランプンの住民も、様々な集団ごとに状況への対処を試みた。ある者はイギリ

ス人やパレンバン人と協力し，ある者はバンテン人官吏による胡椒栽培再開の命令を無視し続けた。多くの場合は，より利益が得られる協力相手を見出し，バンテンのスルタンによる支配を逃れていったと言える。もっとも，トゥランバワンにおける1770-80年代の疫病や豪雨などの自然災害や，1790年以降のパレンバン人の侵入などの場合には，被害が甚大で住民はただ逃亡するよりほかに選択肢がなかった。

　こうしてスルタンやオランダ東インド会社の影響力が衰退する一方で，地方社会の様々な集団は自らの安全確保，影響力強化，そして利益拡大のために中央権力の意図と異なる行動を取り，また王国外の地域や外部勢力との結びつきを強めるなどして，王国の支配体制から離れていった。この点では地方社会は中央権力の衰退を好機として利用したとも言えるのであって，中央の衰退をそのまま地方社会を含む王国全体の衰退とのみ捉えていた先行研究の理解は偏っていると言えよう。本章で取り扱った時期のバンテン王国は，トゥランバワンで疫病やパレンバン人に襲撃された地域を除けば，地方社会が強いダイナミズムを示した時代であった。

　本章では，先行研究によって胡椒供給の衰退と地域社会の停滞の原因とされていた要素，つまり王権の衰退や疫病の流行，さらにパレンバン人やイギリス人の「侵入」などが，限られた時代や地域においては著しい被害を与えたが，ランプン全体の胡椒生産や地方社会に対しては破壊的な要因とはならなかったことを示した。本章が扱わなかったもう一つの胡椒生産の「衰退要因」である「海賊」は，次章のテーマとなる。なぜこの時期に海賊の活動が活発化したのかを検討することは，本章で議論した農民や地域有力者がなぜこの時期に市場志向性を強めたのかという問いに対する一つの答えを見出すことになろう。

第6章
海賊と貿易ネットワーク
―― 中国－東南アジア貿易の拡大の中で ――

はじめに

　本章では，18世紀後半を通じて国家の中心から離れようとする力学が強く働いていた王国周縁地域のうち，まずランプン地方を取り扱う。同時代のオランダ東インド会社資料は，ランプンでは18世紀後半に「海賊」と「密輸」が頻発し，胡椒の生産と搬送に深刻な影響を与えたことに，繰り返し言及している。序章で説明したように，先行研究においては，植民地期まで「海賊」や「密輸」は地域社会の衰退要因と捉えられたが，独立後の1960-70年代になるとそれらを反植民地闘争と見る立場が現れた。これに対し近年の研究は，近世から植民地期にかけての東南アジア海域において「海賊」や「密輸」と呼ばれた活動を，当時発展しつつあった中国向け貿易の一環と捉えて論じるようになった。

　本章もこのような近年の議論を引き継いで，ランプンとその近海における「海賊」や「密輸」を中国－東南アジア貿易の一環と捉えるものであるが，ここではランプンが置かれた経済的・地政学的位置づけを重視して論じたい。ランプンは第一に，胡椒という当時需要の大きな国際商品の，東南アジア最大の生産地域であった。胡椒は，当時繁栄する経済を誇った清朝中国で強く求められる産品の一つであったため，中国市場向けの商品を求める華人その他のアジア商人，およびイギリス商人に注目された。第二にランプンは，国際海上交通の要衝マラッカ海峡と隣接し国家の支配力の弱いカリマタ（Karimata）海（スマトラ東岸，カリマンタン西岸，ジャワ北岸で囲まれる海域）に位置したことが，1760年代以降，海賊の襲撃を受け，様々な集団の貿易ネットワークが浸透する要因となった。つまり，ランプンはバンテン王国の辺境であったが，その貴重な産品と周辺海域における

外部商人の活発な活動によって世界経済につながっていたことが,「海賊」,「密輸」とオランダ人に呼ばれた「非公認貿易」がバンテンで発展した要因であったことを論じる。

　ランプンを取り巻く周辺地域の政治経済的状況を理解するために,本章ではまず第1節で,18世紀後半から東南アジアで発展した中国市場志向型貿易の構造について検討する。第2節では,まず1780年代に東南アジアにおける胡椒貿易の中心となったリアウの役割を論じ,次いで1784年のオランダ東インド会社によるリアウの征服が,周辺海域における貿易を変容させ,海賊活動を活発化させたことを論じる。第3節では,ランプン各地で行われた海賊活動について,誰がどのような掠奪を行い,どの程度の被害を生じさせたかを検討する。第4節ではまず,イギリス商人や華人その他のアジア商人が,海賊活動とつながりを持ちつつ,いかにランプン内陸部まで「非公認貿易」のネットワークを浸透させたかを論じる。次いで地方社会に目を転じ,地方有力者や胡椒栽培農民,さらに一般住民が,このような「非公認貿易」ネットワークにいかに対応したかを論じる。このような議論を通じて,この時代にランプン社会がどのように外部世界と結びつき,それによって地方社会と王国との関係がどのように変化したのかを検討したい。

　本章では海賊を,暴力または威嚇によって,相手の合意なく金品,財産または人々を掠奪もしくは破壊する者と定義する。従って本章における海賊とは,掠奪を職業としている必要はなく,たとえ他に本業を有していても一時的に掠奪を働いている時には海賊と見なされる。また本章は,襲撃者の政治姿勢を分析の要素として考慮しない。従って反国家活動を行っているか,もしくは国家の中心そのものであるかは問題とせず,海賊活動を行うあらゆる者を分析対象とする。さらに,本章および次章における「非公認貿易」とは,オランダ東インド会社またはバンテン国王が独占すると条約で定めた産品を,公認された商人以外の者が取り扱う全ての商活動とする。東インド会社とバンテンのスルタンは,胡椒,燕の巣など重要産品を独占品目とし,彼らが公認した商人がスルタンもしくは会社に販売する場合のみ取引を許可した。この枠組みにない貿易がその他の商人の間で非合法と認識されたということは決してないが,本章ではオランダ東インド会社とバンテンのスルタンが公認した貿易とそれ以外とを区別するためだけに,この用語を用いることとする。

1 中国市場志向型貿易構造とランプン

1) ランプンにおける胡椒密輸

　ランプン胡椒の「非公認貿易」は，第4，5章で述べたトゥランバワンとスマンカおよびシレブからの流出に加え，スンダ海峡のラゴンディ島でも1750年代から行われた。ラゴンディ島の住民はほとんど華人で，彼らはバンテン王国の領域で商船や海岸のカンポンを襲い胡椒やその他の品を奪う海賊として悪名高かった。ラゴンディ島にはジャワから華人やその他の商人がやって来て，彼らに米や日用品を届けた。商人たちは引き換えに海賊たちの戦利品を購入して，それらをシレブやベンクーレンに運んだ[1]。

　1760年頃から，ラゴンディ島やシレブを拠点とするランプン胡椒の非公認貿易は，次第に制度化，大規模化したように見える。1760年にオランダ東インド会社バンテン商館は，ラゴンディ島に拠点を置いた華人商人が，シレブとベンクーレンの間で定期的に胡椒を「密輸」していることに気付いた。毎年8月または9月に彼らは胡椒を積んでシレブからベンクーレンに向かい，そこで胡椒をアヘンに交換した。彼らは11月から翌年1月初めにシレブへ戻り，アヘンと引き換えに胡椒を入手した。このようにシステマティックに行われる「密輸」を通じて，相当量の胡椒がベンクーレンに「違法に」もたらされているとバンテン商館員は推測した[2]。前に述べたように，シレブは1713年以降実質的にイギリス東インド会社の支配下に入っていたが，オランダ東インド会社にとってシレブ−ベンクーレン間の貿易は，彼らが権利を有する胡椒をイギリス東インド会社が取引する，違法な貿易と認識された。

　1760年代からイギリス東インド会社は，シレブからスンダ海峡にかけての地域に拠点を得ることに一層強い関心を持つようになった。ベンクーレンはスンダ海峡の活発な海上交通から遠く離れていた上に，1760-61年にフランスによって占領された時に要塞が破壊され人口が減少したため，1762年に再びベンクーレンに復帰したイギリス東インド会社職員にとって，スンダ海峡を通過する貿易をベンクーレンに引きつけ利益を回復することは緊急の課題となった。1762年にはスマンカにポストを設置することを目的として現地調査が行われたが，オランダ東インド会社の権威が明らかに浸透していることが判明して，このプランは断

念された[3]。そうした中でランプン西端に位置するシレブは，1760年代からは特にオランダ支配地域に隣接するイギリス支配地域の前線として重要な役割を果たすようになった。オランダ東インド会社バンテン商館員による1766年の報告によると，イギリス人と手を結んだ海賊が，他の海賊がもたらす胡椒をシレブで買い付けた。イギリス人は海賊の間で強い需要のある弾薬と引き換えに，胡椒を入手していた。バンテンの商館長は，シレブのイギリス人は，海賊たちをけしかけてスンダ海峡を通過する船から胡椒を奪わせようとしているとさえ述べた[4]。このような推測は，決して的外れではなかった。というのは，オランダ東インド会社によって送られたスパイが1782年に報告したところによると，シレブのイギリス人は海賊たちに船を供給し，ラゴンディ島近隣を通過する船から胡椒を奪わせようとしていたからである[5]。イギリス人はこの頃，求める産品を確保するためには，海賊に物的支援を与えることにも躊躇しなかった。イギリス船はさらに，スンダ海峡の対岸であるバンテン西岸のチャリタまで赴いて，秘かに胡椒を購入することもあった[6]。

　なぜ華人やイギリス人はランプン周辺で，胡椒の確保にこれほど熱心だったのであろうか。彼らはなぜアヘンを胡椒の対価として使用したのか。D. K. バセットと J. カティリタンビー＝ウェルズは，イギリス東インド会社のベンクーレン商館員が1760年代にアヘンの販売に熱心に取り組んだことを指摘しているが[7]，それだけではなぜイギリス人だけでなく華人も取引に加わり，特に胡椒を求めたのかを説明できない。華人商人とイギリスのカントリートレーダー（イギリスのインド政庁から許可を得て主にインド，東南アジア，中国などで活動した，アジアに拠点を置く商人）は，後に述べるように，東南アジアで購入した胡椒を中国市場に運ぶ重要なプレーヤーであり，ランプンだけでなく海域東南アジアの各地で胡椒その他の中国向け産品を確保しようとしていた。それゆえ，なぜイギリス商人や華人がこのような取引に熱心であったのかについては，中国－東南アジア間の貿易という，より大きな文脈の中で理解する必要があるだろう。

2) 東南アジアにおける中国市場志向型貿易の発展

　中国と東南アジアとの間では古代から貿易が発展していたが，それが18世紀半ば以降に特に拡大したことは，研究者の合意を得ていると言えよう[8]。この時期の貿易拡大が，中国社会の変容と強く結びついていたことは間違いない。まず

中国では18世紀から人口が急増したため，基本食料の輸入が必要となった[9]。清朝政府が海禁政策を緩め東南アジアからの米輸入を図ると，ジャンク（中国の伝統的帆船）を操る華人商人は18世紀初頭からアユタヤ（後にはバンコク）とサイゴンから，19世紀初頭以降はさらにマニラ，バリ，ロンボックからも大量の米を中国南岸に運んだ[10]。

基本食料の他にも，揚子江中下流域のような経済先進地域の人々は，錫，胡椒，燕の巣，および海産物（ナマコ，フカヒレ，真珠など）や森林産物（籐や樟脳など）といった東南アジアの産品を強く求めるようになった[11]。近世の中国経済を分析したケネス・ポメランツは，18世紀の中国で「消費者社会」が発展したことを論じた。このような東南アジア産品への需要の高まりも，恐らくそれと関連したものであっただろう。錫は茶の容器や，紙錠・紙銭などと呼ばれる祭礼用の模造紙幣に用いられ，籐には家具など様々な用途があった。このような消費は，人々の間で消費文化が発展したことを反映している。さらに東南アジアのエキゾチックな食材は，ポメランツの述べる「中流階級の贅沢品」の一部ともなったに違いない。宮廷料理が社会のより広範囲な人々に普及するようになるのも，18世紀のことであった。ナマコの貿易が17世紀末に始まり，それが18世紀半ばに量的に拡大したのは[12]，まさにそうした展開と一致している。ナマコ，フカヒレ，燕の巣といった食材はいまだ高価であったが，東南アジアの様々な地域から異なる品質・価格のものが輸出されていた[13]事実は，恐らく中国社会の様々な階層の人々がこうした高級食材を消費したことを示唆していよう。商業的外食施設がこの時期に流行を見たことも[14]，東南アジア産食材の需要拡大を刺激したことであろう。このような中国経済先進地域における生活様式の変化が，中国－東南アジア貿易のパターンに影響したと言えよう。

18世紀東南アジアで生産が拡大した中国向け産品のうち，錫，胡椒，金，ガンビルなどの増産を可能としたのは，華人労働者の大規模な移民であった[15]。東南アジアで中国向け輸出品を生産する地域は概して人口希薄で，労働力の不足が生産の停滞をもたらしていた。そこで多くの場合，現地の支配者が積極的に華人労働者を受け入れ，鉱山や農園の開発が進んだ。雲南で銀および銅を国内貨幣用に採掘していた華人（主に客家）鉱山労働者は，18世紀半ばまでに同様の鉱物資源を持つビルマ，ラオス，ヴェトナム北部の丘陵地帯へと活動範囲を広げた。18世紀半ばからは，マレー半島（クランタン Kelantan, ペラ Perak, セランゴール

Selangorなど)やバンカ島の錫鉱山が,しばしば現地支配者の政策によって,大規模な華人鉱山労働者の移民先となった。西カリマンタンでも18世紀半ば以降,潮州および客家の移民が,公司と呼ばれる共同出資組織の形態で金鉱を開発した。公司は移住先で強固な華人コミュニティに発展し,しばしば現地支配者から自立した存在となった[16]。胡椒はブルネイ,リアウ,トレンガヌ(Terengganu),プーケット(Phuket),チャンタブリ(Chantaburi)(タイ東部)などで,華人移民によって18世紀半ばまたは後半に栽培が開始された。胡椒栽培が最も劇的に拡大したのは1800年以降のアチェであったが,その輸出は主に欧米諸国に向けられ,アメリカ人商人が重要な役割を果たした[17]。ガンビルは,18世紀後半からリアウにおいて,後にはシンガポールにおいて,華人労働者によって大規模に栽培されるようになった。砂糖は17世紀からバタヴィアの周辺で華人移民によって大規模に生産されていたが,18世紀初めからはシャムでも華人労働者による砂糖生産が増加した。シャム南東部ナコンチャイシ(Nakhonchaisi)などの主要産地では労働者として,主に仙頭地域から潮州人移民が流入した[18]。このようにして華人によって生産された品のほとんどは,中国南岸から来るジャンク船によって本国に運ばれた。こうして華人移民と華人商人によって,一部の中国向け東南アジア産品の生産と輸送が確保された。

　中国向け東南アジア産品を生産・輸送したのは,もちろん華人だけではない。森林産物と海産物の採集は,主に東南アジアの人々が担った。森林産物は内陸部に住む現地住民が主な採集者であったのに対し,海産物は移動を繰り返す海洋民によって採集されることが多かった。北ボルネオや西カリマンタンでは,スールーやリアウなど各地から移民して来たタオスグ(Taosug)人,ブギス人,マレー人,華人などが,ナマコやウミガメなどの海産物を採集することが多かった[19]。東カリマンタンやスールー海周辺では,イラヌン(Iranun)人(フィリピン・マギンダナオ島を故地としスールー王国の中核を成した)やブギス人によって島嶼部東南アジア各地から連れて来られた奴隷が,彼らの入植地の周辺でナマコや真珠を採集した[20]。

　そうした海産物や森林産物を各地の生産地から東南アジアの主要な中継港にもたらすのも,主に東南アジア各地の商人であった[21]。特にブギス人は,海産物と森林産物の貿易において,18世紀の島嶼部東南アジアで重要な役割を果たした。ブギス人はもともと南スラウェシを故地とし,海上での戦闘と商業における高い

能力で知られた。スラウェシの外部では，マカッサル人など南スラウェシ出身の様々な集団がブギス人と総称されており，本章でもブギス人という語をこの広義の意味で用いる。1660年代にマカッサルはオランダ東インド会社と長い戦争を繰り広げたが，最終的にマカッサルが敗れると，多くのブギス人が故地を離れマレー・インドネシア諸島の各地（カリマンタン，マレー半島，リアウ・リンガ諸島など）に移民し，入植地を作った。こうした入植地と南スラウェシとの間のネットワークを活用して，ブギス人は海産物や森林産物を，ジャンクセイロン（Junkceylon）（プーケット）からスールー（フィリピン西南部）に至る様々な東南アジアの中継港に運んだ。このような取引はやがて，1819年にシンガポールが設立された後は同港に集中するようになった[22]。ブギス人や他の東南アジア商人はまた，そうした中継港から東南アジア各地へ，現地消費用の中国・インド・ヨーロッパ産品，およびガンビル，染料などの東南アジア産品を運んだ。

　もっとも森林産物や海産物を採集する住民と，東南アジアの港を行き来する外来商人とが常に厳密に区分されていた訳ではない。例えば北ボルネオでは，海岸部に定住したブギス人，マレー人，スールー出身のタオスグ人などが，18世紀半ば頃までに河川中上流の中継港まで遡り，森林産物を集荷するようになった。19世紀半ばになると，このビジネスに華人も参加するようになった[23]。エリック・タグリアコッズが北ボルネオのケースで詳しく説明するこのパターンと同様に，後に説明するように18世紀末のランプンでも，華人商人が内陸にまで浸透するようになった。

　東南アジアの中継港と福建や広東の沿岸を結んだのは，主に華人商人であった。1683年から1754年にかけて清朝の海禁政策が次第に緩和されるにつれて，彼らの操るジャンク船は海域東南アジアのあらゆる港へ向かった。華人商人の一部はバンコク，サイゴン他東南アジアの港市に移住して，これらの拠点から中国－東南アジア貿易に参加した。華人商人は華人が経営する鉱山や農園の産物を中国南岸に運ぶ貿易を独占したほか，東南アジアの中継港に運び込まれた海産物やその他の熱帯産品も本国に運んだ。彼らは引き換えに磁器，絹，鉄器，その他様々な主に家庭用の中国製品を東南アジアにもたらした[24]。

　華人商人たちは取引の場として，オランダ東インド会社の勢力が及ばない「自由港」を好んだ。それは彼らがオランダ人による関税や介入を嫌ったからであり，またオランダ支配港では，オランダ人が関心を持たない中国向け産品が入手

できないからであった。この結果，マラッカ海峡を通過して東南アジア各地に向かうジャンク船が18世紀半ばから増加する一方で，バタヴィアへ寄港する船の数は減少した。こうしてバタヴィアは，東南アジアにおけるジャンク貿易の中心としての地位を失い，中国－東南アジア貿易は次第にオランダ東インド会社の影響力の外部で発展するようになった。さらにイギリスが東南アジアに拠点を持つようになると，ジャンク船の貿易はまずペナン（1786年～）へ，1820年代からはシンガポールに急速に集中するようになった[25]。

18世紀の中国－東南アジア貿易に参加したもう一つの重要なグループは，イギリスのカントリートレーダーである。彼らは中国で求められる商品を東南アジア各地で購入して，清朝中国で唯一西洋人に開放された港である広州に運んだ。彼らの目的は，広州におけるイギリスの茶貿易を促進することであった。当時のヨーロッパ商人たちは，18世紀に入って北西ヨーロッパでブームとなった茶を，広州から競って輸入しようとしていた。しかし後述するように，ヨーロッパ商人は中国市場で求められる有力商品を持たなかったため，貴重な銀を消費することなく茶貿易を促進するために，中国市場で求められるアジア産品に目を向け始めた[26]。

インドを拠点とするカントリートレーダーたちは，インド産のアヘン，綿および綿布，ヨーロッパ製の武器弾薬といった需要の高い商品を持って中国－東南アジア貿易に参入したことにより，すぐに東南アジアで有力なプレーヤーとなった[27]。カントリートレーダーが広州にもたらした商品の大部分はインド産の木綿とアヘンであったが，彼らはまた東南アジアからも，すぐ後に詳述するように，錫や胡椒をはじめとする様々な産物を中国市場向けに運んだ[28]。18世紀後半に東南アジア各地で中国向け東南アジア産品の採集と輸出が活発化すると共に，このようなカントリートレーダーの活動によって，アヘンが地域社会に浸透した。先述のように，イギリス人がシレブからの胡椒を強く求め，さらにその対価としてアヘンが用いられたことは，このような背景から理解することができよう。

このように様々なグループの人々によって，中国で求められる産品が各地で集められ，中国南岸へと運ばれる貿易構造のことを，本書では中国市場志向型貿易構造と呼ぶことにする。これは，18世紀東南アジアにおける華人の移民・貿易の活発化を指す「華人の世紀」というコンセプト[29]よりも，華人以外の東南アジア人や欧米人の活動をも含む意味で，より包括的な概念である。中国市場志向

型貿易構造の発展は，東南アジアで華人のプレゼンスが増しただけでなく，東南アジア経済全体が再編成されたことを意味した。東南アジアの多くの地域が，中国で増大する消費を支える産品供給地となった。また，東南アジア各地に移民した華人が移住先における商業で重要な役割を担ったことから，中国と東南アジアの経済的結びつきがいっそう強化された。東南アジアには様々な中国産品が流入するようになっただけでなく，イギリス人も中国－東南アジア貿易に参加したことから，インドアヘンやヨーロッパ製武器弾薬なども多く流通するようになった。一方で，こうした変化に対応できないオランダ東インド会社の影響力は，東南アジアの貿易全体で大きく後退した[30]。東南アジアの熱帯産品に対する中国の需要拡大と，インドアヘンやヨーロッパ製武器弾薬など新たな要素が，古くから続く中国－東南アジア貿易を18世紀半ばに変容させていったと言えよう。扱われる商品は以前のような香木，高級香料といった高価な奢侈品から錫，胡椒，海産物，森林産物など，はるかに大衆化，大量化したものへと中心が移った。それによってそれらの生産，採集，および貿易に関わる人々の数も増大したことから，貿易が東南アジアの人々に与えるインパクトも以前よりもはるかに大きくなった。

3）広州の胡椒貿易と東南アジア

このような中国－東南アジア貿易の発展を背景として，広州における胡椒貿易と東南アジアとのつながりを再検討したい。というのも，広州など中国南岸の諸港へ多くの胡椒がもたらされたことが，ランプンの社会変容にも大きな影響を与えたからである。中国は大量の胡椒を東南アジアから輸入していたが，その貿易を担ったのは主に華人商人と，イギリス東インド会社，イギリスのカントリートレーダー，オランダ東インド会社であった（図6-1）。ここでは資料が比較的豊富に残されるヨーロッパ商人の取引を量的に考察するため広州の貿易に注目するが，華人による貿易も劣らず重要であったことは言うまでもない。

イギリス東インド会社が広州にもたらす輸入品の大半は銀とイギリス毛織物から成っていたが（図6-2），胡椒が重要でなかったという訳ではない。アメリカ大陸からの銀供給は不安定で，しばしばアメリカやヨーロッパの戦争によって中断された。会社は毛織物を，オランダやその他ヨーロッパ諸国との競争に対抗するために国外で売るようにと本国から圧力を受けていたが，中国ではイギリス毛

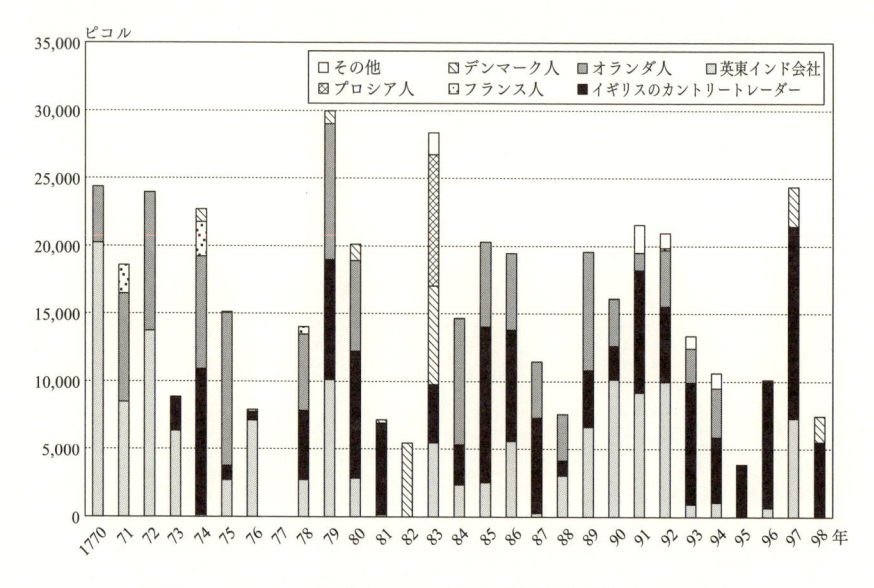

図 6-1　ヨーロッパ商人によって広州に運ばれた胡椒，1770-98 年

出典）Robert Wissett, *A Compendium of East Indian Affairs, Political and Commercial Collected and Arranged for the Use of the Court of Directors* (London : E. Cox and Son, 1802), vol. 2, pp. 184-185.
注）「オランダ人」という表記は原資料通り。恐らくオランダ東インド会社を指すと考えられる。

織物はほとんど常にダンピングされる赤字商品であった[31]。こうした状況に不満であったイギリス東インド会社幹部は，中国市場で人気のある東南アジアの熱帯産品を広州貿易で利用することを試み，錫と胡椒が，広州にもたらされた（図 6-2）。錫がマレー半島またはバンカ島から運ばれたのに対し，会社の扱う胡椒の全てはベンクーレン商館からもたらされた[32]。イギリス東インド会社の胡椒貿易は 1775 年から 1795 年にかけて，12.7％の利益を生み出した[33]。

カントリートレーダーが広州に運ぶ品のほとんどは，ボンベイの綿花とベンガルのアヘンであった（図 6-3）。アヘンは図 6-3 の基となる E. H. プリチャードのデータには現れないが，恐らくこの「その他アジア産品」の大半を占めたと考えられる。1805 年の情報によれば，カントリートレーダーがアジアのイギリス領から広州に運んだ品々の輸入額のうち，木綿とアヘンはそれぞれ輸入額の 62.8％と 21.9％を占めた[34]。このようにカントリートレーダーが広州で販売した商品はこの二つのインド産品が大半を占めたが，それに続くのが，プリチャードによれ

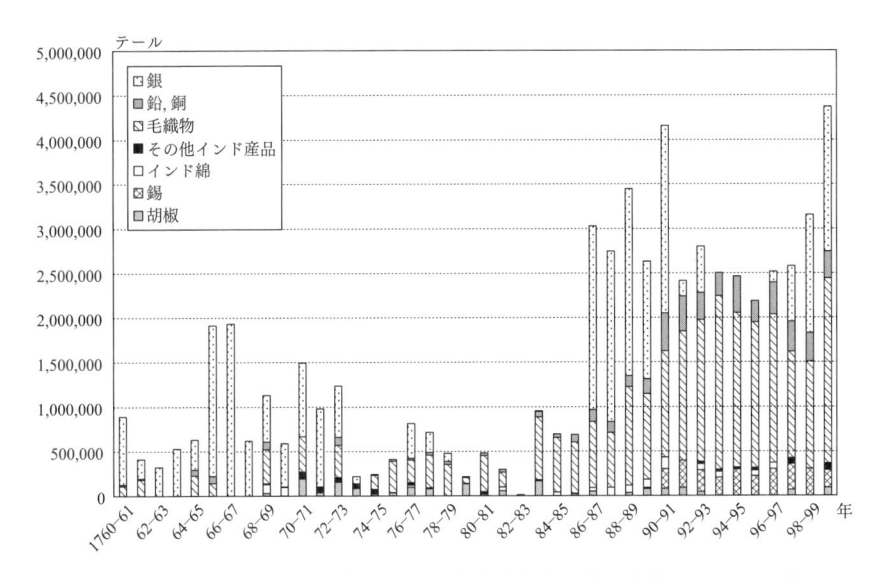

図 6-2　イギリス東インド会社によって広州に運ばれた主な商品，1760-1800 年

出典）Earl H. Pritchard, *The Crucial Years of Early Anglo-Chinese Relations, 1750-1800*（Washington : Research Studies of the State College of Washington vol. IV, no. 3-4, 1936), pp. 391-393, 399.

ば，錫，胡椒，樟脳，木材（主に白檀），フカヒレといった東南アジア産の森林産物または海産物であった[35]。インド産品と比べると少ないとはいえ，カントリートレーダーがもたらす胡椒は広州の貿易では重要な役割を果たした（図6-1）。カントリートレーダーたちは胡椒を，アチェ，バンジャルマシン，リアウといった，オランダの影響力外にある「自由港」で確保した[36]。ベンクーレンのイギリス東インド会社商館で入手できる胡椒は他の場所よりも高価であったので，彼らは特に事情がない限りそれを購入することはなかった[37]。

　オランダ東インド会社の中国貿易においては，胡椒は最重要商品の一つであった。図6-4は，18世紀後半に会社が広州へもたらした品々の内訳を示している。この図からは，18世紀末にかけて会社が銀の貿易を減らし，次第に錫および胡椒へと取引の中心を移したことが確かめられる。会社が広州へ送る全ての胡椒は，東南アジア各地からまずバタヴィアへ集められた。バンテン王国はその中で最大の胡椒供給地であり，さらにランプンがその主産地であった（図1-12）。広州におけるオランダ東インド会社の胡椒取引は非常に収益が高く，会社は18世

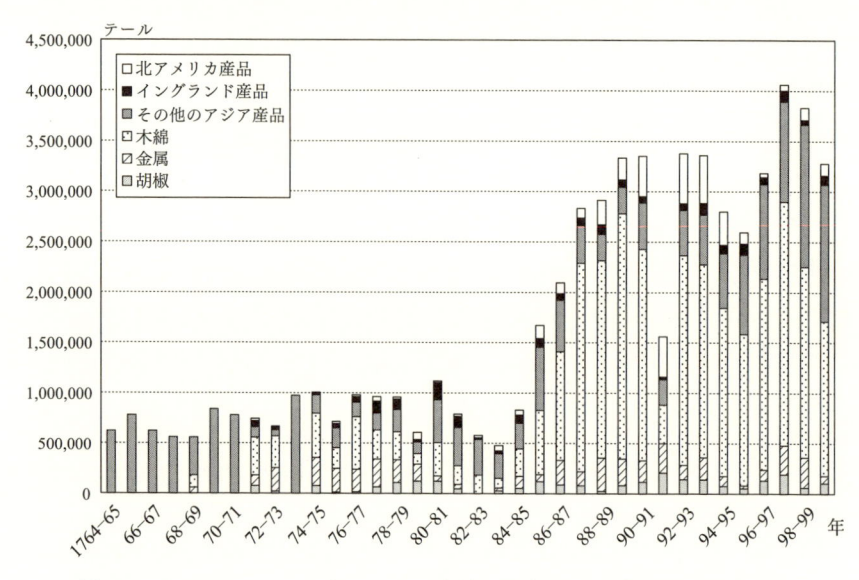

図 6-3 カントリートレーダーによって広州に運ばれた主な商品，1760-1800 年

出典）Pritchard, *The Crucial Years of Early Anglo-Chinese Relations, 1750-1800*, pp. 401-402.
注）「金属」は主に錫で，少量の鉛を含む。

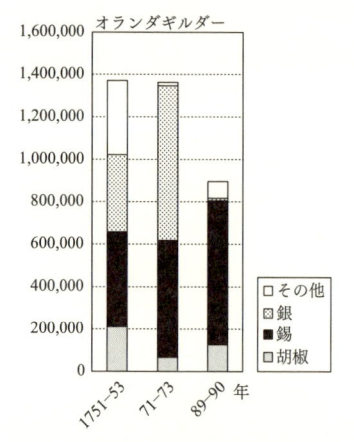

図 6-4 オランダ東インド会社によって広州に運ばれた主な商品，1751-90 年

出典）Els M. Jacobs, *Koopman in Azië: De handel van de Verenigde Oost-Indische Compagnie tijdens de 18de eeuw*（Zutphen: Walburg, 2000), p. 242.

紀後半に平均して約 200％ の利益を上げた[38]。このことが，ランプン胡椒が最大のライバルであるイギリス人に密輸されるのを，会社が何としても防ぎたかった理由である。この高い利益率は，オランダ東インド会社が各地の生産地で，現地の支配者と独占条約を結び，他の商人の水準よりも安く胡椒を買い付けたことによって可能となった。しかしオランダ人が一般的水準よりも安く買い付けたということは，逆にイギリス人など非オランダ系の商人がより高い買値をつけることを容易にした。このことが，オランダ東インド会社が東南アジア各地で独占する胡椒が，様々な商人によって密輸されて流出する要因と

なった。

　このようなヨーロッパ商人の競合の結果，広州には1770-1800年の間に毎年およそ1万-2万ピコルの胡椒がもたらされた（図6-1）。1770年以前はオランダ東インド会社が中国に胡椒をもたらしたほとんど唯一のヨーロッパ商人であったことを考慮すると[39]，中国が18世紀後半に入ってヨーロッパ商人から大量の胡椒を輸入し始めたことは注目に値する。

　さらに多数の華人商人も，ヨーロッパ商人に加えて胡椒を中国市場にもたらした。先述のように，胡椒は華人移民を労働力とする農園で大規模に栽培され，それらの生産物のほとんどが中国市場へ運ばれた。統計がないためそうした農園における正確な生産量を知ることはできないが，トレンガヌからは1795年に300トン（約5,000ピコル）の胡椒が華人商人によって中国へ輸出されたとの記録がある[40]。

2　リアウの盛衰と周辺の海賊

1) リアウの発展と胡椒貿易

　先述のようにカントリートレーダーは東南アジアの各地で貿易を行っていたが，胡椒に関しては1780年代から，ジョホール王国の都リアウが特に重要な役割を果たすようになった。

　ジョホール王国はマラッカ王国の末裔にあたるマレー系王族によって，1512年にマレー半島南端のジョホールに建国された。リアウ（正確にはリアウ諸島・ビンタン島南方のタンジュン・ピナン［Tanjung Pinang］およびその周辺の港市）は王国の重要な貿易港であり，16世紀以来たびたび首都が置かれた。1699年から1720年代にかけて王国内では政治的動乱が続いたが，敵対するグループの一つが1721年にブギス人有力者を国内の抗争に招き入れたことから，これ以降ブギス人が国内の有力な勢力となった。その後もリアウ国内では内紛が続いたが，1760年頃にマレー人王族からスルタンを，ブギス人有力家系からラジャムダ（Raja Muda，副王）をそれぞれ世襲的に擁立するシステムが構築されると，政情が安定し発展期を迎えた。特にラジャムダを輩出した二つのブギス人氏族は積極的に貿易を推進し，ブギス人がスラウェシおよび東部インドネシア諸島から，中国で求められる海産物や森林産物を集荷してリアウにもたらすようになった。マ

ラッカ海峡の南端という地の利にも恵まれ，リアウは各地から多くの商船が来航する中継港として急速に発展した[41]。

ラジャ・ハジ（Raja Haji）がラジャムダの地位に就いた1777年から84年は特に貿易が発展し，リアウの黄金時代として人々に記憶された。主にブギス人のネットワークを通じて運ばれる島嶼部各地の海産物や森林産物に加え，ジャワ北岸やシャムから米が，そしてオランダ東インド会社による禁制をかいくぐってジャンビ（Jambi），パレンバン，ランプン，バンジャルマシンの胡椒，バンカ島やマレー半島の錫がもたらされた。中国南岸から来るジャンク船は，中国製磁器，絹，鉄製品，および様々な種類の日用品をもたらし，東南アジアの産物を持ち帰った。リアウに移住した華人はガンビルや胡椒の農園を開き，これらもリアウの重要な中国向け産品となった。さらに英領インド各地から訪れるイギリス人カントリートレーダーも1780年頃から特に増え，リアウの発展に貢献した[42]。

カントリートレーダーの貿易活動について統計的情報が残されることはほとんどないが，彼らのリアウにおける胡椒貿易については例外的に，1780年代に貴重な観測情報がある。マラッカのオランダ東インド会社商館長 P. G. デ・ブラウン（Pieter Gerardus de Bruijn）は，1784年以前リアウには約5,000ピコルの胡椒が毎年もたらされていたと述べた[43]。イギリス人カントリートレーダーのジェームズ・スコット（James Scott）は1785年に，広州にカントリートレーダーが運ぶ年間約1万ピコルの胡椒のうちのほとんどはリアウからもたらされると述べた[44]。広州の統計（図6-1）においても，イギリスのカントリートレーダーおよびプライベートトレーダーが広州に運んだ胡椒の合計はおよそ5,000ピコルから1万ピコルであり，リアウにおける観測情報の正確さが確かめられる。つまり，リアウは1780年代までにカントリートレーダーが東南アジアで獲得する胡椒のほとんどを供給する，極めて重要な位置を占めていた。カントリートレーダーはヨーロッパ商人が広州にもたらした胡椒のうちの約30-80%を供給していたので（図6-1），リアウは広州の胡椒輸入においても重要な拠点であったと言える。

デ・ブラウンはまた，リアウで取引される胡椒の大半はボルネオから，そして残りがパレンバン，ジャンビ，インドラギリ（Indragiri）などスマトラの各地からもたらされると述べた[45]。しかしスマトラからの供給に関しては，この情報は信じがたい。上に挙げられたスマトラ各地では，1760年代以前に胡椒生産が衰退していた[46]。1780年代初頭まで一定量の胡椒生産を維持していたのは，ボル

ネオでもバンジャルマシンだけである（図1-12）。しかし，バンジャルマシンは既にオランダの貿易システムの中に組み込まれており，ここから胡椒を得る手段は「密輸」以外にはなかった。実際バンジャルマシンでは，華人およびイギリス人の商人が，密輸のために常に近隣の港で待機していた[47]。

このように，中国において胡椒に強い需要があるにもかかわらず，イギリス人カントリートレーダーに対する十分な胡椒の供給源がないことが，イギリス人が1760年代以降なぜそれほどランプンで胡椒を入手することに執着していたかを説明できよう。残念ながらイギリス人商人によって確保されたランプン胡椒の量や，その輸出先を直接示す資料は存在しない。しかし，カントリートレーダーのリアウおよび広州での胡椒取引を考えると，イギリス人商人によって集荷されたランプン胡椒の大半は，リアウを経て中国に運ばれたことであろう。

2）リアウの陥落と海賊の活発化

「自由港」リアウの発展を，オランダ東インド会社幹部は苦々しく見守っていた。東南アジアの商人がリアウにもたらす錫や胡椒をはじめとする多くの商品は，オランダ東インド会社が現地支配者との条約に基づき独占権を有するものであった。従って，イギリス人や華人の商人が提供する高い買値と豊富な品物に惹き付けられてますます多くの商人がリアウを訪れている事実は，会社にとってはバタヴィアを中心とするオランダの貿易システムの基盤が揺らぐことを意味した。

リアウとオランダ東インド会社との間でこうして高まっていた緊張は，ついに全面戦争にエスカレートした。第四次英蘭戦争下の1783年，リアウ港内でオランダ人がイギリス商船を襲撃すると，その積み荷に対する権利をめぐって，当時のラジャムダであるラジャ・ハジとオランダ東インド会社マラッカ商館が抗争に陥った。マラッカ商館がリアウに攻撃をしかけると，ラジャ・ハジは逆にマラッカ周辺各地への攻撃と海上封鎖に踏み切った。ラジャ・ハジは終始戦闘を優位に進めていたが，インドネシア諸島近海にちょうど派遣されていたオランダ海軍の船が戦いに参入しラジャ・ハジが戦死すると，形勢が逆転し，1784年に会社はリアウを征服した。講和に応じたジョホール王国のスルタン・マフムード（Sultan Mahmud）は，重要な役職にあるブギス人を全て追放し，オランダ軍のリアウ駐留を認めるという屈辱的な条件を受け入れることを余儀なくされた。ブギス人

はすぐにリアウを去り，カリマンタン西岸のムンパワやスカダナ，マレー半島各地などに亡命した[48]。

ところが，オランダの覇権は極めて短命に終わった。1787 年，スルタン・マフムードは，当時北西カリマンタンに拠点を築き周辺海域で活動していたイラヌン海賊の支援を取り付け，リアウに駐留したオランダ東インド会社部隊を急襲し，彼らを追放することに成功した。しかしイラヌン人は軍事協力に対する報酬に不満を抱き，スルタンへの今後の協力を拒否して，数日後にリアウを立ち去った[49]。

オランダの報復を恐れたスルタンやマレー，ブギス系の重臣たちも，従者と共にリアウを去り，マレー海域各地に亡命した。スルタン・マフムードはマレー人，ブギス人，および 200 人の豊かな華人から成る従者を連れてマレー半島，バンカ，そしてスマトラ東岸などを転々と移動した後，最終的にリアウ南方のリンガ（Lingga）諸島に拠点を築いた。王国のその他の主だったグループは，パハン（Pahang）やトレンガヌなどに亡命した[50]。これによって貿易のハブとしてのリアウの役割は，完全に終焉を迎えた。

スルタン・マフムードは，リンガに至る逃避行の間に通過した土地で，シアク人，オラン・ラウト（Orang Laut, 船上生活を送るマレー人のグループ），イラヌン人などをさらに従者に組み入れ，こうした人々から成る海賊集団をリンガに結成した。この集団は現地の船もオランダの船も襲撃し，また海岸地域を掠奪した。彼らはオランダ支配下にあるバンカの錫を密かに取引したほか，各地で住民を捕らえてはリンガや他のマレー入植地で奴隷として売った[51]。こうして 1787 年頃から，リンガを中心としてカリマタ海からマラッカ海峡において，スルタン・マフムードの主導する海賊活動が開始された。

その後 1790 年頃から，カリマタ海周辺では海賊活動がさらに活発化していった。18 世紀から 19 世紀にかけてのマレー世界の抗争を詳しく分析したカール・A. トロッキはこれを論じていないが，筆者はこの時期の海賊活発化をもたらした重要な要素は，海域の主要な実力者が 1790 年にスルタン・マフムードの権威下に入り，互いに手を結んだことにあったと考える。まず，1784 年のリアウ陥落によって分断されていた，ジョホール王国のブギス勢力とマレー勢力が再統合した。オランダ東インド会社によるリアウ制圧の直後に，ブギス人有力者であるラジャ・アリ（Raja Ali）が，戦死したラジャ・ハジからラジャムダの地位を継

承した。ラジャ・アリはその後すぐにブギス人従者と共に西カリマンタンのムンパワ，さらにスカダナへと亡命した。スカダナでは現地王の厚遇を受け，貿易を振興して港の繁栄に貢献した。しかしこの地も1786年に再びオランダ東インド会社によって制圧されると，ラジャ・アリは従者を率いてカリマンタンとマレー半島との間に位置するシアンタン島（Pulau Siantan）に逃れた。スルタン・マフムードは1790年4月までに，シアンタンのラジャ・アリに使者を派遣し，リンガに呼び寄せた。そうしてラジャ・アリとそのブギス人従者は，マフムードの権威下に入ることを彼の面前で誓った[52]。

　さらにスルタン・マフムードはほぼ同じ頃，当時のシアクの最有力者であるサイード・アリ（Said Ali）も臣従させることに成功した。サイード・アリはジョホール王国の王族でシアク王国の創設者であるラジャ・クチック（Raja Kecik）の曾孫で，ブギス人の祖母とアラブ人の父親を持つ，混血の有力王族であった。サイード・アリは1780年代初めから海賊集団を結成し，シアク国王ラジャ・ムハンマド・アリ（Raja Muhammad Ali）の保護下で活動していたが，1780年代末までにイラヌン海賊と手を結び，周辺海域における強力な海賊リーダーとして知られるようになった。その後リンガに亡命したスルタン・マフムードの招請に応じ，1790年4月に彼を訪問して忠誠を誓った[53]。

　こうしてラジャ・アリとサイード・アリという有力者がスルタン・マフムードの権威下に入り，同盟を結んだ。マフムードにこれが可能であったのは，彼がリンガに設立した海賊集団の活動によって経済的利益を上げていただけでなく，すぐれた海賊リーダーとして名声を高め，支持者を増やしていたことが要因に挙げられよう。この同盟が結成されたことによって，カリマタ海の海賊活動が急速に活発化したことは資料から確認できる。同盟が結成された直後の1790年4月には，サイード・アリはマラッカ海峡で80隻の海賊船を率いて，ポルトガル船を襲撃した[54]。この後に述べるように，1790年5月からサイード・アリとスルタン・マフムードは，バンカ島へ繰り返し船隊を派遣し，集落を攻撃した。それまで並び立っていた海域の有力者たちが，今や互いから攻撃されることを心配することなく，他の対象に攻撃をしかけることが可能となったのである。

3 ランプンにおける海賊の活動

　ランプンの沿岸と胡椒生産地域をめぐる状況は，1788年を境に一変した。この年からランプンの多くの地域が，海賊の頻繁な襲撃を受けるようになった。1788年5月の報告によると，海賊はランプンのあらゆる海岸で待ち受けており，港や河口から出て来る胡椒運搬船を襲撃した[55]。そうして1790年代には，ランプンおよびその近海における海賊活動がピークに達した。表6-1は，ランプン東岸，スンダ海峡，さらにバンテン北岸で起きた襲撃に関して，オランダ東インド会社文書に残された記録に基づき，その回数と内容を整理して示したものである。これによると，いずれの海域でも1790年代に入って海賊の襲撃が急増したことが分かる。この節では，激化する海賊活動がどのように行われたのかを詳しく検討したい。

1) 掠奪の対象と被害の規模

　ランプンおよびその近海において，海賊の最大の略奪対象は胡椒であった。海賊は沖合で胡椒を運搬する船を襲撃するだけでなく，内陸部の胡椒生産地域や河川港でも掠奪を繰り返した。例えば1790年9月，28隻の重武装した船からなる海賊船団は，胡椒とダンマルを積んだ18隻の現地船で構成された船団を，ランプンの東海岸で襲撃した。このように一般の商船が比較的大きな船団を形成したのは恐らく海賊に対処するためであるが，海賊はさらに大規模な船団を作って襲撃していたことが分かる。捕らえられた後に拘束を逃れた一人の商人が報告したところによると，その海賊船団はシアク王国のラジャ（恐らくラジャ・ムハンマド・アリまたはサイード・アリであろう）の権威下にあった。彼らは船団を二つに分け，一方がペネット川（Way Penet）を遡り，もう一方はプティ川（Way Putit）を遡航した。二つのグループはそれぞれ幾つものカンポンと河川交通の要所を攻撃し，多数の人々をさらって立ち去った[56]。

　胡椒に次ぐ重要な略奪対象は，人間であった。記録のある最大のケースでは，1795年にスカンポン地域で，海賊たちは130人の人々と，300バハルの胡椒を積んだ10隻の船を奪った[57]。また，比較的人口が稠密な胡椒生産地域は，襲撃には理想的な場所であった。というのも，海賊はそこで住民に加えて，河川港で輸

表 6-1　バンテン王国近海で記録された海賊活動，1750-1808 年

ランプン東岸

時期	回数	襲撃者	主な略奪品	襲撃場所
1750-59	8	ジョホール人(1), 不明(7)	胡椒 120 バハル(5), 貨幣 300 リアル(1), 船 9 隻(6)	トゥランバワン(3), プティ(4), ファルケンスフック近辺(1), 不明(1)[1]
60-69	10	ジョホール人(2), 華人(1), 不明(7)	胡椒(1), 船 4 隻(2), 現金(1), 米(1), 籐(1)	トゥランバワン(7), その他(4)[2]
70-79	13	不明(13)		トゥランバワン(4), 不明(9)[3]
80-89	6	不明(6)	胡椒 37 バハル(1), 船 1 隻(1)	トゥランバワン(1), その他(1), 不明(4)[4]
90-99	47	パレンバン人(3), イラヌン人(1), シアクから来た者(1), 不明(41)	胡椒 1,686.5 バハル(17), 人間 173 人(6), 船 81 隻(15), 現金(2), 米・食料(4), 武器弾薬(3), ダンマル(1)	トゥランバワン(9), プティ(13), ペネット(5), ニポン(2), スカンポン(4), スムル(3), その他(4), 不明(11)[5]
1800-03	7	不明(7)	生活用品(1), 住居の占拠(1)	トゥランバワン(1), プティ(4), スカンポン(1)[6]

スンダ海峡

時期	回数	襲撃者	主な略奪品	襲撃場所
1750-59	1	スマランから来た者(1)		ラゴンディ島近海(1)[7]
60-69	6	華人(2), ジョホール人(1), バンテン人(1), 不明(2)	胡椒 120 バハル(2)	ランプン湾(1), シレブ(1), クルイ(1), その他(1), スンダ海峡上(2), 不明(1)[8]
70-79	18	リアウから来た華人(1), ラゴンディ島, スブコ, キロワンから来た者(1), カイザー島に居住する者(1), 不明(15)	胡椒 14 バハル(2), 人間 13 人(1), 船 5 隻(1)	カイザー島(1), スマンカ(2), ランプン湾(1), ラゴンディ島(1), その他(7), 不明(10)[9]
80-89	7	リアウから来た者(1), 不明(6)	胡椒 37 バハル(2), 船 1 隻(1)	スマンカ(1), ブシ島(1), その他(2), 不明(6)[10]
90-99	58	イラヌン人(3), ジョホール人(1), シアクから来た者(1), 華人(3), ジョホール人と華人の混合(1), シアクから来た者と華人の混合(1), ブカロンガンから来た者(1), 不明(47)	胡椒 994 バハル(13), 人間(5), 船 14 隻(6), 現金(2), 米および必需品(4), 武器弾薬(5), 籐(1), ダンマル(1)	ブシ島(4), サガメ島(1), ラゴンディ島(3), プリンセン島(4), クラカタウ島(2), カリアンダ(1), テロック・ブトン(4), スマンカ(3), メラック近海(2), アニャル近海(2), チャリンギン近海(1), その他(20), 不明(11)[11]
1800-04	4	不明(4)	胡椒(1), 人間(1), 米(1)	プリンセン島(1), テロック・ブトン(1), 不明(2)[12]

バンテン北岸

時期	回数	襲撃者	主な略奪品	襲撃場所
1770-79	1	不明(1)		メンセン・エーター島近海(1)[13]
80-89	2	不明(2)		メンセン・エーター島近海(1), 不明(1)[14]
90-99	9	ブカロンガンから来た者(1), 不明(7)	船 15 隻(5), 現金 9,060 ギルダー(2), 米(1)	ポンタン(2), クラワン(2), 海岸の 16 のカンポン(1), パマヌカン(1), 不明(3)[15]
1800-08	1	不明(1)		デルデフック近海[16]

出典 1 ）VOC 2804：27, Resident J. A. van der Werp in Seram to Batavia, 30 July 1752；VOC 2843：30-31, Resident J. van Suchtelen in Menggala to Batavia, 30 May 1754；ibid.：38-39, 31 May 1754；VOC 2910：66-67, Resident K. Laven in Menggala to Batavia, 30 June 1757；VOC 2910：81-83, Commander W. H. van Ossenberch et al. in Banten to Batavia, 30 June 1757 ; ibid. : 79-80, 30 Sep. 1757 ; VOC 2938 : 1st 23, Resident K. Laven in Menggala to Batavia, 8 Mar. 1758.

2) VOC 3094 : 2nd 3-4, Commander H. P. Faure in Banten to Batavia, 8 May 1763 ; VOC 3094 : 2nd 59-64, report by F. Broonkhorst about pirates, 21 June 1763, quoted in a letter from Commander H. P. Faure in Batavia to Batavia, 22 June 1763 ; VOC 3185 : 21, Resident J. G. Hodenpijl in Menggala to Batavia, 17 May 1766 ; HRB 1004 : 301-302, report by Commander J. Reijnouts, Banten 2 July 1766 ; VOC 3248 : no pagination, Commander J. Reijnouts et al. in Banten to Batavia, 15 Dec. 1768 ; VOC 3221 : 2637r-2838r, GM, 31 Dec. 1768 ; VOC 3277 : 35-36, Commander J. Reijnouts et al. in Banten to Batavia, 26 Sep. 1769 ; VOC 3251 : 1297v-1300r, GM, 31 Dec. 1769.

3) VOC 3340 : 1436r, GM, 31 Dec. 1772 ; VOC 3368 : 1666r, GM, 31 Dec. 1773 ; VOC 3392 : 1536v-1537r, GM, 31 Dec. 1774 ; VOC 3444 92-93, Commander J. Reijnouts et al. in Banten to Batavia, 1 Oct. 1775 ; VOC 3421 : 1135v-1136r, GM, 31 Dec. 1775 ; VOC 3469 : 17-18, Commnader J. Reijnouts et al. to Batavia, 13 Mar. 1776 ; VOC 3448 : 1600r-1601v, GM, 31 Dec. 1776 ; VOC 3498 : 64, Commander J. Reijnouts et al. in Banten to Batavia, 6 Oct. 1777 ; VOC 3475 : 1722r-1723v, GM, 31 Dec. 1777 ; VOC 3503 : 1591v-1593r, GM, 31 Dec. 1778 ; VOC 3533 : 1432v, GM, 31 Dec. 1779.

4) VOC 3555 : No. 3, 14, Resolution at Banten, 15 Apr. 1780 ; VOC 3560 : 1503r-1503v, 1780r-1780v, GM, 31 Dec. 1780 ; VOC 3655 : 794v, GM, 31 Dec. 1784 ; MCP 4 (4) : 211, report by J. de Rovere van Breugel, Banten, 5 May 1788 ; VOC 3776 : 4539r, GM, 30 Dec. 1788.

5) ADB 30 : no pagination, Commander F. H. Beijnon in Banten to Batavia, 12 Sep. 1790 ; ibid. : no pagination, 1 Oct. 1790 ; ibid. : no pagination, 23 Nov. 1790 ; ADB 30 : no pagination, report by Juragan Mas Sudin, Banten, 27 Oct. 1790 (in letter of 23 Nov. 1790) ; VHR 3802 : no pagination, Batavia to Commander F. H. Beijnon in Banten, 31 Dec. 1790 ; ADB 30 : 13-14, report by ponggawa Ingabei Diraksa, Banten, 28 Feb. 1791 ; VOC 3941 : 992, 998, Commander F. H. Beijnon et al. in Banten to Batavia, 2 May 1791 ; ADB 30 : 62, Commander F. H. Beijnon in Banten to Batavia, 9 May 1791 ; ibid : 105, 28 May 1791 ; ibid : 147-148, 21 Oct. 1791 ; ibid. : 6, 21 Jan. 1792 ; ibid. : 9-10, 10 Mar. 1791 ; ADB 30 : 73, Resident C. H. Cramer in Menggala to Commander F. H. Beijnon and the Political Council in Banten, 5 May 1792 ; ibid. : 80-81, 13 May 1792 ; VOC 3965 : 50, Commander F. H. Beijnon in Banten to Batavia, 29 June 1792 ; VOC 3970 : 1404r-1404v, GM, 31 Jan. 1793 ; ADB 31 : 19, Commander F. H. Beijnon in Banten to Batavia, 6 Apr. 1793 ; ibid. : 29-30, 29 May 1793 ; ibid. : 93, 6 July 1793 ; ibid. : 372, 382, 23 Sep. 1793 ; CZOHB 118 : 52, Commander F. H. Beijnon in Banten to Batavia, 3 June 1794 ; CZOHB 120 : 25, Commander F. H. Beijnon in Banten to Batavia, 18 Jan. 1795 ; CZOHB 63 : §40, GM, 31 Jan. 1795 ; CZOHB 120 : 41-43, Commander F. H. Beijnon in Banten to Batavia, 18 Feb. 1795 ; CZOHB 120 : 43, Commander F. H. Beijnon in Banten to Batavia, 24 Feb. 1795 ; CZOHB 119 : 24, Commander F. H. Beijnon et al. in Banten to Batavia, 19 Mar. 1795 ; CZOHB 120 : 77, Commander F. H. Beijnon in Banten to Batavia, 4 May 1795 ; ibid. : 132-133, 25 Aug. 1795 ; ibid. : 58-59, 8 July 1797 ; CZOHB 119 : 27, Commander F. H. Beijnon in Banten to Batavia, 26 Aug. 1797 ; RABE 123 : 152-152v, 157v-158r, GM, no date 1798 ; ADB 33 : 214-215, Commander F. H. Beijnon in Banten to Batavia, 9 July 1798 ; RABE 124 : §18, §47, GM, no date 1799.

6) ADB 34 : 16-17, Commander F. H. Beijnon in Banten to Batavia, 4 Feb. 1801 ; ADB 34 : 66, diary of P. C. Coenradt and P. A. Braam on their voyage to Lampung, 13 Dec. 1802 ; ADB 34 : 5-7, Commander F. H. Beijnon in Banten to Batavia, 7 Jan. 1803 ; ibid. : 42, 8 Feb. 1803 ; ADB 35 : 280, Commander F. H. Beijnon in Banten to Batavia, 25 May 1804 ; Nicholaus Engelhard, *Overzigt van den staat der Nederlandsche Oost-Indische bezittingen, onder het bestuur van den Gouverneur-Generaal Herman Willem Daendels* (The Hague and Amsterdam : van Cleef, 1816), p. 158.

7) VOC 2824 : 99, D. Clement on board of *Ter Veer* to Batavia, 25 July 1753.

8) JFR 9 : no pagination, Austin to Herbert, 17 May 1761 ; VOC 3094 : 2nd, 15, Commander H. P. Faure in Banten to Batavia, 15 May 1763 ; ibid. : 2nd, 16-17, 17 May 1763 ; VOC 3128 : 1725v-1726v, GM, 31 Dec. 1765 ; VOC 3248 : no pagination, report by the Political Council in Banten, 1 Feb. 1768 ; VOC 3251 : 1297v-1298r, GM, 31 Dec. 1769.

9) VOC 3311 : 1782v, GM, 31 Dec. 1771 ; VOC 3392 : 1536v-1537r, GM, 31 Dec. 1774 ; VOC 3421 : 1135v-1136r, GM, 31 Dec. 1775 ; VOC 3469 : 17-18, Commander J. Reijnouts et al. in Banten to Batavia, 13 Mar. 1776 ; ibid. : 105-106, 20 Dec. 1776 ; VOC 3448 : 1600r-1601v, GM, 31 Dec. 1776 ; VOC 3498 : 64, Commander J. Reijnouts et al. in Banten to Batavia, 6 Oct. 1777 ; VOC 3475 : 1722r-1723v, GM, 31 Dec. 1777 ; VOC 3527 : 158-160, Commander J. Reijnouts et al. in Banten to Batavia, 15 Sep. 1778 ; VOC 3503 : 1591v-1593r, GM, 31 Dec. 1778 ; VOC 3555 : 42, Commander L. N. Meijbaum et al. in Banten to Batavia, 14 Apr. 1779 ; VOC 3533 : 1431r-1432v, GM, 31 Dec. 1779.

10) VOC 3560 : 1503r-1503v, GM, 31 Dec. 1780 ; VOC 3591 : 1780r-1780v, GM, 31 Dec. 1781 ; VOC 3653 :

2nd, 12-14, Resident A. van de Ster in Semangka to Commander N. Meijbaum in Banten to Banten, 27 Aug. 1782 ; VOC 3633 : 1195r-1195v, GM, 31 Dec. 1783 ; VOC 3675 : 51, J. de Rovere van Breugel et al. in Banten to Batavia, 29 July 1784 ; MCP 4 : 214-215, report by J. de Rovere van Breugel, Banten, 5 May 1788 ; VOC 3776 : 4539r, GM, 30 Dec. 1788 ; ADB 18 : 49-50, MvO, W. C. Engert to J. Reynouts, Banten, 7 Nov. 1789.

11) VHR 3802 : no pagination, Batavia to Commander F. H. Beijnon in Banten, 25 Feb. 1791 ; ADB 30 : 321-322, Commander F. H. Beijnon in Banten to Batavia, 4 July 1790 ; ibid. : 325-326, 16 Aug. 1790 ; ibid. : no pagination, 12 Sep. 1790 ; ibid. : no pagination, 1 Oct. 1790 ; ADB 30 : no pagination, report by Wetanger Dul Kahar, Banten, 7 Oct. 1790 ; ADB 30 : no pagination, report by Juragan Mas Sudin, Banten, 27 Oct. 1790 ; ADB 30 : no pagination, Commander F. H. Beijnon in Banten to Batavia, 23 Nov. 1790 ; VHR 3802 : no pagination, Batavia to Commander F. H. Beijnon in Banten, 31 Dec. 1790 ; ADB 30 : 17, report by Bantenese Sariph, Banten, 22 Feb. 1791 ; ADB 30 : 10, Commander F. H. Beijnon in Banten to Batavia, 10 Mar. 1791 ; ADB 30 : 41, report by Juragan Urip, Banten, 4 Apr. 1791 ; CZOHB 142 : 992, Commander F. H. Beijnon et al. in Banten to Batavia, 2 May 1791 ; ADB 30 : 93-94, report by ponggawa Raden Tomongon Tilang Barat, Banten, 3 May 1791 ; ADB 30 : 60-62, Commander F. H. Beijnon in Banten to Batavia, 9 May 1791 ; ibid. : 104, 28 May 1791 ; ibid. : 37, Commander F. H. Beijnon in Banten to Batavia, 9 Apr. 1792 ; ADB 30 : 31-32, 35-36, report by ponggawa Raden Dipati Dakda Wakjos, Banten, 13 Apr. 1792 ; ADB 30 : 24, Commander F. H. Beijnon in Banten to Batavia, 21 Apr. 1791 ; ibid. : 41-42, 25 May 1792 ; VOC 3965 : 50, Commander F. H. Beijnon in Banten to Batavia, 29 June 1792 ; ADB 30 : 113-115, Memoir about the damage by pirates since the end of 1790, Commander F. H. Beijnon in Banten to Batavia, 30 Sep. 1792 ; ADB 30 : 108-109, Commander F. H. Beijnon in Banten to Batavia, 2 Oct. 1792 ; VOC 3965 : 15, Commander F. H. Beijnonin Banten to Batavia, 31 Dec. 1792 ; VOC 3970 : 1404r-1404v, GM, 31 Jan. 1793 ; ADB 31 : 6, Commander F. H. Beijnon in Banten to Batavia, 15 Mar. 1793 ; CZOHB 118 : 49-50, F. H. Beijnon in Banten to Batavia, 25 Mar. 1793 ; ADB 31 : 1, Commander F. H. Beijnon in Banten to Batavia, 6 Apr. 1793 ; ibid. : 79-81, 5 June 1793 ; ibid. : no pagination, 11 Oct. 1793 ; ibid. : 81-82, 5 Feb. 1794 ; CZOHB 118 : 21-22, Commander F. H. Beijnon in Banten to Batavia, 20 Feb. 1794 ; ADB 31 : 202, Commander F. H. Beijnon in Banten to Batavia, 4 Mar. 1794 ; ibid. : 204-205, 11 Mar. 1794 ; ibid. : 255-256, 21 May 1794 ; CZOHB 63 : §32, GM, no date, 1795 ; ibid. : §40, 31 Jan. 1795 ; CZOHB 120 : 30-31, Commander F. H. Beijnon in Banten to Batavia, 28 Dec. 1795 ; ibid. : 61-62, 12 June 1796 ; ibid. : 8, 11 Nov. 1796 ; CZOHB 119 : 23, Commander F. H. Beijnon in Banten to Batavia, 24 Dec. 1796 ; ADB 33 : 214-216, Commander F. H. Beijnon in Banten to Batavia, 9 July 1798 ; RABE 124 : §47, GM, 1799 ; ADB 33 : 77-78 ; 81-82, Commander F. H. Beijnon in Banten to Batavia, 5 Apr. 1799.

12) ADB 34 : 16-17, Commander F. H. Beijnon in Banten to Batavia, 4 Feb. 1801 ; ibid. : 109-110, 8 June 1801 ; ADB 35 : 205-206, Commander F. H. Beijnon in Banten to Batavia, 21 Apr. 1804 ; Engelhard, *Overzigt van den staat*, p. 158.

13) VOC 3498 : 19, Commander J. Reijnouts et al. in Banten to Batavia, 24 Mar. 1777.

14) VOC 3652 : 2-3, Commander W. C. Engert et al. in Banten to Batavia, 2 Oct. 1783 ; VOC 3675 : 51, J. de Rovere van Breugel et al. in Banten to Batavia, 29 July 1784.

15) ADB 30 : 41, report by Juragan Urip, Banten, 4 Apr. 1791 ; ADB 30 : 166-167, Commander F. H. Beijnon in Banten to Batavia, 15 Dec. 1791 ; ADB 30 : 15, report by Chinese nachoda Tan Tijg, Banten, 2 Mar. 1792 ; ADB 30 : 20-21, Commander F. H. Beijnon in Banten to Batavia, 23 Apr. 1792 ; ADB 31 : 49-50, Commander F. H. Beijnon in Banten to Batavia, 20 June 1793 ; ibid. : 356-357, 21 Sep. 1793 ; ibid. : 371-372, 23 Sep. 1793 ; CZOHB 61 : 1364r-1364v, GM, 31 Jan. 1794 ; ADB 31 : 227-228, report by Bantenese traders Salam and Kacong, Banten, 30 Mar. 1794.

16) ADB 34 : 85-86, Commander F. H. Beijnon in Banten to Batavia, 7 May 1801.

注)「回数」は、襲撃回数を意味する。基本的に目撃者によって観測された回数を示しているが、ある集団が出帆してから寄港するまでに複数の襲撃を行った場合も、1回の襲撃と数えている。「襲撃者」は襲撃集団の出自が分かる場合それを示し、その集団が襲撃を行った回数を（　）に示している。従って、その数字は個々の事例における襲撃者の数ではない。「主な略奪品」の量は、同種の品に対する襲撃が複数に及ぶ場合は合計している。一つの集団が複数の場所を襲い複数の品を奪う場合があるため、「主な略奪品」および「襲撃場所」で示される回数のそれぞれの合計は、襲撃回数と一致しない。また、襲撃者、略奪品、襲撃場所のいずれかまたは全てが資料に示されない場合も多いが、被害がなくただ観測されただけの場合は、襲撃として数えていない。

出用に準備されている胡椒,ダンマルや籐などの森林産物,食料,運搬船,さらに生活必需品などを得ることができたからである[58]。

捕らえられた人々の多くは,ブリトゥン(Belitung)島やリンガ諸島に運ばれて奴隷として売買された[59]。オランダ東インド会社パレンバン商館長からバンテンに 1795 年に送られた手紙によると,サイード・アブドゥッラー・ハジ(Said Abdullah Haji)という人物が,トゥランバワンの有力者であるパンゲラン・ウィラディクラマ(Pangeran Wiradikrama)とその息子アブドゥル・カリム(Abdul Karim),およびその他ランプン出身の 10 人の人々を,リンガで 193 スペインリアルで購入したことが判明した。そこで商館長はその人々を解放し,トゥランバワンに送り届けた[60]。パレンバンは当時天然痘による人口減少とその結果として食料生産の低下に苦しんでいたので,前章でも論じたように,有力者の中には労働力不足を補うためにトゥランバワンに奴隷狩りに行く者がいた。1788 年の報告によると,トゥランバワンの人々も頻繁な海賊によって労働者不足に悩まされていたので,海賊によって他の土地で捕らえられた奴隷を購入することもあった。売られた奴隷は,水田や胡椒畑での労働力として用いられた[61]。上記の 12 人に支払われた 193 スペインリアルという価格は,その理由は不明ながら,極端に安い。パレンバンでは,男性奴隷は通常 30 スペインリアルで,女性は 40 スペインリアルで売られた[62]。このように奴隷の販売によって現金が得られることは,パレンバンの人々が海賊や奴隷狩りに参加する動機となったであろう。

商品として売ることに加えて,捕らえられた人々は海賊船の漕ぎ手としても用いられた[63]。すぐ後で述べるように,スールー海賊の船は大量の漕ぎ手を必要とした。スールーを拠点とした海賊の主要グループであるタオスグ人は,貿易と海賊活動が活発化した 18 世紀末には,捕らえた人々を奴隷として他の地域に売ることを行わなくなり,船の漕ぎ手に用いていた[64]。ランプンやバンテンの周辺で海賊集団の数が増えていたことは,恐らくより多くの漕ぎ手が必要となることを意味したであろう。

船や武器も重要な戦利品とされ,襲撃者自身で用いられることも,他の海賊に売られることもあった。一例を挙げると,1795 年に 50 余りの船からなる海賊船団が,バンテンのスルタンに属する 10 隻の船をプティの沖合で襲撃した。4 時間にわたる激しい戦闘の後,海賊たちは船と 350 バハルの胡椒を含む積荷,27 挺の短銃と 32 挺の火打ち石銃を含む大量の武器を奪った[65]。この海賊たちはこ

れらの品々を，海賊が戦利品を取引する地として知られた，西カリマンタンのムンパワに運んだ[66]。これらの船と武器は恐らく，他の海賊が利用するために販売されたことであろう。

さらに加えて，海賊たちは食料や生活必需品を，通行する船やカンポンから奪った。というのも，海賊は襲撃のために，ランプン東岸の湿地帯など，人里離れた不健康な土地にしばしば潜んでいなければならなかったからである[67]。1766年の報告によると，海賊たちはトゥランバワン川河口付近の小さな洞窟や島に身を隠し，スルタンが派遣した船が米と現金を積んで川を遡ろうとするところを襲撃した[68]。1792年にプティ地方のラトゥ・ジャヤ（Ratu Jaya）に現れた16隻の船からなる海賊船団は，カンポンに侵入して収穫されたばかりの米を奪い，火を放って地域を壊滅させ，さらに3人の女性と1人の男性を奪って去った[69]。

1791年1月から92年9月にかけての1年9ヶ月間に，オランダ東インド会社はバンテン王国における海賊の被害に関する調査を行った。これは一定期間におけるランプンでの海賊被害の全体像を示す，唯一の貴重な資料である。この調査報告によると，上記の期間に18のカンポンと23隻の船がランプンとスンダ海峡一帯において襲撃され，その結果6,000ピコルの胡椒が略奪された。21ヶ月において6,000ピコル，すなわち1年に換算して3,400ピコルの胡椒という量は，当時オランダ東インド会社がランプンから得ていた全ての胡椒の約36％に相当する。しかも，海賊による被害の全てが会社に伝えられ，調査報告に取り上げられたとは考えられないので，この情報が実際の被害よりも小さく示されていることはほぼ間違いない。さらに海賊は，海上物流にも停滞をもたらした。海賊による掠奪を恐れて輸送されないまま港に大量に積み上げられたランプン各地の胡椒は，1799年と1800年には6,000ピコルに上った[70]。このように，オランダ東インド会社，バンテンのスルタン，バンテンの胡椒商人などが海賊から受けた被害は，上の報告書が伝える以上に甚大であったと考えられよう。

2) 海賊の出身地と活動拠点，およびその船

海賊たちの背景や出自を示す資料はあまり多くないが，最も頻繁に目撃された海賊は，ジョホール人（Johorese）と呼ばれたリアウ生まれのブギス人であった。それ以外の主要なグループは，北スラウェシを故地とするマンダル人（Mandarese），華人，イラヌン人，パレンバン人，およびマレー人などであった。彼ら

の一部はリアウ・リンガ諸島から、またある者はシアク、スマトラ東岸のレテ（Reteh）、バンカ島、ブリトゥン島などからやって来た[71]。

ブギス人は優れた海上戦闘技術で知られており、海賊活動においてもその能力は卓越していた（表6-1）。例えば、1757年6月にジョホール人およびその他の海賊は、スプティ川（Way Seputi）を遡り、周辺のカンポンから船などを強奪した。奪い取る胡椒がなくなると、彼らはカンポンに引き続き滞在し、胡椒を積んで通過する他の船を襲撃した[72]。スンダ海峡のクラカタウ島（Pulau Krakatau）に定住した39人のジョホール人は米を栽培して暮らしていたが、彼らも収入を補うために、時折島の周辺で海賊活動に従事した[73]。

華人もまた、ランプンの胡椒生産地の周辺で海賊活動に参加した。そのうち最もよく知られていたのは、ラゴンディ島に住み着いたグループである。彼らは1752年までにラゴンディ島に拠点を築き、1770年代までにはカイザー島（Keizer Eiland）などスンダ海峡の各地に勢力を拡大した[74]。ラゴンディ島の拠点は海賊の襲撃基地であるだけでなく海賊戦利品の重要な取引場でもあったため、恐らくオランダ東インド会社だけでなく他の海賊からの襲撃にも備えるために、1791年までに要塞をも備えるようになっていた[75]。

北スラウェシから来るマンダル人は、ランプン周辺で最も活動的なグループの一つであった[76]。1795年にスマンカの東インド会社ポストに必需品を届けようとしていたオランダの貨物船は、ラゴンディ島の近辺で、同島を拠点とするマンダル人とブギス人海賊から成るグループに襲撃された。海賊たちは全てのヨーロッパ人船員を殺害し、貨物を掠奪し、船に火を放った[77]。このようにエスニシティを超えた協力は、海賊活動においては全く例外的ではなかった。オランダ東インド会社の記録によると、マンダル人の船隊は自分たちをナマコ漁師だと名乗り、これを証明する会社の許可証まで所持していた。しかし実際のところ、彼らは機会あるごとに他の船を襲撃していた[78]。海賊と漁師の境界は明確でなく、海賊はしばしばこのような方法で、オランダの会社職員やバンテン王国の役人に対し、自分たちは非合法な存在でないと主張していたのである。

イラヌン人の参入は、この海域の海賊活動をさらに激化させた。イラヌン人はかつてより北西カリマンタンに作った入植地を拠点に海賊活動に従事していたが、スルタン・マフムードによるリアウ奪回に参加したグループのうち一部がリンガに、また別の一部がスマトラ東岸のレテとその周辺に定住して、カリマタ海

で活発に活動した。レテを拠点とするイラヌン人たちは毎年船隊を編成し，スールーからやって来るイラヌン人の仲間と共に，ランプンを襲撃した[79]。イラヌン人による襲撃はランプン近海では1791年に初めて記録されているが，その時彼らは40隻の船団で，米を積んでバンカに向かう船を襲撃した[80]。イラヌン海賊はすぐに，ランプン周辺で最も強力な集団として恐れられるようになった[81]。

　1790年代になると，近隣のパレンバン人もランプンへの襲撃に加わるようになった。パレンバン人海賊はトゥランバワン川河口の近くに拠点を築き，ペネット，ニボン，スカンポン，スムル（Sumur）などランプンの主要な胡椒生産地を，頻繁に襲撃した[82]。

　リアウ陥落後に海賊の拠点として最初に台頭したのは，先に述べたようにリンガであったが，1790年代に入ると海賊の襲撃や取引の拠点も各地に分散した。スマトラ東岸のシアクは，1780年代から90年代にかけてリアウに代わる新たな貿易の中心地となったが，ここは同時に海賊の拠点でもあった。王族たちは海賊船団を指揮し，高価な商品，特にアヘンを奪い，シアクを盗品の市場とした。18世紀シアクの歴史を検討したティモシー・P. バーナードによれば，そうした盗品は，シアクがかつてより輸出していた東スマトラの森林産品や砂金などを補う，重要な輸出品となった。シアクの海賊は，シンゴラ（Singgora），ペナン，ペラといった他の港を襲撃しただけでなく，近海を航行する商船を強制的にシアク支配下の港に立ち寄らせた[83]。シアクの海賊によるランプンの襲撃は，1790年代から顕著になった。1791年5月，バンテンのスルタンによってスンダ海峡に派遣された巡視船団は，ラゴンディ島の近くで11隻の船から成る海賊船団に遭遇し，長い戦闘の後にそれを打ち破った。その後一部の海賊を捕らえた巡視船の指揮官によると，海賊たちは自分たちをシアクから来たと称したが，すぐにその多くが華人であることが判明した[84]。捕らえられた海賊たち全員のエスニシティは結局のところオランダ東インド会社資料からは明らかでないが，恐らくエスニック上の区分は海賊たちの間でもあまり明確でなく，異なる集団の移民や混合は一般的であったのであろう。

　ブリトゥン島もまた，海賊と貿易の重要な拠点の一つに発展した。バンテン人の商人であるジュラガン・ウリップ（Juragan Urip）は1791年，ジャワ海で海賊に捕えられてブリトゥンで拘束され，後に脱出に成功した。彼の報告するところによると，ブリトゥンには少なくとも288隻のマレー人，華人，ブギス人海賊の

船がシアク，リアウ，リンガからやって来ていた。彼はまた，彼を誘拐した海賊がカリマンタンのバンジャルマシンとランプンのスマンカを襲撃しようとしているのを聞いた。このように，ブリトゥンを拠点とする海賊たちはカリマタ海の大部分を彼らの活動領域としていたことが分かる。その結果として，多くの商人もまた海賊たちの戦利品を購入するためにブリトゥンを訪れ，活発な取引が行われていた[85]。

　バンカ島から来る海賊がランプンを襲撃したことを先に述べたが，バンカ島は実際のところ，海賊拠点というよりはむしろ海賊の攻撃対象であった。同地を支配下に置いたパレンバンのスルタンの影響力が18世紀末に弱まるにつれ，1790年頃から多数の海賊が絶え間なくリアウ・リンガ諸島からやって来ては，バンカ島各地の集落を襲った[86]。彼らの多くはジョホール人であったが，一部はサイード・アリの配下の者であると報告された[87]。カリマタ海域で活躍したジョホール人にはラジャ・アリの従者が多かったので，バンカを襲っていたこれらの海賊には，彼らとサイード・アリの従者が混じっていたようである。これもまた，1790年における有力指導者の統合の結果であり，それが海賊活動の激化をもたらしていたと言えよう。海賊たちの主な掠奪対象は，バンカが東南アジア有数の錫の産地であったにもかかわらず，錫よりもむしろ住民であった。これは主に，リンガ諸島のシンケップ島（Singkep）で錫鉱山が開発され，鉱山労働者が必要になったためである。スルタン・マフムードは配下のオラン・ラウトやその他の海賊グループをバンカに送り，住民を奪ってシンケップに連行した。バンカはさらにイラヌン海賊の襲撃対象となり，多くの人々が奴隷として連れ去られ，19世紀初めまでにバンカはほとんど破壊し尽くされ荒廃した[88]。バンカを襲撃したジョホール人，オラン・ラウト，イラヌン海賊などは同時に近隣の海域でも海賊活動を行っていたので，そうしたグループの一部が恐らくランプンも襲ったのであろう。当時のバンカの住民で外部に襲撃に出たグループは資料には見当たらない。

　このようにして，リアウ陥落による貿易ハブの喪失と引き続く政治的混乱は，カリマタ海域に多くの海賊拠点を出現させる結果となった。故地を失ったリアウ生まれのブギス人，スルタン・マフムードの従者，イラヌン人，マンダル人，華人といった移民がこうした拠点にやって来ては，海賊行為や貿易を行った。こうした拠点と海賊の数の増加は，彼らがランプンを攻撃することを，さらに容易にしたであろう。

ランプンを襲撃する海賊は，通常3隻から50隻余りの船から成る船団で航海した[89]。大きな船団は，2本ないし3本マストを持つ1-9隻の大型船を中核に，プラウ（perahu）もしくはサンパン（sampang）と呼ばれる小型船で構成された。これらの船から成る海賊船団は，当時のオランダ人も驚嘆するほど強大であった。1799年の報告によると，あるイラヌン海賊の船団は，両舷にそれぞれ25人の漕ぎ手を2列配置――つまり1隻に100人の漕ぎ手を持つ――した大型船3隻と，重武装した27隻の小型船から構成されていた。リンガを出港した別の船隊は，両舷にそれぞれ40人の漕ぎ手を乗せた3隻の大型船と，37隻の重武装した小型船から成っていた[90]。最大級の船は，複数の3ポンド砲を前部甲板に載せ，より高く設置された後部甲板に2基の旋回砲を備えていた[91]。

オランダ人は，海賊を鎮圧するためにあらゆる努力を行った。毎年東インド会社バンテン商館は，バンテンのスルタンとの緊密な協力のもとに，ジャワ海やスンダ海峡に，海賊を監視し制圧するための巡視船団を派遣した。このように彼らは海賊を鎮圧する強い意志を持っていたにもかかわらず，巡視は常に効果がなかった。海賊の件数は増えているにもかかわらず，巡視船団はほとんど海賊を発見することすらできなかった[92]。バタヴィア政庁も本国の役員たちも，巡視の結果に強い不満を示し，バンテン商館長に直ちに海賊を鎮圧するよう強く要請した。これに対する商館長の回答は，当時のオランダ艦船と海賊船の能力差を示していて興味深い。その回答によれば，海賊船はランプン海岸の小さな入り江やスンダ海峡の無数の島々にある隠れ場に潜んでおり，それらを見つけることは極めて困難であった[93]。例えばトゥランバワンで会社の船隊が巡視を行っている間，海賊たちは2ヶ月間も小さな支流などに潜んでいた[94]。さらに海賊船は，風力に加えてオールでも推進力を得ていたので，オール構造を持たないオランダ東インド会社やスルタンの船は，全く追いつくことができなかった。オランダ人会社職員自身が認めていたように，彼らの不十分な現地の知識と劣った帆走技術では，海賊たちに全く太刀打ちできなかったのである[95]。

4　貿易の発展と地域社会

1）非公認貿易の展開

興味深いことに，海賊活動が激化していた1780年代から，ランプンの現地社

会は外来商人とより密接な関係を結ぶようになった。外来商人を代表するのは華人であった。華人は先にも述べたように，1750年代から海岸部で積極的に非公認貿易を行っていた。それはラゴンディ島であれシレブであれ，いわばランプンの周縁ないし外辺から，主に胡椒を外部に取り出すものであった。ところが1780年代末から，ベンクーレンから来る華人商人たちは，スマンカ，カランバヤン（Kalambayang），トゥランバワンのセラムといったランプン内部の胡椒生産地域に直接赴いて，胡椒を買い入れるようになった。また彼らはアヘンや布と交換に，胡椒の他に象牙，燕の巣などの産品も購入するようになった[96]。華人商人たちはこれらの品々および海賊によって捕らえられた人々を，スンダ海峡からベンクーレン，パダン，さらにはアチェやスマトラ西岸の港に運び，引き換えにこれらの地でアヘン，布，および樟脳を得た。彼らの一部はランプンの産品を，中国に戻るジャンク船に売った。バンテン湾に浮かぶパンジャン島とクラパ島（Pulau Klapa）に拠点を持つ華人商人もランプン各地を訪れ，胡椒，象牙，燕の巣，および金を，アヘンと引き換えに獲得した。彼らはこうしたランプン産品をバタヴィア沖のプロウ・スリブに運び，各地からやって来る商人たちと取引した[97]。

　このように，内陸部に浸透した華人商人が購入した商品は象牙，燕の巣，樟脳など，ほぼ全てが典型的な中国市場向けの東南アジア産品である。ランプンで入手したそれらの品を転売するのはプロウ・スリブなど彼らが別の華人商人と取引する地であり，また彼らがジャンク船に直接売ることもあった。このようにランプン社会は，中国向け商品を求める華人商人を通じて，中国市場志向型貿易構造に接続されていったと言えよう。

　華人商人がランプンの胡椒産地にまで浸透するようになったことは，ランプンとバンテンとの間の通常の商業交通が，海賊の襲撃のためにますます困難になってきたことと関連している。襲撃を恐れてランプンやバンテンの船主たちは航海を躊躇するようになったため，ランプンの生産者たちは買い手が来ないという問題に直面していた[98]。こうした状況の中で産地を訪れることによって，華人商人たちは胡椒の他にも，燕の巣など貴重なスルタンの独占商品を含むランプンの現地産品を得る機会をいっそう多く得たに違いない。

　もっとも華人商人が取り扱う商品の種類が増えたとはいえ，胡椒がランプンの最重要産品であったことは疑いない。胡椒は海賊にとって掠奪の最大の焦点であ

り（表6-1），後述するようにイギリス商人などは，ランプンでほとんど胡椒だけを取引対象としていた。ランプン胡椒の需要の高まりは，当時その希少価値が高まったことと関連していよう。1780年代までランプンに次ぐ胡椒生産量を誇ったバンジャルマシンは，1780年代末に大きく生産を落とした（図1-12)[99]。ベンクーレンのイギリス東インド会社商館は1780年代半ばに最大の胡椒輸出を記録したが，この時期はそのほとんどがイギリスに輸出されており[100]，実際イギリス東インド会社による広州への胡椒輸出は，1790年代から非常に低いレベルにとどまった（図6-1）。アチェにおける胡椒生産が，スソ（Susoh）の王リュウベ・ダパ（Leube Dapa）の精力的な政策によって急上昇するのはようやく1800年頃のことである[101]。つまり1790年代は，ブルネイやトレンガヌなどの華人胡椒農園地域を除けば，ランプン以外の主要な胡椒産地で，中国向けの供給が軒並み縮小した時代であった。

それにもかかわらず，広州におけるヨーロッパ商人による胡椒輸入は，1790年代にそれほど縮小した訳ではない。ランプンやバンジャルマシンで胡椒を十分に確保できなくなったオランダ東インド会社と，ベンクーレンの胡椒をロンドン向けに輸出したイギリス東インド会社による中国市場への供給は，確かに1790年代に大きく縮小した。しかしそれを埋め合わせるかのように，カントリートレーダーの取引量が拡大している（図6-1）。このことは，中国における需要が以前と変わらず高く，それをカントリートレーダーが補っていたことを意味する。他に胡椒の主要な産地が存在しないこの時期，カントリートレーダーは恐らくその胡椒の相当程度をランプンから，海賊や華人商人を通じて間接的に得ていたであろう。

さらにバンテンの住民や役人までもが，胡椒の非公認貿易に関与していた。1789年の胡椒栽培報告は，レンメル川（Ci Lemmer）がポンタンとタナラの2方向へ分岐する地点の周辺で，胡椒栽培農民が胡椒を「密輸」していることを述べている[102]。タナラはその華人住民がグレンディン，バンテン東部の砂糖工場，バタヴィアとネットワークを持つ，密輸の拠点であった[103]。1802年の報告によれば，バンテン人商人やバンテン宮廷から派遣された役人さえ，シレブやスマンカで密かにイギリス人に胡椒を売っていた[104]。

このような状況から，1780年代末からのランプンにおける海賊活動の活発化は，次のように説明できよう。1760年代から，海域東南アジアの多くの地域が，

中国市場志向型貿易構造に取り込まれつつあった。胡椒は中国で需要が高い東南アジア産品の一つであったため，オランダ・イギリス両東インド会社がそれぞれの勢力圏にある生産地から輸出したのに加えて，華人やイギリス人カントリートレーダーが各地で集荷して中国南岸に運ぶようになった。1780年代初めまでにリアウが，カントリートレーダーが東南アジア胡椒のほとんどを確保する地となり，華人商人にとっても主要取引地の一つとなっていた。そのためリアウが1784年のオランダの軍事行動によって陥落すると，華人商人やカントリートレーダーは何とか他の方法で中国向け胡椒を確保しようとしたに違いない。リアウ陥落後のカリマタ海一帯では，周辺海域の有力者が同盟を結び，海賊活動が活発化しつつあった。このような展開において海賊が，国家主権が強く及んでいないランプンにおいて，以前よりも暴力的な方法によって胡椒を集めようと試みたことは不思議でない。そのように集められた胡椒の取引にイギリス人や華人の商人が強く関与していることを考えると，その多くは中国市場に送られた可能性が高いと言えよう。このように考えると，ランプンにおける海賊活動の活発化は，ランプンが中国市場志向型貿易構造に取り込まれたことを意味すると考えることができる。

　この点を量的にも検討したい。カントリートレーダーが1791年から1792年に広州にもたらした胡椒は，1年あたり約5,000-9,000ピコルである（図6-1）。彼らが胡椒を集められる生産地域が当時それほどなかったことを考えると，このうちの相当量はランプンの胡椒が占めるであろう。5,000-9,000ピコルというのは，上述のオランダ東インド会社による調査が示した，ランプン周辺で海賊が1年に確保した胡椒（3,400ピコル）よりも相当多い。しかし会社の調査は，海賊による被害の全てを正確に捕捉したとは考えがたい。さらに，後に述べるようにイギリス商人が直接ランプンの産地に赴いて胡椒を得ていたケースが存在するし，他の商人グループによって獲得された胡椒が，イギリス商人も訪れる商業拠点で売買されていた例も多い。表6-1からも確かめられるように，オランダ東インド会社が海賊被害を調査した1790-91年以降に海賊の件数は増加している。こうしたことを考えると，1790年代の各年に実際にランプンから流失した胡椒の量は，会社の調査が示した3,400ピコルよりも相当多かった可能性が高い。カリマタ海各地の取引拠点の情報を見る限り，ランプン胡椒を買い取ったのは主にイギリス商人と華人商人であり，彼らの貿易パターンを考えるならば，胡椒の多くは広州

および中国南岸のその他の港に運ばれたと考えられよう。

　先に述べたように，1790年代はイギリス，オランダ東インド会社による胡椒供給が大きく減少した時期であった。この間広州における胡椒取引では，華人商人に加えてカントリートレーダーが果たした役割が増大した。もちろん華人商人は，ブルネイやトレンガヌの華人経営胡椒農園という安定した供給元を持っていたのであるが，それ以外の供給源として，ランプンの地位が高まったことは間違いないであろう。海賊によってランプンから流出した胡椒は，華人商人やイギリスのカントリートレーダーを通して，供給が減少していた中国市場を満たすことに貢献していたと考えられよう。

2）現地社会の対応

　ランプンからの胡椒の流出は，常に海賊によって暴力的・受動的に行われていた訳ではなかった。現地の有力者や胡椒農民も，地域で産出される産品の需要が高まり外来商人が訪れるようになった状況に，積極的に対応していた。胡椒生産地まで訪れるようになった外来商人には，華人商人に加えて，イギリス人とマンダル人がいた。例えば1802年，2隻のイギリス船はクリパン（Kripang）の有力者であるラデン・インタン（Raden Intan）を訪れ，彼から2,000バハル（6,000ピコル）の胡椒を購入した。ラデン・インタンは胡椒を1バハルあたり9スペインマット（Spaanse matten）[105]で売ったが，これはバンテンのスルタンが設定した価格よりも高かった。イギリス人たちは現金での買取りに加えて，染織品（恐らくインド産）やアヘンもランプンにもたらした。高い買取価格とそうした人気の品々は，ラデン・インタンの支配下にあった人々をも満足させたことであろう。オランダ東インド会社はそれまでの4年間，胡椒を購入するための船をクリパンに1隻も派遣していなかった。このことも，彼がバンテンのスルタンやオランダ人への忠誠を放棄し，胡椒が海賊に略奪される前にイギリス人に売るという決断を促したに違いない。彼は1826年に没するまでにスカンポン地方とカリアンダ地方を支配下に併合したが，その間もイギリス人と緊密な商業関係を維持した[106]。これは逆にラデン・インタンが，イギリス人との緊密な商業関係を通じて得た利益によって，影響力を拡大できたとも考えられよう。

　ランプンの現地有力者の中には，海賊と商取引をする者もいた。カリアンダの有力者であるアリア・カスギアン（Aria Kasugian）は1803年，自分の支配地域で

得られた胡椒を，12隻の船でカリアンダを訪れたマンダル人「海賊」に売ったことが報告されている。この情報を伝えた現地人はオランダ人の会社職員に対し，マンダル人たちはイギリス人と緊密な貿易関係を持っていると報告した[107]。この例は，「海賊」と呼ばれる集団と商人の区分が明らかでなかったことを示している。イギリス人はランプンで地域有力者と友好的な関係を確立したが，それはアジア人の海賊を直接的または間接的に通して行われることもあったと言える。またこの例が示すように，海賊と呼ばれた人々も，通常の商取引を行う方が利益が得られると判断した場合には，強奪ではなく購入によって胡椒を入手することもあったのである。

　恐らくこのような現地有力者が外来の商人や一部の海賊と抜け目なく交渉した結果として，ランプンは1780年代と1790年代を通じて，3,000-5,000バハル（9,000-1万5,000ピコル）という，決して少なくない量の胡椒供給を維持した（図1-14，図1-15）。この数字はオランダ東インド会社がコタ・バンテンで得た胡椒のみを示しているため，胡椒が外国人商人にも売られたり海賊に強奪されたりしたことを考えると，ランプンにおける実際の生産量は，これらの図に示されるよりもずっと大きかったはずである。このように考えると，この時代のランプンは，貨物船や海岸のカンポンを襲う海賊の活動が激化していたにもかかわらず，胡椒生産を相当高いレベルで維持していたように見える。ランプンにおける胡椒生産は1800年を過ぎてから初めて大きく減少したが，このことは恐らく，アチェが急速に生産を増やしイギリス人やアメリカ人の商人に販売したことと関連しているであろう。それまではランプンが，中国市場向けの胡椒を求める商人や海賊にとって，胡椒供給地として重要な位置を占めたのであった。

　ランプンの地域有力者の中には，海賊に合流して掠奪に参加する者もいた。1793年4月，56隻の重武装した船がスマンカ近くのカランバヤンを襲撃し，バンテンのスルタンに向けて発送するために集められていた胡椒，籐，燕の巣を強奪した。この報せを伝えた現地住民によると，この船団はイラヌン人海賊のラジャ・アリ（Raja Ali）によって率いられ，司令官の一人はキヤイ・アリア・ラクサ・ジャヤ（Kyai Aria Raksa Jaya）という，かつてスルタンによってカランバヤンに追放されたバンテンの有力者であった。海賊たちはカランバヤンの港や人家を激しく掠奪したにもかかわらず，その間もキヤイ・アリア・ラクサ・ジャヤの家族にだけは何の害も与えなかった[108]。ラクサ・ジャヤはカランバヤンの地に

地縁がなく，恐らく自分の命令に易々とは従わない地域社会の住民に対して，海賊と協働して物品を奪い，復讐することを選択したのかも知れない。

しかし海賊の活動が，地方社会に常に利益をもたらすわけではなかった。それどころか，多くの場合，現地住民は海賊の襲撃によって著しい被害を蒙った。海賊はカンポンから胡椒，船，および人々を奪うだけでなく，しばしばカンポン自体を荒廃させた。1803年にプティでは，ある海賊集団が24のカンポンを破壊した[109]。1804年にはまた別の海賊集団がプティにおいて，自分たちが起居するための場として150軒以上の家屋を住民に提供させた[110]。被害を避ける最も容易な方法は逃亡することであったが，その選択がいつも最善であるとは限らなかった。農業に適さない地域に移住することは，しばしば飢饉に直面することを意味した。1801年にプリンセン島で，海賊の襲撃を避けるために内陸部に逃れた人々は，避難先で飢えに苦しみ，最終的に海賊たちに降伏して自ら捕虜となった[111]。

おわりに

本章の冒頭で，植民地期の研究は「密輸」や海賊をランプン社会の衰退要因と見なし，一部の戦後の研究者は海賊を反植民地闘争と認識していたことを紹介した。しかし実際ランプンにおける非公認貿易と海賊は，地域社会および周辺海域の貿易構造に対し，そうした見解よりもはるかに複雑で大きなインパクトを与えていた。1760年代以降にランプンで胡椒の非公認貿易が増加したのは，主としてイギリス人ができるだけ多くの胡椒を得ようと試みた結果であった。胡椒は，イギリス人が広州における茶貿易を促進するために必要とした重要な東南アジア産品の一つであったが，当時の主要な胡椒生産地域は既に衰退しているか，またはオランダ東インド会社の独占貿易システムの中に置かれていた。このことが，イギリス人が華人商人やランプンの地域有力者と協力して，密かに胡椒を得ようと試みた背景であった。

1780年代末からランプンでブギス人，マレー人，イラヌン人，マンダル人その他アジアの海賊による襲撃が急増したのは，周辺海域における経済的・政治的状況の変化の結果であった。島嶼部東南アジアでは，1760年頃から中国市場志向型貿易構造が強まり，中国で消費される東南アジア産品を集荷するネットワー

クが各地に現れた。リアウはそうしたネットワークの中心の一つであり,特に1780年代前半には胡椒の重要取引地点となった。ところがリアウの役割が1784年のオランダ東インド会社による征服によって失われると,リアウとリアウを中心とする貿易ネットワークから追われた人々の多くが海賊活動に従事するようになった。1790年には有力な海賊リーダーたちが結集し,それ以降は特に海賊活動が活発化した。このような状況でもまだ中国市場に胡椒への強い需要が存在したため,当時アジア最大の胡椒産地でありながら国家の支配が弱いランプンで海賊活動が活発化した。

さらに華人商人は,ランプンの胡椒生産地を直接訪れて,胡椒,燕の巣,象牙といった産品とインドの布やアヘンと交換するネットワークを,ランプンとスマトラやジャワの各地との間に構築した。イギリス人やマンダル人も生産地を訪れ,地域有力者から直接胡椒を購入した。彼らのこのような活動があったため,バンテンの公認商人が海賊の攻撃を恐れ次第にランプンへの航海を避けるようになっても,ランプンの地域有力者や胡椒栽培農民は胡椒の販路を確保することができた。外部の商人が提供する高い買取価格や魅力的な商品もまた,彼らが胡椒を栽培する意欲を高めたに違いない。海賊として知られる者の中にも,安定的な利益が見込める時には,胡椒を強奪でなく購入によって入手する者がいた。こうしたことが,海賊の頻繁な襲撃を受けるランプンで,胡椒栽培が続けられた要因であった。ランプンを訪れる外来者の活動はしばしば暴力を含んだが,それは強く商業志向的でもあった。その結果ランプンは,1780年代と1790年代を通じて中国市場志向型貿易構造の中に取り込まれていったのである。

このような海賊および非公認貿易がランプン地方社会にもたらしたインパクトは様々であった。地域有力者と胡椒栽培農民は,一般に外部商人がもたらすアヘンやインド布などの外国産品や,彼らが提供するより好ましい取引条件を享受した。地方有力者の中には外部商人とのつながりを利用して,勢力を拡大する者もいた。しかし大多数の一般住民は,海賊の略奪から大きな被害を受けた。海賊の襲撃を逃れるために自分の畑を放棄し他の地域に逃れた者は,しばしば食料や農耕に適した土地の不足に直面しなければならなかった。

ランプン社会の外部では,華人とイギリス人がランプンにおける非公認貿易から最大の利益を得たように見える。華人商人は内陸部までネットワークを拡大し,イギリス人は中国市場向け胡椒をますます多く確保できるようになった。イ

ギリス人は1760年代からシレブ等を拠点として華人や他のアジア人とネットワークを構築しており，そのようなネットワークはたとえ1786年のペナン開港後のものよりもはるかに規模が小さいとしても，これまで一般に考えられてきたよりも早く始まっていたのであった。イギリス人はさらに海賊や商人の様々なグループと協力し，彼らにアヘン，武器弾薬，およびその他の希望される商品を与えて，間接的に胡椒の掠奪や貿易に参加した。その結果イギリスのカントリートレーダーたちは，大量の胡椒を広州にもたらすことができた。

　他方オランダ東インド会社は，海賊から甚大な被害を蒙った。会社が失った胡椒はランプンから得られる量の3分の1以上に達しただけでなく，航路が海賊による危険にさらされ海上交通が停滞したことも損害をもたらした。独占的貿易システムに固執したオランダ人は，海賊や非公認貿易商人と提携するようなことは，恐らく全く念頭に浮かばなかったに違いない。こうしてオランダ東インド会社は，次第にランプンの取引から除外されていった。さらにオランダ東インド会社はナポレオン戦争の結果として，自分たちの船を広州に送ることすらできなくなってしまった[112]。

　このように，1760年から1800年頃のランプンでは，バンテン国家とオランダ東インド会社の影響力が衰退していたことと一部の住民が海賊に苦しめられたことは間違いないが，輸出産品生産地域の住民や，カリマタ海域で活躍した海賊および非公認貿易の商人たちは，その政治的真空をうまく利用していた。非公認貿易はランプンとカリマタ海域を，発展する中国－東南アジア貿易に結びつけた。そうすることによってこれらの商人や海賊の活動は，ヨーロッパ勢力の浮沈にも影響を与えたのであった。

　一方ランプンの地方社会は，こうした過程を経てますますバンテン王国とのつながりを喪失していったと言える。バンテンの官吏や商人は，海賊を恐れて次第にランプンを訪れなくなった。オランダ東インド会社もランプンにおける足がかりを失い，影響力を行使することがほとんどできなくなっていた。胡椒やその他中国で求められる品を生産・採集していた住民は，王国に代わって外来商人と強いつながりを作り，その産品を通じて東南アジアの中国市場志向型貿易構造や世界経済と結びついていったのであった。

第 7 章
糖業の展開と境界社会の形成
―― 華人移民のインパクトと越境貿易 ――

はじめに

　本章も，前章に引き続き王国の周縁地域を取り扱う。ここでの検討対象は，バタヴィア郊外（de Ommelanden van Batavia，以下，オンメランデン）と境界を接するバンテン東北部，およびそれと隣接するオンメランデン西部（地図2）である。東北部は，従来のバンテン王国研究で大きく取り上げられることはほとんどなかった。しかし，この地域が 18 世紀後半に糖業の発展によって王国内で重要な意味を持つようになったことは，これから論じるように疑いのないことである。ジャワにおける糖業は，17-18 世紀の間一貫してオンメランデンが中心であったため，ジャワ糖業史研究においてバンテンが注目されることはなかった。しかし以下に述べるように，糖業の中心は主に環境上の要因から，18 世紀半ばからオンメランデンの中でも次第に西へと移動した。この流れはその後も続いたため，これまであまり指摘されることはなかったが，1780 年代には多くの砂糖工場が境界を越えてバンテン王国東北部に存在するようになっていた。これに伴ってバンテンの糖業は 18 世紀末にはスルタンの重要な収入源となり，地域社会においても大きな意味を持つようになった。このような背景から，本章は特に糖業に焦点を当てて論じることとする。

　糖業はバンテン王国にとって重要な産業となっていたにもかかわらず，糖業に関わった人々や地域社会には，常に国家の中心から離れようとする力学が働いていた。砂糖は胡椒と違って中国に輸出される商品ではなかったが，経営者のほとんどと労働者の多数が華人であったという点で，糖業は中国と強いつながりを持っていた。また，大量の外国人労働者を受け入れたという点で，糖業は胡椒生

産など王国の他の産業とは比べものにならないほど大きな外的インパクトを地域社会にもたらした。本章は，糖業を通じて地域社会が外部世界との接触を持つようになり，周辺海域の貿易ネットワークさらに世界経済との結びつきを強めたことを論じる。

糖業が国境を越えてオンメランデンからバンテン東北部にかけて広がったことを考慮すると，これを取り扱う際にバンテン王国領だけを切り取って論じることは適切でない。本章では，バンテンとオンメランデンの境界が置かれたサダネ川の両岸周辺を一体性のある地域と捉え，これをサダネ川周辺地域と呼んで考察の対象とする。

本章はまた，糖業の副産物として，18世紀後半のサダネ川周辺地域に「境界社会」が発展したことを論じる。ここで言う「境界社会」とは，近年の「境界地域」研究に依拠して，複数の国家の境界に位置し，国家支配があまり浸透せず，複数の民族が雑居し，活発な越境貿易や交流で特徴づけられる社会とする[1]。18世紀のジャワ糖業は，現地労働者を雇用することが困難であったことから，常に移民労働者を必要とした。砂糖労働者から成る移民社会は，生活必需品を絶えず外部から得なければならなかった。中でもアヘンは，後述するように糖業において特に重要な必需品であったが，王国で公認されたルートよりも外来商人から得る方が安かったため，彼らとの間で越境的「非公認」貿易が発達した。こうして18世紀末までに，サダネ川周辺地域には，オランダ東インド会社やバンテン王国の支配が十分及ばない，典型的な境界社会が発達した。本章はオランダ東インド会社とオランダ人糖業経営者の資料を注意深く分析することにより，境界社会の発展が，周辺地域に新たなダイナミズムをもたらしたと論じる。すなわちサダネ川周辺地域において，主に外的経済要因によって会社と王国が作った独占システムが十分に機能しなくなると，新来移民が中核となった境界社会が発展し，非公認貿易ネットワークを通じて，カリマタ海の貿易や世界経済との結びつきを強めていったことを論じたい。

1　ジャワ糖業の展開

1)　先行研究の再検討

ジャワ糖業に関する従来の研究は，18世紀後半における生産をほとんど無視

してきたといっても過言ではない。ジャワにおける糖業は，1630年代にオランダ東インド会社がオンメランデンに華人移民を奨励して促進したのを契機に発展した。ところが近世ジャワ糖業の研究は通常1740年までで終えられ，その後の時代については，強制栽培制度期（1830-70年）またはそれ以降にオランダ資本が投入されて発展した近代糖業が主に議論される[2]。クリストフ・グラマンは，ジャワ糖業は1710年代にピークを迎え，その後はペルシャと日本の市場における需要の減少によって衰退したと論じた[3]。レオナルド・ブリュッセおよびボンダン・カヌモヨソは，バタヴィアとオンメランデンの華人社会に壊滅的被害をもたらした1740年の華人虐殺事件（後述）で議論を終えており，これによって事件の混乱がジャワ糖業に終焉をもたらしたかのような印象を与えている[4]。そして1740年から近代糖業が登場するまでの時代のジャワ糖業はほとんど研究者に注目されていないことから，1740年から強制栽培制度期まではジャワ糖業の衰退期であったような印象が生じている。しかしこうした理解が，一貫した統計に基づいてなされている訳ではない。

　一方，オランダ東インド会社の各商館および各主要商品の貿易を記録したバタヴィア会計官の資料——第2章で胡椒を論じる際に用いた資料——は，砂糖に関しても，貴重な18世紀の情報を提供する。図7-1は，この資料に基づいて1703-86年のジャワ砂糖の輸出先別輸出量を示し，さらに1786-1800年のジャワ砂糖の生産量をピーター・ボームハールトの研究に基づいて加えたものである。この図はジャワ全土からの砂糖輸出を示しているが，生産地のほとんどは18世紀末までオンメランデンであったことを考えれば（後述），この図から1740年の華人虐殺事件がもたらした生産減が極めて一時的であったこと，また生産が早くも1750年頃には虐殺以前の水準まで復帰したことは明らかである。砂糖生産はその後も拡大し，1750年代半ばから60年代半ばにかけては，18世紀初頭以来最高の水準に達した。要するに，バタヴィアの華人虐殺事件は，ジャワ糖業の終焉を意味しない。

　では，先行研究の議論と本章の示す情報の乖離は，どのように説明し得るであろうか。まず，グラマンは，主に輸出先の市況からジャワ糖業の盛衰を説明しようとしたが，これは必ずしも有効な戦略ではない。というのも，ジャワ砂糖の生産は必ずしも輸出のもたらす利潤に常に連動していた訳ではなかったからである。そもそも海外市場は1720年以降，大きな利益を生まなくなっていた。ペル

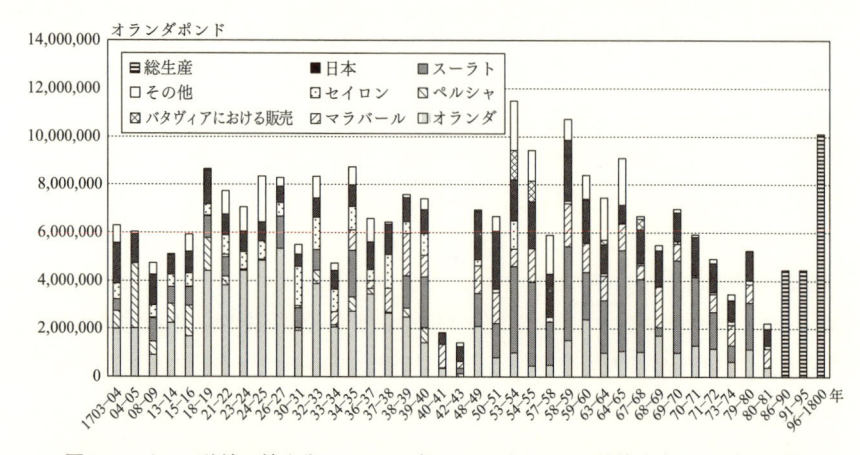

図 7-1 ジャワ砂糖の輸出先，1703-81 年，およびジャワの砂糖生産，1786-1800 年

出典）1703-86 年：Archieven van de Boekhouder Generaal te Batavia (BGB) 10810-10837, 11830-11831, 10671-10679), the Nationaal Archief, The Hague；1786-1800 年：Peter Boomgaard, "Java's agricultural production, 1775-1875," in *Economic Growth in Indonesia, 1820-1940*, ed. Angus Maddison and Gé Prince (Dordrecht etc.: Foris, 1989), p. 119.

注）1703-86年の各数値は輸出量を，1786-1800年の各数値は生産量を示す。

シャ市場は1722年にサファヴィー朝が崩壊した後は，ジャワ砂糖の消費地ではなくなった。このため生じた余剰の多くは，初めはオランダ本国に送られた。しかしヨーロッパ市場は主として安価な西インド砂糖によって支配されていたため，オランダ東インド会社は西インドからの供給が戦乱によって中絶した時しかジャワ砂糖から利益を上げることができなかった。スーラトへの輸出は1710年以降に増え，1750年以降この地方はジャワ砂糖の主要な市場の一つとなった。それにもかかわらず，スーラト周辺では安いベンガル砂糖との厳しい競争にさらされ，会社の利益は限られていた[5]。日本では砂糖だけでなく他の輸入品の利益も非常に低く，1730年代にはオランダ東インド会社が長崎貿易から完全に撤退することも計画された。しかしこの計画は，アジア貿易における日本銅の重要性が考慮された結果，銅を確保するという目的のためだけに撤回された[6]。

このように輸出産品としては低い利潤しか得られなかったにもかかわらず糖業が維持されたのは，バタヴィア政庁が，糖業の発展が社会の安定維持に貢献すると考えてこれを保護したからであった。早くも1726年に政庁は，本国の役員会が砂糖生産の縮小を求めたにもかかわらず，「貧しい砂糖栽培農民を救済するために」糖業を支援することを決定した[7]。おそらくバタヴィア政庁は，糖業が衰

退し多くの失業者が出ることによって社会不安が生じるのを恐れていた。そしてこの不安が1740年バタヴィアにおける華人虐殺事件によって現実化すると，それ以後政庁は，糖業経営者に資金を前貸しし，その返済を商品（砂糖）によって行うことを認めるなど，積極的な保護策を取った。バタヴィア政庁はまた，オンメランデンで生産される砂糖の全てを定められた価格で買い取った。1770年代にオランダ人糖業経営者ヤン・ホーイマン（Jan Hooyman）は，糖業は「人々の安定と貨幣の循環のために」有効であるため，政府はこの産業を保護していると説明した[8]。糖業は大量の労働者を吸収するため，社会の安定を確保する上で保護に値すると考えられたのであった。また，糖業を通じて賃金の形で貨幣が労働者まで流通し，それをバタヴィア政庁が好ましいと見ていたことも注目に値する。糖業は，貨幣経済の浸透も促進したと言える。

2）華人虐殺事件とオンメランデン糖業の復興

　ブリュッセやボンダンが示唆したように，華人虐殺事件は確かに糖業に大きな打撃をもたらしたが，それは糖業の完全な終焉をもたらすものではなかった。虐殺事件に至る経緯は次のようなものであった。18世紀前半のオンメランデンには毎年多くの華人労働者が中国からやって来て，バタヴィアの華人公館やオランダ人官吏による登録を避けて「不法に」糖業に従事していた。しかし糖業が停滞するにつれ大量の失業者が社会不安を引き起こすことを恐れたバタヴィア政庁は，オンメランデンの華人労働者の一部をセイロンに移送する計画を発表した。ところが華人労働者の間で，オランダ人は移送の途中で自分たちを海中に投棄するつもりであるとの噂が立ち，彼らは政庁に抗議の手紙を出すとともに，バタヴィア市内に通じる門を攻撃した。バタヴィア市内のオランダ人は，この情報を聞いてパニックに陥った。オンメランデンの華人労働者たちが市内に住む同胞と共謀してオランダ人の虐殺を謀っていると信じたオランダ人たちは，逆に市内に住む華人を無差別に殺戮した。3日間に及ぶ虐殺の対象は家庭内労働者や女性，乳児にまで及び，1万人が殺害され，その数倍の華人——市内およびオンメランデンの華人のほとんど——が市外に逃避した[9]。この事件は，確かに糖業のみならずバタヴィアとその近郊の経済活動に大打撃を与えた。しかしこのような経緯から，事件が糖業そのものを荒廃させた訳ではないことも明らかである。すなわち，虐殺自体は市内で発生しており，砂糖キビ畑や砂糖工場が破壊されることは

なかった。そのため，労働者不足によって砂糖生産が一時期不可能となったものの，糖業がこの事件によって終焉したと考える根拠はない。

バタヴィア政庁は，華人虐殺事件の直後から，糖業復活のために努力を始めた。1742年，オランダ東インド会社総督ヒュスターフ・ウィレム・ファン・イムホフはその一環として，タンゲランを「植民化」する計画を立案した。彼は，華人が放棄した土地を取得するヨーロッパ人「植民者」を，当初母国から呼んでくることを試みた。というのも，現地に定住しオールラム（oorlammen）と呼ばれたヨーロッパ人たちは，「怠惰で起業家精神に欠ける」と考えられたからである。しかしこの試みはうまく運ばなかった。糖業経営者に対しては先に述べたように資金の前貸しなど有利な条件が与えられたにもかかわらず，一部の不人気な政府の政策，例えば5年間の免税期間の後に税が課されることや，取得した土地を子供に譲渡することに制限が課されるといったことが，人々の関心を急速に冷ました。そのため政庁は，土地をオールラムたちに売らざるを得なかった。オールラムたちはファン・イムホフが予期した通り，すぐにその土地を華人起業家に貸し出した。彼らは重労働を要し不安定な糖業経営に携わるよりもむしろ，地主となることを好んだのである[10]。

こうして再び華人が糖業経営の中心となり生産が安定すると，オンメランデンは18世紀後半を通じて，ジャワ糖業の中心となった。1750年に，東インド会社総督ヤコブ・モッセルは，砂糖工場がオンメランデンで80基，ジャワ北岸[11]に11基，チレボンに5基，バンテンに4基以上にはならないように命じている[12]。この命令は実際にはこの数以上の砂糖工場が操業していたことを示しているが，環境悪化から砂糖工場の数を特に制限したかったのはオンメランデンであるので（後述），上に示された数以上にオンメランデンへの集中が見られたと考えるべきである。ジャワ北岸地域で砂糖生産が増えるのは1790年代からであり，1794年に31基の砂糖工場が200万ポンドを，1800年頃に豊作時に1,250トン（約250万ポンド）の砂糖を生産できるようになった。ボームハールトは，この頃のジャワ北岸における砂糖生産は，ジャワ全体の約25%を占めたと推測している[13]。この時期にその他の地域の砂糖生産が活発であったとの情報はなく，残り75%の大半はオンメランデンで生産されたと考えられる。

バタヴィア政庁の保護政策もあって高い生産量を維持した1760年代まで，ジャワ砂糖の輸出は，主に日本，スーラト，オランダへ向けられた（図7-1）。

全ての輸入砂糖を国内で消費した日本を除けば，その他の地域では近隣地域への再輸出も行われた。この時期のスーラトでは，輸入砂糖に対する強い需要がオランダ東インド会社の砂糖貿易に一定の利益を生み出していたが，オランダや日本ではそれぞれ西インドと中国からの砂糖との厳しい競争にさらされたため，会社はあまり利益を得ることができなかった[14]。それにもかかわらずオランダ東インド会社が輸出を続けたのは，砂糖が航海時のバラスト（帆船の重心を低く保つための重り）として利用できたためであった[15]。会社は利益の出る価格では売れないと分かっていても，砂糖をバラストとして船に積み込んだのである。長崎でオランダ東インド会社商館員が砂糖をしばしば役人や懇意の女性への贈り物に利用したのは，このような背景があったためと考えられよう[16]。

バタヴィア会計官資料（1703-86）は，1770年代以降オンメランデンにおける糖業が衰退傾向にあったことを示唆しているが（図7-1），この点は注意して検討する必要がある。先に述べたようにオンメランデンの砂糖はオランダ東インド会社が全て買い取っていたが，後述するように会社の買取価格は次第に糖業経営者にとって低く感じられるようになり，不満が募っていた。また経営が悪化している会社にとっても，利益の大きくないジャワ砂糖を全て買い取ることは，財政的に困難となってきた。そこで1797年にバタヴィア政庁は，「バタヴィアとオンメランデンから（バタヴィア政庁に）供給される量を550万ポンドに制限し，それ以上生産された分については私商人に売る自由を与える」ことを決定した[17]。このような状況では，1797年までオンメランデンの砂糖が全てオランダ東インド会社に売られていたとは考えにくい。つまり図7-1は1703-86年の部分では会社が買い取って輸出した量を示しているが，他の商人に売られていた分は含まれない。実際バタヴィアで私商人による砂糖輸出が行われていたことは，輸出先の情報から確かめられる。グラム・A. ナドゥリの近年の研究によれば，18世紀後半のスーラトには，オランダ東インド会社以外に私商人によってもジャワ砂糖がもたらされていた。こうした私商人がもたらす砂糖は，スーラトでは年によっては会社が運ぶものよりも量が多かった[18]。ナドゥリは私商人が運んだ砂糖の量を年ごとに示していないため，この情報はさらに詳細な検討が必要であるが，それでも18世紀後半のオンメランデンで，バタヴィア会計官資料のデータが示すよりも相当多くの砂糖が生産されていたことは間違いないと思われる[19]。

2 サダネ川周辺地域の糖業

1) バンテン糖業の起源とオンメランデン糖業の西漸

　バンテン王国内で糖業が試みられたのは，18世紀後半が初めてではない。1630年代にオンメランデンで糖業が促進された時，バンテンでは既に砂糖生産が始まっていた。ヨハン・ターレンスによると，バンテンでも華人が生産の中心で，彼らは精製した砂糖をイギリス東インド会社に販売していた。その後も1650年頃まで，バンテンの砂糖生産はオンメランデンを上回っていた。ところがそれ以降になると，バンテン宮廷は砂糖よりも胡椒の生産をより積極的に奨励する政策を取り，このためバンテンの糖業は次第に衰退した[20]。1704年には，再びある華人起業家が，ドゥリアン川河口のデルタ地帯で砂糖生産事業を開始した。当初，事業は順調で，オランダ東インド会社との密接な連携のもと，生産は急速に拡大した。ところが1710年代にこの起業家は宮廷役人と抗争に陥り，間もなく経営から去ることを余儀なくされた。その後はスルタンの役人が事業を引き継いだが，当時のオランダ東インド会社がバンテンよりもオンメランデンの糖業を保護しようとする政策を取ったため，経営はすぐに行き詰まった[21]。

　次にバンテンで糖業が行われるのは，18世紀後半にオンメランデンの砂糖生産が次第に西方に移動してサダネ川を越えた時であった。表7-1は，東オンメランデン（チリウン川の東岸），西オンメランデン（サダネ川とチリウン川の間），およびバンテン東部（サダネ川の西岸）で稼働していた砂糖工場の数を示している。これらの数の推移から，18世紀初めまで糖業はオンメランデンでも東部に中心を置いていたが，1770年代末までに西オンメランデンの方が工場の数で上回るようになったことが確かめられる。さらに1785年までに東オンメランデンの糖業は消滅し，バンテン東部だけが砂糖工場が増加している地域となった。バンテンでは1755年までに，カラン・セラン（Karang Serang），タンジュン・カイト（Tanjung Kait），クタパン，およびクラマットで砂糖工場が操業していたことが確認され，さらに糖業は拡大されようとしていた[22]。

　このように糖業が次第に西に移動した最も重要な要因は，砂糖の精製に必要な燃料となる薪が不足し始めたことである。薪を牛車で運搬するのはコストがかかるため，砂糖工場は薪が採れる森林の近くに建てられる必要があった[23]。早くも

第 7 章 糖業の展開と境界社会の形成

表 7-1 バンテン東部，西オンメランデン，東オンメランデンにおける砂糖工場の分布，1710-85 年

年	バンテン東部	西オンメランデン	東オンメランデン
1710		49	82
47	7	?	?
79	?	36	19
85	10	29	0

出典）Andries Teisseire, "Verhandeling over den tegenwoordigen staat der zuikermolens omstreeks de stadt Batavia," *VBG* 5（1790）; Andries Teisseire, "Beschryving van een Gedeelte der Omme- en Bovenlanden dezer Hoofdstad [...]," *VBG* 6（1792）; Jan Hooyman, "Verhandeling over den tegenwoordigen staat van den land-bouw, in de Ommelanden van Batavia." *VBG* 1（1779）; J. de Rovere van Breugel, "Beschrijving van het Koninkrijk Bantam," *BKI* new series 1（1856）.

1710 年にはバタヴィア政庁の高官が，当時オンメランデンに存在した 131 という砂糖工場の数は多過ぎで，近隣の森林を破壊しており，間もなく薪の不足が問題となるであろうと懸念していた。そのため政庁は森林資源を保護するため，新たに砂糖工場を建設することを禁止した[24]。政庁はその後も繰り返し，恐らく同じ理由から，砂糖工場の数を制限しようと試みた。バタヴィア華人虐殺事件（1740 年）によって糖業が大打撃を受けると砂糖工場はいったん減少し，1745 年にはオンメランデンには東部・西部で合わせて 52 基となっていた。しかしバタヴィア政庁は糖業促進政策を取り，この年だけでさらに 13 基が新たに建設されようとするなど，砂糖工場の数は再び上昇した。その後 1750 年にバタヴィア総督が砂糖工場の数を 80 基に制限しようとしていたことからすると，工場は 1740 年代後半もさらに増加していたことが確かめられる[25]。ところが 1779 年までに，オンメランデンの森林破壊は深刻な段階に達した。この時までに，オンメランデンの大半の地域で，糖業のために森林が破壊し尽くされて，薪が入手不可能となった。薪を得ることができるのはオンメランデンの西端と東端であるサダネ川とブカシ（Bekasi）川沿岸のみとなり，砂糖工場はその時これらの川沿いにのみ存在した[26]。1785 年には砂糖工場はもはや薪だけでなく，竹，椰子，さらに糖分を取った後の砂糖キビの絞り滓までを燃料に用いて，砂糖を煮詰める工程を行った[27]。

1785 年までに東部オンメランデンは，薪の不足のために糖業を維持すること

ができなくなった。18世紀末までに森林破壊はさらに進行し，薪を供給できるのはバンテン東部のみとなった。これに伴って糖業は，サダネ川周辺地域——オンメランデン西部とバンテン東部——でのみ可能となった[28]。バンテンのスルタンは遅くとも1760年代までに，積極的にオンメランデンの糖業経営者に薪を売り，また彼らが領域内で薪を得るために樹木を伐採する際に税を課して，収入を得るようになっていた[29]。その後スルタンは収入減を補うために，さらに樹木を伐採する権利と共に土地も糖業経営者に貸し出すようになった[30]。このように，東部バンテンに豊富な森林資源が存在したことが，18世紀後半に砂糖生産がサダネ川周辺地域で続けられた理由であった。なおも森林破壊を恐れたバタヴィア政庁は，際限のない伐採を食い止めるため，糖業経営者に対し，薪を得るために樹木を切る時はスルタンまたはその他森林に対する権利保持者と契約を結ぶことを義務づけた[31]。

2) 砂糖の生産工程

　このように糖業が西漸した状況から，「オンメランデンの」糖業について1785年以降に書かれた記録は，実際に全てはサダネ川周辺地域の砂糖生産について述べたものと理解できる。そうした記録には，1790年代初頭にオランダ人の糖業経営者であるホーイマンとアンドリース・テイッセイア（Andries Teisseire）が残した，1770年代後半から80年代末までの「オンメランデン糖業」についての貴重な情報も含まれる[32]。

　彼らの著作によると，18世紀のサダネ川周辺地域では，19-20世紀の中部ジャワにおける生産と異なり，既存の水田をサトウキビ畑に転換するのではなく，サトウキビ栽培用に新たに畑が開墾された。一つの砂糖工場を稼働させるのに，最低でも500ラインラント・ルーデン[33]の土地が必要とされた。まず2ヶ月かけて，藪とその根が注意深く取り除かれた。その後キビの植え付けの前に，鋤を使って土地が耕された。切り採った砂糖キビは急いで加工される必要があったので，砂糖工場は通常，砂糖畑の中央部に建てられた[34]。

　初めの10年から12年は，白砂糖（witte riet）と呼ばれる種類が植えられた。この種類の砂糖キビはより甘い砂糖を多く取り出すことができたが，土壌からより多くの養分を必要とした。そのため10-12年後には，もっと痩せた土地でも成長できる赤砂糖（rode riet）と呼ばれる種類に植え替えられた[35]。赤砂糖を植え

前に，農民はバッペン（bappen）と呼ばれる道具を使って注意深く鋤き直し，2,3年もしくはそれ以上水の中に置いて作られたカチャン・タナ（kacang tanah，直訳は「落花生の土」）と呼ばれる肥料を施した[36]。

　砂糖キビは基本的に12-14ヶ月で収穫が可能となったが，日照りが続くとしばしば生育期間がより長く必要となった。収穫は，マンドール・ガベ（Mandoor Gabe）と呼ばれる華人監督官の監視のもとで行われた。キビの最上部は，食料として牛に与えられた。次の12-15インチの部分は，次のシーズンに植える苗木（bibit）として保存された。その残りの部分が5-6フィートに切り揃えられ，20本で一束にまとめられた。そうしたキビの束が，牛車に載せられて砂糖工場に運ばれた[37]。

　砂糖工場における作業は，キビを圧搾して原液を取り出す作業と，原液を煮詰めて砂糖にする作業に分けることができる。圧搾機には，25インチほどの長さの二つのシリンダーが，縦方向に平行に取り付けられた。シリンダーを固定する枠からは2本のアームが伸び，それを2頭の牛が押して枠とシリンダーを回転させた。2頭一組の牛が圧搾機を2時間回し，32頭の牛を使って圧搾作業を1日24時間続けた[38]。

　サトウキビを圧搾機に2度通して取り出された砂糖原液は，バケツの中に集められた。原液は品質の劣化を避けるために，コンバイス（kombuys）と呼ばれる煮沸室に急いで運ばれ，それから蓋をした釜の中で24時間煮詰められた。この煮詰める作業が最も重要な工程で，高品質のシロップを作るには熟達した技術と経験が求められた。シロップは異なるタイプの容器を通して繰り返し濾過され，その後さらにもう一度煮詰められた。再煮沸されたシロップは3週間小さな容器に入れられて固められた。固められたシロップはさらに太陽のもとで乾燥させて濃度を高め，さらにカナスター（kanaster）と呼ばれる籠──外部がカチャン・マット（一種のござ），内面が竹で作られた──に入れて押し潰された。カナスターの中でさらに乾燥させた砂糖を，その後木の棒で突いて粉砂糖を作った[39]。

　このような精製作業は3月末から始めることも可能であったが，砂糖工場のほとんどはそれを5月に行った。しかし砂糖キビの実りは日照りによって予期せず遅れたばかりではなく，財政の困難さによっても，経営者は精製作業を遅らせることが多かった[40]。

3) 糖業の経営

糖業経営者が常に直面した問題の一つが，労働力確保の困難さであった。オンメランデンの住民は，糖業の厳しい肉体労働をやりたがらないことで評判が悪かった。そのため経営者たちにとっては，華人およびジャワ人の労働者を確保することが非常に重要であった。非熟練華人労働者は，毎年アモイからバタヴィアに数千人もの労働者を連れてくるジャンク船によって運ばれて来た。華人労働者は，その体力と勤勉さ，および忍耐力によって，特に農業のような厳しい労働に適していると考えられた。砂糖やインディゴといった作物の栽培は，華人労働者なしでは全く不可能と考えられた[41]。ブジャンまたはブジャンガー（bujanger）と呼ばれたジャワ人労働者は[42]，毎年チレボンやタガル（Tagal）その他の人口が比較的多い地方からやって来た。こうしたジャワ人労働者の確保も，決して容易な仕事ではなかった。一部の経営者は監督官その他の職員を派遣して彼らの雇用に努めたが，現地の領主（ブパティ）は，自分の労働力が流出するのを恐れて，労働者が糖業に出稼ぎに行くのをしばしば止めようとした。ジャワ人労働者の中にはまた，多くの逃亡奴隷が含まれた。彼らは砂糖工場の牛を世話したり，市場で雑用をこなしたり，あるいは有力華人の家で家内労働に従事したりした[43]。

このような非熟練労働者に加えて，砂糖工場は熟練労働者を必要とした。彼らのほぼ全員は華人で，恐らく糖業が西に移動するとともに，オンメランデンの他の地方からサダネ川周辺地域に移住してきたと考えられる。彼らはチームに組織されて，様々な仕事を行った。チームのリーダーはポティア・クーリー（Potia Kuli）と呼ばれ，労働者の管理を行った。その次の地位はマンドール・パチョル（Mandoor Pacol）で，砂糖生産に関する様々な作業を監督した。「鋤のマンドール（Mandoor der Ploegers）」は，砂糖キビ畑の準備を監督した。チンティン（Cinting）と呼ばれる職員は，夜警と日常的な買い物を担当した。特別な技術を要する者としては，帳簿係，牛車制作者，鍛冶，ボイラーマンなどがいた。非熟練労働者に関してホーイマンは，典型的な糖業経営者は70人から80人のジャワ人労働者を砂糖キビの植え付けと維持のために雇い，通常でも50人から60人の華人労働者を最も困難で厳しい労働のために雇ったと説明する。新しい畑を作る際には，さらに30人の華人がつるはしで土地を拓くために，さらに20人が鋤をかけるために雇われた。華人労働者は高い給料を要求したので，経営者にとってはその数が少ないほど経費の節約になった[44]。しかしジャワ人労働者の雇用は，労働者の送

り出し地域で政治不安が起きるたびに困難が生じたので,経営者はしばしば非熟練労働にも華人を雇う必要が生じた。

　先に述べたように,1797年まで,生産された砂糖はオランダ東インド会社にのみ,固定価格で販売されることになっていた。1790年頃,会社は最上級の品質の砂糖を1ピコルあたり4.5ライクスダールダーで,次のクラスのものを4.25ライクスダールダーで購入した。会社による砂糖購入価格から諸費用を引いたものが,経営者の収入となった[45]。

4）糖業とアヘン

　しかしながら,当時の糖業は,砂糖生産だけで成り立っている産業ではなかった。実際経営者の多くは,利益の相当部分を工場に設置された売店（ワルンwarung）における米,アヘン,その他の必需品の販売から得ていた。糖業経営者はそうした品をワルン店主（トゥカン・ワルン tukang warung）に売り,トゥカン・ワルンがそれらを事前に配布されたトークンと引き換えに労働者に売った。アヘンはワルンにおいて特に利益の上がる商品であった。テイッセイアによれば,モッセルが総督であった時代（1750-61年）——糖業にとっての良き時代と彼は繰り返し述べる——に,経営者はワルンにおいて1シーズンで約900ライクスダールダーの利益があり,これは糖業経営者の収入の50％から60％に上った。このうちさらに3分の1から半分は,アヘンの販売から得られたと言う[46]。

　アヘンは糖業経営者にとって,労働者を確保し搾取する有効なツールであった。糖業労働者の多くは単身の出稼ぎ男性で,家族や社会的つながり,さらに娯楽から切り離された生活を送っていた。炎天下の農園もしくは高温多湿の工場での過酷な作業に耐える彼らにとって,アヘンは日常の厳しい生活を忘れさせ一時の安寧を得るための不可欠の品であった。アヘンがそれほど浸透していないサダネ川周辺地域においては,彼らにとって砂糖工場が唯一アヘンを確保できる場であり,また経営者も自らの特権を守るため,アヘンの独占供給に努めた。というのも,唯一のアヘン供給者であることによって彼らは労働者を惹き付け,逃亡を防ぐことができたからである。彼らはさらにトークンを使った前貸しシステムでアヘン代金を確実に徴収することによって,労働者を何重にも搾取したのであった。

　オランダ東インド会社もまた,アヘンの供給において積極的に糖業経営者を支

援した。経営者たちは，アンフィユン・ソシエテイト（Amfioen Societeit）からのみアヘンを購入することを義務づけられた。アンフィユン・ソシエテイトはオランダ東インド会社職員によって構成される組織で，正確にはアヘン貿易協会（Societeyt tot den handel in amfioen）といった。会社は1745年に，この組織に対しアヘン販売の独占的権利を与えた。この組織は特に糖業経営者に対しては，その困難な経営を支援するため，市場価格よりも安くアヘンを供給した[47]。とはいえオランダ東インド会社もまた，糖業とアヘンを結びつけることによって，砂糖の取引だけでなくアヘンの販売からも利益を確保しようとしていたのである。アヘン供給を通じて糖業経営を安定させることはまた，糖業振興のそもそもの目的である，社会の安定維持にも貢献すると考えられたに違いない。オランダ東インド会社にとっては，大量の労働者が失業せずに糖業で雇用され，社会不安を引き起こさないことが重要であり，労働者の健康を確保して社会の発展を目指すといった発想は毛頭なかった。基本的に貿易会社であるオランダ東インド会社は，バタヴィアのような拠点都市を除けば，アジアの地域社会の発展に責任の意識を持たなかった。さらに現地支配者から不満を突き付けられる可能性の少ない外来出稼ぎ労働者に対しては，その健康を考慮する必要はいっそうなかった。こうしたことから，アヘンの供給はオランダ東インド会社にとって魅力あるビジネスでこそあれ，躊躇を覚えるものでは全くなかったであろう。

　このようにサダネ川周辺地域の糖業は，オランダ東インド会社の強い統制下に置かれた産業であった。バタヴィア政庁は生産された砂糖を全て購入しようとしただけでなく，アンフィユン・ソシエテイトを通じてアヘンも独占供給した。森林破壊を引き起こす樹木伐採については，糖業経営者にスルタンなど森林の権利保持者と契約を結ばせることによって，秩序ある資源活用を試みた。労働力の重要な構成要素である華人労働者に関してもまた，コタ・バンテンの華人首領に，全ての華人住民の登録と，彼らから人頭税を徴収することを義務づけることによって，その一定の管理が目指された。このようにバタヴィア政庁は，環境や社会治安にも配慮したシステムを構築することによって，糖業から短期的利潤だけでなく，会社の長期的な利益を確保しようと努めたと言えよう。そうしたシステムが一定の経済・社会秩序をもたらし，1780年代までの糖業と地域社会の安定に貢献したことは恐らく間違いないであろう。しかしこのシステムは，一般の労働者や現地商人の利益には必ずしも一致しなかったことから，1780年代に外的

状況が変化するとともに，破綻を示し始める。しかし破綻の結果は，地域社会の荒廃ではなく，むしろ境界社会としての発展へとつながっていった。

3　境界社会の発展

1）タンゲランの発展

　18世紀後半，糖業の中心が次第に西に移動していた頃，サダネ川周辺地域の中でも特にタンゲランが急速な発展を示した[48]。第1章で述べたように，1684年にバンテン王国とオランダ東インド会社は条約を結び，サダネ川を王国と会社領の境界と定めた。これによってタンゲラン地域は東西に分割され，西部はバンテン王国の一部となり，東部は会社に割譲されてオンメランデンに併合された。次第に会社は東部タンゲランのほとんどの土地を，砂糖工場または農園を経営する個人企業家に売却した。一方バタヴィアは18世紀半ばから，運河や河川の水質悪化などによって疫病が発生するなど，住環境が悪化した[49]。多くの住民がその環境から逃れるためにバタヴィアから郊外に移るにつれて，都市部が周辺に拡大した。これによってオンメランデンの北側が都市化され，その住民を養うために農業地域がさらに南の郊外に移動した。この時に東部タンゲランでも農業開発が進み，オランダ東インド会社から土地を購入した華人経営者たちによって，華人労働者が働く農園が幾つも開かれた。当時の農産物が比較的高い値をつけたことが，農業をタンゲランにおける魅力ある産業とした[50]。このようにして1790年代までに東部タンゲランは，オンメランデンにおける農業の中心の一つとして発展した。

　こうして東部タンゲランで農園労働者が増加するにつれ，彼らに様々な必需品を供給する商業も発展したと思われる。必需品は主にバタヴィアから運ばれた。必需品の中には農園労働者向けのアヘンも含まれ，やがて周辺地域との取引における有力商品となった。1783年のオランダ東インド会社バンテン商館員の報告によると，バンテンとジャカルタ（オンメランデンを指すと考えられる）の境界地域から来た華人商人がバンテン山間部にやって来て，タンゲランで得たアヘンを住民に販売した。これによって住民は，コタ・バンテンでスルタンの認可のもとに華人副首領が独占販売しているものよりも，安価にアヘンを入手していた[51]。ここから分かることは，バンテンとオンメランデンの境界地域に華人商人の拠点

表 7-2　タングランとオンメランデンの人口，1739-1809 年

年	タングラン			オンメランデンの他地域			バタヴィア		
	華人人口	総人口	華人の比率（%）	華人人口	総人口	華人の比率（%）	華人人口	総人口	華人の比率（%）
1739	479	2,541	18.85	10,095	65,688	15.37	4,199	18,302	22.94
49	1,161	3,125	37.15	8,881	73,890	12.02	1,590	14,141	11.24
59	3,701	8,487	43.61	19,914	102,685	19.39	2,419	16,914	14.30
69	3,889	8,751	44.44	22,175	106,117	20.90	2,220	15,444	14.37
79	4,354	10,265	42.42	26,283	150,950	17.41	1,826	10,838	16.85
89	4,717	10,148	46.48	27,909	133,191	20.95	1,508	7,364	20.48
96		10,476							
97							1,978	8,497	23.28
1806		9,288							
08		11,220							
09		9,257							

出典）1739-97 年：Remco Raben, "Batavia and Colombo : The Ethnic and Spatial Order of Two Colonial Cities 1600-1800" (Ph. D. dissertation, Leiden University, 1996), pp. 306-332 ; 1806-09 年：F. de Haan, *Priangan : De Preanger-regentschappen onder het Nederlandsch bestuur tot 1811* (Batavia : G. Kolff, 1910-12), vol. 4, p. 956.

があったこと，バンテン山間部でもアヘンの需要があったこと，そしてその地に販売に出かける華人商人はアヘンをタングランで入手していたことである。バンテンとオンメランデンの境界はサダネ川であるが，この川に沿った地域で非公認貿易に携わる華人商人が拠点を置いた地域とは，後に述べるようにグレンディンであった可能性が高い。彼らが商品を得る場としてタングランを用いたのは，ここで商業が発展し，商品の一定の集結が見られたからであろう。

　こうして農業が発展し，さらに恐らく商業も拡大していたタングランは，1740年の華人虐殺事件の後に急速な人口増加を経験した。表 7-2 が示すように，バタヴィアで人口が減少しオンメランデンの他の地域でも人口増は比較的ゆるやかであったのとは対照的に，タングランの人口は 1739 年における 2,541 人から 1796 年には 1 万 476 人に急増した。華人の人口は同じ時期に 479 人から 4,717 人に増えており，その結果総人口に占める華人の割合は同じ時期に 18.85％から 46.48％に上昇した。この数値は，オンメランデンの他の地域における華人の比率が 1796 年に 20％ほどであるのと比べると，ひときわ高い[52]。これはタングランが農業や商業において一定の発展を遂げていた証左であるとともに，環境が悪化するバタヴィアや糖業が衰退しつつあった中東部オンメランデンの華人，さらに中国から移住して来たものの職を得られない華人が，生活の糧を求めてタングラン

2) 糖業の危機とグレンディン

　1780年代から，サダネ川周辺地域の糖業は全般的な危機に陥った。テイッセイアは1790年，オランダ東インド会社が現行の買取価格を維持するならば，糖業は生き残れないだろうと述べた。彼は最高品種と次の品種の価格がそれぞれ1ピコルあたり5ライクスダールダーと4.75ライクスダールダーに値上げされる必要があると主張した[53]。買取価格が低く抑えられているにもかかわらず，糖業を維持するための諸経費は全般的に値上がりした。米と薪，輸送費などの値上がりはそのごく一部であり，それは経営者に重くのしかかった。

　糖業に危機をもたらしたもう一つの重要な要因は，ワルンの売り上げの悪化であった。糖業経営者がアンフィユン・ソシエテイトから購入するアヘンの価格が1780年代に高騰し，そのため彼らはワルンのアヘン売り上げから利益を得ることができなくなった[54]。アヘンの価格上昇は，ベンガルにおけるイギリス支配の安定化と関連している。イギリスが1780年代を通じてアヘンの生産と貿易の支配を強めるにつれて，オランダ人が生産者からアヘンを直接入手することは極めて困難となった。その結果彼らは，ベンガルアヘンをイギリス当局から以前よりもはるかに高い値段で買わなければならなくなった[55]。

　ところがワルンは，買取価格の上昇を売値に転嫁することができなかった。というのも砂糖農園労働者たちは，数が増えつつある「上流地域（bovenlanden）」のワルンに出かけるようになっていたからである。テイッセイアによれば，彼らは最も安い商品（アヘンは恐らくその中で最重要のものであっただろう）を入手するのにあらゆる努力を払っており，彼らは自分たちの砂糖工場にあるワルンを避けて上流地域に出かけるようになった[56]。このことは，オランダ東インド会社と糖業経営者が構築していたアヘン独占供給体制が崩れつつあることを意味した。

　砂糖工場が集中する地域のすぐ川上はタンゲランであるが，「上流地域」とわざわざ述べる場合には，通常タンゲランのような低地を指すことはない。またバタヴィア政庁高官にもよく知られた地名であるタンゲランだけを指して，「上流地域」と呼んだとも考えにくい。この場合の「上流地域」とは，恐らくサダネ川をさらに遡った地にあって，政庁高官にはそれほど知られていない，グレンディンを含んだ可能性が高い。原語がbovenlandenと複数であることを考えると，タ

ンゲランからグレンディンにかけての一帯であった可能性が最も考えられよう。当時のグレンディンは第5章で述べたように，オランダ当局と地方のポンゴウォとの間の複雑かつ相争う関係によって，効果的な統治が行われない地域であった。このような支配の真空状態を利用して，グレンディンがまずバンテンからの移民の定住地となり（第5章第2節），その後やがてバンテンとバタヴィアを結ぶ越境貿易の拠点になっていた。

　先述の「上流地域」のワルンの一部がタンゲランにあり，アヘンを販売していた可能性は高いと考えられる。先に，バンテンとオンメランデンの境界地域から来た華人商人がバンテン山間部にやって来て，タンゲランで得たアヘンを住民に販売したと述べる，1783年のバンテン商館員の報告を紹介した。この情報から，タンゲランまでは一定量のアヘンが流通していたことが確かめられる。ここで扱われているアヘンはアンフィユン・ソシエテイトを通さない非公認ルートの商品であり，正規ルートを経て砂糖工場のワルンで売られていたアヘンよりも安価であったことは恐らく間違いないであろう。そのようなアヘンが流通するタンゲランでは，ワルンを開いて安価なアヘンによって下流の糖業労働者を引きつけようとの試みは十分あり得たことであろう。

　グレンディンにもこのような非公認アヘンを販売するワルンが開かれていた可能性も，十分に考えられる。第一に，先の1783年のバンテン商館員報告で確かめられたように，タンゲランのアヘンをバンテン山間部まで運んでいたのはバンテンとオンメランデンの境界地域に拠点を置く華人商人であった[57]。タンゲラン以外でこうした商人が集まるような商業拠点としては，決して人口が稠密ではないサダネ川流域では，グレンディン以外にはほとんど考えられない。こうした華人商人が自分の拠点でワルンを開いた可能性は考えられよう。第二に，グレンディンはタンゲランよりもはるかに当局の監視が行き届きにくい辺境の地であったため，非公認貿易が活発であった。そのような地に非公認ワルンを開設することは，比較的容易であったと思われる。1789年，バンテン宮廷の有力者であるラデン・ボラクサ（Raden Boraksa）は，グレンディンにおける貿易を監視するために部下を派遣しようとした。ところが部下たちはグレンディンに入るとすぐに病気になると信じており，誰一人としてそこに行こうとしなかった[58]。彼らがそのように信じた理由は不明であるが，グレンディンは一種の危険な場所として認識されており，王国中枢からの監視は著しく困難であったことは確かであろう。

こうした状況から，砂糖工場の「上流地域」に増えていたという非公認ワルンは，タンゲランやグレンディンに開設されていた可能性は非常に高い。

　グレンディンにおける貿易や商業活動に対しては，オランダ東インド会社バンテン商館もバンテン宮廷も，警戒の目を向けていた[59]。グレンディンにおける貿易の活発化は，オランダ東インド会社にとってはその独占貿易体制が破られることを意味した。アヘンはアンフィユン・ソシエテイトの独占商品であり，グレンディンで取引されていた商品（第5章第3節参照）のうち胡椒は，会社がバンテンにおいて最も重視する独占商品であった。さらにバンテン商館は，コタ・バンテンとバタヴィアとの間の貿易を，オランダ人官吏が監視できる，コタ・バンテンのいくつかの公認の港に限定しようとしていた[60]。バンテン商館がそのようにして貿易を監視しようとしたのは会社の独占貿易体制を維持するためであり，グレンディンにおける非公認貿易はまさにそれを破綻させる要因であった。スルタンにとってもまた，グレンディンを経由した非公認貿易が発展することは，バンテン商館からの圧力にさらされるだけでなく，彼自身がコタ・バンテンで得る市場税の減少を意味した。このようにバンテン商館も宮廷もグレンディンの商業活動は彼らの利害に関わる問題であったにもかかわらず，それを取り締まるためにほとんど有効な手段を取っていない。第5章で述べたように，18世紀末に近づくにつれてオランダ東インド会社もバンテンのスルタンも深刻な内的・外的問題と財政難に苦しんでおり，グレンディンやタンゲランの問題に十分に関与できなかったことが，これらの地で非公認貿易が発展した大きな要因と言えよう。

3）サダネ川河口周辺の境界社会とその貿易

　18世紀後半のサダネ川周辺地域では，上流部のグレンディンに加えて海岸部でもやはり境界社会が発達した。サダネ川河口から西側の海岸では，18世紀半ばから華人集落が発達していた。例えば，1792年に3基の砂糖工場が稼働していたクラマットは，プラナカン（土着化した華人）が多く住む地域として知られていた。華人住民のほとんどは，工場で作られる砂糖の一部を権利として得るテコ（teko）農民であった。タンジュン・カイトでは遅くとも1750年代以来砂糖工場が稼働していたが，1792年までに糖業は衰退し，3基の工場が劣悪な状態で操業しているに過ぎなかった。困窮した華人はスイカなどの栽培に従事した[61]。その近隣のトワシア（Towasia）は，1795年にその住民の全てが華人であると報

告された[62]。これらの華人集落は、バタヴィアやオンメランデンから拡大して次第に西方に移動しつつあった華人人口の最前線集落と言える。これらの集落は当初は砂糖生産と強く結びついていたが、糖業が次第に衰退するにつれ、華人は貧困化し園芸農業など他の生業に従事するようになったように見える。

　18世紀末に近づくにつれ、これらの華人集落は次第に非公認貿易に強く関与するようになった。上述のクラマットとタンジュン・カイト、およびカラン・セランとクタパンというもう二つの華人集落は、バンテン北岸の港市タナラを中心とする「密輸」ネットワークの拠点となった。タナラもまた華人商人が多く住んだ町であったが、その商人たちはそれぞれ河川と陸路を通じて上述の華人集落およびグレンディンと取引するようになった。タナラはさらに海路を通じてバタヴィア、さらに「周辺の島々」とも貿易関係を持っていた[63]。周辺の島々とは恐らく、バンテン湾内およびサダネ川河口沖に位置するパンジャン島やプロウ・スリブと思われる。これらは18世紀末にはブギス人、マレー人、華人およびその他アジア人の「海賊」および「密輸商人」（とオランダ人が呼ぶ人々）が取引をする場所として知られていた（第6章参照）。これらの島々にやって来る商人は、胡椒、籐などの森林産物、燕の巣、海産物などを、オランダ東インド会社およびバンテン王国の禁令を破ってランプンで購入したり、または強制的に奪ったりして運んできた。彼等はこれらの品々を華人商人や、バタヴィア、マレー半島、さらにはインドから来るイギリス商人に、アヘン、武器弾薬、その他の品々と引き換えに売った[64]。

　このように「密輸」された禁制品のうち、最も重要なものはアヘンであった。1790年までに、糖業経営者とオランダ東インド会社との間のアヘンに関する協定は機能しなくなっていた。というのも、先に述べたような事情からアンフィユン・ソシエテイトの定めるアヘン価格があまりに高いことに、経営者の不満が高まったからである[65]。こうしてアヘンの売り上げが落ち、オランダ東インド会社もアンフィユン・ソシエテイトからもはや利益を得られなくなると、1795年に組織は解散された[66]。こうして正規のアヘン入手ルートが絶たれると（おそらくはそれ以前から）、糖業経営者たちにとって、海路を経て安価なアヘンをもたらす外来商人が重要な取引相手となった。1794年には、ベンクーレンから19ボールのアヘンを持ち込もうとした5人の華人「密輸商人」が、タンジュン・カイトでバンテン商館員によって捕らえられた。同じ年には、49ボール、すなわち139

ポンドのアヘンがコタ・バンテン郊外で押収された[67]。このような逮捕や押収の記録は恐らく氷山の一角に過ぎず，実際にはそれよりさらに大量の非公認アヘンが輸入されていたことは間違いないであろう。このように海路やって来る華人のアヘン商人は，ベンクーレンのイギリス人からアヘンを購入し，それをジャワやスマトラにある彼らの多くの拠点――バンテン湾のパンジャン島およびクラパ島，さらにサダネ川河口沖のプロウ・スリブなど――で販売した[68]。オランダ東インド会社資料にはこうしたアヘン密輸の記録が比較的多く残されているのに対し，テイッセイアやホーイマンなど糖業経営者自身による記録では触れられていないのは，彼ら自身やその周辺の人々が明らかにしたくないことだったからかも知れない。禁制品であったとはいえ，アヘンは糖業経営者にとって経営を維持するために不可欠な商品であり，オランダ東インド会社からの供給が途絶えると，彼らは自身で入手ルートを開拓し，必要な品の需要を満たしたのであった。

　先に，スーラトにジャワ砂糖が民間商人によって運ばれていたことを述べたが，1795年に会社による独占が解除されるまで，民間の砂糖貿易は密輸の扱いであり，それがどのように行われていたかについては，残念ながら情報が見つからない。しかしここに述べたように糖業経営者がアヘン取引においてイギリス商人を含む多様な取引相手と取引ルートを持っていたことから，砂糖を密かに売ることはそれほど困難ではなかったと考えられよう。

　サダネ川周辺地域で行われたこのような非公認貿易が，島嶼部東南アジアで当時発達していた中国市場志向型貿易構造，およびカリマタ海周辺で発達していた海賊のネットワークと強く結びついていたことは間違いない。第6章で論じたように，ランプンの胡椒，森林産物，海産物などが「海賊」，「密輸商人」等によって運び出されるようになったのは，それらが中国で発展する消費社会で求められたからであった。彼らは掠奪や取引によって得られたこれらの品々を，バンテン湾やサダネ川河口沖の島々で，華人やイギリス人を中心とする外来商人に売った。これらの外来商人，特にイギリス商人が引き換えにもたらす重要商品がアヘンであった。糖業経営者たちは経営を維持するために安価なアヘンを必要としており，その需要があったためにカリマタ海一帯で発達していた非公認貿易のネットワークが，サダネ川周辺地域にも接続したと言えよう。こうしてサダネ川周辺地域で発達しつつあった境界社会は，海域東南アジアの中国市場志向型貿易構造，さらにイギリス商人の活動を通じて世界経済とも結びついたのである。

4) 国家による取り締まりの試み

　バンテン国家やコタ・バンテンの既存の華人コミュニティは，決してサダネ川河口周辺の境界社会の発展を傍観していた訳ではなく，その取り締まりを図ろうとしていた。コタ・バンテンの華人コミュニティは，その首領が東インド会社商館長によって承認される，いわば国家公認の組織であった。華人首領と彼を支える執行部は，華人社会における社会経済問題を取り仕切ることが期待されていた。この自治制度は，主要な港市において，華人首領の事務所（バンテンにおける名称は知られていないが，ジャワの多くの都市では公館または会館と呼ばれた）において登録されたプラナカン華人において成立していた。従って，港市の華人コミュニティは，いわば国家の制度に取り込まれた組織であり，その組織は既存の特権を持つ構成員——特許商人など——を保護することが重要な目的とされていたと考えられよう。そのようなコミュニティを代表したコタ・バンテンの華人首領であるリム・ゲンコー（Lim Genko）は1772年，バンテン商館長ヨハネス・レイノウツに対し，華人はコタ・バンテン，タナラ，およびいくつかの砂糖工場周辺にだけ住むことを許可するよう依頼した[69]。これは恐らく，海岸部の華人コミュニティとその貿易が，港市を基盤とした華人自治制度のコントロールを越えて拡大していたことを示唆していよう。そして他の場所に新来の華人が住み着くことは，彼らの統制下に収まらない人口が増加することであり，それは彼らの特権やコミュニティの安全を危険にさらすと考えられたであろう。新来の華人の多くは，人頭税を避けるため，もしくは「不法に」入国したために，公館で登録しなかったと思われる。

　オランダ東インド会社バンテン商館もバンテン宮廷も，サダネ川河口周辺の華人集落とその貿易活動には警戒の目を向けていた。恐らく上述のような華人首領からの要求を背景に，バンテン商館は1794年，カラン・セランとクラマットの砂糖工場を除いて華人が海岸から2時間以内の範囲に居住することを認めないという命令を発した。商館員たちは，海岸部にある華人集落は海路を経由した禁制品の「密輸」に深く関わっていると，強く疑っていた。そのためバンテン商館長はスルタンに対して，この命令を実効化するよう強く求めた[70]。しかしながら，この命令が実際に行使され，「密輸」を阻止する効果があったことを示す資料は存在しない。バンテン商館長はさらに1795年にもスルタンに対し，バタヴィア市民に貸し出された土地——すなわち，サダネ川周辺地域の糖業地帯——におい

て「平和と秩序」を維持するために，より有能な首長を指名するよう要求した[71]。こうした一連の要求が，華人首領から商館長に，さらに商館長からスルタンにと盥回しに次々に出されていることは，この地域の華人集落に対しては結局誰も効果的な権威を及ぼしていないことを示していよう。

サダネ川周辺地域の着実な発展とは対照的に，この境界社会の両隣にある旧来の経済センター，すなわちバタヴィアとコタ・バンテンは，18世紀後半にはその凋落が明らかであった。先述のようにバタヴィアの住環境は悪化し，都市の人口は1760年以降減少し続けた[72]。コタ・バンテンでは，1780年代に港に土砂が堆積して沿岸貿易が衰退し，ランプンからの胡椒供給も海賊の襲撃などによる要因から減少して，スルタンは様々な商業活動に新たに課税を始めた。この結果コタ・バンテンとタナラでは，実際に1770年代末に著しく人口が減少した（第5章)[73]。この時にコタ・バンテンを去った華人の一部には，サダネ川周辺地域で行われる非公認貿易に参加する者もいたかも知れない。

次章で述べるように新たにジャワ総督としてやって来たヘルマン・ウィレム・ダーンデルスは，1808年にバンテン王国を征服すると，バンテン王国領であったサダネ川の西部地域（西部タンゲラン）をオンメランデンに統合した。この行政範囲の再編成は，この地域における糖業の重要性のために必要であると説明された[74]。実際には，今まで述べてきたように糖業に関連した貿易・経済活動が地域に一体性を作り出したと考えるべきであるが，いずれにしてもこの決定は，東西タンゲランが経済的に強く結びついていることを政府が追認したと言える。1809年，糖業経営者であるタン・リン（Tan Lin）という人物は，タンゲランの市場とグレンディンの土地の一部を一緒に政庁から賃貸した。この経営者は，グレンディンの商業的重要性とそのタンゲランとの経済的結びつきを十分に認識していたのであろう。実際にタンゲランは，19世紀初頭までほぼ人口が増え続け（表7-2)，グレンディンは「華人が多数住み着いた」地域へと発展していった[75]。

おわりに

糖業はバンテン王国の歴史の中でも，非常に特殊な産業であった。労働者がほぼ全員外部から連れて来られ，比較的大規模な資本投入によって大量生産が行われるのは，東南アジアの他の地域では錫鉱山やガンビル農園などの例があるとは

いえ，バンテンでは糖業が初めての経験であった。また砂糖キビは胡椒などと違い，周辺で他の自給作物を作ることがほとんど不可能であったため，食料その他の必需品も外部からもたらす必要があった。さらに糖業の潤滑な経営には，輸入品であるアヘンの供給が不可欠であった。糖業はこのように外来要素が大きく，現地社会とは異質な華人の産業であった。オランダ東インド会社はこのような糖業を1770年代まで，生産された砂糖の全量買取りとアヘンの独占供給を通じて，管理・統制下に置いていた。

ところが1780年頃から，オランダ東インド会社による糖業管理システムは行き詰まった。輸出が低迷したことに加えて，ベンガルでイギリスの支配が浸透したため，アヘンを独占供給することもできなくなった。会社による全量買取りの原則も，利益の少ない糖業を支援するだけの財政的余裕が会社から失われたことによって，1795年からは正式に緩和された。こうしてサダネ川周辺地域の糖業は，特に1780年代以降，会社の管理外での取引を積極的に行って，自存の道を探る必要が生じた。

糖業経営者も労働者もこうした状況の変化に対応し，特にアヘンなどの必需品を効率的に入手する手段を模索した。経営者は主として海路を通じてアヘンをもたらす華人やイギリス商人と取引した。糖業労働者は，経営者がワルンで行っていた独占販売システムを破り，できる限り安価なアヘンとその他の必需品を求めて，タンゲランやグレンディンの非公認ワルンを利用するようになった。このようなルートの確保が可能となったのは，第一にカリマタ海周辺で非公認貿易ネットワークが活発化していたこと，第二にサダネ川周辺地域に様々な移民が流入して境界社会が発達していたためであった。

境界社会がサダネ川周辺地域，特にグレンディン，タンゲラン，およびサダネ川河口西岸で発達し得た要因は，一つにはオランダ東インド会社やバンテン王国の支配が弱まっていたことであり，もう一つは多くの移民が流入したことであった。グレンディンは当初，胡椒栽培を逃れるバンテンからの移民を吸収し，後に華人が居住するようになった。タンゲランでは農業が発展して華人の移民が進み，サダネ川河口西岸には糖業が進出して華人集落が形成された。こうした移民は，国家や既存の華人コミュニティの保護を得ることを期待せず，むしろその管理外に境界社会を構築し，越境的貿易ネットワークを発展させた。バンテン宮廷，オランダ東インド会社，そして国家制度内にある既存の華人コミュニティ

は，新来移民から成る境界社会を警戒し敵視したが，境界社会のネットワークはアヘンなどの必需品を安価に供給し，経済活動の活発化に貢献したのであった。このようにして経済が活性化し，人口も増えたタンゲラン，グレンディン地域の発展は，コタ・バンテンやバタヴィアが，国家や会社によるより厳しい管理下に置かれながら，人口減と経済活動の低迷に苦しんだのとは対照的であった。

　このようなことから，この時期に王権が衰退し財政難にあったことが，必ずしも地域社会の衰退を意味しないことは明らかである。第6章で論じたランプン地方と同様に，サダネ川周辺地域の社会もまた，会社や国家の支配が弱まる中，非公認貿易を通じてカリマタ海やバタヴィアのネットワークと結びつき，さらに東南アジアの中国市場志向型貿易や世界経済ともつながっていったのである。このような複雑なダイナミクスのもとで，サダネ川周辺地域は，弱い国家支配のもとにありながら，一定の砂糖生産を可能としたのであった。

　これまでの章で考察した時代を通じて，バンテン王国の地方社会ではほぼ一貫して国家の支配が弱まっていた。ところが1808年の植民地統治の開始とともに，バンテン地方では一転して国家支配が強まる。この過程がどのように進行し，地方社会がどのようにそれに対応したかが，次章の主題となる。

第8章
植民地国家の構築
―― 統治の浸透と限界, 1808-30 年 ――

はじめに

　本章が扱う 1808 年から 1830 年までの期間に, ジャワは 3 度の体制転換を経験した。1808 年にフランス支配下のオランダから派遣された東インド総督ヘルマン・ウィレム・ダーンデルスは, ジャワに中央集権統治を急速に導入しようと試みた。1811 年から 1816 年までは, ジャワ副総督トーマス・スタンフォード・ラッフルズに率いられたイギリス統治政府がジャワを支配した。そして 1816 年, ナポレオン没落後に独立を果たしたオランダによって, 植民地統治が再開された。これらの体制が本章の扱う期間に行ったことは, 一般に低く評価されている。例えば M. C. リックレフスは, ダーンデルスの努力は多くが達成されず, ラッフルズの改革は実現されることはなく, さらにオランダ人がようやくジャワ全体を支配し搾取できる立場になれたのは 1830 年のことであったと述べた[1]。このような議論は, 地域社会に対してほとんど注意を払っていない。「達成されなかった」改革とは, 地域社会にとってはどのような意味を持ったのであろうか。本章は, オランダとイギリスの体制によってバンテン地方社会で行われた政策が, 地域社会にどのようなインパクトをもたらしたのかを検討する。

　19 世紀のバンテンは, オランダ人植民地官僚の間で「統治が困難な州」との評判が定着していた[2]。植民地時代後期のバンテン社会を検討したサルトノ・カルトディルジョ, マイケル・ウィリアムズ, 藤田英里などの研究によると, オランダ人行政官の間で支配的であったこのネガティブな印象は, 頻発する反乱, 地域住民を苦しめるローカル・ストロングマン (ジャワラ jawara) の存在, そして村長の権威が弱く政府の命令を村人に伝えることができないことなどによって作

られていたと理解できる³⁾。本章は，このような特徴が，19世紀初めの30年間にどのように生じつつあったかを検討する。

　序章で述べたように，植民地時代初期のバンテン社会の研究はまだ十分に行われていないが，ジャワの他地域を扱った研究から，同時代の植民地政策と現地社会の変容に関して，幾つか重要な論点を挙げることができる。第一は現地の首長および有力者の問題である。ヘザー・サザーランドやロバート・ファン・ニールの研究によって，ジャワの伝統的有力者が強制栽培制度期（1830-70年）およびそれ以降，政府との協力を通して貴族階層化し，植民地体制におけるエリートとなったことはよく知られている⁴⁾。一般に1830年代までのイギリスおよびオランダの体制は，既存のレヘント（有力現地首長，現地名ブパティ）の権力を削減しようとしていたとされる⁵⁾。ところが大橋厚子によれば，18世紀初から19世紀初にかけてプリアンガンのレヘントおよび下級首長は，オランダ東インド会社および植民地政府の促進するコーヒー栽培への協力を通じて「官吏化」していたとされる⁶⁾。もっともバンテンでは19世紀に入って胡椒栽培が衰えたため，プリアンガンとは異なる展開が見られた。本章では，商品作物栽培があまり重視されないバンテンにおいて，政府が現地有力者をどのように新たな行政制度に位置づけようとしたか，そしてその結果，社会がどのように変容していったかを論じたい。

　植民地時代初期のジャワ社会に関する先行研究におけるもう一つの論点は，「地代（land rent）」が当時の政府によって新たに導入された影響である。ロバート・ファン・ニールは，政府が個々の生産者から地代を徴収するという歴史上異質の賦課制度が，中部および東部ジャワで大きな混乱をもたらしたことを論じた⁷⁾。ピーター・ケアレイは，中部ジャワにおいて税制が金納化され，華人徴税請負人によって様々な新しい税が徴収されたことが，農民に過重な負担を与えたと指摘した⁸⁾。本章もまた，地代制度や税制の金納化がバンテン地域社会にどのようなインパクトをもたらしたのかを検討し，中東部ジャワと異なるバンテンの特性を明らかにしてみたい。

　以上のような問題意識を持った上で，本章はほぼ時系列に従って，以下のように議論を進める。第1節から第3節は，それぞれダーンデルスの統治期（1808-11年），イギリス中間統治期（1811-16年），およびオランダ植民地統治の最初期（1816-30年）を扱う。各節では，それぞれまず新体制とスルタンとの関係を検討

した後，各々の政府が行った地方行政制度および有力者に対する取り組みと税制改革を分析する。さらに先述のバンテンを統治困難な州とした要素のうちの二つ，すなわち頻発する反乱とジャワラの存在について，これらがどのようにして発生していたのかを検討する。第4節は，1820年代におけるオランダ植民地支配の浸透とその限界を論じる。ここでは特に，この時期政府が力を注いでいた，中級首長に対する政策とその効果に焦点を当てる。第5節は，1820年代に進められた村落制度の再編と村落首長の創出をテーマとする。こうした村落および村落首長に関する問題は藤田が植民地時代後期を対象として詳細な検討を行っており，また，「権威の弱い村長」はバンテンを統治困難な州としていた要素の一つでもあった。そこでこの節では，バンテンで1820年代に進められた村落制度の再編と村落首長の創出がどのように行われ，どのような帰結をもたらしたかを検討することにする。この議論はまた，第2章で検討したジャワ村落の起源に関する長い論争に，バンテンにおける回答を提示することになろう。

　このような議論を通じて本章では，国家による地方社会支配が強まった19世紀初めのバンテンにおいて，社会がいかに国家の政策に反応し，変容しつつあったかを論じる。序章で指摘したように，植民地期バンテンの地方社会に関しては，国家や現地首長によって強く抑圧された社会との印象が作られており，植民地時代後期に起きた大規模な反乱も，それが要因であったと考えられている。こうした印象が実際にどう検証されるのか，後の時代の反乱につながる要素が本章の扱う時代にどのように確認できるのかを検討してみたい。さらにジャワラは，バンテンでは植民地時代だけでなく今日に至るまで地方政治で重要な役割を果たしていることが知られているため，彼らが1808-30年の時期にどう力をつけていったのかについても本章で検討することとする。

1　ダーンデルスの強圧統治

1) 支配の開始

　オランダ東インド会社が解散した8年後の1808年1月，東インドの会社支配地域は，オランダの愛国党員でフランス革命軍に参加していたダーンデルス総督の管轄下に置かれることになった。バターフ共和国は設立時からフランスとの関係が強かったが，ナポレオンがフランスの実権を握り，ついに皇帝として即位す

るに至ると，彼は1806年に実弟のルイ・ボナパルトを送り込み，彼を国王とするホラント王国（Koninkrijk Holland）を設立させた。ルイ・ボナパルトは，インド洋にいる英国軍に対抗するための拠点としてジャワを要塞化するために，行政を集権化して支配を強化することを目指して，ダーンデルスを東インド総督として送ったのであった[9]。

ダーンデルスは，中部ジャワのマタラム国王に対してと同様，バンテン王国のスルタン・ムタキン（在位1804-08）に対しても初めから非常に高圧的態度で臨んだ。集権的統治体制の樹立を目指す彼は，これらの国王をバタヴィア政府に従属すべき領主としか見なさなかった[10]。ダーンデルスはバタヴィアに到着するとすぐに，スンダ海峡とジャワ海が接する海域に面した交通の要衝メラック湾（Merak Baai）に埠頭を建設するための労働力の提供を，スルタン・ムタキンに要求した。この作業が非常に危険な環境で重労働を伴って行われたため，労働者を提供する地方有力者の間で強い不満が生じた。ある報告によると，最初に徴集された1,500人の労働者は現場で死亡したと言われる。それ以上の労働者徴用を免除するようスルタンが嘆願すると，ダーンデルスはスルタンに直ちに宮廷を出てアニャルに移るよう要求した。ダーンデルスはさらに首相を呼び出し，建築作業が進捗しないことの説明をさせた。この説明を聞いた後，最終的にダーンデルスはさらに1,000人の労働者をメラック湾に送るよう命じた。スルタンはこの要求には応じたものの，宮殿を立ち去ることは拒否した[11]。

スルタンとさらに交渉を続けるために，ダーンデルスは司令官フィリップ・ピーター・デュ・ピュイ（Philip Pieter Du Puy）をコタ・バンテンに派遣した。1808年11月14日に宮廷に到着したデュ・ピュイは，その極めて傲慢で侮辱的な態度によって宮廷の人々を驚嘆させた。憤慨した人々は，ついにその場で彼を短剣で刺殺した。この事件はダーンデルスに，スルタンを征伐する格好の口実を与えた。ダーンデルスは自ら軍隊を率いてコタ・バンテンに向かい，宮廷を包囲すると，11月21日にスルタンを降伏させた[12]。

11月27日，ダーンデルスはスルタン・ムタキンをアンボンに追放することを決定した。その代わりに皇太子のパンゲラン・アリ・ウッディン（Pangeran Ali Uddin）が指名されて，第16代王スルタン・モザフィル・モハンメド・アリ・ウッディン（Sultan Mozaffir Mohammed Ali Uddin，スルタン・アリ・ウッディン2世，在位1808-09）として即位した。ダーンデルスはジャワに九つの行政府（prefectuur）を設置し，スルタン・アリ・ウッディン2世はバンテン行政府のオランダ人長官（Prefect）の権威の下に置かれることになった。また，同じ日にスルタンに発せられた指令によって，王国の全領土が，上位支配者（opperheer）であるホラント国王の所領となることが定められた。さらにランプンとバンテン東部も王国から剥奪されて，オランダの直接統治地域に併合された[13]。

2）ダーンデルスと地方有力者

　ダーンデルスは1808年11月27日，彼が今後進める一連の改革を宣言した。まずダーンデルスは，今後はバンテンにおいてはスルタンではなく，バタヴィア政府が任命した首相（rijksbestierder）があらゆる政令を発布すると宣言した。もっとも首相には何の実権も与えられず，オランダ人行政官の指導のもとで政策を執行することとされた。ダーンデルスはさらに，その他の有力者たちは現在の地位を維持すること，またスルタンは総督の許可なく彼らの役職を変更したり新たな役職を設けたりすることはできないことも決定した[14]。これらの命令は，政府がスルタンからあらゆる実質的政治権力を剥奪する一方で，ポンゴウォたちには地方社会における影響力を維持することを認めたことを意味している。

　ダーンデルスはその統治期間（1809-11年）に，2人の臨時統治者を「レヘント」から任命した（後述）ことを除いては，バンテンではこの階層を利用しなかった。もっとも当時の資料が2人の臨時統治者をレヘントと呼んでいるのは，ジャワの他の地域に単に倣っただけではないかと思われる。ダーンデルスが任命したのは王族と首相であって，ジャワの他地域におけるレヘントのような，一定の領域に権利を有する地方有力者ではなかった。このことはダーンデルスがレヘントを軽視したというよりも，ジャワの他の地域と異なり，バンテンには実際のところ伝統的なレヘントの制度がほとんど存在しなかったことに由来しているであろう[15]。ポンゴウォの影響力はオランダの胡椒生産促進政策のもとで拡大したけれども，第5章で指摘したように，彼らの権威は多くても20余りのカンポンにしか及んでいなかった。

　ダーンデルスは確かにバンテンのポンゴウォの地位に変更をもたらさなかったが，それは彼らの置かれた状況に変化を及ぼさなかったということでは決してない。それどころか，ダーンデルスは道路などの公共工事のための労働力提供をポンゴウォに求めたので，ポンゴウォの負担は大きく増すことになった。後に述べ

るように、この重い強制労働の義務は、住民やポンゴウォに強い不満を抱かせ、ダーンデルスの政府に対して数多くの反乱が起きる最大の要因となった。

3) 税制改革

　ダーンデルスは 1808 年 11 月 27 日、バタヴィア政府がスルタンに年間 1 万 5,000 スペインリアルの給料を払うのと引き換えに、スルタンの全ての収入を引き継ぐことを宣言した。例外としてスルタンが維持できたのは、合計 4,854 スペインリアルとなる徴税請負からの収入と、各地の市場税のみであった[16]。前章で述べたランプンとバンテン東部のオランダ領への編入もまた、胡椒と糖業から得られる収入をバタヴィア政府がスルタンから奪うことを意味した。こうした収入を 1804 年におけるスルタンの全収入（表 4-1）に当てはめると、一連の決定の結果スルタンは収入のほぼ 82％を失ったことになる。

　これに加えてダーンデルスは、農民から直接地税を徴収することを決定した。彼は、サワー・ヌゴロ（スルタンの直接支配下にある水田）栽培者は米と綿花の収穫の 10 分の 1 を政府に納めること、そしてポンゴウォの支配下にいる農民は 10 分の 1 を政府に、そして 10 分の 1 をポンゴウォに納めるという規則を制定した[17]。関税といった他の税に関しても、翌年以降規定が定められた[18]。これらの規則によって、ダーンデルスは王国の伝統的税制を根底から変えようとしたと言える。ポンゴウォの支配下にいる農民はそれまで、不定期に要求される労働力提供を除けば、スルタンに対する直接的な義務はなかった。ダーンデルスはそうした農民にも政府に対する納税を義務づけ、全ての農民を政府の支配下にある臣民として扱おうとしたと言える。

　もっとも統計資料の不足から、これらの新しい税制がどの程度実施され、どれだけの税収が得られたのかは明らかでない。しかし引き続く軍事行動と、道路などの果てしない建設作業のため、政府支出が収入をはるかに上回っていたことは明らかである[19]。

4) ダーンデルス統治への反発

　ダーンデルスの統治開始直後から、バンテン全域で彼の政府に対する反乱が繰り広げられた。後にラッフルズは、ダーンデルスが重い強制労働を課したことが無数の「動乱と暴動」を生み出したと結論づけた[20]。

先に簡単に述べたように、1808年1月にダーンデルスはスルタンにメラック湾の埠頭建設のため毎日1,000人の労働者を提供するよう要求した。労働者たちは、海岸で波に洗われながら行う厳しい労働に苦しみ、多くが命を落とした[21]。労働者と彼らを提供するポンゴウォたちから噴出する不満に耳を貸さず、ダーンデルスはさらに1809年、チマヌックにおける道路建設と、バイテンゾルフ（ボゴールから改名）とバンテンを結ぶ道路の建設にも、それぞれ労働力を動員した。彼はこれらの事業に1日3,000人以上の労働者を要求し、さらに馬など家畜の提供を求めた[22]。王国時代にも労役提供の義務があったとはいえ、ダーンデルスの要求は農民にとってはるかに大きな負担となった。ポンゴウォのための強制労働は、通常彼の勢力が及ぶ地域内で行われていた。また当時の農民は、8-12スペインリアルを支払うことによって、労働から免除されることも可能であった[23]。これに対しダーンデルス統治期の建設作業では、労働者たちが家から遠く離れた現場まで移動して一定期間過ごさねばならない上、労働の免除を申請することも不可能であった。加えてダーンデルスは軍事面でも徴用を行い、農民にさらなるショックと困難をもたらした[24]。

　これらの強制労働に対する激しい反発が蜂起に至るまでには、いくらも時間を要しなかった。1809年には労働者たちがチマヌックの道路建設現場でオランダ人監督官を襲撃して殺害し、また別のグループはオランダ人行政官が駐在していたセランを攻撃した[25]。

　さらに少なからぬ人々が労働から逃亡し、チャリンギン、グヌン・プロサリ（Gunung Pulosari）、チアンパ（Ciampa）、チコニン、ジャシンガ、グレンディンなど、周縁地域に隠れ潜んだ。これらの場所で彼らはしばしば、オランダ人官吏が「盗賊（rovers）」と呼ぶアウトロー集団を組織した。彼らは近隣地域だけでなくバタヴィアまでも襲撃して、オランダ人行政官と現地住民を恐怖に陥れた[26]。地方有力者の中には、後述するように、こうした集団を雇って植民地政府との抗争に利用する者もいた[27]。

5）王国の分割

　反乱や労働者の逃亡に苦しみながらも、ダーンデルスは強圧統治の手を緩めず、王国に対する支配強化を続けた。1809年、スルタン・アリ・ウッディン2世が、オランダ人に対する反乱を準備している人々を密かに支援しているとの噂

が広がった。これを聞きつけたダーンデルスは再び軍隊を宮廷に送り，1809年5月7日，スルタンと数人の宮廷高官を逮捕した。その代わりに2人の宮廷有力者，すなわちスルタンの叔父であるパンゲラン・スラマンガラ（Pangeran Sura Mangala）と首相のトゥルノジョヨ（Truno Jaya）を，王国の臨時統治者として指名した[28]。

1810年8月22日，ダーンデルスはバンテンを低地（Benedenlanden）と高地（Bovenlanden）の二つに分割し，低地をオランダ直接支配下に組み込んだ[29]。同年，低地の行政の中心は一時アニャルに移された後，すぐにセランに行政府が設置された[30]。高地は王国に残され，パンデグランが首都とされた。この時に2人の臨時統治者は退位し，代わって第14代王スルタン・サリヒン1世の息子が，第17代王スルタン・モハンマド・モヒッディン・ザイヌス・サリヒン（Sultan Mohammad Mochiddin Zainus Salihin，スルタン・サリヒン2世，在位1810-16）として，バンテン高地のみとなった王国の支配者として即位した。新スルタンはオランダ政府から年金を受け取るほかは，全ての収入を高地の産物から得ることとされた。また，道路や橋の修理を実施することや，アウトロー集団を統御することもスルタンの任務とされた[31]。

しかしこうした一連の施策は，さらなる混乱への序曲に過ぎなかった。実際の権力も主要な収入源も全て剥奪された若いスルタンのもとで，バンテン高地はすぐにアウトロー集団の割拠するところとなった。集団の指導者たちは覇権を求めて互いに激しく争い，その中から最終的にパンゲラン・アフマット（Pangeran Achmat）が台頭し，高地全体の支配権を掌握した。

6) パンゲラン・アフマットの台頭

パンゲラン・アフマットはもともと平民の生まれであったが，体制転換に伴う混乱期にアウトロー集団のリーダーとして台頭した。20歳まで彼はある頭領のもとで働く大工であった。1802年頃，彼はコタ・バンテンを去り，マス・モレマン（Mas Moreman，別名パンゲラン・ラジャ・カノマン Pangeran Raja Kanoman）の率いるアウトロー集団に加わった。この集団は有力な地域勢力に成長し，ダーンデルスに派遣された軍隊を何度も打ち破った。この中でパンゲラン・アフマットは軍事的指導力と集団運営の才を見込まれ，マス・モレマンの死後，リーダーの地位を継承した。この集団はすぐに支配権をめぐる争いから二つに分かれたが，

パンゲラン・アフマットはその軍事的才能によって信頼を得て，オランダ軍の現地人脱走兵，強制労働からの逃亡者，ジャワ各地を放浪した他のアウトロー集団のメンバーなどを仲間に受け入れ，急速に勢力を拡大した[32]。

パンゲラン・アフマットは，ヨーロッパ人の侵入者と戦う英雄と，冷酷な恐怖政治の指導者の二つの側面を持っていた。彼は1812年2月，オランダ人行政官がオランダ人と華人の民間人に売った土地を「取り戻す」ために，彼の従者にクタパンとサダネ川周辺地域を襲撃させた。彼の意図が，取り戻した土地を元の所有者に返還することにあったのか，それとも彼自身がそれを得ることにあったのかは明確でない。しかし彼がオランダ支配からの解放者としてのイメージを得ようとしていたことは指摘できよう。もっともパンゲラン・アフマットは，彼が支配した地域では無慈悲な圧政で悪名高かった。彼は人々に服従を迫り，従わない者を残酷な方法で殺害して，地域住民を恐怖に陥れていた[33]。

同時代資料にジャワラという語は見当たらないが，パンゲラン・アフマットまたは他のリーダーのもとにいたアウトロー集団を，バンテンのローカル・ストロングマンであるジャワラと見なすことは十分可能であろう。サルトノおよびウィリアムズの研究によれば，バンテンの地域社会では植民地期を通じて，ジャワラの影響力は植民地当局に任命された首長よりもはるかに大きかった。彼らは植民地後期まで，地域住民の間で多義的な存在であった。ある者は地域を恐怖政治で支配していたが，ある者は抑圧的なオランダ人および現地人官吏に対し農民の権利を擁護する英雄であった[34]。

第5章で述べたように，アウトロー集団の増加は，海岸の要塞建設のために厳しい労働力提供が課された1795年から言及されているが，彼らが争乱を引き起こしているとの情報は，ダーンデルスの時代から頻繁に見出されるようになる。このことは，ダーンデルスの時代から，ジャワラと呼び得る人物がバンテンの地域社会で影響力を増していたことを意味しよう。これから述べるような新たな行政制度のもたらす混乱，農民の重い負担，さらに伝統的指導者が権威や特権を奪われたことなどが，ジャワラが地域社会に影響力を強める足がかりを与えていた。

ダーンデルスは，王国で最も影響力のある人物となったパンゲラン・アフマットの実力を評価して，一時は彼に王国領土の一部を割譲することさえ考えた。しかし成功裏に支配を安定させるためには支配者の正統性が重要になると判断し，

ダーンデルスは最終的にパンゲラン・アフマットでなくスルタン・サリヒン2世に，高地の領域全ての行政権を与えることに決定した。さらに彼をアウトロー集団の襲撃から保護するために，パンデグランに軍隊を派遣した[35]。

2 ラッフルズの構想と現実

1）イギリス統治の開始とパンゲラン・アフマット

ナポレオン戦争下の1811年8月，インド総督ミントー卿（Gilbert Elliot-Murray-Kynynmound, 1st Earl of Minto）は，ジャワ・マレー諸国をイギリス大帝国に包括するという壮大な目標を掲げ，フランス支配下のオランダが領有していたジャワに遠征軍を送った。45日間に及ぶ激しい戦闘の末にイギリス軍がジャワを制圧すると，ミントー卿はラッフルズをジャワ副総督に任命し，ジャワ行政の最高責任者とした[36]。こうして1811年9月，ジャワにイギリス統治が開始された。

ラッフルズは統治を開始するにあたって，バンテンに駐在していたオランダ軍をバタヴィアに招集した。この時バンテンに生じた権力の真空を利用して，パンゲラン・アフマットは王国支配の確立を試みた。彼は即座にパンデグランを制圧してスルタン・サリヒン2世を保護下に置き，さらにバンテンに来たイギリス海軍の司令官に対し，自分は王国の独立のために戦ってきた正統な王子であると説明した[37]。当初ラッフルズは，実力者パンゲラン・アフマットと協力するつもりでいた。ラッフルズは彼をバタヴィアに呼び，パンゲラン・アフマットはその場でイギリスに対する忠誠を誓った[38]。

しかしパンゲラン・アフマットの残酷な行動やバンテンの王位を狙う彼の野心に関する噂は，すぐにイギリス統治政府のバンテン州理事（resident）ウドニー・ユール（Udney Yule）の耳に入った[39]。ユールはそうした情報を調べた上でこの人物が支援に値しないことを確信し，パンゲラン・アフマットをバタヴィアで拘禁するようラッフルズに提案した。しかし政府の意図を知ったパンゲラン・アフマットは，密かにバタヴィアを去ってバンテンへ戻った[40]。バンテン高地に戻ると，パンゲラン・アフマットは戦闘員を訓練し，バンテン各地の有力者に使者を送って，イギリスに対して即座に戦いを始める準備をするよう訴えた。しかし，こうした企ては全て不成功に終わった。1812年4月，ユールはバンテン高地に軍隊を差し向け，すぐにアフマットを捕らえた。スルタン・サリヒン2世が元の

地位に戻され，パングラン・アフマットはアンボンに流刑に処された[41]。

2）王国の終焉

　1813 年，バタヴィアのイギリス統治政府はスルタン・サリヒン 2 世に対し，バンテン高地を譲渡するよう要求した[42]。少ない資産からわずかな収入しか得ていなかったスルタンは，交渉に応じることを決めた。王族には 1 人あたり 50 ヨング（jong）の土地が与えられていたほか，スルタンは住民から，2,000 チェイン（chains）（1 チェイン＝2,400 カッティ katti）の米と 1 万スペインリアルの供物を受け取ることになっていた。ところが，もはや権威も強制力も持たないスルタンは，1812 年にわずか 800 チェインの米と 1,000 スペインリアルしか受け取っていないことが判明した。スルタンや他の王族たちに与えられた土地も，彼らのために耕作する意志のある者が十分いない限り，収入を保証するものとはならなかった[43]。

　1813 年 3 月 18 日から 19 日にかけて，スルタン・サリヒン 2 世とラッフルズとの間で交渉が行われ，スルタンは最終的にバンテン高地に対する自身の権利を，全てイギリス政府に譲渡することに合意した。引き換えに彼は，毎年 1 万ピアスター銀貨を給料として受け取り，さらに 3,000 ピアスターを借金返済のために受け取ることとなった。さらに彼は，スルタンとしての身分を維持することも政府に認めさせた[44]。しかしこの合意が意味するのは，彼が領土も臣民も放棄して，ただスルタンの称号を維持しながらイギリス政府に生計を委ねることであった。これによって，王国は名目上も現実にも消滅した。

3）地方行政の改革

　ダーンデルスの統治と異なり，ラッフルズ政権はジャワにおいて県や郡のレベルまで地方行政単位の再編を強く進めた。1814 年 2 月の政令によってジャワは幾つかの理事州（residency）に分けられ，ヨーロッパ人の理事が各州における司法と行政の最高責任者となった。州はさらに県（district）に分けられ，県にはレヘントが地方首長として任命された。県はさらに郡（division）に分けられ，ウェダナ（wedana）もしくはデマン（demang）と呼ばれる地方首長によって治められることになった（巻末資料 8）。また，レヘントと彼らに従属する首長はその地位を維持する一方で，ウェダナはレヘントではなく植民地政府の直接管轄下に置か

れることが決定された[45]。

　この行政改革の特徴は，レヘントと下位の首長たちの伝統的な関係を断ち切ろうとしたことにある。県のレベルまでは既存の地方有力者がそのまま体制に取り込まれた一方で，郡以下のレベルでは政府が首長を管轄する（恐らく任免も行う）ことによって，下級首長を既存の有力者から切り離して政府が直接統治しようとしたのである。これによってラッフルズは，地方行政の下層において，より集権化された行政の枠組みを導入しようと試みたと言える。もっともこの試みは，ジャワ全体で実際十分に実行されなかった。彼の統治期間は，レヘントと下位の首長との間の伝統的なつながりを断ち切るには余りに短すぎた。

　バンテンでは，イギリス統治政府は既存の地方ポンゴウォに，その職位や権威に応じた権限を残すことにした[46]。これは，彼らの権威を温存することによって，既存の地方有力者を新体制に取り込む試みであったと言えよう。興味深いのは，ラッフルズがバンテンでは，県を実質的な領域的行政単位としては導入しなかったことである。これは恐らく，バンテンにレヘントの制度が存在しないという現実に対応したものであったろう。この政策がそれほど問題を引き起こさなかったのは，恐らく一つまたは複数の郡を個々のポンゴウォに任せることによって，彼らの既存の権威を新しい行政枠組みの中で維持できたからであろう。

4) 地代制度の導入

　アダム・スミスの啓蒙的自由主義に強い影響を受けていたラッフルズにとって，ジャワ統治の重要課題は，行政制度の再編よりもむしろ賦課制度の構築であった。新たな賦課制度は規則的で平等な負担に基づくべきであるとされ，その目的のためには地代収入が基盤となるのが最善であるとラッフルズは考えた[47]。そうして幾つかのアイデアを検討した後，イギリス統治政府はまず，ベンガルで実施したザミンダール（Zamindar）制を，ジャワにおける地代制度のモデルとして導入することに決定した。この制度の根幹は，政府が全ての土地の所有権を有しているという前提である。政府が自らの土地を「村長」を通じ農民に貸し出すため，政府はその地代を徴収する権利があるとされる。ラッフルズは，政府がジャワの全ての土地に対する権利を所有すると宣言し，それによって政府が地代を徴収すると説明した[48]。

　1812年，地代制度の施行に先んじて，ジャワで最初の土地の測量と評価（土

地査定 land settlement) が，バンテン州において州理事ユールの監督のもとに実施されることが決定された[49]。しかしこの土地査定は，イギリス植民地政府にとって著しい困難を伴うものとなった。土地を測量し税を計算する任務は，ほとんどの場合文盲であった「村長」（おそらく実際はカンポン首長）と少数の現地人書記官が担当した。しかし彼らはしばしば村民と結託して，頻繁に土地の大きさを実際よりも小さく報告した[50]。高地地方の大部分では，アウトロー集団による襲撃の危険のため，測量すら実施することができなかった。こうした困難にさらされながらも，1813年3月にバンテンの主に低地地方の20の地域において，最終的に土地査定が実施された[51]。

この結果に基づいて，地代制度は同年10月，ジャワ全土において慌ただしく開始された。バンテンでは，査定された土地はまず低地地方の各地域の有力なポンゴウォに貸し出された。高地地方では，誰も土地を借りようとしなかった[52]。高地では査定された土地が極めて少なかったため，恐らくわざわざ地代を払って政府から土地を借りなくても，人々は十分に耕作が可能だったのであろう。政府の小作人となった農民は自分で土地を耕すか，あるいは希望すれば他の農民に又貸しすることもできたが，他のポンゴウォに貸すことは認められなかった[53]。地代はサワー・ヌゴロでは耕作の方法（水田耕作か畑作であるか）に従って，8，4，または3スペインリアルに定められた。従来ヨソ地（農民の私的所有地）とされていた土地ではその半額とされた[54]。これらの金額は，1チェインあたり13スペインリアルという平均的米価に基づいて決定された。しかし実際には，徴収の技術的困難さのため，地代の徴収は最終的に1814年1月1日まで延期された[55]。

イギリス統治政府にとって地代制度の意義は，「イスラーム政府の危険で有害な影響力を排除し，多数の現地住民が直接的に土地を利用できるようにする」ことにあった[56]。この原則に基づいて，1814年に土地はポンゴウォにではなく，村長に貸し出された。さらに同年，ベンガルで行われた制度を再びモデルとして，土地を一般農民の一人一人に直接貸し出すライオットワーリ（Ryotwari）制の導入が決定され[57]，バンテンにも1815年から実施された。政府は，この政策によってポンゴウォと村長による中間搾取が排除されることから，地代収入が急速に増加することを期待した。政府の役人はその年，翌年の収入は前年の3倍以上になると算定した（図8-1）[58]。

しかし結果は惨憺たるものであった。収入はほとんど上昇せず，実際の収入の

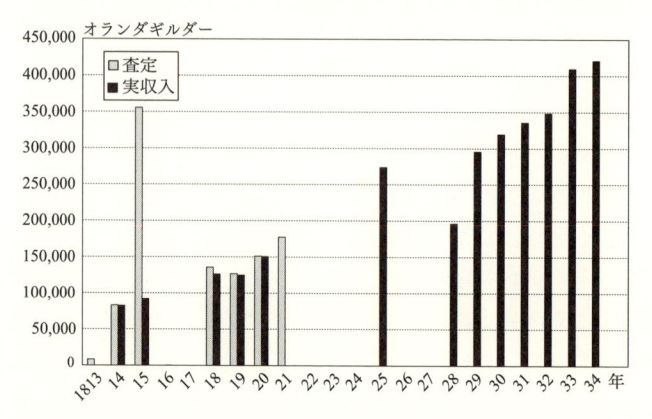

図 8-1 バンテン州における全地代の査定額と実収入, 1813-34 年
出典）巻末資料 9 に同じ.

2 倍以上が「滞納」されていると考えられた（図 8-1）[59]。どのように地代の徴収が行われたかは明らかでないが，土地査定に対する農民の不満が極めて大きかったことから推測すると，この制度には徴収方法よりも査定方法に問題があったように見える。農民は伝統的に耕地の価値を，そこから生産される収穫物の価値に基づいて査定していた。ところが新たな制度は，耕地の価値を土地の大きさと耕作方法によって算定した。地代の額はこうして算定された土地価格に基づいて決定されたため，農民の考える土地の価値との間に大きな隔たりが生じた[60]。

このように，極めて短期間に十分な準備もなく行われた行政改革や財政改革は，ダーンデルスの時代にもイギリス統治の期間にも，期待された成果を生み出すことはなかった。行政改革は領域的行政単位の整備という面でラッフルズの時代に積極的に進められたが，地方有力者の再配置を伴う改革には至らなかった。賦課制度の改革も，新制度がもたらす混乱が大きく，税収増には至らなかった。人々にとって，新制度は明らかな負担増であった。農民にとっては，新たな税制や地代制度も負担の増加をもたらしたが，それ以上にダーンデルス統治期の強制労働が重い負担であった。ポンゴウォも従来の地位をほぼ維持したとはいえ，労働力の提供によって成人男子を奪われたり，彼らが他の地域へ逃亡したりすることは，彼らにとっても大きな痛手となった。

3　オランダ植民地統治の開始と反乱の頻発

1）オランダ植民地下の行政改革

　ナポレオン戦争が終結すると，イギリスが併合した旧ネーデルラント共和国の東南アジア海外領土は，オランダ（新たにネーデルラント連合王国 Verenigd Koninkrijk der Nederlanden が独立に向けて準備されていた）に返還されることになった。1814年8月のロンドン会議においてネーデルラントの代表とイギリス政府との間で行われたこの決定の背後には，フランスの再膨張を抑えたいイギリス政府の意図が働いていた。1816年，ラッフルズをはじめとするイギリス人行政官は失意のうちにジャワを去り，代わって東インドはオランダに新設された植民省の管轄となった[61]。

　オランダ植民地政府は当初，イギリスに主権を譲渡したスルタン・サリヒン2世の息子，第18代王スルタン・モハンメド・ツァフィウッディン（Sultan Mohammed Tsafiuddin, 在位1816-32）に，その地位を維持しコタ・バンテンに留まることを認めた。ところが，バンテン王朝最後の，しかし単に名目上のスルタンであるツァフィウッディンがオランダ植民地政府に対して反乱を企てているとの噂が広まると，植民地政府は1832年，彼をスラバヤに追放した[62]。

　オランダ植民地政府は，当初はイギリス体制が制定した地方行政制度を継承したが，主権委譲から3年後の1819年から，全面的な改革を開始した。植民地政府は州を再編し，オランダ人官吏の中からジャワの各州に理事，副理事（assistant resident），および監督官（controleur）を派遣した。州は県（regentschap）に分けられ，県には土着のレヘントが首長として任命された。しかし実際の行政においては，各県を管轄する副理事が直接の命令を下し，レヘントの任免も掌握した[63]。バンテンでは，各県は5から7の郡（divisie, 後の district）に分けられ，郡はさらに複数の副郡（district, 後の onderdistrict）から構成された[64]。領域的行政単位の再編成はさらに1820年代から30年代にかけて繰り返し行われたが，基本的な構造は実際1819年の改革で形成された（巻末資料8）。地方首長の名称と職能も統一された[65]。1819年7月3日の政令は，オランダ植民地政府がレヘントとその他の地方首長を任命することを定めた[66]。同年には，地方社会の地理，人口，経済といった情報を集めるために，副理事が各村を毎年査察することも定め

られた[67]。

　バンテンにおけるこの時期の改革で恐らく最も重要なことは，オランダ人為政者が，レヘントから副郡長に及ぶ現地首長を任命する（村長のみ自選）ことに決めたことである。オランダ人為政者は，それまでの政策を放棄し，既存の地方有力者を温存して体制に取り込むのではなく，伝統的有力者でなくとも信頼に足りると判断した人物を新たに地方首長に任命した。この際にはしばしば，ある地域で大きな影響力を持つものの，身分がそれほど高くない人物が任命された，例えば，有名なアウトロー集団のリーダーであるサハブ（Sahab）は，「周辺地域の治安を安定させるために」，1819年にルバック地方のグヌン・クンチャナ（Gunung Kencana）地域の首長に任命された[68]。1825年にはさらに，彼はルバック地方のパロン・クジャン（Parong Kujang）の副郡長に任命された[69]。恐らくバンテン州政府は，サハブが政府に対し協調的な姿勢を取ったことと地域社会における彼の強い影響力を評価して，「毒を以て毒を制す」ことを期待したのであろう。

2）反乱とジャワラ

　既存の地方有力者や王族は，自らの権威や特権を奪うこの改革に激しく抵抗し，地域に争乱をもたらした。バンテンにおけるそうした混乱は，1820年頃に頂点に達した（表8-1）。その中でも最大規模の争乱は，1819年にアルマジャ（Armaja）とワホウド（Wahoud）が指導したものであった。彼らとその支持者たちは，州都のセランを襲撃して一時的に占拠し，後にはパンデグランを支配下に置いた。住民は混乱を避けて山地へ避難した[70]。ワホウドがアウトロー（ジャワラ）集団の指導者であった一方，アルマジャはバトゥ・ヒダン（Batu Hidang）地域のマンドールであった[71]。マンドールは，第4章で述べたように，東インド会社資料ではカンポン首長を指したが，植民地資料においては，後述するように，ポンゴウォを指したことはほぼ間違いない。つまり，地方行政制度の改革によって権威と収入を失うことを恐れた既存の地方有力者であるポンゴウォが，ジャワラ集団と結託してオランダ植民地体制に叛旗を翻したのであった。パンデグランは県庁が置かれた行政上の要所で，繰り返し反乱集団による襲撃と占拠の対象となった。1819年には，アルマジャとワホウドに続いてマス・バンサ（Mas Bangsa）という反乱指導者がパンデグランを占拠し，さらにその後も同年7月にマス・ラウ（Mas Rau）という別の反乱指導者がパンデグランを拠点とし，彼らは

第 8 章　植民地国家の構築　325

表 8-1　バンテンにおける主要な反乱と争乱，1810-30 年

年月	内容
1810 年	ノリマン，別名スルタン・カノマンが，低地地方の住民を率いてパンデグランのスルタンを攻撃。1813 年に，イギリス軍により最終的に鎮圧される[1]
1813 年 6 月	マス・ジャカルタとその支持者が反乱を起こす。のち，イギリス軍に捕らえられる[2]
1819 年	アルマジャとワホウドをリーダーとする集団が，セランと，後にパンデグランを占拠。人々は山地に避難する[3]
	ハジ・ジャッシンとモバが反乱を起こす[4]
1 月	アウトロー集団がオランダ軍を襲い，兵士 27 人を捕らえる[5]
1 月	アウトロー集団がチマヌックとカドゥロソンを襲撃し，カドゥロソンではオランダ軍を打破する[6]
2 月	マス・バンサに率いられるアウトロー集団がパンデグランに集結し，オランダ軍と戦う。3 月，マス・バンサとその後継者マス・カウディンは，現地人軍曹サイーと現地住民によって捕らえられる[7]
2 月	ワホウドに率いられたアウトロー集団がチマヌック地域のチャパダンを襲撃する[8]
2 月	オランダ軍は，プラヒアンを占拠していたアウトロー集団を制止する[9]
7 月	マス・ラウがパンデグランで反乱を起こす。オランダ軍は 1820 年 12 月にようやくこれを鎮圧する[10]
1823 年 2 月	サフィ，別名トゥバグス・ブアンがカドゥ・ダゴとルバック・ワンギで，同地のポンゴウォと共に反乱を起こすが，オランダ軍によって鎮圧される[11]
1825 年 2 月	チャリンギンで反乱が起こされる[12]
1827 年 9 月	アウトロー集団が，パンデグランの行政事務所を襲撃[13]

出典：(1) ADB 95：Algemeen Verslag, 31 May 1821. (2) JFR 21：no pagination, Yule to Assay, 23 June 1813. (3) ADB 95：Algemeen Verslag, 31 May 1821. (4) ADB 95：Algemeen Verslag, 31 May 1821. (5) ADB 163：no pagination, Dagregister, 22 Jan. 1819. (6) MK 2445：no pagination, Register der Handelingen en Resolutien van den Gouverneur Generaal buiten Rade 23 Jan. 1819, No. 21; ibid., 26 Jan. 1819, No. 8; ibid., 27 Jan. 1819, No. 12. (7) ADB 163：no pagination, Dagregister, 12 Feb. 1819; ADB 95：no pagination, Dagregister, 12 Mar. 1819. (8) ADB 163：no pagination, Dagregister, 12 Feb. 1819. (9) MK 2445：no pagination, Register [...] buiten Rade, 25 Feb. 1819, No. 20. (10) MK 2457：no pagination, Register [...] buiten Rade, 4 Dec. 1820, No. 1. (11) MK 2778：no pagination, Register [...] in Rade, 11 Feb. 1825, No. 15. (12) ADB 182：no pagination, Resultaat van het onderzoek van Tie Ringie, 24 May 1828. (13) MK 2508：no pagination, Register [...] buiten Rade, 30 Sep. 1827, No. 1.

これを同年 10 月にオランダ植民地軍によって制圧されるまで維持した[72]。バンテン副理事のデュボア（Du Bois）は 1821 年，ルバック地方の視察中に地元の住民によって襲撃された。彼はパンデグランに駐在する命令を受けていたが，襲撃に遭ってからはセランにとどまった[73]。1823 年にも，カドゥ・ダゴ（Kadu Dago）およびルバック・ワンギ（Lebak Wangi）地域のオンダー・マンドール（onder mandoor，恐らく下位のポンゴウォ）が，サフィ（Safi）という人物と協力してオランダの体制に叛旗を翻した[74]。これも恐らく，改革に不満を持った地域有力者とジャワラが協力した反乱であろう。要するに，1820 年代前半までオランダ植民地支配は極めて不安定であった。

ジャワラは，E. J. ホブズボームが検討した，19-20 世紀における世界各地の「社会的バンディット（social bandit）」の現象や，オンホッカム，ヘンク・スヒュ

ルテ＝ノルドホルト，マルグリート・ファン・ティレ等が分析したジャゴ (jago)——植民地期ジャワ各地のローカル・ストロングマン——と比較できよう。「社会的バンディット」やジャゴと同様に，ジャワラには，パンゲラン・アフマットのように，暴力と無慈悲な恐怖政治で住民を支配する者もいた一方で，住民を保護し，理想的な「古き良き」社会秩序の回復のために戦う姿勢を見せる者もいた。パンゲラン・アフマットはまさに，これらの両方の面を持っていた。さらに，ジャワラは，公式な体制の外にいた社会的バンディットと異なり，ちょうどジャゴがそうであったように，しばしば植民地政治システムの中で国家と庶民を結ぶ重要なリンクを形成することもあった[75]。パンゲラン・アフマットはイギリス政権と協力しようとし，サハブはオランダ政府が与えた行政官のポストを受け入れた。ジャワラはある時点での権力バランスに応じて素早く態度を変え，その状況からできるだけ多くの権威と利益を得ようとしていたと言える。

3) 財政改革

　財政の安定化を図るために，オランダ植民地政府は，イギリス統治政府が取り入れた地代制度を引き継いだ。地代の徴収は，イギリスが一時期取った方法を継承して，村落ごとに行うこととされた。イギリス政権から引き継いだこの制度は，農民の強い反感をも継承し，オランダ植民地政府もまた期待される収入を得ることができなかった[76]。

　政府は制度が不調である理由を把握するために調査を行い，その結果，農民が地代制度に対して強い不満を抱いていることを確認した。興味深いことに，この時に明らかになったことは，現金による納税や地代の高さといった中，東部ジャワで問題となっていた要素は，バンテンでは不満の重要な要素ではないことであった。耕作者が最も憤慨していたことは，彼らが自分の耕作している土地の所有者であることを政府が考慮に入れなかったことであった。パンデグランでは，土地を所有する農民が，自分たちの土地で働く小作人が稼いだ金を政府への地代支払いに使うため，彼らが小作人から地代を得られなくなり，さらに彼ら自身も政府に地代を払わなければならなくなったとして，調査官に対して強く抗議した[77]。この事例は，少なくとも一部の農民が，自分が土地を所有すると強く認識していることを示している。この事例はさらに，土地持ち農民と小作人との間では既に現金による地代の支払いが慣習的であったことも示している。王国時代の

バンテンに特徴的であった農民による私的土地所有は、このように19世紀初めにも明確であったことが確かめられる。チャリンギンでは、地代制度に対する不満が余りに強かったため、オランダ人官吏は地代の代わりに生産物の8%を徴収することを提案した。農民は税の金納には慣れていたが、恐らくパンデグランのケースのように、小作人が政府に対する地代を納めるために小作料の金納が困難になり、地主が地代金納を負担に感じるようになっていたのではないかと考えられる。最終的に「村長」は、耕作者が自分の土地所有を認められ、さらに残りの生産物を自由に扱うことができることを条件に、この提案を歓迎した[78]。ここでも、農民が土地を所有することを政府が認めることが、農民の不満を鎮める上で重要だったと言える。また、残りの生産物の自由な扱いについて農民が敏感であったことは、恐らく農民の市場志向性を示していよう。この時代のチャリンギンの産物は不明であるが、第5章で述べたように、チャリンギンは18世紀半ば以降胡椒栽培が進展し、18世紀からは地方有力者が水田耕作を推進し米を輸出するなど、かつてより市場志向的な試みが行われていた地域であったことに留意する必要があろう。

　バンテンのオランダ人行政官たちは、耕作者における私的土地所有の習慣が、地代制度導入に困難をもたらしていることを十分認識していた。1821年、バンテンのあるオランダ人官吏は、耕作者が私有する土地は地代徴収対象から除外されるべきだと提案した。地代徴収という形で土地持ち農民の所有権を無視することは、大きな混乱をもたらすとこの官吏は主張した[79]。バンテンではこのように農民による土地の私的所有に関して行政官たちの間で認識が形成されていたものの、バタヴィア政府がこの提案を真剣に取り上げた形跡はない。

　政府の調査報告は、地代徴収が不調であった理由として、他にも幾つかの要因を挙げている。代表的なものを示すと、土地を査定する時、耕作者の住居から耕作する土地までの距離に対して、注意が払われなかった[80]、耕作者はしばしば米作に執着し、そのため地代を払うための現金収入を十分得られなかった[81]、地代の金額が場所によって大きく異なったことから、農民が査定の公平さに疑いをもった[82]、などである。後に述べるように、現地首長による干渉や中間搾取もまた重要な不満の要因であった。このような理由から農民の間で高まる不満は、しばしば暴力につながった。1821年にルバックの農民は、地代徴収を担当していた村長と現地人官吏を殺害した[83]。要するに、バンテンにおける地代制度は、

1820年代初めまで容易に定着しなかった。

4 オランダ支配の浸透と限界

1) 住民把握の拡大とその限界

　地方有力者と農民による激しい抵抗にもかかわらず，同時代の様々な資料は1820年以降反乱や争乱が鎮圧され，植民地支配が次第に浸透したことを述べている。表8-1は1810年から30年までにバンテンで起きた主要な反乱や争乱を示しているが，これによると社会の動乱が1819年にピークに達し，その後沈静化したことが確かめられる。1819年は，政府が地方行政制度を最も大きく改変し，ポンゴウォなど旧有力者層を制度から排除した時期にあたる。この政策に対して地方有力者やその支持者による反発が各地で噴出したが，その後反乱の数は大きく減少した。この減少の要因と背景については，首長任命システムの変化と関連づけて後で論じる。

　反乱が沈静化するとともに，政府はより多くの住民を把握するようになった。図8-2は，1815-34年の約20年間に，政府統計に含まれた住民の数が約90%増加したことを示している。このような急上昇は，人口の自然増とは考えられない。これは，政府がますます多くの住民を数え，統計に記録できるようになったことを示している。図8-2が示すように，「人口増」は当初イギリスやオランダ支配の影響がそれほど及んでいなかった西部と南部で顕著である。このことは，1815年以降，政府の管理が広く拡大していったことを意味する。実際，巻末資料8は，多くの副郡がこれらの地域で新たに作られたことを示している。これにより，それまで植民地行政の対象となっていなかった多くの住民が，政府官吏の目に「見える」ようになってきたのである。

　より多く住民を把握するのに伴って，政府はますます多くの収入を得るようになった。図8-1は政府の地代収入を示しているが，ここから特に1820年以降の収入増が顕著であることが確かめられる。収入増は，政府統計に記される人口の拡大と並行している。より多くの人々から，政府はより多くの地代を得るようになったのである。

　しかし，このような外見上の数値の上昇にもかかわらず，植民地政府は地代徴収においても住民把握においても，十分に支配を強化できた訳ではなかった。

1821年には，地代を支払っているのは住民の半分に過ぎないと推測された[84]。1830年におけるバンテンの人口が35万5,353人とされているのに対して，1880年の人口調査は59万人としている[85]。この信じがたい「人口増」もまた，1830年においてもまだ（特に僻地においては）政府のコントロールが十分でなく，多くの人々が統計に数えられていなかったことを意味していよう。これらのことから，政府の収入増は，西部や南部など，それまで支配が及んでいなかった地域で新たに地代徴収を始めたことから可能となったものであり，必ずしも支配下の農民から確実に地代収入を確保できるようになったことを意味してはいない。政府の支配は水平的には拡大しつつも，垂直的には深まっていかなかった。その要因については，村落首長の創出と関連づけて後に論じたい。

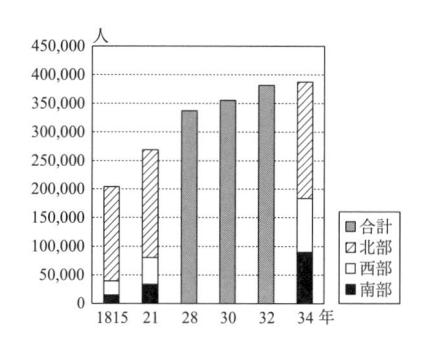

図8-2　バンテンの人口，1815-34年
出典）巻末資料10に同じ。
注）地域の三区分は，1828年の3つの県に基づく（巻末資料8参照）。

2）首長任命システムの変化

　先述のように，政府は1820年頃から反乱の鎮静化に相当程度成功するのであるが，興味深いことに，その鎮圧に重要な役割を果たしたのは，郡長，副郡長といった現地人中級首長であった。例えば1823年にサフィ（Safi, 別名トゥバグス・ブアン Tubagus Buang）がカドゥ・ダゴおよびルバック・ワンギ村で下級首長（「村長」やカンポン首長）と村民の支持を受けて反乱を起こした時，クレオ（Kreo）の副郡長は急いでその情報をオランダ人の上官に伝えた。報せを受けた州理事は，即座に軍隊を送り反乱を鎮圧した[86]。中級首長はなぜこのように，オランダ当局に積極的に協力したのであろうか。そもそもどのような人材が中級首長に任命されていたのであろうか。

　バンテン州政府とバタヴィア政府は，現地人首長および官吏の任命が，地方行政を円滑化させる上で極めて重要であると認識していた[87]。1820年代のバンテンにおける，政府による現地人首長の任命に関する特徴は，中級首長への強い関心と，任命の非世襲化であった。地方行政制度を大幅に改変した1819年から

1830年までに，バンテンでは40件の地方首長人事に関して被任命者の出自が記録に残っている。このうち24件が郡長に関するもの，1件が上級首長であるレヘントに関するもので，残りはさらに下位の首長である。この25件の中上級首長人事において世襲が認められたのはわずかに1件である。政府は非常に慎重に人選を行い，通常は試行期間を設けて，その間は給料を低く支払った。業績が不十分と認められれば，試行期間の首長は簡単に解雇された[88]。

　現地人首長の任命に関するもう一つの特徴は，他の地域出身の人物が好んで選択されたことである。上記の非世襲型の任命24件のうち，14件において被任命者は他地域の出身であった。この政策を推進することによって，政府は地方有力者とその支持者との関係を断ち切ろうと試みていたのであろう。任地に支持者のいない，他地域から来た首長や官吏は恐らく，自らの地位を維持するためにオランダ当局に強い忠誠を示そうとしたと考えられる。これはサルトノが1880年代の反乱に関する研究の中で論じていたことでもあるが，同様の現象は実際には1820年頃から起きていたことが確かめられる[89]。

　植民地政府は現地首長や官吏の忠誠心を培うために，彼らの職能に合わせて積極的に給与，年金，称号などを授与した。優れた業績に対して支払われる特別ボーナスとは別に，官吏たちの給料は1823年，1827年，さらに1829年と頻繁に，かつ全般的に引き上げられた[90]。政府はまた被任命者にイガベイ（Ingabei）やトモンゴン（Tomongon）といった伝統的な称号を就任時に与え，優れた業績を上げた者には積極的にボーナスを与えた[91]。これらの努力は，政府に望ましい結果をもたらした。かつてのジャワラのリーダーで副郡長に任命されたサハブは，1825年に州理事からイガベイ・スラ・アングン・アングン（Ingabei Sura Angun Angun）という新たな名誉ある名前を受領し，1832年には年金を与えられた。彼がこれらの報酬に値すると判断されたのは，彼が任期中に担当地域で「盗賊集団の根絶を果たした」ためであった[92]。このように植民地政府は，既存の在地有力者以外から中級首長を任命し，彼らの協力を積極的に報償することによって，統治の安定化に努めたのである。サルトノは，そのような「身分の低い」「外来の」中級首長が，バンテン王族と婚姻関係を結ぶことによって次第に社会的地位を上昇させ，19世紀を通じて社会の上層に上がっていったと述べる[93]。

　現地人首長や官吏にとって行政職に任命される利点は，上に述べたような給与や年金の他にも多く存在した。まず，地方行政の監視は非常に緩かったので，地

第 8 章　植民地国家の構築　331

代の徴収を担当していた現地人官吏が詐取を行える余地は大きかった[94]。1828年には，アニャルの下級徴税役人（onder collecteur）であるイガベイ・ワンサパティ（Ingabei Wangsapati）が，徴収した地代から合計 387 ギルダーを詐取していたことが明らかになった[95]。さらに現地人首長には，住民に支払われる賃金を搾取する余地もあった。1821 年に政府がオンダー・アンディル（Onder Andir）とチカンディ（Cikandi）との間に新しい道路を建設した時，政府は労働者に支払われる賃金である 400 ギルダーを「現地の首長と相談して」分配させた[96]。これは恐らく賃金の分配が現地人首長に任されたことを意味しており，その一部が労働者に渡されずに首長たちの懐に入った可能性は十分考えられよう。

　このような詐取や中間搾取も行われていたため，全てのオランダ人行政官がバンテンで現地人首長や官吏を利用することに賛成していた訳ではない。1827 年には，バンテンの匿名の官吏が自分の報告の中で，現地人首長は不誠実で政府にとって不利益であり，彼らの人数は減らされるべきだと論じた。これに対し同じくバンテン州の植民地官吏であった J. J. ファン・セーフェンホーフェン（J. J. Sevenhoven）は，現地人首長は有用であり彼らの数は増やされるべきだと主張して抗議した[97]。この問題を解決するために，バタヴィア政府はファン・セーフェンホーフェンに地方の状況の調査を行わせた。パロン・クジャン，ルバック，チャリンギン，アニャル，ポンタンで調査を行った後，彼は 1828 年 5 月に提出した報告書の中で，現地人首長と官吏は社会福祉の向上と効率的な行政に貢献していると結論づけた[98]。バタヴィア政府がこの報告書をどう評価したかは明らかでない。しかしバンテン州理事は現地人首長と官吏の数を維持し，彼らの給与を上げる政策を継続した。

　しかし，これらの政策の結果，1820 年以降のバンテンで植民地支配がすぐに安定したと結論づけるのは早計であろう。1820 年代に入っても，バンテンでは比較的大規模な反乱が 3 件生じた（表 8-1）。副理事は 1821 年に安全面の不安から地方視察を中止していたが，それを再開したのはようやく 1827 年になってのことであった[99]。反乱の数が減少したのは，植民地政府が巧みに中級首長を「飼い慣らす」政策が功を奏したことによるところが大きく，住民の不満の原因がそれで解消された訳ではなかった。特権を剥奪された既存の有力者は，当然政府に強い反感を抱いた。また，ジャワラの全てが，植民地体制によって恩恵を受けた訳ではなかった。バンテンに特徴的な耕作者の私的土地所有が，地代制度を柱と

する財政政策の中で特に考慮されることはなかった。さらに政府の命令による強制労働や、それに伴う中間搾取など、住民が不満を募らせる要因は多く残された。10年に3度という反乱の起こり方は、決して偶然と考えるべきではない。住民の間に植民地行政に対する反感は強く残っており、それが1820年代に3度の反乱となり、19世紀を通じて「統治しにくい地域」として知られるようになり、さらには19世紀末と20世紀初頭の大規模な反乱を招く要因となっていったのである。

3) ジャワラのその後

　旧ポンゴウォによる反乱が沈静化した後、ジャワラには何が生じたであろうか。反乱の鎮圧によってポンゴウォが処罰されるとともに、ジャワラも消滅したとは考えにくい。一連の反乱を通じて、ジャワラは地域有力者であるポンゴウォと協力することを知った一方で、新興有力者となった中上級首長は、ジャワラが権力闘争に利用できることを目の当たりにした。その後ジャワラが新興中上級首長と提携し、その権力闘争の道具として生き残る道を探るのは、十分考えられることではないだろうか。確実なことは、1820年代までジャワラが地方の政治抗争に重要な役割を果たしており、彼らが政府によって消滅させられたという情報は存在しないことである。

　植民地時代後期のジャワラについては、ウィリアムズが同時代資料に基づいて詳細な考察を行っている。ウィリアムズもまた、植民地期のジャワラのルーツが、ダーンデルス統治期に多く生まれたアウトロー集団にあると考えている。彼によれば植民地時代後期のジャワラは、植民地体制内で活動する時には、中上級首長よりもむしろ村落首長と協力し合っており、村人から税金や借金を取り立てる任務を引き受けていた。もっとも、多くのジャワラは植民地体制の外部で生きていた。彼らは厳しい内部規律を伴う秘密結社的集団を形成し、黒ずくめの衣装を用いることもあった。彼らは窃盗、賭博、売春業など多くの犯罪行為に関わっていたが、少なくとも彼ら自身の証言によれば、窃盗などでは裕福な者もしくは村外の者のみを対象とし、村内の者に対しては、植民地政府や現地有力者による搾取や圧政から保護を与えていた。そのため彼らは警察に追及されても、村人からの共感もしくは恐怖のために警察は十分な証拠を集められず、滅多に収監されることはなかった。彼らは村人を暴力と恐怖で支配する一方で、実際に権力と戦

うロビン・フッド的英雄として村人の尊敬と共感を集める者もいた[100]。

　ジャワラは，現在まで地方政治に強い影響力を持っているが，今日のジャワラは，地方と都市部で異なる役割を持つように見える。1990年前後に北バンテンの村落部でジャワラの役割に関するフィールド調査を行ったインドネシア人人類学者 M. A. ティハミによれば，ジャワラはその肉体的な強さ，攻撃的でぶっきらぼうな態度，超自然的能力によって特徴づけられ，人々から一定の尊敬を受けて，村内政治における指導的地位にある。しかし彼らは一般には，犯罪行為をする者とは見なされない[101]。一方，1990年代後半のセランにおけるバンテン州設立に向けた政治運動を検討した岡本正明によれば，今日のジャワラは，武術と妖術を学んだ若者の集団を意味する。一部の地方有力者は，自分のライバルを圧倒し脅迫するためにジャワラを動員しており，その存在は極めて犯罪集団に近い。有力者自身がジャワラ集団を組織することもある。彼らはしばしば黒ずくめの衣装を使用し，バンテンの有力者とともにバタヴィアなど他地域にまで出かけることによって，インドネシア中で広く知られる存在となっている[102]。このように今日のセランでは，ジャワラは有力者の政治闘争における有力なツールとなっている。

　ここから，ダーンデルスの時代から現代に至るジャワラの歴史的一貫性を見て取ることは可能であろう。ダーンデルス統治期に強制労働からの逃亡者によって形成されたジャワラ集団は，バンテン高地地方の国家権力が弱体化するとともに抗争と分裂・合流を繰り返し，強大化した。植民地時代の初期にジャワラはポンゴウォと提携して反乱を繰り返したが，植民地時代後期までには，村落首長と協力するか，もしくは植民地体制外のアウトロー集団となったようである。現在は村落部では地域有力者とのつながりや暴力性はなくなっているが，都市部では暴力に基づく脅威によって，地域有力者の政治的ツールとなっている。今日ジャワラはバンテンの地方政治を特徴づけるよく知られた存在となっているが，そのルーツはダーンデルス統治期から1820年代にかけての歴史的経緯に求められると言える。

5 植民地村落の形成と村落首長の創出

1) 植民地村落の形成

　中級首長の「飼い慣らし」に加えてオランダ植民地政府が1820年代に力を注いだ政策は，村落の再編成であった。ラッフルズも村落を植民地行政の最重要単位として活用しようとする意図を持っていたが，それを実現するには彼の統治は短すぎた。その課題はオランダ植民地政府に継承され，政府が地方行政単位の再編に取り組み始めた1819年から，バンテンにおいても村落の再編成が始められた。

　1819年にバンテン州理事に就任したJ. H. トビアス（J. H. Tobias）は1821年，自分が任命された当時，バンテンには「秩序だった村落（geregelde dorp，またはgeregelde campong）」は海岸部にしか存在しなかったと述べている。彼によると，内陸部には「集落（gehuchten）」があるだけであった。バンテンには3,000以上の集落があるが，しばしば同じ名前を持つ複数の集落が，1人の同じ「マンドール」の権威の下に存在していると彼は述べる[103]。このトビアスの報告書の中の幾つかの用語は，まず初めに詳しく検討する必要がある。

　まず「秩序だった村落」とは当時よく使われた言葉で，村落が備えておくべきとオランダ人官吏が考えるものを全て完備した村落の意味である。あるバンテンの官吏の報告書によれば，それは「塀で囲まれ，入り口がよく警備され，立派な道路が村内を貫き，侵入者を見つける見張り台を備えた」ものとされた[104]。

　次に「集落」は，トビアスの報告書の中で「秩序だった村落」と対照的に示されている。前述の「集落」の描写を見ると，これが伝統的な「カンポン」（第2章第2節参照）を指していることは恐らく間違いないであろう。同じ名前を持ちながら，比較的近い範囲に複数存在した集落は，1760-90年代にオランダ人調査官の作った胡椒栽培調査報告書にも1700年前後にバンテン宮廷で作成された住民台帳においても，確認することができる。

　「マンドール」という語にも注意が必要である。1821年の別の報告書でトビアスは，マンドールまたはホーフト・マンドール（hoofd mandoor，直訳は「主要なマンドール」）は，通常イガベイという称号を持ち，王国時代以来幾つかの村落に対して世襲的な権利を持っていると述べた。このように，この「マンドール」

は，一種の超村落的権威である。トビアスによると，一部のマンドールは非常に強い影響力を持ち，その影響力の及ぶ領域を分割するのには大きな困難を伴った。例えば，チオマス（Ciomas）とタンバックバヤ（Tambakbaya）では，ホーフト・マンドールが広大な土地に権利を有し，世襲していた。このようなところでは，政府が「マンドール」から全ての土地を奪うことはできなかった[105]。「マンドール」は先に第4章で述べたように，オランダ東インド会社資料においてはカンポン首長を意味した。しかしトビアスの報告書に述べられるような，王国時代以来幾つもの村落に対して権力を持つ超村落的権威は，オランダ東インド会社資料におけるポンゴウォであると考えるべきである[106]。先述の胡椒栽培調査報告や住民台帳がポンゴウォをそのような地域有力者として描く一方で，トビアスが述べるような有力で称号を持つカンポン首長は18世紀資料には存在しない。

　トビアスは，1人のマンドールのもとにある複数の「集落」をマンドールスハップ（mandoorschap，直訳は「マンドール管轄地域」）と呼び，これが新しい行政組織である「村落」となるべきことを1819年に決定した[107]。しかし，マンドールスハップ——すなわち，1人のポンゴウォの影響力の範囲——は大きすぎて効率的な行政単位とはならないことが判明したため，彼は一つ一つのマンドールスハップを幾つかに分割することにした。この結果，「村落」の数は増加した。1818年にはバンテン内に751の「村落」が存在したが，それは1820年に869となり，1821年には967となった[108]。このようにしてトビアスは，新たに「植民地村落」を形成したのであった。トビアスはこの新しい行政単位をカンポンと呼んだが[109]，後の時代のオランダ資料は，こうした植民地村落を通常デサと呼んだ。

　もっとも，このトビアスの改革によって，バンテンの地方行政が完全に再編成された訳ではない。藤田によれば，バンテン州政府は1840年代から1920年代にかけても，繰り返し村落の再編成を行った。繰り返さなければならなかった主要な理由の一つは，土地権の変更を伴う住居の移動が困難なことであった。バンテンでは住民による土地の個人占有権が非常に強かったため，村落再編は容易でなく，政府が期待したようには十分に実行されなかった[110]。このように，1819年に開始された村落の再編成は100年以上経っても完結できず，住民にも行政官にも，常に不満を残すものとなっていたと言える。

2) 村落首長の創出

　村落の再編成において植民地政府が行った次の施策は，植民地村落に信頼できる首長（desa hoofd）を置くことであった。そのようにして政府は，1820年代を通じて村落が地方行政の要となるよう試みた。1827年に政府は，村落首長は村人によって，最も裕福な男性の中から選ばれることと決定した。村落首長はプンフル（penghulu）もしくはパンギウォ（pangiwa）と呼ばれる役人に補助されて，地代の徴収や，政府の要求に応じて提供する労働力の編成といった，行政上の任務に責任を持つこととされた[111]。

　しかしながら村落首長は，オランダ人為政者が期待したような，効率的な行政のツールとしては機能しなかった。村人たちはしばしば，「愚かな」人物を村落首長に選んだ。これは，村落首長の命令で行わなければならない様々な義務を回避するための，村人による狡猾な戦略であった[112]。村落首長やプンフルは容易に買収され，村人が公的義務を遂行しないことを植民地官吏に報告せず隠匿した[113]。その結果，村人は政府が期待したよりも公共工事に少ない労働力しか供給せず，少ない地代しか納めなかった。恐らく，村落内の人口を少なく報告することもこのような状況では十分可能であり，それが先に述べたように，政府による住民把握が深まらない大きな要因であっただろう。

　村落首長が権威を持たないことが効率的行政の障害であると考えた植民地政府は，その権威向上のために様々な施策を行った。バンテン州政府は1827年，村落首長にクリス，称号，傘など伝統的な名誉の象徴を与えることを正式に決定した[114]。また，サワー・クマンドーラン（sawah kemandooran）と呼ばれる地代を免除された耕地が一部の村落首長にしか供給されていないことに，そうでない他の村落首長が不満を持っていることが分かると，すぐにトビアスは，任務に応じ地代の免除される職田（ambteveld）が全ての村落首長に与えられるよう命令した[115]。政府内にはオランダ人植民地官僚が村落首長を任命すべきだとの意見も挙がったが，最終的には村内の問題は村人たち自身に任されるべきだと結論づけられた。こうして州理事は，「最善の人物が村落首長に選ばれるよう，できる限りの努力を試み」た[116]。つまりバンテン州政府は，伝統的威信のシンボルや古い習慣を利用することによって，「近代的」村落制度を確立しようと試みた。しかしながら，そうした努力が著しく功を奏したとの報告は見受けられない。藤田によれば，バンテンの村落首長の権威を高める試みは，やはりバンテン州政府に

よって1840年代から1920年代まで繰り返し様々な形で行われるが、一般の村人の反発に遭って結局成功しなかった[117]。

　村落を新たな基本的行政単位としようとする政府の試みが順調に進まなかった一方で、伝統的なカンポンは新たな村落の中で生き延びた。1820年代にバンテンの村落について行われた政府調査によれば、村人が村落内で尊敬を払ったのは、長老（オラン・トゥア orang tua）——この調査によると、村で一番古い家系出身の人物——と、キヤイなどの宗教指導者であった。この調査の報告書は、地域社会で真の権威を有し、村内の重要な問題や行事を取り仕切るのは、この長老であると結論づけた[118]。藤田は、19世紀末から20世紀初めにかけてのバンテンの植民地村落は、幾つかのより小さな集落——公式名をアンピアン（ampian）、現地名をカンポンといった——から構成されたと述べる。アンピアン内の長老（公式名アウドゥスト oudst、現地名カミトゥウォ kamituwo その他）が、伝統的に人々からの尊敬を得て、争いごとの仲裁、資産の分配、借金の始末といった実際の現地の行政を取り仕切った。公共工事への労働奉仕は、長老の監督のもと各アンピアンで行われた[119]。要するに、カンポンは植民地村落が形成された後も、農民の間の基本的コミュニティとして生き残ったのである[120]。

　このように、バンテンにおける村落と村落首長は、オランダ植民地体制によって人工的に作り上げられた、新たな制度であった。村落首長は伝統的なルーツを持たなかったため、また村人が義務を回避するために尊敬されない人物を自分たちの代表に選んだ結果として、植民地時代を通じて、村落行政を実行できるだけの十分な権威を持つことができなかった。しかし植民地村落は、無から創造された行政単位であった訳ではない。それは既存の行政単位であるカンポンが、上からの改革によって再編成されることによって形成されたのであった。

おわりに

　19世紀初めのジャワでは多くの改革が達成されなかったというリックレフスの指摘は、1820年頃まではバンテンにもほぼ当てはまる。1820年代に入ると、バンテンでは多くの改革が実施されたが、改革の対象は地域社会の支配構造から村落首長の役割に至るまで広い範囲にわたり、また地域有力者や村人の生活に直結していたゆえに、決して順調には進まなかった。しかし政府の改革に対して地

域社会が様々な対応を示したことが，後にバンテン社会の特徴として挙げられる要素を形成していったという点において，政府の改革は地方社会に大きな影響をもたらしたのであった。

地方行政の再編に関しては，ダーンデルスはそれに十分取り組む余裕がなく，ラッフルズは既存の地域有力者を温存して体制に取り込もうとしたため，地域社会の支配構造を大きく変えなかった。ところがオランダ植民地政府は1819年から地方行政の領域的単位を再編し，集権化を試みた。新しい行政単位である郡や副郡の長——中級首長——には，既存の在地有力者でなく，身分の低い者や他地域出身者が多く任命された。この政策に対し，既存の有力者であるポンゴウォは激しく反発したが，それを政府が何とか抑え込むことができたのは，中級首長たちが積極的に政府に協力したことが大きかった。

税制改革という点では，ラッフルズが，地代制度——全ての土地を政府が所有し，耕作者から地代を徴収する——という全く新しい賦課制度を取り入れ，オランダ植民地政府もそれを引き継いだ。バンテンにおいて地代制度の最大の問題は，ジャワの他地域のように税制が金納化されたことや地代が高いことではなく，政府が土地の伝統的評価方法や土地持ち農民の耕地所有権を無視したことであった。バンテンでは農民の私的土地所有が発達していたという歴史的経緯によって，ジャワの他地域と異なる要因が地代制度の導入を困難にしたのであった。

19世紀末のバンテンは，反乱が頻発し，ジャワラ（ローカル・ストロングマン）が住民を圧迫し，さらに村落首長の権威が弱く政府決定を村民に伝えられないことなどから，「統治が難しい」との評判が定着していた。これらの要因は，19世紀初における地方行政の展開と強く関連していた。バンテンで1820年頃まで反乱が繰り返されたということは，ダーンデルスの圧政だけが反乱の要因ではないことを意味する。ダーンデルスの時代には重い強制労働が住民の強い反感を生み，オランダ植民地期に入ると既存の地域有力者（ポンゴウォ）が，従来の地位や特権を剥奪されたために，政府に対して激しく反発し武力蜂起した。一般農民も，地代制度や村落再編成において彼らの要求が聞き届けられることがなく不満を募らせており，1820年代にも3度の反乱が起こされた。これらの反乱には，アウトロー集団が重要な役割を果たした。アウトロー集団の多くは，ダーンデルスの時代に強制労働を逃れ僻地に移住した住民によって形成され，ダーンデルス

統治期に互いに抗争と合流を繰り返し，強大化した。このようなアウトロー集団が，恐らく後にジャワラと呼ばれローカル・ストロングマンとなっていったと考えられる。つまり，19世紀末における反乱の頻発とジャワラの存在は，ダーンデルスの統治期から初期オランダ植民地統治における不安定な地方政治から生じていたと言えよう。

　村落首長の権威の弱さは，1820年代に推進された地方行政制度の再編と密接に関連していた。村落を生産と行政の枢要とする考えは初めにラッフルズによって思い描かれ，1820年頃にようやくオランダ植民地政府によって実行に移された。政府はかつて1人のポンゴウォの勢力下にあった地域が，一つのまとまりのある地域であると認識した。そうした地域により効率的行政をもたらすために，政府はそれを幾つかに分割して「植民地村落」を創設した。植民地村落の長は村民によって選ばれたが，新たな村落は伝統的なルーツを持たず，また村民が公的義務を逃れるために村落首長にしばしば「愚かな人物」を選んだため，新たな村落首長の権威は低いままにとどまった。新設された植民地村落には，通常複数の既存のカンポンが含まれていた。こうしたカンポンの指導的地位にいる人物は長老（オラン・トゥア）と呼ばれ，住民社会の真のリーダーとなった。また，第2章で検討したジャワ村落の起源に関する問題に立ち戻るならば，バンテンでは18世紀には（恐らくもっと古くから）住民にとって真のコミュニティであるカンポンが存在していたが，1819年に始まる地方行政制度の改変によって，旧来のカンポンが複数統合されて新たな植民地村落（デサ）が形成された。デサは恐らく一体性に欠けコミュニティとしては分断されていたと考えるが，そのことはヤン・ブレマンやC. J. G. ホルトゥザッペルが主張したように，領域的コミュニティが植民地村落の創出以前に存在しなかったことを意味するものではない[121]。

　1820年以降植民地政府は，反乱を鎮静化させたという点で支配を安定させたかのような印象を与えるが，実際には政府による社会の把握と統制は表面的にとどまっていた。統計に数えた人口の増加と地代収入の増加は，政府が住民を確実に把握し正確に地代を徴収できるようになったためではなく，行政単位が整備される範囲が地理的に広がった結果に過ぎなかった。実際に政府が把握していた住民の数は，1830年の時点で真の人口の半分に過ぎないと推測されていたが，その後の人口推移と比較するならば，さらにそれ以下であった可能性も高い。地方行政単位は再編され植民地村落（デサ）が導入されたが，住民は「愚かな」村落

首長を選出することによって，国家の支配浸透に対抗した。その一方で彼らは伝統的カンポン指導者である長老には敬意を払い続け，カンポンを真のコミュニティとして維持した。こうして長老はいわば社会のインフォーマル・リーダーとして，植民地時代後期まで重要な役割を果たし続けた。ジャワラの一部は中級首長の地位を得て植民地体制内で権威を保ったが，恐らくそれ以外にも現地首長の協力者または体制外の実力者となってローカル・ストロングマンとして存在し続けた者もいた。こうしてバンテンの人々は，植民地体制による社会の改変を表面的に受け入れながらも，その一部を無効化し，彼ら自身の安全と利益を確保する，いわばインフォーマル・システムを構築したのであった。もっともこのシステムで実際に全ての住民の安全と利益が確保された訳ではないが，国家の支配を部分的に受け入れつつそのようなシステムを構築するという点で，バンテンの住民は18世紀以来の伝統と活力を維持していたと言えよう。

終 章
バンテンにおける近世，世界史の中のバンテン

1) 国家と社会の相互作用

　バンテンとランプンの歴史は，世界中のあらゆる地域が恐らくそうであるように，多様であり，かつ多層的である。バンテンやランプン内部の地域ごとに異なる歴史展開があり，スルタンから一般庶民に至る社会の各層が異なる歴史経験を持った。それにもかかわらず，それらの歴史は互いに強く結びつき，バンテンとランプンは一体的な歴史空間を有した。その一体性の根拠は，国家が領域上の住民の上に一貫した支配体制が存在するという「像」を示し，様々な社会集団と関係を結ぼうとしたことにあった。様々な社会集団はそのような像として示される国家の中で互いに，あるいは国家や外部集団に対し，抗争，妥協，提携，ネットワーク形成などを繰り返した。そうした国家と各社会集団――これには外来者の集団も含まれる――間の，あるいは集団同士の相互作用が歴史展開の原動力となったと見なし，その相互作用に着目するのが本書の分析方法であった。以下の部分ではまずこのような点に留意しつつ，バンテンおよびランプンの多様かつ多層的な歴史を整理してみたい。

　1750年頃のバンテン王国には，スルタンを国家の中心とし，その権威と命令が，宮廷のポンゴウォ（有力者），地方のポンゴウォ，カンポン首長などを通じて，中心から周辺へと放射状に，そして社会的上層から下層へと次第に下降しながら，一般住民へと伝えられるという国家の像が既に形成されていた。スルタンの正統性は，年代記や儀礼などを通じて，初期には現地のヒンドゥー的土着信仰との「調和を図る王」の像を強調することによって，後には王国創設者のイスラーム的「正統性」を強調することによって，再確認された。スルタンの命令の伝達儀礼，また，その命令を銅板に刻んだピアグム，称号，そして種々のレガリアの授与などが，スルタンと人々の象徴的つながりを再確認させる装置として機

能した。

　もっとも，このような国家像やそれを機能させるための装置の存在は，必ずしも地方の社会や住民が，国家の制度に強く取り込まれていたことを意味しなかった。バンテンでは，首都周辺の海岸平野を除けば，スルタンの影響力はあまり強く及んでいなかった。地方の住民に直接的に影響力を及ぼしているポンゴウォは，支配の正統性を示すためにスルタンの権威を利用したものの，彼らもその配下の住民もスルタンに対する直接的義務をほとんど負っていなかった。経済的にも，胡椒栽培が本格化する前のバンテン内陸部は自給的農業が中心であった一方，北岸部はバタヴィアに食料や手工芸品を輸出し，引き換えに外国製およびジャワ製の手工芸品を輸入していた。つまりバンテン北岸部は経済的にバタヴィアと強く結びついていたが，内陸部とはそれほど深い関係を持たなかった。ランプンでは，スルタンの地方社会に及ぼす影響はいっそう弱く，スルタンは役人を派遣し，あるいは現地有力首長をスルタンの権威の代行者に任命するなどして，限られた胡椒生産地に一定の支配を及ぼすに過ぎなかった。もっとも経済的にはランプンで産出される胡椒はスルタンの収入の約70％を占め，スルタンおよび宮廷にとってランプンとの関係は何よりも重要であった。

　1750-52年に起きたバンテン反乱は，国家の体制を大きく攪乱した。反乱軍に参加した者も反乱を鎮圧する側に加わった者も，地域の事情に根ざした様々な動機を持っていた。地方の住民の多くは，国家やスルタンに対してよりもむしろ，自分たちの直接のパトロンである地方有力者に対して忠誠を示し，彼らに従って反乱側もしくはオランダ東インド会社側に与した。有力者たちの権利の正統性の根拠は，国家との関係ではなく，超自然的能力や個人的カリスマであった。こうして一部の地方有力者たちが反乱への参加を通じ個人的影響力を拡大させ自立化した一方で，国家の権威低下は避けられなかった。

　オランダ東インド会社は一部の地方有力者の協力を得て反乱を鎮圧し，国王の正統的家系からスルタンを復活させた。反乱が概ね終結した1752年に会社は王国の上位支配者となることを宣言したが，実際にはスルタンの権限をほとんど温存し，自ら政治の表舞台には出ることはあまりなかった。スルタンは宮廷内のライバルを処罰または牽制するのに会社の軍事的協力を得て，1770年頃まで権力を安定させ収入を拡大した。つまり，王国が会社の属国となったことは国内政治においてはそれほど意味を持たず，二重の中心を持つようになった国家が，この

時期は互いに役割を分担して国内の安定に貢献したと言える。

　バンテン内陸社会にとってこの時期の最大の出来事は，1763年にオランダ東インド会社によって導入された胡椒の強制栽培政策であった。胡椒栽培者とスルタンとの間の取引を仲介することによって現金収入を得られるポンゴウォは，当初積極的にこの政策に協力し，支配下の住民を動員して生産の増加に努めた。彼らがさらに住民を領域的にまとまった地域に住まわせ，他の弱小ポンゴウォを支配下に入れて生産を拡大しようとした結果，ますますスルタンから自立した，領域的に広い地域を支配するポンゴウォが現れた。住民にとって胡椒栽培は，本格的に現金収入を得る初めての機会であった。バンテンの場合，既に貨幣経済がある程度浸透していたバタヴィアからオンメランデンやグレンディンを通じて商品が届けられたこともあって，この時期に内陸部にまで一定の貨幣経済の浸透が見られたと考えられる。彼らは胡椒栽培から期待するだけの収入が得られないと栽培放棄や村外逃亡などの手段で対抗した。そうした農民がコーヒー栽培に取り組んだり，現金収入が得られる仕事が存在する国境地域を逃亡先に選んだりしていたことからは，住民が強く市場志向的になっていたことが窺える。一方ポンゴウォも，支配下の住民を失いかねない強制的な胡椒栽培を断念した。一部のポンゴウォが代わりに水田耕作を開始し，収穫した米を輸出していた事実からは，彼らもまた市場志向化していたことが確かめられる。他方スルタンは，胡椒生産が減少したこと，ランプンからの胡椒供給が減少したこと，コタ・バンテンの港に土砂が堆積して沿岸貿易が衰えたことなどから，収入減に苦しんだ。バタヴィア政庁やバンテン商館の幹部が，彼らが統御しやすい依存的なスルタンを支持したことも，スルタンが権威を低下させることにつながった。こうして1770年代以降はスルタンの権威が衰える一方，一部の地方ポンゴウォが強力な地域社会支配者となり，また一般住民は市場志向化し，活発に移民，商品作物栽培，貿易などに取り組んだ。

　ランプンの特にトゥランバワン地方では，胡椒栽培促進のために現地に派遣されるオランダ東インド会社職員を，地方有力者が当初は熱狂的に歓迎した。しかし職員が現地の抗争に介入や仲裁を行う意思をあまり持たないことを見て取ると，彼らの関心と期待は急速にしぼんだ。代わりに地方有力者は，胡椒取引や称号の授与において有利な条件を示す隣国パレンバンとの関係を強め，彼らの一部は収穫した胡椒をパレンバン商人に売るようになった。ところが1790年代から

は労働者の獲得を図るパレンバン人集団の襲撃を受けるようになり，会社の保護も得られなかったトゥランバワン住民の多くはカンポンを放棄して逃亡した。こうした展開を通じ，会社やバンテンのスルタンは，影響力をますます失っていった。

先に述べた住民の市場志向化は，王国の周縁部で特に顕著であった。カリマタ海の貿易ネットワークがオランダ東インド会社の介入によって混乱すると，ランプンの胡椒産地には海賊が跋扈するようになった。海賊の襲撃は多くの住民に被害をもたらしたが，危険を冒して胡椒を買いに来るイギリス人や華人その他の商人と結びついて，勢力を拡大させるポンゴウォもいた。特に華人商人は森林産物や海産物を求めてランプン内陸部に至るネットワークを構築し，彼らとの取引から利益を得る住民も多かったと思われる。バンテン東部では18世紀から発展した糖業に従事する華人労働者や華人経営者が，労働者にアヘンやその他の必需品をもたらす非公認貿易ネットワークを，バタヴィアなど各地から来る華人やイギリス人その他の商人との間で発達させた。このように王国周縁部では外来商人の往来が特に盛んであったことから，王国の影響力が弱まる一方で，外部経済との結びつきが強まっていった。

1808年以降は，軍事力を背景にしたオランダやイギリスの植民地国家が，王国期とは比較にならない強制力を伴って，バンテン地方社会に支配を浸透させようとした。1819年からは，地域有力者を排除し，住民を新たに創出した植民地村落と結びつけて国家が直接支配する体制の確立が試みられた。地域有力者の排除に関しては，新たに任命した中級首長の支持を得て国家は概ね成功するものの，植民地村落の創出は，村人の抵抗や情報隠匿によって，意図したように進めることができなかった。一方，ダーンデルス統治の混乱期に各地で勢力を増したアウトロー（ジャワラ）集団は，状況に応じて国家や地域有力者と協力しつつ，ローカル・ストロングマンとしてバンテン社会に強い影響力を浸透させていった。

このように国家の中心（スルタン，宮廷，会社政庁，植民地政府）が作り出す国家像は1750年までにスルタンを中心とするものが形成されており，バンテン反乱後に再確認と修正が行われた。1808年以降は，植民地政府を中心に新たな国家の像が形成された。地域有力者や住民は必ずしも国家の体制に強く取り込まれていた訳ではなかったが，自らに利益のある場合は国家とのつながりを活用し

た。バンテンの地方ポンゴウォはスルタンから授与される称号を受け、ランプン北部トゥランバワンの住民がスルタンに地域の抗争の仲裁を求めることもあった。経済的にも、ランプンやバンテンの胡椒をスルタンが独占購入しようとしたことは、国家経済の求心性を一定程度高めた。もっとも各地の地域社会は――特にランプンやバンテン東部では――華人やイギリス商人など外来商人と頻繁な接触の機会を持っており、地域有力者と住民は、状況に応じて国内と国外のネットワークを使い分けていた。このようにしてバンテン王国は、ランプンとバンテンの領域においてスルタンを中心とする国家像が一定の求心性を有していた一方で、地方社会は国境を越えて外につながる経路を維持していた。植民地政府はより強力な集権的地方社会支配を意図し、実際にその影響力はかつてないほど浸透したが、それでも住民は常に国家の支配をすり抜けようと試みていた。バンテンの住民はそうした活力を、本書で検討した時代を通じて強く有しており、それは植民地支配下においても失われることはなかった。近世国家や初期植民地国家が、近代国家ほど強く住民（国民）を把握しコントロールすることができないのは、バンテンに限ったことではない。国家による住民把握の弱さは国家が与える保護の弱さも意味し、そのために住民は海賊その他の外部集団の攻撃などに苦しめられることも多かった。そうした中でバンテンやランプンの住民は、自身の利益と安全を確保するために、時には国家の強制を逃れ、時には外部集団とネットワークを形成していたのである。

2) 環境のはたらき

このような国家と社会の相互作用の歴史に、生態的・社会的環境も強い影響を及ぼしていた。まず、ランプンもバンテンも、長い海岸線と国家管理の及びにくい国境地帯を持ち、外来者との接点が豊富であった。この点が、早い時期からオランダ東インド会社の支配が浸透したプリアンガンとの違いである。海から閉ざされ、バタヴィアやチレボンなど少数の港とのつながりを限られた陸路を通してしか持たなかったプリアンガンと異なり、ランプンもバンテンも海岸からのアクセスが比較的容易であり、陸路を通じての近隣地域との交通も活発であった。次に、ランプンにおいてもバンテンにおいても、内陸部は人間の生活に有利な土壌や気候に恵まれていた。従来のバンテン史研究はコタ・バンテンを中心とする海岸部にのみ注目し、内陸部を人口希薄で経済の未発達な後背地と捉える傾向が

あった。しかし本書では、胡椒栽培が進展したのも、ポンゴウォの勢力が拡大したのも内陸部であったことを確認した。特にバンテン内陸部は、しばしば旱魃に見舞われ米の一期作しかできない海岸部よりも、比較的冷涼な気候や湧水に恵まれていたために様々な農産物の収穫が可能で、小規模とはいえ多くの集落が存在した。1834年の内陸部の人口が15万8,654人というのは、海岸部人口22万9,023人と比べて決して極端に少なくはない（第8章参照）。それ以前の──実際にはそれ以後も──内陸部における人口把握が困難であったことを考慮すると、内陸部の人口の希薄さは、同時代資料や先行研究において、過度に強調されてきたとも言えよう。内陸部ではスルタンの支配力がそれほど強くなかっただけでなく、生態的豊かさと一定の人口を有していたからこそ、地域有力者や住民が国家の支配をすり抜けて自身の影響力や利益を拡大させる活力を維持できたと言えよう。

　スルタンの支配力がバンテン内陸部でそれほど強くなかったことも、社会的環境要因および王国初期の歴史から説明されよう。スルタンを支えた首都およびその周辺の住民は、中部ジャワからの移民であった。彼らはジャワ語と独自のジャワおよびイスラーム文化を維持し、水田耕作を行った。ところが彼らの文化は、言語と農業技術に関して言えば、首都周辺を越えて内陸へと浸透していくことはほとんどなかった。これは恐らく、移民してきたジャワ人が比較的小規模であったことを意味するであろう。ジャワ移民は水田耕作を行ったが、農耕に適した土壌や気候に恵まれない首都周辺地域では、彼らが大きく人口を増加させ、社会的に強大な集団に発展することはなかった。ジャワ文化はバンテン内陸部で尊重され、ジャワ風の称号などは地域社会で高い価値を持ったけれども、内陸部のスンダ人は生活様式をほとんど変えなかった。彼らは強い強制力が働いた場合を除けば水田耕作を受け入れず、イスラームも緩慢にヒンドゥー的土着宗教と混淆しながらでしか浸透しなかった。こうした状況では、スルタンは地方社会から直接税や労働力を徴収するような強い支配を確立することは困難であっただろう。スルタンは地方社会との融和を試み、既存の有力者を温存し、彼らに権威の象徴を与えることによって体制への協力を求めた。そうした地方有力者は当初は非常に小規模な影響力しか持たなかったが、本書で検討した時期を通じて地理的に広い範囲に強い権力を持つ者も現れた。

　生態環境の変化が経済や政治的出来事に強く影響を与えた例も、幾つか確認さ

れた。一つはバンテン川河口における土砂の堆積である。これがどのような要因で生じたのかは資料から明らかではないが，1780年代半ばに川底が浅くなって一定の大きさ以上の船舶が利用できなくなったことは間違いない。このことは沿岸貿易の終焉を意味し，コタ・バンテンの経済の衰えとスルタンの権力衰退につながっていった。もう一つは，オンメランデンにおける森林の減少である。17世紀からオンメランデンで発展した糖業は，18世紀には森林の過伐採のため西方に移動を余儀なくされた。その結果森林資源を豊富に持つバンテン東部に近接したサダネ川周辺地域が，18世紀後半から糖業の中心となった。糖業の移動は森林伐採権の販売や地代収入によってスルタンに新たな収入源をもたらしたが，その財政の抜本的な改善には至らなかった。しかし糖業は労働者向け必需品の供給などを通じて，地域社会の経済活動の活発化に貢献した。

3）世界史の中のバンテンとランプン

　胡椒生産はオランダ東インド会社によってバンテン内陸部に導入され，生産された胡椒はランプン産のものも含め基本的に会社によって独占購入された。しかしこの事実によって，ランプンやバンテンが「世界経済」――イマニュエル・ウォーラーステインの理解によるならば，ヨーロッパを中心とする経済――に「従属」させられたと捉えるべきではない。第一にこの時期の胡椒栽培は，後の時代のプランテーション栽培で行われたような，耕作者のほぼ全労働を一定の作物生産に投入し，耕作者の必要とする食料や必需品を経営者が独占的に供給する様式とは，全く異なるものであった。胡椒栽培は農民による自給作物栽培と並存して行われ，彼らの生活様式を一変させるものとはならなかった。第二に，胡椒栽培は住民の経済活動の全てとはならず，住民は胡椒を「非公認」の商人に売っただけでなく，コーヒーや森林産物など他の産品も栽培または採集した。彼らはそうした産品の「非公認」ルートでの販売を通じて，公的制度の外における経済活動をむしろ活発化させた。

　ランプンやバンテンの住民がそのような公的制度外の経済活動に熱心になった要因は，その産品が主に中国において（コーヒーは欧米において）強い需要があったためである。第6章で論じたように，中国の経済先進地域には東南アジア産品――錫，胡椒，燕の巣，ナマコなどの海産物，籐などの森林産物など――に対する強い需要が生まれ，それらを確保するためのネットワークが，18世紀半

ばから海域東南アジア一帯に張りめぐらされた。そうしたネットワークにランプンの産品を取り込み，またアヘンをバンテン東部の糖業経営者に届けるために，華人や東南アジアの商人または海賊（時にイギリス商人も）が，ランプン各地やバンテン沖の島々を訪れるようになったのである。こうしてランプンやバンテンは中国－東南アジア貿易ネットワークの一部となったのである。

　中国－東南アジア貿易ネットワークの発展は，より大きな文脈の中に位置づけられる。第6章で述べたように，イギリス人やオランダ人をはじめとするヨーロッパ商人が18世紀にさかんに広州を訪れるようになったのは，北西ヨーロッパで高まる茶の需要を満たすためであった。広州・北西ヨーロッパ間の茶の貿易を促進するために，彼らは中国で需要が高まっていた東南アジア産品を広州に送り始めた。つまり北西ヨーロッパと中国でそれぞれ特定の商品に対する需要が強まっていたことが，中国－東南アジア貿易を促進したと言える。ではなぜ北西ヨーロッパと中国でそうした需要が増大したかというと，それらの地域における消費社会の発展が要因として挙げられよう。シドニー・ミンツとケネス・ポメランツがそれぞれ論じたように，北西ヨーロッパや中国の経済先進地域では，かつての贅沢品であった砂糖や茶，および東南アジア産の食材などが，より広い階層に普及して大量に消費されるようになった[1]。これに従ってこれらの地域では，そうした産品を求めて海外貿易が発展した。こうして茶貿易を通じて北西ヨーロッパと中国南岸がつながり，さらにその大規模な貿易を補完するネットワークが派生して18世紀半ばまでに東南アジアを含む各地に広がった。このように当時の世界経済の二つの核における平行的な発展（ヴィクター・リーバーマンはこれらの地域の歴史の平行を論じていないが）とその結合が，島嶼部東南アジアの各地に影響を及ぼしたのである。ランプンやバンテンの地域社会の人々は中国で消費される産品の採集や輸出を通じて，ますます市場志向化した。このような展開は，世界経済の核からランプンやバンテンまで，グローバルな経済の結合がもたらした世界史的発展だったのである。この結合をもたらしたのは，一部はオランダやイギリスの東インド会社であり，また一部はイギリス人，華人，様々な東南アジアの商人であった。そうした外来者とある時は積極的に協力し，ある時は裏切りながら独自のネットワークを形成したランプンやバンテンの地域有力者や住民は，決して「従属」といった形ではなく，より自発的に世界経済と結びついたのであった。

このようなランプンとバンテンにおける展開は，決して東南アジアで例外的なものであったとは思われない。序章でも述べたように，18 世紀東南アジア地域社会の研究はまだそれほど進んでいない段階であるが，筆者は別稿で 1780-1820 年における西カリマンタンにおける移民と貿易を論じたことがある。筆者はここで，当該時期の西カリマンタンの多くの港には，島嶼部東南アジア各地から来る移民が住み着き，海産物や森林産物の貿易を活発に行ったことを論じた[2]。こうした貿易の発展はまさに，当該地域が中国－東南アジア貿易ネットワークに強く結びついていったことを示している。東南アジア各地に様々な中国向け産品を採集，輸出するためのネットワークが発達したことは，序章で指摘したように，近年エリック・タグリアコッゾをはじめとする多くの研究者が論じており，その国家に対する影響もジェームズ・F. ワレンなどの研究から明らかになっている。こうした貿易ネットワークの発達とその国家への影響に関する研究を見る限り，地域社会もまたそれに対応して流動化・市場志向化していた例は，恐らくランプンやバンテン以外にも多かったと考えられる。少なくとも，序章で挙げた岸本美緒の議論のように，陸に囲まれ外界との接触が特に少なかったプリアンガンを代表例として挙げて，島嶼部東南アジアが動きの少ない社会になっていったと一般化するのは困難と思われる[3]。

4) 近世から近代へ——バンテンおよびランプンにおける 1750-1830 年

本書で取り扱った 1750 年から 1830 年までという時代は，バンテンやランプンの歴史においてどのような意味を持ったと言えるだろうか。本書を通じた議論から，王国期の 1750 年から 1808 年という時代は，特にバンテン地方において，地域住民——有力者や一般農民——がますます国家支配から離脱し，市場志向化し，さらに自身の利益の確保および拡大を図る傾向が強まった時代と結論づけることが可能であろう。ランプンでは，胡椒の栽培に加えて多種多様な海産物や森林産物が採集されるようになり，それらが華人やイギリス人などの，国家非公認の商人に多く販売されるようになった。こうして各地産品を国家に集めるシステムが弱体化し，各地の地域社会が外部の経済ネットワークと接続するようになった。

1808 年に植民地支配が始まっても政府による支配は十分に地方社会に浸透せず，ジャワラの影響力が拡大し，村落首長の権威は弱いままにとどまり，散発的

に反乱が起こされた。これらは植民地時代後期にバンテンを統治困難な州とするバンテンの伝統的要素と考えられたが，いずれも本書で扱った時期に形成されたものであった。こうした要素が形成された要因としては，バンテンの農民が耕地を私的所有していたことや小規模のカンポンが基本的コミュニティを形成していたことなど，近世までに形成された地域の慣例を植民地政府が無視したことが大きかった。こうして1808-30年という時代は，植民地時代後期まで続く，そしてジャワラに関しては現代にも続く，バンテン社会の「伝統」の重要部分が形成された時代であった。

　本書の冒頭で，地域社会が近世から近代へといかに移行したかを十分に明らかにし得ていないことが，バンテンのみならず東南アジア史研究の全般的な課題であると述べた。本書全体で論じたことに基づいてこの点に立ち返るならば，ランプンとバンテンにおいては，住民の市場志向性の高まりと外部経済ネットワークの浸透，そして集権的国家に対する住民の新たな対応など，いわば「下からの変化」が，近世から近代への移行を特徴づけると言えるであろう。当該時代のバンテン王国政府は衰退期にあり，初期の植民地国家は未発達であったが，地域社会は国家の政策や外部経済から与えられる刺激に対応し，強いダイナミズムを示した。もちろん輸出志向経済の発展も移民の活発化も，植民地統治が進行するにつれ，特に1870年頃からいっそう顕著に確かめられるようになる。そのような急速な発展がより後の時代に起きたことは事実であるが，そうした急発展につながる，いわば近代への助走が，本書が検討した移行期に見られたと言えよう。このように，様々な社会集団による外的刺激への対応を分析することによって，「下からの近代化」による，近世から近代への移行を検討するというのが，本書が今後の東南アジアや各地の歴史研究において主張したい視点である。これによって，繁栄の近世前期から停滞の近世後期を経て困窮の植民地期に入るといった歴史観の見直しを，既に行われているような地域間貿易の視点からだけでなく，地域社会の動態のレベルで確かめられるのではないだろうか。

　このような近世から近代への移行に関する理解はまた，バンテンやランプンを今までよりも一貫した歴史像において捉えることを可能にするであろう。周囲で発達する地域間貿易は，西アジア，インド，マルク諸島などとのつながりが重要であった15-17世紀の「商業の時代」から，中国向け産品の貿易が主体となる18世紀の中国市場志向型貿易へと変化した。しかしバンテンやランプンの様々

な社会集団は，これらの時代を通じて一貫して，外部から得られる経済的刺激に敏感に対応していた。植民地体制下に入ると1819年頃に植民地政府に対する反乱が頂点に達し，1820年代後半まで散発的に続いた。このことは地域の慣例を無視した政府の施策に対する住民の不満が完全に解消されていなかったことを意味しており，19世紀後半からバンテンで大規模な反乱が引き起こされる要因となっているとも言えよう。もっともバンテンの多くの住民は1830年頃まで，国家支配の浸透をかわしながら自らの安全と利益を拡大する方策を常に模索していた。これらのことが，藤田英里が論じるような，活発な商品作物生産とバタヴィアへの出稼ぎによって住民が比較的高収入を得ていた1900年前後のバンテンの状況へとつながっていくと言えよう。バンテンおよびランプンでは，本書が取り扱った時代の後間もなく砂糖と胡椒の生産がそれぞれ衰退し，商品作物生産は一時期縮小するのであるが，1900年頃までに少なくともバンテンでは，また商品作物の生産が拡大する時期に入っていた。ジャワの他の地域では，植民地期を通じて政府または民間企業による資本投入を受けた植民地産品の生産と輸出に経済活動が相当程度集約されたが，バンテンでは政府による強制栽培も民間資本による開発もそれほど進展しなかった。このことが，藤田の論じるような，住民が自立的に経済活動を追求し，商品作物栽培や出稼ぎを行っていた展開に強く影響しているであろう。こうしてバンテンでは，本書で取り扱った時代の前後を通じて，住民の市場志向的経済活動が，時期によって伸縮を繰り返しながらも，外部経済とのつながりを保っていたのであった。

注

序　章　東南アジア史におけるバンテン

1) 「商業の時代（Age of Commerce）」はアンソニー・リードが提唱した，東南アジアの1450-1680年頃を指す概念。リードによれば，この時代は貿易の活発化，絶対主義的な国家の発展などによって特徴づけられる。Anthony Reid, *Southeast Asia in the Age of Commerce 1450-1680*, vol. 2: *Expansion and Crisis* (New Heaven and London: Yale University Press, 1993).
2) J. Kathirithamby-Wells, "The age of transition: The mid-eighteenth to the early nineteenth century," in *The Cambridge History of Southeast Asia*, vol. 1: *From early times to c. 1800*, ed. Nicholas Tarling (Cambridge: Cambridge University Press, 1992), pp. 572-619; Robert E. Elson, "International Commerce, the State and Society: Economic and Social Change," in *The Cambridge History of Southeast Asia*, Volume 2, Part 1: *From c. 1800 to the 1930s*, ed. Nicholas Tarling (Cambridge: Cambridge University Press, 1999 [1992]) pp. 127-191.
3) Anthony Reid (ed.), *The Last Stand of Asian Autonomies: Responses to Modernity in the Diverse States of Southeast Asia and Korea, 1750-1900* (Basingstoke and London: Macmillan Press, 1997) および Leonard Blussé and Femme Gaastra (eds.), *On the Eighteenth Century as A Category of Asian History: Van Leur in Retrospect* (Aldershot etc.: Ashgate, 1998) に所収される諸論文を参照されたい。
4) その希少な例外に，大橋厚子『世界システムと地域社会——西ジャワが得たもの失ったもの1700-1830——』（京都大学学術出版会, 2010）がある。
5) 先行研究のヨーロッパ中心史観を最初に，そして最も強烈に批判したのが，第二次世界大戦前に多くの著作を残したオランダ人歴史学者 J. C. ファン・ルールである。彼の著作は戦後に単著としてまとめられ，後の研究者に大きな影響を与えた。J. C. van Leur, *Indonesian Trade and Society: Essays in Asian Social and Economic History* (Dordrecht: Foris, 1983 [1955]).
6) John Smail, "On the Possibility of an Autonomous History of Modern Southeast Asia," *Journal of South-East Asia* 2-2 (1961): 72-102.
7) 港市国家とは，支配者が対外貿易を通じて得られる富，産物，文化などを再分配することによって経済的影響力と政治的権威の基盤を得ている国家を指す。J. カティリタンビー・ウェルズがこれを「port polity（港市政体と訳されることがある）」と呼び，東南アジア史研究上の重要な論点とした。東南アジア国家における貿易港の重要性は早くから指摘されていたが，それまで使われていた「港市国家（port state）」という語を彼女が避けたのは，それによって chiefdom, kingdom, state といった多様な国家を議論に含む目的があったように見える。J. Kathirithamby-Wells, "Introduction: An Overview," in *The Southeast Asian Port and Polity: Rise and Demise*, ed. J. Kathirithamby-Wells and John Villiers (Singapore: Singapore University Press, 1990), p. 2. しかし日本語の「政体」という語が必ずしもこれらのタイプの国家を包括的に含むわけではなく，また国内では港市国家という語が定着していることから，本書もそれに従う。

8) Kristof Glamann, *Dutch-Asiatic Trade 1620-1740* (The Hague : Martinus Nijhoff, 1958).
9) Leonard Blussé, *Strange Company : Chinese Settlers, Mestizo Women and the Dutch in VOC Batavia* (Dordrecht etc. : Foris, 1986).
10) Anthony Reid, *Southeast Asia in the Age of Commerce 1450-1680*, 2 vols. (New Haven and London : Yale University Press, 1988-93).
11) Anthony Reid, "A new phase of Commercial Expansion in Southeast Asia, 1760-1850," in *The Last Stand of Asian Autonomies : Responses to Modernity in the Diverse States of Southeast Asia and Korea, 1750-1900*, ed. Anthony Reid (Basingstoke and London : Macmillan Press, 1997), p. 57.
12) デイヴィッド・K. ワヤットは，『ケンブリッジ東南アジア史』のようなスタンダードな概説書に，18世紀東南アジアを「危機」,「失敗」,「政治的分断」といった否定的価値を含む語を用いて叙述する傾向があると指摘している。David K. Wyatt, "The Eighteenth Century in Southeast Asia," in *On the Eighteenth Century as A Category of Asian History : Van Leur in Retrospect*, ed. Leonard Blussé and Femme Gaastra (Aldershot etc. : Ashgate, 1998), p. 40 ; *The Cambridge History of Southeast Asia*, ed. Nicholas Tarling, 2 vols. (Cambridge etc. : Cambridge University Press, 1992).
13) こうした傾向は東南アジアの多くの国に見られるが，特にインドネシアにはそれが強いように思われる。そうした先行研究は，M. C. Ricklefs, *A History of Modern Indonesia since c 1200*, 4th ed. (Basingstoke and New York : Palgrave Macmillan, 2008) が広く紹介している。
14) M. A. P. Meilink-Roelofsz, *Asian Trade and European Influence in the Indonesian Archipelago between 1500 and about 1630* (The Hague : Martinus Nijhof, 1962) ; Freek Colombijn, "Foreign Influence on the State of Banten, 1596-1682," *Indonesian Circle* 50 (1987) : 19-50 ; Freek Colombijn, "De Vroege Staat Banten in de Zeventiende Eeuw," *Antropologische Verkenningen* 8-3 (1989) : 1-20 ; J. Kathirithamby-Wells, "Banten : A West Indonesian Port and Polity during the Sixteenth and Seventeenth Centuries," in *The Southeast Asian Port and Polity : Rise and Demise*, ed. J. Kathirithamby-Wells and John Villiers (Singapore : Singapore University Press, 1990), pp. 107-125 ; Reid, *Southeast Asia in the Age of Commerce* ; Claude Guillot, *The Sultanate of Banten* (Jakarta : Gramedia, 1990).
15) Johan Talens, *Een feodale samenleving in koloniaal vaarwater : Staatvorming, koloniale expansie en economische onderontwikkeling in Banten, West-Java 1600-1750* (Hilversum : Verloren, 1999).
16) R. E. Elson, *Village Java under the Cultivation System, 1830-1870* (Sydney : Allen and Urwin, 1994).
17) Tbg. Roesjan, *Sedjarah Banten* (Jakarta : Arief, [1954]) ; Halwany Michrob and A. Mudjahid Chudari, *Catatan masalalu Banten* (Serang : Saudara, 1993 [1989]) ; Halwany Michrob, *Sejarah Perkembangan Arsitektur Kota Islam Banten : Seatu Kajian Arsitektural Kota Lama Banten Menjelang Abad XVI sampai dengan Abad XX* (Jakarta : Yayasan Baluwarti, 1993).
18) ムルタトゥーリ（佐藤弘幸訳）『マックス・ハーフェラール——もしくはオランダ商事会社のコーヒー競売』（めこん，2003），p. 476. 原著は Multatuli, *Max Havelaar, of de koffij-veilingen der Nederlandsche-Handel Maatschappij* (Amsterdam : De Ruyter, 1860).

デッケルは 1856 年 1 月から 3 月まで，実際にバンテンで官吏として勤務した。
19) Sartono Kartodirdjo, *The Peasants' Revolt of Banten in 1888 : Its Conditions, Course and Sequel, a Case Study of Social Movements in Indonesia* (The Hague : Martinus Nijhoff, 1966) ; Michael Williams, *Communism, Religion, and Revolt in Banten* (Athens : Ohio University Centre for International Studies, 1990).
20) Fujita Eri, "Why Could Colonial Banten Send So Many Hajis? : Reexaminaiton of the "Impoverished" Society," *Hiroshima Interdisciplinary Studies in the Humanities* 8 (2009) : 1-23.
21) Reid, *The Last Stand of Asian Autonomies* ; Blussé and Gaastra, *On the Eighteenth Century as A Category of Asian History*.
22) Anthony Reid, "Introduction," in *The Last Stand of Asian Autonomies : Responses to Modernity in the Diverse States of Southeast Asia and Korea, 1750-1900*, ed. Anthony Reid (Basingstoke and London : Macmillan Press, 1997), pp. 10-11, 21 ; Reid, "A New Phase of Commercial Expansion," pp. 61-62, 70-71.
23) Leonard Blussé and Femme Gaastra, "Introduction" ; J. Kathirithamby-Wells, "The Long Eighteenth Century and the New Age of Commerce in the Melaka Straits" ; Mason C. Hoadley, "Periodization, Institutional Change and Eighteenth-century Java" ; Dhiravat Na Pombejra, "Princes, Pretenders, and the Chinese Phrakhlang : An Analysis of the Dutch Evidence Concerning Siamese Court Politics, 1699-1734," すべて Leonard Blussé and Femme Gaastra (eds.), *On the Eighteenth Century as A Category of Asian History : Van Leur in Retrospect* (Aldershot etc. : Ashgate, 1998) に所収。
24) Eric Tagliacozzo, "A necklace of fins : marine goods trading in maritime Southeast Asia, 1780-1860," *International Journal of Asian Studies* 1-1 (2004) : 23-48 ; Eric Tagliacozzo, "Onto the coasts and into the forests : Ramifications of the China trade on the ecological history of northwest Borneo, 900-1900 CE," *Histories of the Borneo Environment : Economic, Political and Social Dimensions of Change and Continuity*, ed. Reed L. Wadley (Leiden : KITLV Press, 2005) ; Roderich Ptak (ed.), *China's Seaborne Trade with South and Southeast Asia (1200-1750)* (Abingdon : Variorum, 1999) ; Wang Gungwu and Ng Chin-keong (eds.), *Maritime China in Transition 1750-1850* (Wiesbaden : Harrassowitz, 2004) ; Eric Tagliacozzo and Wen-chin Chang, *Chinese Circulations : Capital, Commodities, and Networks in Southeast Asia* (Durham : Duke University Press, 2011).
25) James Francis Warren, *The Sulu Zone, 1768-1898 : The Dynamics of External Trade, Slavery, and Ethnicity in the Transformation of a Southeast Asian Maritime State* (Singapore : Singapore University Press, 1981) ; James Francis Warren, *Iranun and Balangingi : Globalization, Maritime Raiding and the Birth of Ethnicity* (Singapore : Singapore University Press, 2002) ; Reinout Vos, *Gentle Janus, Merchant Prince : the VOC and the Tightrope of Diplomacy in the Malay World, 1740-1800* (Leiden : KITLV Press, 1993) ; Timothy P. Barnard, *Multiple Centres of Authority : Society and Environment in Siak and Eastern Sumatra, 1674-1827* (Leiden : KITLV Press, 2003).
26) 八百啓介『近世オランダ貿易と鎖国』（吉川弘文館，1998）; Els M. Jacobs, *Merchant in Asia : The Trade of the Dutch East India Company during the Eighteenth Century* (Leiden : CNWS, 2006) ; Ryuto Shiamda, *The Intra-Asian Trade in Japanese Copper by the Dutch East*

India Company during the Eighteenth Century (Leiden and Boston : Brill, 2006).
27) Victor Lieberman, *Strange Parallels : Southeast Asia in Global Context, c. 800-1830*, vol. 2 : *Mainland Mirrors : Europe, Japan, China, South Asia, and the Islands* (Cambridge etc. : Cambridge University Press, 2009), pp. 858-874.
28) リックレフスは，これらの現象の理由として，二つの宮廷の間の複雑な司法制度がより正確で徹底した形式的規定を必要としたこと，また国家が平和的に分裂したことにより，政権に対し不満を抱く有力者が他の保護者を求めたりあるいは反乱を起こしたりすることが困難になったことを挙げている。M. C. Ricklefs, *Jogjakarta under Sultan Mangkubumi 1749-1792 : A History of the Division of Java* (London : Oxford University Press, 1974), pp. 418-422.
29) ここでの「植民地的」という概念は，エルソンに従って「成功したかどうかに関わらず，ある地方社会を支配しそれを搾取の目的のために最も有効な形態へ変容させようとする試み」に関わるものと定義する。Elson, *Village Java under the Cultivation System*, p. 32.
30) 大橋『世界システムと地域社会』，p. 444。
31) Mason C. Hoadley, *Selective Judicial Competence : The Cirebon-Priangan Legal Administration, 1680-1792* (Ithaca : Cornell Southeast Asia Program, 1994), pp. 124-125, 146-147.
32) Mason C. Hoadley, "Periodization, Institutional Change, and Eighteenth-century Java," in *On the Eighteenth Century as A Category of Asian History : Van Leur in Retrospect*, ed. Leonard Blussé and Femme Gaastra (Aldershot etc. : Ashgate, 1998), pp. 86-101.
33) 大橋『世界システムと地域社会』，p. 437 ; Mason C. Hoadley, *Towards a Feudal Mode of Production : West Java, 1680-1800* (Singapore : Institute of Southeast Asian Studies, 1994), pp. 188-190.
34) 前近代東南アジア国家に関する研究については G. Carter Bentley, "Indigenous states of Southeast Asia," *Annual Review of Anthropology* 15 (1986) : 275-305 および Tony Day, *Fluid Iron : State Formation in Southeast Asia* (Honolulu : Hawai'i University Press, 2002) が詳述している。植民地期村落の変容に関する膨大な研究蓄積に関しては，加納啓良「共同体の思想―ジャワ村落の系譜―」土屋健治編『講座東南アジア学6　東南アジアの思想』(弘文堂，1990) が詳しい。前近代東南アジア国家とジャワ村落の問題は，本書でも本章第3節と第2章第2節でそれぞれ取り扱う。
35) 岸本美緒「東アジア・東南アジア伝統社会の形成」樺山紘一他編『岩波講座世界史13 東アジア・東南アジア伝統社会の形成，16-18世紀』(岩波書店，1998)，p. 59。
36) 太田淳「18世紀の東南アジアと世界経済」桃木至朗編『海域アジア史入門』(岩波書店，2008), pp. 148-158 ; Ota Atsushi, "Toward Cities, Seas, and Jungles : Migration in the Malay Archipelago, c. 1750-1850," in *Globalising Migration History : The Eurasian Experience (16th-21st century)*, ed. Jan Lucassen and Leo Lucassen (Leiden and Boston : Brill, 2014), pp. 180-214.
37) 大橋もまたプリアンガンが，輸送，生活必需品供給および便宜供与を通じた住民管理が，ジャワ島の中では飛び抜けて容易な地域であったと述べる。大橋『世界システムと地域社会』，p. 439。
38) フェルナン・ブローデル (浜名優美訳)『地中海I　環境の役割』(藤原書店，2004), pp. 21-23。石井米雄は，このような三層構造の歴史理解を東南アジア史でも試みるこ

との意義について指摘している。石井米雄「東南アジア史と『地中海』」，前掲書，pp. 645-654。

39) Mary F. Somers Heidhues, *Bangka Tin and Mentok Pepper : Chinese Settlement on an Indonesian Island* (Singapore : Institute of Southeast Asian Studies, 1992); Mary F. Somers Heidhues, *Golddiggers, Farmers, and Traders in the "Chinese Districts" of West Kalimantan, Indonesia* (Ithaca : Southeast Asia Program Publications, Cornell University, 2003).

40) David Henley, "Conflict, Justice, and the Stranger-King : Indigenous Roots of Colonial Rule in Indonesia and Elsewhere," *Modern Asian Studies* 38-1 (2004): 85-144.

41) ワレンによれば衰退説の典型は，マレー海域における海賊と海賊鎮圧活動を詳論し，マレー海賊の問題に関して今も最も引用されるニコラス・ターリングの研究である。敵対説を代表するのが，スールー海賊の研究においてはナジーブ・M. サリービーとセサル・マジュルとされる。Warren, *The Sulu Zone*, pp. xiv-xv ; Nicholas Tarling, *Piracy and Politics in the Malay World* (Melbourne etc. : Cheshire, 1963) ; Najeeb M. Saleeby, *The History of Sulu* (Manila : Filipiniana Book Guild, 1963 [1908]) ; Cesar Majul, *Muslims in the Philippines : Past, Present and Future Prospects* (Manila : Convislam, 1971).

42) Warren, *The Sulu Zone*, pp. xv-xvi ; Warren, *Iranun and Balangingi*, p. 401.

43) Tagliacozzo, "A necklace of fins," pp. 43-44.

44) I. ウォーラーステイン（川北稔訳）『近代世界システム』全 4 巻（名古屋大学出版会，2013）。

45) アンドレ＝グンダー・フランク（山下範久訳）『リオリエント──アジア時代のグローバル・エコノミー──』（藤原書店，2000 [1998]）。

46) Kenneth Pomeranz, *The Great Divergence : China, Europe, and the Making of the Modern World Economy* (Princeton : Princeton University Press, 2000).

47) François Valentyn, *Oud en nieuw Oost-Indiën* [...] (Franeker : Van Wijnen, 2002 [1724-26]), vol. 4-A, pp. 216-228 ; J. de Rovere van Breugel, "Beschrijving van het Koninkrijk Bantam," *BKI* new series 1 (1856): 317-319.

48) Thomas Stamford Raffles, *The History of Java* (London : Black, Parbury, and Allen etc., 1817), vol. 2, pp. 241-243 ; John Crawfurd, *History of the Indian Archipelago : Containing an Account of the Manners, Arts, Languages, Religions, Institutions, and Commerce of Its Inhabitants* (London : Frank Cass and New York : Augustus M. Kelley, 1968 [1820]), vol. 2, pp. 315-316, 420-421.

49) P. P. Roorda van Eysinga, *Handboek der land- en volkenkunde, geschied-, taal-, aardrijks- en staatkunde van Nederlandsch Indië* (Amsterdam : L. van Bakkenes, 1842), Volume 3, Part 2, pp. 307-313 ; J. Hageman, *Handleiding tot de Kennis der Geschiedenis, Aardrijkskunde, Fabelleer en Tijdrekenkunde van Java* (Batavia : Lange, 1852), vol. 1, pp. 160, 213-215 ; J. Hageman, "Geschied- en aardrijkskundig overzigt van Java, op het einde der achttiende eeuw," *Tijdschrift voor Indische Taal-, Land- en Volkenkunde* 9 (1860): 394-396 ; J. Hageman, "Geschiedenis der Soenda-landen," *TBG* 16 (1867): 213-240, 17 (1869): 198-204, 246-247.

50) その嚆矢となったのが，オランダ人の東インド（インドネシア諸島）進出に関する資料を収集・出版した J. K. J. デ・ヨンゲによる資料集である。J. K. J. de Jonge (ed.), *De Opkomst van het Nederlandsche gezag in Oost-Indië : Verzameling van onuitgegeven stukken*

uit het Oud-Koloniaal Archief [東インドにおけるオランダ権力の到来], 18 vols (Amsterdam and The Hague: Martinus Nijhoff, 1862-1888). これに続いて出された資料集には以下のものがある。Bataviaasch Genootschap van Kunsten en Wetenschappen (ed.), *Realia: register op de generale resolutien van het Kasteel Batavia, 1632-1805* [オランダ東インド会社バタヴィア政庁における一般決議集], 3 vols (Leiden: Gualth. Kolff, 1882-1886); J. A. van der Chijs (ed.), *Nederlandsch-Indisch plakaatboek, 1502-1811* [蘭領東インド政庁政令集], 17 vols (The Hague: Martinus Nijhoff, 1885-1900); Departement van Koloniën (ed.), *Dagh-register gehouden int Casteel Batavia* [...] [バタヴィア城日誌], 32 vols (The Hague: Martinus Nijhoff and Batavia: Landsdrukkerij, 1887-1931); J. E. Heeres (ed., vols. 1-3) and F. W. Stapel (ed., vols. 4-6), *Corpus Diplomaticum Neerlando Indicum* [...] [東インド条約集] (The Hague: Martinus Nijhoff, 1907-55); F. de Haan, *Priangan. De Preanger-regentschappen onder het Nederlandsch Bestuur tot 1811* [プリアンガン: 1811年までのオランダ支配下のプリアンゲル-レヘント統治地域] (Batavia: G. Kolff, 1910-12); H. T. Colenbrander and W. Ph. Coolhaas (ed.), *Jan Pietersz Coen: Bescheiden omtrent zijn bedrijf in Indië* [ヤン・ピーテルスゾーン・クーン書簡集], 7 vols (The Hague: Martinus Nijhoff, 1919-53); W. Ph. Coolhaas (ed., vols. 1-8), J. van Goor (ed., vol. 9), J. E. Schoonveld-Oosterling (ed., vol. 10-11), and H. K, S'Jacob (ed. vol. 12), *Generale Missiven van Gouverneurs-Generaal en Raden aan Heren XVII der Verenigde Oostindische Compagnie* [オランダ東インド会社一般政務報告] (The Hague: Martinus Nijhoff, 1960-2007).

51) P. J. Veth, *Java, Geographisch, Ethnologisch, Historisch* (Haarlem: De Erven F. Bohn, 1898 [1878]); M. L. van Deventer, *Geschiedenis der Nederlanders op Java* (Haarlem: H. D. Tjeenk Willink, 1886-87); E. B. Kielstra, "Het Bantamsch Sultanaat," *Onze Eeuw: Maandschrift voor Staatkunde, Letteren, Wetenschap en Kunst* 16-4 (1916): 84-105; H. T. Colenbrander, *Koloniale Geschiedenis* (The Hague: Martinus Nijhoff, 1925); E. S. de Klerck, *History of the Netherlands East Indies* (Rotterdam: W. L. & J. Brusse, 1938). またデ・ヨンゲの資料集でも各巻の冒頭で当該時期の蘭領東インドの概況が説明され，バンテンについても一定量の記述がなされた。

52) De Jonge, *De opkomst van het Nederlandsche gezag in Oost-Indië*, vol. 8, p. liii, vol. 10, p. xlii; Veth, *Java*, vol. 2, pp. 89-90, 130-132; Deventer, *Geschiedenis der Nederlanders op Java*, vol. 2, pp. 154-155; Kielstra, "Het Bantamsch Sultanaat," pp. 97-98; De Klerck, *History of the Netherlands East Indies*, vol. 1, pp. 380-381.

53) De Jonge, *De opkomst van het Nederlandsche gezag in Oost-Indië*, vol. 11, pp. xxxix-xl, vol. 12, pp. xxii-xxiii, xxix; Veth, *Java*, vol. 2, pp. 218-224; De Klerck, *History of the Netherlands East Indies*, vol. 2, p. 2.

54) De Jonge, *De Opkomst van het Nederlandsche gezag in Oost-Indië*, vol. 11, pp. xxxix-xl, vol. 12, pp. xxii-xxiii, xxix; Veth, *Java*, vol. 2, p. 2; Deventer, *Geschiedenis der Nederlanders op Java*, vol. 2, p. 313; Kielstra, "Het Bantamsch Sultanaat," pp. 100-102; Colenbrander, *Koloniale Geschiedenis*, vol. 2, pp. 273, 286.

55) De Jonge, *De opkomst van het Nederlandsche gezag in Oost-Indië*, vol. 13, pp. xcv-cv; Veth, *Java*, vol. 2, pp. 265-269; Kielstra, "Het Bantamsch Sultanaat," pp. 102-105; Colenbrander,

Koloniale Geschiedenis, vol. 2, p. 274 ; De Klerck, *History of the Netherlands East Indies*, vol. 2, pp. 15-17, 44, 108.

56) オランダによるバンテン支配に批判的であったオランダ人研究者に, E. B. キールストラと H. M. フレッケが挙げられる。キールストラは, オランダ東インド会社はスルタンと胡椒生産者に対して過酷な政策を行い, 「バンテンは会社の犠牲者」となったと述べた。フレッケは, オランダ以外のヨーロッパ人を追放した 1684 年の条約が, スルタンと有力者から胡椒貿易に関わる収入源を奪ったとして, 「バンテンは (会社に) ひどく苦しめられた」と論じた。Kielstra, "Het Bantamsch sultanaat," p. 102 ; H. M. Vlekke, *Nusantara : A History of the East Indian Archipelago* (Cambridge : Harvard University Press, 1945 [1943]), pp. 200-201.

57) H. D. Canne, "Bijdrage tot de geschiedenis der Lampongs," *TBG* 11 (1862) : 516-518 ; I. H. R. Köhler, "Bijdrage tot de Kennis der Geschiedenis van de Lampongs," *TNI* new series 3-2 (1874) : 125-126 ; I. H. R. Köhler, "Bijdrage tot de kennis der Lampongs," *TBB* 50 (1916) : 8-9 ; E. B. Kielstra, "De Lampongs," *Onze Eeuw : Maandschrift voor Staatkunde, Letteren, Wetenschap en Kunst* 15-2 (1915) : 246-247 ; R. Broersma, *De Lampongsche districten* (Batavia : Javasche Boekhandel, 1916), pp. 24-30.

58) P. H. van der Kemp, "Raffles' bezetting van de Lampongs in 1818," *BKI* 6th series 6 (1899) : 1-37 ; C. A. H. Kühr, "Eene Proclamatie van Sir Thomas Raffles aan de Margahoofden der Lampongsche Districten," *BKI* 4th series 3 (1911) : 330-336 ; Canne, "Bijdrage tot de geschiedenis der Lampongs," pp. 518-521 ; Köhler, "Bijdrage tot de Kennis der Geschiedenis," pp. 126-150 ; Köhler, "Bijdrage tot de kennis der Lampongs," pp. 9-35 ; Anonymous, "Raden Intan. Bijdrage tot de Kennis der Geschiedenis van de Lampongs," *TNI* new series 4-1 (1875) : 165-180 ; Kielstra, "De Lampongs," pp. 248-256 ; Broersma, *De Lampongsche districten*, pp. 30-37 ; P. H. van der Kemp, *Het Nederlandsch-Indisch bestuur van 1817 op 1818 over de Molukken, Sumatra, Banka, Billition en de Lampongs* (The Hague : Martinus Nijhoff, 1917), pp. 314-334.

59) バンテンの歴史に関して当時利用可能であった刊行資料には, 先述の刊行資料集の他に, P. J. B. C. ロビーデ・ファン・デル・アーが自著に資料として付け加えた 3 点の東インド会社文書, さらにダーンデルスの統治期 (1808-11 年) に関する資料集などがあるが, いずれも宮廷政治, オランダの軍事行動, およびスルタンとオランダ当局者との政治的折衝に関する資料を重点的に取り上げている。P. J. B. C. Robidé van der Aa, "De groote Bantamsche opstand in het midden der vorige eeuw [...]," *BKI* 4th series 5 (1881) : 1-127 ; Herman Willem Daendels, *Staat der Nederlandsche Oostindische bezittingen, onder het bestuur van den gouverneur-generaal Herman Willem Daendels,* [...] (Amsterdam : Gebroeders van Cleef and The Hague : H. van Tee, 1814)。先述のオランダ東インド会社職員ドゥ・ローフェレ・ファン・ブリューヘルは 1780 年頃のバンテン王国の社会経済的側面に関して貴重な情報を残したが, 1850 年代に刊行された彼の 2 本の報告書は植民地期の歴史研究において十分活用されることはなかった。J. D. R. V. B. (J. de Rovere van Breugel), "Bedenkingen over den Staat van Bantam," *BKI* new series 1 (1856) : 107-170 ; De Rovere van Breugel, "Beschrijving van het Koninkrijk Bantam."

60) Captain Jackson, "Course of the Toolang Bawang River on the Eastern coast of Sumatra [...]," *Malayan Miscellanies* 2 (1822) : 1-9 ; J. A. Du Bois, "De Lampongsche Distrikten op het

Eiland Sumatra," *TNI* 14 (1852): 245–275, 309–333; J. A. Du Bois, "De Lampong's," *TNI* 18 (1856): 547–574, 19 (1857): 1–49, 89–115; T [J. H. Tobias], "De Lampong," *Tijdschrift voor Koophandel, Zeevaart, Nijverheid, Wetenschap en Kunst* 5–7 (1830): 1–44; E. Francis, *Herinneringen uit mijn Dienst-Tijd in Nederlandsch Indië* (Leiden: n. p., 1864). 刊行されたバタヴィア城日誌もまた，1682年にランプンを訪れた3人のオランダ商人による報告を掲載している。Departement van Koloniën, *Dagh-register* 1682-I, pp. 777–780; 1682-II, pp. 1045–1061, 1371–1373.

61) Robidé van der Aa, "De groote Bantamsche opstand," p. 41; N. Mac Leod, "De Onderwerping van Bantam 1667–1684," *Indische Gids* 23-I (1901): 500.

62) Hoesein Djajadiningrat, *Critische Beschouwing van de Sadjarah Banten : Bijdrage ter kenschetsing van de Javaanse geschiedschrijving* (Haarlem : Joh. Enschede en Zonen, 1913).

63) J. J. Meinsma, "Eene proklamatie van een Sultan van Bantam," *BKI* 3rd series 8 (1873): 152–157; H. N. van der Tuuk, "Naar aanleiding van eene proclamatie van den Sultan van Bantam," *TBG* 23 (1876): 134–139; H. N. van der Tuuk, "Lampongsche pijagem's," *TBG* 29 (1884): 191–207; H. C. Humme, "Javaansche Inscriptiën," *BKI* 4th series 8 (1884): 1–17; J. L. A. Brandes, "Nog eenige Javaansche piagem's uit het mohammedaansche tijdvak, afkomstig van Mataram, Banten en Palembang," *TBG* 32 (1889): 557–601, 34 (1891): 605–623, 35 (1892): 110–126, 37 (1894): 119–126, 42 (1900): 131–134, 491–507; G. A. J. Hazeu, "Een Beschreven Koperen Plaat uit de Lampongs," *TBG* 48 (1905): 1–12; Theodore G. Th. Pigeaud, "Afkondigingen van Bantamsche Soeltans voor Lampoeng," *Djawa* 9 (1929): 123–159.

64) ランプンにおける膨大な数の民族誌とその分析研究に関する詳細については，鈴木恒之，「バンテン王国支配下におけるランポン地方社会の変容」『東南アジア—歴史と文化—』5 (1975): 95–121; および Jeff Kingston, "Securing Sumatra's Pepper Periphery: Resistance and Pacification in Lampung during the 18th and 19th Centuries,"『東南アジア—歴史と文化—』19 (1990): 77–104 を参照。

65) 戦後間もない時期におけるオランダ人歴史学者によるバンテンの歴史叙述は，先述の三つの出来事に集中し，それ以外のことにはあまり触れていない。そのような叙述は，H. J. de Graaf, *Geschiedenis van Indonesië* (The Hague and Bandung : W. van Hoeve, 1949), pp. 227–232, 269–271, 375–376; G. Gonggrijp, *Schets ener economische geschiedenis van Indonesië* (Haarlem : De Erven F. Bohn N. V., 1957 [1949]), p. 43 に見られる。

66) G. W. J. Drewes (ed.), *De Biografie van een Minangkabausen Peperhandelaar in de Lampongs : naar een Maleis handschrift in de Marsden-collection te Londen* (The Hague : Martinus Nijhoff, 1961), pp. 13–14; D. H. Burger, *Sociologische-economische geschiedenis van Indonesië* (Wageningen etc. : Landbouwhogeschool Wageningen etc., 1975), vol. 1, p. 29.

67) Sanoesi Pané, *Sedjarah Indonesia* (Jakarta : Balai Poestaka [Gunseikanbu Kokumin Tosyokyoku], 1946 [1945]), vol. 2, pp. 78–87, vol. 3, pp. 10–12.

68) Uka Tjandrasasmita (ed.), *Sejarah Nasional Indonesia*, vol. 3 : *Jaman Pertumbuhan dan Perkembangan kerajaan-kerajaan Islam di Indonesia* (Jakarta : Balai Pustaka, 1993 [1984]), pp. 64–71; R. Z. Leirissa (ed.), *Sejarah Nasional Indonesia*, vol. 4 : *Nusantara di Abad ke-18 dan ke-19* (Jakarta : Balai Pustaka, 1993 [1984]), pp. 1–25.

69) Tbg. Roesjan, *Sedjarah Banten*; Hasan Muarif Ambary, *The Establishment of Islamic Rule in*

Jayakarta : Aspects of Indonesian Archaeology（Jakarta : The National Archaeological Research Center, 1975）; Michrob and Chudari, *Catatan Masalalu Banten* ; Michrob, *Sejarah Perkembangan Arsitektur Kota Islam Banten* ; Halwany Michrob (ed.), *Catatan Sejarah dan Arkeologi : Eksport-Import di Zaman Kesultanan Banten* (Serang : Kamar Dagang dan Industri Daerah, 1993); Halwany Michrob, "Historical Reconstruction and Modern Development of the Islamic City of Banten Indonesia" (Ph. D. dissertation, Chiba University, 1998); Heriyanti Ongkodharma Untoro, "Perdagangan di Kesultanan Banten (1552-1684) : Kajian Arkeologi-ekonomi" (Ph. D. Dissertation, Universitas Indonesia, 1998). 正統性が疑問視される現地語資料に関しては、巻末資料1参照。また歴史叙述において問題が認められる考古学者も、彼らの専門である考古学研究においては発掘調査に基づく優れた研究を残していることを補っておきたい。他にも多くの考古学者がバンテン史の解明に貢献している。Mundardjito, Hasan Muarif Ambary, and Hasan Djafar (eds.), *Berita Penelitian Arkeologi 18* (1978) : *Laporan Penelitian Arkeologi Banten 1976* (Jakarta : Pusat Penelitian Purbakala dan Peninggalan Nasional, 1978); Hasan M. Ambary, Halwani Michrob, and J. Miksic (eds.), *Katalogus Koleksi Data Arkeologi Banten* (Jakarta : Direktorat Perlindungan dan Pembinaan Peninggalan Sejarah dan Purbakala, 1988); Claude Guillot, Lukman Nurhakim, and Sonny Wibisono, *Banten avant l'Islam : Étude archéologique de Banten Girang (Java-Indonésie) 932?-1526* (Paris : École Française d'Extrême-Orient, 1994).

70) Nina Herlina Lubis, *Banten dalam Pergumulan Sejarah : Sultan, Ulama, Jawara* (Jakarta : Pustaka LP3ES Indonesia, 2004), pp. 70-81, 92-98.

71) Departemen Pendidikan dan Kebudayaan, Kantor Wilayah Propinsi Lampung (ed.), *Sejarah Daerah Lampung* (n. p., 1997/1998), pp. 69-71.

72) Jusuf Badri, *Raden Intan : Jatidiri Kepahlawanan Orang Lampung* (Jakarta : Pustaka Ilmu Abadi, 2002); Departemen Pendidikan dan Kebudayaan, *Sejarah Daerah Lampung*.

73) 山口裕子『歴史語りの人類学——複数の過去を生きるインドネシア東部の小地域社会——』（世界思想社、2011）, pp. 247-249。

74) 植民地期にも既にバンテンの貿易に関しての研究は行われていたが、それらは近世東南アジアにおける伝統的貿易習慣とバンテン貿易との関連を強調する傾向があった。S. E. Harthoorn, "De Bantamsche staat en handel," *De Indische Gids* 12 (1890) : 1306-1321; B. Schrieke, *Indonesian Sociological Studies* (The Hague and Bandung : W. van Hoeve, 1955-57 [原本のオランダ語論文が書かれたのは1925年]), vol. 1, pp. 3-82; Van Leur, *Indonesian Trade and Society*, pp. 157-245.

75) Meilink-Roelofsz., *Asian Trade and European Influence in the Indonesian Archipelago*, pp. 239-258.

76) ブリュッセは、ヨーロッパ人の到来が17世紀バンテンにおけるジャンク貿易と現地華人の役割を増大させたと論じた。カティリタンビー＝ウェルズは、オランダが貿易において王国に挑戦を試みたことが、17世紀バンテンにおける経済成長と権力集中をもたらしたと論じた。Leonard Blussé, "Western Impact on Chinese Communities in Western Java at the Beginning of the Seventeenth Century,"『南方文化』2 (1975) : 38-46; J. Kathirithamby-Wells, "Royal Authority and the Orang Kaya in the Western Archipelago, Circa 1500-1800," *Journal of Southeast Asian Studies* 17-2 (1986) : 265-266; J. Kathirithamby-Wells, "Forces of Regional and State Integration in the Western Archipelago, c. 1500-1700,"

Journal of Southeast Asian Studies 18-1 (1987): 28-32, 35-40.
77) Kenneth R. Hall, *Maritime Trade and State Development in Early Southeast Asia* (Honolulu : University of Hawaii Press, 1982).
78) コロンバインは，ホールが「河川海岸国家 (riverine coastal state)」と「内陸水田耕作国家 (inland wet-rice state)」という二つの国家モデルを提起したのを受け，前者の典型例としてバンテンを取り上げた。コロンバインによれば，バンテン国家はオランダ東インド会社との競合を契機とし，中国人，イギリス人など胡椒を求める商人たちの助力を得て，国家行政組織を強化した。カティリタンビー=ウェルズは，バンテン支配者の権力は，貢納と商業的協定よりも商品作物生産の支配に基盤を置く商業国家であったと論じた。Colombijn, "Foreign Influence on the State of Banten," pp. 19-50 ; Kathirithamby-Wells, "Banten," p. 120.
79) Guillot, *The Sultanate of Banten* ; Claude Guillot, "Libre entreprise contre économie dirigée : guerres civiles à Banten, 1580-1609," *Archipel* 43 (1992) : 57-72 ; Reid, *Southeast Asia in the Age of Commerce*, vol. 2.
80) Uka Tjandrasasmita, *Sultan Ageng Tirtayasa* (Jakarta : Departmen Pendidikan dan Kebudayaan, 1981) ; Claude Guillot, "La politique vivrière de Sultan Agung (1651-1682)," *Archipel* 50 (1995) : 83-118.
81) Meilink-Roelofsz., *Asian Trade and European Influence*, pp. 247, 250.
82) 同様の研究関心を持つ著作にさらに以下のものもある。Freek Colombijn, "Bronnen voor het zeventiende-eeuwse Banten," *Jambatan : Tijdschrift voor Indonesische geschiedenis* 6 (1988) : 115-126 ; Freek Colombijn, "De Vroege Staat Banten in de Zeventiende Eeuw," *Antropologische Verkenningen* 8-3 (1989) : 1-20 ; Freek Colombijn, "De Westeuropese invloed op Banten in de zeventiende eeuw : een studie op het raakvlak van geschiedenis en culturele antropologie," in *Kolonisatie en staatsvorming buiten Europa*, ed. H. J. M. Claessen, A. H. Huussen jr., and E. Ch. L. van der Vliet (Groningen : Egbert Forsten, 1993) ; Claude Guillot, "Le difficile équilibre ambition politique et développement économique : Guerre et paix à Banten (XVIème-XVIIème S.)," in *Guerre et paix en Asie du sud-est*, ed. Nguyên Thê Anh and Alian Forest (Paris : L'Harmattan, 1998).
83) Guillot, *The Sultanate of Banten*, p. 53.
84) 岩生成一「下港 (Bantam) の支那町について」『東洋学報』31-4 (1949) : 24-55。都市史の観点からは，17世紀末のバンテンの都市機能を検討したギヨーの論考も興味深い。Claude Guillot, "Banten in 1678," *Indonesia* 57 (1993 [1989]) : 89-113.
85) Johan Talens, "Ritual power : the installation of a king in Banten, West Java, in 1691," *BKI* 149 (1993) : 333-355 ; Johan Talens, "Het sultanaat Banten en de VOC, circa 1680-1720 : Nieuwe tijden, nieuwe verhoudingen," in *Hof en Handel : Aziatische vorsten en de VOC 1620-1720, opgedragen aan Jurrien van Goor*, ed. Elsbeth Locher-Schoten and Peter Rietbergen (Leiden : KITLV Press, 2004), pp. 113-138.
86) 坂井隆『港市国家バンテンと陶磁貿易』(同成社, 2002)。
87) Denys Lombard, *Nusa Jawa : Silang Budaya Kajian Sejarah Terpadu* (Jakarta : PT Gramedia Pustaka Utama, 2000, translation from *Le carrefour Javanais : essai d'histoire globale*, Paris : École des Hautes Études en Sciences Sociales, 1990) ; Johan Splinter Stavorinus, *Reize van Zeeland over de Kaap de Goede Hoop, naar Batavia, Bantam, Bengalen, enz. : in de jaaren*

注（序　章）　363

MDCCLXVIII tot MDCCLXXI (Leyden : A. en J. Honkoop, 1793) ; Drewes, *De Biografie* ; Ann Kumar, *Java and Modern Europe : Ambiguous Encounters* (Surrey : Curzon, 1997), pp. 258-285 ; J. D. R. V. B. (J. de Rovere van Breugel), "Bedenkingen over den Staat van Bantam" ; De Rovere van Breugel, "Beschrijving van het Koninkrijk Bantam."

88) もっとも坂井は，18世紀にもバンテンで中国陶磁の「中継貿易」が盛んであったと主張して，1682年以降が「暗黒の時代」とされている通説に挑戦を試みている（坂井『港市国家バンテンと陶磁貿易』）。しかし坂井の議論は，以下に述べるように説得力を欠くものである。まず陶磁片から推定される出土陶磁器個体数が18世紀に急増するとする坂井の説は，以下の点で根拠が不確かである。坂井は，彼の設定する時代区分のIII期（16世紀末から17世紀前半）に出土陶磁の推定個体数が2,000個弱であったのがIV期（17世紀後半から18世紀初）に6,000個強に増え，V期（18世紀）に約1万4,000個となり，「ずばぬけて大きい量的ピーク」(p. 91) を迎えたとした。しかし彼の時期区分は長さが一様でなく，III期とIV期がそれぞれ50年余りであるのに対し，V期は100年である (pp. 49-51)。つまり1年あたりの出土推定個体数で考えれば，III期が年間40個弱，IV期が120個弱，そしてV期を85年と考えても（港が利用不能になった時期を除いた年数。坂井はバンテン港が土砂の堆積によって利用不能となるのを18世紀半ばと考えているが，本書第5章第1節で述べるようにそれは1780年代半ばの誤りである），年間平均は約165個である。従って18世紀前半に「爆発的」増加 (p. 309) があったとする坂井の言説は正確でない。また，坂井はバンテンが18世紀もアジア陶磁国際貿易の中心的な「中継港」であったと考えているが，これは事実に反する。坂井は，バンテンで出土した中国陶磁はジャンク船によって中国南岸から直接もしくはインドシナ半島やマレー半島を経由してバンテンに届けられ，そこからさらに西方（アチェやイスタンブールなど）に再輸出されたと考えている。こうして坂井は，バンテンが「東のジャンク貿易網」と「インド洋イスラム貿易網」と接続する貿易の要衝であったと捉えているようであり (p. 255)，バタヴィアが「ヨーロッパとつながるジャンク貿易の拠点」であったのに対しバンテンは「アジア域内流通の中心」であるという「棲み分け」の構図を思い描いた (p. 257)。恐らくこれらの仮説を証明するために，バンテン，バタヴィア，アチェなどにおける出土陶磁片の分類が説明されるのだが，この説明は極めて晦渋で本人も認めるように多くの推測を含んでおり，貿易網の働きを説明するには全く不十分である。坂井は中国陶磁がバタヴィアからバンテンに再輸出されていたとは考えない。この理由は(a)コタ・バンテン出土の陶磁片にヨーロッパ陶磁の比率が少ないこと，(b) 17世紀後半にはバンテンからバタヴィアへ多くの磁器が運ばれていたので，それが18世紀に完全に逆方向に転じたとは考えにくい (pp. 246, 256) と述べられているが，これは全く説得力に欠ける。明らかに理由(a)は，バタヴィアからバンテンに陶磁が運ばれたことを否定する材料とはならない。(b)については，坂井はバンテンとバタヴィアの貿易上の役割が，内乱後の1684年の条約を期に全く変わってしまったことを過小評価している。オランダ東インド会社は支配地域における国際貿易をバタヴィアに集中させ，バンテンはジャンク貿易を含むあらゆる長距離貿易から切り離された（Talens, *Een feodale samenleving*, pp. 56-60 ; Valentyn, *Oud en nieuw Oost-Indiën*, vol. 4-I, p. 215 ；および本書第1章第5節参照）。これらの点から，バンテンで現在出土する陶磁片は，1684年以降はアジア貿易の重要拠点となったバタヴィアから再輸出されて来たものと理解できる。会社の許可

証を得ない密貿易も確かに存在したが，それは監視の厳しいバンテン港を避けて他の場所で行われ，取り扱われた商品もアヘンや胡椒など軽小で運びやすく隠しやすいものであった（本書第7章第3節参照）。こうしたことを考慮すれば，坂井が主張するように1684年以降にバンテンがアジア域内流通の中心で，バンテンが陶磁器を各地に再輸出していたとは考えられない。

89) Talens, *Een feodale samenleving*, pp. 120-121.
90) Talens, *Een feodale samenleving*, pp. 174, 216-217, 219-227, 230-234.
91) C. Snouck Hurgronje, *Ambtelijke Adviezen van C. Snouck Hurgronje 1889-1936*, ed. Emile Gobée and Cornelis Adriaanse (The Hague : Martinus Nijhoff, 1957-65), vol. 2, pp. 1246-1247 ; B. Schrieke, *Indonesian Sociological Studies* (The Hague and Bandung : W. van Hoeve, 1955-57), vol. 2, pp. 241-242 ; Drewes, *De Biografie*, p. 11 ; H. J. de Graaf, "South-East Asian Islam to the Eighteenth Century," in *The Cambridge History of Islam*, vol. 2 : *The Further Islamic Lands, Islamic Society and Civilization*, ed. P. M. Holt, Ann K. S. Lambton, and Bernard Lewis (Cambridge : Cambridge University Press, 1970), pp. 143-144 ; H. J. de Graaf and Th. G. Th. Pigeaud, *De Eerste Moslimse Vorstendommen op Java : Studiën over de Staatkundige Geschiedenis van de 15de en 16de Eeuw* (The Hague : Martinus Nijhoff, 1974), p. 123 ; Barbara Watson Andaya and Yoneo Ishii, "Religious Developments in Southeast Asia c. 1500-1800," in *The Cambridge History of Southeast Asia*, ed. Nicholas Tarling (Cambridge etc. : Cambridge University Press, 1992), vol. 1, p. 541 ; Reid, *Southeast Asia in the Age of Commerce*, vol. 2, pp. 146, 182-184.
92) Martin van Bruinessen, "Shari'a Court, *Tarekat* and *Pesantren* : Religious Institutions in the Banten Sultanate," *Archipel* 50 (1995) : 170-171 ; Talens, *Een feodale samenleving*, pp. 134-148, 174-175.
93) Van Bruinessen, "Shari'a Court, *Tarekat* and *Pesantren*," p. 195.
94) Robidé van der Aa, "De groote Bantamsche opstand," p. 38.
95) 例えば，現在最も定評のあるインドネシア史概説書であるリックレフスの『インドネシア近代史』は，「バンテンの有力者たちは彼女［ラトゥ・シャリファ・ファーティマ］が政治決定において自分たちを無視したことに不満を持ち，一方彼女の暴政は一般住民と貴族からの抗議を受けることになった」と述べている。M. C. Ricklefs, *A History of Modern Indonesia since c. 1200*, 4th ed. (Basingstoke and New York : Palgrave Macmillan, 2008), p. 129.
96) カティリタンビー=ウェルズは，バンテンやチレボンのように強制栽培によって最悪の影響を受けた地域では，どこよりも早くから社会的・政治的不満が広く人々の間につのり，様々なグループが自発的な同盟を構築するに至ったと議論した。ターレンスは，新しい宮殿の建設が大量の資材と労働力を必要としたことが，現地住民に重い負担をもたらした可能性を示唆した。Kathirithamby-Wells, "The age of transition," p. 600 ; Talens, *Een feodale samenleving*, pp. 167-168.
97) Roesjan, *Sedjarah Banten*, pp. 39-41.
98) Talens, *Een feodale samenleving*, pp. 173-174.
99) スルタンによる胡椒栽培の命令は1663年のピアグムに記載されており，そうした命令はそれ以前から出されていた可能性がある。Meinsma, "Eene proklamatie" ; Humme, "Javaansche Inscriptiën" ; Brandes, "Nog eenige Javaansche piagem's" ; Pigeaud, "Afkondi-

gingen van Bantamsche Soeltans."
100) Dinar Boontharm, "The Sultanate of Banten AD 1750-1808 : A Social and Cultural History" (Ph. D. dissertation, University of Hull, 2003).
101) 鈴木は主にオランダ東インド会社の17世紀刊行資料と，19，20世紀に作成されたランプン地方の民族誌に基づいて首長制度の変容を議論した。鈴木「バンテン王国支配下におけるランポン地方社会の変容」。
102) Kingston, "Securing Sumatra's Pepper Periphery."
103) サルトノによれば，「オランダ植民地支配の最初の数十年間におけるバンテンの恒常的な社会・政治不安は，高い地位を占めることに成功したバンテン貴族の適応能力からオランダが大きな利益を得なかったことの証明であった。[中略] バンテン貴族を手なづけるのに失敗したことは，オランダ人に別の政策，つまり [1830年以降の] 市民行政の貴族化とも言うべきものを試みざるを得なくした」。Sartono, *The Peasants' Revolt of Banten 1888*, p. 76.
104) Peter Boomgaard, *Between Sovereign Domain and Servile Tenure : The Development of Rights to Land in Java, 1780-1870* (Amsterdam : Free University Press, 1989), p. 11 ; Elson, *Village Java under the Cultivation System*, pp. 3-40.
105) 例えば，1927年のバンテンにおける共産党反乱を研究したウィリアムズも，18世紀から19世紀初期のバンテンの歴史についてはサルトノを参照するよう述べている。Williams, *Communism, Religion, and Revolt*, p. 3.
106) Canne, "Bijdrage tot de geschiedenis der Lampongs," pp. 516-518 ; Köhler, "Bijdrage tot de Kennis der Geschiedenis van de Lampongs," pp. 125-126 ; Köhler, "Bijdrage tot de kennis der Lampongs," pp. 8-9 ; Kielstra, "De Lampongs," pp. 246-247 ; Broersma, *De Lampongsche districten*, pp. 24-30.
107) 先述のランプン地方史概説書によれば，バンテン王国に共鳴したマカッサル人やブギス人の船乗りたちは，オランダ植民地主義への敵意に促され，リアウ，ジョホール，リンガ，ビンタンなどの支配者と協力し，会社の船を攻撃したとされる。Departemen Pendidikan dan Kebudayaan, *Sejarah Daerah Lampung*, pp. 69-71.
108) Joel S. Migdal, *State in Society : Studying How States and Societies Transform and Constitute One Another* (Cambridge etc. : Cambridge University Press, 2001), pp. 14-15.
109) Migdal, *State in Society*, pp. 15-18.
110) Migdal, *State in Society*, p. 49.
111) Migdal, *State in Society*, p. 50 ; Joel S. Migdal, *Strong Societies and Weak States : State-Society Relations and State Capabilities in the Third World* (Princeton etc. : Princeton University Press, 1988), p. 28.
112) Robert Heine-Gelden, "Conceptions of state and kingship in Southeast Asia," *Far Eastern Quarterly : Review of Eastern Asia and the Adjacent Pacific Islands* 2-1 (1942) : 15-30.
113) Stanley Jeyaraja Tambiah, *Culture, Thought, and Social Action : An Anthropological Perspective* (Cambridge and London : Harvard University Press, 1985), pp. 270-277.
114) クリフォード・ギアツ（小泉潤二訳）『ヌガラ―19世紀バリの劇場国家―』（みすず書房，1990）; A. C. Milner, *Kerajaan : Malay Political Culture on the Eve of Colonial Rule* (Tucson : Published for the Association for Asian Studies by the University of Arizona Press, 1982).

115) Michael Adas, "'Moral Economy' or 'Contest State'?: Elite Demands and the Origins of Peasant Protest in Southeast Asia," *Journal of Social History* 13-4 (1980): 521-546 ; Luc Nagtegaal, *Riding the Dutch Tiger : The Dutch East Indies Company and the North Coast of Java, 1680-1743* (Leiden : KITLV Press, 1996).

116) ギアツ『ヌガラ』；桜井由躬雄「ベトナム勤王運動」池端雪浦他編『岩波講座東南アジア史7 植民地抵抗運動とナショナリズムの展開』(岩波書店, 2002) ; Jane Drakard, *A Kingdom of Words : Language and Power in Sumatra* (Shah Alam etc. : Oxford University Press, 1999), pp. 264-265.

117) O. W. Wolters, *History, Culture, and Region in Southeast Asian Perspectives* (Ithaca : Southeast Asia Program Publications, Cornell University, 1999), p. 164.

118) Michel Foucault, *Power/Knowledge : Selected Interviews and Other Writings, 1972-1977*, ed. Colin Gordon (Brighton : The Harvester Press, 1980), p. 122 ; Cooper and Ann Laura Stoler (eds.), *Tensions of Empire : Colonial Cultures in a Bourgeois World* (Berkeley etc. : University of California Press, 1997), pp. 6-7 ; Ann Laura Stoler, *Carnal Knowledge and Imperial Power : Race and the Intimate in Colonial Rule* (Berkeley, Los Angeles, and London : University of California Press, 2002), pp. 205-206.

119) Soemarsaid Moertono, *State and Statecraft in Old Java : A Study of the Later Mataram Period, 16th to 19th Century* (Ithaca and New York : Cornell University Modern Indonesia Project, 1968).

120) キングストンによれば，ランプンに関する資料があまり残らないのは，オランダ東インド会社の現地機関が18世紀末に消失したことと，19世紀後半に至るまで植民地支配が十分に浸透しなかったためである。Kingston, "Securing Sumatra's Pepper Periphery," pp. 77-104.

第1章　基層の歴史

1) フェルナン・ブローデル（浜名優美訳）『地中海I　環境の役割』（藤原書店, 2004), pp. 21-23。

2) フェルナン・ブローデル（村上光彦訳）『物質文明・経済・資本主義 I-1　日常性の構造1』（みすず書房, 1985), pp. 16-17。

3) Hoesein Djajadiningrat, *Critische Beschouwing van de Sadjarah Bantĕn : Bijdrage ter kenschetsing van de Javaansche geschiedschrijving* (Haarlem : Joh. Enschedé en Zonen, 1913) ; Claude Guillot, *The Sultanate of Banten* (Jakarta : Gramedia, 1990) ; Claude Guillot, "Banten in 1678," *Indonesia* 57 (1993 [1989]) : 89-113 ; Claude Guillot, "La politique vivrière de Sultan Agung (1651-1682)," *Archipel* 50 (1995) : 83-118 ; Anthony Reid, *Southeast Asia in the Age of Commerce 1450-1680*, vol. 2 : *Expansion and Crisis* (New Heaven and London : Yale University Press, 1993).

4) 一部の研究者は王国の首都をバンテン・ラーマ（Banten Lama, 直訳すると「旧バンテン」）もしくはラーマと呼んで，1808年以降バンテン地方の行政の中心となったセランと区別している。しかし王国時代にその首都がバンテン・ラーマと呼ばれることは当然なかったことを考えれば，これは不自然な名称である。コタ・バンテンという名称は，考古学者ヘリヤンティ・オンコダルマ・ウントロが用いた例に倣った。Heriyanti Ongkodharma Untoro, "Perdagangan di Kesultanan Banten (1552-1684) : Kajian

Arkeologi-ekonomi" (Ph. D. Dissertation, Universitas Indonesia, 1998). 王国時代に書かれた年代記『サジャラ・バンテン』は，首都であるバンテンの町をジャワ語でクト (kutha；都，街) と記しているので，クト・バンテンやコタ・バンテンは当時の住民であるジャワ人およびスンダ人にとって自然な名称であったと考えられる。*Sajarah Banten* Text G : XIX 2, in Titik Pudjiastuti, "Sadjarah Banten : Suntingan Teks dan Terjemahan Disertai Tinjauan Aksara dan Amanat" (Ph. D. dissertation, Universitas Indonesia, 2000), p. 343. もっとも今後注で引用資料を示す箇所では，紙幅の節約のため首都を Banten と記す。

5) フレーク・コロンバインによれば，オランダ東インド会社の条約がバンテンとの国境について言及するのは 1659 年が初めてである (Freek Colombijn, "De Vroege Staat Banten in de Zeventiende Eeuw," *Antropologische Verkenningen* 8-3 (1989) : 5)。ここで国境がサダネ川とされているということは，王国がタンゲラン地方の西半を領有したことを意味する。1677 年，マタラム王国にトゥルノジョヨ (Trunajaya) の反乱が起こり西ジャワにおけるその支配が弱まった間に，バンテンのスルタン・アグン・ティルタヤサ (在位 1651-83) はチレボンに支配を拡大した。しかしこれによってバタヴィアがバンテン王国による挟撃の可能性にさらされることを恐れたオランダ東インド会社バタヴィア政庁は，当時スルタン・アグンによって行政を任され既にスルタンの称号を用いていた息子のスルタン・ハジ (在位 1676?-87) との間に，1680 年 7 月 3 日に条約を結んだ。ここではバンテンがタンゲランの東半 (サダネ川とアンケー川 [Ci Angke] の間) を受け取るのと交換にチレボンから撤退することが決められた。つまり，この時点でバンテン王国は，タンゲラン地方全域を支配下に置いた。J. E. Heeres and F. W. Stapel (eds.), *Corpus Diplomaticum Neerlando-Indicum : verzameling van politieke contracten en verdere verdragen door de Nederlanders in het Oosten gesloten, van privilegebrieven aan hen verleend, enz.* (The Hague : Martinus Nijhoff, 1907-38), vol. 2, pp. 155-163, 10 July 1659 ; J. K. J. de Jonge (ed.), *De Opkomst van het Nederlandsche gezag in Oost-Indië : Verzameling van onuitgegeven stukken uit het Oud-Koloniaal Archief* (Amsterdam and The Hague : Martinus Nijhoff, 1862-1909), vol. 7, pp. cxix-cxxviii, cxliii-cxlix, 356-359, バンテンに赴いた G. ゼーマン (G. Zeeman) と O. オッカース (O. Ockersz) による報告，1680 年 8 月 29 日。スルタン・アグンからスルタン・ハジへの権力委譲については，本章第 3 節および巻末資料 2 参照。

6) 長さの単位，ラインラント・ルーデン (Rijnland roeden) を指すと考えられる。1 ラインラント・ルーデは 12 または 16 フィート。Insituut voor Nederlandse Geschiedenis (ed.), *VOC-glossarium* (The Hague : Instituut voor Nederlandse Geschiedenis, 2000), p. 98.

7) タンゲランにおけるバタヴィアとの国境は最終的に 1747 年の条約で定められた。Heeres and Stapel, *Corpus Diplomaticum Neerlando-Indicum*, vol. 5, p. 442, 6 Feb. 1747.

8) シレブはしばしばシレバル (ベンクーレン近郊の別の場所) と誤記されるが，下記の資料における記述からこれがランプン・スマンカ地方に隣接する村落クルイの周辺地域を指すことは明らかである。De Jonge, *De Opkomst van het Nederlandsche gezag in Oost-Indië*, vol. 10, p. 121, Director-General J. Mossel in Banten to Batavia, 21 Feb. 1747 ; VOC 2996 : 4, Commander W. H. van Ossenberch in Banten to Batavia, 27 Oct. 1760 ; HRB 1004 : 327-328, report by Commander J. Reijnouts, Banten, 2 July 1766 ; MCP 4 (4) : 201-202, report by J. de Rovere van Breugel, Banten, 5 May 1788 ; JFR 37 : no pagination, J.

Brown, Resident of Krui to W. Parker, 9 Nov. 1811.
9) Heeres and Stapel, *Corpus Diplomaticum Neerlando-Indicum*, vol. 3, pp. 337-338, 17-28 Apr. 1684.
10) Heeres and Stapel, *Corpus Diplomaticum Neerlando-Indicum*, vol. 5, pp. 109-113, 16-18 Aug. 1731 ; vol. 5, pp. 551-553, 16-17 Apr. 1752.
11) Barbara Watson Andaya, *To Live as Brothers : Southeast Sumatra in the Seventeenth and Eighteenth Centuries* (Honolulu : University of Hawaii Press, 1993), pp. 194-200.
12) J. Kathirithamby-Wells, *The British West Sumatran Presidency 1760-1785 : Problems of Early Colonial Enterprise* (Kuala Lumpur : Penerbit Universiti Malaya, 1977), pp. 27-28.
13) オランダ東インド会社は繰り返しシレブの領有権を主張し，18世紀を通じてバンテンのスルタンと条約を結ぶたびにそれを再確認していた。Heeres and Stapel, *Corpus Diplomaticum Neerlando-Indicum*, vol. 6, p. 10, 22 Sep. 1753 ; vol. 6, p. 412, 29 Aug. 1777 ; MCP 4 (4) : 201-202, report by J. de Rovere van Breugel, Banten, 5 May 1788. しかし恐らくイギリスと抗争に陥ることを避けるため，会社がイギリス東インド会社に対して公式の抗議を試みた形跡はない。
14) Herman Willem Daendels, *Staat der Nederlandsche Oostindische bezittingen, onder het bestuur van den gouverneur-generaal Herman Willem Daendels, ridder, luitenant-generaal, enz. in de jaren 1808 tot 1811* (Amsterdam : Gebroeders van Cleef and The Hague : H. van Tee, 1814), Bijlagen II, Bantam, No. 3, 27 Nov. 1808.
15) アンソニー・リード「危機的環境下で歴史を書くということ―「火山の環」はどのように変化をもたらすか―」『社会経済史学』79-4 (2014)。
16) Michael Williams, *Communism, Religion, and Revolt in Banten* (Athens : Ohio University Center for International Studies, 1990), pp. 1-9.
17) 本書は「水田」という語を用いて，灌漑であれ天水であれ，水を保持した稲作耕地を指す。この用法はオランダ語資料におけるサワー (sawah, 本来,「水田」を意味するジャワ語，スンダ語，マレー語）に対応する。「焼畑」は山林を伐採し火を放って切り開いた耕地を指すものとする。この種の耕地は非常に早く消耗し，人々は頻繁に移動せざるを得なかった。「畑」は灌漑技術を利用することなく米やその他の作物を生産し，焼畑よりも集中的かつ長期に利用される土地を指す。
18) ADB30 : no pagination, pepper cultivation inspection report, J. V. D. Boogaart and F. Chambon, Banten, 11 Nov. 1790.
19) De Jonge, *De Opkomst van het Nederlandsche gezag in Oost-Indië*, vol. 10, p. 121, Director-General J. Mossel in Banten to Batavia, 21 Feb. 1747.
20) VOC 2843 : 75-76, Commander J. van Suchtelen et al. in Banten to Batavia, 15 Oct. 1754.
21) 森山幹弘によれば，西ジャワには独自の言語，古スンダ語で書かれた古代碑文や文書資料が存在したにもかかわらず，独自の言語，文化，民族としての自意識が19世紀以前に明確になることはなかった。森山によれば，西ジャワの人々に自らをジャワ人やマレー人とは異なるものとして客体視するよう迫ったのは植民地期の官僚と学者であった。Moriyama Mikihiro, "Language Policy in the Dutch colony : On Sundanese in the Dutch East Indies,"『東南アジア研究』32-4 (1995), p. 447 ; Moriyama Mikihiro, "Discovering the 'language' and the 'literature' of West Java : an introduction to the formation of Sundanese writing in the nineteenth century West Java,"『東南アジア研究』34-1 (1996) :

注（第 1 章） 369

151-157。
22) 趙汝适（藤善真澄訳注）『諸蕃志』（関西大学出版部，1990），pp. 76-78。
23) João de Barros, *Staat-zugtige scheeps-togten en krygs-bedryven ter handhaving van der Portugyzen opper-bestuur in Oost-Indie* [...] (Leyden : Pieter van der Aa, 1707), p. 62 ; Tomé Pires, *The Suma Oriental of Tomé Pires : an account of the East, from the Red Sea to Japan, written in Malacca and India in 1512-1515* (London : Hakluyt Society, 1944 [1515]), vol. 1, pp. 166-170 ; 趙汝适『諸蕃志』, p. 77。
24) Moriyama, "Discovering the 'language' and the 'literature,'" p. 153（原資料は F. de Haan, *Priangan : De Preanger-regentschappen onder het Nederlandsch Bestuur tot 1811*（Batavia : G. Kolff, 1911), vol. 2, p. 134)。
25) 『蘭領東インド百科事典』によれば，バドゥイ人に関する最初の報告は，匿名のオランダ人によって 1838 年に書かれている。J. Paulus et al. (eds.), *Encyclopaedie van Nederlandsch-Indië* (The Hague : Martinus Nijhoff and Leiden : E. J. Brill, 1917-1939), vol. 1, p. 102 ; Anonymous, "De Heidenen of Badoewinen van Bantam," *TNI* 1-2 (1838) : 295-305. 19 世紀初頭のジャワおよび東インドのその他の島々に関して膨大な民族誌的資料を収集したラッフルズとクロウファードは，バドゥイについて全く言及していない。
26) S. J. Esser, "Talen," in *Atlas van Tropisch Nederland*, ed. Koninklijk Nederlands Aardrijkskundige Genootschap (Batavia : Reproductiebedrijf van den Topografische dienst in Nederlands Indië, 1938).
27) Willem Bernardus Bergsma (eds.), *Eindresumé van het bij Gouvernements besluit dd. 10 Juni 1867 No. 2 bevolen onderzoek naar de rechten van den inlander op den grond op Java en Madoera* (Batavia : Ernst, 1876-1896), vol. 2, Bijlage A, p. 2.
28) J. de Rovere van Breugel, "Beschrijving van het Koninkrijk Bantam," *BKI* new series 1 (1856) : 326-329, 355.
29) 1788 年頃に書かれたランプン・スマンカ地方の現地首長の伝記に，首狩りを行う高地のアブン人に対して低地の人々が強い恐怖を抱いていたことが記されている。G. W. J. Drewes (ed.), *De Biografie van een Minangkabausen Peperhandelaar in de Lampongs : naar een Maleis handschrift in de Marsden-collection te Londen* (The Hague : Martinus Nijhoff, 1961), pp. 55-59, 106-109.
30) H. N. van der Tuuk, "'t Lampongsch en zijne tongvallen," *TBG* 18 (1872) : 118-125, 149-152.
31) 金子正徳「インドネシア新秩序体制下における「地方」の創造―言語・文化政策とランプン州の地方語教育―」『東南アジア研究』40-2（2002）：144-145。
32) Reid, *Southeast Asia in the Age of Commerce*, vol. 2, p. 72 ; Guillot, "La politique vivrière," pp. 97, 100.
33) Heriyanti, *Perdagangan di Kesultanan Banten*, pp. 82-84 ; Nina Herlina Lubis, *Banten dalam pergumulan sejarah : sultan, ulama, jawara* (Jakarta : Pustaka LP3ES Indonesia, 2004), p. 81.
34) De Jonge, *De Opkomst van het Nederlandsche gezag in Oost-Indië*, vol. 10, pp. 118-119, Director-General J. Mossel in Banten to Batavia, 21 Feb. 1747.
35) Johan Talens, *Een feodale samenleving in koloniaal vaarwater : Staatvorming, koloniale ex-*

pansie en economische onderontwikkeling in Banten, West-Java 1600-1750 (Hilversum : Verloren, 1999), pp. 46-51.
36) Reid, Southeast Asia in the Age of Commerce, vol. 2, p. 72 ; Theodore G. Th. Pigeaud, Literature of Java : Catalogue Raisonné of Javanese Manuscripts in the Library of the University of Leiden and Other Public Collections in the Netherlands (The Hague : Martinus Nijhoff, 1967-80), vol. 2, p. 64.
37) LOr 2052, census of the population, Banten, 1696/97.
38) LOr 2055, census of the population, Banten, c. 1700.
39) 坂井隆『港市国家バンテンと陶磁貿易』(同成社, 2002), p. 263 ; Lubis, Banten dalam pergumulan sejarah, p. 81.
40) François Valentyn, Oud en nieuw Oost-Indiën [...] (Franeker : Van Wijnen, 2002 [1724-26]), vol. 4-A, p. 5.
41) Guillot, "Banten in 1678," p. 113. ギヨー自身は，この数値は信頼に欠けるとして彼の人口推計には利用していないが，ターレンスも述べているように，なぜそれが信頼に欠けるのかは明らかにしていない。Talens, Een feodale samenleving, p. 47.
42) De Rovere van Breugel, "Beschrijving van het Koninkrijk Bantam," p. 320.
43) De Haan, Priangan, vol. 4, p. 956.
44) De Jonge, De Opkomst van het Nederlandsche gezag in Oost-Indië, vol. 10, pp. 118-119, Director-General J. Mossel in Banten to Batavia, 21 Feb. 1747 ; De Rovere van Breugel, "Beschrijving van het Koninkrijk Bantam," p. 320.
45) Claude Guillot, Banten sebelum Zaman Islam : Kajian Arkeologi de Banten Girang 932?-1526 (Jakarta : Bentang, 1996 [1994]), pp. 63-71.
46) Henry Yule (ed.), Cathay and the Way Thither : Being a Collection of Medieval Notices of China, vol. 2 : Odoric of Pordenone [text by Odoric of Pordenone] (Delhi : Munshiram Manoharlal Publishers, 1998), pp. 155-162 ; 河原正博「Odorico の Panten 国について」『史学雑誌』64 (1955) : 1031-1039。
47) Guillot, Banten sebelum Zaman Islam, pp. 66-67.
48) Tomé Pires, The Suma Oriental of Tomé Pires : An Account of the East, from the Red Sea to Japan, Written in Malacca and India in 1512-1515, ed. Armando Cortesão (London : Hakluyt Society, 1944), vol. 1, pp. 166-173.
49) 生田滋「補注7：バンテン王国の歴史と社会」ハウトマン，ファン・ネック（渋沢元則訳，生田滋注）『東インド諸島への航海』(岩波書店, 1981), p. 512 ; 坂井『港市国家バンテンと陶磁貿易』, pp. 22-23。
50) 張燮『東西洋考』(北京：中華書局, 2000 [1617]), pp. 7, 41-44, 179。
51) 岩生成一「下港（Bantam）の支那町について」『東洋学報』31-4 (1948) : 30-31。
52) 岩生は，バンテン・ヒリル（彼はバンテン・イリル [Banten Ilir] と記している）が16世紀中頃にバンテン王国統治下で急発展したと述べている。しかし発達した港がバンテンにあったとするピレスの記述を考えれば，町の発展は1513年までに起きていたと考えられる。岩生「下港（Bantam）の支那町について」, p. 30。
53) 16世紀の航海書『順風相送』には，チレボン，グレシク（Gresik）などのジャワ北岸の港に行く際の寄港地として「萬丹」が挙げられている。向達編『兩種海道針經』所収「順風相送」(北京：中華書局, 2000 [1959]), pp. 4, 66-67。また16世紀半ば過ぎ

に書かれた別のポルトガル語資料も，スンダ王国における主要な港としてバンタ (Banta) を挙げている。岩生「下港 (Bantam) の支那町について」, pp. 28-29。こうした記述は，この頃にはこの港が Banten Hilir もしくは下港と名指しされるよりも，バンテンと呼ばれることの方が一般的であったことを窺わせる。ピレスの記したバウタンも，恐らく Banten のスペルミスであろう。
54) M. C. リックレフスは，ジャワの一部の人々が 14 世紀からイスラームに改宗していたことを断片的な資料から説明している。M. C. Ricklefs, *Mystic Synthesis in Java : A History of Islamization from the Fourteenth to the Early Nineteenth Centuries* (Norwalk : East-Bridge, 2006), pp. 12-17。しかしジャワでイスラームの広範囲な拡大が明らかになるのは，ここに示したように 16 世紀初頭のことである。
55) Pires, *The Suma Oriental*, vol. 1, p. 173.
56) M. C. Ricklefs, *A History of Modern Indonesia since c 1200*, 4th ed. (Basingstoke and New York : Palgrave Macmillan, 2008), p. 42.
57) 筆者は，この資料のオランダ語訳版を参照した。Barros, *Staat zugtige scheeps-togte en krygs-bedryven*. なお，この資料の邦訳であるジョアン・デ・バロス（生田滋，池上岑夫訳）『アジア史』（岩波書店，1980-81）には，この箇所の記述は見当たらない。もっとも本書で訳出した箇所の大要は，生田「補注 7：バンテン王国の歴史と社会」, pp. 512-514 に示されている。
58) Barros, *Staat-zugtige scheeps-togte en krygs-bedryven*, p. 62.
59) Pires, *The Suma Oriental*, vol. 1, p. 173.
60) 原資料ではファレテハンはジュパラ（Jepara）に行ったことになっているが，同じ資料の他の箇所の情報から，これがデマックであることは間違いない。
61) Barros, *Staat-zugtige scheeps-togte en krygs-bedryven*, p. 65.
62) Barros, *Staat-zugtige scheeps-togte en krygs-bedryven*, pp. 65-66.
63) Barros, *Staat-zugtige scheeps-togte en krygs-bedryven*, p. 66.
64) バンテン国王の設立経緯と設立年については，巻末資料 2 参照。
65) Djajadiningrat, *Critische Beschouwing*, p. 87.
66) Fernão Mendes Pinto, *The Travels of Mendes Pinto*, ed. Rebecca D. Catz (Chicago etc. : University of Chicago Press, 1989 [1614]), pp. 382-383, 386-387。メンデス・ピントはこの時のバンテン王をタガリル（Tagaril）と呼んでいるが，この王が『サジャラ・バンテン』などの資料に示されるどの王にあたるのかは明確でない。なお，本資料の邦訳であるメンデス・ピント（岡村多希子訳）『東洋遍歴記』（平凡社東洋文庫，1979）には，この箇所の記述は見当たらない。
67) C. M. Pleyte, "Het jaartal op den Batoe-Toelis nabij Buijtenzorg : Eene bijdrage tot de kennis van het oude Soenda," *TBG* 53 (1911) : 190-194 ; Djajadiningrat, *Critische Beschouwing*, p. 118 ; J. Kathirithamby-Wells, "Banten : A West Indonesian Port and Polity during the Sixteenth and Seventeenth Centuries," in *The Southeast Asian Port and Polity : Rise and Demise* ed. J. Kathirithamby-Wells and John Villiers (Singapore : Singapore University Press, 1990), p. 110 ; Guillot, *The Sultanate of Banten*, p. 21.
68) Text G XXI, in Pudjiastuti, "Sajarah Banten," pp. 346-349.
69) Willem Lodewycksz., *De eerste schipvaart der Nederlanders naar Oost-Indië onder Cornelis de Houman, 1595-1597 : journalen, documenten en andere bescheiden*, ed. G. P. Roufaer and

J. W. IJzerman (The Hague : Martinus Nijhoff, 1915-1929 [1598]), vol. 1, p. 104.
70) Djajadiningrat, *Critische Beschouwing*, p. 118.
71) Text Ee : 34-38, in Pudjiastuti, "Sajarah Banten," pp. 605-606.
72) Djajadiningrat, *Critische Beschouwing*, pp. 118-130.
73) Lodewycksz., *De eerste schipvaart*, vol. 1, p. 105 ; Pires, *The Suma Oriental*, vol. 1, pp. 158-159.
74) もっとも,ジャヤディニングラット以外の植民地期の研究者は,ハサヌッディンの時代にバンテンによるランプン支配が始まったかどうかに関しては概して懐疑的である。その一人であるI. H. R. ケーラーは,ハサヌッディンのランプン支配がどれほど実効的であったかを知ることは困難であると述べた。I. H. R. Köhler, "Bijdrage tot de kennis der Lampongs," *Tijdschrift voor het Binnenlandsch Bestuur* 50 (1916) : 7. H. D. カンヌとR. ブルールスマは,16世紀におけるバンテンによるランプン支配に全く言及していない。H. D. Canne, "Bijdrage tot de geschiedenis der Lampongs," *TBG* 11 (1862) : 507-527 ; R. Broersma, *De Lampongsche districten* (Batavia : Javasche Boekhandel, 1916). それにもかかわらずジャヤディニングラットの研究だけが後の研究者に参照され,その説が現在定着している。
75) 鈴木恒之「バンテン王国支配下におけるランポン地方社会の変容」『東南アジア研究——歴史と文化——』5 (1975) : 98-99。
76) Lodewycksz., *De eerste schipvaart*, vol. 1, pp. 105, 110-113, 118-127.
77) 張燮『東西洋考』, pp. 7, 41-44, 179。
78) Lodewycksz., *De eerste schipvaart*, vol. 1, pp. 105, 110-113, 118-127.
79) J. C. van Leur, *Indonesian Trade and Society : Essays in Asian Social and Economic History* (Dordrecht : Foris, 1983 [1955]), pp. 178-182 ; Ricklefs, *A History of Modern Indonesia*, pp. 32-33 ; Femme S. Gaastra, *De Geschiedenis van de VOC* (Zutphen, Walburg Pers, 1991), pp. 16-23, 39-40. なお,1619年に会社のアジア本部がバタヴィアに移ってからは,バンテンの機関は軍事拠点である「司令部(Commandament)」と位置づけられ,その最高責任者は「司令官(Commandeur)」と呼ばれた。しかし実際のところ,この機関は貿易の推進を主目的とし,他の商館と大きな機能の違いはないため,本書ではそれを「商館」,その責任者を「商館長」と呼ぶことにする。
80) M. A. P. Meilink-Roelofsz., *Asian Trade and European Influence in the Indonesian Archipelago between 1500 and about 1630* (The Hague : Martinus Nijhof, 1962), pp. 247-257.
81) Freek Colombijn, "Foreign Influence on the State of Banten, 1596-1682," *Indonesian Circle* 50 (1987) : 23-24.
82) Talens, *Een feodale samenleving in koloniaal vaarwater*, p. 62.
83) Colombijn, "Foreign Influence," pp. 24-26 ; Kathirithamby-Wells, "Banten," pp. 114-120.
84) De Jonge, *De Opkomst van het Nederlandsche gezag in Oost-Indië*, vol. 7, pp. cxiii-clix ; vol. 7, pp. 342-343, Resolution at Batavia, 10 May 1680. 巻末資料2も参照。
85) De Jonge, *De Opkomst van het Nederlandsche gezag in Oost-Indië*, vol. 7, pp. cxiii-clxxi ; Heeres and Staple, *Corpus Diplomaticum Neerlando-Indicum*, vol. 3, pp. 336-350, 17-28 Apr. 1684.
86) Talens, *Een feodale samenleving*, pp. 65-71, 164, 198.
87) コタ・バンテンに関する論考には,先に挙げた岩生の論文の他に以下のものがある。

J. A. van der Chijs, "Oud Banten," *TBG* 26 (1881): 1-62 ; 生田滋「東南アジアにおける貿易港の形態とその機能——十七世紀初頭のバンタムを中心として——」筑摩書房編集部『世界の歴史 第13巻 南アジア世界の展開』(筑摩書房, 1961), pp. 255-270 ; Lombard, *Le carrefour Javanais*, vol. 2, 215-225 ; 生田滋「東南アジア群島部における港市国家の形成——十六世紀のバンテンを例として——」『東洋文化』72 (1992): 95-118 ; Guillot, "Banten in 1678," pp. 89-113 ; Gabriel A. Rantoandro, "Lieux de rencontre particuliers de l'ancien Banten : les pabean," *Archipel* 50 (1995): 25-40 ; Claudine Salmon, "Le cimitière chinois de Kasunyatan à Banten Lama (fin VIIe-début VIIIe s.)," *Archipel* 50 (1995): 41-66 ; 坂井『港市国家バンテンと陶磁貿易』, pp. 131-149。

88) Text G XIX 1-4, Text T II 5-9, in Pudjiastuti, "Sajarah Banten," pp. 343, 557-558.
89) Colombijn, "De Vroege Staat Banten," pp. 6-7 ; Guillot, "Banten in 1678," pp. 92-93.
90) Guillot, "Banten in 1678," pp. 100-101.
91) Johan Splinter Stavorinus, *Reize van Zeeland over de Kaap de Goede Hoop, en Batavia, naar Samarang, Macasser, Amboina, Suratte, enz.: gedaan in de jaaren MDCCLXXIV tot MDCCLXXVIII* (Leyden: A. en J. Honkoop, 1793), p. 50 ; De Rovere van Breugel, "Beschrijving van het Koninkrijk Bantam," p. 324.
92) 『サジャラ・バンテン』は, 第3代王のモラナ (マウラナ)・ユスップがレンガと珊瑚で作られた城壁 (buluwarti) を建てたとする。Text G XXII 3, in Pudjiastuti, "Sajarah Banten," p. 351. ローデウェイクスゾーンは, 1596年の時点で町が堡塁を持つ城壁で囲まれていたと記している。Lodewycksz., *De eerste schipvaart*, pp. 105-106.
93) Colombijn, "De Vroege Staat Banten," p. 7.
94) De Rovere van Breugel, "Beschrijving van het Koninkrijk Bantam," p. 323.
95) 王国の設立者に関しては, 第2章第1節および巻末資料2参照。
96) Text G XIX 1-4, Text T II 5-11, in Pudjiastuti, "Sajarah Banten," pp. 343, 557-558.
97) De Haan, *Priangan*, vol. 1, "Personalia," pp. 192-196.
98) De Rovere van Breugel, "Beschrijving van het Koninkrijk Bantam," pp. 324-325 ; Van der Chijs, "Oud Banten," pp. 34-38.
99) De Jonge, *De Opkomst van het Nederlandsche gezag in Oost-Indië*, vol. 11, p. 375, MvO, Commander J. Reynouts to W. C. van Weesterbeek, Banten, 20 Jan. 1779 ; De Rovere van Breugel, "Beschrijving van het Koninkrijk Bantam," pp. 325-326.
100) ギヨーは王宮前広場がコタ・バンテンではパセバンと呼ばれていたと述べるが, 現在は近代ジャワ語で広場を表すアルン・アルンの名で呼ばれている。Guillot, *The Sultanate of Banten*, p. 90. 18世紀オランダ語資料によれば, 王宮前広場はアルン・アルンと呼ばれており, アルン・アルンの中の集会場がパセバンである。
101) Guillot, "Banten in 1678," pp. 90-92, 94-95.
102) VOC 3093 : 27-28, Commander P. Faure in Banten to Batavia, 15 Aug. 1763.
103) Stavorinus, *Reize van Zeeland*, pp. 50-51.
104) J. F. G. Brumund, "Een reisje door de Residentie Bantam," *TNI* 3-2 (1840): 703 ; C. W. M. van de Velde, *Gezigten uit Neêrlands Indië, naar de natuur geteekend en beschreven* (Amsterdam: Frans Buffa en Zonen, 1845), p. 11.
105) Van der Chijs, "Oud Banten," pp. 21-22.
106) ADB 18 : 39-40, MvO, Commander W. C. Engert to J. Reynouts, Banten, 7 Nov. 1789.

107) Stavorinus, *Reize van Zeeland*, pp. 53-54.
108) ADB 18 : 39-40, MvO, Commander W. C. Engert to J. Reynouts, Banten, 7 Nov. 1789.
109) ADB 18 : 39-40, MvO, Commander W. C. Engert to J. Reynouts, Banten, 7 Nov. 1789.
110) Lodewycksz., *De eerste schipvaart*, p. 104.
111) 岩生「下港（Bantam）の支那町について」, pp. 44-45。
112) 岩生は, 華人街は17世紀初頭の再建から常に同じ場所に位置したと述べている。しかしドゥ・ローフェレ・ファン・ブリューヘルがスルタンの胡椒倉庫と華人街が近接していると述べていることを考慮すると, そのようには考えにくい。岩生「下港（Bantam）の支那町について」, p. 52 ; De Rovere van Breugel, "Beschrijving van het Koninkrijk Bantam," p. 341.
113) 岩生「下港（Bantam）の支那町について」, pp. 42, 53-54。
114) 中華寺院は, オランダ語資料では1747年に最初に言及されている。現在の中華寺院に残る最古の銘額は1754年のものである。Guillot, "Banten in 1678," p. 108.
115) Guillot, *The Sultanate of Banten*, p. 66. ギヨーはこのモスクに関する同時代資料については触れていないが, 1696/97年に編纂されたバンテンの住民台帳には,「パチナンのモスク（Masjid Pacinan）」との記述がある。LOr 2052 : 186r, census of the population, Banten, 1696/97. 巻末資料6-Cも参照されたい。
116) Lodewycksz., *De eerste schipvaart*, vol. 1, pp. 110-113 ; De Rovere van Breugel, "Beschrijving van het Koninkrijk Bantam," p. 326 ; Van der Chijs, "Oud Banten," pp. 47-50.
117) De Rovere van Breugel, "Beschrijving van het Koninkrijk Bantam," p. 326.
118) ここに挙げられた数値の正確さは, その他の資料からも確認できる。1746年における胡椒の供給量は8,013バハルである。従ってスルタンは買取価格（1バハルにつき7-8スペインリアル）に応じて5万6,091-6万4,104スペインリアルの収益を得ることになる。これはモッセルが挙げる数値に非常に近い。
119) 胡椒栽培農民が販売した胡椒の11%をスルタンに貢納するとの規定は, 1734年に定められた。VOC 3767 : 1147r, GM, 29 Dec. 1787. しかし, スルタンが徴収する量はしばしばそれを大きく上回り, 最大で30%に達した。VOC 3214: 17, Commander J. Reijnouts in Banten to Batavia, 12 Jan. 1767 ; VOC 3093 : 24-25, Commander H. P. Faure et al. in Banten to Batavia, 15 Aug. 1785 ; VOC 3736 : 3, Commander W. C. Engelt in Banten to Batavia, 8 Jan. 1786.
120) Talens, *Een feodale samenleving*, p. 114.
121) Gerrit J. Knaap, *Shallow Waters, Rising Tide : Shipping and Trade in Java around 1775* (Leiden : KITLV Press, 1996), p. 46. 15の港における出入船の年間合計船舶容積は, 大きさの順に以下のように推計される。バタヴィア（>123,400 ラスト last）, スマラン（Semarang）（54,400）, レンバン（Rembang）(19,400), スラバヤ（17,900）, グレシック（17,900）, ジュワナ（Juwana）(15,200), チレボン（10,400）, コタ・バンテン（9,700）, プカロンガン（Pekalongan）(9,600), ジュパラ（Jepara）(9,500), トゥガル（Tegal）(7,200), スメネップ（Sumenep）(6,800), バンカラン（Bangkalan）(3,600), パスルアン（Pasuruan）(1,200), バニュワンギ（Banyuwangi）(1,100)。
122) Knaap, *Shallow Waterss, Rising Tide*, pp. 94-95.
123) ビンロウは, 中国南岸, 東南アジア, 太平洋諸島, インド, 東アフリカの一部で用いられる, 伝統的な口中清涼剤の一種。ビンロウジュ（檳榔樹 betel palm）の種子（檳榔

子，アレカナッツ，または betel nut) と石灰，さらにガンビル (gambir, uncaria) など を混ぜたものをキンマ (コショウ科の植物，ベーテル betel またはシリー sirih ともいう) の葉で包み，一緒に噛む。

124) MCP 4 (4) : 184, report by J. van de Rovere van Breugel, Banten, 5 May 1788 ; De Rovere van Breugel, "Beschrijving van het Koninkrijk Bantam," pp. 344-345, 348-352.
125) Text G XII 1-2, in Pudjiastuti, "Sajarah Banten," pp. 350-351.
126) Talens, *Een feodale samenleving*, p. 43.
127) VOC 2789 : 618-619, Extraordinary Councillor J. G. Loten in Banten to Batavia, 28 Apr. 1752.
128) Williams, *Communism, Religion, and Revolt*, p. 18.
129) VOC 2789 : 618-619, Extraordinary Councillor J. G. Loten in Banten to Batavia, 28 Apr. 1752.
130) HRB 1005 : 47, report by De Rovere van Breugel, Banten, no date 1783 ; MCM 81 (11) : 221, Statistic Memoir by Resident U. Yule, Banten, Nov. 1812 no date but probably Nov. 1812 ; John S. Bastin, *Raffles' Ideas on the Land Rent System in Java and the Mackenzie Land Tenure Commission* (The Hague : Martinus Nijhoff, 1954), p. 106 ; De Rovere van Breugel, "Beschrijving van het Koninkrijk Bantam," p. 344.
131) De Jonge, *De Opkomst van het Nederlandsche gezag in Oost-Indië*, vol. 10, p. 119, Director-General J. Mossel in Banten to Batavia, 21 Feb. 1747 ; Talens, *Een feodale samenleving*, p. 76.
132) ADB 25 : 9-10, report by Commissioner W. H. van Ossenberch, Banten, 12 July 1768 ; VOC 3448 : 1597r-1597v, GM, 31 Dec. 1776 ; De Rovere van Breugel, "Beschrijving van het Koninkrijk Bantam," p. 346.
133) Lodewycksz., *De eerste schipvaart*, vol. 1, pp. 128-129.
134) De Jonge, *De Opkomst van het Nederlandsche gezag in Oost-Indië*, vol. 10, p. 120, Director-General J. Mossel in Banten to Batavia, 21 Feb. 1747.
135) De Jonge, *De Opkomst van het Nederlandsche gezag in Oost-Indië*, vol. 10 : 120-121, Director-General J. Mossel in Banten to Batavia, 21 Feb. 1747 ; ADB 24 : 24-25 ; report by Commissioner P. A. van der Parra, Banten, 9 Oct. 1753 ; VOC 3251 : 1303v-1304r, GM, 31 Dec. 1769 ; MCP 4 (4) : 182, report by De Rovere van Breugel, Banten 5 May 1788.
136) ADB 27 : 16, pepper cultivation inspection report, 28 July 1789 ; ibid. : 116, 6 Sep. 1789 ; De Rovere van Breugel, "Beschrijving van het Koninkrijk Bantam," p. 344.
137) De Rovere van Breugel, "Beschrijving van het Koninkrijk Bantam," p. 347.
138) VOC 3093 : 16, Commander H. P. Faure et al. in Banten to Batavia, 1 July 1763.
139) De Rovere van Breugel, "Beschrijving van het Koninkrijk Bantam," pp. 346-347.
140) De Rovere van Breugel, "Beschrijving van het Koninkrijk Bantam," pp. 321, 347.
141) De Rovere van Breugel, "Beschrijving van het Koninkrijk Bantam," p. 329.
142) Broersma, *De Lampongsche districten*, pp. 143-146.
143) De Rovere van Breugel, "Beschrijving van het Koninkrijk Bantam," pp. 351-354.
144) HRB 1005 : 11, report by De Rovere van Breugel, Banten, no date, 1783 ; MCP 4 (4) : 176, report by De Rovere van Breugel, Banten, 5 May 1788 ; MCP 4 (7) : 291, report by De Bruin, Banten, 30 Sep. 1811. 1822 年にトゥランバワン川に沿って探検を行ったキャプ

テン・ジャクソンは，同地で 200 頭にも及ぶ象の群れを目撃したと記録している。
Captain Jackson, "Course of the Toolang Bawang River on the Eastern coast of Sumatra - extracted from the Journal of Captain Jackson of the Brig Tweed, 1820," *Malayan Miscellanies* 2 (1822): 3.
145) VOC 2766: 1st 114-115, Resident K. Groenedijk in Tulang Bawang to Batavia, 12 Aug. 1750 ; VOC 3555 : 79-81, Commander L. N. Meijbaum in Banten to Batavia, 8 July 1780 ; HRB 1005 : 37, report by De Rovere van Breugel, Banten, no date, 1783 ; MCP 4 (7) : 291, Memoir of Banten by Resident J. de Bruin, Banten, 30 Sep. 1811.
146) De Rovere van Breugel, "Beschrijving van het Koninkrijk Bantam," p. 320.
147) De Jonge, *De Opkomst van het Nederlandsche gezag in Oost-Indië*, vol. 10 : 121, Director-General J. Mossel in Banten to Batavia, 21 Feb. 1747 ; A report about Tulang Bawang in 1749, De Rovere van Breugel, "Beschrijving van het Koninkrijk Bantam," p. 329 における引用。
148) Andaya, *To Live as Brothers*, pp. 194-202 ; VOC 3214 : 17-19, Commander J. Reijnouts in Banten to Batavia, 12 Jan. 1767 ; Heeres and Stapel, *Corpus Diplomaticum Neerlando-Indicum* vol. 5, p. 443, Acte van verband, 6 Feb. 1747.

第2章 支配のイデオロギーと構造

1) 桜井由躬雄「ベトナム勤王運動」池端雪浦他編『岩波講座東南アジア史7　植民地抵抗運動とナショナリズムの展開』(岩波書店，2002), p. 68；クリフォード・ギアツ(小泉潤二訳)『ヌガラ——19世紀バリの劇場国家——』(みすず書房，1990), p. 152。
2) 植民地期から1980年代までにオランダ，インドネシア，オーストラリアなどの研究者によって行われたジャワ村落に関する夥しい数の研究については，加納啓良が非常に有用なレビューを行っている。加納啓良「共同体の思想——ジャワ村落論の系譜——」土屋健治編『講座東南アジア学6　東南アジアの思想』(弘文堂，1990), pp. 17-53。インドでも行われた同様の「村落論争」については，M. N. Srinivas, *Village, Caste, Gender and Method : Essays in Indian Social Anthropology* (Oxford : Oxford University Press, 1996) を参照。
3) C. Snouck Hurgronje, *Ambtelijke adviezen van C. Snouck Hurgronje 1889-1936*, ed. Emile Gobée and Cornelis Adriaanse (The Hague : Martinus Nijhoff, 1957-65), vol. 2, pp. 1246-1247 ; B. Schrieke, *Indonesian Sociological Studies* (The Hague and Bandung : W. van Hoeve, 1957), vol. 2, pp. 241-242 ; G. W. J. Drewes, *The Admonitions of Seh Bari : A 16th century Javanese Muslim Text Attributed to the Saint of Bonan* (The Hague : Martinus Nijhoff, 1969), p. 11 ; H. J. de Graaf, "South-East Asian Islam to the Eighteenth Century," in *The Cambridge History of Islam*, ed. P. M. Holt, Ann K. S. Lambton, and Bernard Lewis, vol. 2 : *The Further Islamic Lands, Islamic Society and Civilization* (Cambridge : Cambridge University Press, 1970), pp. 143-144 ; H. J. de Graaf and Th. G. Th. Pigeaud, *De eerste moslimse vorstendommen op Java : studiën over de staatkundige geschiedenis van de 15de en 16de eeuw* (The Hague : Martinus Nijhoff, 1974), p. 123 ; Barbara Watson Andaya and Yoneo Ishii, "Religious Developments in Southeast Asia c.1500-1800," in *The Cambridge History of Southeast Asia*, vol. I : *From Early Times to c.1800*, ed. Nicholas Tarling (Cambridge : Cambridge University Press), p. 541 ; Anthony Reid, *Southeast Asia in the Age of Commerce 1450-1680*,

vol. 2 : *Expansion and Crisis*（New Heaven and London : Yale University Press, 1993), pp. 146, 182-184.
4) Titik Pudjiastuti, "Sadjarah Banten : Suntingan Teks dan Terjemahan Disertai Tinjauan Aksara dan Amanat" (Ph. D. dissertation, Universitas Indonesia, 2000), pp. 13, 39.
5) 18世紀に編纂されたと主張されるチレボンの年代記もバンテン王国の創立について記す資料として扱われることがあるが，これらは資料としての正統性に問題があるため，本書では利用しない。詳細は巻末資料1を参照されたい。
6) Hoesein Djajadiningrat, *Critische Beschouwing van de Sadjarah Banten : Bijdrage ter kenschetsing van de Javaanse geschiedschrijving* (Haarlem : Joh. Enschede en Zonen, 1913).
7) Pudjiastuti, "Sadjarah Banten."
8)『サジャラ・バンテン』では彼の妻は明らかでないが，後代の資料はマジャパヒトおよびパジャジャラン出身の2人の妻に言及している。Djajadiningrat, *Critische Beschouwing van de Sadjarah Banten*, p. 84.
9) Text G XIII 11-16, Pudjiastuti, "Sadjarah Banten," pp. 313-314.
10) Banisrael は恐らく，イスラエルの子供たち（直訳は「イスラエルの息子たち」）を意味するコーランの表現である Banū Isrā'īl の崩れた形であろう。
11) このテキストでは，グヌン（gunung）とウキル（ukir）はどちらも同じ意味で用いられる。どちらも，それぞれマレー語とジャワ語で「山」を意味する。
12) Text G XVI 22-XVII 36, Pudjiastuti, "Sadjarah Banten," pp. 325-333.
13) Djajadiningrat, *Critische Beschouwing van de Sadjarah Banten*, pp. 73-87.
14) ワフユという語がアラビア語起源であるということは，ジャワにおける王権の概念が，イスラーム的要素を取り入れて発達していたことを示している。Soemarsaid Moertono, *State and Statecraft in Old Java : A Study of the Later Mataram Period, 16th to 19th Century* (Ithaca : Cornell University Modern Indonesia Project, 1968), pp. 40, 45, 56-58 ; Miyazaki Koji, "The King and the People : The Conceptual Structure of a Javanese Kingdom" (Ph. D. dissertation, Leiden University, 1988), pp. 152-153.
15) Nina Herlina Lubis, *Kehidupan Kaum Ménak Priangan 1800-1942* (Bandung : Pusat Informasi Kebudayaan Sunda, 1998), pp. 275-276.
16) サンスクリットにおけるタパシャ（tapasha）は，ある目的——多くの場合宗教と結びついている——を達成するために行う，通常困難や痛みを伴う個人的努力を意味する。ヒンドゥー教，シーク教，ジャイナ教の文脈では，タパシャは神に対する献身を純化し強化する手段である。Clifford Geertz, *The Religion of Java* (Chicago : University of Chicago Press, 1960), p. 325 ; Edi S. Ekajati, *Kebudayaan Sunda : Suatu Pendekatan Sejarah* (Jakarta : Pustaka Jaya, 1995), p. 65.
17)『サジャラ・バンテン』は，ハサヌッディンがメディナのナクシバンディーヤ（Naqshbandiyya）という教団からスーフィーの教えを受けたと述べる。Martin van Bruinessen, "Shari'a Court, *Tarekat* and *Pesantren* : Religious Institutions in the Banten Sultanate," *Archipel* 50 (1995) : 178. このことは，ファン・ブライネッセンが述べるように，年代記が書かれた17世紀後半から18世紀前半にかけてのバンテン宮廷で，ナクシバンディーヤのスーフィズムの知識がよく知られ，恐らくは特権的な地位にあったことを示していると思われる。
18) Text G XIX-6, Pudjiastuti, "Sadjarah Banten," pp. 343-344.

19) Text G XVIII 1-4, 38-46, Pudjiastuti, "Sadjarah Banten," pp. 334-335, 339-341.
20) パネンバハンは，ジャワ語およびスンダ語で「跪く」を意味する sumbah から派生している。
21) Claude Guillot, "Banten in 1678," *Archipel* 37 (1989): 97.
22) Willem Lodewycksz., *De eerste schipvaart naar Oost-Indie onder Cornelis de Houtman, 1595-1597*, ed. G. P. Roufaer and J. W. IJzerman (The Hague: Martinus Nijhoff, 1915 (1598), vol. 1, p. 114.
23) Edmund Scott, "An English Man in Banten," in *The Indonesia Reader: History, Culture, Politics*, ed. Tineke Hellwig and Eric Tagliacozzo (Durham and London: Duke University Press, 2009), pp. 90-91.
24) Claude Guillot, *The Sultanate of Banten* (Jakarta: Gramedia, 1990), pp. 25, 69.
25) LOr 2052, census of the population, Banten, 1696/97, 186r-186v.
26) これらはいずれもアラビア語を起源とする役職である。ハビブ（アラビア語では habīb）は予言者ムハンマドの子孫を意味し，モディンはモスクで祈りの呼びかけアザーン（azan）を行う職員である mu'adhdhin から恐らく派生している。マルボットはやや低い役職の職員で，モスクにおける諸用を執り行っていた marbūt のことであろう。
27) こうしたコミュニティは中部ジャワでモスクの周辺に作られたカウマン（kauman）もしくはプカウマン（pekauman）と呼ばれたイスラーム・コミュニティに相当した可能性もある。Geertz, *The Religion of Java*, p. 132. ただ，バンテンのこれらのコミュニティが，中部ジャワのそれのように，バンテンでも中央政府に対する義務の一部を免除されていたかどうかは明らかでない。
28) ADB 177: B-1, Satatistiek van Residentie Bantam, 31 Mar. 1821.
29) Schrieke, *Indonesian Sociological Studies*, vol. 2, pp. 241-242.
30) Azyumardi Azra, *The Origins of Islamic Reformism in Southeast Asia: Networks of Malay-Indonesian and Middle Eastern 'Ulamā' in the Seventeenth and Eighteenth Centuries* (Crows Nest: Allen & Unwin; Honolulu: University of Hawai'i Press, 2004), pp. 88-89.
31) Anonymous, "Nog iets over de oudste Mohammedaansche vorsten op Java," *TNI* 3rd series 5-2 (1871): 447.
32) この出来事に関しては，C. スヌーク・フルフローニェやその他の研究者が，アブドゥル・カディルがグランド・シャリフの地位に関して無知であったと指摘している。Van Bruinessen, "Shari'a Court, *Tarekat* and *Pesantren*," p. 167.
33) Johan Talens, *Een feodale samenleving in koloniaal vaarwater: Staatvorming, koloniale expansie en economische onderontwikkeling in Banten, West-Java 1600-1750* (Hilversum: Verloren, 1999), pp. 151-153.
34) Van Bruinessen, "Shari'a Court, *Tarekat* and *Pesantren*," p. 168; Talens, *Een feodale samenleving*, p. 152.
35) Azyumardi, *The Origins of Islamic Reformism in Southeast Asia*, pp. 95-96; Van Bruinessen, "Shari'a Court, *Tarekat* and *Pesantren*," p. 173; Talens, *Een feodale samenleving*, pp. 153-154.
36) Azyumardi, *The Origins of Islamic Reformism in Southeast Asia*, pp. 95-96; Talens, *Een feodale samenleving*, p. 154.

37) B. Schrieke, *Indonesian Sociological Studies* (The Hague and Bandung : W. van Hoeve, 1955-57), vol. 2, pp. 241-242.
38) Van Bruinessen, "Shariʻa Court, *Tarekat* and *Pesantren*," pp. 168-172.
39) Memorie van Overgave from Commander J. V. Stein van Gollonesse to J. Roman, Banten, 28 August 1734. P. J. B. C. Robidé van der Aa, "De groote Bantamsche opstand in het midden der vorige eeuw, bewerkt naar merendeels onuitgegeven bescheiden uit het oud-koloniaal archief met drie officiele documenten als bijlagen," *BKI* serie 4, deel 5 (1881) : 70 からの引用。
40) Van Bruinessen, "Shariʻa Court, *Tarekat* and *Pesantren*," pp. 170-171.
41) Talens, *Een feodale samenleving*, pp. 134-148, 174-175.
42) ADB 18 : 21, MvO, Commander Willem Christoffel Engert, Banten, 7 Nov. 1789.
43) Drewes, *The Admonitions of Seh Bari*, p. 11.
44) Van Bruinessen, "Shariʻa Court, *Tarekat* and *Pesantren*," p. 195.
45) Nina Herlina Lubis, *Banten dalam pergumulan sejarah : sultan, ulama, jawara* (Jakarta : Pustaka LP3ES Indonesia, 2004), p. 27.
46) Hoesein Djajadiningrat, *Tinjauan Kriti tentang Sadjarah Banten* (Jakarta : Djambatan, 1983), p. 34.
47) Lodewycksz., *De eerste schipvaart der Nederlanders naar Oost-Indië*, vol. 1, p. 114.
48) J. de Rovere van Breugel, "Beschrijving van het Koninkrijk Bantam," *BKI* new series 1 (1856) : 335-337.
49) ADB 177 : B-1, Statistiek van Residentie Bantam, 31 Mar. 1821. この資料はなぜか宗教専門家の中に，イスラーム教師の最も一般的称号であるキヤイを含めていない。
50) LOr 2052, census of the population, Banten, 1696/97 ; LOr 2055, census of the population, Banten, c. 1700.
51) Francois Valentyn, *Oud en nieuw Oost-Indiën, vervattende een naaukeurige en uitvoerige verhandelinge van Nederlands mogentheyd in die gewesten*, [...] (Franeker : Van Wijnen, 2002 [1724-1726]), vol. 4-A, 216.
52) De Rovere van Breugel, "Beschrijving van het Koninkrijk Bantam," pp. 317-318.
53) MCM 81 (10) : 211-212, a court tradition, translated by H. Baud, n. d.
54) ジョン・クロウファードによって収録されたさらにもう一つの伝承によれば，スナン（ススフナン）・グヌン・ジャティの息子が，ちょうど『サジャラ・バンテン』の叙述と同様に，バンテンの現地住民の改宗に成功したとされる。John Crawfurd, *History of the Indian Archipelago. Containing an Account of the Manners, Arts, Languages, Religions, Institutions, and Commerce of Its Inhabitants* (Edinburgh : Constable and London : Hurs, Robinson and Co., 1820), vol. 2, pp. 315-317. しかし，スナン・グヌン・ジャティの影響力はやはりチレボンのスルタンとして強調され，彼が息子にスルタンの称号と様々な指導を与えたとする。
55) 1960年代以降の国内外における植民地期インドネシア社会経済史研究の動向については，宮本謙介が最も詳細で有用な総括を行っている。宮本謙介『インドネシア経済史研究―植民地社会の成立と構造―』（ミネルヴァ書房，1993），pp. 3-52。
56) Jan Breman, *The Village of Java and the Early-colonial State* (Rotterdam : Erasmus University, 1980), pp. 3, 10. 加納啓良は，ブレマンがこのように伝統的村落の存在そのものを否定する点については批判的であるが，植民地官僚がジャワ村落を神話化する言説を

作り上げたとするブレマンの視点については，好意的に論じている。加納「共同体の思想」，p. 18。

57) Peter Boomgaard, "The Javanese Village as a Cheshire Cat : The Java Debate Against a European and Latin American Background," *The Journal of Peasant Studies* (1991) 18 : 288-304 ; R. E. Elson, "Aspects of peasant life in early 19th century Java," in *Nineteenth and Twentieth Century Indonesia : Essays in Honour of Professor J. D. Legge*, ed. David P. Chandler and M. C. Ricklefs (Clayton : Monash University, 1986).

58) Breman, *The Village of Java*, pp. 6-8, 11-15. 加納はさらに，インドネシアの独立後，村落神格化の議論はインドネシアの政治指導者や知識人たちによって引き継がれ，国家の統治や統合のためのイデオロギーの体系の中に転用されていったと指摘する。加納「共同体の思想」，p. 18。

59) ブレマンは，チャチャーは本来，一つの農民世帯が耕す規模の田圃を指し，それはまた課税の基本単位でもあったとする。Breman, *The Village of Java*, p. 21. チャチャーは，ジャワ社会経済史における最も複雑な概念の一つであり，ピーター・ボームハールト，ロバート・ファン・ニール，メゾン・C. ホードレイ，ピーター・ケアリーといった研究者が詳細な分析を行っている。細かい相違点はあるが，彼らはチャチャーが数詞で，しばしば上位権力が支配する人的または土地資源の単位として用いられるということで合意している。チャチャーの数は特定の土地の価値を指し示し，例えば「200チャチャーの土地」と言ったように，ある土地の評価を行った。Peter Boomgaard, *Children of the Colonial State : Population Growth and Economic Development in Java, 1795-1880* (Amsterdam : Free University Press, 1989) ; Robert van Niel, "Rights to Land in Java," in *Dari Babad dan Hikayat sampai Sejarah Kritis, Kumpulan Karangan Dipersembahkan kepada Prof. Dr. Sartono Kartodirdjo*, ed. T. Ibraim Alfian et al. (Jogjakarta : Gajah Mada University Press, 1987) ; Mason C. Hoadley, *Towards a Feudal Mode of Production : West Java, 1680-1800* (Singapore : Institute of Southeast Asian Studies, 1994) ; Peter Carey and Mason C. Hoadley (eds.), *The Archive of Yogyakarta*, vol. 2 : *Documents relating to Economic and Agrarian Affairs* (Oxford : Oxford University Press, 2000). バンテンにおけるチャチャーについては，巻末資料6-E参照。

60) Breman, *The Village of Java*, pp. 18, 28-31, 35-36, 42.

61) 加納は，ブレマンが村人同士の共同体的関係と垂直的パトロン-クライアント関係が両立し得る可能性を考慮していないため，後者の存在を指摘することによって前者を否定しようとしていると指摘した。加納はまた，ブレマンが「村落」という概念で何を意味しようとしているのか明らかでないと指摘する。加納によれば，ブレマンの論じる「村落」はオランダの法学者ファン・フォーレンホーフェンが用いる意味での慣習法共同体であるのか，それともコミュニティを構成する集落を意味するのかは判然としない。加納「共同体の思想」，pp. 42-43。

62) C. J. G. Holtzappel, "Het verband tussen desa en rijksorganisatie in prekoloniaal Java : Een ontwikkelingssociologische studie in historisch perspectief" (Ph. D. dissertation, Leiden University, 1986), pp. 661, 690-691.

63) ホルトゥザッペルは，チャチャーとは，1バウ (bau) の水田を耕作できる1人の農民で構成される，税および労働義務を課すための労働単位と説明している。Holtzappel, "Het Verband tussen Desa en Rijksorganisatie," p. 588.

注（第2章）　381

64）Holtzappel, "Het Verband tussen Desa en Rijksorganisatie," pp. 687-690, 721-722, 735.
65）50, 100, および 1,000 世帯からなるより大きな同様の社会単位もあった。Holtzappel, "Het Verband tussen Desa en Rijksorganisatie," pp. 734-737.
66）Holtzappel, "Het Verband tussen Desa en Rijksorganisatie," pp. 722, 829-830.
67）Holtzappel, "Het Verband tussen Desa en Rijksorganisatie," p. 737.
68）Elson, "Aspects of peasant life," p. 70 ; Boomgaard, "The Javanese Village," p. 290.
69）Elson, "Aspects of peasant life," p. 71.
70）Boomgaard, "The Javanese Village," pp. 292, 296, 297, 299.
71）Elson, "Aspects of peasant life," p. 71 ; Boomgaard, "The Javanese Village," p. 300.
72）Elson, "Aspects of peasant life," pp. 67-69.
73）加納啓良「ジャワ村落史の検証―ウンガラン郡のフィールドから―」『東洋文化研究所紀要』111：33-129。
74）ボームハールトも，やや異なる用語で村落機能の三つの側面を説明しており，本章もそれを参考にしている。Boomgaard, "The Javanese Village," p. 291.
75）加納はジャワ村落論の系譜を論じた研究において，今後いっそう実証的に展開されるべきジャワ村落史研究の仮説的な理論的枠組みとして，11 点の論点を提起している。この提起に筆者は大きな刺激を受けており，本章はその論点の全てをカバーするものではもちろんないが，一つのレスポンスになっていると考える。加納「共同体の思想」，pp. 46-49。
76）ADB 30：229r, pepper cultivation inspection report, 20 Nov. 1789 ; ADB 30：no pagination, Instruction to the pepper cultivation inspectors by Commander F. H. Beijnon, Banten, 6 Sep. 1790 ; MCM 81 (11)：243, Statistic Memoir by Resident U. Yule, Banten, Nov. 1812 ; *Résumé van het bij Gouvernements besluit van 10 Juli 1867 No. 2 bevolen Onderzoek naar de Regten van den grond in de Residentie Bantam* (Batavia：Landsdrukkerij, 1871), p. 7.
77）ADB 177：C-1, Statistiek van Residentie Bantam, 31 Mar. 1821 ; MCM 81 (11)：237-238, 240-241, Statistic Memoir by Resident U. Yule, Banten, Nov. 1812.
78）ADB 27：61-62, pepper cultivation inspection report, 10 Aug. 1789.
79）De Rovere van Breugel, "Beschrijving van het Koninkrijk Bantam," p. 163.
80）MCP 4 (7)：291-292, a report by Resident De Bruin, Banten, 30 Sep. 1811 ; Willem Bernardus Bergsma (ed.), *Eindresumé van het bij Gouvernements besluit d. d. 10 Juni 1867 No. 2 bevolen onderzoek naar de rechten van den inlander op den grond op Java en Madoera* (Batavia：Ernst & Co., 1876-96), vol. 2, p. 5 ; vol. 2, Bijlage A, 'Extract of the report about the appanage fields [...],' p. 6, Inspectors A. J. Spaan and F. C. Falck, Banten, no date ; vol. 3, Bijlage N, 'Notes over property rights on wastelands in Java', p. 169, B. van Baak, Assistant Resident of Lebak, 25 Mar. 1867.
81）LOr 2052, census of the population, Banten, 1696/97 ; LOr 2055, census of the population, Banten, c. 1700.
82）その一例は次の資料でも確かめられる。VOC 2999：949r-949v, GM, 31 Dec. 1761 ; VOC 3093：15, Commander P. Faure in Banten to Batavia, 1 July 1763.
83）Achmad Djajadiningrat, *Herinneringen van Pangeran Aria Achmad Djajadiningrat* (Amsterdam and Batavia：Kolff, 1936), p. 110 ; Williams, *Communism, Religion, and Revolt*, p. 65.
84）大橋厚子「西部ジャワのコーヒー生産とレヘントの再編―商品生産植民地の建設―」

辛島昇編『東南アジア国家の歴史的位相―伝統的国家, 植民地国家, 国民国家―』(東京大学出版会, 1992), pp. 113-118; Luc Nagtegaal, *Riding the Dutch Tiger : The Dutch East Indies Company and the north coast of Java, 1680-1743* (Leiden : KITLV Press, 1996), pp. 35-50, 181-187.

85) プルディカンという語はジャワでは通常, プサントレン, モスク, 聖人の墓地など宗教施設の世話をする代わりに中央権力に対する義務を全てまたは一部免除されているフリーゾーンのことを指す。マタラム時代には, この特権は, スルタンの寵臣といった宗教とは無関係の人々に与えられることもあった。プルディカンの所有者は, その範囲に住む人々――スルタンに対する義務からは免除されている――から提供されるものから収入を得ることを認められていた。B. Schrieke, "Iets over het Perdikan-institute," *Het Bataviaasch Nieuwsblad* 10 and 11 (8 Sep. 1918 and 15 Sep. 1918) : 1-6 ; B. Schrieke, "Iets over het Perdikan-institute," *TBG* 58 (1919) : 406-423 ; P. de Roo de la Faille, "Over het Grondenrecht onder Javaansch Vorstenbestuur," *TBG* 59 (1919-21) : 74-76 ; J. Paulus et al. (eds.), *Encyclopaedie van Nederlandsch-Indie* (The Hague : Martinus Nijhoff and Leiden : Brill, 1917-1939), vol. 1, p. 593. この種のプルディカン制度は, バンテンにおいてプデカンが構成する統治単位と非常に近い。

86) カウムは通常, イスラーム共同体を構成する人々を指す。C. Snouck Hurgronje, *De Islam in Nederlandsch-Indië* (Baarn : Hollandia-drukkerij, 1913), pp. 21-22. しかしバンテンの住民台帳においては, カウムは労働力をイスラーム共同体に提供する人々と説明されている。LOr 2052, census of the population, Banten ; LOr 2055, census of the population, Banten ; 巻末資料 6-C も参照されたい。

87) ADB27 : 177, pepper cultivation inspection report, 20 Nov. 1789 ; ADB30 : 237r-241r, pepper cultivation inspection report, 20 Nov. 1789.

88) *Résumé*, pp. 2-3 ; Broegsma, *Eindresumé*, vol. 2, pp. 1-2 ; Sartono Kartodirdjo, *The Peasants' Revolt of Banten in 1888 : Its Conditions, Course and Sequel, a Case Study of Social Movements in Indonesia* (The Hague : Martinus Nijhoff, 1966), p. 34. これらの資料によれば, マルディコは, イスラームに自発的に改宗するのと引き換えに自由民の身分を与えられた人々で, アブディは強制的に服従させられマルディコよりも重い負担を与えられて奴隷化された人々とされる。しかし 18 世紀の資料は, 人々の社会的区分とイスラームへの改宗との関連性については全く述べていない。

89) 近代ジャワ語の mĕrdika および mardika, またマレー語の mĕrdeka およびスンダ語の mĕrdika は, 全てサンスクリット語で「偉大なる繁栄, 力, 完全性」を意味する maharddhika から派生した言葉である。Pigeaud, *Javaans-Nederlands woordenboek*, p. 276 ; R. J. Wilkinson, *A Malay-English Dictionary* (London : Macmillan and New York : St. Martin's Press, 1959), p. 768 ; Jonathan Rigg, *A Dictionary of the Sunda Language of Java* (Batavia : Lange, 1862), p. 279 ; Monier Monier-Williams, *A Sanskrit-English Dictionary* (Delhi etc. : Motilal Banarsidass, 1981 [1899]), p. 794.

90) ADB 27 : 98-99, pepper cultivation inspection report, 2 Sep. 1789 ; ibid. : 177, 20 Nov. 1789 ; ADB 30 : 237r-239r, pepper cultivation inspection report of 1789, 20 Nov. 1789.

91) ADB 24 : 6, report by Special Commissioner Van der Parra, Banten, 24 Sep. 1753.

92) 「宮廷任務」に就いた人々を宮廷役人と解釈することは不可能である。宮廷の役人は, 住民台帳ではマントリ・ダルム (mantri dalĕm) と呼ばれており, その数も 1,362 人し

かいないため，1,250人をここから解放することは不可能である。
93) コンチョは字義通りには（首長の）「友人，同輩」を意味する。この語は，住民台帳では kirnan, pakardi, または pakardos と言い換えられることがある。後ろの二つが共に労働者を意味するのに対し，kirnan はどの辞書にも定義されていない。
94) サフクルは字義的には，「同じサイズ（の）」の意味であるが，この文脈における意味は明らかでない。ピジョーは，これを他の村から来て同化した者と解釈しているが，その根拠は明らかにしていない。Theodore G. Th. Pigeaud, *Literature of Java : Catalogue Raisonné of Javanese Manuscripts in the Library of the University of Leiden and Other Public Collections in the Netherlands* (The Hague : Martinus Nijhoff, 1967-80), vol. 3, p. 68.
95) サントリは字義的には伝統的ムスリム学校の学生またはイスラームの教えを忠実に実行する者を指す。しかし1821年のあるオランダ語資料は，バンテンにおけるサントリは，イマム，ハジ，グル といった宗教専門家（geestelijken）であると明確に述べている。ADB 177 : B-1, Statistiek van Residentie Bantam, 31 Mar. 1821.
96) ジュバッグは字義的には老人を意味するが，この住民台帳においては，例えば精神的失調（tampa daksa）など，それ以外の理由で働けない者も含まれている。
97) F. Fokkens (ed.), *Eindresumé van het bij besluit van den Gouverneur-Generaal van Nederlandsch-Indië van 24 Juli 1888 no. 8 bevolen onderzoek naar de verplicht diensten der inlandsche bevolking op Java en Madura* (Batavia : Smits etc., 1901-03), vol. 1, p. 18a.
98) そのような女性は「世帯の長，その夫は義務のない者（pĕh kirnan lakinipun merdhika）」と記されている。LOr 2055 : 9v, census of the population, Banten. なぜその夫に労働奉仕の義務がなかったのかは示されていない。
99) Fokkens, *Eindresumé*, vol. 1, pp. 18a-19a. 例えばバンテン中西部にあるムネス（Menes）という村落では，バク（baku）と呼ばれる独立民に課された労働義務が重い場合には，それをランジャンと呼ばれる非独立民が手伝うとされる。
100) 集落を表すこれら三つの語の区別はあまり明らかでない。ホーフト・ネホレイは比較的人口の大きな集落を指す。ある集落が他の集落に「属する」場合，その母集落はネホレイまたはカンポンと呼ばれたが，子集落は常にカンポンと呼ばれた。ネホレイは中核集落として機能したように見えるが，集落が他の集落に「属する」というのが正確にどのようなことを意味するのかは明らかでない。ブキット（マレー語で「丘」）の性格については全く情報がない。
101) 調査報告は胡椒栽培者だけを，すなわち15歳以上の健康な男性だけを数えている。彼らは住民台帳における中核住民とプラジョコ（未婚青年男子）に相当するであろう。住民台帳のジュバッグとサントリは胡椒栽培報告ではカウントされない。
102) 『最終提要』によれば，この税はルランジャン（lelanjan）と呼ばれている。Bergsma, *Eindresumé*, vol. 2, p. 3.
103) MCM 81 (11) : 243-245, Statistic Memoir by Resident U. Yule, Banten, Nov. 1812. ターレンスは，バンテン農民は人頭税によって，ヨーロッパにおける農奴と同じように移動の自由を妨げられたと論じている。Talens, *Een feodale samenleving*, p. 83. しかし既に述べたように，人頭税は人口のごく一部に過ぎないアブディ・ダルムにのみ課されたのであって，農民が住む場所を変えるのは極めて一般的であった。
104) Bergsma, *Eindresumé*, vol. 2, Bijlage A, 'Extract of the report about the appanage fields [...],' pp. 5-6, Inspectors A. J. Spaan and F. C. Falck, Banten, no date.

105) Leonard Blussé, "Labour Takes Root : Modernization and Immobilization of Javanese Rural Society under the Cultivation System," *Itinerario* 8-1 (1984) : 77-117.
106) HRB 1004 : 326, report by Commander J. Reijnouts, Banten, 2 July 1766. 同じ資料はまた、こうした宮廷の労働奉仕のために、農民は1年に3-4ヶ月しか自分の水田で働けないと述べている。
107) 兵士を伴ってやって来る使者については、VOC 3248 : no pagination, 9 July 1768 を参照。首長の逮捕については、1766 (VOC 3185)、1767 (VOC 3214)、1768 (VOC 3248)、および 1769 (VOC 3277) 各年の胡椒栽培調査報告に多くの叙述がある。
108) MCM 81 (11) : 243, Statistic Memoir by Resident U. Yule, Banten, Nov. 1812.
109) ADB 27 : 26-27, pepper cultivation inspection report, 31 July 1789 ; ADB 30 : 230r-231r, pepper cultivation inspection report, 20 Nov. 1789.
110) バンテンにおける農民の私的土地所有については、既に多くの先行研究が指摘している。ジャワの土地権を研究したファン・ニールは、西ジャワでのみ、中でもバンテンにおいて顕著に、土地の所有が個人に帰せられていたと説明している。Van Niel, "Rights to Land in Java," p. 137. ボームハールトもまた、1800年頃バンテンでサワー・ヨソと呼ばれる土地が「農民によって個人的に、世襲的に所有されている」と指摘した。Peter Boomgaard, *Between Sovereign Domain and Servile Tenure : The Development of Rights to Land in Java, 1780-1870* (Amsterdam : Free University Press, 1989), p. 11. 1928年には A. J. C. クラフトが、バンテンではほとんど全ての農民が土地を所有し経済的格差はあまり顕著でないと述べている。A. J. C. Krafft, "Bantam," *Tijdschrift voor Economische Geographie* 19 (1928) : 400. 19世紀末から20世紀前半にかけてのバンテン社会を検討した藤田英里もまた、バンテンでは農民による私的土地所有が顕著であることを指摘している。藤田絵里「植民地後期バンテン地方史研究―地域社会におけるリーダーシップに焦点をあてて―」広島大学大学院文学研究科提出博士論文、2006、pp. 29-33, 90。
111) De Rovere van Breugel, "Beschrijving van het Koninkrijk Bantam," p. 342.
112) ADB 177 : B-1, C-1, Statistiek van Residentie Bantam, 31 Mar. 1821 ; ADB 180 : 7c-8b, Laporan Indisch en huishoudelijk bestuur, 20 June 1827 ; ADB 182 : no pagination, Resultaat van het onderzoek van Tie Ringie, 24 May 1828.
113) Bergsma, *Eindresumé*, vol. 2, Bijlage A, 'Extract of the report about the appanage fields [...],' pp. 4-6, Inspectors A. J. Spaan and F. C. Falck, Banten, no date.
114) Williams, *Communism, Religion, and Revolt*, pp. 37-39.
115) ドゥ・ローフェレ・ファン・ブリューヘルは、18世紀後半における胡椒栽培と私的土地所有の関係について言及している。彼によれば、ポンゴウォが直接所有するものを除く胡椒畑は、各栽培者の所有物であった。De Rovere van Breugel, "Beschrijving van het Koninkrijk Bantam," p. 342. 胡椒は結実までに 5-7 年を要し、12-16 年目まで収穫が可能である（本書第4章第3節参照）。これに対し米作では、栽培者は 3-4 年同じ土地で耕作した後、その土地を放棄して新たな畑を開墾するために別の土地へ移った。ADB 177 : C-3, Statistiek van Residentie Bantam, 31 Mar. 1821 ; *Résumé*, p. 162 ; Bergsma, *Eindresumé*, vol. 2, p. 12.
116) MCM 81 (11) : 240-241, Statistic Memoir by Resident U. Yule, Banten, Nov. 1812.
117) ADB 177 : C-1, Statistiek van Residentie Bantam, 31 Mar. 1821 ; Bergsma, *Eindresumé*, vol.

2, p. 3 ; Bergsma, vol. 2, Bijlage A, 'Extract of the report about the appanage fields [...],' p. 12, Inspectors A. J. Spaan and F. C. Falck, Banten, no date. この種の土地はまたプソコ (pesaka), トノ・プソコ (tana pesaka), またはプソコ・ラデン (pesaka laden) とも呼ばれた。しかし『最終提要』は，ポンゴウォはそれに世襲的権利を持っていた訳ではないため，本来世襲財産を意味するプソコよりもプチャトンの方がより適切な語であると説明している。

118) Bergsma, *Eindresumé*, vol. 2, p. 3.
119) Bergsma, *Eindresumé*, vol. 2, Bijlage A, 'Extract of the report about the appanage fields [...],' p. 12, Inspectors A. J. Spaan and F. C. Falck, Banten, no date.
120) 1765年の報告書によれば，計238のクライアント・ユニットのうち31が，14の「村落」に存在する一方，残りの207は一つの「村落」を形成している。これは一見，クライアント・ユニットの大半は「村落」と同じであるとの印象を与えるかも知れない。しかし報告書の付加的情報を読むと，多くの「村落」が幾つかの小さな一種の衛星集落を持つことも確かめられる。さらにまた，オランダ人調査官が胡椒生産集落にのみ注意を払い，クライアント・ユニットを「村落」と認識したがる傾向があったことを考慮に入れなければならない。つまり調査官は，もしある「村落」の中で一つのクライアント・ユニットだけが胡椒栽培を行っていた場合は，残りのものを全く無視して，そのユニットだけが「村落」に存在するかのように記載したかも知れない。1760年代半ばには，報告書に示された以上に，複数のクライアント・ユニットがオランダ人が「村落」と呼ぶ地域の内部や周辺に存在したと考えるのが妥当であろう。
121) クライアント・ユニットごとの胡椒畑の数に関する情報は，1789年の調査報告に示されている (ADB 27)。
122) 胡椒栽培に必要な作業については，第4章第3節を参照。
123) 首長による官吏の買収は，1789年の胡椒栽培調査報告書に数多く記されている。ADB 27 : 50-51, 7 Aug. 1789 ; ADB 27 : 56-58, 8 Aug. 1789 ; ADB 30 : 212r-216r, 20 Nov. 1789.
124) オランダ東インド会社の職員が，カンポンという現地語をしばしば用いていたという事実は，カンポンが18世紀において現地社会で用いられていた可能性が高いことを示していよう。20世紀初頭には，カンポンという語は，新たに設立された植民地村落内部で真のコミュニティとして機能していた集落を意味していたことは当時の資料から確かめられる。藤田絵里「植民地期ジャワの長老とバンテン村落」『史学研究』234 (2001) : 37-40。
125) その一例は，LOr 2052 : 31r, census of the population, Banten を参照。ここで言う「贈り物」が具体的に何を示したかは明らかでない。
126) Holtzappel, "Het Verband tussen Desa en Rijksorganisatie," pp. 588, 734-737.
127) J. K. J. de Jonge (ed.), *De Opkomst van het Nederlandsche gezag in Oost-Indië : Verzameling van onuitgegeven stukken uit het Oud-Koloniaal Archief* (Amsterdam and The Hague : Martinus Nijhoff, 1862-1909), vol. 10, pp. 118-119, Director-General J. Mossel in Banten to Batavia, 21 Feb. 1747 ; De Rovere van Breugel, "Beschrijving van het Koninkrijk Bantam," p. 320.
128) Boomgaard, *Between Sovereign Domain and Servile Tenure*, p. 68.
129) バンテンでは，ホルトゥザッペルが中・東部ジャワに関して述べたような，統治単位

において軍事徴用が行われたことに関する言及は資料に見られない。
130) バンテンでは、ジャワの他の地域と異なり、チャチャーという語が一般的数詞、または土地ないし人々を数える単位として使われた例はない。バンテンにおけるチャチャーの用法については、巻末資料 6-E を参照。
131) James C. Scott, *Seeing Like a State : How Certain Schemes to Improve the Human Condition Have Failed* (New Haven and London : Yale University Press, 1998), p. 2. 近代国家が「社会を読解可能に」し、「臣民とその環境を統御する」試みに関して、スコットは 19、20 世紀のヨーロッパとアフリカにおいて分析しているが、彼の議論は 18 世紀バンテンにも有効であるように見える。
132) ADB 27 : 172-173, pepper cultivation inspection report, 20 Nov. 1789 ; ADB 30 : 238r-239r, pepper cultivation inspection report, 20 Nov. 1789.
133) 鈴木恒之「バンテン王国支配下におけるランポン地方社会の変容」『東南アジア―歴史と文化―』5 (1975) : 95-121。
134) 鈴木「ランポン社会の変容」、pp. 98-113。
135) De Rovere van Breugel, "Beschrijving van het Koninkrijk Bantam," pp. 326-329.
136) VOC 2886 : 2nd, 86-88, Commander W. H. van Ossenberch in Banten to Batavia, 3 Oct. 1756 ; VOC 3123 : 8-9, Resident W. Schoester in Menggala to Batavia, 30 Apr. 1760 ; VOC 3211 : 1780r-1780v, GM, 31 Dec. 1771 ; VOC 3555 : 78-79, Commander L. N. Meijbaum in Banten to Batavia, 8 July 1780.
137) HRB 1005 : 52, report by J. de Rovere van Breugel, Banten, no date, 1783.
138) G. W. J. Drewes (ed.), *De Biografie van een Minangkabausen Peperhandelaar in de Lampongs : naar een Maleis handschrift in de Marsden-collection te Londen* (The Hague : Martinus Nijhoff, 1961), pp. 95-96, 146-147, および本書第 3 章第 4 節、第 4 章第 2 節参照。
139) このようなバンテン人官吏は、1737 年と 1761 年のピアグム（王の布告を刻んだ銅板）ではブミ (bumi) と呼ばれ、オランダ語資料ではレヘントと呼ばれている。Theodore G. Th. Pigeaud, "Afkondigingen van Bantamsche Soeltans voor Lampoeng," *Djawa* 9 (1929) : 138. 鈴木が 17 世紀資料に基づいて述べるようなジュナン (jeneng)、ジンジュム (jinjem) といった役職名は、18 世紀資料には見つけられない。
140) ランプンからは、1662 年から 1766 年または 1771 年までの間に作成されたピアグムが発見されており、その内容は以下の論文で示されている。J. J. Meinsma, "Eene proklamatie van een Sultan van Bantam," *BKI* 3rd series 8 (1873) : 152-157 ; H. N. van der Tuuk, "Naar aanleiding van eene proclamatie van den Sultan van Bantam," *TBG* 23 (1876) : 134-139 ; H. N. van der Tuuk, "Lampongsche pijagem's, " *TBG* 29 (1884) : 191-207 ; H. C. Humme, "Javaansche Inscriptie," *BKI* 4th series 8 (1884) : 1-17 ; J. L. A. Brandes, "Nog eenige Javaansche piagem's uit het mohammedaansche tijdvak, afkomstig van Mataram, Banten en Palembang," *TBG* 32 (1889) : 557-601 ; 34 (1891) : 605-623 ; 35 (1892) : 110-126 ; 37 (1894) : 119-126 ; 42 (1900) : 131-134, 491-507 ; Pigeaud, "Afkondigingen," pp. 123-159. また巻末資料 1 も参照されたい。
141) トゥランバワンで、河川交通において通行料を徴収する権利は、1771 年のピアグムで言及されている。Pigeaud, "Afkondigingen," p. 142. 地方首長が貿易許可証を発行することについては、1690 年にプティの首長に授けられたピアグムと、ナコダ・ムダの伝記の中で述べられている。Pigeaud, "Afkondigingen," p. 130, 151 ; Drewes (ed.), *De*

Biografie, pp. 59-61, 110-112.
142) VOC 2996: 1st, 56-57, 65, MvO, Resident K. Laven to W. Schoester, Menggala, 20 June 1760.
143) VOC 3157: 2nd, 12, Resident W. Schoester in Menggala to Batavia, 17 May 1765.
144) Johan Talens, "Ritual power: the installation of a king in Banten, West Java, in 1691," *BKI* 149 (1993): 345-346.
145) ADB 25: 172-203, diary of Commissioner H. Breton, Banten, 1-5 Sep. 1777; ADB 26: 41-83, diary of Commissioner Van IJseldijk, Banten, 13-15 Sep. 1802. 墓所参詣は, ターレンスが非常に詳しく検討している1691年のスルタン即位式では言及されていない。Talens, "Ritual power."
146) Johan Splinter Stavorinus, *Reize van Zeeland over de Kaap de Goede Hoop, en Batavia, naar Samarang, Macasser, Amboina, Suratte, enz.: gedaan in de jaaren MDCCLXXIV tot MDCCLXXVIII* (Leyden: A. en J. Honkoop, 1793), pp. 50-51.
147) その幾つかの例に, 次のようなものがある。De Jonge, *De Opkomst van het Nederlandsche gezag in Oost-Indië*, vol. 10, pp. 115-124, Director-General J. Mossel in Banten to Batavia, 21 Feb. 1747; VOC 2843: 77, Commander J. van Suchtelen et al. in Banten to Batavia, 15 Oct. 1754; VOC 3128: 1722r-1723v, GM, 31 December 1765; Stavorinus, *Reize van Zeeland*, pp. 50-51.
148) ADB 25: 172-203, diary of Commissioner H. Breton, Banten, 1-5 Sep. 1777; ADB 26: 41-83, diary of Commissioner Van IJseldijk, Banten, 13-15 Sep. 1802.
149) Stavorinus, *Reize van Zeeland*, pp. 50-51.
150) ADB 34: 56, diary of P. C. Coenraadt and P. A. Braam on voyage to Lampung, 14 Nov. 1802.
151) VOC 3093: 27-28, Commander H. P. Faure in Banten to Batavia, 15 Aug. 1763.
152) VOC 3093: 16, Commander H. P. Faure in Banten to Batavia, 1 July 1763.
153) ギアツ『ヌガラ』, pp. 128, 142。
154) VOC 3093: 27-28, Commander H. P. Faure et al. in Banten to Batavia, 15 Aug. 1763.
155) Jane Drakard, *A Kingdom of Words: Language and Power in Sumatra* (Shah Alam etc.: Oxford University Press, 1999), pp. 264-265.
156) VOC 3123: 8-9, Resident W. Schoester in Menggala to Batavia, 30 Apr. 1764.
157) O. W. Wolters, *History, Culture, and Region in Southeast Asian Perspectives* (Ithaca: Cornell University Press, 1999), p. 29.
158) Pigeaud, "Afkondigingen," p. 125.
159) Drewes (ed.), *De Biografie*, pp. 74, 125-126.
160) 例えば, ADB 27: 136, pepper cultivation inspection report, 13 Sep. 1789; VOC 2864: 146, Commander W. H. van Ossenberch in Banten to Batavia, 3 Dec. 1755; VOC 3652: 31, Commander L. N. Meijbaum et al. in Banten to Batavia, 30 Mar. 1782 など。バンテン宮廷の裁判所で判決が下された数百の事例に関しては, 同時代の記録が残されている。LOr 5625-5628, register of cases, Banten; Pigeaud, *Literature of Java*, vol. 2, pp. 333-334.
161) VOC 3363: 9-11, Commander J. Reijnouts, et al. in Banten to Batavia, 20 May 1772.
162) ランプン社会の特徴の一つは, 現地の人々が地方の抗争に外部権威が関与することを強く望んだことである。本書は第4, 5章でこの問題に言及する。もっとも東インド会社のオランダ人職員も, 彼らが1756年から本格的にランプンに進出してからは重要な

調停者と見なされ，抗争の仲介が依頼されることがあった。スルタンまたはオランダ人のいずれが抗争を調停した場合でも，関係する首長たちは謝意を示し彼らに今後胡椒を供給することを約束した。そうした例として，VOC 2886 : 3rd, 18, Resident K. Laven in Menggala to Batavia, 15 Jan. 1757 ; VOC 3555 : 93-96, Commander L. N. Meijbaum in Banten to Batavia, 18 Sep. 1780.

第3章　バンテン反乱 1750-52 年

1) VOC 2767 : 581-584, Commander G. T. Falck et al. in Banten to Batavia, 1 Nov. 1750 ; VOC 2767 : 607-608, Commander G. T. Falck in Banten to Batavia, 8 Nov. 1750.

2) P. J. B. C. Robidé van der Aa, "De groote Bantamsche opstand in het midden der vorige eeuw, bewerkt naar merendeels onuitgegeven bescheiden uit het oud-koloniaal archief met drie officiele documenten als bijlagen," *BKI* serie 4, deel 5 (1881) : 38 ; J. Kathirithamby-Wells, "The age of transition : The mid-eighteenth to the early nineteenth century," in *The Cambridge History of Southeast Asia*, vol. 1 : *From early times to c. 1800*, ed. Nicholas Taling (Cambridge : Cambridge University Press, 1992), p. 600 ; Tbg. Roesjan, *Sedjarah Banten* (Jakarta : Arief, 1954), pp. 39-41 ; Johan Talens, *Een feodale samenleving in koloniaal vaarwater : Staatvorming, koloniale expansie en economische onderontwikkeling in Banten, West-Java 1600-1750* (Hilversum : Verloren, 1999), pp. 167-168, 173-174.

3) Robidé van der Aa, "De groote Bantamsche opstand," pp. 15-16.

4) 各地における戦闘の具体的な展開，また反乱鎮圧に貢献したオランダ東インド会社職員の背景などについては，バンテン反乱の古典的研究である Robidé van der Aa, "De groote Bantamsche opstand" を参照されたい。

5) MvO, Commander J. V. S. Gollonesse to J. Roman, Banten, 28 Aug. 1734. Robidé van der Aa, "De groote Bantamsche opstand," pp. 70-72 に引用。

6) J. K. J. de Jonge (ed.), *De Opkomst van het Nederlandsche gezag in Oost-Indië : Verzameling van onuitgegeven stukken uit het Oud-Koloniaal Archief* (Amsterdam and The Hague : Martinus Nijhoff, 1862-1909), vol. 10, p. 56, GM, 31 Dec. 1745 ; vol. 10, pp. 67-68, GM, 31 Dec. 1746 ; vol. 10, p. 118, Director-General J. Mossel in Banten to Batavia, 21 Feb. 1747 ; vol. 10, p. 173, Secret Resolution at Batavia, 23 Nov. 1750. VOC 2684 : 505r-505v, GM, 31 Dec. 1747.

7) De Jonge, *De Opkomst van het Nederlandsche gezag in Oost-Indië*, vol. 10, pp. 148-152, Declaration by Governor-General G. W. van Imhoff, Batavia, 28 Nov. 1748 ; VOC 2708 : 483v-484v, GM, 31 Dec. 1748. スルタン・アリフィンは 1758 年にアンボンで没した。VOC 2912 : 592r, GM, 31 Dec. 1758.

8) De Jonge, *De Opkomst van het Nederlandsche gezag in Oost-Indië*, vol. 10, pp. 154-155, GM, 31 Dec. 1749.

9) VOC 2766 : 1st 140-142, Ratu Sharifa Fatima in Banten to Batavia, 12 Aug. 1750.

10) VOC 2767 : 661-662, Commander G. T. Falck et al. in Banten to Batavia, 19 Nov. 1750. もっともこの情報は反乱勃発後に集められたので，この中ではかつてシャリファ一族に虐げられた人々が彼らの悪行を特に強調したであろうこと，また反乱の原因をシャリファ一族に帰せしめたい会社職員にも同様の傾向があったであろうことは考慮されなければならない。

11) Roesjan, *Sedjarah Banten*.
12) VOC 2767: 582-583, Commander G. T. Falck et al. in Banten to Batavia, 1 Nov. 1750.
13) 本書以前の先行研究はいずれも，ムナラ山の正確な位置を確認できていない。Robidé van der Aa, "De groote Bantamsche opstand," p. 6. 筆者は 18 世紀資料に現れる地名からおおよその位置を推測し，その地域で人々に尋ね歩いてこの山に到達した。調査に協力して下さった京都大学東南アジア研究所教授（当時）五十嵐忠孝氏と同研究所ジャカルタ事務所スタッフに謝意を表したい。もっともその後，国家測量局による地図がムナラ山を示していることを発見した。BAKOSURTANAL, *Peta Rupabumi Digital Indonesia 1 : 25,000* (Jakarta : Badan Koordinasi Survey dan Pemetaan Nasional, 1998), 1209-412, "Parung." なお，18 世紀の歴史資料に示される地名の地理的比定には，P. J. Veth, *Aardrijkskundig en statistisch woordenboek van Nederlandsch Indië* (Amsterdam : PN. Van Kampen, 1869) を利用した。
14) カンプン・サワー村，ムナラ山の門番（トゥカン・クンチ tukang kenci）を自称する男性へのインタビュー。2001 年 10 月 25 日。
15) VOC 2767: 582-583, Commander G. T. Falck et al. in Banten to Batavia, 1 Nov. 1750. もっとも，パンゲラン・アリフ・グスティの反乱に関するオランダ東インド会社の資料には，アヌス・アハットという人物の名は見当たらない。
16) VOC 2843 : 68, Commander J. van Suchtelen et al. in Banten to Batavia, 21 Sep. 1754.
17) VOC 2788 : 252-253, report by Bapak Japia and Mas Kamil, Javanese spies, Banten, 7 June 1751.
18) VOC 2788 : 206-207, report by Bugis slave, Tisa, escaped captive, Banten, 31 May 1751.
19) VOC2805 : 430-432, J. C. Convert in Banten to Batavia, 26 Oct. 1752.
20) VOC 2788 : 206-207, report by Bugis slave, Tisa, escaped captive, Banten, 31 May 1751.
21) MF 3449 : 147-149, Kyai Tapa to the court officials in Banten, 29 Mar. 1751 ; VOC 2788 : 197-198, Kyai Tapa to the VOC officials in Banten, 29 May 1751. バンテンに関する 1751 年の機密文書（secrete brieven）は，マイクロフィルムのコピーしかなく原本が現存しない。そのためここには本来の資料番号でなく，マイクロフィルムのコピー番号を記す。
22) VOC 2788 : 8-9, report by VOC soldier, Jan Frans du Chardien, escaped captive, Banten, 8 Apr. 1751.
23) VOC 2767 : 609-611, Commander G. T. Falck et al. in Banten to Batavia, 13 Nov. 1750 ; ibid. : 629, 13 Nov. 1750 ; VOC 2788 : 290-291, Resolution at the Political Council in Banten, 15 June 1751. *De Opkomst van het Nederlandsche gezag in Oost-Indië*, vol. 10, p. 169, Secret Resolution at Batavia, 23 Nov. 1750.
24) De Jonge, *De Opkomst van het Nederlandsche gezag in Oost-Indië*, vol. 10, p. 163, Batavia to the Gentlemen Seventeen, 1 Dec. 1750.
25) VOC 2788 : 583, J. C. Convert in Lancar to Batavia, 21 Aug. 1751.
26) J. de Rovere van Breugel, "Beschrijving van het Koninkrijk Bantam," *BKI* new series 1 (1856) : 337.
27) MF 3449 : 147, Kyai Tapa to the VOC officials in Banten, 29 Mar. 1751.
28) De Jonge, *De Opkomst van het Nederlandsche gezag in Oost-Indië*, vol. 9, pp. 247-249, Batavia to the Gentlemen Seventeen, 6 Oct. 1734 ; MvO, Commander J. C. van Gollonesse to

J. Roman, Banten, 28 Aug. 1734, Robidé van der Aa, "De groote Bantamsche opstand," pp. 65-66 より引用。
29) Talens, *Een feodale samenleving*, pp. 99-100.
30) VOC 2767: 625-626, Commander G. T. Falck and the Political Council of Banten to Batavia, 13 Nov. 1750.
31) Talens, *Een feodale samenleving*, pp. 98-100. ウォン (wong) はジャワ語で「人」を意味し, グヌン (gunung) はマレー語で「山」であるが, ともにスンダ語でも用いられる。
32) Jonathan Rigg, *A Dictionary of the Sunda Language of Java* (Batavia: Lange, 1862), p. 135. オラン (orang) はマレー語で「人」を意味する。
33) VOC 2767: 607-608, Commander G. T. Falck in Banten to Batavia, 8 Nov. 1750.
34) VOC 2767: 584-586, Commander G. T. Falck et al. in Banten to Batavia, 1 Nov. 1750.
35) VOC 2767: 587-588, Commander G. T. Falck in Banten to Batavia, 2 Nov. 1750.
36) VOC 2767: 588-589, Commander G. T. Falck in Banten to Batavia, 2 Nov. 1750.
37) VOC 2767: 623-624, Commander G. T. Falck in Banten to Batavia, 12 Nov. 1750; *De Opkomst van het Nederlandsche gezag in Oost-Indië*, vol. 10, p. 167, Secrete Resolutie van Gouverneur Generaal, Batavia, 16 Nov. 1750.
38) VOC 2767: 625-626, Commander G. T. Falck et al. in Banten to Batavia, 13 Nov. 1750; VOC 2767: 633-634, Commander G. T. Falck in Banten to Batavia, 14 Nov. 1750; VOC 2767: 640-641, Commander G. T. Falck et al. in Banten to Batavia, 16 Nov. 1750; De Jonge, *De Opkomst van het Nederlandsche gezag in Oost-Indië*, vol. 10, p. 167, Secret Resolution at Batavia, 16 Nov. 1750.
39) VOC 2767: 607, Commander G. T. Falck in Banten to Batavia, 6 Nov. 1750.
40) VOC 2767: 607-608, Commander G. T. Falck et al. in Banten to Batavia, 8 Nov. 1750.
41) VOC 2767: 607, Commander G. T. Falck in Banten to Batavia, 6 Nov. 1750; ibid. : 617-618, 8 Nov. 1750.
42) VOC 2767: 609-610, Commander G. T. Falck in Banten to Batavia, 9 Nov. 1750.
43) VOC 2751: 109r-109v, Secret Resoutieen, Jacob Mossel, Batavia, 13 Nov. 1750; VOC 2767: 618-619, Commander G. T. Falck et al. in Banten to Batavia, 11 Nov. 1750; VOC 2767: 621-622, Commander G. T. Falck in Banten to Batavia, 12 Nov. 1750. 実際反乱軍には, ブギス人やバリ人の部隊が存在した。彼らがかつて会社軍に所属した傭兵であったことは恐らく間違いないであろう。VOC 2767: 679, Commander G. T. Falck et al. in Banten to Batavia, 21 Nov. 1750; VOC 2788: 418, Commander G. T. Falck in Banten to Batavia, 6 July 1751.
44) VOC 2767: 607-608, Commander G. T. Falck et al. in Banten to Batavia, 8 Nov. 1750.
45) VOC 2767: 610-611, Commander G. T. Falck et al. in Banten to Batavia, 13 Nov. 1750.
46) De Jonge, *De Opkomst van het Nederlandsche gezag in Oost-Indië*, vol. 10, pp. 169-170, Secrete Resolutie van Governeur-Generaal, Batavia, 23 Nov. 1750; VOC 2767: 751-752, Resolutie in rade van Politie, Banten, 14 Dec. 1750.
47) クロード・ギヨーは, オランダ語資料に見られる Grobiak または Grobbezak を, 『サジャラ・バンテン』でスルタン・アブドゥル・カディル (在位 1596-61) が作った狩猟場であるクラプヤック (krapyak) に比定している。Claude Guillot, "Banten in 1678," *Indonesia* 57 (1993 [1989]): 95. この情報を確認する手段はないが, いずれにしても

注（第 3 章） 391

これは，王宮の西南西約 3 キロの場所に位置するグリバヤであろう。Topografisch Bureau, *Bantam : bijgewerkt t/m April 1894*, 1 : 20,000（Batavia : Topographisch Bureau, 1894）.
48) VOC 2767 : 641-642, Commander G. T. Falck in Banten to Batavia, 16 Nov. 1750 ; ibid. : 643-644, 17 Nov. 1750 ; ibid. : 677-680, 21 Nov. 1750 ; VOC 2788 : 82-83, Commander G. T. Falck et al. in Banten to Batavia, 4 Feb. 1751 ; ibid. : 85-87, 6 Feb. 1751 ; ibid. : 92-93, 12 Feb. 1751.
49) VOC 2767 : 609-610, Commander G. T. Falck et al. in Banten to Batavia, 9 Nov. 1750 ; ibid. : 613, 626, 13 Nov. 1750 ; ibid. : 707, 1 Dec. 1750 ; MF 3449 : 119-120, Commander G. T. Falck in Banten to Batavia, 27 Feb. 1751.
50) Robidé van der Aa, "De groote Bantamsche opstand," pp. 8-10.
51) VOC 2751 : 113v. Orignale Resolutien, Batavia, 16 Nov. 1750 ; VOC 2767 : 753, Resolution at the Political Council of Banten, 14 Dec. 1750 ; MF 3449 : 154-155, Commander G. T. Falck in Banten to Batavia, 1 Apr. 1751 ; VOC 2788 : 3, Commander G. T. Falck et al. in Banten to Batavia, 8 Apr. 1751 ; VOC 2788 : 141, Resolution at the Political Council of Banten, 20 Apr. 1751 ; ibid. : 290-291, 15 June 1751.
52) De Jonge, *De Opkomst van het Nederlandsche gezag in Oost-Indië*, vol. 10, pp. 183-184, Batavia to the Gentlemen Seventeen, 8 Apr. 1751.
53) ロビーデ・ファン・デル・アーはバタヴィアからの兵員増派が戦局を会社側に有利に変えたと説明しているが（Robidé van der Aa, "De groote Bantamsche opstand," pp. 15-16)，そうした兵がいつ到着したのかを彼は述べていない。筆者が調べた限り，増派によって会社兵の人数が著しく増えたとの情報は見当たらない。実際には，数多くの補強が行われたにもかかわらず，会社軍のうち特に現地人兵の人数は，戦死，負傷，病気，そして最も多い例としては脱走や逃亡のために，常に減少を続けた。会社兵が初めて約 4,000 人にまで増えたのは，パンゲラン・ジャヤ・マンガラ・ムスタファが 2,000 人の従者と共に参加した時である。VOC 2788 : 582, J. C. Convert in Lancar to Batavia, 21 Aug. 1751.
54) VOC 2767 : 648-649, Commander G. T. Falck in Banten to Batavia, 18 Nov. 1750.
55) VOC 2767 : 680, Commander G. T. Falck et al. in Banten to Batavia, 21 Nov. 1750 ; VOC 2767 : 753, Resolution at the Political Council of Banten, 14 Dec. 1750. 反乱軍の人数に関する報告のうち最大のものは 1751 年 6 月における 3 万人であるが，この頃は反乱軍が山岳地帯に主力を移し，その兵員が減少し始める時期にあたっており，信頼できる数字とは思われない。VOC 2788 : 249-250, report by Kamat, a Javanese spy, Banten, 7 June 1751.
56) VOC 2767 : 664-665, Commander G. T. Falck et al. in Banten to Batavia, 19 Nov. 1750.
57) VOC 2788 : 208, report by Bugis slave Tisa, escaped captive, Banten, 31 May 1751.
58) VOC 2788 : 393-394, A. Gille in the West Ommelanden of Batavia to Batavia, 4 July 1751.
59) VOC 2767 : 587-588, Commander G. T. Falck in Banten to Batavia, 2 Nov. 1750 ; ibid. : 623-624, 12 Nov. 1750 ; MF 3449 : 19, Commander G. T. Falck et al. in Banten to Batavia, 4 Jan. 1751 ; ibid. : 82-83, 4 Feb. 1751.
60) 大橋厚子『世界システムと地域社会――西ジャワが得たもの失ったもの 1700-1830――』（京都大学学術出版会，2010），p. 270。

61) Michael Williams, *Communism, Religion, and Revolt in Banten*. Athens : Ohio University Centre for International Studies (Athens : Ohio University Centre for International Studies, 1990), p. 16.
62) Williams, *Communism, Religion, and Revolt*, p. 20.
63) 大木昌「植民地期ジャワにおける水田耕作の史的考察―水田および稲の種類―」『国際研究論集』2-3（1989）: 40-42。
64) VOC 2767 : 644, Commander G. T. Falck et al. in Banten to Batavia, 17 Nov. 1750 ; VOC 2767 : 718, Commander G. T. Falck in Banten to Batavia, 4 Dec. 1750 ; ibid. : 721-722, 6 Dec. 1750.
65) VOC 2766 : 661, Commander G. T. Falck in Banten to Batavia, 19 Nov. 1750.
66) De Jonge, *De Opkomst van het Nederlandsche gezag in Oost-Indië*, vol. 10, pp. 174-176, Secret Resolution at Batavia, 23 Nov. 1750. ロビーデ・ファンデル・アーはこの決定を 1751年1月18日としているが，この資料はそれが既に前年11月23日に行われていることを示している。Robidé van der Aa, "De groote Bantamsche opstand," p. 12.
67) VOC 2788 : 71-76, Commander G. T. Falck in Banten to Batavia, 4 Feb. 1750.
68) De Jonge, *De Opkomst van het Nederlandsche gezag in Oost-Indië*, vol. 10, p. 180, Governor-General J. Mossel to the Gentlemen Seventeen, 21 Jan. 1751 ; X : 181-182, Governor-General J. Mossel to the Gentlemen Seventeen, 8 Apr. 1751.
69) VOC 2769 : 578r-578v, J. Mossel, GM, 31 Dec. 1751.
70) VOC 2767 : 717-718, Commander G. T. Falck et al. in Banten to Batavia, 4 Dec. 1750 ; ibid : 721-722, 12 Dec. 1750 ; ibid : 731-732, 8 Dec. 1750.
71) VOC 2788 : 110-111, Commander G. T. Falck in Banten to Batavia, 19 Feb. 1751.
72) VOC 2788 : 117-119, Commander G. T. Falck in Banten to Batavia, 27 Feb. 1751.
73) MF 3449 : 117-120, Commander G. T. Falck in Banten to Batavia, 27 Feb. 1751 ; VOC 2788 : 153, People in Markasana to those at the Fort Diamant (translation from Javanese), 1 Apr. 1751.
74) VOC 2788 : 552-553, J. C. Convert in Banten to Batavia, 10 Aug. 1751. パンゲラン (Pangerang) は本来，王子または高位の王族に与えられる称号。
75) VOC 2788 : 282-283, Commander G. T. Falck and the Political Council of Banten to Batavia, 15 June 1751.
76) VOC 2767 : 811-812, Commander G. T. Falck et al. in Banten to Batavia, 24 Dec. 1750.
77) VOC 2788 : 9-10, report by VOC soldier Jan Frans du Chardien, escaped captive, Banten, 8 Apr. 1751.
78) 戦闘が終了した後，ある反乱側の要塞で，イギリスに支援を求める手紙が何通か発見された。VOC 2788 : 469, Commander G. T. Falck in Banten to Batavia, 23 July 1751.
79) VOC 2805 : 184, Gille in Cibunur to Batavia, 9 July 1752 ; VOC 2805 : 192, Gille in Carini to Batavia, 11 July 1752 ; VOC2805 : 175-176, J. C. Convert in Banten to Batavia, 13 July 1752.
80) MF 3449 : 169-171, Commander G. T. Falck et al. to Batavia, 4 Apr. 1751.
81) VOC 2996 : 1st 67-68, MvO, Resident K. Laven to W. Schoester, Menggala, 20 June 1760 ; VOC 3099 : 2077r-2078r, GM, 31 Dec. 1764.
82) VOC 3093 : 8, Commander H. P. Faure in Banten to Batavia, 11 May 1763.

注（第3章） 393

83) VOC 2788 : 10, report by VOC soldier Jan Frans du Chardien, escaped captive, Banten, 8 Apr. 1751 ; VOC 2788 : 249, report by Kamit, a Javanese spy, Banten, 7 June 1751 ; VOC 2788 : 254, report by Bapak Japia and Mas Kamil, Javanese spies, Banten, 7 June 1751 ; VOC 2788 : 513-514, J. C. Convert in Banten to Batavia, 2 Aug. 1751 VOC 2788 : 10, report by VOC soldier Jan Frans du Chardien, escaped captive, Banten, 8 Apr. 1751 ; VOC 2788 : 249, report by Kamit, a Javanese spy, Banten, 7 June 1751 ; VOC 2788 : 254, report by Bapak Japia and Mas Kamil, Javanese spies, Banten, 7 June 1751 ; VOC 2788 : 513-514, J. C. Convert in Banten to Batavia, 2 Aug. 1751.
84) VOC 2788 : 584, J. C. Convert in Lancar to Batavia, 21 Aug. 1751.
85) VOC 2788 : 256-258, report by Aria Sutadesaga about his spy in Tangerang, 7 June 1751 ; VOC 2788 : 259-260, J. Vertholen in Tangerang to J. C. Convert in Banten, 10 June 1751 ; VOC 2788 : 271-272, J. Vertholen in Tangerang to Batavia, 13 June ; ibid. : 391-392, 4 July 1751 ; ibid. : 423-424, 7 July 1751 ; ibid. : 427-428, 8 July 1751 ; VOC 2788 : 447, W. H. van Ossenberch in Surimanga to Batavia, 13 July 1751 ; Robidé van der Aa, "De groote Bantamsche opstand," p. 14 ; F. de Haan, *Priangan : De Preanger-regentschappen onder het Nederlandsch bestuur tot 1811* (Batavia : G. Kolff, 1910-12), vol. 1, p. 270.
86) VOC 2788 : 271-272, J. C. Convert in Banten to Batavia, 13 June 1751 ; Robidé van der Aa, "De groote Bantamsche opstand," pp. 13-14.
87) VOC 2788 : 609-610, J. Roussel in Munara to Batavia, 22 Sep. 1751.
88) 大橋『世界システムと地域社会』, pp. 267-268。
89) VOC 2788 : 271-272, J. Vertholen in Tangerang to Batavia, 13 June 1751 ; ibid. : 275-276, 14 June 1751 ; VOC 2788 : 525-526, J. C. Convert in Banten to Batavia, 6 Aug. 1751 ; ibid. : 535-536, 7 Aug. 1751.
90) VOC 2788 : 332-333, W. H. van Ossenberch in Tangerang to Batavia, 20 June 1751.
91) VOC 2788 : 465-466, J. Vertholen in Tangerang to Batavia, 22 July 1751.
92) VOC 2788 : 335-337, W. H. van Ossenberch in Buitenzorg to Batavia, 20 June 1751.
93) VOC 2788 : 575-576, J. C. Convert in Lancar to Batavia, 19 Aug. 1751.
94) VOC 2788 : 421-422, Commander G. T. Falck in Banten to Batavia, 21 June 1751.
95) VOC 2788 : 337-338, Commander G. T. Falck in Buitenzorg to Batavia, 20 June 1751 ; VOC 2788 : 342, J. Vertholen in Tangerang to Batavia, 21 June 1751 ; ibid. : 385, 3 July 1751.
96) VOC 2788 : 419, Commander G. T. Falck in Banten to Batavia, 6 July 1751 ; ibid. : 450, 15 July 1751.
97) VOC 2788 : 459, J. Vertholen in Tangerang to Batavia, 21 July 1751 ; VOC 2788 : A. G. van Ranzow in Curuk, 462-463, 22 July 1751.
98) VOC 2788 : 421-422, Commander G. T. Falck in Banten to Batavia, 6 July 1751.
99) VOC 2788 : 467-468, Commander G. T. Falck in Banten to Batavia, 23 July 1751.
100) VOC 2788 : 504-505, J. C. Convert in Banten to Batavia, 28 July 1751.
101) VOC 2788 : 517-518, J. C. Convert in Banten to Batavia, 4 Aug. 1751.
102) VOC 2788 : 563-564, J. C. Convert in Banten to Batavia, 15 Aug. 1751.
103) VOC 2788 : 483-484, J. C. Convert in Banten to Batavia, 26 July 1751.
104) VOC 2788 : 517-518, J. C. Convert in Banten to Batavia, 4 Aug. 1751.
105) VOC 2788 : 551-552, J. C. Convert in Banten to Batavia, 10 Aug. 1751.

106) VOC 2788: 590-591, J. C. Convert in Banten to Batavia, 29 Aug. 1751.
107) VOC 2767: 625-626, Commander G. T. Falck et al. in Banten to Batavia, 13 Nov. 1750.
108) VOC 2789: 487-488, J. C. Convert in Banten to Batavia, 5 Mar. 1752.
109) VOC 2805: 214-215, J. C. Convert in Banten to Batavia, 19 July 1752.
110) マレー語で書かれたこの伝記は, G. W. J. ドゥリュブズによって活字化・オランダ語訳がされ, さらに詳細な解説を付けられて出版された。G. W. J. Drewes (ed.), *De Biografie van een Minangkabausen Peperhandelaar in de Lampongs: naar een Maleis handschrift in de Marsden-collection te Londen* (The Hague: Martinus Nijhoff, 1961).
111) Drewes (ed.), *De Biografie*, pp. 61-62, 112-113.
112) Drewes (ed.), *De Biografie*, pp. 62-63, 113.
113) Drewes (ed.), *De Biografie*, pp. 63-64, 113-114.
114) Drewes (ed.), *De Biografie*, pp. 64-65, 114-115.
115) VOC 2787: 1st 56-57, P. Hasenbroek on board of the frigate Adriana to Batavia, 6 July 1751.
116) Drewes (ed.), *De Biografie*, pp. 67-68, 70-74, 118, 121-126.
117) VOC 2788: 461-462, A. G. van Ranzow in Curuk to Batavia, 22 July 1751; VOC 2788: Commander J. C. Convert in Banten to Batavia, 525-526, 6 Aug. 1751; ibid.: 535-536, 7 Aug. 1751; VOC 2788: 547-548, G. B. Dewendt in Pondok Binda to Batavia, 10 Aug. 1751.
118) VOC 2788: 530, Michiel Swandt in Campia to Commander J. C. Convert, 5: Aug. 1751; VOC 2788: 567-569, G. B. de Wendt in Menara to Batavia, 15 Aug. 1751.
119) VOC 2788: 578, Commander J. C. Convert in Banten to Batavia, 19 Aug. 1751.
120) VOC 2788: 580-581, Commander J. C. Convert in Lancar to Batavia, 21 Aug. 1751.
121) VOC 2788: 581-582, Commander J. C. Convert in Lancar to Batavia, 21 Aug. 1751.
122) VOC 2788: 580-582, Commander J. C. Convert in Lancar to Batavia, 21 Aug. 1751.
123) VOC 2788: 587-588, D. Voltz in Salbanter to Batavia, 28 Aug. 1751.
124) 9月8日には, ムナラ山に籠もる反乱軍の一部がサレバンタルの会社陣地の砦の柵を破壊し, 近隣のカンポンに放火して逃亡した。VOC 2788: 599, De Voltz in Salebantar to Batavia, 8 Sep. 1751.
125) VOC 2788: 600-601, Commander J. C. Convert in Banten to Batavia, 9 Sep. 1751.
126) VOC 2788: 609-610, Roussel in Menara to Batavia, 22 Sep. 1751.
127) VOC 2788: 615, De Voltz in Salebantar to Batavia, 30 Sep. 1751; ibid.: 618, 1 Oct. 1751.
128) VOC 2788: 619, De Voltz in Salebantar to Batavia, 2 Oct. 1751.
129) VOC 2788: 855-856, J. Vertholen in Tangerang to Batavia, 11 Dec. 1751.
130) VOC 2789: 495, Commander J. van Suchtelen in Banten to Batavia, 10 Mar. 1752.
131) VOC 2788: 590, Commander J. C. Convert in Banten to Batavia, 29 Aug. 1751.
132)「華人」と訳した語は, 本文では parnack Chineesen と記されており, 恐らく土着化した華人を指すプラナカンを意味したと考えられる。
133) VOC 2789: 459, Commander J. C. Convert in Banten to Batavia, 22 Feb. 1752.
134) VOC 2789: 477, Commander J. van Suchtelen in Banten to Batavia, 3 Mar. 1752.
135) VOC 2789: 460, Commander J. C. Convert in Banten to Batavia, 22 Feb. 1752.
136) VOC 2789: 460, J. C. Convert in Banten to Batavia, 22 Feb. 1752; VOC 2789: 499-500, Commander J. van Suchtelen in Banten to Batavia, 10 Mar. 1752.
137) VOC 2824: 58, Sultan Halimin in Banten to Batavia, 6 July 1753.

138) VOC 2789 : 515-516, J. C. Convert in Banten to Batavia, 20 Mar. 1752.
139) Commissioner J. G. Loten in Banten to Batavia, 12 Apr. 1752, Robidé van der Aa, "De groote Bantamsche opstand," p. 101 より引用 ; ADB 23 : 4-5, Commissioner J. G. Loten to Batavia, 28 Apr. 1752.
140) VOC 2789 : 535-536, J. Vertholen in Tangerang to Batavia, 31 Mar. 1752.
141) VOC 2789 : 553-554, Commissioner J. G. Loten in Banten to Batavia, 16 Apr. 1752.
142) VOC 2789 : 577-578, Commissioner J. G. Loten in Banten to Batavia, 17 Apr. 1752 ; ibid. : 614-615, 619-620, 28 Apr. 1752 ; VOC 2770 : 284v-285r, Secret Resolution at Batavia, 19 Apr. 1752.
143) 会社と新スルタンとの間で結ばれた条約とその関連文書においても, 恩赦が実際に言い渡された形跡はない。VOC 2789 : 577-578, Commissioner J. G. Loten in Banten to Batavia, 17 Apr. 1752 ; J. E. Heeres and F. W. Stapel (eds.), *Corpus-Diplomaticum Neerlando Indicum : verzameling van politieke contracten en verdere verdragen door de Nederlanders in het Oosten gesloten, van privilegebrieven aan hen verleend, enz.* (The Hague : Martinus Nijhoff, 1907-38), vol. 5, pp. 562-563, 17 Apr. 1752.
144) VOC 2789 : 629-630, n. n. in Buitenzorg to Batavia, 18 May 1752.
145) VOC 2805 : 39-40, J. Vertholen in Tangerang to Batavia, 7 June 1752 ; ibid. : 71-72, 11 June 1752.
146) VOC 2805 : 71-72, J. Vertholen in Tangerang to Batavia, 11 June 1752.
147) VOC 2805 : 71, J. Vertholen in Tangerang to Batavia, 11 June 1752 ; VOC 2805 : 105-106, F. Cunes in Cakon to Batavia, 19 June 1752 ; VOC 2805 : 109-110, Gille in Tanjong to Batavia, 23 June 1752 ; VOC 2805 : 167-168, Gille in Sajira to Batavia, 28 June 1752 ; VOC 2805 : 154, Gille in Lancar, 2 July 1752 ; VOC 2805 : 157-159, J. C. Convert in Banten to Batavia, 7 July 1752 ; VOC 2805 : 163-164, Gille in Bankoyan to Batavia, 8 July 1752 ; VOC 2805 : 171, J. C. Comvert in Banten to Batavia, 12 July 1752.
148) VOC 2805 : 208-212, J. C. Convert in Banten to Batavia, 18 July ; VOC 2805 : 220, J. Vertholen in Tangerang to Batavia, 1 Aug. 1752 ; VOC 2805 : 226-228, M. W. Bleeker in Buitenzorg to Batavia, 6 Aug. 1752.
149) VOC 2805 : 242-244, M. W. Bleeker in Bandung to Batavia, 13 Aug. 1752 ; VOC 2805 : 303, D. Bacheracht in Bommardijn to Batavia, 4 Sep. 1752 ; VOC 2805 : 298-301, J. A. von Hohendorff in Semarang to Batavia, 6 Sep. 1752
150) VOC 2805 : 298-301, J. A. von Hohendorff in Semarang to Batavia, 6 Sep. 1752 ; ibid. : 316-317, 12 Sep. 1752.
151) VOC 2805 : 375, De Bacheracht, Unarang, Java East Coast to Batavia, 1 Oct. 1752 ; VOC 2805 : 560, J. A. von Hokendorff in Banyudana to Batavia, 30 Oct. 1752.
152) Robidé van der Aa, "De groote Bantamsche opstand," pp. 34-35.
153) VOC 2805 : 387-388, Pangeran Raja Ningrat in Tangerang to Batavia, 23 Oct. 1752 ; VOC 2805 : 425-426, J. C. Convert in Banten to Batavia, 25 Oct. 1752 ; VOC 2805 : 560, J. A. von Hokendorff in Banyudana to Batavia, 30 Oct. 1752. ロビーデ・ファン・デル・アーは, パンゲラン・マドゥラおよびラトゥ・シティが1752年7月のバンドゥンにおける戦いの後に投降したとしているが, オランダ東インド会社資料では, それは同年10月25日の出来事と記録されている。Robidé van der Aa, "De groote Bantamsche opstand," p.

34.
154) VOC 2843 : 66-68, Commander J. van Suchtelen et al. in Banten to Batavia, 21 Sep. 1754 ; ibid. : 76, 15 Oct. 1754.
155) VOC 2864 : 12, H. J. D. Heere in Banten to Batavia, 4 Feb. 1755 ; VOC 2846 : 699r-699v, GM, 31 Dec. 1755.

第4章 共栄の時代

1) J. E. Heeres and F. W. Stapel (eds.), *Corpus Diplomaticum Neerlando-Indicum : verzameling van politieke contracten en verdere verdragen door de Nederlanders in het Oosten gesloten, van privilegebrieven aan hen verleend, enz.* (The Hague : Martinus Nijhoff, 1907-38), vol. 5, pp. 551-552, 16-17 Apr. 1752.
2) Nina Herlina Lubis, *Banten dalam pergumulan sejarah : sultan, ulama, jawara* (Jakarta : Pustaka LP3ES Indonesia, 2004), pp. 78-79.
3) Heeres and Stapel, *Corpus Diplomaticum Neerlando-Indicum*, vol. 5, p. 556, 16-17 Apr. 1752.
4) Heeres and Stapel, *Corpus Diplomaticum Neerlando-Indicum*, vol. 5, p. 554, 16-17 Apr. 1752.
5) Heeres and Stapel, *Corpus Diplomaticum Neerlando-Indicum*, vol. 5, pp. 555-556, 16-17 Apr. 1752.
6) ADB 24 : 23-24, report by Special Commissioner P. A. van der Parra in Banten to Batavia, 9 Oct. 1753.
7) VOC 332 : Instruction, "Bantam," no pagination, 8 Oct. 1753.
8) J. K. J. de Jonge (ed.), *De Opkomst van het Nederlandsche gezag in Oost-Indië : Verzameling van onuitgegeven stukken uit het Oud-Koloniaal Archief* (Amsterdam and The Hague : Martinus Nijhoff, 1862-1909), vol. 10, pp. 174-176, Secret Resolution at Batavia, 23 Nov. 1750.
9) VOC 2824 : 58-59, Sultan Halimin in Banten to Batavia, 6 July 1753 ; Heeres and Stapel, *Corpus Diplomaticum Neerlando-Indicum*, vol. 6, pp. 10-18, 23 Sep. 1753 ; ADB 24 : 41-42, 76-77, report by Special Commissioner P. A. van der Parra to Batavia, Banten, 24 Sep. 1753 ; ADB 24 : 1-2, report by Special Commissioner P. A. van der Parra to Batavia, Banten, 9 Oct. 1753.
10) ADB 24 : 4-9, report by Special Commissioner P. A. van der Parra to Batavia, Banten, 9 Oct. 1753.
11) ADB 25 : 2-3, report by Special Commissioner W. H. Ossenberch to Batavia, Banten, 12 July 1768 ; VOC 3221 : 2838v-2839v, GM, 31 Dec. 1768.
12) VOC 3185 : 20-21, Commander J. Reijnouts et al. in Banten to Batavia, 14 Feb. 1766.
13) ADB 16 : 11-13, MvO, Commander W. H. van Ossenberch to H. P. Faure, Banten, 28 July 1761 ; VOC 3124 : 1st 39-41, Commander T. Schippers in Banten to Batavia, 5 Feb. 1764 ; ibid. : 1st 47-48, 18 Feb. 1764 ; ibid. : 1st 53-54, 19 Feb. 1764 ; ADB 17 : 4-5, MvO, Commander T. Schippers to J. Reynouts, Banten, 31 May 1764.
14) VOC 2968 : 1st 12-13, Commander W. H. van Ossenberch in Banten to Batavia, 27 Feb. 1759 ; VOC 3128 : 1722r-1722v, GM, 31 Dec. 1765 ; VOC 3185 : 20-21, Commander J. Reijnouts et al. in Banten to Batavia, 14 Feb. 1766 ; VOC 3277 : 30-31, Commander J. Reijnouts et al. in Banten to Batavia, 25 Aug. 1769 ; VOC 3306 : 16, Commander J. Reijnouts et al. in Banten to Batavia, 10 July 1770 ; VOC 3388 : 12, Commander J. Reijnouts et

al. in Banten to Batavia, 30 Apr., 1773.
15) VOC 2996: 1st 8, Commander W. H. van Ossenberch in Banten to Batavia, 3 Feb. 1760.
16) VOC 2805: 425-426, J. C. Convert in Banten to Batavia, 25 Oct. 1752; VOC 2804: 83-84, J. C. Convert in Banten to Batavia, 30 Oct. 1752; ibid.: 95-96, 11 Nov. 1752; VOC 2996: 1st 8-9, Commander W. H. Ossenberch in Banten to Batavia, 3 Feb. 1760.
17) VOC 2996: 1st 8, Commander W. H. van Ossenberch in Banten to Batavia, 3 Feb. 1760; ibid.: 1st 17-18, 5 Feb. 1760.
18) VOC 2996: 1st 9-12, Commander W. H. van Ossenberch in Banten to Batavia, 3 Feb. 1760; ibid.: 1st 15-17, 4 Feb. 1760; ibid.: 1st 17-18, 5 Feb 1760; ibid.: 1st 28-29, 10 Mar. 1760; VOC 3027: 1st 11, Commander W. H. van Ossenberch in Banten to Batavia, 18 Feb. 1761. 15年後, パングラン・マドゥラは流刑先のバンダ島で没した。VOC 3469: 25, Commander J. Reijnouts et al. in Banten to Batavia, 11 Apr. 1776.
19) VOC 3124: 60-67, Commander T. Schippers in Banten to Batavia, 28 Dec. 1763; ibid.: 1st 1-7, 7 Jan. 1764; ibid.: 17-18, 19 Jan. 1764; ibid.: 30-31, 5 Feb. 1764.
20) ADB 16: 4, MvO, Commander W. H. Ossenberch to H. P. Faure, Banten, 28 July 1761.
21) これらのデータは, 異なる年に統一フォーマットのない方法によって行われた調査に基づいており, 当初から通年的に比較する目的で集められた情報ではない。しかし1747年と1766年のデータは, わずかな額でしかない農業/工業産品に課された税を除けば, ほとんど同じ項目をカバーしている(表4-1)。それゆえ両年のデータは非常によく似た方法で編集されており, それゆえこの両年のデータを比較することは可能であろう。
22) Leonard Blussé, *Strange Company : Chinese Settlers, Mestizo Women and the Dutch in VOC Batavia* (Dordrecht etc.: Foris, 1986), pp. 31-33. モッセルはまた民間貿易を制限したことでも知られているが, 彼の制限はバタヴィア−インド間だけに適用されており, バタヴィアの貿易の相当部分は民間に開放されていた。
23) Blussé, *Strange Company*, p. 18; Remco Raben, "Batavia and Colombo: The Ethnic and Spatial Order of Two Colonial Cities 1600-1800" (Ph. D. dissertation, Leiden University, 1996), p. 90.
24) Heeres and Stapel, *Corpus Diplomaticum Neerlando-Indicum*, vol. 5, p. 484, 28 Nov. 1748.
25) Heeres and Stapel, *Corpus Diplomaticum Neerlando-Indicum*, vol. 5, p. 555, 16-17 Apr. 1752.
26) J. de Rovere van Breugel, "Bedenkingen over den Staat van Bantam," *BKI* new series 1 (1856): 119; VOC 3027: 1st 28-29, report by retiring Commander W. H. van Ossenberch and new Commander H. P. Faure et al. in Banten to Batavia, 25 July 1761.
27) VOC 2912: 592r, GM, 31 Dec. 1758; P. J. B. C. Robidé van der Aa, "De groote Bantamsche opstand in het midden der vorige eeuw, bewerkt naar merendeels onuitgegeven bescheiden uit het oud-koloniaal archief met drie officiele documenten als bijlagen," *BKI* serie 4, deel 5 (1881): 66.
28) VOC 2792: 733r, GM, 30 Dec. 1752.
29) ADB 24: 61, report by Special Commissioner P. A. van der Parra in Banten to Batavia, 24 Sep. 1753.
30) VOC 2864: 44-46, Sultan Asikin of Banten to Batavia, 6 May 1755.
31) VOC 3251: 1304r-1304v, GM, 31 Dec. 1769; VOC 3281: 1561v-1562r, GM, 31 Dec.

1770 ; VOC 3560 : 1496v, GM, 31 Dec. 1780 ; VOC 3591 : 1773v-1774r, GM, 31 Dec. 1781. 白胡椒の精製方法については, 本章第3節を参照。
32) VOC 2787 : 1st 136-139, Koopman J. A. van der Werp on board of the *Meermin* to Batavia, 16 Dec. 1751.
33) VOC 4476 : § 733, Verbaal, Bantam, 27 July 1754.
34) VOC 2787 : 2nd 26-27, Koopman J. A. van der Werp in Banten to Batavia, 29 Jan. 1752.
35) Bataviaasch Genootschap van Kunsten en Wetenschappen (ed.), *Realia : register op de generale resolutien van het Kasteel Batavia, 1632-1805* (Leiden : Gualth. Kolff., 1882-86), vol. 2, p. 132, 6 July 1752 ; VOC 2804 : 24-32, Resident J. A. van der Werp in Seram to Batavia, 30 July 1752 ; VOC 2805 : 207-208, J. Convert in Banten to Batavia, 18 July 1752 ; VOC 2792 : 733v, GM, 30 Dec. 1752 ; VOC 2825 : 13-16, Resident K. Laven in Pulau Lagondi to Batavia, 5 Feb. 1753 ; VOC 2808 : 633r-633v, GM, 31 Dec. 1753 ; VOC 4476 : § 733, Verbaal, Banten, 27 July 1754.
36) VOC 2864 : 150-151, Commander W. H. van Ossenberch et al. in Banten to Batavia, 18 Dec. 1755 ; VOC 2846 : 701r-701v, GM, 31 Dec. 1755.
37) VOC 2886 : 2nd 12-13 : Commander W. H. van Ossenberch in Banten to Batavia, 26 Apr. 1756.
38) VOC 2886 : 2nd 74-76, Resident K. Laven in Limut to Batavia, 31 Aug. 1756.
39) リムットという地名はいかなる地図にも見つけられないが, タパ山 (Gunung Tapa) の麓であることがオランダ語資料の記述から確かめられる。VOC 2886 : 2nd 112, Resident K. Laven in Limut to Batavia, 3 Oct. 1756 ; VOC 2996 : 1st 54-55, MvO, Resident K. Laven to W. Schoester, Menggala, 20 June 1760.
40) VOC 2886 : 2nd 76-79, Resident K. Laven in Limut to Batavia, 31 Aug. 1756.
41) VOC 2886 : 2nd 114-115, Resident K. Laven in Menggala to Batavia, 3 Oct. 1756 ; VOC 2996 : 1st 57, 77-78, MvO, Resident K. Laven to W. Schoester, Menggala, 20 June 1760 ; VOC 3093 : 11-12, Commander H. P. Faure in Banten to Batavia, 11 May 1763. 1756年4月には, 新しいポストはボサイ川, パレンバン川 (Way Palembang, 位置は不明), およびアブン川 (Way Abung) 流域の胡椒集積地に設置されることが決定されていた。VOC 2886 : 2nd 14, Commander W. H. van Ossenberch in Banten to Batavia, 26 Apr. 1756.
42) VOC 2886 : 3rd 17-20, Resident K. Laven in Menggala to Batavia, 15 Jan. 1757.
43) VOC 3093 : 7-14, Resident W. Schoester in Menggala to Batavia, 8 May 1763.
44) この金額は, 奴隷1人の慣習的価格である20スペインリアルから, 奴隷1人の6ヶ月間の使用料である5スペインリアルを引くことで決定された。VOC 3214 : 41-42, Resident J. G. Hodenpijl in Menggala to Batavia, 10 Apr. 1767.
45) VOC 3214 : 33-43, Resident J. G. Hodenpijl in Menggala to Batavia, 10 Apr. 1767.
46) VOC 2910 : 61-63, Resident K. Laven in Menggala to Batavia, 30 July 1757.
47) VOC 2968 : 2nd 7, Resident K. Laven in Menggala to Batavia, 25 Mar. 1759 ; VOC 2996 : 1st 64, MvO, Resident K. Laven to W. Schoester, Menggala, 20 June 1760.
48) VOC 2996 : 1st 56-57, MvO, Resident K. Laven to W. Schoester, Menggala, 20 June 1760.
49) VOC 3185 : 11, Resident J. G. Hodenpijl in Menggala to Batavia, 17 Nov. 1766 ; VOC 3251 : 1302v, GM, 31 Dec. 1769.
50) VOC 2996 : 1st 75, MvO, Resident K. Laven to W. Schoester, Menggala, 20 June 1760.

51) VOC 3277 : 35, Resident J. Reijnouts et al. in Banten to Batavia, 26 Sep. 1769.
52) VOC 3214 : 17-19, Commander J. Reijnouts in Banten to Batavia, 12 Jan. 1767.
53) ADB 17 : 17-18, MvO, Commander T. Schippers to J. Reijnouts, Banten, 31 May 1764 ; VOC 3762 : 22-23, Commander W. C. Engert in Banten to Batavia, 5 June 1787.
54) VOC 2996 : 1st 66-67, 71-72, MvO, Resident K. Laven to W. Schoester, Menggala, 20 June 1760.
55) VOC 2996 : 1st 66-67, MvO, Resident K. Laven to W. Schoester, Menggala, 20 June 1760 ; VOC 2886 : 2nd 14-15, Commander W. H. van Ossenberch in Banten to Batavia, 26 Apr. 1756.
56) Andaya, Barbara Watson, *To Live as Brothers : Southeast Sumatra in the Seventeenth and Eighteenth Centuries* (Honolulu : University of Hawaii Press, 1993), pp. 197-200.
57) VOC 2996 : 1st 66-67, MvO, L. Klaven to Willem Schoester, Menggala, 20 June 1760.
58) J. Kathirithamby-Wells, *The British West Sumatran Presidency, 1760-1785 : Problems of Early Colonial Enterprise* (Kuala Lumpur : Penerbit Universitasi Malaya, 1977), pp. 27-28. シレブおよびクルイの地名をめぐる問題については，第1章注8を参照。
59) W. Ph. Coolhaas, J. van Goor, J. E. Schooneveld-Oosterling, and H. K. s'Jacob (eds.), *Generale Missiven van Gouverneurs-Generaal en Raden aan Heren XVII der Verenigde Oostindische Compagnie* (The Hague : Martinus Nijhoff, 1960-2007), vol. 9, p. 593, 6 Oct. 1734.
60) Kathirithamby-Wells, *The British West Sumatran Presidency*, pp. 27-28.
61) 第1章注13参照。
62) Heeres and Stapel, *Corpus-Diplomaticum Neerlando Indicum*, vol. 5, p. 443, Acte van verband, 6 Feb. 1747.
63) MvO, Commander J. V. S. van Gollonesse to J. Roman, Banten, 27 Aug. 1734, Robidé van der Aa, "De groote Bantamsche opstand," p. 68 における引用 ; VOC 2708 : 475r-475v, GM, 31 Dec. 1748.
64) G. W. J. Drewes (ed.), *De Biografie van een Minangkabausen Peperhandelaar in de Lampongs : naar een Maleis handschrift in de Marsden-collection te Londen* (The Hague : Martinus Nijhoff, 1961), pp. 19-20, 52-61, 106-109.
65) Drewes, *De Biografie*, pp. 52-61, 103-112.
66) ファン・オッセンブルフがバンテン商館長を務めたのは1753年から1761年までであるが，1751年時点にも彼は，バンテン反乱時における会社軍の司令官としてバンテンに赴任していた (J. de Rovere van Breugel, "Beschrijving van het Koninkrijk Bantam," *BKI* new series 1 (1856) : 360 ; J. Paulus, et al. (eds.), *Encyclopaedie van Nederlandsch-Indie* (The Hague : Martinus Nijhoff and Leiden : Brill, 1917-39), vol. 3, p. 186)。従ってナコダ・ムダが反乱時に彼と協力したことは十分あり得ることであったと思われる。
67) Drewes, *De Biografie*, pp. 96, 147 ; VOC 2938 : 1st 15, Commander W. H. van Ossenberch et al. in Banten to Batavia, 20 Feb. 1758.
68) VOC 2910 : 80-81, Commander W. H. van Ossenberch et al. in Banten to Batavia, 30 June 1757. もっともこの資料は，ファン・オッセンブルフがこの命令を与えたマレー人首長をイガベイ・ナヤサタナ (Ingabeij Naija Satanna) と記しているが，これがナコダ・ムダに間違いないことは以下のことから確かめられる。1752年の会社資料は，スマンカの首長はナコダ・ムダ (Nachoda moeda) と明記しており，また1759年と1763年の

資料も，スマンカの首長をミナンカバウ人キヤイ・ダマン（manikabor Kiaij Daman）およびデマン・プルラサダナ（demang Pouroura Sadana）と呼んでおり，これらがスルタンによって彼に授けられた名前キヤイ・デマン・プルワセダナ（Kyai Demang Purwasedana）を意味していることは間違いない。一方ナコダ・ムダの伝記はイガベイ・ナヤサタナという名を一切使わないけれども，彼が周辺の首長から推戴されて以来ずっと継続してスマンカ地域の首長を務めたことを述べている。VOC 2804 : 53, Resident J. A. van der Werp in Seram to Batavia, 13 Sep. 1752 ; VOC 2968 : 3rd 1-2, Resident K. Laven in Menggala to Batavia, 25 Oct. 1759 ; VOC 3094 : 1st 135, Commander H. P. Faure in Banten to Batavia, 12 Mar. 1763.

69) VOC 2938 : 1st 14-15, Commander W. H. van Ossenberch et al. in Banten to Batavia, 20 Feb. 2758.
70) VOC 2996 : 2nd 2-4, Commander W. H. van Ossenberch in Banten to Batavia, 27 Oct. 1760 ; ibid. : 2nd 13, 17 Nov. 1760.
71) VOC 3094 : 1st 127-128, Instruction by Commander H. P. Faure in Banten for Lieutenant C. Zigman and P. Veldhuijsen bound for Semangka, 1 Mar. 1763 ; VOC 3094 : 1st 130-131, Instruction by Commander H. P. Faure in Banten for Assistant P. W. Wandelaer et al. bound for Semangka, 1 Mar. 1763.
72) VOC 3064 : 1st 13, Commander H. P. Faure in Banten to Batavia, 15 Mar. 1762.
73) Drewes, *De Biografie*, pp. 77-81, 82-83, 85-86, 129-132, 133-134, 136-137.
74) VOC 2938 : 1st 14-15, Commander W. H. van Ossenberch et al. in Banten to Batavia, 20 Feb. 2758.
75) この事件についてはドゥリュブズの詳細な研究（Drewes, *De Biografie*）があるが，本章は彼が参照しなかった幾つかのオランダ語資料にも基づいて，その新たな再構成を試みる。
76) Drewes, *De Biografie*, pp. 88-95, 139-146 ; VOC 3094 : 1st 137-141, Commander H. P. Faure in Banten to Batavia, 12 Mar. 1763.
77) VOC 3094 : 1st 141-142, Commander H. P. Faure in Banten to Batavia, 12 Mar. 1763.
78) Drewes, *De Biografie*, pp. 95-101, 146-152 ; VOC 3094 : 1st 183, report by G. Stolp, Captain of *Hendrik*, returning from Semangka, 28 Mar. 1763.
79) David Henley, "Conflict, justice, and the stranger-king : indigenous roots of colonial rule in Indonesia and elsewhere," *Modern Asian Studies* 38-1 (2004) : 126-128.
80) 例えば，会社事務総長ヤコブ・モッセル（後に総督）は1747年にバンテンを訪れた際に，その後背地が胡椒栽培に適していることを指摘した。De Jonge, *De Opkomst van het Nederlandsche gezag in Oost-Indië*, vol. 10, p. 120, Director General Jacob Mossel in Banten to Batavia, 21 Feb. 1747.
81) VOC 3093 : 16, Commander H. P. Faure in Banten to Batavia, 1 July 1763 ; ibid. : 27-28, 15 Aug. 1763.
82) Els M. Jacobs, *Koopman in Azië : De handel van de Verenigde Oost-Indische Compagnie tijdens de 18 de eeuw* (Zutphen : Walburg, 2000), pp. 137-151, および本書第6章も参照。
83) David Bulbeck, Anthony Reid, Lay Cheng Tan, and Yiqi Wu (eds.), *Southeast Asian Exports since the 14th Century : Cloves, Pepper, Coffee, and Sugar* (Singapore : Institute of Southeast Asian Studies, 1998), pp. 74-75.

注（第4章） 401

84) VOC 3093 : 15, Commander H. P. Faure et al. in Banten to Batavia, 1 July 1763.
85) VOC 3093 : 15, Commander H. P. Faure in Banten to Batavia, 1 July 1763 ; ibid. : 27-28, 15 Aug. 1763.
86) VOC 3093 : 26-27, Commander H. P. Faure in Banten to Batavia, 15 Aug. 1763.
87) VOC 3093 : 15-16, Commander H. P. Faure in Banten to Batavia, 1 July 1763.
88) 胡椒栽培調査報告書は，「胡椒畑に関する特別リスト（Specificatie lijst van sodanige peperplantagiën）」または類似の名称で，オランダ国立文書館・東インド会社資料のうち，次の年度に収められている。1765（VOC 3157）；1766（VOC 3185）；1767（VOC 3214）；1768（VOC 3248）；1769（VOC 3277）；1770（VOC 3306）；1772（VOC 3363）；1773（VOC 3388）；1774（VOC 3417）；1775（VOC 3444）；1776（VOC 3469）；1777（VOC 3498）；1778（VOC 3527）。インドネシア国立文書館では，バンテン地方資料の中の「胡椒栽培（Perkubunan lada）」というカテゴリーの中に，1780, 1781, 1789, 1790年のものが含まれている（ADB 27）。
89) 胡椒栽培調査報告書はしばしば，ある場所は胡椒栽培には低位置にあり過ぎ，むしろ稲作に適しているだろうと述べている。
90) 胡椒栽培には十分な水源が必要であることは，調査報告の多くの箇所に述べられている。ADB 27 : 36-37, pepper cultivation inspection report, J. v. d. Boogaart and F. Chambon, Banten, 3 Aug. 1789 ; ADB 30 : 243r-244r, pepper cultivation inspection report, J. v. d. Boogaart and F. Chambon, Banten, 20 Nov. 1789 ; ibid. : no pagination, 11 Nov. 1790.
91) 収穫された胡椒は徒歩で運ばれることが最も多かったが，可能な場所では川船や牛車が用いられた。ADB 27 : 26-27, pepper cultivation inspection report, J. v. d. Boogaart and F. Chambon, Banten, 31 July 1789.
92) この地図は，1920年代に測量部（Topografische Dienst, 測量協会の後継機関）によって作成され，近年の研究にもよく利用されるジャワ・マドゥラ5万分の1地図よりも古い情報を掲載している。カンポン名を地図上に比定する際には，胡椒栽培調査報告書に載るカンポンの位置に関する情報を注意深く検討し，また必要に応じてこの5万分の1地図も参照した。
93) このような情報は，例えばVOC 3093 : 16, Commander H. P. Faure in Banten to Batavia, 1 July 1763 ; VOC 3277 : 6-7, Hans Wiebens to Commander Johannes Reijnouts, 4 July 1769など多くの資料に見受けられる。
94) William Marsden, *The History of Sumatra* (Kuala Lumpur etc. : Oxford University Press, 1975 [1811]), pp. 134-139 ; John Crawfurd, *History of the Indian Archipelago. Containing an Account of the Manners, Arts, Languages, Religions, Institutions, and Commerce of Its Inhabitants* (Edinburgh : Constable and London : Hurs, Robinson and Co., 1820), vol. 1, pp. 481-486.
95) VOC 3093 : 27, Commander H. P. Faure et al. in Banten to Batavia, 15 Aug. 1763.
96) VOC 3248 : no pagination, pepper cultivation inspection report, 9 July 1768.
97) 1766年（VOC 3185），1767年（VOC 3214），1768年（VOC 3248），および1769年（VOC 3277）における胡椒栽培調査報告書。
98) HRB 1004 : 304-305, report by Commander J. Reijnouts, Banten, 2 July 1766.
99) 当時のポンゴウォがスルタンから胡椒1バハルにつき8スペインリアルを受け取っていたことは確かめられるが，彼らが農民にいくら支払っていたかは明らかでない。De

Jonge, *De Opkomst van het Nederlandsche gezag in Oost-Indië*, vol. 10, p. 122, Director-General J. Mossel in Banten to Batavia, 21 Feb. 1747; HRB 1004 : 296, report by Commander J. Reijnouts, Banten, 2 July 1766.
100) ADB 27 : 26-27, pepper cultivation inspection report, 31 July 1789; ibid. : 42-44, 3 Aug. 1789; ibid. : 117, 7 Sep. 1789.
101) VOC 3093 : 15, Commander H. P. Faure in Banten to Batavia, 1 July 1763.
102) ADB 27 : passim, pepper cultivation inspection report, 1789.
103) ADB 27 : 178-179, pepper cultivation inspection report, 20 Nov. 1789; ADB 30 : 232r-233r, pepper cultivation inspection report, 20 Nov. 1789.
104) 大橋厚子『世界システムと地域社会——西ジャワが得たもの失ったもの 1700-1830——』（京都大学学術出版会，2010），pp. 71-92。
105) Mason C. Hoadley, *Towards a Feudal Mode of Production : West Java, 1680-1800* (Singapore : Institute of Southeast Asian Studies, 1994), pp. 143-144, 161-163.
106) Jan Bremen, *The Village of Java and the Early-colonial State* (Rotterdam : The Comparative Asian Studies Programme at Erasmus University Rotterdam, 1980), p. 37; Jan C. Heesterman, "Two Types of Spatial Boundaries," in *Comparative Social Dynamics : Essays in Honor of S. N. Eisenstadt*, ed. Erik Cohen, Moshe Lissak, and Uri Almagor (Boulder and London : Westview Press, 1985), p. 67.
107) 大橋『世界システムと地域社会』，pp. 71-86 ; Hoadley, *Towards a Feudal Mode of Production*, pp. 154-155.
108) 大橋『世界システムと地域社会』，pp. 257-264。
109) 大橋厚子「西部ジャワのコーヒー生産と現地首長の再編」石井米雄，辛島昇，和田久徳編『東南アジア世界の歴史的位相——伝統的国家，植民地国家，国民国家——』（東京大学出版会），pp. 113-114。

第5章　スルタン統治の終焉

1) ADB 25 : 180-182, Diary of Commissioner H. Breton in Banten, 1 Sep. 1777; J. E. Heeres and F. W. Stapel (eds.), *Corpus-Diplomaticum Neerlando Indicum : verzameling van politieke contracten en verdere verdragen door de Nederlanders in het Oosten gesloten, van privilegebrieven aan hen verleend, enz.* (The Hague : Martinus Nijhoff, 1907-38), vol. 6, pp. 417-419, 1 Sep. 1777; J. K. J. de Jonge (ed.), *De Opkomst van het Nederlandsche gezag in Oost-Indië : Verzameling van onuitgegeven stukken uit het Oud-Koloniaal Archief* (Amsterdam and The Hague : Martinus Nijhoff, 1862-1909), vol. 11, pp. 374-375, MvO, Commander J. Reijnouts to C. van Westerbeek, Banten, 20 Jan. 1779. もっとも，オランダ東インド会社職員には全般的に，スルタンを無気力で政治に無関心な人物と描く傾向があった。この点については，第4章第1節を参照されたい。
2) VOC 3503 : 1584r-1584v, GM, 31 Dec. 1778; MCP 4 (4) : 217-218, report by J. de Rovere van Breugel, Banten, 5 May 1788.
3) 1782年に従兄弟のトゥバグス・ドゥラ (Tubagus Dula) がスルタンの義母を射殺すると，スルタン・アリ・ウッディン1世はバンテン商館長に彼を逮捕し追放するよう要請した。1798年には，先代スルタンの従兄弟であるドゥラ・ラトゥ・バグス・キジ (Dula Ratu Bagus Kiji) がスルタンの要請に基づいて逮捕され，バタヴィアで拘禁され

注（第5章） 403

た。VOC 3608 : 1328v, GM, 31 Dec. 1782 ; ADB 33 : 309-311, Commander F. H. Beijnon in Banten to Batavia, 18 Nov. 1798 ; ibid. : 325-326, 29 Nov. 1798.
4) VOC 3738 : 2-3, Commander W. C. Engert in Banten to Batavia, 17 Oct. 1786 ; ADB 18 : 11-12, MvO, Commander W. C. Engert to J. Reijnouts, Banten, 7 Nov. 1789.
5) VOC 3815 : 1-2, Commander W. C. Engert in Banten to Batavia, 10 Oct. 1787 ; ibid. : 3, 3 Dec. 1787 ; ADB 18 : 12-13, MvO, Commander W. C. Engert to J. Reijnouts, Banten, 7 Nov. 1789.
6) ADB 30 : 46-48, Commander F. H. Beijnon in Banten to Batavia, 1 May 1791.
7) ADB 31 : 61-62, Commander F. H. Beijnon in Banten to Batavia, 23 Jan. 1794 ; ibid. : 65-66, 26 Jan. 1794.
8) ADB 31 : 231-232, Commander F. H. Beijnon in Banten to Batavia, 3 Apr. 1794.
9) CZOHB 120 : 126-127, Commander F. H. Beijnon in Banten to Batavia, 22 Aug. 1795.
10) CZOHB 63 : §28, GM, no date, 1795 ; CZOHB 119 : 10, Commander F. H. Beijnon et al. in Banten to Batavia, 30 Nov. 1796 ; CZOHB 120 : 19-20, Commander F. H. Beijnon in Banten to Batavia, 26 Dec. 1797 ; ADB 34 : 35-36, Commander F. H. Beijnon in Banten to Batavia, 8 Feb. 1803.
11) ADB 26 : 51-53, report by Special Commissioner W. H. van IJsseldijk in Banten to Batavia, 6 Sep. 1802. 多くの研究者は，A. イスマイル・ムハンマドの叙述に従って，スルタン・アリ・ウッディン 1 世が 1799 年に没したと述べている。しかしイスマイルがどのような原資料に基づいてそう述べたのかは明らかでない。これに対し本章の議論は，注で示しているように，同時代の複数のオランダ東インド会社資料に基づいたものである。A. Ismail Muhammad, *Banten : Penunjuk Jalan dan Keterangan Bekas Kerajaan Kesultanan Banten dsb.*, (Banten : s. n., 1974) ; Halwany Michrob and A. Mudjahid Chudari, *Catatan Masalalu Banten* (Serang : Saudara, 1993 [1989]) ; 坂井隆『港市国家バンテンと陶磁貿易』(同成社, 2002), p. 41 ; Nina Herlina Lubis, *Banten dalam pergumulan sejarah : sultan, ulama, jawara* (Jakarta : Pustaka LP3ES Indonesia, 2004), p. 87.
12) ADB 26 : 35, Special Commissioner W. H. van IJsseldijk in Banten to Batavia, 1 Sep. 1802.
13) MCP 4 (4) : 218, report by J. de Rovere van Breugel, Banten, 5 May 1788 ; ADB 26 : 1-2, 34-41, Special Commissioner W. H. van IJsseldijk in Banten to Batavia, 1 Sep. 1802.
14) ADB 26 : 6-13, 40-41, Special Commissioner W. H. van IJsseldijk in Banten to Batavia, 30 Sep. 1802.
15) ADB 35 : no pagination, report by J. Pinchette, Banten, 18 Mar. 1804 ; ADB 35 : 82-83, Commander F. H. Beijnon in Banten to Batavia, 18 Mar. 1804.
16) ADB 35 : 139-140, 143-144, Special Commissioner W. H. van IJsseldijk in Banten to Batavia, 4 Apr. 1804.
17) ADB 35 : 85-86, Commander F. H. Beijnon in Banten to Batavia, 19 Mar. 1804 ; ibid. : 98-99, 22 Mar. 1804 ; ADB 35 : 132-135, 139-144, Special Commissioner W. H. van IJsseldijk in Banten to Batavia, 4 Apr. 1804.
18) ADB 35 : 175-176, Special Commissioner W. H. van IJsseldijk in Banten to Batavia, 11 Apr. 1804 ; ADB 26 : 19-20, Special Commissioner W. H. van IJsseldijk in Banten to Batavia, 14 May 1804.
19) VOC 3970 : 1398r, GM, 31 Jan. 1793 ; CZOHB 63 : §26, GM, no date, 1795 ; RABE 123 :

156v, GM 1798, 3 Oct. 1799.
20) VOC 3527 : 68-69, Commander J. Reijnouts et al. in Banten to Batavia, 15 May 1778 ; De Jonge, *De Opkomst van het Nederlandsche gezag in Oost-Indië*, vol. 11, pp. xl-xlviii, xxxix-xli.
21) J. de Rovere van Breugel, "Beschrijving van het Koninkrijk Bantam," *BKI* new series 1 (1856): 323.
22) VOC 3503 : 1609v-1610v, GM, 31 Dec. 1778 ; VOC 3533 : 1430r-1430v, GM, 31 Dec. 1779 ; J. D. R. V. B. (J. de Rovere van Breugel), "Bedenkingen over den Staat van Bantam," *BKI* new series 1 (1856) : 122-125.
23) MCP 4 (4) : 194, 196-197, report by J. de Rovere van Breugel, Banten, 5 May 1788 ; De Rovere van Breugel, "Bedenkingen over den Staat van Bantam," pp. 128-130.
24) 例えば1766年，会社はプロウ・スリブを年間1,000スペインリアルで借りた。その後会社は年間2,190スペインリアルでその島々を又貸ししようとしたが失敗し，結局1785年に華人副首領のヤン・フールー (Jan Hoeloe) に3年間1,130ライクスダールダー（約1,480スペインリアル）で貸し出すことに同意した。後に述べるように，プロウ・スリブは華人商人にとって重要な貿易拠点であった。VOC 3469 : 79-80, Commander J. Reynouts et al. in Banten to Batavia, 30 Sep. 1776 ; VOC 3683 : 1959v-1960r, GM, 31 Dec. 1785.
25) MCP 4 (6) : 266-272, annual income of the sultan, 18 Mar. 1804 ; Herman Willem Daendels, *Staat der Nederlandsche Oostindische bezittingen, onder het bestuur van den gouverneur-generaal Herman Willem Daendels, ridder, luitenant-generaal, enz. in de jaren 1808 tot 1811* (Amsterdam : Gebroeders van Cleef and The Hague : H. van Tee, 1814), Bijlagen II, Bantam, No. 1, 22 Nov. 1808 ; F. de Haan, *Priangan : De Preanger-regentschappen onder het Nederlandsch bestuur tot 1811* (Batavia : G. Kolff, 1910-12), vol. 4, p. 856.
26) VOC 3388 : 44, Commander J. Reijnouts et al. in Banten to Batavia, 8 Oct. 1773 ; VOC 3448 : 1597r, GM, 31 Dec. 1776.
27) VOC 3475 : 1717r-1718r, GM, 31 Dec. 1777 ; De Jonge, *De Opkomst van het Nederlandsche gezag in Oost-Indië*, vol. 11, p. 384, MvO, Commander J. Reynouts to W. C. Westerbeek, Banten, 20 Jan. 1779.
28) CZOHB 120 : 126-127, Commander F. H. Beijnon in Banten to Batavia, 22 Aug. 1795.
29) VOC 3475 : 1718r-1718v, GM, 31 Dec. 1777 ; De Jonge, *De Opkomst van het Nederlandsche gezag in Oost-Indië*, vol. 11, p. 384, MvO, Commander J. Reynouts to W. C. Weesterbeek, Banten, 20 Jan. 1779 ; ADB 26 : 51-52, report by Commander F. H. Beijnon, Banten, 6 Sep. 1802.
30) VOC 3503 : 1585r-1585v, GM, 31 Dec. 1778 ; ADB 33 : 325-326, Commander F. H. Beijnon in Banten to Batavia, 29 Nov. 1798 ; ADB 34 : 319, Commander F. H. Beijnon in Banten to Batavia, 3 Oct. 1803.
31) VOC 3560 : 1502r, GM, 31 Dec. 1780 ; ADB 30 : 7, Commander F. H. Beijnon in Banten to Batavia, 21 Jan. 1792 ; CZOHB 120 : 77, Commander F. H. Beijnon in Banten to Batavia, 4 May 1795.
32) ADB 18 : 37-38, MvO, Commander W. C. Engert to J. Reynouts, Banten, 7 Nov. 1789.
33) ADB 26 : 13-14, report by Special Commissioner W. H. van IJsseldijk in Banten to Batavia,

30 Sep. 1802.
34) VOC 3157: 3rd, no pagination, pepper cultivation inspection report, 1765.
35) この結論を導く資料の信頼性について言及しておきたい。本章で後に示すように，調査報告の中の胡椒苗木の数は全く信頼できないが，栽培農民の数は恐らく信頼できるものである。栽培農民の数は，1760年代と1770年代を通じて安定して増加した。栽培者の増加は，そのカンポンがそれだけ多く胡椒を提供しなければならないことを意味するため，ポンゴウォにとっても農民にとっても明らかに不利益となる。そのような不利な情報を報告しているということは，この情報の確かさを補強するものとなろう。実際，1789年と1790年の栽培調査は非常に厳しく実施されたが，これによって苗木の数が大きく修正されたのとは対照的に，栽培農民の数はほとんど修正されなかった。
36) ADB 27 : 26-27, pepper cultivation inspection report, 31 July 1789 ; ibid. : 42-44, 3 Aug. 1789 ; ibid. : 117, 7 Sep. 1789.
37) ADB 177: C-3, Statistiek van Residentie Bantam, 31 Mar. 1821, *Resumé van het bij Gouvernements besluit van 10 Juli 1867 No. 2 bevolen Onderzoek naar de Regten van den grond in de Residentie Bantam* (Batavia : Landsdrukkerij, 1871), p. 162 ; Willem Bernardus Bergsma (ed.), *Eindresumé van het bij Gouvernements besluit d. d. 10 Juni 1867 No. 2 bevolen onderzoek naar de rechten van den inlander op den grond op Java en Madoera* (Batavia : Ernst, 1876-1896), vol. 2, p. 12.
38) William Marsden, *The History of Sumatra* (Kuala Lumpur etc. : Oxford University Press, 1975 [1811]), pp. 134-139, および第4章第3節参照。
39) ADB 27 : 73-74, pepper cultivation inspection report, J. v. d. Boogaart and F. Chambon, Banten, 23 Aug. 1789.
40) ADB 25 : 3-7, Commander W. H. van Ossenberch in Banten to Batavia, 12 July 1768.
41) VOC 3248 : no pagination, pepper cultivation inspection report, J. Benjamin Koehl to Commandeur J. Reijnouts in Banten, 9 July 1768 ; ADB 30 : 123, pepper cultivation inspection report, J. V. D. Boogaart and F. Chambon, Banten, 22 Oct. 1792.
42) オランダ人はウェタンガーを，バンテンの北部海岸地域に長く定住しジャワ語を話す住民とは厳密に区別した。ウェタンガーという語は，ジャワ語で東を意味するWetanから派生した。
43) ADB 24 : 34-36, report by Commissioner P. A. van der Parra in Banten to Batavia, 9 Octomber 1753 ; ADB 16 : 49, MvO, W. H. van Ossenberch to H. P. Faure, 28 July 1761.
44) HRB 1005 : 44, report by J. de Rovere van Breugel, Banten, no date, 1783.
45) VOC 2864 : 148-149, Commander W. H. van Ossenberch to Batavia, 3 Dec. 1755 ; HRB 1005 : 66, report by J. de Rovere van Breugel, Banten, no date, 1783.
46) VOC 3185 : 61, pepper cultivation inspection report, J. B. Koehl to J. Reijnouts in Banten, no date, 1766 ; VOC 3214 : no pagination, J. Reijnouts to Batavia, 31 Aug. 1767 ; VOC 3248 : no pagination, pepper cultivation inspection report, J. Benjamin Koehl to Commandeur J. Reijnouts in Banten, 21 Sep. 1768.
47) VOC 3185 : no pagination, pepper cultivation inspection report, 1766.
48) VOC 3124 : 44-46, Commander T. Schippers in Banten to Batavia, 5 Feb. 1764.
49) De Jonge, *De Opkomst van het Nederlandsche gezag in Oost-Indië*, vol. 10, p. 124, Director

General Jacob Mossel in Banten to Batavia, 21 Feb. 1747 ; MCP 4 : 184-185, report by J. de Rovere van Breugel, 5 May 1788. カラン南西部における 1765 年の胡椒栽培者数が少ないのは，ある有力ポンゴウォの支配下に置かれた人々がこの年には数えられなかったためである。数えられなかった理由は明らかでない。

50) MCP 4 : 218-219, report by J. de Rovere van Breugel, 5 May 1788.
51) VOC 3093 : 42, Commander H. P. Faure in Banten to Batavia, 28 Sep. 1763.
52) ADB 17 : 13, MvO, T. Schippers to Johannes Reynouts, Banten, 31 May 1764 ; De Jonge, *De Opkomst van het Nederlandsche gezag in Oost-Indië*, vol. 11, p. 377, MvO, Reynouts to W. C. van Westerbeek, 20 January 1779 ; vol. 11, pp. 377-378, MvO, J. Reynouts to W. C. van Westerbeek, 20 Jan. 1779.
53) このように1人のポンゴウォの名に複数の読み方を示したのは，その名がジャワ風なのかスンダ風なのか明確でないためである。本書では基本的に地方のポンゴウォの名はスンダ風に呼んでいるが，宮廷で高位の役職に就く際に改名した名はジャワ風であった可能性もある。本章では初めにスンダ風の読み方，続けて括弧内にジャワ風の読み方を示している。
54) VOC 3388 : 12, Commander Commandeur J. Reijnouts to Batavia, 30 Apr. 1773.
55) ADB 18 : 17, MvO, W. C. Engert to J. Reynouts, Banten, no date, 1781 ; VOC 3655 : 793v, Generale Missiven, 31 Dec. 1784.
56) VOC 3093 : 19-21, Commander H. P. Faure in Banten to Batavia, 4 Aug. 1763.
57) VOC 338, Patricia Missiven, 8 Oct. 1777.
58) VOC 3711 : 2068r, GM, 31 Dec. 1786 ; VOC 3767 : 1141v-1142r, GM, 29 Dec. 1787 ; VOC 3776 : 4542v-4543r, GM, 30 Dec. 1788.
59) VOC 3503 : 1593v-1594v, GM, 31 Dec. ; MCP 4 : 75-76, report by J. de Rovere van Breugel, 30 Nov. 1786 ; VOC 3762 : 26-27, Commander W. C. Engert to Batavia, 5 June 1787.
60) ADB 27 : 50-51, pepper cultivation inspection report, J. V. D. Boogaart and F. Chambon, Banten, 7 Aug. 1789 ; ibid. : 56-57, 8 Aug. 1789 ; ibid. : 85-86, 28 Aug. 1789 ; ADB 30 : 212r-214r, pepper cultivation inspection report, J. V. D. Boogaart and F. Chambon, Banten, 20 Nov. 1789.
61) MCP 4 : 187-188, report by J. de Rovere van Breugel, 5 May 1788.
62) De Jonge, *De Opkomst van het Nederlandsche gezag in Oost-Indië*, vol. 11, p. 380, MvO, Commander J. Reijnouts to W. C. Westerbeek, Banten, 20 Jan. 1779 ; VOC 3683 : 1958v, GM, 31 Dec. 1785.
63) ADB 27 : 10-11, pepper cultivation inspection report, J. V. D. Boogaart and F. Chambon, Banten, 27 July 1789 ; ibid. : 24-25, 30 July 1789 ; ibid. : 62-63, 10 Aug. 1789.
64) ADB 27 : 42, pepper cultivation inspection report, J. V. D. Boogaart and F. Chambon, Banten, 3 Aug. 1789.
65) ADB 27 : 26-27, pepper cultivation inspection report, J. V. D. Boogaart and F. Chambon, Banten, 1789 ; ibid. : 43-44, 3 Aug. 1789 ; ibid. : 116-118, 7 Sep. 1789.
66) J. D. R. V. B. (J. de Rovere van Breugel), "Bedenkingen over den Staat van Bantam," *BKI* new series 1 (1856) : 135.
67) HRB 1004 : 296, report by Commander J. Reijnouts, Banten, 2 July 1766.

注（第5章） 407

68) ADB 27 : 180-181, pepper cultivation inspection report, 31 July 1789.
69) ADB 30 : 217r-218r, pepper cultivation inspection report, J. V. D. Boogaart and F. Chambon, Banten, 20 Nov. 1789.
70) ADB 27 : 167-169, pepper cultivation inspection report, J. v. d. Boogaart and F. Chambon, Banten, 20 Nov. 1789 ; ADB 30 : 218r-219r, pepper cultivation inspection report, J. v. d. Boogaart and F. Chambon, Banten, 20 Nov. 1789.
71) Andries Teisseire, "Verhandeling over den tegenwoordigen staat der zuikermolens omstreeks de stadt Batavia, benevens de middelen tot derzelver herstel, en eenige verdere daar toe betrekkelyke aanmerkingen," *VBG* 5（1790）: 206-209.
72) ADB 25 : 3-7, W. H. van Ossenberch in Banten, to Batavia, 2 July 1768 ; VOC 3221 : 2841r-2841v, Generale Missiven, 31 Dec. 1768.
73) HRB 1005 : 10, report by J. de Rovere van Breugel, Banten, no date, 1783 ; ADB 30 : 253r-254r, pepper cultivation inspection report, J. v. d. Boogaart and F. Chambon, Banten, 20 Nov. 1789 ; ADB 31 : 368-369, Commander F. H. Beijnon in Banten to Batavia, 23 Sep. 1793.
74) ADB 27 : 185, pepper cultivation inspection report, J. v. d. Boogaart and F. Chambon, Banten, 20 Nov. 1789.
75) ADB 27 : 16, pepper cultivation inspection report, J. V. D. Boogaart and F. Chambon, Banten, 28 July 1789 ; ibid. : 116-118, 7 Sep. 1789.
76) ADB 30 : no pagination, pepper cultivation inspection report, J. V. D. Boogaart and F. Chambon, Banten, 11 Nov. 1790.
77) VOC 343 : s400, Patriase Missiven, 7 Dec. 1791 ; ibid. : s385, 26 Nov. 1792.
78) バンテンのコーヒーは、バタヴィアへ1ピコルあたり6ライクスダールダーで輸出された。ADB 34 : 19, Commander F. H. Beijnon to Batavia, 8 Jan. 1801.
79) ADB 27 : 178-179, pepper cultivation inspection report, 20 Nov. 1789 ; ADB 30 : 232r-233r, pepper cultivation inspection report, 20 Nov. 1789.
80) ADB 27 : 28-29, pepper cultivation inspection report, 31 July 1789 ; ibid. : 34, 1 Aug. 1789 ; ibid. : 175-176, 20 Nov. 1789 ; ADB 30 : 233r-234r, pepper cultivation inspection report, 20 Nov. 1789 ; ADB 30 : 118-122, Commander F. H. Beijnon in Banten to Batavia, 22 Oct. 1792.
81) ADB 27 : 28-29, pepper cultivation inspection report, 31 July 1789 ; ibid. : 34, 1 Aug. 1789 ; ibid. : 175-176, 20 Nov. 1789 ; ADB 30 : 233r-234r, pepper cultivation inspection report, 20 Nov. 1789 ; ADB 30 : 118-122, Commander F. H. Beijnon in Banten to Batavia, 22 Oct. 1792.
82) VOC 3711 : 2070v-2071r, GM, 31 Dec. 1786.
83) CZOHB 119 : 10, Commander F. H. Beijnon in Banten to Batavia, 30 Nov. 1796.
84) VOC 3248 : no pagination, pepper cultivation inspection report, J. Benjamin Koehl to Commander J. Reijnouts in Banten, 21 July 1768.
85) ADB 27 : 34, pepper cultivation inspection report, J. v. d. Boogaart and F. Chambon, Banten, 1 Aug. 1789.
86) モルヘンは田圃の大きさの単位で、1モルヘンは15×6ファソム（fathoms, 1ファソムは約1.8メートル）。ADB 27 : 28-29, pepper cultivation inspection report, J. v. d. Boogaart and F. Chambon, Banten, 31 July 1789.

87) ADB 27 : 175-176, pepper cultivation inspection report, J. v. d. Boogaart and F. Chambon, Banten, 20 Nov. 1789 ; ADB 30 : 233r-234r, pepper cultivation inspection report, J. v. d. Boogaart and F. Chambon, Banten, 20 Nov. 1789.
88) ADB 30 : 122-126, pepper cultivation inspection report, J. v. d. Boogaart and F. Chambon, Banten, 22 Oct. 1792 ; CZOHB 61 : 1351r-1351v, Generale Missiven, 31 Jan. 1794.
89) ADB 30 : 123, pepper cultivation inspection report, J. v. d. Boogaart and F. Chambon, Banten, 22 Oct. 1792.
90) MCM 81 (11) : 241, Statistic Memoir on Bantam by Resident U. Yule, Banten, Nov. 1812 ; MCM 81 (8) : 195, Morres to Raffles, 30 Sep. 1811.
91) ADB 180 : no pagination, report by Commissioner J. J. van Sevenhoven, Banten, 20 June 1827 ; *Résumé*, p. 6 ; Bergsma, *Eindresumé*, vol. 3, p. 2.
92) ADB 177 : A-5, B-1, Statistiek van Residentie Bantam, 31 Mar. 1821 ; *Eindresumé*, vol. 3, p. 2
93) Bergsma, *Eindresumé*, vol. 2, p. 3.
94) 大橋厚子『世界システムと地域社会―西ジャワが得たもの失ったもの 1700-1830―』（京都大学学術出版会，2010），pp. 435-437。
95) 大橋『世界システムと地域社会』，pp. 169-200, 231-256。
96) Mason C. Hoadley, *Towards a Feudal Mode of Production : West Java, 1680-1800* (Singapore : Institute of Southeast Asian Studies, 1994), pp. 197-198.
97) Hoadley, *Towards a Feudal Mode of Production*, pp. 150-151.
98) VOC 3281 : 1560r-1560v, GM, 31 Dec. 1770.
99) VOC 3340 : 1434v, GM, 31 Dec. 1772 ; VOC 3368 : 1664v-1665r, GM, 31 Dec. 1773.
100) VOC 3444 : 91-92, Commander J. Reijnouts et al. in Banten to Batavia, 1 Oct. 1775 ; VOC 3421 : 1133v-1134r, GM, 31 Dec. 1775.
101) VOC 3736 : 4, Commander W. C. Engert et al. in Banten to Batavia, 8 Jan. 1786 ; VOC 3762 : 2, Commander W. C. Engert et al. in Banten to Batavia, 5 Jan. 1787.
102) VOC 3767 : 1148r-1148v, GM, 29 Dec. 1787.
103) VOC 3736 : 24, Commander W. C. Engert et al. in Banten to Batavia, 5 June 1786 ; VOC 3762 : 33, Commander W. C. Engert et al. in Banten to Batavia, 5 June 1787.
104) VOC 3340 : 1434r-1434v, GM, 31 Dec. 1772 ; VOC 3444 : 91, J. Reijnouts et al. in Banten to Batavia, 1 Oct. 1775 ; VOC 3652 : 49-50, Commander N. L. Meijbaum to Batavia, 11 May 1782.
105) Reinout Vos, *Gentle Janus, Merchant Prince : the VOC and the Tightrope of Diplomacy in the Malay World, 1740-1800* (Leiden : KITLV Press, 1993), p. 129.
106) ADB 18 : 43, MvO, Commander W. C. Engert to J. Reijnouts, Banten, 7 Nov. 1789.
107) VOC 3653 1st : 6, Commander N. L. Meijbaum in Banten to Batavia, 2 June 1782 ; VOC 3762 : Resolutie 11-12, report by C. J. Balmain and C. van Abkouw in Semangka, 2 May 1787, resolution at Banten, 23 May 1787 における引用 ; VOC 3767 : 1148v-1149r, GM, 29 Dec. 1787.
108) ADB 18 : 43-44, MvO, Commander W. C. Engert to J. Reijnouts, Banten, 7 Nov. 1789 ; MCP 4 (4) : 201-202, report by J. de Rovere van Breugel, Banten, 5 May 1788.
109) ADB 30 : 165-166, Commander F. H. Beijnon in Banten to Batavia, 15 Dec. 1791.

110) VOC 3909: 13, Commander F. H. Beijnon et al. in Banten to Batavia, 19 Oct. 1790; CZOHB 119: 11, Commander F. H. Beijnon et al. in Banten to Batavia, 1 Feb. 1796.
111) De Jonge, *De Opkomst van het Nederlandsche gezag in Oost-Indië*, vol. 11, p. 382, MvO, Commander J. Reynouts to W. C. Westerbeek, Banten, 20 Jan. 1779.
112) VOC 3469: 37-38, Commander J. Reynouts et al. in Banten to Batavia, 5 June 1776; VOC 3555: 76-77, Commander N. L. Meijbaum et al. in Banten to Batavia, 19 Aug. 1779; VOC 3762: 21-22, Commander W. C. Engert et al. in Banten to Batavia, 5 July 1787; VOC 3767: 1144v-1145r, GM, 29 Dec. 1787; CZOHB 118: 53, Commander F. H. Beijnon et al. in Banten to Batavia, 9 Aug. 1794; RABE 124: §19, GM 1799, 23 Apr. 1801.
113) VOC 3533: 1428v-1429r, GM, 31 Dec. 1779; VOC 3633: 1188v, GM, 31 Dec. 1783; VOC 3683: 1959r-1959v, GM, 31 Dec. 1785; CZOHB 118: 4-5, Commander F. H. Beijnon et al. in Banten to Batavia, 20 Feb. 1794.
114) VOC 3555: 91-92, Commander N. L. Meijbaum in Banten to Batavia, 18 Sep. 1780; VOC 3762: 22-23, Commander W. C. Engert et al. in Banten to Batavia, 5 June 1787; MCP 4 (4): 189-190, report by J. de Rovere van Breugel, Banten, 5 May 1788.
115) VOC 3448: 1599r, GM, 31 Dec. 1776; VOC 3555: 92, Commander N. L. Meijbaum in Banten to Batavia, 18 Sep. 1780; VOC 3762: 22-23, Commander W. C. Engert et al. in Banten to Batavia, 5 June 1787.
116) VOC 3311: 1780r-1780v, GM, 31 Dec. 1771; VOC 3555: 78-79, Commander N. L. Meijbaum in Banten to Batavia, 8 July 1780; HRB 1005: 52, report by J. de Rovere van Breugel, Banten, no date, 1783.
117) VOC 3555: 78-79, Commander N. L. Meijbaum in Banten to Batavia, 8 July 1780.
118) VOC 3311: 1780r-1780v, GM, 31 Dec. 1771.
119) VOC 3392: 1534r-1534v, GM, 31 Dec. 1774; VOC 3555: 13-14, Commander N. L. Meijbaum et al. in Banten to Batavia, 28 Jan. 1780; VOC 3555: 78-79, Commander N. L. Meijbaum in Banten to Batavia, 8 July 1780.
120) Barbara Watson Andaya, *To Live as Brothers. Southeast Sumatra in the Seventeenth and Eighteenth Centuries* (Honolulu: University of Hawaii Press, 1993), pp. 228-229; Barbara Watson Andaya, "Raiding Cultures and Inteior-Coastal Migration in Early Modern Island Southeast Asia," in *Empires, Imperialism and Southeast Asia: Essays in Honour of Nicholas Tarling*, ed. Brook Barrington (Clayton: Monash Asia Institute, 1997), p. 10. アンダヤは，18世紀後半にオランダ東インド会社が胡椒栽培を促進したことは，アブン人の襲撃活動を活発化させたであろうと論じる。というのは，アブン人は耕作に適するよう切り拓かれたジャングルを，襲撃の場として好んだからである。
121) VOC 3555: 93-96, Commander N. L. Meijbaum in Banten to Batavia, 18 Sep. 1780.
122) VOC 3909: Resolutie 32-33, Resolution at Banten, 1 May 1790; ADB 30: no pagination, Commander F. H. Beijnon in Banten to Batavia, 23 Nov. 1790.
123) ADB 30: 57-58, Resident C. H. Cramer in Menggala to Commander F. H. Beijnon and the Political Council in Banten, 5 May 1792; ADB 30: 42, Commander F. H. Beijnon in Banten to Batavia, 25 May 1792; ADB 30: 89, Resident C. H. Cramer in Menggala to Commander F. H. Beijnon and the Political Council in Banten, 25 June 1792.
124) ADB 30: 58-59, Resident C. H. Cramer in Menggala to Commander F. H. Beijnon and the

Political Council in Banten, 5 May 1792 ; ibid. : 80-81, 13 May 1792 ; ADB 30 : 42-43, Commander F. H. Beijnon to Batavia, Banten, 25 May 1792 ; ADB 30 : 72, Commander F. H. Beijnon to Batavia, 14 July 1792.

125) ADB 30 : 57-58, Resident C. H. Cramer in Menggala to Commander F. H. Beijnon and the Political Council in Banten, 5 May 1792 ; ibid. : 79-80, 13 May 1792.

126) ADB 30 : 79-80, Resident C. H. Cramer in Menggala to Commander F. H. Beijnon and the Political Council in Banten, 13 May 1792.

127) ADB 30 : 80-81, Resident C. H. Cramer in Menggala to Commander F. H. Beijnon and the Political Council in Banten, 13 May 1792.

128) ADB 30 : 73, Commander F. H. Beijnon in Banten to Batavia, 14 July 1792 ; ADB 30 : 101, Resident C. H. Cramer in Menggala to F. H. Beijnon and the Political Council in Banten, 25 June 1792.

129) ADB 30 : 89-90, Resident C. H. Cramer in Menggala to F. H. Beijnon and the Political Council in Banten, 25 June 1792.

130) ADB 30 : 59-60, C. H. Cramer in Menggala to Commander F. H. Beijnon and the Political Council in Banten, 5 May 1792 ; ADB 30 : 43-44, Commander F. H. Beijnon in Banten to Batavia, 25 May 1792.

131) ADB 30 : 43, Commander F. H. Beijnon in Banten to Batavia, 25 May 1792.

132) ADB 30 : 107-108, Commander F. H. Beijnon in Banten to Batavia, 2 Oct. 1792.

133) Andaya, *To Live as Brothers*, pp. 228-229.

134) ADB 31 : 29-30, Commander F. H. Beijnon in Banten to Batavia, 29 May 1793.

135) ADB 31 : 76, Commander F. H. Beijnon in Banten to Batavia, 5 June 1793.

136) ADB 30 : 107-108, Commander F. H. Beijnon in Banten to Batavia, 2 Oct. 1792 ; ADB 31 : 376-377, Commander F. H. Beijnon in Banten to Batavia, 23 Sep. 1793.

137) ADB 31 : 376, Commander F. H. Beijnon in Banten to Batavia, 23 Sep. 1793 ; ADB 172 : 391-394, Commander F. H. Beijnon in Banten to Batavia, 3 Nov. 1793.

138) CZOHB 61 : 1361v-1362r, GM, 31 Jan. 1794.

139) ADB 31 : 251, Commander F. H. Beijnon in Banten to Batavia, 8 May 1794.

140) ADB 31 : 46-47, Commander F. H. Beijnon in Banten to Batavia, 20 June 1793 ; CZOHB 61 : 1363r-1364r, GM, 31 Jan. 1794 ; CZOHB 120 : 19, Commander F. H. Beijnon in Banten to Batavia, 10 Jan. 1795.

第6章　海賊と貿易ネットワーク

1) VOC 2804 : 68, Koopman A. van der Werp in Seram to Batavia, 30 Sep. 1752 ; VOC 2808 : 633r-633v, GM, 31 Dec. 1753.

2) VOC 2996 : 2nd 5-6, Commander W. H. van Ossenberch in Banten to Batavia, 27 Oct. 1760 ; ibid. : 2nd 10-11, 3 Nov. 1760.

3) D. K. Bassett, "British trade and policy in Indonesia 1760-1772," *BKI* 120-2 (1964) : 199-204.

4) HRB 1004 : 298, 301-302, report by Commander J. Reijnouts, Banten, 2 July 1766. この報告は，イギリス人が「シレバルの海賊たち（Sillebaresen zeeschuimers）」をけしかけているとべているが，恐らくこれはシレブの誤りである。海賊の拠点はシレブであっ

てシレバルではなく, 他の報告は一貫してシレブの海賊について言及している。
5) VOC 3653 2nd : 12-14, Resident A. van de Ster in Semangka to Commander N. Meijbaum in Banten, 27 Aug. 1782.
6) HRB 1004 : 298, report by Commander J. Reijnouts, Banten, 2 July 1766.
7) バセットとカティリタンビー゠ウェルズによれば, ロンドンのイギリス東インド会社幹部は, 1765年から1773年にかけて, インドアヘンの販路をインドネシア諸島に広げることを目指して, リアウ, バンジャルマシン, スンバワ, バリ, 東ジャワなどでアヘンを売ろうと試みた。Basset, "British trade and policy," pp. 204-221 ; J. Kathirithamby-Wells, *The British West Sumatran Presidency, 1760-1785 : Problems of Early Colonial Enterprise* (Kuala Lumpur : Penerbit Universitasi Malaya, 1977), pp. 141-148, 154-156.
8) Anthony Reid, "A New Phase of Commercial Expansion in Southeast Asia, 1760-1850," in *The Last Stand of Asian Autonomies : Responses to Modernity in the Diverse States of Southeast Asia and Korea, 1750-1900*, ed. Anthony Reid (Basingstoke and London : Macmillan Press, 1997), pp. 57-81 ; Carl A. Trocki, "Chinese Pioneering in Eighteenth-Century Southeast Asia," in *The Last Stand of Asian Autonomies*, ed. Anthony Reid, pp. 83-101 ; Wang Gungwu and Ng Chin-keong, *Maritime China in Transition 1750-1850* (Wiesbaden : Harrassowitz, 2004) ; Eric Tagliacozzo and Wen-chin Chang, *Chinese Circulations : Capital, Commodities, and Networks in Southeast Asia* (Durham : Duke University Press, 2011).
9) ジェームズ・リーによれば, 中国の人口は1700年の約1億5,000万人から1850年には4億人に増えた。James Lee, "Food supply and population growth in Southwest China, 1250-1850," *Journal of Asian Studies* 41-4 (1982) : 294-295.
10) Sarasin Viraphol, *Tribute and Profit : Sino-Siamese Trade, 1652-1853* (Cambridge and London : Harvard University Press, 1977), pp. 70-120, 140-159 ; Jennifer Cushman, *Fields from the Sea : Chinese Junk Trade with Siam during the Late Eighteenth and Early Nineteenth Centuries* (Ithaca : Cornell University Press, 2000 [1993]), pp. 65-95 ; Reid, "A New Phase of Commercial Expansion," pp. 11-14 ; Anthony Reid, "Chinese Trade and Southeast Asian Economic Expansion in the Later Eighteenth and Early Nineteenth Centuries : An Overview," in *Water Frontier : Commerce and the Chinese in the Lower Mekong Region, 1750-1880*, ed. Nola Cook and Li Tana (Singapore : NUS Press ; London : Rowman and Littlefield, 2004), pp. 22-24 ; Leonard Blussé, "The Chinese Century : The Eighteenth Century in the China Sea Region," *Archipel* 58 (1999) : 121-128.
11) William T. Rowe, *Hankow : Commerce and Society in a Chinese City, 1796-1889* (Stanford : Stanford University Press, 1984), p. 58 ; William T. Rowe, "Domestic Interregional Trade in China," in *On the Eighteenth Century as a Category of Asian History : Van Leur in Retrospect*, ed. Leonard Blussé and Femme Gaastra (Adershot etc. : Ashgate, 1998), p. 179.
12) Heather Sutherland, "Trepang and Wangkang : The China trade of eighteenth century Makassar, c. 1720-1840s," *BKI* 156-3 (2000), Special Issue "Authority and Enterprise among the Peoples of South Sulawesi," ed. Roger Tol, Kees van Dijk, and Greg Acciaioli, pp. 460-465.
13) William Milburn, *Oriental Commerce, Containing a Geographical Description of the Principal Places in the East Indies, China and Japan, with Their Produce, Manufactures and Trade, Including the Coasting or Country Trade from Port to Port* [...] (New Delhi : Munshiram

Manoharlal, 1999 [1813]), vol. 2, pp. 388-433.
14) Kenneth Pomeranz, *The Great Divergence : China, Europe, and the Making of the Modern World Economy* (Princeton : Princeton University Press, 2000), pp. 114, 142, 151, 158 ; John R. McNeill, "Of Rats and Men : A Synoptic Environmental History of the Island Pacific," *Journal of World History* 5-2 (1994) : 325-326.
15) 金とガンビルは，一部が東南アジアでも消費された。
16) Trocki, "Chinese Pioneering," pp. 88-94 ; Blussé, "The Chinese Century," p. 123 ; Reid, "Chinese Trade and Southeast Asian Economic Expansion," pp. 24-25 ; Anthony Reid, "Chinese on the Mining Frontier in Southeast Asia," in *Chinese Circulations : Capital, Commodities, and Networks in Southeast Asia*, ed. Eric Tagliacozzo and Wen-chin Chang (Durham : Duke University Press, 2011), pp. 24-30.
17) 18世紀末に始められたアチェの胡椒栽培は，1824年のピーク時には9,000トンにまで拡大した。David Bulbeck, Anthony Reid, Lay Cheng Tan, and Yiqi Wu, *Southeast Asian Exports since the 14th Century : Cloves, Pepper, Coffee, and Sugar* (Singapore : Institute of Southeast Asian Studies, 1998), pp. 87-91.
18) Trocki, "Chinese Pioneering," pp. 88-90 ; Reid, "Chinese Trade and Southeast Asian Economic Expansion," pp. 26-28 ; Bulbeck et al., *Southeast Asian Exports*, p. 118.
19) Eric Tagliacozzo, "Onto the coasts and into the forests : Ramifications of the China trade on the ecological history of northwest Borneo, 900-1900 CE," in *Histories of the Borneo Environment : Economic, Political and Social Dimensions of Change and Continuity*, ed. Reed L. Wadley (Leiden : KITLV Press, 2005) pp. 35-38 ; Ota Atsushi, "Pirates or Entrepreneurs? Migration and Trade of Sea People in Southwest Kalimantan, c. 1770-1820," *Indonesia* 90 (2010) : 86-90.
20) James Francis Warren, *The Sulu Zone, 1768-1898 : The Dynamics of External Trade, Slavery, and Ethnicity in the Transformation of a Southeast Asian Maritime State* (Singapore : Singapore University Press, 1981), pp. 67-94.
21) Eric Tagliacozzo, "A Sino-Southeast Asian Circuit : Ethnohistories of the Marine Goods Trade," in *Chinese Circulations : Capital, Commodities, and Networks in Southeast Asia*, ed. Eric Tagliacozzo and Wen-chin Chang (Durham : Duke University Press, 2011), pp. 434-437.
22) Milburn, *Oriental Commerce*, vol. 2, pp. 388-433 ; Dianne Lewis, "The Growth of the Country Trade to the Straits of Malacca, 1760-1777," *JMBRAS* 43-2 (1970) : 115-116 ; Sutherland, "Trepang and Wangkang," pp. 452-459 ; Eric Tagliacozzo, "A necklace of fins : marine goods trading in maritime Southeast Asia, 1780-1860," *International Journal of Asian Studies* 1-1 (2004) : 26-32 ; Heather Sutherland, "A Sino-Indonesian Commodity Chain : The Trade in Tortoiseshell in the Late Seventeenth and Eighteenth Centuries," in *Chinese Circulations : Capital, Commodities, and Networks in Southeast Asia*, ed. Eric Tagliacozzo and Wen-chin Chang (Durham : Duke University Press, 2011), pp. 179-186.
23) Tagliacozzo, "Onto the coasts and into the forests," pp. 35-36.
24) Reid, "A New Phase of Commercial Expansion," pp. 70-71, Reid, "Chinese Trade and Southeast Asian Economic Expansion," pp. 28-32 ; Tagliacozzo, "A necklace of fins," pp. 40-43.
25) Trocki, "Chinese Pioneering," pp. 88-90 ; Reid, "A New Phase of Commercial Expansion,"

pp. 62-78, 2004 : 28-32 ; Tagliacozzo, "A necklace of fins," pp. 40-43.
26) Earl H. Pritchard, *The Crucial Years of Early Anglo-Chinese Relations, 1750-1800* (Washington : Research Studies of the State College of Washington vol. 4, no. 3-4, 1936), pp. 152-157, 175, 180-182, Victor Lieberman, *Strange Parallels : Southeast Asia in Global Context, c. 800-1830*, vol. 2 : *Mainland Mirrors : Europe, Japan, China, South Asia, and the Islands* (Cambridge etc. : Cambridge University Press, 2009), pp. 868-873.
27) Carl A. Trocki, "Opium as a Commodity in the Chinese Nanyang Trade," in *Chinese Circulations : Capital, Commodities, and Networks in Southeast Asia*, ed. Eric Tagliacozzo and Wen-chin Chang (Durham : Duke University Press, 2011), pp. 85, 89.
28) Pritchard, *The Crucial Years of Early Anglo-Chinese Relations*, pp. 174-180, 401-402.
29) Reid, "Chinese Trade and Southeast Asian Economic Expansion" ; Blussé, "The Chinese Century."
30) 18 世紀東南アジアにおける貿易構造の変容を要約したヴィクター・リーバーマンもまた，こうした状況によってオランダ東インド会社の影響力が弱まったと論じている。Lieberman, *Strange Parallels*, pp. 868-874.
31) Pritchard, *The Crucial Years of Early Anglo-Chinese Relations*, pp. 152-157, 180-182.
32) Kathirithamby-Wells, *The British West Sumatran Presidency*, pp. 184-186.
33) Robert Wissett, *A Compendium of East Indian Affairs, Political and Commercial Collected and Arranged for the Use of the Court of Directors* (London : E. Cox and Son, 1802), vol. 2, pp. 184-185 ; Pritchard, *The Crucial Years of Early Anglo-Chinese Relations*, pp. 157-160.
34) 1805 年にカントリートレーダーがアジアのイギリス領から広州に運んだ品々（総額 1,506 万 577 ルピー）のうち，木綿とアヘンはその 1 位と 2 位を占め，それぞれの金額は 945 万 2,619 ルピーと 329 万 4,570 ルピーであった。Milburn, *Oriental Commerce*, vol. 2, p. 482.
35) Pritchard, *The Crucial Years of Early Anglo-Chinese Relations*, p. 175.
36) Bulbeck et al., *Southeast Asian Exports*, p. 80. ミルバーンが作成した広州における「カントリートレード」のデータによれば，(恐らくインドからの) 木綿とアヘン以外に真珠，フカヒレ，象牙といった様々な熱帯産品が輸入されている。Milburn, *Oriental Commerce*, vol. 2, pp. 482, 484.
37) Kathirithamby-Wells, *The British West Sumatran Presidency*, p. 186.
38) Liu Yong, "Batavia's role in the direct China trade after 1757," A paper distributed at the 4th TANAP Workshop, Universitas Gajah Mada, Yogyakarta, Indonesia. 10-14 Jan. 2005, pp. 4-5.
39) Kathirithamby-Wells, *The British West Sumatran Presidency*, p. 218 ; Bulbeck et al., *Southeast Asian Exports*, pp. 78-79.
40) Alexander Hamilton, *A Scottish Sea Captain in Southeast Asia, 1689-1723*, ed. Michael Smithies (Chiang Mai : Silkworm Books, 1997), p. 144.
41) Carl A. Trocki, *Prince of Pirates ; The Temenggongs and the Development of Johor and Singapore 1784-1885* (Singapore : Singapore University Press, 1979), pp. 1-17 ; Reinout Vos, *Gentle Janus, Merchant Prince : the VOC and the Tightrope of Diplomacy in the Malay World, 1740-1800* (Leiden : KITLV Press, 1993), pp. 114-117.
42) Trocki, *Prince of Pirates*, pp. 17-26 ; Vos, *Gentle Janus, Merchant Prince*, pp. 121-125.

43) Brian Harrison (translate), "Trade in the Straits of Malacca in 1785. A Memorandum by P. G. de Bruijn, Governor of Malacca," *JMBRAS* 27-1 (1953) : 57, 60.
44) D. K. Bassett, "British 'Country' Trade and Local Trade Networks in the Thai and Malay States, c. 1680-1770," *Modern Asian Studies* 23-4 (1989) : 643.
45) Harrison, "Trade in the Straits of Malacca," p. 57.
46) Barbara Watson Andaya, *To Live as Brothers. Southeast Sumatra in the Seventeenth and Eighteenth Centuries* (Honolulu : University of Hawaii Press, 1993), pp. 161-174, 214.
47) Johannes Cornelis Noorlander, *Banjarmasin en de Compagnie in de tweede helft der 18 de eeuw* (Leiden : M. Dubbeldeman, 1935), pp. 50-51, 57-59, Bijlage 7.
48) Vos, *Gentle Janus, Merchant Prince*, pp. 147-173.
49) Trocki, *Prince of Pirates*, pp. 26-27 ; Vos, *Gentle Janus, Merchant Prince*, pp. 179-205.
50) Vos, *Gentle Janus, Merchant Prince*, pp. 179-190 ; Dianne Lewis, *Jan Compagnie in the Straits of Malacca 1641-1795* (Athens : Ohio University Center for International Studies, 1995), pp. 99-121.
51) HMS 437 : 152-153, Historical Sketch of the circumstances which led to the settlement of Penang, Francis Light, Penang, c. 1794 ; Thomas Horsfield, "Report on the island of Bangka," *Journal of the Indian Archipelago and Eastern Asia* 2 (1848) : 317-318 ; Raja Ali Haji Ibn Ahmad, *The Precious Gift (Tuhfat al-Nafis)*, An annotated translation by Virginia Matheson and Barbara Watson Andaya (Kuala Lumpur etc. : Oxford University Press, 1982), p. 376 ; Vos, *Gentle Janus, Merchant Prince*, pp. 191-199.
52) Raja Ali Haji, *Tuhfat al-Nafis*, p. 197. ジョホール王国の年代記『トゥフファット・アル゠ナフィス』(*Tuhfat al-Nafis*) は, このように二つの勢力が友好的に再統合したと記している。もっともオランダ語資料は, スルタン・マフムードがラジャ・アリを攻撃すると脅してリンガに呼び寄せたと述べている。どちらが真実であるにせよ, 1790年にこの2人の勢力が再統合したことは間違いない。VOC 3906 : 119-120, a report by a Malay man Ince Tayer, Malacca, 13 Apr. 1790.
53) Raja Ali Haji, *Tuhfat al-Nafis*, pp. 24, 188-190 ; Timothy P. Barnard, *Multiple Centres of Authority : Society and Environment in Siak and Eastern Sumatra, 1674-1827* (Leiden : KITLV Press, 2003), pp. 142-143, 152-154.
54) VOC 3906 : 115-117, 120-121, a report by a Malay man, Ince Tayer, Malacca, 13 Apr. 1790.
55) MCP 4 : 211-215, report by Rovere van Breugel, 5 May 1788 ; VOC 3776 : 4539r, GM, 30 Dec. 1788.
56) ADB 30 : no pagination, report by Jurragan Mas Sudin, Banten, 27 Oct. 1790.
57) CZOHB 120 : 77, Commander F. H. Beijnon in Banten to Batavia, 4 May 1795.
58) ADB 30 : no pagination, Commander F. H. Beijnon in Banten to Batavia, 23 Nov. 1790 ; ADB 30 : 73, Resident C. H. Cramer in Menggala to Commander F. H. Beijnon and the Political Council in Banten, 14 July 1792 ; CZOHB 120 : 41-42, Commander F. H. Beijnon in Banten to Batavia, 18 Feb. 1795 ; ibid. : 58-59, 8 July 1797 ; RABE 123 : 152r-152v, GM 1798, 3 Oct. 1799 ; ADB 33 : 215-216, Commander F. H. Beijnon in Banten to Batavia, 9 July 1798 ; ADB 35 : 280, Commander F. H. Beijnon in Banten to Batavia, 25 May 1804.
59) VOC 2910 : 67-68, Resident K. Laven in Menggala to Batavia, 30 July 1757.
60) CZOHB 120 : 133, Commander F. H. Beijnon in Banten to Batavia, 25 Aug. 1795.

61) MCP 4 (4)：211-212, report by J. de Rovere van Breugel, Banten, 5 May 1788.
62) Andaya, *To Live as Brothers*, pp. 228-229.
63) 海賊船の漕ぎ手とするために人々を捕らえていたとの情報は, 19世紀入って初めて得られる。JFR 28：664-665, report by B. B. Macgregor, Deputy Master, Anyar, 11 May 1815. しかし18世紀末の海賊活動の活発さと人々が捕らえられた情報の多さを考慮すると, そうしたことが当時から行われていた可能性は恐らく高いと言えよう。
64) Warren, *The Sulu Zone*, p. 198.
65) CZOHB 120：41, Commander F. H. Beijnon in Banten to Batavia, 18 Feb. 1795.
66) ADB 30：no pagination, report by Jurragan Mas Sudin, Banten, 27 Oct. 1790.
67) ADB 34：5-7, Commander F. H. Beijnon in Banten to Batavia, 7 Jan. 1803.
68) HRB 1004：301-302, report by Commander J. Reijnouts, Banten, 2 July 1766.
69) ADB 34：5-7, Commander F. H. Beijnon in Banten to Batavia, 7 Jan. 1803.
70) ADB 34：16-17, Commander F. H. Beijnon in Banten to Batavia, 4 Feb. 1801.
71) CZOBH 118：39, Commander F. H. Beijnon et al. in Banten to Batavia, 18 Feb. 1793.
72) VOC 2910：66-67, Resident K. Laven in Menggala to Batavia, 30 June 1757.
73) VOC 3128：1725v-1726v, GM, 31 Dec. 1765.
74) VOC 3527：158-160, Commander J. Reijnouts et al. in Banten to Batavia, 15 Sep. 1778.
75) ADB 30：60-61, Commander F. H. Beijnon in Banten to Batavia, 9 May 1791.
76) CZOHB 119：23, Commander F. H. Beijnon et al. in Banten to Batavia, 24 Dec. 1796.
77) CZOHB 63：§ 32, GM 1795, no date.
78) CZOHB 119：23, Commander F. H. Beijnon et al. in Banten to Batavia, 24 Dec. 1796.
79) Warren, *The Sulu Zone*, pp. 156-158.
80) ADB 30：87-88, report by Wetanger Wiro, escaped captive, Banten, 21 Apr. 1791.
81) ADB 33：78, 82, Commander F. H. Beijnon et al. in Banten to Batavia, 5 Apr.
82) ADB 30：81, Resident C. H. Cramer in Menggala to Commander F. H. Beijnon and the Political Council in Banten, 13 May 1792 ; ADB 31：377-378, Commander F. H. Beijnon in Banten to Batavia, 23 Sep. 1793 ; ADB 30：9-10, Commander F. H. Beijnon in Banten to Batavia, 10 Mar. 1791 ; ibid.：105, 28 May 1791 ; ibid.：148, 21 Oct. 1791 ; CZOHB 118：39-40, Commander F. H. Beijnon et al. in Banten to Batavia, 18 Feb. 1793 ; CZOHB 120：41-42, Commander F. H. Beijnon in Banten to Batavia, 15 Feb. 1795 ; ibid.：43, 25 Feb. 1795 ; ibid.：77, 4 May 1795 ; RABE 123：157v-158r, GM 1798, 3 Oct. 1799 ; RABE 124：§ 47, GM 1798, 23 Apr. 1801 ; ADB 33：214-215, Commander F. H. Beijnon in Banten to Batavia, 9 July 1798 ; ADB 34：5-7, Commander F. H. Beijnon in Banten to Batavia, 7 Jan. 1803.
83) Barnard, *Multiple Centres of Authority*, p. 155.
84) ADB 30：91-93, report by Raden Tomongong Tilang Barat, Banten, 3 May 1791.
85) ADB 30：43, report by Juragan Urip, escaped captive, Banten, 4 Apr. 1791.
86) VOC 3906：37, Palembang to Batavia, 3 May 1790 ; VOC 3906：123-127, P. Walbeeck and H. J. van Schuler to Palembang, 18 May 1790 ; VOC 3906：265-267, H. J. van Schuler to Pieter Walbeeck, Palembang, 9 Aug. 1790.
87) VOC 3906：265-267, H. J. van Schuler to Pieter Walbeeck, Palembang, 9 Aug. 1790 ; VOC 3960：36, P. Walbeeck and H. J. van Schuler to Batavia, Palembang, 30 Oct. 1791.

88) Horsfield, "Report on the Island of Bangka," pp. 317-318 ; Raja Ali Haji, *Tuhfat al-Nafis*, p. 376.
89) 記録に残る最大の船団は56隻の船で構成された。その中核をなすのは，3本のマストを備えた3隻の大型船であった。ADB 31 : 79-80, Commander F. H. Beijnon in Banten to Batavia, 5 June 1793 ; CZOHB 118 : 21-22, Commander F. H. Beijnon in Banten to Batavia, 20 Feb. 1794.
90) ADB 33 : 78-79, 82-83, Commander F. H. Beijnon in Banten to Banten, 5 Apr. 1799.
91) ADB 30 : 92-93, report by Raden Tomongon Tilang Barat, a courtier, Banten, 3 May 1791.
92) VOC 3469 : 17-18, Commander F. H. Beijnon et al. in Banten to Batavia, 13 Mar. 1776 ; VOC 3498 : 64, Commander F. H. Beijnon in Banten to Batavia, 6 Oct. 1777 ; VOC 3503 : 1591v-1593r, GM, 31 Dec. 1778 ; VOC 3555 : 42, Commander L. N. Meijbaum et al. in Banten to Batavia, 14 Apr. 1779 ; VOC 3533 : 1432v, GM, 31 Dec. 1779 ; VOC 3560 : 1503r-1503v, GM, 31 Dec. 1780 ; ADB 30 : no pagination, Commander F. H. Beijnon in Banten to Batavia, 12 Sep. 1790 ; ibid. : no pagination, 23 Nov. 1790 ; VHR 3802 : no pagination, Batavia to Commander F. H. Beijnon in Banten, 31 Dec. 1790 ; VOC 3965 : 50, Commander F. H. Beijnon et al. in Banten to Batavia, 29 June 1792 ; VOC 3970 : 1404r-1404v, GM, 31 Jan. 1793 ; CZOHB 118 : 52, Commander F. H. Beijnon et al. in Banten to Batavia, 3 June 1794 ; RABE 124 : § 46, GM 1798, 23 Apr. 1801 ; ADB 35 : 311-319, Report of an expedition to Lampung by S. Aalben to Commander F. H. Beijnon in Banten, 15 June 1804.
93) HRB 1004 : 302, report by Commander J. Reijnouts, Banten, 2 July 1766 ; VOC 3475 : 1722v-1723v, GM, 31 Dec. 1777 ; CZOHB 118 : 6, Commander F. H. Beijnon et al. in Banten to Batavia, 20 Oct. 1794.
94) VOC 3941 : 998, Commander F. H. Beijnon et al. in Banten to Batavia, 2 May 1791.
95) VOC 343 : § 391, Instruction about Banten, Amsterdam to Batavia, 26 Nov. 1792.
96) HRB 1005 : 11, report by J. de Rovere van Breugel, Banten, no date, 1783 ; MCP 4 (4) : 176-177, report by J. de Rovere van Breugel, Banten, 5 May 1788.
97) Rovere van Breugel 1856 : 351-357 ; MCP 4 (4) : 176-177, report by J. de Rovere van Breugel, Banten, 5 May 1788. ドゥ・ローフェレ・ファン・ブリューヘルの1783年と1788年の報告では，ランプン内陸部に訪れていた商人はマンダル人とされている。しかし同じ著者による1787年の報告と他のオランダ語資料によれば，彼らは明確に中国人と述べられており，ドゥ・ローフェレ・ファン・ブリューヘルの最初の二つの報告は商人のエスニック名を書き誤ったものと考えられる。
98) ADB 34 : 60-62, diary of P. C. Coenraadt and P. A. Braam on their voyage to Lampung, 22 Nov. 1802.
99) Noorlander, *Banjarmasin en de Compagnie*, pp. 64-65, 100-101, 114-115, 122-125, Bijlage 7.
100) Kathirithamby-Wells, *The British West Sumatran Presidency*, pp. 203-204, Appendix 1 (a).
101) Bulbeck et al., *Southeast Asian Exports*, p. 66.
102) レンメル川というのはどの地図上にも見当たらない。ポンタンとタナラのそばを流れるのはそれぞれウジュン川とドゥリアン川という異なる二つの河川であって，一つの川が分岐したものではない。もっともこれらの川を結ぶ運河は恐らく17世紀末までに

作られており，これはドゥリアン川とブンドゥン（Bendung）付近で分岐している（第 1 章第 5 節および地図 4）。このあたりは「密輸」が活発な地域であり（第 7 章第 3 節），おそらくこの周辺で胡椒の非公認貿易も行われたと考えられる。

103) ADB 30 : 255r-258r, pepper inspection report, 20 Nov. 1789.
104) ADB 34 : 64-65, diary of P. C. Coenraadt and P. A. Braam on their voyage to Lampung, 5 Dec. 1802.
105) スペインマットは，16 世紀から 19 世紀にかけて広く世界中で使われた銀貨である 8 リアル貨（eight-real coin, real de a ocho, real ocho）のオランダ名の一つ。
106) ADB 34 : 60-62, diary of P. C. Coenraadt and P. A. Braam on their voyage to Lampung, 22 Nov. 1802 ; ibid. : 77, 10 Jan. 1803 ; ADB 34 : 42-43, Commander F. H. Beijnon in Banten to Batavia, 8 Feb. 1803 ; ADL 26 : 3, J. F. Neef to Commander F. H. Beijnon in Banten, 1 Dec. 1803 ; MCP 4 (7) : 289-290, report by Resident J. de Bruin, Banten, 30 Sep. 1811 ; MK 2794 : 108r, Handelingen en Resolutien van den Gouverneur Generaal in Rade, 23 June 1826, no. 11.
107) ADB 34 : 243-244, Commander F. H. Beijnon in Banten to Batavia, 14 July 1803.
108) ADB 31 : 79-81, Commandeur F. H. Beijnon in Banten to Batavia, 5 June 1793.
109) ADB 34 : 42, Commander F. H. Beijnon in Banten to Batavia, 8 Feb. 1803.
110) ADB 35 : 280, Commander F. H. Beijnon in Banten to Batavia, 25 May 1804.
111) ADB 34 : 109-110, Commander F. H. Beijnon in Banten to Batavia, 8 June 1801.
112) E. S. van Eyck van Heslinga, *Van compagnie naar koopvaardij : De scheepvaartverbinding van de Bataafse republiek met de kolonien in Azie 1797-1806* (Amsterdam : Leeuw, 1988), pp. 147-170.

第 7 章　糖業の展開と境界社会の形成

1) 境界地域（borderland）の概念は，特に 18-19 世紀の北アメリカ史研究で検討が進められている。境界地域を議論する近年の研究者は，古典的な F. J. ターナーの「フロンティア」の概念を批判して，ヨーロッパ人が原住民を圧迫・支配しながらアメリカ人となったのではなく，様々なグループのヨーロッパ人とアメリカ原住民が，法の適用範囲が明確でなく流動的な社会を形成し，その中で多様な経済的・文化的交流が行われ越境的ネットワークが発達していたとして，アメリカおよび北アメリカの歴史を再検討している。Frederick Jackson Turner, *The Frontier in American History* (New York : H. Holt, 1920) ; Andrew R. L. Cayton and Fredrika J. Teute (eds.), *Contact Points : American Frontiers from the Mohawk Valley to the Mississippi, 1750-1830* (Chapel Hill : University of North Carolina Press, 1998) ; Jeremy Adelman and Stephen Aron, "From Borderlands to Borders : Empires, Nation-States, and the Peoples in Between in North American History," *American Historical Review* 104 (1999) : 815-841 ; Daniel H. Usner, "Borderlands," in *A Companion to Colonial America*, ed. Daniel Vickers (Malden : Blackwell, 2003), pp. 408-424.
2) ジャワ糖業に関する研究は植民地時代から始められ，非常に多くの研究が蓄積されている。18 世紀までを扱ったものには，N. P. van den Berg, "De suikerindustrie op Java onder het bestuur van de Oost-Indische Compagnie," in *Uit de dagen der Compagnie : Geschiedkundige Schetsen*, ed. N. P. van den Berg (Haarlem : H. D. Tjeenk Willing & Zoon,

1904) ; J. J. Reesses, *De suikerhandel van Amsterdam van het begin der 17 de eeuw tot 1813 : een bijdrage tot de handelsgeschiedenis des vaderlands, hoofdzakelijk uit de archieven* (Haarlem : J. L. E. I. Kleynenberg, 1908-11) ; Kristof Glamann, *Dutch-Asiatic Trade 1620-1740* (The Hague : Martinus Nijhoff, 1958), pp. 158-165 ; Leonard Blussé, *Strange Company : Chinese Settlers, Mestizo Women and the Dutch in VOC Batavia* (Dordrecht etc. : Foris, 1986), pp. 91-93 ; Bondan Kaminoyoso, "Local Growth, Restriction, and Decline : The Development of Sugar Industry in the Ommelanden Batavia, 1684-1740," paper distributed at the 21st IAHA Conference, Singapore, 22-25 June 2010 などがある。植民地時代の糖業を扱う研究は非常に多く，以下に挙げるのはその一部である。ほとんどが強制栽培制度期 (1830-70年) 以降を取り上げる一方，数少ない19世紀初頭を議論したものに G. R. ナイトの一部の研究 (1990, 1993) やレイデルメイヤー (1997) の著作がある。ボームハールトの研究 (1989) は例外的に，1775年頃からのジャワ糖業を検討している。W. van Deventer, *Handboek voor de suikerrietcultuur en de rietsuikerfabricage op Java* (Surabaya : Proefstation voor de Java Suiker Industrie, 1914) ; H. Ch. G. J. van der Mandere, "De Suikerindustrie op Java, hare geschiedenis en ontwikkeling," *Indië : Geïllustreerd Weekblad voor Nederland en Koloniën* 5 (1921-22) ; R. A. Quintus, *The Cultivation of Sugar Cane in Java* (London : Norman Rodger, 1923) ; J. J. Tichelaar, *De Java-suikerindustrie en hare beteekenis voor land en volk* (Surabaya : Het Algemeen Syndicaat van Suikerfabrikanten in Nederlandsch-Indië, 1927) ; 植村泰夫「糖業プランテーションとジャワ農村社会——一九世紀末〜二〇世紀初めのスラバヤを例にして—」『史林』61-3 (1978) : 379-406 ; 宮本謙介「中部ジャワにおける地主制の形勢と甘蔗プランテーション」『一橋論叢』81-5 (1979) ; G. R. Knight, "From Plantation to Padi-field : The Origins of the Nineteenth Century Transformation of Java's Sugar Industry," *Modern Asian Studies* 14-2 (1980) : 177-204 ; 加納啓良「ジャワ糖業史研究序論」『アジア経済』22-5 (1981) : 68-92 ; 植村泰夫「糖業プランテーションとブスキ農村社会」『史林』66-2 (1983) : 1-52 ; R. E. Elson, *Javanese Peasants and the Colonial Sugar Industry : Impact and Change in an East Java Residency, 1830-1940* (Singapore etc. : Oxford University Press, 1984) ; 植村泰夫「1910年代ジャワ糖業と農民経済」『史学研究』169 (1985) : 22-43 ; R. E. Elson, "Sugar Factory Workers and the Emergence of 'Free Labour' in Nineteenth-Century Java," *Modern Asian Studies* 20-1 (1986) : 139-174 ; 加納啓良「オランダ植民地支配下のジャワ糖業—1920年代を中心に—」『社会経済史学』51-6 (1986) : 139-157 ; Peter Boomgaard, "Java's agricultural production, 1775-1875," in *Economic Growth in Indonesia, 1820-1940*, ed. Angus Maddison and Gé Prince (Dordrecht etc. : Foris, 1989), pp. 97-121 ; G. R. Knight, "The Peasantry and the Cultivation of Sugar Cane in Nineteenth-Century Java : A Study from Pekalongan Residency, 1830-1870," in *Indonesian Economic History in the Dutch Colonial Era*, ed. A. Booth, W. J. O'Malley and A. Weidemann (New Haven : Yale Center for International Area Studies, 1990) ; G. Roger Knight, *Colonial Production in Provincial Java : The Sugar Industry in Pekalongan-Tegal, 1800-1942* (Amsterdam : VU University Press, 1993) ; Margaret Leidelmeijer, *Van Suikermolen tot Groot Bedrijf : Technische Vernieuwing in de Java-suikerindustrie in de Negentiende Eeuw* (Amsterdam : NEHA, 1997) ; 植村泰夫『世界恐慌とジャワ農村社会』(勁草書房, 1997) ; G. Roger Knight, "The sugar industry of colonial Java and its global trajectory," *South East Asia Research* 8-3 (2000) : 213-238 ; G.

注（第7章）　419

Roger Knight and Arthur van Schaik, "State and capital in late colonial Indonesia : the sugar industry, braakhuur, and the colonial bureaucracy in North Central Java," *BKI* 157-4 (2001) : 830-859 ; 加納啓良『現代インドネシア経済史論―輸出経済と農業問題―』（東京大学出版会, 2004）; G. Roger Knight, "Descrying the bourgeoisie : Sugar, capital and state in the Netherland Indies, circa 1840-1884," *BKI* 163-1 (2007) : 34-66 ; Ulbe Bosma, Juan Giusti-Cordero, and G. Roger Knight (eds.), *Sugarlandia Revisited : Sugar and Colonialism in Asia and the Americas, 1800 to 1940* (New York and Oxford : Berghahn, 2007).

3) Glamann, *Dutch-Asiatic Trade*, pp. 164-166.
4) Blussé, *Strange Company*, pp. 91-96 ; Kanumoyoso, "Local Growth, Restriction, and Decline."
5) Reesse, *De suikerhandel van Amsterdam*, pp. 182-183 ; Glamman, *Dutch-Asiatic Trade*, pp. 158-165 ; Holden Furber, *Rival Empire in the Orient, 1600-1800* (Minneapolis : University of Minnesota Press, 1976), pp. 247-248 ; Blussé, *Strange Company*, pp. 91-93. 1770年代から80年代にかけて，スーラトでオランダ東インド会社が砂糖販売から得られた利益は，オランダ本国における砂糖貿易からの利益の約3分の1しかなかった。アジア市場では会社の最大のライバルであるベンガル砂糖が非常に安価であったため，会社は自らが輸出するジャワ砂糖に高い価格をつけることができなかった。Reesse, *De suikerhandel van Amsterdam*, p. 183.
6) オランダ東インド会社は，長崎会所が定める輸入品買取価格が余りに低く利益が得られなかったため，1732年と1735年に長崎貿易から撤退することを計画した。鈴木康子『近世日蘭貿易の研究』（思文閣, 2004）, pp. 365-376。
7) 八百啓介「十八世紀における出島オランダ商館の砂糖輸入について」『史学雑誌』105-2 (1966) : 44。原資料は W. Ph. Coolhaas (ed.), *Generale Missiven van Gouverneurs-Generaal en Raden aan Heren XVII der Vereenigde Oostindische Compagnie*, vol. 8, p. 128, 21 Oct. 1726.
8) Jan Hooyman, "Verhandeling over den tegenwoordigen staat van den land-bouw, in de Ommelanden van Batavia," *VBG* 1 (1779) : 250-253.
9) Blussé, *Strange Company*, pp. 94-95.
10) F. de Haan, *Priangan : De Preanger-regentschappen onder het Nederlandsch bestuur tot 1811* (Batavia : G. Kolff, 1910-12), vol. 1, pp. 267-271 ; ibid. : vol. 4, p. 101. 例えば，オランダ人農民のアダム・ドゥスハウ（Adam Duschau）は，彼が1752年に権利を取得したタンゲランの三つの農園を，間もなくある華人砂糖工場主に貸し出した。
11) 原資料では（ジャワ）東岸（Oost Cust）であるが，これは恐らく当時のジャワの行政区分であるジャワ東北海岸（Java's Noordoost Cust, 現在の中部ジャワから東部ジャワ西部にかけての北岸）地域を指すであろう。この地域を短縮してジャワ北岸もしくはジャワ東岸と呼ぶ例はしばしば見られるが，18世紀から糖業が発達したのは中部ジャワ北岸である。
12) Van den Berg, "De suikerindustrie op Java," p. 329.
13) Mandere 1921-22 : 140 ; Boomgaard, "Java's agricultural production," p. 99.
14) Ghulam A. Nadri, *Eighteenth-Century Gujarat : The Dynamics of Its Political Economy, 1750-1800* (Leiden and Boston : Brill, 2009), pp. 111-116 ; 八百啓介『近世オランダ貿易と鎖国』（吉川弘文館, 2004）, pp. 236-243 ; Reesse, *De suikerhandel van Amsterdam*, p.

183.
15) 八百啓介「十八世紀における出島オランダ商館の砂糖輸入について」『史學雜誌』105-2 (1996)：55。
16) 八百『近世オランダ貿易と鎖国』, pp. 265-272。
17) Van der Mandere, "De Suikerindustri op Java," p. 140.
18) Ghulam A. Nadri, "The Dutch Intra-Asian Trade in Sugar in the Eighteenth Century," *International Journal of Maritime History*, XX/1 (2008)：82-83.
19) ボームハールトは, 1800年頃のジャワ北岸の砂糖生産は, ジャワ全体の約25%を占めたと述べる。もしこの情報が正しく, さらに残りの75%を全てオンメランデンが生産したと仮定するならば, その年のオンメランデンの生産量は750万ポンドとなる。Boomgaard, "Java's agricultural production," p. 99.
20) Johan Talens, *Een feodale samenleving in koloniaal vaarwater : Staatvorming, koloniale expansie en economische onderontwikkeling in Banten, West-Java 1600-1750* (Hilversum : Verloren, 1999), pp. 76-77.
21) Talens, *Een feodale samenleving*, pp. 78-82.
22) J. de Rovere van Breugel, "Beschrijving van het Koninkrijk Bantam," *BKI* new series 1 (1856), p. 344.
23) Hooyman, "Verhandeling [...] in de Ommelanden van Batavia," p. 192.
24) Hooyman, "Verhandeling [...] in de Ommelanden van Batavia," p. 238.
25) Van den Berg, "De suikerindustrie op Java," p. 329. もっともホーイマンは同じ1750年に, バタヴィア政庁の高官がオンメランデンの砂糖工場を70基に制限しようとしたと述べる。Hooyman, "Verhandeling [...] in de Ommelanden van Batavia," pp. 238-239. 本文に挙げた情報（砂糖工場を80基に制限）との相違がなぜ生じたのかは明らかでない。
26) Hooyman, "Verhandeling [...] in de Ommelanden van Batavia," pp. 241-242.
27) Andries Teisseire, "Verhandeling over den tegenwoordigen staat der zuikermolens omstreeks de stadt Batavia, benevens de middelen tot derzelver herstel, en eenige verdere daar toe betrekkelyke aanmerkingen," *VBG* 5 (1790), pp. 138-139, 206.
28) Teisseire, "Verhandeling [...] omstreeks de stadt Batavia," pp. 122, 135-137.
29) HRB 1004 : 329-330, report by Commander J. Reijnouts, Banten to Batavia 2 July 1766.
30) VOC 3767 : 1153v, Genrerale Missiven, 29 Dec. 1787.
31) ADB 31 : 369, Commander F. H. Beijnon in Banten to Batavia, 23 Sep. 1793.
32) Hooyman, "Verhandeling [...] in de Ommelanden van Batavia"; Teisseire, "Verhandeling [...] omstreeks de stadt Batavia."
33) 1ラインラント・ルーデは12または16フィート。Insituut voor Nederlandse Geschiedenis (ed.), *VOC-glossarium* (The Hague : Instituut voor Nederlandse Geschiedenis, 2000), p. 98.
34) Hooyman, "Verhandeling [...] in de Ommelanden van Batavia," pp. 194-196.
35) Hooyman, "Verhandeling [...] in de Ommelanden van Batavia," pp. 195-199.
36) Hooyman, "Verhandeling [...] in de Ommelanden van Batavia," pp. 199-201.
37) Hooyman, "Verhandeling [...] in de Ommelanden van Batavia," pp. 201-203.
38) Hooyman, "Verhandeling [...] in de Ommelanden van Batavia," pp. 203-204.
39) Hooyman, "Verhandeling [...] in de Ommelanden van Batavia," pp. 204-210; Teisseire,

注 (第7章)　421

"Verhandeling [...] omstreeks de stadt Batavia," p. 29.
40) Hooyman, "Verhandeling [...] in de Ommelanden van Batavia," p. 210.
41) Hooyman, "Verhandeling [...] in de Ommelanden van Batavia," pp. 214-215.
42) 20世紀初頭のバンテンでは，ブジャンは比較的裕福な土地持ち農民の保護下で暮らす隷属民を意味した。彼らは自らを保護している農民を農作業や家庭内作業で手伝ったが，村外の上位権力者への労働奉仕といった義務からは免除されていた。F. Fokkens, *Eindresumé van het bij besluit van den Gouverneur-Generaal van Nederlandsch-Indië van 24 Juli 1888 no. 8 bevolen onderzoek naar de verplichte diensten der inlandsche bevolking op Java en Madoera (Gouvernementslanden)*(Batavia : Smits etc., 1901-03), vol. 1, pp. 18a-19a.
43) Hooyman, "Verhandeling [...] in de Ommelanden van Batavia," pp. 215-216.
44) Hooyman, "Verhandeling [...] in de Ommelanden van Batavia," pp. 213-214.
45) Teisseire, "Verhandeling [...] omstreeks de stadt Batavia," p. 152.
46) Teisseire, "Verhandeling [...] omstreeks de stadt Batavia," pp. 81, 126-127, 148-152, 176-178.
47) J. Paulus et al. (eds.), *Encyclopaedie van Nederlandsch-Indie* (The Hague : Martinus Nijhoff and Leiden : Brill, 1917-1939), vol. 3, p. 158 ; *Nederlandsch-Indisch plakaatboek, 1502-1811*, ed. J. A. van der Chijs (The Hague : Martinus Nijhoff, 1885-1890), vol. 5, pp. 284-289, 296-306 ; Carl A. Trocki, *Opium, Empire and the Global Political Economy : A Study of the Asian Opium Trade 1750-1950* (London and New York : Routledge, 1999), pp. 6-7.
48) 1790年代，当時まだバンテン王国の領内であったタンゲラン西半地域は，アリア・ファン・タンゲラン (Aria van Tangerang, 恐らくタンゲランのキヤイ・アリア——称号の一つ——を意味した) という有力者の影響下にあった。Andries Teisseire, "Beschryving van een Gedeelte der Omme- en Bovenlanden dezer Hoofdstad, doch inzonderheid van de Zuid-westlyke, en Westlyke Landen ; benevens de bebouwing der Gronden, Levenswys, en oefveningen der Opgezetenen ; mitsgaders de Fabryken, en Handel in dezelve," *VBG* 6 (1792) : 89-90.
49) Peter H. van der Brug, "Unhealthy Batavia and the decline of the VOC in the eighteenth century," in *Jakarta-Batavia : Socio-cultural essays* (Leiden : KITLV Press, 2000), pp. 43-74.
50) Teisseire, "Beschryving van een Gedeelte der Omme- en Bovenlanden dezer Hoofdstad," pp. 4-5, 89-90.
51) HRB 1005 : 10, report by J. de Rovere van Breugel, Banten, no date, 1783.
52) Remco Raben, "Batavia and Colombo : The Ethnic and Spatial Order of Two Colonial Cities 1600-1800" (Ph. D. dissertation, Leiden University, 1996), pp. 306-332 ; De Haan, *Priangan*, vol. 4, p. 956.
53) Teisseire, "Verhandeling [...] omstreeks de stadt Batavia," pp. 152-153.
54) Teisseire, "Verhandeling [...] omstreeks de stadt Batavia," pp. 148-151.
55) Trocki, *Opium, Empire and the Global Political Economy*, p. 54.
56) Teisseire, "Verhandeling [...] omstreeks de stadt Batavia," pp. 177-178.
57) HRB 1005 : 10, report by J. de Rovere van Breugel, Banten, no date, 1783.
58) ADB 27 : 168-169, pepper cultivation investigation report, Banten, 20 Nov. 1789.

59) ADB 30 : 258r, pepper cultivation investigation report, Banten, 20 Nov. 1789.
60) そうした貿易管理の結果が，バンテンにおける出入港船記録として作成され，バタヴィア政庁に送られた。こうした出入港船記録はオランダ東インド会社支配下の多くの港で作成されたが，ジャワにおける記録を詳しく分析した研究に，Gerrit J. Knaap, *Shallow Waters, Rising Tide : Shipping and Trade in Java around 1775* (Leiden : KITLV, 1996) がある。
61) Teisseire, "Beschryving van een Gedeelte der Omme- en Bovenlanden dezer Hoofdstad," pp. 98-99.
62) CZOHB 120 : 14, Commander F. H. Beijnon in Banten to Batavia, 10 Jan. 1795. トワシアは恐らく，福建語の地名であろう。その原義としては，頭仔社（Tou-a-sia，字義通りには「第一の村」），大社（Toa-sia，「大きな村」），糖仔社（Tang-a-sia，「砂糖の村」）などが考えられる。
63) ADB 27 : 185-186, pepper cultivation investigation report, Banten, 20 Nov. 1789.
64) VOC 3475 : 1723v-1724r, Generale Missiven, 31 Dec. 1777.
65) Teisseire, "Verhandeling [...] omstreeks de stadt Batavia," pp. 150-152.
66) Paulus et al., *Encyclopaedie*, vol. 3, p. 158.
67) CZOHB 118 : 16, Commander F. H. Beijnon et al. in Banten to Batavia, 5 Dec. 1794.
68) HRB 1005 : 11, report by J. de Rovere van Breugel, Banten, no date, 1783 ; MCP 4 (4) : 176-177, report by J. de Rovere van Breugel, Banten, 5 May 1788.
69) VOC 3363 : 9-10, Captain lieutenant of de Chinese, Lim Genko and Ong Tanko in Banten to Batavia, 7 Sep. 1772.
70) CZOHB 120 : 13-14, Commander F. H. Beijnon in Banten to Batavia, 10 Jan. 1795.
71) CZOHB 120 : 13-14, Commander F. H. Beijnon in Banten to Batavia, 10 Jan. 1795.
72) Blussé, *Strange Company* ; Raben, "Batavia and Colombo."
73) J. D. R. V. B. (J. de Rovere van Breugel), "Bedenkingen over den Staat van Bantam," *BKI* new series 1 (1856), pp. 122-125.
74) Herman Willem Daendels, *Staat der Nederlandsche Oostindische bezittingen, onder het bestuur van den gouverneur-generaal Herman Willem Daendels, ridder, luitenant-generaal, enz. in de jaren 1808 tot 1811* (Amsterdam : Gebroeders van Cleef and The Hague : H. van Tee, 1814), Bijl. II : O. S. Bantam No. 1, 22 Nov. 1808.
75) De Haan, *Priangan*, vol. 3, p. 152.

第8章　植民地国家の構築

1) M. C. Ricklefs, *A History of Modern Indonesia since c. 1200* (Basingstoke : Palgrave ; Stanford : Stanford University Press, 2008), pp. 145, 150, 155.
2) Sartono Kartodirdjo, *The Peasants' Revolt of Banten in 1888 : Its Conditions, Course and Sequel, a Case Study of Social Movements in Indonesia* (The Hague : Martinus Nijhoff, 1966), p. 100.
3) Sartono, *The Peasants' Revolt of Banten* ; Michael Williams, *Communism, Religion, and Revolt in Banten* (Athens : Ohio University Centre for International Studies, 1990) ; 藤田絵里「植民地後期バンテン地方史研究—地域社会におけるリーダーシップに焦点をあてて—」広島大学大学院文学研究科提出博士論文，2006。

注（第8章） 423

4) Heather Sutherland, *The Making of a Bureaucratic Elite : The Colonial Transformation of the Javanese Priyayi* (Singapore : Heinemann Educational Books, 1979) ; Robert van Niel, *The Emergence of the Modern Indonesian Elite* (Leiden [etc.] : Foris, 1970).
5) 植村泰夫「19世紀ジャワにおけるオランダ植民地国家の形成と地域把握」斎藤照子編『岩波講座東南アジア史5 東南アジア世界の再編』(岩波書店, 2001), pp. 165-169。
6) 大橋厚子『世界システムと地域社会——西ジャワが得たもの失ったもの 1700-1830——』(京都大学学術出版会, 2010), pp. 71-117。大橋によると, 1720年代から1811年までにレヘントはオランダ東インド会社のコーヒー栽培政策を通して次第にバタヴィア政庁に財政的に依存するようになり, 官吏化した。レヘント配下に置かれた下級首長もまた, 1810年代と20年代を通じて様々なコーヒー栽培に関する任務を植民地政府から任されるようになり, 生産管理システムの中に取り込まれた。
7) Robert van Niel, "Rights to Land in Java," in *Dari Banad dan Hikayat sampai Sejarah Kritis, Kumpulan Karangan dipersembahkan kepada Prof. Dr. Sartono Kartodirdjo*, ed. T. Ibraim Alfian et al. (Jogjakarta : Gajah Mada University Press, 1987), pp. 138-139.
8) Peter Carey, "The origins of the Java War (1825-30)," *The English Historical Review* 91-358 (1976) : 64-67.
9) C. A. Groenewold, "Herman Willem Daendels, katalysator van de eenheidsstaat," in *Herman Willem Daendels (1762-1818) : 'Een gulhartig Geldersman, even zo vif als buspoeder,'* ed. E. Pereboom and H. A. Stalknecht (Kampen : IJsselakademie, 1989), pp. 12-27 ; Remieg Aerts et al., *Land van kleine gebaren : een politieke geschiedenis van Nederland 1780-1990* (Nijmegen : SUN, 2001 [1999]), pp. 36-37.
10) Nicholaus Engelhard, *Overzigt van den staat der Nederlandsche Oost-Indische bezittingen, onder het bestuur van den Gouverneur-Generaal Herman Willem Daendels* (The Hague and Amsterdam : van Cleef, 1816), p. 149.
11) J. K. J. de Jonge (ed.), *De Opkomst van het Nederlandsche gezag in Oost-Indië : Verzameling van onuitgegeven stukken uit het Oud-Koloniaal Archief* (Amsterdam and The Hague : Martinus Nijhoff, 1862-1909), vol. 13, pp. xcv-xcviii.
12) De Jonge, *De Opkomst van het Nederlandsche gezag in Oost-Indië*, vol. 13, pp. xcviii-cv. このような展開に関してのダーンデルスによる弁明は, Daendels, *Staat der Nederlandsche Oostindische bezittingen*, p. 54 を参照。同時代に, より批判的な視点から出来事を解説したものに Engelhard, *Overzigt van den staat*, pp. 151-155 がある。
13) Daendels, *Staat der Nederlandsche Oostindische bezittingen*, Bijlagen II, Bantam, No. 1, 22 Nov. 1808 ; ibid., No. 3, 27 Nov. 1808 ; ADB 93 : no pagination, Instruction for the sultan of Banten, 27 Nov. 1808. 政府に譲渡されたバンテン東部の領土については, オランダで出版された資料 (Daendels, *Staat der Nederlandsche Oostindische bezittingen*) と政府からスルタンに与えられた指示 (ADB 93) との間で差異が見られる。前者がマンデリ川 (Ci Manderie [マンチュリ川 Ci Mancuri の誤りであろう]) の東岸300ルーデンの地域とされているのに対し, 後者はカンディ川までの土地が譲渡されると述べられている。実際には, カンディ川までの土地が政府に譲渡され, さらに民間のオランダ人に賃貸された。J. Faes, *Geschiedenis der Tjikandi-landen* (Batavia : H. Prange, 1895).
14) Daendels, *Staat der Nederlandsche Oostindische bezittingen*, Bijlagen II, Bantam, No. 4, Instruction for the sultan of Banten, Art 3, 6, 8, 9, 27 Nov. 1808 ; Sutherland, *The Making of*

a Bureaucratic Elite, pp. 7-8.
15) JFR 28 : 347-351, Extract Proceedings, 21 Apr. 1815 ; ADB 95 : 10-11, Algemeen Verslag 1817, no date.
16) Daendels, *Staat der Nederlandsche Oostindische bezittingen*, Bijlagen II, Bantam, No. 3, Instruction for the sultan of Banten, 27 Nov. 1808.
17) MCM 81 (11) : 243, Statistic Memoir by Resident U. Yule, Banten, Nov. 1812.
18) H. D. Levyssohn Norman, *De Britsche heerschappij over Java en Onderhoorigheden (1811-1816)* (The Hague : Gebroeders Belinfante, 1857), p. 273.
19) MCP 4 (7) : 291, Memoir of Banten by Resident J. de Bruin, Banten, 30 Sep. 1811.
20) MCP 13 (7) : 243-244, report by T. S. Raffles, Batavia, no date, 1812.
21) 1812年のあるイギリスの報告書は，恐らく誇張が含まれると思われるが，この時10万人の死者が出たと推定している。JFR 9 : no pagination, Itinerary, 1 Oct. 1812.
22) Engelhard, *Overzigt van den staat*, pp. 149-151, 174-175.
23) MCM 81 (11) : 241-242, Statistic Memoir by Resident U. Yule, Banten, Nov. 1812.
24) MCM 81 (8) : 192-195, report by J. M. Morres, Banten, 30 Sep. 1811.
25) MCM 81 (8) : 195, report by J. M. Morres, Banten, 30 Sep. 1811.
26) JFR 9 : no pagination, Itinerary, 1 Oct. 1812 ; MCM 81 (11) : 227-228, Statistic Memoir by Resident U. Yule, Banten, Nov. 1812 ; MCP 58 : 68-69, report by C. W. Thalman, G. W. Smit, and J. G. Bauer, 29 Jan. 1808 ; Daendels, *Staat der Nederlandsche Oostindische bezittingen*, pp. 54-55 ; ADB 95 : no pagination, Algemeen Verslag, 31 May 1821 ; Faes, *Geschiedenis der Tjikandi-landen*, p. 1.
27) Daendels, *Staat der Nederlandsche Oostindische bezittingen*, pp. 54-55 ; ADB 95 : no pagination, Algemeen Verslag, 31 May 1821. オランダ人植民地官吏はさらに，宗教指導者が住民を反乱に煽り，また強制的に参加させるのには重要な働きをしたことを疑っていた。しかし，情報の不足から，彼らの活動を正確に知ることは不可能である。MCM 81 (8) : 198 report by J. M. Morres, Banten, 30 Sep. 1811.
28) Daendels, *Staat der Nederlandsche Oostindische bezittingen*, Bijlagen II, Bantam, No. 7, 7 May 1809 ; MCM 81 (8) : 191, report by J. M. Morres, Banten, 30 Sep. 1811 ; ADB 95 : 4-5, Algemeen Verslag 1817, no date.
29) Daendels, *Staat der Nederlandsche Oostindische bezittingen*, Bijlagen II, Bantam, No. 8, 22 Aug. 1810.
30) ADB 176 : no pagination, Staat van Bevolking en Objecten van Culture en Handel in de Residentie Bantam, 1817.
31) MCP 13 (7) : 254-255, report by T. S. Raffles, Batavia, no date, 1812 ; Daendels, *Staat der Nederlandsche Oostindische bezittingen*, Bijlagen II, Bantam, No. 9, 22 Aug. 1810.
32) MCM 81 (8) : 196, report by J. M. Morres, Banten, 30 Sep. 1811 ; MCP 4 (7) : 290, Memoir of Banten by Resident J. de Bruin, Banten, 30 Sep. 1811 ; MCP 13 (7) : 245, report by T. S. Raffles, Batavia, no date, 1812 ; JFR 70 : no pagination, Yule to Raffles, 21 Aug. 1814.
33) MCP 13 (7) : 250, report by T. S. Raffles, Batavia, no date, 1812 ; JFR 70 : no pagination, Yule to Raffles, 5 Mar. 1812 ; ibid. : no pagination, 21 Aug. 1814.
34) Sartono, *The Peasants' Revolt of Banten*, pp. 57-58 ; Williams, *Communism, Religion, and*

Revolt, pp. 45-46.
35) MCP 13 (7) : 245-246, report by T. S. Raffles, Batavia, no date, 1812 ; MCP 4 (7) : 288, Memoir of Banten by Resident J. de Bruin, Banten, 30 Sep. 1811.
36) 信夫清三郎『ラッフルズ伝―東南アジアの帝国建設者―』(平凡社東洋文庫 123, 1968), pp. 87-114。
37) MCP 4 (7) : 288, Memoir of Banten by Resident J. de Bruin, Banten, 30 Sep. 1811 ; JFR 70 : no pagination, Yule to Raffles, 21 Aug. 1814.
38) MCP 13 (7) : 246-249, report by T. S. Raffles, Batavia, no date, 1812.
39) JFR 70 : no pagination, Yule to Raffles, 21 Aug. 1814 ; MCP 13 (7) : 250, report by T. S. Raffles, Batavia, no date, 1812.
40) MCP 13 (7) : 252-253, report by T. S. Raffles, Batavia, no date, 1812.
41) JFR 16 : no pagination, Yule to Raffles, 22 Apr. 1812 ; MCP 13 (7) : 260-261, report by T. S. Raffles, Batavia, no date, 1812 ; JFR 70 : no pagination, Yule to Raffles, 21 Aug. 1814 ; MK 2367, Register der Handelingen en Resolutien van den Commissarissen Generaal buiten Rade, 3 Feb. 1817, No. 3.
42) ADB 95 : 10, Algemeen Verslag 1817, no date.
43) JFR 28 : 345, 347-350, Extract Proceedings, 21 Apr. 1815.
44) JFR 28 : 347-351, Extract Proceedings, 21 Apr. 1815 ; ADB 95 : 10-11, Algemeen Verslag 1817, no date.
45) Norman, *De Britsche heerschappij over Java en Onderhoorigheden*, pp. 307-308.
46) MCP 4 (7) : 290, Memoir of Banten by Resident J. de Bruin, Banten, 30 Sep. 1811.
47) ADB 95 : 16, Algemeen Verslag 1817, no date.
48) John S. Bastin, *Raffles' Ideas on the Land Rent System in Java and the Mackenzie Land Tenure Commission* (The Hague : Martinus Nijhoff, 1954), p. 105.
49) JFR 19 : no pagination, Yule to Davidson, 12 Mar. 1813.
50) JFR 19 : No pagination, Yule to Assey, 12 Mar. 1813 95 : 16-17, Algemeen Verslag 1817, no date, 1817.
51) ADB 95 : 12, Algemeen Verslag 1817, no date.
52) JFR 21 : no pagination, Yule to Assey, 28 May 1813.
53) JFR 19 : no pagination, Yule to Assey, 12 Mar. 1813.
54) JFR 19 : no pagination, Yule to Assey, 12 Mar. 1813.
55) JFR 21 : no pagination, Yule to Assey, 28 May 1813.
56) ADB 95 : 12, Algemeen Verslag 1817, no date ; John S. Bastin, *The Native Policies of Sir Stamford Raffles in Java and Sumatra : An Economic Interpretation* (Oxford etc. : Oxford University Press, 1957), p. 44.
57) Bastin, *Raffles' Ideas on the Land Rent System in Java*, pp. 155-162.
58) ADB 95 : 12-14, 18-19, Algemeen Verslag 1817, no date.
59) ADB 95 : 12-14, 18-19, Algemeen Verslag 1817, no date.
60) JFR 19 : no pagination, Yule to Assey, 12 Mar. 1813.
61) 信夫『ラッフルズ伝』, pp. 177-182。
62) MK 2842 : no pagination, Register der handelingen en besluiten van de Gouverneur-Generaal in Rade, 14 Feb. 1832, No. 1 ; C. W. M. van de Velde, *Gezigten uit Neêrlands Indië, naar de*

natuur geteekend en beschreven (Amsterdam : Frans Buffa en Zonen, 1845), 11 ; A. Djajadiningrat, *Herinneringen van Pangeran Aria Achmad Djajadiningrat* (Amsterdam and Batavia : Kolff, 1936), p. 111.

63) 植村「19世紀ジャワにおける植民地国家の形成と地域把握」, p. 168。

64) ADB 180 : 2d, report by Van Sevenhoven, Banten, 20 June 1827. こうした行政的領域単位の名称は，巻末資料8に示したように，1810年代から30年代にかけて頻繁に変更された。また時期によっては，レヘントではなく下位首長のパティ（patih）が任命される県であるパティスハップ（patihschap）も存在した。混乱を避けるために，本書では行政単位を高位から順に州，県，郡，副郡，村落と統一して呼ぶことにする。

65) 現地首長の名称と彼等の職能は以下の通りである。アディパティ（adipati）：レヘント（知事）；パティ（patih）：副知事（onder regent）；ジャクサ（jaksa）：会計官（fiscal official）；デマン：郡長（district chief）；クパラ・ベック（kepala bek [wijk hoofd]）：副郡長（afdeeling chief, 地代の徴収を担当）；ジャロ（jaro, マンドールまたはジュラガン [juragan] とも呼ばれた）：村落首長；キヤイ・フォッキ（Kyai Fokki）：宗教問題に関する理事州レベルの長官。ADB 177 : B-1, Statistiek van Residentie Bantam, 31 Mar. 1821.

66) ADB 95 : no pagination, Algemeen Verslag, 31 May 1821.

67) ADB 182 : no pagination, Resultaat van het onderzoek van Lebak, 17 May 1828.

68) A. Djajadiningrat, *Herinneringen*, pp. 4–5 ; Roesjan, *Sedjarah Banten*, p. 44 ; Williams, *Communism, Religion, and Revolt*, p. 64. ルスヤンはこの任命が1816年であったと述べるが，彼はその情報源を示していない。また，グヌン・クンチャナという地名は巻末資料8の基となる資料には見当たらない。

69) MK 2489 : no pagination, Register [...] buiten Rade, 8 Nov. 1825, No. 11.

70) ADB 95 : Algemeen Verslag, 31 May 1821.

71) MK 2445 : no pagination, Register [...] buiten Rade, 8 Feb. 1819, no. 6 ; ADB 95 : no pagination, Algemeen Verslag, J. H. Tobias, Serang, 31 May 1821.

72) MK 2457 : no pagination, Register [...] buiten Rade, 4 Dec. 1820, No. 1.

73) ADB 95 : no pagination, Algemeen Verslag, 31 May 1821.

74) MK 2778 : no pagination, Register [...] in Rade, 11 Feb. 1825, No. 15.

75) E. J. Hobsbawm, *Bandits* (New York : Pantheon, 1981 [1969]), pp. 17, 27, Onghokham, "The Residency of Madiun : Priyayi and Peasant in the Nineteenth Century" (Ph. D. dissertation, Yale University, 1975), pp. 63–69 ; Henk Schulte Nordholt and Margreet van Till, "Colonial Criminals in Java, 1870-1910," in *Figures of Criminality in Indonesia, the Philippines, and Colonial Vietnam*, ed. Vincent L. Rafael (Ithaca and New York : Cornell University Press, 1999), p. 68 ; Onghokham, *The Thugs, the Curtain Thief, and the Sugar Lord : Power, Politics, and Culture in Colonial Java* (Jakarta : Metafor Publishing, 2003), pp. 113–145, Margreet van Till, *Banditry in West Java 1869-1842* (Singapore : NUS Press, 2011), pp. 10–15.

76) ADB 95 : 13-14, Algemeen Verslag 1817, no date.

77) ADB 177 : B-1, Statistiek Residentie Bantam, 31 Mar. 1821.

78) ADB 182 : no pagination, Resultaat van het onderzoek van Tie Ringie, 24 May 1828.

79) ADB 177 : C-1, Statistiek van Residentie Bantam, 31 Mar. 1821.

80) ADB 180 : 9d-10a, report by Van Sevenhoven, Banten, report by Van Sevenhoven, Banten, 20 June 1827.
81) ADB 95 : 18-19, Algemeen Verslag 1817, no date.
82) ADB 182 : no pagination, Resultaat van het onderzoek van Tie Ringie, 24 May 1828.
83) ADB 95 : no pagination, Algemeen Verslag, 31 May 1821.
84) ADB 177 : B-1, Statistiek van Residentie Bantam, 31 Mar. 1821.
85) Williams, *Communism, Religion, and Revolt*, p. 17.
86) MK 2778 : no pagination, Register [...] in Rade, 11 Feb. 1823, No. 15.
87) 筆者はここで，現地人首長と官吏を明確に区分している。デマンやレヘントのようにある一定の領域に権威を持つ者を現地人首長とし，オンダーコレクテュール（下級徴税役人）やスクリベ（scribe, 書記）のように領域単位の長ではなく，一定の機能を有する役職に就く者を現地人官吏とする。
88) 郡長以上の現地人首長の任命および転任については政府の承認が必要であったため，そうした人事については，政府決定の中に記録が残っている。MK 2435-2765, 2770-2863 : Register der handelingen besluiten van de Gouverneur Generaal.
89) Sartono, *The Peasants' Revolt of Banten*, p. 87.
90) MK 2779 : no pagination, Register [...] in Rade, 12 Aug. 1823, No. 26 ; MK 2511 : no pagination, Register [...] buiten Rade, 10 Dec. 1827, No. 10 ; MK 2831 : 450-451, Register [...] in Rade, 13 Mar. 1829, No. 28.
91) MK 2494 : no pagination, Register [...] buiten Rade, 28 July 1826, No. 4.
92) MK 2489 : no pagination, Register [...] buiten Rade, 8 Nov. 1825, No. 11 ; MK 2842 : no pagination, Register [...] in Rade, 5 Mar. 1832, No. 24 ; Djajadiningrat, *Herinneringen*, p. 5.
93) Sartono, *The Peasants' Revolt of Banten*, pp. 87-88.
94) ADB 95 : 17-18, Algemeen Verslag 1817, no date.
95) MK 2817 : 245-246, Register [...] in Rade, 6 Aug. 1828, No. 13.
96) MK 2461 : no pagination, Register [...] buiten Rade, 27 Sep. 1821, No. 6.
97) MK 2805 : 49-50, Register [...] in Rade, 5 Sep. 1826, No. 29. この意見の不一致は，1820年代のバタヴィア政府における論争と平行している。サザーランドによれば，政府内にはレヘントに関して二つの考えがあり，一つは彼らが不必要かつ政府の円滑な行政を阻害する迷惑な存在と見るもので，他方は彼らの住民への影響力を強調し，オランダによるジャワ支配に有利に働くと主張した。Sutherland, *The Making of a Bureaucratic Elite*, p. 10.
98) MK 2503 : no pagination, Register [...] buiten Rade, 27 Apr. 1827, No. 8 ; ADB 182, Resultaat van het onderzoek van Lebak, 17 May 1827.
99) MK 2509 : no pagination, Register [...] buiten Rade, 20 Oct. 1827, No. 8.
100) Williams, *Communism, Religion, and Revolt*, pp. 46-50.
101) M. A. Tihami, *Kiyai dan Jawara di Banten : Studi tentang Agama, Magi, dan Kepemimpinan di Desa Pasanggrahan Serang, Banten* (M. A. thesis, Universitas Indonesia, 1992), pp. 13, 100-104.
102) 岡本正明「改革派に転向したスハルト期地方エリートたち―バンテン州新設の政治過程に焦点をあてて―」『アジア・アフリカ地域研究』1 (2001) : 193-200 ; Okamoto Masaaki and Abdul Hamid, "Jawara in Power, 1998-2007," *Indonesia* 86 (2008) : 109-138 ;

岡本正明『暴力と適応の政治学――インドネシア民主化と安定の地方構造――』（京都大学学術出版会，近刊）。

103) ADB 177 : A-1, Statistiek van Residentie Bantam, 31 Mar. 1821.
104) ADB 180 : 4a-4c, report by Van Sevenhoven, Banten, 20 June 1827. この描写は，ヤン・ブレマンが紹介している，19世紀半ばに計画された新しいジャワ村落を描いた挿画に極めて類似している。Jan Breman, *The Village on Java and the Early-Colonial State* (Rotterdam : The Comparative Asian Studies Programme at Erasmus University, 1980), p. 39.
105) ADB 95 : no pagination, Algemeen Verslag, 31 May 1821.
106) もっとも1870年代にバタヴィアの植民地官僚によって作成された『最終提要』によれば，バンテン王国時代に地方「村落」において秩序の維持と税の徴収を担っていた者はンガベイ (ngabei) またはルラー (lurah) という称号を名乗っていたとされる。Willem Bernardus Bergsma (ed.), *Eindresumé van het bij Gouvernementsbesluit dd. 10 Juni 1867 No. 2 bevolen onderzoek naar de rechten van den inlander op den grond op Java en Madoera* (Batavia : Ernst, 1876-1896), vol. 3, Bijlage N : 169-170, 'Notes over property rights to wastelands in Java,' B. van Baak, Assistant Resident of Lebak, 25 Mar. 1867. この点から藤田英里は，バンテンでは「徴税役人」であるマンドールの1人あたりの管轄地域を分割することによって，植民地村落が形成されたと結論づけた。藤田「植民地後期バンテン地方史研究」，pp. 90-91。このような徴税役人は，バンテン王国時代にポンゴウォが地方の胡椒栽培の監視のために派遣していたオッパー・マンドール (opper mandoor, 字義的には「上位のマンドール」) に相当しよう（第4章第3節参照）。VOC 3248 : no pagination, pepper inspection report, 9 July 1768. しかしながら，オッパー・マンドールはポンゴウォから派遣される役人に過ぎず，先述のトビアスの報告書が述べるように彼らが一定の領域に対して強い権威を有していたという情報は，オランダ東インド会社資料からは確かめられない。1780年代に書かれたオランダ東インド会社バンテン商館の職員による記録でも，イガベイとルラーは，デマンとともに，主に高地の一般的なポンゴウォが持つ称号であると述べられている。J. de Rovere van Breugel, "Beschrijving van het Koninkrijk Bantam," *BKI* new series 1 (1856) : 338.『最終提要』が編纂されたのはバンテン王国が消滅してから60年ほど経過してからであり，役職名に混乱を生じていたとしても不思議ではない。
107) ADB 177 : A-1, Statistiek van Residentie Bantam, 31 Mar. 1821.
108) ADB 177 : A-1, Statistiek van Residentie Bantam, 31 Mar. 1821.
109) ADB 177 : A-1, Statistiek van Residentie Bantam, 31 Mar. 1821.
110) 藤田「植民地後期バンテン地方史研究」，pp. 76-79, 91-92。
111) ADB 180 : 4d, report by Van Sevenhoven, Banten, 20 June 1827.
112) ADB 180 : 4d-5b, report by Van Sevenhoven, Banten, 20 June 1827.
113) ADB 180 : 5b, report by Van Sevenhoven, Banten, 20 June 1827.
114) ADB 180 : 5b-5c, report by Van Sevenhoven, Banten, 20 June 1827.
115) ADB 95 : 23-24, Algemeen Verslag 1817, no date ; ADB 180 : 5a, report by Van Sevenhoven, Banten, 20 June 1827.
116) ADB 180 : 5d-6a, report by Van Sevenhoven, Banten, 20 June 1827.
117) 藤田「植民地後期バンテン地方史研究」，pp. 79-89。藤田によれば，州政府が村落首長の権威向上のために試みた主な施策は，首長のための職田の造成と首長に対する労

役（通常は代わりに金納された）の法制化であったが，一般の村人の強い反発のため，十分に遂行できなかった。
118) ADB 177 : B-1, Statistiek van Residentie Bantam, 31 Mar. 1821 ; ADB 180 : 6a-6b, 7c-8a, report by Van Sevenhoven, Banten, 20 June 1827.
119) 藤田英里「植民地期ジャワの長老とバンテン村落」『史学研究』234：27-30, 36-39；藤田「植民地後期バンテン地方史研究」, pp. 105-126。
120) 加納啓良もまた，中部ジャワにおけるフィールド調査に基づき，伝統的コミュニティの多くが新たな植民地村落の中で生き残り，今日まで続いていると論じている。加納啓良「ジャワ村落史の検証──ウンガラン郡のフィールドから──」『東洋文化研究所紀要』111：33-129。
121) Breman, *The Village on Java and the Early-Colonial State* ; C. J. G. Holtzappel, "Het verband tussen desa en rijksorganisatie in prekoloniaal Java : Een ontwikkelingssociologische studie in historisch perspectief," Ph. D. dissertation, Leiden University, 1986；および本書第 2 章参照。

終 章 バンテンにおける近世，世界史の中のバンテン

1) シドニー・W. ミンツ『甘さと権力──砂糖が語る近代史──』（平凡社, 1980）: Kenneth Pomeranz, *The Great Divergence : China, Europe, and the Making of Modern World Economy* (Princeton : Princeton University Press, 2000)。
2) Ota Atsushi, "Pirates or Entrepreneurs? Migration and Trade of Sea People in Southwest Kalimantan, c. 1770-1820," *Indonesia* 90 (2010) : 67-96.
3) 岸本美緒「東アジア・東南アジア伝統社会の形成」樺山紘一他編『岩波講座世界史 13 東アジア・東南アジア伝統社会の形成，16-18 世紀』（岩波書店, 1998）, p. 59。序章でも述べたように，これは岸本による一般化に問題があるというよりも，18 世紀島嶼部東南アジア地域社会の研究が一部に偏り，全体としてあまり進展していないことが作り出している問題である。

あとがき

　本書は，2005 年にオランダ・ライデン大学に提出した博士論文を大幅に加筆・修正して日本語訳したものである。従って本書は，筆者が本格的にインドネシア史研究を始めてから 18 年間の成果となる。

　筆者は修士課程まで美術史を専攻していたこともあり，研究が軌道に乗るまでの過程は決して順調ではなかった。それでも何とか博士論文を書く展望を得るに至ったのは，東京女子大学文理学部・鈴木恒之教授（当時；以下同）の指導を除いては考えられない。

　早稲田大学の修士課程に在籍した筆者は，上代中国美術史の先生の指導を受けながら 17 世紀スマトラの貿易を研究するという困難な作業に取り組んでいた。このテーマを選んだきっかけは，東京国立博物館でアルバイトする機会をいただき，同館が当時購入したスマトラ・ランプン発見のインド・コロマンデル産更紗を間近に見る機会に恵まれたことであった（この機会を下さった東京国立博物館，そして早稲田大学美術専攻の先生方に感謝申し上げたい）。しかし，そうした更紗がなぜランプンに運ばれたのかについては，どう調べていいのか見当もつかなかった。そこで，その頃読んだ論文の著者である鈴木先生を訪ね，研究の進め方について相談した。修士課程 3 年生の，1996 年春のことであった。

　翌週から先生のゼミに参加し，やがて個別指導をしていただくようになった。毎週読みたいオランダ語の論文や資料を持参して先生に誤読箇所を指摘してもらい，解説していただいた。その後は決まって近くの料理屋で酒を飲みながら，その項目にした研究報告や論文などについて論じ合った。この指導と酒飲み話を通じて，筆者がどれだけ学問の基礎を身につけたかは言葉に尽くしがたい。個人指導は筆者がオランダに留学する 98 年夏まで続き，出発が近づくとそのペースは週 2 回となり，多い時は 3 回になった。オランダ留学を勧めて下さったのも鈴木先生で，友人のレオナルド・ブリュッセ教授を紹介して下さった。そして先生方の尽力で，筆者はオランダ国費留学生となる機会を得た。

　7 月末にライデンに着き，そのあふれる日差しと深夜まで沈まぬ太陽に留学生活への大きな希望を感じたのも束の間，語学コースを終えた 9 月にブリュッセ先

生に相談したところ，考えていたテーマはその場で却下された。インドネシア向けインド染織品の貿易では博士論文のテーマとしては余りに限定的なので，もっと多くの研究者に注目されるものを選ぶようにということだった。それから年末まで，日に日に暗く寒くなる中，いったい自分は何をしにオランダに来たのかと悩みながら，毎日悶々と図書館に籠もって先行研究を読んだ。しかしやがてそれも楽しみに変わった。筆者は日本では勤労大学院生であったので研究は予備校の仕事の合間にしかできなかったが，オランダでは一日中研究ができた。日本で利用できなかった古い雑誌も全て揃っていた。当時の国費留学生の奨学金はライデン大学が定める最低生活費と同額であったが，金はなくとも時間と資料があるのは本当に幸せだと感じた。

そして12月末にはテーマも決まり，ランプンの宗主国バンテン王国による社会統治を検討することにした。そして一般の人々に焦点を当て，彼らがどのように歴史の変動に関与したかを分析することにした。思えば筆者が東南アジアに関心を持つようになったきっかけは，大学3, 4年生の時にタイやインドネシアの山間部を訳もなく歩き回ったことであった。資料の問題などからテーマの中心はその後少しずつ変更したが，調べるにつれて，かつてそれらの地で出会った名もない人々の暮らしに関心を持ったことへ，研究が回帰していくのを感じた。

間もなくライデン大学に博士候補生資格を請求する計画書を提出したが，結果は不採用であった。そこでその年の秋から，同大学アジア・アフリカ・アメリンディアン研究所（CNWS）で開設されていたアドバンスト・マスターズ・プログラム（1年間）に参加した。このプログラムは，各国で修士号を取った後に博士候補の資格を得ようとしている学生に，分野の境界を越えたトレーニングを行うことを目的としていた。筆者が参加したグループにも，人類学，言語学，社会学など人文社会科学の様々な分野の学生が世界中から集まっていた。このプログラムで筆者は，研究者になろうとする世界の学生の本気度を知った。初めは英語力不足で議論についていけずに落ち込んだが，ある時から，自分の研究を自分の言葉で語ると関心を持たれることが分かってきた。インドネシア史や歴史学を超えて世界史や社会科学諸分野に関心を持つようになったのもこの時期のトレーニングの賜物であり，それは本書の議論にも反映されている。もっとも，当初自分の英語が伝わらなかった経験は，今も時おり夜中に悪夢となって現れる。

プログラム終了後にライデン大学博士候補生の資格を得，それから4年近くほ

とんど毎日文書館に通い，本書に利用した資料を読みふけった。調査の多くはハーグのオランダ国立文書館で行ったが，ジャカルタとロンドンにもそれぞれ1年と4ヶ月滞在して資料を読んだ。資料の内容に興奮し，それをどう論文の議論へ構築するかと胸をふくらませる，今思えば夢のような時期であった。

　博士論文の完成にはさらに1年を要したが，提出し終えると審査結果を待たずにアメリカのラトガース大学に移った。尊敬するマイケル・アダス教授がグローバルヒストリーのプロジェクトを始めると聞いて，客員研究員にしてもらった。ここでも初めはアメリカ英語についていけずに苦労したが，何とか時間をかけて慣れていった。教員や大学院生が参加する研究会の報告で多くのフィードバックを得ただけでなく，知り合いの教員に頼んで学部生向けの授業で何度も特別講義をさせてもらい，英語で教えるトレーニングもした。

　博士号は無事に取得したものの，アメリカ生活後半に時間を費やした就職活動には，見事に全て失敗した。アメリカでも日本でも研究職を得られず，古巣の東京の予備校に復職させてもらって，傷心の中2006年3月に帰国した。研究人生最大の危機であったが，5月には国立シンガポール大学人文社会科学部歴史学科からポストドクトラル・フェローのオファーをもらった。7月，妻のお腹の子が大きくなる中，再び研究生活に戻れる喜びで胸がはちきれんばかりに飛行機に乗ったことは，昨日のように思い出される。シンガポールでは，優秀な同僚と世界から集まる一流の研究者と接することができた。同僚たちは，研究だけでなく教育や就職に関する相談にもいつも親身に乗ってくれた。授業も受け持ち，極めてプライドの高い，そして訛りの強い学生を相手にするのは，緊張したが張り合いのある毎日だった。

　就職活動は相変わらず連敗続きだったが，ポスドク2期目の終了を心配し始めた頃に台湾中央研究院に採用され，妻と1歳半の娘を連れて台北に移った。所属は亜太地域研究専題中心という，当時は筆者も入れて専任研究員が2人しかいない，創設間もない小さな部局であった。しかし同僚の人類学者・張雯勤はいつもすばらしい刺激と助言を与えてくれ，スタッフは海外調査を含む筆者の研究活動を強く支えてくれた。特に内外の人類学者や政治学者と共同研究ができたことは研究の幅を広げる契機となった。日本の科研グループに入る機会もでき，特に世界史や経済史の研究者と交流したことは，自身の研究を見直す大きな契機となった。こうしたつながりを通じて，名古屋大学出版会から本書を刊行するオファー

をいただいた。そして 2012 年 4 月から現在の職場である広島大学に移る縁にもめぐり合った。

　広島大学大学院文学研究科は，筆者を温かく迎え入れてくれた上に，研究にも十分力を注げる環境を用意してくれた。本書を本格的に執筆したのはこの時期であり，同僚の，特に筆者の所属する総合人間学講座の同僚の協力なしにはそうした環境を得ることは不可能であった。

　筆者の海外生活について多く述べたのは，後に続く世代の人々にもぜひ海外の環境に一度は身を置いてほしいと願うからである。外国語での議論や執筆に慣れるだけでなく，自分の研究を世界の中で相対化することにおいても，そして研究時間を確保することにおいても，海外の研究環境に身を置くほどためになることはない。

　本書には，博士論文完成後に書いた論文も改稿して含まれている。それらの初出は以下の通りである。

- 「18 世紀バタヴィア（ジャカルタ）とその近郊における華人コミュニティの変容」森川哲雄・佐伯弘治編『内陸圏・海域圏交流ネットワークとイスラム』（櫂歌書房，2006），pp. 223-236。
- 「18 世紀東南アジアと世界経済」桃木至朗編『海域アジア史入門』（岩波書店，2008），pp. 148-158。
- "'Illicit Trade' in South Sumatra: Local Society's Response to Trade Expansion, c. 1760-1800," *Taiwan Journal of Southeast Asian Studies* 6-2 (2009): 3-42.
- "Orthodoxy and Reconciliation: Islamic Strategies in the Kingdom of Banten, c. 1520-1813," *Islam in Contention: Rethinking Islam and State in Indonesia*, ed. Ota Atsushi, Okamoto Masaaki, and Ahmad Suaedy (Kyoto: Center for Southeast Asian Studies [etc.], 2010), pp. 393-420.
- "Imagined Link, Domesticated Religion: The State and the Outside Islamic Network in Banten, West Java, c. 1520-1813," in *Large and Broad: The Dutch Impact on Early Modern Asia. Essays in Honor of Leonard Blussé*, ed. Nagazumi Yoko (Tokyo: Toyo Bunko, 2010), pp. 1-25.
- 「ナマコとイギリス綿布——19 世紀半ばにおける外島オランダ港の貿易——」秋田茂編『アジアからみたグローバルヒストリー「長期の 18 世紀」から「東

アジアの経済的再興」へ』(ミネルヴァ書房, 2013), pp. 85-117。

　なお,本書のもとになった博士論文は,単著 Changes of Regime and Social Dynamics in West Java : Society, State, and the Outer World of Banten, 1750-1830 (Leiden and Boston : Brill, 2006) として既に出版している。もっとも,本書は上記の論文の内容を加えただけでなく対象を異なる視点からも検討しており, 本書がこのテーマにおける筆者の最新の研究成果である。

　ここからは,本書の完成に至るまでにお世話になった方々を記して謝意を表したい。立教大学の森弘之,荒野泰典両教授は,筆者の最初のオランダ語の先生である。早稲田大学では修士課程修了後に東洋史専攻に移り,後藤乾一,近藤一成両教授にお世話になった。同時に,東京大学の桜井由躬雄教授のゼミにも参加させていただいた。これらの先生の指導に加え,多くのゼミ生との議論が今の筆者の研究の基盤となっている。

　オランダでは,指導教授のブリュッセ教授と副指導教授で当時ライデン大学講師（現アムステルダム自由大学教授）のフレーク・コロンバイン氏に,博士論文の構想から最後の文章のチェックまでお世話になった。この2人の激励,助言,忠告なしには本書の基になる博士論文の完成はなかった。オランダ語は基礎をルネ・ベーゼルとヨランダ・スパーンス両先生に,中級を別のルネ先生（姓を思い出せない）に,そして資料読解をトン・ハームスン教授に指導していただいた。ジャワ語は初級をヤン・ファン・デン・フェールドンク先生に,資料読解をウィレム・ファン・デン・モーレンおよびティティック・プジアストゥティ両教授から指導していただいた。アドバンスト・マスターズ・プログラムでは,コーディネーターであるサビーネ・ルニン,ヤン・ファン・ブレメン両先生から温かい励ましを受けた。博士論文を作成する過程では,ブリュッセ教授が主導し筆者も参加したライデン大学 TANAP (Toward a New Age of Partnership) プロジェクトから多くの刺激と便宜を受けた。コーディネーターであるヘンク・ニーメイヤー氏と事務のマライケ・ファン・ウィッセン＝ファン・ステーデン氏だけでなく,苦楽を共にした仲間アリシア・スフリッカー,クリス・ニールストラス,アンジャナ・シン,グラム・ナドゥリ,ビヌ＝ジョン・マリアパランビル,ニルマル・デワシリ,バワン・ルアンシルプ,クウェー・フイキアン,ムリダン・ウィジョヨ,スリ・マルゴノ,ボンダン・カヌモヨソ,ホアン・アン＝トゥアン,邱馨

慧，査忻，鄭維中，劉勇，島田竜登各氏に感謝したい。

インドネシア史に関する助言をくれた研究者は数え切れないが，主な人々にピーター・ボームハールト，ヘリット・G. クナープ，ベン・アルプス，マーレ・C. リックレフス，マイケル・ラファン，メゾン・C. ホードレイ，エリック・タグリアコッゾ，アンソニー・リード，ヘザー・サザーランド，デイヴィッド・ヘンリー，ピーター・ボースブルグ，コー・ケンウィー，ジェームズ・フランシス・ワレン，A. B. ラピアン，ウカ・チャンドラサスミタ，ニナ・ヘルリナ・ルビス，弘末雅志，西尾寛治，大橋厚子，植村泰夫，小池誠，五十嵐忠孝，森山幹弘，石川登，長津一史，小林寧子諸氏がいる。さらに，ヨハン・ターレンス，ディナー・ブーンタルム，アヤン・ウルティザ，岡本正明，藤田英里各氏の若手バンテン研究者と知り合い，議論や意見交換をしたことも極めて有意義であった。トム・ファン・デン・ベルヘ，井尻裕子，新井和広各氏からは，それぞれスンダ語，サンスクリット語，アラビア語とそれに関連する諸知識をいただいた。英文執筆にはローズマリー・ロブソン，ルイス・マヨ，アダム・クルロウ各氏からも指導をいただいた。全ての方々に感謝申し上げたい。

また，ライデン大学図書館，王立言語地理民族学研究所，オランダ国立文書館，王立図書館，インドネシア国立文書館，同国立図書館，大英図書館，イギリス国立文書館，広島大学図書館の方々にも様々な御協力をいただいた。この場を借りてお礼申し上げたい。

本書につながる研究に対しては，様々な助成をいただいた。オランダ高等教育国際協力機構（Nuffic），ライデン大学，オランダ科学研究機構（NWO），台湾中央研究院，台湾国家科学委員会からは研究を進めるための支援を受けた。日本学術振興会からは「1760-1840 年におけるマレー海域の動態：ヒトとモノの移動と「近代」」（2012-13）という個人研究プロジェクトにおいても，また共同プロジェクト「グローバル・ヒストリー研究の新展開と近現代世界史像の再考」（代表・秋田茂，2008-12）と「ユーラシアの近代と新しい世界史叙述」（代表・羽田正，2008-13）を通じても支援をいただいた。京都大学東南アジア研究所からは共同利用プロジェクト「東南アジア史における貿易網と中継港の役割」（代表・川村朋貴，杉原薫，2009-13）を通じて助成をいただいた。こうしたプロジェクトの参加者からいただいた刺激と助言は，本書の射程を大きく広げるものとなった。そして本書の刊行にあたっては，日本学術振興会 2013 年度科学研究費補助金研究

成果公開促進費・学術図書出版助成をいただいた。助成機関ならびに関係者に感謝申し上げたい。

　本書の構想から仕上げまでを編集者としてサポートして下さったのは名古屋大学出版会の三木信吾氏である。校正とその後の様々な作業には同会の長畑節子氏に大変お世話になった。両氏の的確な助言と優れた編集手腕がなければ，本書の刊行は不可能だった。鈴木恒之先生は最終段階の草稿に目を通し，冷や冷やするような誤りも指摘して下さった。校正および索引作成作業には広島大学文学研究科の大学院生である美馬芳江，片桐まい，王広場，黄迪，矢部祐輔，李蘇洋，郭姸琦，清瀬峻，李妍，三宅昭文，山田信兵衛各氏の協力をいただいた。全ての方々に感謝申し上げたい。

　残念ながら，様々な協力を受けながら本書完成の知らせを伝えられない人々がいる。筆者に東南アジア史研究に進むきっかけを与えて下さった一人である石井米雄氏，上述の森弘之，桜井由躬雄，ヤン・ファン・ブレメン各氏，研究仲間であった村上咲氏，そして実父・太田勝である。この場を借りて冥福を祈りたい。

　最後に，いつも筆者への理解と協力を惜しまない家族にも触れたい。オランダ生活の2年目から人生をともにしている妻・佐和香は，国境を越える環境の変化にも，しばしば経済的に困難な生活にも音を上げることなく，いつもついて来て支えになってくれた。娘・エリンの日々の成長は，筆者の生きる励みである。筆者が海外調査や研究会への参加でたびたび休日に家を空けることにも2人が理解を示してくれたおかげで，筆者は資料を集め議論を深めることができた。この2人の理解と協力なしには，筆者のこれまでの研究人生と本書の完成はあり得なかった。2人に感謝しつつ，本書を終えることにしたい。

2014年1月9日，東広島にて

太　田　　淳

参考文献

[未刊行資料]

オランダ国立公文書館（Nationaal Archief, The Hague）
　オランダ東インド会社資料（Archieven van de Verenigde Oost-Indische Compagnie ; VOC）
　　送出文書（Uitgaande Stukken）
　　　書簡，指令，その他（Uitgaande missiven, instructies en andere papieren）
　　　　VOC 332（1753），343（1792）
　　流入文書（Ingekomen Stukken uit Indie）
　　　渡来文書（Overgekomen Brieven en Papieren）
　　　　一般書簡（Gemene brieven）
　　　　　VOC 2766（1750），2787（1751），2804（1752），2824（1753），2843（1754），2864（1755），2886（1756），2910（1757），2938（1758），2968（1759），2996（1760），3027（1761），3064（1762），3093（1763），3123（1764），3185（1766），3214（1767），3251（1769），3363（1772），3388（1773），3417（1774），3444（1775），3469（1776），3498（1777），3527（1778），3555（1779），3652（1782），3675（1784），3711（1786），3736（1786），3762（1787），3909（1790），3941（1791），3965（1792）
　　　　機密書簡（Secrete brieven）
　　　　　VOC 2767（1750），2788（1751），2789（1752），2804（1752），2805（1752），2824（1753），2825（1753），3094（1763），3124（1764），3157（1765），3248（1768），3277（1769），3306（1770），3653（1782-83），3738（1786），3815（1787）
　　　　一般政務報告（Generale Missiven）
　　　　　VOC 2684（1747），2708（1748），2751（1750），2792（1752），2808（1753），2846（1755），2912（1758），2971（1760），2999（1761），3099（1764），3128（1765），3160（1766），3221（1768），3251（1769），3281（1770），3311（1771），3340（1772），3368（1773），3392（1774），3421（1775），3448（1776），3475（1777），3503（1778），3533（1779），3560（1780），3591（1781），3608（1782），3633（1783），3655（1784），3683（1785），3711（1786），3767（1787），3776（1788），3823（1789），3869（1790），3970（1793）
　　　　諸決定（Resoluties）
　　　　　VOC 2751（1750），2770（1752）
　17人役員会およびアムステルダム・カーメルの諸委員会（Stukken van commisies uit de Heren XVII en de Kamer Amsterdam）
　　ハーグ委員会およびその他の委員会（Haags Besoigne en andere commissies）
　　　ハーグ委員会報告（Verbalen van Haags Besoigne）
　　　　VOC 4476（1754）

バタヴィア政庁資料（Archieven van de Hoge Regering van Batavia ; HRB）
　　HRB 1004（1766）, 1005（1783）
バタヴィア会計官資料（Archieven van de Boekhouder Generaal te Batavia ; BGB）
　　バタヴィア会計資料（Negotie grootboek gehouden te Batavia, 1703-81）
　　　　BGB 10810-10837, 11830-11831, 10671-10679
東インド貿易・所領問題委員会資料（Archieven van het Comité tot de Zaken van de Oost-Indischen Handel en Bezettingen ; CZOHB）
　　一般書簡（Gemene missiven）
　　　　CZOHB 118（1794）, 119（1795-97）
　　機密書簡（Secrete missiven）
　　　　CZOHB 120（1795）
　　一般政務報告（Generale missiven）
　　　　CZOHB 61（1794）, 63（1795）, 64（1796）, 142（1796-1800）
アジア所領評議会資料（Archieven van de Raad der Aziatische Bezittingen en Etablissementen ; RABE）
　　一般政務報告（Generale missiven）
　　　　RABE 123（1798）, 124（1799）
植民省資料 Archieven van Ministerie van Koloniën（MK）
　　総督による諮問内対処と決定（Register der handelingen en besluiten van de Gouverneur-Generaal 'buiten Rade'）
　　　　MK 2367（1817）, 2445（1819）, 2455（1819）, 2457（1820）, 2458（1821）, 2461（1821）, 2475（1824）, 2489（1825）, 2494（1826）, 2503（1827）, 2508（1827）, 2509（1827）, 2511（1827）, 2517（1828）
　　総督による諮問外対処と決定（Register der handelingen en besluiten van de Gouverneur-Generaal 'in Rade'）
　　　　MK 2778（1823）, 2779（1823）, 2794（1826）, 2805（1826）, 2817（1828）, 2831（1829）, 2842（1832）

大英図書館（British Library, London）
　　ジャワ商館文書（Java Factory Records ; JFR）
　　　　Letters, &c., from Bantam　　JFR 9（1707-1818）
　　　　Java Public Consultations　　JFR 16（1812）, 19.（1813）, 21（1813）, 28（1815）, 37（1813）
　　　　Original enclosures to Java　　JFR 70（1814）
　　マッケンジー・コレクション：プライベート（Mackenzie Collections : Private ; MCP）
　　　　Report by J. de Rovere van Breugel, 1788　　MCP 4（4）
　　　　Name list of the sultans, commanders, etc., no date　　MCP 4（5）
　　　　Annual income of the sultan, 1804　　MCP 4（6）
　　　　Memoir of Banten by J. de Bruin, 1811　　MCP 4（7）
　　　　Report on Java by T. S. Raffles, 1812　　MCP 13（7）
　　　　General report on the Highlands by C. W. Thalman, G. W. Smit, and J. G. Bauer, 1808　　MCP 58

マッケンジー・コレクション: ミセラニアス (Mackenzie Collections : Miscellaneous ; MCM)
  Considerations respecting Bantam by Mr Morres and Mr De Bruin, 1811　　MCM 81 (8)
  Report by H. Boud　　MCM 81 (10)
  Statistic Memoir on Bantam by Major Udney Yule, 1812　　MCM 81 (11)
ホーム・ミセラニアス・シリーズ (Home Miscellaneous Series, HMS)
  Historical Sketch of The Circumstances which led to The Settlement of Penang, 1794　　HMS 437

インドネシア国立公文書館 (Arsip Nasional Republik Indonesia, Jakarta)
  バンテン地域資料 (Arsip Daerah Banten ; ADB)
    引継文書 (Memorie van Overgave)
      ADB 15 (1747), 16 (1761), 17 (1764), 18 (1789)
    特別委員報告 (Laporan Komisaris)
      ADB 24 (1753), 25 (1768, 1777), 26 (1802)
    胡椒栽培報告 (Perkubunan lada)
      ADB 27 (1780, 1781, 1789, 1790), 28 (1803), 29 (1807)
    機密文書 (Surat rahasia)
      ADB 30 (1789-92), 31 (1793-94), 34 (1800-03), 35 (1804-06)
    特別問題報告 (Masalah khusus)
      ADB 93 (1808), 176 (1817), 177 (1821), 180 (1827), 182 (1829)
    一般報告 (Algemeen Verslag)
      ADB 95 (1817, 1821), 96 (1834)
    商館長日誌 (Dagregister)
      ADB 163 (1819), 169 (1824)
  ランプン地域資料 (Arsip Daerah Lampung ; ADL)
    ADL 26 (1803)
  オランダ東インド会社バタヴィア政庁資料 (VOC Hoge Regering ; VHR)
    VHR 3802 (1790)

ライデン大学図書館 (Leiden University Library, Leiden)
  東洋資料部 (Oriental Department ; LOr)
    Census of the population, Banten, c. 1700　　LOr 2052, 2055, 7709
    Register of cases, the second half of the eighteenth century　　LOr 5625-5628

［刊行資料・二次資料］

Adas, Michael. 1980. "'Moral Economy' or 'Contest State'? : Elite Demands and the Origins of Peasant Protest in Southeast Asia." *Journal of Social History* 13-4 : 521-546.
Adelman, Jeremy and Stephen Aron. 1999. "From Borderlands to Borders : Empires, Nation-States, and the Peoples in Between in North American History." *American Historical Review* 104 : 815-841.

Aerts, Remieg, Herman de Liagre Böhl, Piet de Rooy, and Henk te Velde. 2001 [1999]. *Land van kleine gebaren : een politieke geschiedenis van Nederland 1780-1990*. Nijmegen : SUN.
Ali Haji Ibn Ahmad, Raja. 1982. *The Precious Gift (Tuhfat al-Nafis)*. An annotated translation by Virginia Matheson and Barbara Watson Andaya. Kuala Lumpur etc.: Oxford University Press.
Andaya, Barbara Watson. 1993. *To Live as Brothers : Southeast Sumatra in the Seventeenth and Eighteenth Centuries*. Honolulu : University of Hawaii Press.
―――. 1997. "Raiding Cultures and Interior-Coastal Migration in Early Modern Island Southeast Asia." In *Empires, Imperialism and Southeast Asia : Essays in Honour of Nicholas Tarling*, ed. Brook Barrington. Clayton : Monash Asia Institute, pp. 1-16.
Andaya, Barbara Watson and Yoneo Ishii. 1992. "Religious Developments in Southeast Asia c. 1500-1800." In *The Cambridge History of Southeast Asia*, ed. Nicholas Tarling. Cambridge etc.: Cambridge University Press, vol. 1, pp. 508-571.
Anonymous. 1838. "De Heidenen of Badoewinen van Bantam." *TNI* 1-2 : 295-305.
―――. 1871. "Nog iets over de oudste Mohammedaansche vorsten op Java." *TNI* 3rd series 5-2 : 444-447.
―――. 1875. "Raden Intan. Bijdrage tot de Kennis der Geschiedenis van de Lampongs." *TNI* new series 4-1 : 165-180.
Atja. 1972. *Tjarita Purwaka Tjaruban Nagari : Sedjarah Muladjadi Tjirebon*. Jakarta : Ikatan Karyawan Museum.
―――. 1973. *Beberapa Catatan yang Bertalian dengan Mulajadi Cirebon*. Bandung : Lembaga Kebudayaan, Universitas Padjadjaran.
Atja and Ayatrohaedi. 1986. *Nagarakretabhumi 1.5 : Karya Kelompok Kerja di bawah Tanggung-jawab Pangeran Wangsakerta Panembahan Cirebon*. Bandung : bagian proyek penelitian dan pengkajian kebudayaan Sunda (Sundanologi) direktorat jenderal kebudayaan departemen pendidikan dan kebudayaan.
Azyumardi Azra. 2004. *The Origins of Islamic Reformism in Southeast Asia : Networks of Malay-Indonesian and Middle Eastern 'Ulamā' in the Seventeenth and Eighteenth Centuries*. Crows Nest : Allen & Unwin ; Honolulu : University of Hawai'i Press.
BAKOSURTANAL. 1998. *Peta Rupabumi Digital Indonesia 1 : 25,000*. Jakarta : Badan Koordinasi Survey dan Pemetaan Nasional.
Balk, G. L., Frans van Dijk, Diederick J. Kortlang, F. S. Gaastra, Hendrik E. Niemeijer, and P. Koenders (eds.). 2007. *The Archives of the Dutch East India Company (VOC) and the Local Institutions in Batavia (Jakarta)*. Leiden and Boston : Brill.
Barnard, Timothy P. 2003. *Multiple Centres of Authority : Society and Environment in Siak and Eastern Sumatra, 1674-1827*. Leiden : KITLV Press.
Barros, João de. 1707. *Staat-zugtige scheeps-togten en krygs-bedryven ter handhaving van der Portugyzen opper-bestuur in Oost-Indien, door Don Lopo Vaz de Sampayo, gedaan in 't jaar 1526 : verhaalende (behalven de geschillen over 't gouvernement aldaar, tusschen gemelden Lopo Vaz en Pero Mascarenhas op de dood van Don Henrique de Menezee voorgevallen) verscheide scheeps-togten en wedervaringen op zee en te land : beneffens een beschryving van 't Koninkryk Zunda en 't eiland Java, met der zelver inwoonderen en zeden ; . . .* Leyden : Pieter van der Aa.

バロス, ジョアン・デ (生田滋, 池上岑夫訳). 1980-81. 『アジア史』. 全2巻. 岩波書店.
Bassett, D. K. 1964. "British trade and policy in Indonesia 1760-1772." *BKI* 120-2 : 197-223.
―――. 1989. "British 'Country' Trade and Local Trade Networks in the Thai and Malay States, c. 1680-1770." *Modern Asian Studies* 23-4 : 625-643.
Bastin, John S. 1954. *Raffles' Ideas on the Land Rent System in Java and the Mackenzie Land Tenure Commission*. The Hague : Martinus Nijhoff.
―――. 1957. *The Native Policies of Sir Stamford Raffles in Java and Sumatra : An Economic Interpretation*. Oxford etc.: Oxford University Press.
Bataviaasch Genootschap van Kunsten en Wetenschappen (ed.). 1882-1886. *Realia : register op de generale resolutien van het Kasteel Batavia, 1632-1805*, 3 vols. Leiden : Gualth. Kolff.
Bentley, G. Carter. 1986. "Indigenous states of Southeast Asia." *Annual Review of Anthropology* 15 : 275-305.
Berg, N. P. van den. 1904. "De suikerindustrie op Java onder het bestuur van de Oost-Indische Compagnie." In *Uit de dagen der Compagnie : Geschiedkundige Schetsen*, ed. N. P. van den Berg. Haarlem : H. D. Tjeenk Willing & Zoon, pp. 305-349.
Bergsma, Willem Bernardus (ed.). 1876-96. *Eindresumé van het bij Gouvernements besluit d. d. 10 Juni 1867 No. 2 bevolen onderzoek naar de rechten van den inlander op den grond op Java en Madoera*. Batavia : Ernst.
Blussé, Leonard. 1975. "Western Impact on Chinese Communities in Western Java at the Beginning of the Seventeenth Century." 『南方文化』 2 : 26-57.
―――. 1984. "Labour Takes Root : Modernization and Immobilization of Javanese Rural Society under the Cultivation System." *Itinerario* 8-1 : 77-117.
―――. 1986. *Strange Company : Chinese Settlers, Mestizo Women and the Dutch in VOC Batavia*. Dordrecht etc.: Foris.
―――. 1999. "The Chinese Century : The Eighteenth Century in the China Sea Region." *Archipel* 58 (1999) : 107-129.
Blussé, Leonard and Femme Gaastra (eds.). 1998. *On the Eighteenth Century as A Category of Asian History : Van Leur in Retrospect*. Aldershot etc.: Ashgate.
―――. 1998. "Introduction." In *On the Eighteenth Century as A Category of Asian History : Van Leur in Retrospect*, ed. Leonard Blussé and Femme Gaastra. Aldershot etc.: Ashgate, pp. 1-12.
Bondan Kanumoyoso. 2010. "Local Growth, Restriction, and Decline : The Development of Sugar Industry in the Ommelanden Batavia, 1684-1740." Paper distributed at the 21st IAHA Conference, Singapore, 22-25 June 2010.
Boomgaard, Peter. 1989. *Children of the Colonial State : Population Growth and Economic Development in Java, 1795-1880*. Amsterdam : Free University Press.
―――. 1989. *Between Sovereign Domain and Servile Tenure : The Development of Rights to Land in Java, 1780-1870*. Amsterdam : Free University Press.
―――. 1989. "Java's agricultural production, 1775-1875." In *Economic Growth in Indonesia, 1820-1940*, ed. Angus Maddison and Gé Prince. Dordrecht etc.: Foris.
―――. 1991. "The Javanese Village as a Cheshire Cat : The Java Debate Against a European and Latin American Background." *The Journal of Peasant Studies* : 288-304.
Boontharm, Dinar. 2003. "The Sultanate of Banten AD 1750-1808 : A Social and Cultural History."

Ph. D. dissertation, University of Hull.
Bosma, Ulbe, Juan Giusti-Cordero, and G. Roger Knight (eds.). 2007. *Sugarlandia Revisited : Sugar and Colonialism in Asia and the Americas, 1800 to 1940*. New York and Oxford : Berghahn.
Brandes, J. L. A. 1889-1900. "Nog eenige Javaansche piagem's uit het mohammedaansche tijdvak, afkomstig van Mataram, Banten en Palembang." *TBG* 32 (1889) : 557-601, 34 (1891) : 605-623, 35 (1892) : 110-126, 37 (1894) : 119-126, 42 (1900) : 131-134, 491-507.
ブローデル, フェルナン (村上光彦訳). 1985. 『物質文明・経済・資本主義 I-1 日常性の構造1』. みすず書房.
―――. (浜名優美訳). 2004. 『地中海 I 環境の役割』. 藤原書店.
Breman, Jan. 1980. *The Village of Java and the Early-colonial State*. Rotterdam : Erasmus University.
Brug, Peter H. van der. 2000. "Unhealthy Batavia and the decline of the VOC in the eighteenth century." In *Jakarta-Batavia : Socio-cultural Essays*, ed. Kees Grijns and Peter J. M. Nas. Leiden : KITLV Press, pp. 43-74.
Bruinessen, Martin van. 1995. "*Shari'a* court, *tarekat* and *pesantren* : Religious institutions in the Banten sultanate." *Archipel* 50, "Banten, Histoire d'une région," pp. 165-199.
Brumund, J. F. G. 1840. "Een reisje door de Residentie Bantam." *TNI* 3-2 : 687-705.
Bulbeck, David, Anthony Reid, Lay Cheng Tan, and Yiqi Wu (eds.). 1998. *Southeast Asian Exports since the 14 th Century : Cloves, Pepper, Coffee, and Sugar*. Singapore : Institute of Southeast Asian Studies.
Burger, D. H. 1975. *Sociologische-economische geschiedenis van Indonesië*. 2 vols. Wageningen etc.: Landbouwhogeschool Wageningen etc.
Canne, H. D. 1862. "Bijdrage tot de geschiedenis der Lampongs." *TBG* 11 : 507-527.
Carey, Peter. 1976. "The origins of the Java War (1825-30)." *The English Historical Review* 91-358 : 52-78.
―――. 1986. "Waiting for the Just King : the Agrarian World of South-Central Java from Giyanti (1755) to the Java War (1825-30)." *Modern Asian Studies* 20-1 : 59-137.
Carey, Peter and Mason C. Hoadley (eds.). 2000. *The Archive of Yogyakarta*, vol. 2 : *Documents relating to Economic and Agrarian Affairs*. Oxford : Oxford University Press.
Cayton, Andrew R. L. and Fredrika J. Teute (eds.). 1998. *Contact Points : American Frontiers from the Mohawk Valley to the Mississippi, 1750-1830*. Chapel Hill : University of North Carolina Press.
Chijs, J. A. van der. 1881. "Oud Banten." *TBG* 26 : 1-62.
Chijs, J. A. van der. 1885-1900. *Nederlandsch-Indisch plakaatboek, 1502-1811*. 17 vols. The Hague : Martinus Nijhoff.
Colenbrander, H. T. 1925. *Koloniale geschiedenis*. 3 vols. The Hague : Martinus Nijhoff.
Colenbrander, H. T. and W. Ph. Coolhaas (eds). 1919-53. *Jan Pietersz Coen : Bescheiden omtrent zijn bedrijf in Indië*. 7 vols. The Hague : Martinus Nijhoff.
Colombijn, Freek. 1987. "Foreign Influence on the State of Banten, 1596-1682." *Indonesian Circle* 50 : 19-50.
―――. 1988. "Bronnen voor het zeventiende-eeuwse Banten." *Jambatan : Tijdschrift voor Indone-*

sische geschiedenis 6 : 115-126.

―――. 1989. "De Vroege Staat Banten in de Zeventiende Eeuw." *Antropologische Verkenningen* 8-3 : 1-20.

―――. 1993. "De Westeuropese invloed op Banten in de zeventiende eeuw : een studie op het raakvlak van geschiedenis en culturele antropologie." In *Kolonisatie en staatsvorming buiten Europa*, ed. H. J. M. Claessen, A. H. Huussen jr., and E. Ch. L. van der Vliet. Groningen : Egbert Forsten, pp. 51-66.

Coolhaas, W. Ph. (vols. 1-8), J. van Goor (vol. 9), J. E. Schooneveld-Oosterling (vol. 10-11), and H. K. s'Jacob (vol. 12) (eds.). 1960-2007. *Generale Missiven van Gouverneurs-Generaal en Raden aan Heren XVII der Verenigde Oostindische Compagnie.* 12 vols. The Hague : Martinus Nijhoff.

Cooper, Frederick and Ann Laura Stoler (eds.). 1997. *Tensions of Empire : Colonial Cultures in a Bourgeois World.* Berkeley etc.: University of California Press.

Crawfurd, John. 1968 [1820]. *History of the Indian Archipelago : Containing an Account of the Manners, Arts, Languages, Religions, Institutions, and Commerce of its Inhabitants.* 3 vols. London : Frank Cass and New York : Augustus M. Kelley.

Daendels, Herman Willem. 1814. *Staat der Nederlandsche Oostindische bezittingen, onder het bestuur van den gouverneur-generaal Herman Willem Daendels, ridder, luitenant-generaal, enz. in de jaren 1808 tot 1811.* 4 vols. Amsterdam : Gebroeders van Cleef and The Hague : H. van Tee.

Day, Tony. 2002. *Fluid Iron : State Formation in Southeast Asia.* Honolulu : Hawai'i University Press.

Departemen Pendidikan dan Kebudayaan, Kantor Wilayah Propinsi Lampung (ed.). 1997/1998. *Sejarah Daerah Lampung.* n. p.

Departement van Koloniën (ed.). 1887-1931. *Dagh-register gehouden int Casteel Batavia vant passerende daer ter plaetse als over geheel Nederlands-India.* 32 vols. The Hague : Martinus Nijhoff and Batavia : Landsdrukkerij.

Dermigny, Louis. 1964. *La Chine et l'Occident. Le Commerce à Canton au XVIII Siècle 1719-1833.* 4 vols. + album. Paris : S. E. V. P. E. N.

Deventer, M. L. van. 1886-87. *Geschiedenis der Nederlanders op Java.* 2 vols. Haarlem : H. D. Tjeenk Willink.

Deventer, W. van. 1914. *Handboek voor de suikerrietcultuur en de rietsuikerfabricage op Java.* Surabaya : Proefstation voor de Java Suiker Industrie.

Dhiravat Na Pombejra. "Princes, Pretenders, and the Chinese Phrakhlang : An Analysis of the Dutch Evidence Concerning Siamese Court Politics, 1699-1734." In *On the Eighteenth Century as A Category of Asian History : Van Leur in Retrospect*, ed. Leonard Blussé and Femme Gaastra. Aldershot etc.: Ashgate, pp. 107-130.

Djajadiningrat, Achmad. 1936. *Herinneringen van Pangeran Aria Achmad Djajadiningrat.* Amsterdam and Batavia : Kolff.

Djajadiningrat, Hoesein. 1913. *Critische Beschouwing van de Sadjarah Banten : Bijdrage ter kenschetsing van de Javaanse geschiedschrijving.* Haarlem : Joh. Enschede en Zonen.

Drakard, Jane. 1999. *A Kingdom of Words : Language and Power in Sumatra.* Shah Alam etc.:

Oxford University Press.

Drewes, G. W. J. (ed.). 1961. *De Biografie van een Minangkabausen Peperhandelaar in de Lampongs : naar een Maleis handschrift in de Marsden-collection te Londen.* The Hague : Martinus Nijhoff.

―――. (ed.). 1969. *The Admonitions of Seh Bari.* The Hague : Martinus Nijhoff.

―――. 1995. "Short notice on the story of Haji Mangsur of Banten." *Archipel* 50, "Banten, Histoire d'une région," pp. 119-122.

Du Bois, J. A. 1852. "De Lampongsche Distrikten op het Eiland Sumatra." *TNI* 14 : 245-275, 309-333.

―――. 1856-57. "De Lampong's." *TNI* 18 (1856) : 547-574, 19 (1857) : 1-49, 89-115.

Edel, J. 1938. *Hikajat Hasanoeddin.* Meppel : Ten Brink.

Elson, R. E. 1984. *Javanese Peasants and the Colonial Sugar Industry : Impact and Change in an East Java Residency, 1830-1940.* Singapore etc.: Oxford University Press.

―――. 1986. "Sugar Factory Workers and the Emergence of 'Free Labour' in Nineteenth-Century Java." *Modern Asian Studies* 20-1 : 139-174.

―――. 1986. "Aspects of peasant life in early 19th century Java." In *Nineteenth and Twentieth Century Indonesia : Essays in Honour of Professor J. D. Legge*, ed. David P. Chandler and M. C. Ricklefs. Clayton : Monash University, pp. 57-81.

―――. 1994. *Village Java under the Cultivation System, 1830-1870.* Sydney : Allen and Urwin.

Engelhard, Nicholaus. 1816. *Overzigt van den staat der Nederlandsche Oost-Indische bezittingen, onder het bestuur van den Gouverneur-Generaal Herman Willem Daendels.* The Hague and Amsterdam : van Cleef.

Esser, S. J. 1938. "Talen." In *Atlas van Tropisch Nederland*, ed. Koninklijk Nederlands Aardrijkskundige Genootschap. Batavia : Reproductiebedrijf van den Topografische dienst in Nederlands Indië.

Eyck van Heslinga, Elisabeth Susanna van. 1988. *Van Compagnie naar koopvaardij : de scheepvaartverbinding van de Bataafse Republiek met de koloniën in Azië 1795-1806.* Amsterdam : De Bataafsche Leeuw.

Faes, J. 1895. *Geschiedenis der Tjikandi-landen.* Batavia : H. Prange.

Fokkens, F. (ed.) 1901-03. *Eindresumé van het bij besluit van den Gouverneur-Generaal van Nederlandsch-Indië van 24 Juli 1888 no. 8 bevolen onderzoek naar de verplichte diensten der inlandsche bevolking op Java en Madoera (Gouvernementslanden).* 3 vols. Batavia : Smits etc.

Foucault, Michel. 1980. *Power/knowledge : Selected Interviews and Other Writings, 1972-1977*, ed. Colin Gordon. Brighton : The Harvester Press.

Francis, E. 1864. *Herinneringen uit mijn Dienst-Tijd in Nederlandsch Indië.* Leiden : n. p.

フランク，アンドレ＝グンダー（山下範久訳）．2000 [1998]．『リオリエント―アジア時代のグローバル・エコノミー―』．藤原書店．

藤田絵里．2001．「植民地期ジャワの長老とバンテン村落」『史学研究』234：24-47．

―――．2006．「植民地後期バンテン地方史研究―地域社会におけるリーダーシップに焦点をあてて―」広島大学大学院文学研究科提出博士論文．

Fujita Eri. 2009. "Why Could Colonial Banten Send So Many Hajis? : Reexaminaiton of the "Impoversished" Society." *Hiroshima Interdisciplinary Studies in the Humanities* 8 : 1-23.

Furber, Holden. 1976. *Rival Empires in the Orient, 1600-1800*. Minneapolis : University of Minesota Press.

Gaastra, Femme S. 2003. *The Dutch East India Company : Expansion and Decline*. Zutphen : Walburg.

Geertz, Clifford. 1960. *The Religion of Java*. Chicago : University of Chicago Press.

ギアツ,クリフォード(小泉潤二訳).1982.『ヌガラ—19世紀バリの劇場国家—』.みすず書房.

Gericke, J. F. C. and T. Roorda. 1875. *Javaansch-Nederduitsch handwoordenboek*. 2 vols. Amsterdam : Mueller.

Glamann, Kristof. 1981 [1957]. *Dutch-Asiatic Trade 1620-1740*. The Hague : Martinus Nijhoff.

Gonggrijp, G. 1957 [1949]. *Schets ener economische geschiedenis van Indonesië*. 4th ed. Haarlem : De Erven F. Bohn N. V.

Graaf, H. J. de. 1949. *Geschiedenis van Indonesië*. The Hague and Bandung : W. van Hoeve.

Graaf, H. J. de and Th. G. Th. Pigeaud. 1974. *De eerste moslimse vorstendommen op Java : studiën over de staatkundige geschiedenis van de 15 de en 16 de eeuw*. The Hague : Martinus Nijhoff.

Groenewold, C. A. 1989. "Herman Willem Daendels, katalysator van de eenheidsstaat." In *Herman Willem Daendels (1762-1818) : Een gulhartig Geldersman, even zo vif als buspoeder*. ed. E. Pereboom and H. A. Stalknecht. Kampen : IJsselakademie.

Guillot, Claude. 1990. *The Sultanate of Banten*. Jakarta : Gramedia.

―――. 1992. "Libre entreprise contre économie dirigée : guerres civiles à Banten, 1580-1609." *Archipel* 43 : 57-72.

―――. 1993 [1989]. "Banten in 1678." *Indonesia* 57 : 89-113.

―――. 1995. "La politique vivrière de Sultan Agung (1651-1682)." *Archipel* 50, "Banten, Histoire d'une région," pp. 83-118.

―――. 1996 [1994]. *Banten sebelum Zaman Islam : Kajian Arkeologi de Banten Girang 932? - 1526*. Jakarta : Bentang.

―――. 1998. "Le difficile équilibre ambition politique et développement économique : Guerre et paix à Banten (XVI^{ène}-XVII^{ène} S.)." In *Guerre et paix en Asie du sud-est*, ed. Nguyên Thê Anh and Alian Forest. Paris : L'Harmattan, pp. 95-108.

Haan, F. de. 1910-12. *Priangan : De Preanger-regentschappen onder het Nederlandsch Bestuur tot 1811*. 4 vols. Batavia : G. Kolff.

Hageman, J. 1852. *Handleiding tot de Kennis der Geschiedenis, Aardrijkskunde, Fabelleer en Tijdrekenkunde van Java*. 2 vols. Batavia : Lange.

―――. 1860. "Geschied- en aardrijkskundig overzigt van Java, op het einde der achttiende eeuw." *Tijdschrift voor Indische Taal-, Land- en Volkenkunde* 9 : 261-419.

―――. 1867-70. "Geschiedenis der Soenda-landen." *TBG* 16 (1867) : 193-251, 17 (1869) : 178-257, 19 (1870) : 201-269.

Hall, Kenneth R. 1985. *Maritime Trade and State Development in Early Southeast Asia*. Honolulu : University of Hawaii Press.

Halwany Michrob. 1993. *Sejarah Perkembangan Arsitektur Kota Islam Banten : Seatu Kajian Arsitektural Kota Lama Banten Menjelang Abad XVI sampai dengan Abad XX*. Jakarta : Yayasan Baluwarti.

―――― (ed.). 1993. *Catatan Sejarah dan Arkeologi : Eksport-Import di Zaman Kesultanan Banten.* Serang : Kamar Dagang dan Industri Daerah.

―――― . 1998. "Historical Reconstruction and Modern Development of the Islamic City of Banten Indonesia." Ph. D. dissertation, Chiba University.

Halwany Michrob and A. Mudjahid Chudari. 1993 [1989]. *Catatan masalalu Banten.* Serang : Saudara.

Hamilton, Alexander. 1997. *A Scottish Sea Captain in Southeast Asia*, ed. Michael Smithies. Chiang Mai : Silkworm Books.

Haroenadjaja, Toebagoes. 1936. *Parimbon dari Babad Pemerintahan Negeri^2 di Banten.* Rangkasbetoeng : Sirnarasa.

Harrison, Brian (trans.). 1953. "Trade in the Straits of Malacca in 1785. A Memorandum by P. G. de Bruijn, Governor of Malacca." *JMBRAS* 27-1 : 56-62.

Harthoorn, S. E. 1890. "De Bantamsche staat en handel." *De Indische Gids* 12 : 1306-1321.

Hasan Muarif Ambary. 1975. *The Establishment of Islamic Rule in Jayakarta : Aspects of Indonesian Archaeology.* Jakarta : The National Archaeological Research Center.

Hasan M. Ambary, Halwani Michrob, and J. Miksic (eds.). 1988. *Katalogus Koleksi Data Arkeologi Banten.* Jakarta : Direktorat Perlindungan dan Pembinaan Peninggalan Sejarah dan Purbakala.

Hazeu, G. A. J. 1905. "Een Beschreven Koperen Plaat uit de Lampongs." *TBG* 48 : 1-12.

Heeres, J. E. (vols. 1-3) and F. W. Stapel (vols. 4-6) (eds.). 1907-55. *Corpus Diplomaticum Neerlando Indicum : verzameling van politieke contracten en verdere verdragen door de Nederlanders in het Oosten gesloten, van privilegebrieven aan hen verleend, enz.* 6 vols. The Hague : Martinus Nijhoff.

Heesterman, Jan C. 1985. "Two Types of Spatial Boundaries." In *Comparative Social Dynamics : Essays in Honor of S. N. Eisenstadt*, ed. Erik Cohen, Moshe Lissak, and Uri Almagor. Boulder and London : Westview Press, pp. 59-72.

Heine-Gelden, Robert. 1942. "Conceptions of state and kingship in Southeast Asia." *Far Eastern Quarterly : Review of Eastern Asia and the Adjacent Pacific Islands* 2-1 : 15-30.

Henley, David. 2004. "Conflict, Justice, and the Stranger-King : Indigenous Roots of Colonial Rule in Indonesia and Elsewhere." *Modern Asian Studies* 38-1 : 85-144.

Heriyanti Ongkodharma Untoro. 1998. "Perdagangan di Kesultanan Banten (1552-1684) : Kajian Arkeologi-ekonomi." Ph. D. dissertation, Universitas Indonesia.

Heydt, Johann Wolffgang. 1744. *Allerneuester geographisch- und topographischer Schau-platz, von Africa und Ost-Indien, oder ausführliche und wahrhafte Vorstellung und Beschreibung, von den wichtigsten der Holländisch-Ost-Indischen Compagnie in Africa und Asia zugehörigen Ländere, Küsten und Insulen, in accuraten See- und Land-Karten, nicht weniger der darin befindlichen Städte, nebst . . . einem Anhang oder historischer Beschreibung der Reise des Vefassers von Holland nach Ost-Indien, . . . und zu ruck in sein Vaterland.* Willhermsdorff : Tetschner.

Hoadley, Mason C. 1994. *Towards a Feudal Mode of Production : West Java, 1680-1800.* Singapore : Institute of Southeast Asian Studies.

―――― . 1994. *Selective Judicial Competence : The Cirebon-Priangan Legal Administration, 1680-1792.* Ithaca : Cornell Southeast Asia Program.

―――― . 1998. "Periodization, Institutional Change, and Eighteenth-century Java." In *On the Eigh-

teenth Century as A Category of Asian History : Van Leur in Retrospect, ed. Leonard Blussé and Femme Gaastra. Aldershot etc.: Ashgate, pp. 83-105.

Hobsbawm, E. J. 1981 [1969]. *Bandits*. New York : Pantheon.

Holtzappel, C. J. G. 1986. "Het Verband tussen Desa en Rijksorganisatie in Prekoloniaal Java : Een Ontwikkelingssociologische Studie in Historical Perspectief." Ph. D. dissertation, Leiden University.

Hooyman, Jan. 1779. "Verhandeling over den tegenwoordigen staat van den land-bouw, in de Ommelanden van Batavia." *VBG* 1 : 173-262.

Horne, Elinor Clark. 1974. *Javanese-English Dictionary*. New Haven and London : Yale University Press.

Horsfield, Thomas. 1848. "Report on The Islands of Bangka." *Journal of Indian Archipelago and Eastern Asia* 2 : 299-336, 373-427, 705-725, 779-824.

Humme, H. C. 1884. "Javaansche Inscriptiën." *BKI* 4th series 8 : 1-17.

生田滋．1961．「東南アジアにおける貿易港の形態とその機能――十七世紀初頭のバンタムを中心として――」．筑摩書房編集部編『世界歴史　第13巻　南アジア世界の展開』．筑摩書房．

――――．1981．「補注7：バンタン王国の歴史と社会」．生田滋・渋沢元則編『ハウトマン，ファン・ネック，東インド諸島への航海』（大航海時代叢書第II期10巻）．岩波書店．

――――．1992．「東南アジア群島部における港市国家の形成――十六世紀バンテンを例として――」『東洋文化』72：95-118．

Insituut voor Nederlandse Geschiedenis (ed.). 2000. *VOC-glossarium*. The Hague : Instituut voor Nederlandse Geschiedenis.

石井米雄．2004．「東南アジア史と『地中海』」フェルナン・ブローデル（浜名優美訳）『地中海I　環境の役割』．藤原書店．

Ismail Muhammad, A. 1974. *Banten : Penunjuk Jalan dan Keterangan Bekas Kerajaan Kesultanan Banten dsb*. Banten : n. p.

岩生成一．1948．「下港の支那町について」『東洋学報』31-4：24-55．

Jackson, Captain. 1822. "Course of the Toolang Bawang River on the Eastern coast of Sumatra - extracted from the Journal of Captain Jackson of the Brig Tweed, 1820." *Malayan Miscellanies* 2 : 1-9.

Jacobs, Els M. 2000. *Koopman in Azië : De handel van de Verenigde Oost-Indische Compagnie tijdens de 18 de eeuw*. Zutphen : Walburg.

――――．2006. *Merchant in Asia : The Trade of the Dutch East India Company during the Eighteenth Century*. Leiden : CNWS.

Jaquet, F. G. P. 1983. *Sources of the History of Asia and Oceania in the Netherlands*, Part 2 : *Sources 1796-1949*. Munchen : K. G. Saur.

Jonge, J. K. J. de (eds.). 1862-88. *De Opkomst van het Nederlandsche gezag in Oost-Indië : Verzameling van onuitgegeven stukken uit het Oud-Koloniaal Archief*. 13 vols. Amsterdam and The Hague : Martinus Nijhoff.

Jusuf Badri. 2002. *Raden Intan : Jatidiri Kepahlawanan Orang Lampung*. Jakarta : Pustaka Ilmu Abadi.

金子正徳．2002．「インドネシア新秩序体制下における「地方」の創造――言語，文化政策と

ランプン州の地方語教育─」『東南アジア研究』40-2：141-165.
加納啓良．1981．「ジャワ糖業史研究序論」『アジア経済』22-5（1981）：68-92.
─．1986．「オランダ植民地支配下のジャワ糖業─1920年代を中心に─」『社会経済史学』51-6：139-157.
─．1990．「ジャワ村落史の検証─ウンガラン地方のフィールドから─」『東洋文化研究紀要』111：33-129.
─．1990．「共同体の思想─ジャワ村落論の系譜─」土屋健二編『講座東南アジア学第6巻 東南アジアの思想』．弘文堂，pp. 17-53.
─．2004．『現代インドネシア経済史論─輸出経済と農業問題─』．東京大学出版会．
Kathirithamby-Wells, J. 1977. *The British West Sumatran Presidency 1760-1785 : Problems of Early Colonial Enterprise*. Kuala Lumpur : Penerbit Universiti Malaya.
─．1986. "Royal Authority and the Orang Kaya in the Western Archipelago, Circa 1500-1800." *Journal of Southeast Asian Studies* 17-2 : 256-267.
─．1987. "Forces of Regional and State Integration in the Western Archipelago, c. 1500-1700." *Journal of Southeast Asian Studies* 18-1 : 24-44.
─．1990. "Introduction : An Overview." In *The Southeast Asian Port and Polity : Rise and Demise*, ed. J. Kathirithamby-Wells and John Villiers. Singapore : Singapore University Press.
─．1990. "Banten : A West Indonesian Port and Polity during the Sixteenth and Seventeenth Centuries." In *The Southeast Asian Port and Polity : Rise and Demise*, ed. J. Kathirithamby-Wells and John Villiers. Singapore : Singapore University Press, pp. 107-125.
─．1992. "The age of transition : The mid-eighteenth to the early nineteenth century." In *The Cambridge History of Southeast Asia*, vol. 1 : *From early times to c. 1800*, ed. Nicholas Tarling. Cambridge etc.: Cambridge University Press, pp. 572-619.
─．1998. "The Long Eighteenth Century and the New Age of Commerce in the Melaka Straits." In *On the Eighteenth Century as A Category of Asian History : Van Leur in Retrospect*, ed. Leonard Blussé and Femme Gaastra. Aldershot etc.: Ashgate, pp. 57-82.
河原正博．1955．「Odoricoの Panten 国について」『史学雑誌』64：1031-1039.
Kemp, P. H. van der. 1899. "Raffles' bezetting van de Lampongs in 1818." *BKI* 6th series 6 : 1-58.
─．1917. *Het Nederlandsch-Indisch bestuur van 1817 op 1818 over de Molukken, Sumatra, Banka, Billiton en de Lampongs*. The Hague : Martinus Nijhoff.
Kielstra, E. B. 1915. "De Lampongs." *Onze Eeuw : Maandschrift voor Staatkunde, Letteren, Wetenschap en Kunst* 15-2 : 244-267.
─．1916. "Het Bantamsch Sultanaat." *Onze Eeuw : Maandschrift voor Staatkunde, Letteren, Wetenschap en Kunst* 16-4 : 84-105.
Kingston, Jeff. 1990. "Securing Sumatra's Pepper Periphery : Resistance and Pacification in Lampung during the 18th and 19th Centuries."『東南アジア─歴史と文化─』19：77-104.
岸本美緒．1998．「東アジア・東南アジア伝統社会の形成」樺山紘一他編『岩波講座世界史13 東アジア・東南アジア伝統社会の形成，16-18世紀』．岩波書店，pp. 3-73.
Klerck, E. S. de. 1938. *History of the Netherlands East Indies*. 2 vols. Rotterdam : W. L. & J. Brusse.
Knaap, Gerrit J. 1996. *Shallow Waters, Rising Tide : Shipping and Trade in Java around 1775*. Leiden : KITLV Press.
Knaap, Gerrit and Heather Sutherland. 2004. *Monsoon Traders : Ships, Skippers and Commodities in*

Eighteenth-century Makassar. Leiden : KITLV Press.

Knight, G. R. 1980. "From Plantation to Padi-field : The Origins of the Nineteenth Century Transformation of Java's Sugar Industry." *Mordern Asian Studies* 14-2 : 177-204.

———. 1990. "The Peasantry and the Cultivation of Sugar Cane in Nineteenth-Century Java : A Study from Pekalongan Residency ; 1830-1870." In *Indonesian Economic History in the Dutch Colonial Era*, ed. A. Booth, W. J. O'Malley and A. Weidemann. New Haven : Yale Center for International Area Studies.

———. 1993. *Colonial Production in Provincial Java : The Sugar Industry in Pekalongan-Tegal, 1800-1942*. Amsterdam : VU University Press.

———. 2000. "The sugar industry of colonial Java and its global trajectory." *South East Asia Research* 8-3 (2000) : 213-238.

———. 2007. "Descrying the bourgeoisie : Sugar, capital and state in the Netherland Indies, circa 1840-1884." *BKI* 163-1 : 34-66.

Knight, G. Roger and Arthur van Schaik. 2001. "State and capital in late colonial Indonesia : the sugar industry, braakhuur, and the colonial bureaucracy in North Central Java." *BKI* 157-4 : 830-859.

Köhler, I. H. R. 1874. "Bijdrage tot de Kennis der Geschiedenis van de Lampongs." *TNI* new series 3-2 : 122-150, 325-351.

———. 1916. "Bijdrage tot de kennis der Lampongs." *Tijdschrift voor het Binnenlandsch Bestuur* 50 : 1-116.

Krafft, A. J. C. 1928. "Bantam." *Tijdschrift voor Economische Geographie* 19 : 391-405.

Kühr, C. A. H. 1911. "Eene Proclamatie van Sir Thomas Raffles aan de Margahoofden der Lampongsche Districten." *BKI* 4th series 3 : 330-336.

Kumar, Ann. 1997. *Java and Modern Europe : Ambiguous Encounters*. Surrey : Curzon.

Lee, James. 1982. "Food supply and population growth in Southwest China, 1250-1850." *Journal of Asian Studies* 41-4 : 294-95.

Leidelmeijer, Margaret. 1997. *Van Suikermolen tot Groot Bedrijf : Technische Vernieuwing in de Java-suikerindustrie in de Negentiende Eeuw*. Amsterdam : NEHA.

Leirissa, R. Z. (ed.). 1993 [1984]. *Sejarah Nasional Indonesia*, vol. 4 : *Nusantara di Abad ke-18 dan ke-19*. Jakarta : Balai Pustaka.

Lekkerkerker, C. 1938. *Land en Volk van Java*. Groningen and Batavia : J. B. Wolters.

Leur, J. C. van. 1983 [1955]. *Indonesian Trade and Society : Essays in Asian Social and Economic History*. Dordrecht : Foris.

Lewis, Dianne. 1970. "The Growth of the Country Trade to the Straits of Malacca, 1760-1777." *JMBRAS* 43-2 : 114-129.

———. 1995. *Jan Compagnie in the Straits of Malacca 1641-1795*. Athens : Ohio University Center for International Studies.

Lieberman, Victor. 2009. *Strange Parallels : Southeast Asia in Global Context, c. 800-1830*, vol. 2 : *Mainland Mirrors : Europe, Japan, China, South Asia, and the Islands*. Cambridge etc.: Cambridge University Press.

Liu Yong. 2005. "Batavia's role in the direct China trade after 1757." Paper distributed at the 4th TANAP Workshop, Universitas Gajah Mada, Yogyakarta.

Lodewycksz., Willem. 1915 [1598]. *De eerste schipvaart naar Oost-Indië onder Cornelis de Houtman, 1595-1597*, ed. G. P. Roufaer and J. W. IJzerman. 3 vols. The Hague : Martinus Nijhoff.
Lohanda, Mona. 2001 [1994]. *The Kapitan Cina of Batavia 1837-1942 : A History of Chinese Establishment in Colonial Society*. Jakarta : Djambatan.
Lombard, Denys. 2000. *Nusa Jawa : Silang Budaya Kajian Sejarah Terpadu*. 3 vols. Jakarta : PT Gramedia Pustaka Utama (translation from *Le carrefour Javanais : essai d'histoire globale*. Paris : École des Hautes Études en Sciences Sociales, 1990).
Lubis, Nina Herlina. 2004. *Banten dalam Pergumulan Sejarah : Sultan, Ulama, Jawara*. Jakarta : Pustaka LP 3 ES Indonesia.
Mac Leod, N. 1901. "De Onderwerping van Bantam 1667-1684." *Indische Gids* 23-I : 350-369, 480-506, 619-636.
McNeill, John R. 1994. "Of Rats and Men : A Synoptic Environmental History of the Island Pacific." *Journal of World History* 5-2 : 299-349.
Majul, Cesar. 1971. *Muslims in the Philippines : Past, Present and Future Prospects*. Manila : Convislam.
Mandere, H. Ch. G. J. van der. 1921-22. "De Suikerindustrie op Java, hare geschiedenis en ontwikkeling." *Indië : Geïllustreerd Weekblad voor Nederland en Koloniën* 5 : 21-25, 72-77, 86-93, 120-125, 139-141, 187-188, 229-237, 279-285, 293-301, 311-314, 453-459, 491-494, 508-509, 535-538, 557-559, 570-573.
Marsden, William. 1975 [1811]. *The History of Sumatra*. A reprint of the 3rd ed. Kuala Lumpur etc.: Oxford University Press.
Meilink-Roelofsz., M. A. P. 1962. *Asian Trade and European Influence in the Indonesian Archipelago between 1500 and about 1630*. The Hague : Martinus Nijhoff.
Meinsma, J. J. 1873. "Eene proklamatie van een Sultan van Bantam." *BKI* 3rd series 8 : 152-157.
Mendes Pinto, Fernão. 1989 [1614]. *The Travels of Mendes Pinto*, ed. Rebecca D. Catz. Chicago etc.: University of Chicago Press.
メンデス・ピント（岡村多希子訳）．1979．『東洋遍歴記』．平凡社東洋文庫．
Migdal, Joel S. 1988. *Strong Societies and Weak States : State-Society Relations and State Capabilities in the Third World*. Princeton etc.: Princeton University Press.
―――. 2001. *State in Society : Studying How States and Societies Transform and Constitute One Another*. Cambridge etc.: Cambridge University Press.
Milburn, William. 1999 [1813]. *Oriental commerce, containing a geographical description of the principal places in the East Indies, China and Japan, with their produce, manufactures and trade, including the coasting or country trade from port to port ; also The rise and progress of the trade of the various European nations with the Eastern world, particularly that of the English East India Company from the discovery of the passage round the Cape of Good Hope to the present period . . .* 2 vols. New Delhi : Munshiram Manoharlal.
Milner, A. C. 1982. *Kerajaan : Malay Political Culture on the Eve of Colonial Rule*. Tucson : Published for the Association for Asian Studies by the University of Arizona Press.
ミンツ，シドニー・W.（川北稔・和田光弘訳）1988 [1985]．『甘さと権力―砂糖が語る近代史―』．平凡社．
宮本謙介．1979．「中部ジャワにおける地主制の形勢と甘蔗プランテーション」『一橋論叢』

81-5 (1979):622-641.
―――. 1993.『インドネシア経済史研究―植民地社会の成立と構造―』. ミネルヴァ書房.
Miyazaki Koji. 1988. "The King and the People : The Conceptual Structure of A Javanese Kingdom." Ph. D. dissertation, Leiden University.
Monier-Williams, Monier. 1981 [1899]. *A Sanskrit-English Dictionary*. Delhi etc.: Motilal Banarsidass.
Moriyama Mikihiro. 1995. "Language Policy in the Dutch colony : On Sundanese in the Dutch East Indies."『東南アジア研究』32-4 : 446-454.
―――. 1996. "Discovering the 'language' and the 'literature' of West Java : an introduction to the formation of Sundanese writing in the nineteenth century West Java."『東南アジア研究』34-1 : 151-183.
ムルタトゥーリ(佐藤弘幸訳). 2003.『マックス・ハーフェラール―もしくはオランダ商事会社のコーヒー競売―』. めこん. 原著は Multatuli, *Max Havelaar, of de koffij-veilingen der Nederlandsche Handel-Maatschappij* (Amsterdam : De Ruyter, 1860.)
Mundardjito, Hasan Muarif Ambary, and Hasan Djafar (eds.). 1978. *Berita Penelitian Arkeologi* 18 : *Laporan Penelitian Arkeologi Banten 1976*. Jakarta : Pusat Penelitian Purbakala dan Peninggalan Nasional.
Nadri, Ghulam A. 2008. "The Dutch Intra-Asian Trade in Sugar in the Eighteenth Century." *International Journal of Maritime History*. 20-1 : 63-96.
―――. 2009. *Eighteenth-Century Gujarat : The Dynamics of Its Political Economy, 1750-1800*. Leiden and Boston : Brill.
Nagtegaal, Luc. 1996. *Riding the Dutch Tiger : The Dutch East Indies Company and the North Coast of Java, 1680-1743*. Leiden : KITLV Press.
Niel, Robert van. 1970. *The Emergence of the Modern Indonesian Elite*. Leiden [etc.] : Foris.
―――. 1987. "Rights to Land in Java." In *Dari Babad dan Hikayat sampai Sejarah Kritis, Kumpulan Karangan Dipersembahkan kepada Prof. Dr. Sartono Kartodirdjo*, ed. T. Ibraim Alfian et al. Jogjakarta : Gajah Mada University Press, pp. 120-153.
Noorlander, Johannes Cornelis. 1935. *Banjarmasin en de Compagnie in de tweede helft der 18 de eeuw*. Leiden : M. Dubbeldeman.
Norman, H. D. Levyssohn. 1857. *De Britsche heerschappij over Java en Onderhoorigheden*. (*1811-1816*). The Hague : Gebroeders Belinfante.
大橋厚子. 1992.「西部ジャワのコーヒー生産とレヘントの再編―商品生産植民地の建設―」辛島昇他編『東南アジア国家の歴史的位相―伝統的国家,植民地国家,国民国家―』. 東京大学出版会, pp. 113-134.
―――. 2010.『世界システムと地域社会―西ジャワが得たもの失ったもの―』. 京都大学学術出版会.
岡本正明. 2001.「改革派に転向したスハルト期地方エリート達―バンテン州新設の政治過程に焦点をあてて―」*Asian and African Area Studies* 1 : 186-211.
―――. 近刊.『暴力と適応の政治学―インドネシア民主化と安定の地方構造―』. 京都大学学術出版会.
Okamoto Masaaki and Abdul Hamid. 2008. "Jawara in Power, 1998-2007." *Indonesia* 86 : 109-138.

大木昌．1989．「植民地期ジャワにおける水田耕作の史的考察─水田および稲の種類─」『国際研究論集』2-3：27-49．
Onghokham. 1975. "The Residency of Madiun : Priyayi and Peasant in the Nineteenth Century." Ph. D. dissertation, Yale University.
─── . 2003. *The Thugs, the Curtain Thief, and the Sugar Lord : Power, Politics, and Culture in Colonial Java.* Jakarta : Metafor Publishing.
太田淳．2008．「18 世紀東南アジアと世界経済」桃木至朗編『海域アジア史入門』．岩波書店，pp. 145-158．
───．2013．「ナマコとイギリス綿布─19 世紀半ばにおける外島オランダ港の貿易─」秋田茂編『アジアからみたグローバルヒストリー「長期の 18 世紀」から「東アジアの経済的再興」へ』．ミネルヴァ書房，pp. 85-117．
Ota Atsushi. 2010. "Pirates or Entrepreneurs? Migration and Trade of Sea People in Southwest Kalimantan, c. 1770-1820." *Indonesia* 90 : 67-96.
─── . 2013. "Tropical Products Out, British Cotton In : Trade in the Dutch Outer Islands Ports, 1846-1869." *Southeast Asian Studies* 2-3 : 499-526.
─── . 2014. "Toward Cities, Seas, and Jungles : Migration in the Malay Archipelago, c. 1750-1850." In *Globalising Migration History : The Eurasian Experience (16th-21st century),* ed. Jan Lucassen and Leo Lucassen. Leiden and Boston : Brill, pp. 180-214.
Pané, Sanoesi. 1946 [1945]. *Sedjarah Indonesia.* 4 vols. Jakarta : Balai Poestaka [Gunseikanbu Kokumin Tosyokyoku].
Paulus, J. et al. (eds.). 1917-1939. *Encyclopaedie van Nederlandsch-Indië.* 9 vols. The Hague : Martinus Nijhoff and Leiden : E. J. Brill.
Pigeaud, Theodore G. Th. 1929. "Afkondigingen van Bantamsche Soeltans voor Lampoeng." *Djawa* 9 : 123-159.
─── . 1967-80. *Literature of Java : Catalogue Raisonné of Javanese Manuscripts in the Library of the University of Leiden and Other Public Collections in the Netherlands.* 4 vols. The Hague : Martinus Nijhoff.
─── . 1994 [1938]. *Javaans-Nederlands woordenboek.* Leiden : KITLV Press.
Pires, Tomé. 1944 [1515]. *The Suma Oriental of Tomé Pires : an Account of the East, from the Red Sea to Japan, Written in Malacca and India in 1512-1515,* translated and edited by Armando Cortesão. London : Hakluyt Society.
ピレス，トメ（生田滋他訳・注）．1966．『東方諸国記』．岩波書店．
Pleyte, C. M. 1911. "Het jaartal op den Batoe-Toelis nabij Buijtenzorg : Eene bijdrage tot de kennis van het oude Soenda." *TBG* 53 : 155-220.
Pomeranz, Kenneth. 2000. *The Great Divergence : China, Europe, and the Making of the Modern World Economy.* Princeton : Princeton University Press.
Pritchard, Earl H. 1936. *The Crucial Years of Early Anglo-Chinese Relations, 1750-1800.* Washington : Research Studies of the State College of Washington vol. 4, no. 3-4.
Ptak, Roderich (ed.) 1999. *China's Seaborne Trade with South and Southeast Asia (1200-1750).* Abingdon : Variorum.
Pudjiastuti, Titik. 2000. "Sadjarah Banten : Suntingan Teks dan Terjemahan Disertai Tinjauan Aksara dan Amanat." Ph. D. dissertation, Universitas Indonesia.

Quintus, R. A. 1923. *The Cultivation of Sugar Cane in Java*. London : Norman Rodger.
Raben, Remko. 1996. "Batavia and Colombo : The Ethnic and Spatial Order of Two Colonial Cities 1600−1800." Ph. D. dissertation, Leiden University.
Raffles, Thomas Stamford. 1817. *The History of Java*. 2 vols. London : Black, Parbury, and Allen etc.
Rantoandro, Gabriel A. 1995. "Lieux de rencontre particuliers de l'ancien Banten : les pabean." *Archipel* 50, "Banten, Histoire d'une région," pp. 25−40.
Reesse, J. J. 1908. *De suikerhandel van Amsterdam van het begin der 17 de eeuw tot 1813 : een bijdrage tot de handelsgeschiedenis des vaderlands, hoofdzakelijk uit de archieven*. Haarlem : J. L. E. I. Kleynenberg.
Reid, Anthony. 1993. *Southeast Asia in the Age of Commerce 1450−1680*, vol. 2 : *Expansion and Crisis*. New Haven and London : Yale University Press.
―――. (ed.). 1997. *The Last Stand of Asian Autonomies : Responses to Modernity in the Diverse States of Southeast Asia and Korea, 1750−1900*. London : Macmillan Press.
―――. 1997. "Introduction." In *The Last Stand of Asian Autonomies : Responses to Modernity in the Diverse States of Southeast Asia and Korea, 1750−1900*, ed. Anthony Reid. London : Macmillan Press, pp. 1−25.
―――. 1997. "A new phase of Commercial Expansion in Southeast Asia, 1760−1850". In *The Last Stand of Asian Autonomies : Responses to Modernity in the Diverse States of Southeast Asia and Korea, 1750−1900*, ed. Anthony Reid. London : Macmillan Press, pp. 57−81.
―――. 2004. "Chinese Trade and Southeast Asian Economic Expansion in the Later Eighteenth and Early Nineteenth Centuries : An Overview." In *Water Frontier : Commerce and the Chinese in the Lower Mekong Region, 1750−1880*, ed. Nola Cook and Li Tana. Singapore : NUS Press and London : Rowman and Littlefield, pp. 21−34.
―――. 2011. "Chinese on the Mining Frontier in Southeast Asia." In *Chinese Circulations : Capital, Commodities, and Networks in Southeast Asia*, ed. Eric Tagliacozzo and Wen-chin Chang. Durham : Duke University Press, pp. 21−36.
リード,アンソニー(太田淳訳).2014.「危機的環境下で歴史を書くということ―「火山の環」はどのように変化をもたらすか―」『社会経済史学』79-4.
[*Résumé*]. 1871. *Résumé van het bij Gouvernements besluit van 10 Juli 1867 No. 2 bevolen Onderzoek naar de Regten van den grond in de Residentie Bantam*. Batavia : Landsdrukkerij.
Ricklefs, M. C. 1974. *Jogjakarta under Sultan Mangkubumi 1749−1792 : A History of the Division of Java*. London : Oxford University Press.
―――. 1981. *A History of Modern Indonesia*. London and Basingstoke : McMillan.
―――. 2006. *Mystic Synthesis in Java : A History of Islamization from the Fourteenth to the Early Nineteenth Centuries*. Norwalk : EastBridge.
―――. 2008. *A History of Modern Indonesia since c 1200*, 4th ed. Basingstoke and New York : Palgrave Macmillan.
Rigg, Jonathan. 1862. *A Dictionary of the Sunda Language of Java*. Batavia : Lange.
Robidé van der Aa, P. J. B. C. 1881. "De groote Bantamsche opstand in het midden der vorige eeuw, bewerkt naar merendeels onuitgegeven bescheiden uit het oud-koloniaal archief met drie officiele documenten als bijlagen." *BKI* 4th series 5 : 1−127.

Robson, Stuart and Singgih Wibisono. 2002. *Javanese English Dictionary*. Singapore : Periplus.
Roesjan, Tbg. [1954]. *Sedjarah Banten*. Jakarta : Arief.
Roessingh, Marius P. H. 1982. *Sources of the History of Asia and Oceania in the Netherlands*, Part. 1 : *Sources up to 1796*. Munchen : K. G. Saur.
Roo de la Faille, P. de. 1919-21. "Over het Grondenrecht onder Javaansch Vorstenbestuur." *TBG* 59 : 21-121.
Roorda van Eysinga, P. P. (ed.). 1842. *Handboek der land- en volkenkunde, geschied-, taal-, aardrijks- en staatkunde van Nederlandsch Indië*. 3 vols. Amsterdam : L. van Bakkenes.
Rovere van Breugel, J. de. 1856. "Bedenkingen over den Staat van Bantam." *BKI* new series 1 : 107-170.
―――― (J. D. R. V. B.). 1856. "Beschrijving van het Koninkrijk Bantam." *BKI* new series 1 : 309-362.
Rowe, William, T. 1984. *Hankow : Commerce and Society in a Chinese City, 1796-1889*. Stanford : Stanford University Press.
――――. 1998. "Domestic Interregional Trade in China." In *On the Eighteenth Century as a Category of Asian History : Van Leur in Retrospect*, ed. Leonard Blussé and Femme Gaastra. Aldershot, etc.: Ashgate, pp. 173-192.
坂井隆. 2002. 『港市国家バンテンと陶磁貿易』. 同成社.
桜井由躬雄. 2002. 「ベトナム勤王運動」池端雪浦他編『岩波講座東南アジア史7　植民地抵抗運動とナショナリズムの展開』. 岩波書店.
Saleeby, Najeeb M. 1963 [1908]. *The History of Sulu*. Manila : Filipiniana Book Guild.
Salmon, Claudine. 1995. "Le cimitière chinois de Kasunyatan à Banten Lama (fin VIIe-début VIIIe s.)" *Archipel* 50, "Banten, Histoire d'une région," pp. 41-66.
Sartono Kartodirdjo. 1966. *The Peasants' Revolt of Banten in 1888 : Its Conditions, Course and Sequel, a Case Study of Social Movements in Indonesia*. The Hague : Martinus Nijhoff.
――――. 1973. *Protest Movements in Rural Java : A Study of Agrarian Unrest in the 19th and Early 20th Centuries*. Singapore etc.: Oxford University Press.
Schrieke, B. 1918. "Iets over het Perdikan-institute." *Het Bataviaasch Nieuwsblad* 10 and 11 : 1-6. 8 Sep. 1918 and 15 Sep. 1918.
――――. 1919. "Iets over het Perdikan-institute." *TBG* 58 : 391-423.
――――. 1955-57. *Indonesian Sociological Studies*. 2 vols. The Hague and Bandung : W. van Hoeve.
Schulte Nordholt, Henk and Margreet van Till. 1999. "Colonial Criminals in Java, 1870-1910." In *Figures of Criminality in Indonesia, the Philippines, and Colonial Vietnam*, ed. Vincent L. Rafael. Ithaca : Cornell University Press, pp. 47-69.
Scott, Edmund. 2009. "An Englishman in Banten." In *The Indonesian Reader : History, Culture, Politics*, ed. Tineke Hellwig and Eric Tagliacozzo. Durham and London : Duke University Press, pp. 87-91.
Scott, James C. 1998. *Seeing Like a State : How Certain Schemes to Improve the Human Condition Have Failed*. New Haven and London : Yale University Press.
Serrurier, M. 1902. "Kaart van Oud-Banten (Bantam)." *TBG* 45 : 257-262.
Shiamda, Ryuto. 2006. *The Intra-Asian Trade in Japanese Copper by the Dutch East India Company*

during the Eighteenth Century. Leiden and Boston : Brill.
信夫清三郎. 1968. 『ラッフルズ伝―東南アジアの帝国建設者―』. 平凡社東洋文庫.
Slot, M. L., M. C. J. C. van Hoof, and F. Lequin. 1992. "Notes on the Use of the VOC Archives." In *De archieven van de Verenigde Oostindische Compagnie (1602-1795)*, ed. M. A. P. Meilink-Roelofsz, R. Raben, and H. Spijkerman. The Hague : Sdu Uitgeverij.
Smail, John. 1961. "On the Possibility of an Autonomous History of Modern Southeast Asia." *Journal of South-East Asia* 2-2 : 72-102.
Snouck Hurgronje, C. 1913. *De Islam in Nederlandsch-Indië*. Baarn : Hollandia-drukkerij.
―――. 1957-65. *Ambtelijke adviezen van C. Snouck Hurgronje 1889-1936*, ed. Emile Gobée and Cornelis Adriaanse. The Hague : Martinus Nijhoff.
Soemarsaid Moertono. 1968. *State and Statecraft in Old Java : A Study of the Later Mataram Period, 16th to 19th Century*. Ithaca : Cornell University Modern Indonesia Project.
Somers Heidhues, Mary F. 1992. *Bangka Tin and Mentok Pepper : Chinese Settlement on an Indonesian Island*. Singapore : Institute of Southeast Asian Studies.
―――. 2003. *Golddiggers, Farmers, and Traders in the "Chinese Districts" of West Kalimantan, Indonesia*. Ithaca : Southeast Asia Program Publications, Cornell University.
Srinivas, M. N. 1996. *Village, Caste, Gender and Method : Essays in Indian Social Anthropology*. Oxford : Oxford University Press.
Stavorinus, Johan Splinter. 1793. *Reize van Zeeland over de Kaap de Goede Hoop, naar Batavia, Bantam, Bengalen, enz. : in de jaaren MDCCLXVIII tot MDCCLXXI*. Leyden : A. en J. Honkoop.
Stoler, Ann Laura. 2002. *Carnal Knowledge and Imperial Power : Race and the Intimate in Colonial Rule*. Berkeley, Los Angeles, and London : University of California Press.
Sutherland, Heather. 1979. *The Making of a Bureaucratic Elite : The Colonial Transformation of the Javanese Priyayi*. Singapore : Heinemann Educational Books.
―――. 2000. "Trepang and Wangkang : The China trade of eighteenth century Makassar, c. 1720-1840s." *BKI* 156-3 : 451-472.
―――. 2011. "A Sino-Indonesian Commodity Chain : The Trade in Tortoiseshell in the Late Seventeenth and Eighteenth Centuries." In *Chinese Circulations : Capital, Commodities, and Networks in Southeast Asia*, ed. Eric Tagliacozzo and Wen-chin Chang. Durham : Duke University Press, pp. 172-201.
鈴木恒之. 1975. 「バンテン王国支配下におけるランポン地方社会の変容」『東南アジア―歴史と文化―』5：95-121.
―――. 1991. 「バンテン王国」土屋健二・深見純生・加藤剛編『インドネシアの事典』. 同朋社, pp. 357-358.
―――. 1999. 「近世国家の展開」池端雪浦編『東南アジア史2　島嶼部』. 山川出版社.
鈴木寧子. 2004. 『近世日蘭貿易の研究』. 思文閣.
Tagliacozzo, Eric. 2004. "A necklace of fins : marine goods trading in maritime Southeast Asia, 1780-1860." *International Journal of Asian Studies* 1-1 : 23-48.
―――. 2005. "Onto the coasts and into the forests : Ramifications of the China trade on the ecological history of northwest Borneo, 900-1900 CE." In *Histories of the Borneo Environment : Economic, Political and Social Dimensions of Change and Continuity*, ed. Reed L.

Wadley. Leiden : KITLV Press, pp. 25-59.

――― . 2011. "A Sino-Southeast Asian Circuit : Ethnohistories of the Marine Goods Trade." In *Chinese Circulations : Capital, Commodities, and Networks in Southeast Asia*, ed. Eric Tagliacozzo and Wen-chin Chang. Durham : Duke University Press, pp. 432-454.

Tagliacozzo, Eric and Wen-chin Chang. 2011. *Chinese Circulations : Capital, Commodities, and Networks in Southeast Asia*. Durham : Duke University Press.

Talens, Johan. 1993. "Ritual power : the installation of a king in Banten, West Java, in 1691." *BKI* 149 : 333-355.

――― . 1999. *Een feodale samenleving in koloniaal vaarwater : Staatvorming, koloniale expansie en economische onderontwikkeling in Banten, West-Java 1600-1750*. Hilversum : Verloren.

――― . 2004. "Het sultanaat Banten en de VOC, circa 1680-1720 : Nieuwe tijden, nieuwe verhoudingen." In *Hof en Handel : Aziatische vorsten en de VOC 1620-1720, opgedragen aan Jurrien van Goor*, ed. Elsbeth Locher-Schoten and Peter Rietbergen. Leiden : KITLV Press, pp. 113-138.

Tambiah, Stanley Jeyaraja. 1985. *Culture, Thought, and Social Action : An Anthropological Perspective*. Cambridge and London : Harvard University Press.

Tarling, Nicholas. 1963. *Piracy and Politics in the Malay World*. Melbourne etc.: Cheshire.

――― (ed.). 1992. *The Cambridge History of Southeast Asia*. 2 vols. Cambridge etc.: Cambridge University Press.

Teisseire, Andries. 1790. "Verhandeling over den tegenwoordigen staat der zuikermolens omstreeks de stadt Batavia, benevens de middelen tot derzelver herstel, en eenige verdere daar toe betrekkelyke aanmerkingen." *VBG* 5 : 1-215.

――― . 1792. "Beschryving van een Gedeelte der Omme- en Bovenlanden dezer Hoofdstad, doch inzonderheid van de Zuid-westlyke, en Westlyke Landen ; benevens de bebouwing der Gronden, Levens-wys, en oefveningen der Opgezetenen ; mitsgaders de Fabryken, en Handel in dezelve." *VBG* 6 : 1-107.

Tichelaar, J. J. 1927. *De Java-suikerindustrie en hare beteekenis voor land en volk*. Surabaya : Het Algemeen Syndicaat van Suikerfabrikanten in Nederlandsch-Indië.

Tihami, M. A. 1992. "Kiyai dan Jawara di Banten : Studi tentang Agama, Magi, dan Kepemimpinan di Desa Pasanggrahan Serang, Banten." M. A. thesis, Universitas Indonesia.

Till, Margreet van. 2011. *Banditry in West Java, 1869-1842*. Singapore : NUS Press.

T [Tobias, J. H.]. 1830. "De Lampong." *Tijdschrift voor Koophandel, Zeevaart, Nijverheid, Wetenschap en Kunst* 5-7 : 1-44.

Topografisch Bureau. 1894. *Bantam : bijgewerkt t/m April 1894*. 1 : 20,000. Batavia : Topographisch Bureau.

Trocki, Carl A. 1979. *Prince of Pirates ; the Temenggongs and the Development of Johor and Singapore 1784-1885*. Singapore : Singapore University Press.

――― . 1997. "Chinese Pioneering in Eighteenth-Century Southeast Asia." In *The Last Stand of Asian Autonomies : Responses to Modernity in the Diverse States of Southeast Asia and Korea, 1750-1900*, ed. Anthony Reid. London : Macmillan Press, pp. 83-101.

――― . 1999 [1992]. "Political Structures in the Nineteenth and Early Twentieth Centuries." In *The Cambridge History of Southeast Asia*, Volume 2, Part 1 : *From c. 1800 to the 1930s*, ed.

Nicholas Tarling. Cambridge etc.: Cambridge University Press, pp. 75-126.

―――. 1999. *Opium, Empire and the Global Political Economy : A Study of the Asian Opium Trade 1750-1950*. London and New York : Routledge.

―――. 2011. "Opium as a Commodity in the Chinese Nanyang Trade." In *Chinese Circulations : Capital, Commodities, and Networks in Southeast Asia*, ed. Eric Tagliacozzo and Wen-chin Chang. Durham : Duke University Press, pp. 84-105.

Turner, Frederick Jackson. 1920. *The Frontier in American History*. New York : H. Holt.

Tuuk, H. N. van der. 1872. "'t Lampongsch en zijne tongvallen." *TBG* 18 : 118-156.

―――. 1876. "Naar aanleiding van eene proclamatie van den Sultan van Bantam." *TBG* 23 : 134-139.

―――. 1884. "Lampongsche pijagem's." *TBG* 29 : 191-207.

―――. 1897. *Kawi-Balineesch-Nederlandsch Woordenboek*. Batavia : Landsdrukekrij.

植村泰夫. 1978.「糖業プランテーションとジャワ農村社会――一九世紀末〜二〇世紀初めのスラバヤを例にして―」『史林』61-3 : 379-406.

―――. 1983.「糖業プランテーションとブスキ農村社会」『史林』66-2 : 1-52.

―――. 1985.「1910年代ジャワ糖業と農民経済」『史学研究』169 : 22-43。

―――. 1997.『世界恐慌とジャワ農村社会』. 勁草書房.

―――. 2001.「19世紀ジャワにおけるオランダ植民地国家の形成と地域把握」斎藤照子編『岩波講座東南アジア史5　東南アジア世界の再編』. 岩波書店, pp. 161-184.

Uka Tjandrasasmita. 1981. *Sultan Ageng Tirtayasa*. Jakarta : Departmen Pendidikan dan Kebudayaan.

―――. 1993 [1984]. *Sejarah Nasional Indonesia*, vol. 3 : *Jaman Pertumbuhan dan Perkembangan Kerajaan-Kerajaan Islam di Indonesia*. Jakarta : Balai Pustaka.

Usner, Daniel H. 2003. "Borderlands." In *A Companion to Colonial America*, ed. Daniel Vickers. Malden : Blackwell, pp. 408-424.

Valentyn, François. 2002 [1724-26]. *Oud en nieuw Oost-Indiën, vervattende een naaukeurige en uitvoerige verhandelinge van Nederlands mogentheyd in die gewesten, benevens eene wydlustige beschryvinge der Moluccos, Amboina, Banda, Timor, en Solor, Java, en alle de eylanden onder dezelve landbestieringen behoorende ; het Nederlands comptoir op Suratte, en de levens der groote Mogols ; als ook een keurlyke verhandeling van 't wezentlykste, dat men behoort te weten van Choromandel, Pegu, Arracan, Bengale, Mocha, Persien, Malacca, Sumatra, Ceylon, Malabar, Celebes of Macassar, China, Japan, Tayouan of Formosa, Tonkin, Cambodia, Siam, Borneo, Bali, Kaap der Goede Hoop en van Mauritius*. 5 vols. Franeker : Van Wijnen.

Velde, C. W. M. van de. 1845. *Gezigten uit Neêrlands Indië, naar de natuur geteekend en beschreven*. Amsterdam : Frans Buffa en Zonen.

Veth, P. J. 1869. *Aardrijkskundig en statistisch woordenboek van Nederlandsch Indie*. 3 vols. Amsterdam : PN. Van Kampen.

―――. 1898 [1878]. *Java, geographisch, ethnologisch, historisch*. 4 vols. Haarlem : De Erven F. Bohn.

Vlekke, H. M. 1945 [1943]. *Nusantara : A History of the East Indian Archipelago*. Cambridge : Harvard University Press.

Vos, Reinout. 1993. *Gentle Janus, Merchant Prince : the VOC and the Tightrope of Diplomacy in*

the Malay World, 1740-1800. Leiden : KITLV Press.
ウォーラーステイン，I.（川北稔訳）．2013．『近代世界システム』．全4巻．名古屋大学出版会．
Wang Gungwu and Ng Chin-keong (eds.). 2004. *Maritime China in Transition 1750-1850*. Wiesbaden : Harrassowitz.
Warren, James Francis. 1981. *The Sulu Zone, 1768-1898 : The Dynamics of External Trade, Slavery, and Ethnicity in the Transformation of a Southeast Asian Maritime State*. Singapore : Singapore University Press.
―――. 2002. *Iranun and Balangingi : Globalization, Maritime Raiding and the Birth of Ethnicity*. Singapore : Singapore University Press.
Wilkinson, R. J. 1959. *A Malay-English Dictionary* (*Romanised*). 2 vols. London : Macmillan and New York : St. Martin's Press.
Williams, Michael. 1990. *Communism, Religion, and Revolt in Banten*. Athens : Ohio University Centre for International Studies.
Wisset, Robert. 1802. *A Compendium of East Indian Affairs, Political and Commercial Collected and Arranged for the Use of the Court of Directors*. 2 vols. London : E. Cox and Son.
Wolters, O. W. 1999 [1982]. *History, Culture, and Region in Southeast Asian Perspectives*. Ithaca : Southeast Asia Program Publications, Cornell University.
Wyatt, David K. 1998. "The Eighteenth Century in Southeast Asia." In *On the Eighteenth Century as A Category of Asian History : Van Leur in Retrospect*, ed. Leonard Blussé and Femme Gaastra. Aldershot etc.: Ashgate, pp. 39-55
向達編．2000［1959］．「順風相送」『兩種海道針經』所収．北京：中華書局．
山口裕子．2011．『歴史語りの人類学――複数の過去を生きるインドネシア東部の小地域社会――』．世界思想社．
八百啓介．1996．「十八世紀における出島オランダ商館の砂糖輸入について」『史学雑誌』105-2：41-66．
―――．1998．『近世オランダ貿易と鎖国』．吉川弘文館．
Yule, Henry (ed.). 1998. *Cathay and the Way Thither : Being a Collection of Medieval Notices of China*, vol. 2 : *Odoric of Pordenone* [text by Odoric of Pordenone]. Delhi : Munshiram Manoharlal Publishers.
張燮．2000［1617］．『東西洋考』．北京：中華書局．
趙汝适．1996［1225］．『諸蕃志校釋』．北京：中華書局．
Zoetmulder, P. J. 1982. *Old Javanese-English dictionary*. 2 vols. The Hague : Martinus Nijhoff.

資　　料

1　史料解説

2　バンテン国王の系譜

3　オランダ東インド会社がバタヴィアで集荷した黒胡椒の生産地，1703-81年

4　オランダ東インド会社がバタヴィアで集荷した黒胡椒の輸出先，1703-81年

5　バンテンおよびランプン各地からオランダ東インド会社に供給された黒胡椒，1753-1800年

6　バンテンの住民台帳（1700年頃）に記される人々およびチャチャー

7　ジャワ産砂糖の輸出先，1703-81年

8　バンテンにおける行政区分の変化，1815-34年

9　バンテンにおける毎年の収入と地代の査定，1813-34年

10　バンテンの人口，1815-34年

1 史料解説

(1) オランダおよびイギリスに所蔵されるオランダ語・英語資料
オランダ東インド会社時代の資料

　本書が依拠した各国語史資料のうち，ハーグにあるオランダ国立文書館（Nationaal Archief）に所蔵される資料は，アジアのオランダ領土を管轄した機関ごとに分類されている。従って1602年から1795年までに作成された文書は，同文書館の中でオランダ東インド会社資料（Archieven van de Verenigde Oost-Indische Compagnie；VOC）として分類される。オランダ東インド会社は1602年，それまでにいくつかの都市の有力商人たちによって設立されていた20余りの貿易会社が統合して設立された。オランダ東インド会社の最高決定機関は，17人役員会（Heren Zeventien）と呼ばれる，アムステルダムで招集される重役会であった。会社はさらにアジア本部として，バタヴィア政庁（Hoge Regering van Batavia）を1619年に設立した。バタヴィア政庁の総督は，17人役員会と連絡を取りながらも，一定程度自立した政策決定を行うことが認められていた[1]。

　バンテンに限らずアジア各地に置かれたオランダ東インド会社の商館は，それぞれ当地で多様な文書を作成した。商館長は現地周辺で日々生じる出来事を日誌の形式で記したほか，貿易の状況や現地の政情などを随時バタヴィア総督宛に報告した。文書を作成するのは商館長だけでなく，内陸部など各地に派遣された会社職員の場合もあり，そのような文書は地方社会に関する豊富な情報を含んだ。また，特定の目的のもとに調査がたびたび実施され，報告書が作成された。本書で多く利用した胡椒栽培調査報告や港の出入船記録などはその例である。また商館長は毎年現地の政治・社会情勢や農鉱産物の生産・貿易の状況などを総括する年次報告書を作成し，バタヴィア総督に提出した。さらに商館長が交代する際には，前任者が後任者宛てに引継文書（Memorie van Overgave）を作成した。これは現地の政情や生産・貿易の状況などを知るための非常に有用な資料となる。各商館で作成されたこのような文書は，全てバタヴィア政庁に送られた。本書はこれら全ての種類の文書を利用しており，その詳細は本文の注で示されている。

　バタヴィア政庁は周辺の出来事およびバタヴィア港の貿易に関して，各商館と同様の文書を作成した。バタヴィア総督はさらに，全ての商館から送られてくる年次報告書を総括・要約して，一般政務報告（Generale Missiven）と呼ばれる文書を毎年作成した[2]。バタヴィア政庁は，各商館から送られてくる文書および政庁で作成される文書を全て筆写させ，作成地ごとにまとめて，オリジナルとコピーをそれぞれ製本させた。このように製本された文書のオリジナルがバタヴィアで保管され，コピーが毎年アムステルダムの17人役員会に送られた。アムステルダムに送られた文書は現在，オランダ国立文書館のオランダ東インド会社資料において，「渡来文書（Overgekomen brieven en papieren）」というカテゴリーに収められている（参考文献の「未刊行資料」の部分も参照されたい）。

　バタヴィア政庁で作成された文書のうち本書で利用したものには他に2種類あり，現在それらはオランダ国立文書館でオランダ東インド会社資料とは別の分類で所管されている。一つは，かつてバタヴィア総務官資料（Archieven van het Secretariaat-Generaal van de VOC te Batavia）に収められ，現在はバタヴィア政庁資料（Archieven van de Hoge Regering Batavia；HRB）と呼ばれるもので，主に各地商館周辺の貿易，産物の生産，政情などに関する報告書から成る。もう一つはバタヴィア会計官資料（Archieven van de Boekhouder-Generaal te

Batavia ; BGB) で，主として 1700 年から 1801 年までのバタヴィアにおける貿易の統計，日誌，覚え書きから構成される[3]。これらのうち特に貿易統計は，本書第 1 章および第 7 章で示したように，オランダ東インド会社が取り扱った個々の商品および会社の一つ一つの商館における貿易情報を示しており，経済史研究の上で極めて重要な資料である[4]。

オランダ本国（1588 年頃に独立したネーデルラント連邦共和国 Republiek der Verenigde Nederlanden）では，ハーグ委員会（Haags Besogne）と呼ばれる組織が，アジアの商館との連絡を担当した。商館からの報告書を受け取ると，ハーグ委員会はパトリアス・ミッシーフェン（Patriase Missiven）またはフェルバーレン（Verbalen）と呼ばれる諸決定の草稿を，17 人役員会に代わって執筆した。17 人役員会はこれらの草稿に基づいて，各地商館に向けて諸決定（Resolutien）と指令（Uitgaande Instructies）を発令した[5]。こうした文書は，オランダ国立文書館のオランダ東インド会社資料の中の，「ハーグ委員会およびその他の委員会（Haags Besoigne en andere commissies）」と「送出文書（Uitgaande missiven, instructies en andere papieren）」というカテゴリーに収められている（参考文献「未刊行資料」参照）。本書はこれらの資料の一部をオランダ東インド会社幹部の見解を知るために利用しているが，これらの決定や指令の全てがそのまま現地社会に適用され効力を持った訳ではないことは，十分留意されなければならない。

18 世紀末〜19 世紀初頭のオランダ語資料

18 世紀末以降オランダ東インド会社の各地商館の資料は，数度にわたっていくつかの機関に移管された。その頃本国では，上流貴族による寡頭支配に抵抗した「愛国者（patriotten）」派がフランス革命軍と協力してネーデルラント連邦共和国政府を打倒し，1795 年にバターフ共和国（Bataafse Republiek）を設立した。新共和国の政府は，オランダ東インド会社の財政状況が 18 世紀後半から放漫経営や第四次英蘭戦争によって急速に悪化していることに気づくと，1795 年 12 月 24 日に会社の破産を宣告した。会社は国有化され，その経営は新たに設置された「東インド貿易・所領委員会（Commité tot de Zaken van de Oost-Indischen Handel en Bezettingen）」に移管された[6]。この委員会が機能した 1796 年から 1799 年における旧オランダ東インド会社領に関する資料は，オランダ国立文書館で「東インド貿易・所領委員会資料（Archieven van het Commité tot de Zaken van de Oost-Indischen Handel en Bezettingen ; CZOHB）」として分類される。この資料は実際には 1791 年から 1799 年における各地商館およびバタヴィア政庁で作成された文書を含んでおり[7]，文書の様式や整理方法はオランダ東インド会社資料の形式をほぼ踏襲している。

それでも財政状況が改善しなかったオランダ東インド会社は，1799 年 12 月 31 日，バターフ共和国政府によって解散させられた。これに伴って東インド貿易・所領委員会も解散され，1800 年 5 月 6 日の政府決定によって，その経営権は新たに設置されたアジア所領評議会（Raad der Aziatische Bezittingen en Etablissementen）に移管された[8]。この組織が機能した期間（1800-05 年）に作成された資料は，オランダ国立文書館で「アジア所領評議会資料（Archieven van de Raad der Aziatische Bezittingen en Etablissementen ; RABE）」として分類されている。この資料は，理由は不明ながら，実際には 1786 年から 1805 年までの文書を含んでいる。その様式や整理方法は VOC および CZOHB 資料と同様であるが，情報はだいぶ少なくなっている。

バターフ共和国は当初からフランスの強い影響を受けていたが，ナポレオンがフランスの実権を握り，ついに皇帝として即位するに至ると，完全にその支配下に置かれることになっ

た。1806年，ナポレオンが実弟ルイ・ボナパルトをバターフ共和国に派遣してその地にホラント王国（Koninkrijk Holland）を設立させると，アジア所領評議会も解散させられ，アジアの旧オランダ領はいくつかの機関に移管された。その後1810年にホラント王国がフランスに併合されると，アジアの旧オランダ領の管轄権も1811年1月1日にフランス海軍・植民省に移行した[9]。頻繁な組織再編と政治的動揺のため，1806年から1807年までのジャワ社会に関するオランダの情報は非常に少なく，この時期の資料を収録する独立したカテゴリーはオランダ国立文書館に存在しない。

1808年からジャワは，ホラント国王ルイ・ボナパルトによって派遣された総督ヘルマン・ウィレム・ダーンデルス（Herman Willem Daendels）の統治下に置かれた。彼の統治下におけるジャワに関する資料はオランダ国立文書館には比較的少量しか残されていないが，その時代の詳しい情報や行政文書は彼の著書『オランダ東インド領の情勢』に収録されている[10]。ダーンデルス政府の事務総長で後にジャワ東北海岸州理事を務めたニコラウス・エンゲルハルト（Nicolaus Engelhard）の回想録もまた，ダーンデルス統治期のジャワに関する貴重な資料である[11]。

イギリスに所蔵されるオランダ語・英語資料

1811年9月にイギリス軍がジャワを制圧すると，ジャワは副総督トーマス・スタンフォード・ラッフルズ（Thomas Stanford Raffles）の統治下に置かれた。ラッフルズはすぐに2人のオランダ人官吏の指揮下に委員会を設置して，ジャワに残る文献資料を全て登録することを命じた。海軍中佐コリン・マッケンジー（Colin Mackenzie）も後にこの委員会に加えられ，多くのオランダ語資料の英訳作成を指揮した[12]。ジャワの王朝や地方社会に関する貴重な情報を含むこの資料は，ロンドン・大英図書館のインド省文書（India Office Records）の中で「マッケンジー・コレクション（Mackenzie Collection）」として分類されている。バンテンなどジャワ各地の行政機関で作成されバタヴィア政府に送られた公式文書は，同じく大英図書館インド省文書において「ジャワ商館文書（Java Factory Records）」として分類されている。

イギリス統治期およびオランダ植民地期のオランダ語資料

1813年にフランス軍が撤退すると，ネーデルラント連合王国（Verenigd Koninklijk der Nederlanden）を設立する準備を始めていたネーデルラントの代表とイギリス政府は，1814年8月のロンドン会議において，ジャワがイギリスからネーデルラントに返還されることに合意した。1814年に9月にジャワ統治を引き継ぐためにネーデルラントから全権委員（Commissarissen-Generaal）が派遣され，1816年8月にイギリス軍がジャワを去った後は東インドにおける最高権威となった。東インド各地から全権委員に送られた文書は，オランダ国立文書館の植民省資料（Archieven van Ministerie van Koloniën；MK）に収められている。そうした文書の概要は，全権委員が文書に記された問題に対処するにあたってオランダ人上級官吏で構成される評議会（後の東インド評議会）に公式に諮問した場合には「全権委員による諮問内対処と決定（Register der handelingen en besluiten van de Commissarissen-Generaal 'in rade'）」というカテゴリーに，諮問しなかった場合には「全権委員による諮問外対処と決定（Register der handelingen en besluiten van de Commissarissen-Generaal 'buiten rade'）」というカテゴリーに収められている。

1819年1月，新たに任命された総督 G. A. G. ファン・デル・カペラン（G. A. G. van der

Capellen）が，全権委員の任務を引き継いで蘭領東インドの最高権力者となった。これ以降東インドのオランダ拠点からバタヴィアに送られた文書は，その概要が，オランダ国立文書館の植民省資料において「総督による諸問内対処と決定（Register der handelingen en besluiten van de Gouverneur-Generaal 'in rade'）」または「総督による諸問外対処と決定（Register der handelingen en besluiten van de Gouverneur-Generaal 'buiten rade'）」という二つのカテゴリーに収められている。

(2) **インドネシアに所蔵されるオランダ語資料**

ジャカルタのインドネシア国立文書館（Arsip Nasional Republik Indonesia）もまた，大量のオランダ語資料を所蔵している。これは東インドのオランダ拠点で作成された文書が，バタヴィアからそのコピーがオランダ本国に発送された後，バタヴィアで保管されたオリジナルである。文書は原則として地域別に分類されており，本書はそのうちバンテン地方資料（Arsip Daerah Banten；ADB）とランプン地方資料（Arsip Daerah Lampung；ADL）を利用している。こうした地方資料は，原則としてどれもオランダ東インド会社時代，それに引き続く諸機関の時代，さらに植民地期の文書を含む[13]。オランダ国立文書館に所蔵されるバタヴィア政庁資料のオリジナルは，インドネシア国立文書館では「オランダ東インド会社バタヴィア政庁資料（VOC Hoge Regeling；VHR）」と呼ばれる。同資料とバタヴィアに存在したその他のオランダ東インド会社関連の諸機関で作成された資料は，現在そのカタログが出版・オンライン化されている[14]。

インドネシア国立文書館に所蔵される文書のうちオランダ東インド会社資料の大半は，オランダ国立文書館に所蔵されるものと重複している。しかし1780年代以降は戦乱に伴う混乱から本国に届かなかった資料もあるため，インドネシア国立文書館の資料の方が量的に充実している。植民地期資料に関しては，地方で作成された文書の全文が収録されているため，概要しか残されていないオランダ国立文書館の資料よりも情報が十全である。しかしオランダ国立文書館資料のようにキーワード検索を可能とする詳細なインデックスが付されていないため，調査はより困難となる。

(3) **ポルトガル語資料**

本書では，ポルトガル語資料はオランダ語訳，英訳，和訳されたものを利用している。バンテン王国設立前後の情報を含むポルトガル語資料として，本書はトメ・ピレス（Tomé Pires）の『東方諸国記』，ジョアン・デ・バロス（João de Barros）の『アジア史』，およびフェルナン・メンデス・ピント（Fernão Mendes Pinto）の『東洋遍歴記』を参照した。これらの資料は，それぞれ生田滋他，生田滋と池上岑夫，および岡村多希子によってすぐれた和訳がなされ，国際的にも最高水準の詳細な注釈が施されている[15]。ところが設立前後のバンテン王国に関する情報は，残念ながら後二者の和訳ヴァージョンには見当たらない。そのため本書では，『アジア史』に関しては1717年のオランダ語訳版，『東洋遍歴記』に関しては1989年の英訳版という，ともに正確さと網羅性において評価の高い翻訳版を利用した[16]。また，原文の地名のスペルなどを確認するために，『東方諸国記』に関しては1944年の英訳版も参照した[17]。また，『アジア史』の原テキストに記されたバンテン王国の創設に関する情報は，生田が別の著作でその概要を示している[18]。

(4) ジャワ語資料

　本書で利用したジャワ語資料は，王朝年代記『サジャラ・バンテン（*Sajarah Banten*）』，ピアグム（piagem，王の布告を刻んだ銅板），および住民台帳である。

　『サジャラ・バンテン』は1662年または1663年に最初に編纂され，その後多くのコピーが，一定の改編や追加を伴って作られた。そのうち現存する最古のテキストは，1732年に作成されたものである[19]。このテキストの冒頭部分によれば，この年代記は宮廷高官に王家の系譜に関する知識を与えるために作られた[20]。『サジャラ・バンテン』は他のジャワの年代記と同様，出来事の年代がほとんど示されず，王朝を栄光化するために多くの超自然的な出来事が記されている。このため，この年代記を初めて文献学的に検証したフセイン・ジャヤディニングラットが述べているように，これを歴史資料として利用する際には大きな注意が必要である。

　ジャヤディニングラット以降，『サジャラ・バンテン』を利用する全ての歴史研究は，彼が（一定の要約をしながら）オランダ語訳し注釈を付けた研究を利用しており，原文を参照していない。ところがティティック・プジアストゥティが2000年に提出した博士論文は，31ヴァージョンの『サジャラ・バンテン』原文を検証し，そのうち4ヴァージョンをローマ字化して，インドネシア語訳を付した[21]。プジアストゥティによる完訳は，この資料がジャヤディニングラットが紹介したものよりも，当時の王室の視点から見た宮廷文化の様相や王国の歴史について豊かに示すことを明らかにした（本書第2章第1節参照）。

　ピアグムは，ジャワの王が地方実力者を自らの代理人に任命する際に与えるもので，バンテン王国では全てがランプンで発見されている。ピアグムに刻まれた王の命令は，胡椒栽培の監督や社会秩序の維持など，首長が地方社会で実行すべき義務を示しており，王と地方首長の関係を理解する上で重要な情報となる。ランプンで発見されたピアグムは，そのほとんどが植民地期以降の研究者によって，ジャワ語の原文がローマ字またはジャワ文字で公開されている[22]。

　オランダのライデン大学図書館には，バンテン王国で作成された3部の住民台帳が所蔵されている。いずれもヨーロッパ製の紙にジャワ文字で，インクを用いて記されている。本書はこのうち保存状況が良く作成年代がおおよそ確認できる2部を検証している（本書第2章第2節）[23]。そのうちの一つ（LOr 2052）に付けられた奥付は，この住民台帳がスルタン・アビディン（Sultan Abidin，在位1690-1733）がジャワ暦1620年（西暦1696年または1697年）にパンゲラン・ノトウィジョヨ（Pangeran Natawijaya）という人物に編纂させたと述べている[24]。もう一つの台帳（LOr 2055）は，作成年代を記した奥付は持たないものの，恐らくLOr 2052と同じ頃に編纂されたと考えられる[25]。今まで多くの研究者がこの資料に言及しているが，実際に資料の内容を全て確認した者は筆者以外には誰もいない。彼らはオランダ人文献学者テオドール・G. Th. ピジョーが作成した，オランダに所蔵されるジャワ語資料のカタログを参照して，テキストの最終ページに記された人数を，首都の人口と解釈している[26]。しかし本書の第2章第2節で示したようにこの解釈は誤りで，最終ページの数字は，王国のバンテン地方に住んだ人々のうち上位権威者に対する義務を有した一部の人々の数を示すものである。一方，住民台帳の本体は，バンテン地方の人々をクライアント・ユニットごとに分け，さらに彼らのパトロンを示している（本書第2章第2節）。従ってこの台帳は，全人口を把握することよりも，バンテン社会における支配関係を確認することが目的とされていると言える。残念ながら，スルタンがヨーロッパ製の紙を用いて住民台帳を作成しようとした動機や経緯については，情報がない。

本書では利用していないが，バンテン王国に関するジャワ語資料として，他に『サジャラ・バンテン・ランテ＝ランテ（*Sajarah Banten rante-rante*）』と『ワワチャン・ハジ・マンスール（*Wawacan Haji Mangsur*）』という2点が存在する。これらはいずれも『サジャラ・バンテン』の異本で，後者にはさらに『ヒカヤット・ハサヌッディン（*Hikayat Hasanuddin*）』というマレー語のヴァージョンも作られている。ジャヤディニングラットと，『ヒカヤット・ハサヌッディン』のオランダ語訳と注釈を行ったJ. エーデルによれば，『サジャラ・バンテン・ランテ＝ランテ』は『サジャラ・バンテン』に基づいて，その約半世紀後に作られた[27]。『ワワチャン・ハジ・マンスール』は19世紀に書かれ，ダーンデルス統治期の出来事に言及している。その原文を検証したG. W. J. ドゥリュブズによれば，テキストの内容は主にスルタンの息子である主人公ハジ・マンスールの超自然的経歴を述べるものであり，実際ドゥリュブズの示した英文概要を見る限り，歴史資料としての利用は困難に思われる[28]。この原資料は，ライデン大学図書館に所蔵されている[29]。

このようにジャワ語資料の大半はオランダに所蔵されており，バンテンに関連する閲覧可能な資料は現在インドネシアには存在しない。研究者の中には，チレボンの王朝年代記と主張される『プルウォコ・チャルバン・ナガリ（*Purwaka Caruban Nagari*）』および『ノゴロクルトブミ（*Nagarakretabhumi*）』をバンテン王国設立に関する歴史資料と見なす者もいる[30]。しかしながら，インドネシア人研究者アチャによって1970年代から80年代にかけて刊行提示されたこれらの資料のテキストは，文章が単語ごとに区切られ，出来事の年代を西暦で詳しく記す等の点において，18世紀ジャワ語資料の特徴からは大きくかけ離れている。M. C. リックレフスが1980年代初頭から指摘したように，これらの資料は正統性に問題があり，18世紀資料として用いられるべきではない[31]。

(5) **マレー語および中国語資料**

本書が扱うテーマに関連したマレー語資料には，スマトラ・ミナンカバウ（Minangkabau）出身でランプンのスマンカ（Semangka）に在住した胡椒商人であるナコダ・ムダ（Nachoda Muda）別名キヤイ・デマン・プルワセダナ（Kyai Demang Purwasedana）の伝記がある。彼の息子によって，1788年頃に書かれたこの資料は，現地有力者の視点から見た18世紀半ばのスマンカ地方の社会的・政治的状況について貴重な情報を含んでいる。本書では，ドゥリュブズがそれにオランダ語訳と注釈を施した研究を利用した[32]。

本書が利用した中国語資料は，向達編『兩種海道針經』（北京：中華書局，2000 [1959]）に含まれる著者不詳「順風相送」，および張燮『東西洋考』（北京：中華書局，2000 [1617]）という，それぞれ16世紀および17世紀に編纂された航海書である。バンテンに在住した華人による同時代資料は，残念ながら存在しない。

注

1) Femme S. Gaastra, *The Dutch East India Company : Expansion and Decline* (Zutphen : Walburg, 2003), pp. 17-23, 39-40, 66.
2) 1610年から1761年までの期間にバタヴィア総督が作成した一般政務報告は，その要約が以下のシリーズとして刊行されている。W. Ph. Coolhaas (vol. 1-8), J. van Goor (vol. 9-10), J. E. Schooneveld-Oosterling (vol. 11-12), and H. K. s'Jacob (vol. 13) (eds.), *Generale Missiven van Gouverneurs-Generaal en Raden aan Heren XVII der Verenigde Oostindische Compagnie* (The Hague : Martinus Nijhoff, 1960-2007). 刊行された分は，以下のウェブサイトで閲覧可能である。http://www.his-

torici.nl/retroboeken/generalemissiven/#page=0&size=800&accessor=toc&source=1（最終アクセス 2014 年 1 月 2 日）
3) Marius P. H. Roessingh, *Sources of the History of Asia and Oceania in the Netherlands*, Part 1 : *Sources up to 1796* (Munchen : K. G. Saur, 1982), pp. 85, 87.
4) 現在 BGB 資料は，デン・ハーグにあるハイヘンス・オランダ史研究所（Huygens Instituut voor Nederlandse Geschiedenis）のウェブサイトでデータベース化され，一般公開されている。Huygens Instituut voor Nederlandse Geschiedenis, "Bookkeeper-General Batavia." http://bgb.huygens.knaw.nl（最終アクセス 2013 年 12 月 5 日）
5) M. L. Slot, M. C. J. C. van Hoof, and F. Lequin, "Notes on the Use of the VOC Archives," in *De Archieven van de Verenigde Oostindische Compagnie (1602-1795)*, eds. M. A. P. Meilink-Roelofsz, R. Raben, and H. Spijkerman (The Hague : Sdu Uitgeverij, 1992), pp. 47-48, 56-57 ; Gaastra, *The Dutch East India Company*, pp. 150-151. 1632-1805 年におけるバタヴィア政庁による諸決定は，その概要が以下のシリーズとして刊行されている。Bataviaasch Genootschap van Kunsten en Wetenschappen (ed.), *Realia : register op de generale resolutien van het Kasteel Batavia, 1632-1805*, 3 vols (Leiden : Gualth. Kolff, 1882-86) ; Bataviaasch Genootschap van Kunsten en Wetenschappen (ed.), *Realia : Register op de Generale Resolutien van het Kasteel Batavia ...* (Charleston : Nabu Press, 2012).
6) Gaastra, *The Dutch East India Company*, pp. 164-170.
7) F. G. P. Jaquet, *Sources of the History of Asia and Oceania in the Netherlands*, Part 2 : *Sources 1796-1949* (Munchen : K. G. Saur, 1983), p. 59. この資料が 1791 年からの文書を含んでいる理由は不明である。
8) Jaquet, *Sources of the History*, Part 2, p. 60.
9) Jaquet, *Sources of the History*, Part 2, pp. 60-61.
10) Herman Willem Daendels, *Staat der Nederlandsche Oostindische bezittingen, onder het bestuur van den gouverneur-generaal Herman Willem Daendels, ridder, luitenant-generaal, enz. in de jaren 1808 tot 1811* (Amsterdam : Gebroeders van Cleef and The Hague : H. van Tee, 1814).
11) Nicolaus Engelhard, *Overzigt van den staat der Nederlandsche Oost-Indische bezittingen, onder het bestuur van den Gouverneur-Generaal Herman Willem Daendels* (The Hague and Amsterdam : van Cleef, 1816).
12) John S. Bastin, *Raffles' Ideas on the Land Rent System in Java and the Mackenzie Land Tenure Commission* (The Hague : Martinus Nijhoff, 1954), pp. 15-23.
13) 1808 年以前のランプンで作成された文書は，バンテン地方資料に収録されている。
14) Balk, G. L. et al. (eds.), *The Archives of the Dutch East India Company (VOC) and the Local Institutions in Batavia (Jakarta)* (Leiden and Boston : Brill, 2007). http//databases.tanap.net/ead/html/Jakarta_HogeRegering/index.html?N10507（最終アクセス 2013 年 12 月 3 日）
15) トメ・ピレス（生田滋他訳・注）『東方諸国記』（岩波書店，1966）；ジョアン・デ・バロス（生田滋，池上岑夫訳・注）『アジア史』（岩波書店，1980-81）；メンデス・ピント（岡村多希子訳）『東洋遍歴記』（平凡社東洋文庫，1979）。
16) João de Barros, *Staat-zugtige scheeps-togte en krygs-bedryven ter handhaving van der Portugyzen Opperbestuur in Oost-Indien* (Leyden : Pieter van der Aa, 1717) ; Fernão Mendes Pinto, *The Travels of Mendes Pinto*, ed. Rebecca D. Catz (Chicago etc. : University of Chicago Press, 1989 [1614]).
17) Tomé Pires, *The Suma Oriental of Tomé Pires : An Account of The East, from The Red Sea to Japan, Written in Malacca and India in 1512-1515*. ed. Armando Cortesão (London : Hakluyt Society, 1944

[1515]）。

18) 生田滋「補注7：バンテン王国の歴史と社会」ハウトマン，ファン・ネック（渋沢元則訳，生田滋注）『東インド諸島への航海』（岩波書店，1981），pp. 512-514。

19) Titik Pudjiastuti, "Sadjarah Banten: Suntingan Teks dan Terjemahan Disertai Tinjauan Aksara dan Amanat" (Ph. D. dissertation, Universitas Indonesia, 2000), pp. 13, 39.

20) Hoesein Djajadiningrat, *Critische Beschouwing van de Sadjarah Banten : Bijdrage ter kenschetsing van de Javaanse geschiedschrijving* (Haarlem : Joh. Enschede en Zonen, 1913), p. 16.

21) Djajadiningrat, *Critische Beschouwing* ; Pudjiastuti, *Sadjarah Banten*.

22) ランプンで発見された最古のピアグムは，1662年のものである。J. J. Meinsma, "Eene proklamatie van een Sultan van Bantam," *BKI* 3rd series 8 (1873): 152-157. これに加えて，1690年，1692年，1715年，1737年，1755年，および1766年または1771年に作成されたものが，ランプン各地から発見されている。H. N. van der Tuuk, "Naar aanleiding van eene proclamatie van den Sultan van Bantam," *TBG* 23 (1876): 134-139 ; H. N. van der Tuuk, "Lampongsche pijagem's," *TBG* 29 (1884): 191-207 ; H. C. Humme, "Javaansche Inscriptie," *BKI* 4th series 8 (1884): 1-17 ; J. L. A. Brandes, "Nog eenige Javaansche piagem's uit het mohammedaansche tijdvak, afkomstig van Mataram, Banten en Palembang," *TBG* 32 (1889): 557-601 ; 34 (1891): 605-623 ; 35 (1892): 110-126 ; 37 (1894): 119-126 ; 42 (1900): 131-134, 491-507 ; Theodore G. Th. Pigeaud, "Afkondigingen van Bantamsche Soeltans voor Lampoeng," *Djawa* 9 (1929): 123-159.

23) ライデン大学に所蔵されるもう一部のバンテン王国作成の住民台帳（LOr 7709）は損傷が激しく，作成年代も不明であるため，歴史研究に利用するのは困難である。

24) LOr 2052 : 188 v, census of the population, Banten.

25) テオドール・G. Th. ピジョーは，彼が作成したジャワ語資料カタログの中で，LOr 2055の本文ページの間に挿入された1枚（実際には2枚）の紙片が1708年と1715年の出来事に言及していると説明している。Theodore G. Th. Pigeaud, *Literature of Java : Catalogue Raisonné of Javanese Manuscripts in the Library of the University of Leiden and Other Public Collections in the Netherlands* (The Hague : Martinus Nijhoff, 1967-70), vol. 2, p. 65. しかしこの説明は正確でない。これらの紙片は資料自体に綴じ込まれることなく挿入されており，それに書かれた文章の筆跡は本文とは全く異なっている。つまりこの紙片は本文作成後に別人によって挿入された可能性が高く，それに記された年代が資料作成時期と一致するとは限らない。しかしながら，LOr 2052とLOr 2055にはしばしば同じ名前の人物が同じ地域に住むことが記されている（そのパトロンは異なることが多い）ことから，2部の住民台帳はあまり時期を隔てずして作成されたと考えられる。

26) Pigeaud, *Literature of Java*.

27) Djajadiningrat, *Critische Beschouwing*, pp. 197-198 ; J. Edel, *Hikajat Hasanoeddin* (Meppel : Ten Brink, 1938), pp. 10-11. 本書は，できる限り王国設立に近い時期の王室や宮廷有力者の観点を知るために1732年ヴァージョンの『サジャラ・バンテン』を参照し，本テキストは利用しなかった。

28) G. W. J. Drewes, "Short notice on the story of Haji Mangsur of Banten," *Archipel* 50 (1995): 119-122.

29) LOr 7418 ; LOr 7419.3.

30) Atja, *Tjarita Purwaka Tjaruban Nagari : Sedjarah Muladjadi Tjirebon* (Jakarta : Ikatan karyawan Museum, 1972 ; Atja, *Beberapa Catatan yang Bertalian dengan Mulajadi Cirebon* (Bandung : Lembaga Kebudayaan, Universitas Padjadjaran, 1973) ; Atja and Ayatrohaedi, *Nagarakretabhumi 1.5 : Karya Kelompok Kerja di bawah Tanggungjawab Pangeran Wangsakerta Panembahan Cirebon* (Bandung :

bagian proyek penelitian dan pengkajian kebudayaan Sunda (Sundanologi) direktorat jenderal kebudayaan departemen pendidikan dan kebudayaan, 1986).
31) M. C. Ricklefs, *A History of Modern Indonesia* (London and Basingstoke : McMillan, 1981), p. 282.
32) G. W. J. Drewes (ed.), *De Biografie van een Minangkabausen Peperhandelaar in de Lampongs : naar een Maleis handschrift in de Marsden-collection te Londen* (The Hague : Martinus Nijhoff, 1961).

2 バンテン国王の系譜

　ここに示したバンテン国王の系譜は，可能な限り同時代資料に基づいて筆者が作成したものである。現在広く知られている系譜は，オランダ人植民地官僚で研究者でもあった C. レッカーカーカーとインドネシア人歴史家 A. イスマイル・ムハンマドがそれぞれ作成したものである[1]。彼らの作った系譜は現在まで多くの著作に利用されているものの，その基になる資料は極めて曖昧である。まずレッカーカーカーは，彼が根拠とした資料を全く示していない。一方イスマイルは，『プリンボン（*Primbon*）』，『サジャラ・バンテン（*Sajarah Banten*）』などに依拠したと主張している。このプリンボン（「解説」を意味するジャワ語）は，イスマイル自身は示していないが，バンテンの歴史家トゥバグス・ハルノジョヨが1936年に著した『バンテン諸王権の歴史の解説』であることはほぼ間違いない[2]。しかしこの著作は，記されている出来事から数世紀を隔てて書かれた，バンテン史の極めて大まかな素描に過ぎず，歴史資料として特に価値の高いものではない。ここでは，筆者が現在よく知られているバンテン王国の系譜をどのように改編しようとしているのか，およびなぜそれが必要なのかを述べたい。

初代王と建国年

　バンテン王国の初代王に関しては，研究者の間で異なる見解が存在している。インドネシア人文献学者フセイン・ジャヤディニングラットは，17世紀に書かれたバンテン王朝年代記『サジャラ・バンテン』に現れるスナン・グヌン・ジャティ（Sunan [Susuhunan] Gunung Jati）を16世紀のポルトガル語資料『アジア史』に記される初代王ファレテハン（Faletehan）に比定し（本書第1章第3節参照），スナン・グヌン・ジャティが初代王であると述べた[3]。これまで多くの研究者がこの見解に従っている[4]。ところが，本書第2章第1節で指摘したように，『サジャラ・バンテン』では，バンテン王国の初代王はスナン・グヌン・ジャティの息子モラナ・ハサヌッディンとされている。恐らくこの記述に従って，クロード・ギヨーは自著『バンテン王国』において，初代王をハサヌッディンとしている[5]。

　先行研究はこのように見解が分かれているが，本書はスナン・グヌン・ジャティをバンテン王国の初代王と考える。その理由は第一に，『サジャラ・バンテン』が初代王をハサヌッディンとしているのは，第2章第1節で論じたように，恐らくハサヌッディンがジャワ生まれでヒンドゥーとイスラームの調和に努めたために王国の初代王としてふさわしいと17世紀の王朝記作家やその周辺の宮廷高官が配慮したためであり，王国設立時における人々の認識に基づくものではないからである。第二の理由は，実際に当時の人々の認識という点においては，『サジャラ・バンテン』やポルトガル語資料を検討する限り，彼らがスナン・グヌン・ジャティを王国設立時の最有力者と認識していたことは間違いないことである。『サジャラ・バンテン』ではスナン・グヌン・ジャティが王都とその重要施設の設置場所を定め，ハサヌッディンに指示しており，『アジア史』はファレテハン（『サジャラ・バンテン』におけるスナン・グヌン・ジャティ）が王国を設立して王となったことを記している（本書第1章第3節，第2章第1節参照）。『サジャラ・バンテン』は王国の正史であるが，その中には王権を正統化，栄光化する配慮からなされた記述が多く，その全てを史実と受け取るべきではない。筆者は『サジャラ・バンテン』を17世紀の王や宮廷高官たちの認識を知るための資料としては重視するが，史実を検討する目的では，ポルトガル語，オランダ語，英語

資料2　473

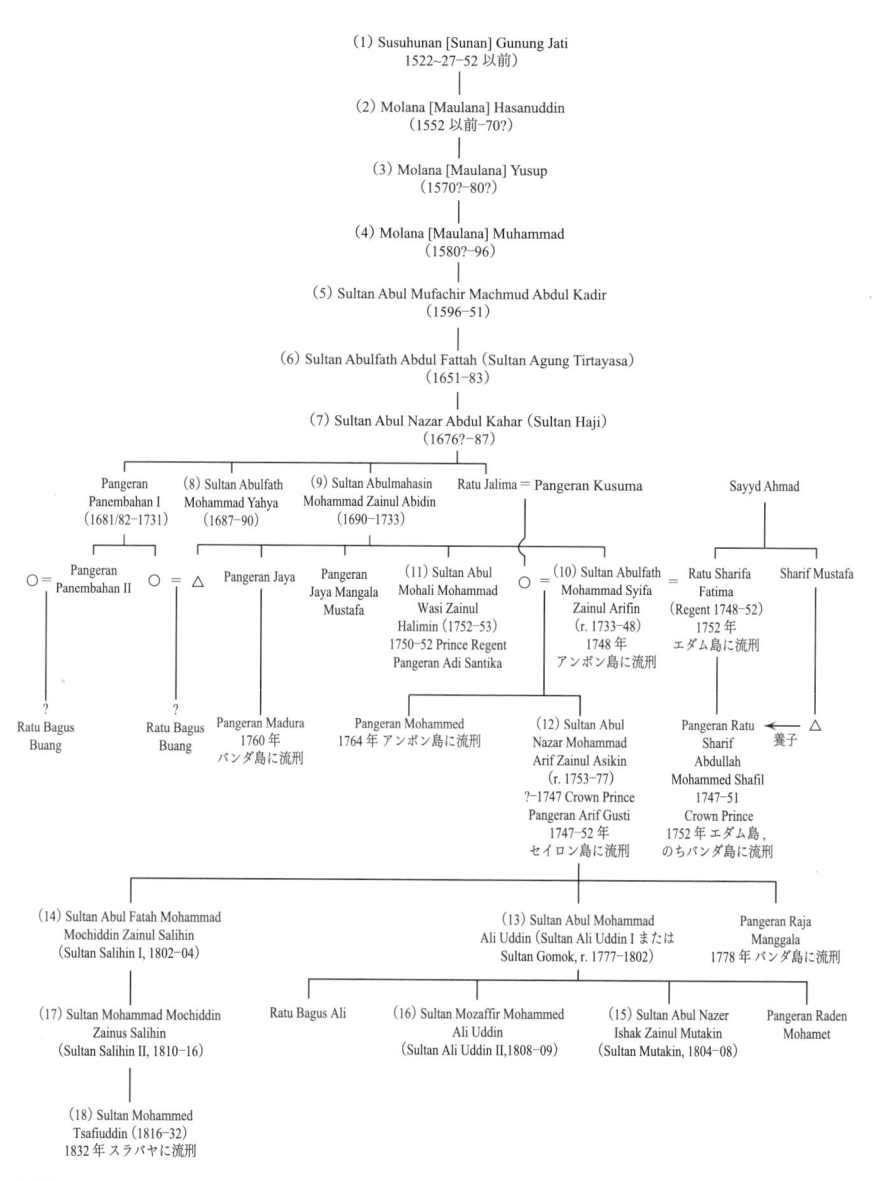

```
                    (1) Susuhunan [Sunan] Gunung Jati
                             1522~27-52 以前
                                    │
                     (2) Molana [Maulana] Hasanuddin
                             (1552 以前-70?)
                                    │
                       (3) Molana [Maulana] Yusup
                               (1570?-80?)
                                    │
                      (4) Molana [Maulana] Muhammad
                               (1580?-96)
                                    │
                 (5) Sultan Abul Mufachir Machmud Abdul Kadir
                               (1596-51)
                                    │
              (6) Sultan Abulfath Abdul Fattah (Sultan Agung Tirtayasa)
                               (1651-83)
                                    │
                 (7) Sultan Abul Nazar Abdul Kahar (Sultan Haji)
                               (1676?-87)
```

Pangeran Panembahan I (1681/82-1731)	(8) Sultan Abulfath Mohammad Yahya (1687-90)	(9) Sultan Abulmahasin Mohammad Zainul Abidin (1690-1733)	Ratu Jalima = Pangeran Kusuma			Sayyd Ahmad

○＝Pangeran Panembahan II ○＝△ Pangeran Jaya　Pangeran Jaya Mangala Mustafa　(11) Sultan Abul Mohali Mohammad Wasi Zainul Halimin (1752-53) 1750-52 Prince Regent Pangeran Adi Santika　○＝(10) Sultan Abulfath Mohammad Syifa Zainul Arifin (r. 1733-48) 1748年 アンボン島に流刑　＝Ratu Sharifa Fatima (Regent 1748-52) 1752年 エダム島に流刑　Sharif Mustafa

? Ratu Bagus Buang　? Ratu Bagus Buang　Pangeran Madura 1760年 バンダ島に流刑　Pangeran Mohammed 1764年 アンボン島に流刑　(12) Sultan Abul Nazar Mohammad Arif Zainul Asikin (r. 1753-77) ?-1747 Crown Prince Pangeran Arif Gusti 1747-52年 セイロン島に流刑　Pangeran Ratu Sharif Abdullah Mohammed Shafil 1747-51 Crown Prince 1752年エダム島, のちバンダ島に流刑　← 養子 △

(14) Sultan Abul Fatah Mohammad Mochiddin Zainul Salihin (Sultan Salihin I, 1802-04)　　(13) Sultan Abul Mohammad Ali Uddin (Sultan Ali Uddin I または Sultan Gomok, r. 1777-1802)　Pangeran Raja Manggala 1778年 バンダ島に流刑

(17) Sultan Mohammad Mochiddin Zainus Salihin (Sultan Salihin II, 1810-16)　Ratu Bagus Ali　(16) Sultan Mozaffir Mohammed Ali Uddin (Sultan Ali Uddin II, 1808-09)　(15) Sultan Abul Nazer Ishak Zainul Mutakin (Sultan Mutakin, 1804-08)　Pangeran Raden Mohamet

(18) Sultan Mohammed Tsafiuddin (1816-32) 1832年 スラバヤに流刑

出典）Titik Pudjiastuti, "Sajarah Banten : Suntingan Teks dan Terjemahan Disertai Aksara dan Amanat" (Ph. D. dissertation, Universitas Indonesia, 2000), テキストG；オランダ国立文書館所蔵オランダ東インド会社資料；大英図書館インド省文書マッケンジー・コレクションに基づき，筆者作成。

注）王または皇太子名に続く（　）内の数字は在位年。それ以外の年は出来事の年または生没年。氏名が資料に現れない場合，女性を○，男性を△で示している。

などの同時代資料への参照が必要と考える。

　バンテン王国の建国年については多くの研究がそれを1526年とするが，管見の限りこの年を明確に証明する資料は存在しない。1526年という年代を述べているのはチレボンで「発見」された資料であるが，この資料はその正統性に大きな疑問がある（巻末資料1参照）。第1章第3節で述べたように，『アジア史』によれば，ポルトガル人がバンテン国王（『アジア史』ではスンダ王）と協定を結んだのが1522年であり，協定に基づいてバンテンに再来したポルトガル人がスナン・グヌン・ジャティによって追い払われたのが1527年である。このことから，バンテン王国はこれらの出来事の間のいずれかの年に建国されたと考えるべきであり，それ以上に年代を確定することは不可能である。

諸王の統治年代

　初期の王の統治年代についても，不明な点が多い。ジャヤディニングラットは1552年にスナン・グヌン・ジャティからハサヌッディンに王位が継承されたと述べ，多くの研究がそれに従っている[6]。しかしその根拠は，19世紀半ばのオランダ人歴史学者Jcz. J. ハーヘマンが採集した，現地の口頭伝承でしかない。『サジャラ・バンテン』など他の資料にはそのような言及は見られず，しかもハーヘマンの採用した口頭伝承も，その年にスナン・グヌン・ジャティが没したと述べるのみであり，王位継承については触れていない[7]。つまり，たとえこの情報が正確であったとしても，それはこの王位継承が1552年以前に起きたことを示すものでしかない。ポルトガル人が追い払われた1527年からオランダ人がバンテンに到着する1596年までは，『サジャラ・バンテン』が唯一の歴史資料である。この間の王の統治年代についてはジャヤディニングラットが様々な推測を行っているが，それはあくまでおおよその年代を示すものと捉えられるべきである。

　第6代王スルタン・アグン・ティルタヤサからその息子アブドゥル・カハル・アブル・ナザル（後のスルタン・アブドゥル・カハルまたはスルタン・ハジ）への王位継承も，あまり明確ではない。オランダ東インド会社資料を検討した歴史学者J. K. J. デ・ヨンゲによれば，スルタン・アグンは1670年代から国政を部分的にアブドゥル・カハルに委ねるようになり，1680年に完全にそれを移譲した。1680年の権力移行はアブドゥル・カハルのクーデターによるものであったが（第1章第3節参照），オランダ東インド会社バンテン商館の職員は，アブドゥル・カハルがメッカ巡礼から帰国した1676年から，内乱の末にスルタン・アグンがオランダ東インド会社軍によって捕らえられた1683年までは，この2人が共同統治を行っていると認識していた。当時の東インド会社資料は，2人のことを同時に「老スルタン」と「若いスルタン」とそれぞれ呼んでいる[8]。

　オランダ人がバンテンに到来した1596年から18世紀半ばまでの王の統治年代については，オランダ語資料を詳細に検証したジャヤディニングラットやヨハン・ターレンス等の研究によって，正確に知られるようになった[9]。それ以降の王についてはレッカーカーカーとムハンマドがそれぞれ作成した系譜で示しているが，それらは資料的根拠を示されていないため，彼らがどのようにして諸王の統治年代を確定したのかは不明である。これに対し筆者は，同時代の複数のオランダ東インド会社資料を参照し，いつ，誰から誰へとどのように王位が継承されたかを確認してここに掲げた系譜を作成した。その詳細および根拠となる資料は，本書の第5章第1節および第8章第1，2，3節を参照されたい。ここに示した系譜は，レッカーカーカーとムハンマドが作成したものとは18世紀半ば以降に関して大きく異なっている。しかし，イギリス統治時代にジャワに駐在した海軍中佐コリン・マッケンジー

(Colin Mackenzie) がオランダ人官僚に命じて作らせたバンテン王国の王朝系譜は，王位継承に関して本書の示したものと全く同一の情報を示している[10]。

注

1) C. Lekkerkerker, *Land en Volk van Java* (Groningen and Batavia : J. B. Wolters, 1938), pp. 346-347 ; A. Ismail Muhammad, *Banten : Penunjuk jalan dan keterangan bekas kerajaan kesultanan Banten dsb.* (Banten : s. n., 1974), p. 27.

2) Toebagoes Haroenadjaja, *Parimbon dari babad pemerintahan negeri² di Banten* (Rangkasbetoeng : Sirnarasa, 1936).

3) Hoesein Djajadiningrat, *Critische Beschouwing van de Sadjarah Bantĕn : Bijdrage ter kenschetsing van de Javaansche geschiedschrijving* (Haarlem : Joh. Enschedé en Zonen, 1913), pp. 94-95.

4) Lekkerkerker, *Land en Volk van Java*, p. 346 ; 鈴木恒之「バンテン王国」土屋健治・深見純生・加藤剛編『インドネシアの辞典』(同朋社, 1991), p. 357 ; Anthony Reid, *Southeast Asia in the Age of Commerce 1450-1680*, vol. 2 : *Expansion and Crisis* (New Heaven and London : Yale University Press, 1993), p. 336 ; Halwany Michrob and A. Mudjahid Chudari, *Catatan Masalalu Banten* (Serang : Saudara, 1993 [1989]), p. 324.

5) Claude Guillot, *The Sultanate of Banten* (Jakarta : Gramedia, 1990), p. 10. ギヨーは1527年頃から1570年頃までの出来事をハサヌッディン治世下に起きたこととして記しているので，彼がハサヌッディンの統治期をその年代に比定していることは間違いない。ただし彼自身の文章には，その統治期を1580-85年頃とする奇妙な誤記が見られる。

6) Djajadiningrat, *Critische Beschouwing van de Sadjarah Bantĕn*, pp. 94-95 ; Lekkerkerker, *Land en Volk van Java*, p. 346 ; 鈴木「バンテン王国」, p. 357 ; Reid, *Southeast Asia in the Age of Commerce*, p. 336 ; Michrob and Chaudari, *Catatan Masalalu Banten*, p. 324.

7) Jcz. J. Hageman, "Geschiedenis der Soenda-landen," *TBG* 16 (1867) : 225.

8) J. K. J. de Jonge (ed.), *De Opkomst van het Nederlandsche gezag in Oost-Indië : Verzameling van onuitgegeven stukken uit het Oud-Koloniaal Archief*, vol. 7, pp. cxiii, clvii-clix.

9) Djajadiningrat, *Critische Beschouwing van de Sadjarah Bantĕn* ; Johan Talens, *Een feodale samenleving in koloniaal vaarwater : Staatvorming, koloniale expansie en economische onderontwikkeling in Banten, West-Java 1600-1750* (Hilversum : Verloren, 1999).

10) MCP 4(5) : 241-258, name list of the sultans, commanders, etc., no compiler's name, no date.

3 オランダ東インド会社がバタヴィアで集荷した黒胡椒の生産地, 1703-81年

オランダポンド

年	バンテン	ジャワのその他の地域	パレンバン	スマトラのその他の地域	バンジャルマシン	マラバール, セイロン	バタヴィアにおける購入	その他	計
1703-04	2,911,876	455,128	1,749,421	35,166	0	246,157	3,033,013	442,593	8,873,354
04-05	3,696,006	481,913	844,275	33,825	0	0	2,338,808	137,402	7,532,228
08-09	4,087,875	195,813	1,961,896	76,113	0	0	1,887,716	137,904	8,347,317
13-14	2,846,250	180,000	2,034,472	37,027	0	0	1,610,229	591,695	7,299,673
15-16	3,212,250	101,025	1,807,796	138,607	0	0	3,367,780	139,880	8,767,338
18-19	4,943,250	154,410	1,203,286	70,046	0	0	6,036,464	247,951	12,655,406
21-22	4,843,125	141,568	3,013,282	49,949	0	448,303	1,169,167	881,881	10,547,275
23-24	6,255,875	325,626	1,569,225	56,814	0	1,434,937	2,676,389	765,552	13,084,418
24-25	4,642,125	60,547	376,736	82,842	0	0	1,915,448	212,453	7,290,151
26-27	3,267,750	30,468	1,036,878	40,412	0	748,668	1,371,301	724,051	7,219,528
30-31	3,178,875	12,435	606,767	39,040	365,375	0	521,548	61,150	4,785,190
33-34	3,211,925	5,431	962,336	12,200	264,347	0	739,805	65,004	5,261,048
34-35	3,428,632	104,372	714,103	62,708	0	0	1,282,973	631,948	6,224,736
37-38	1,878,375	74,323	811,078	6,334	0	0	1,844,090	9,472	4,623,672
38-39	4,400,330	137,558	403,332	7,442	0	0	2,040,611	9,236	6,998,509
39-40	3,030,750	124,120	418,680	1,830	0	0	1,454,731	98,773	5,128,884
40-41	4,812,375	164,686	832,650	21,650	0	0	2,630,812	85,105	8,547,278
42-43	3,457,125	8,612	366,000	9,272	0	0	1,739,003	184,523	5,764,535
48-49	3,621,030	19,652	667,271	33,000	0	0	1,086,170	589,620	6,016,743
50-51	771,000	0	653,896	0	73,750	0	1,166,969	1,658,536	4,324,152
53-54	2,727,750	28,875	1,029,070	0	0	0	1,427,708	715,588	5,928,991
54-55	1,449,000	17,688	461,221	619	189,500	0	724,566	640,975	3,483,569
56-57	1,926,000	27,625	468,575	15,291	900,780	0	1,245,890	611,099	5,195,260
57-58	2,361,375	26,975	663,680	41,721	734,363	0	1,894,734	56,366	5,779,214
58-59	3,414,750	76,574	386,244	96,746	500,000	0	1,557,978	121,315	6,153,606
59-60	1,479,300	20,000	459,696	41,943	912,787	0	1,362,798	161,070	4,437,594
63-64	1,777,500	44,319	214,757	107,319	315,055	0	1,593,966	3,092	4,056,007
64-65	3,898,134	32,828	39,894	150,355	91,955	0	1,098,889	107,999	5,420,054
67-68	5,019,750	4,590	176,524	169,250	252,946	0	1,505,058	191,225	7,319,343
68-69	3,922,500	9,656	234,728	201,013	726,420	0	683,600	11,268	5,789,185
69-70	4,382,250	10,050	225,700	270,270	602,057	0	952,162	26,188	6,468,676
70-71	4,491,375	12,100	0	156,627	948,309	0	1,007,403	138,725	6,754,539
71-72	3,935,250	18,525	73,688	399,179	385,000	0	845,150	66,251	5,723,042
73-74	3,432,375	0	103,212	168,100	495,625	0	497,796	51,767	4,748,875
79-80	2,960,625	36,602	0	150,000	780,649	0	596,516	11,008	4,535,400
80-81	4,254,750	30,039	20,984	130,650	456,875	0	337,885	97,236	5,328,419

出典: BGB 10810-10837, 11830-11831, 10671-10679, the Nationaal Archief, The Hague.

注: この表における「ジャワのその他の地域」と「スマトラのその他の地域」は, 図 1-12 では「その他」に含まれる。ここに示されない年は, 資料が存在しない。

資料4　477

4　オランダ東インド会社がバタヴィアで集荷した黒胡椒の輸出先, 1703-81 年

オランダポンド

年	オランダ	ペルシャ	スーラト	セイロン	コロマンデル	ベンガル	中国	バタヴィアにおける販売	その他	計
1703-04	4,401,936	525,000	250,000	318,719	0	400,000	0	2,943,750	920,762	9,760,167
04-05	3,305,864	798,604	0	0	300,000	545,283	0	1,250,375	503,974	6,704,100
08-09	3,510,282	531,151	480,000	310,947	38,917	519,255	0	1,222,250	369,280	6,982,082
13-14	2,490,798	1,000,000	800,000	0	379,127	440,000	0	1,375,750	180,327	6,666,002
15-16	3,769,498	400,000	500,000	0	720,000	940,000	0	3,252,125	508,197	10,089,820
18-19	5,927,373	1,045,036	600,000	190,000	130,000	0	0	1,400,313	153,794	9,446,516
21-22	5,696,967	140,000	700,000	241,843	858,578	0	0	1,046,750	1,122,340	9,806,478
23-24	5,632,775	0	700,000	130,000	341,892	0	0	1,765,927	112,706	8,683,299
24-25	7,961,245	0	0	296,712	79,974	0	0	419,625	543,822	9,301,378
26-27	4,214,448	0	250,000	0	300,000	540,000	0	1,187,875	193,684	6,686,007
30-31	2,182,977	0	200,000	0	0	0	0	2,400,000	150,030	4,933,007
32-33	2,796,850	266,602	300,000	0	0	230,000	0	537,500	767,140	4,898,092
33-34	4,573,638	40,000	0	101,320	135,000	402,471	0	631,250	373,084	6,256,763
34-35	1,926,848	130,000	0	0	0	200,000	250,000	1,313,750	826,461	4,647,059
36-37	3,479,081	0	0	0	0	0	320	300,000	270,625	208,911	4,258,937
37-38	2,970,757	3,480	160	0	0	870,000	475,375	382,750	131,370	4,833,892
38-39	3,443,919	0	0	0	150,000	0	625,000	583,375	281,019	5,083,313
39-40	1,965,337	490,000	200,000	400,000	600,000	1,300,000	750,000	107,125	350,092	6,162,554
40-41	1,836,714	504,327	0	800,000	950,000	915,000	700,000	458,500	75,395	6,239,936
42-43	863,399	150,000	200,000	160	981,606	882,160	1,251,320	34,375	272,642	4,635,662
48-49	1,915,925	0	100,000	301,125	0	500,000	2,350,000	970,938	529,921	6,667,909
50-51	3,413,155	0	0	0	0	0	33,375	990,079	569,500	208,606	5,214,715
53-54	1,768,923	0	0	0	20,000	0	2,200,000	125,000	533,032	4,646,955
54-55	2,297,617	0	50,000	0	0	50,000	1,406,129	25,000	262,710	4,091,456
57-58	3,474,931	0	500	0	15,000	340,000	125,000	17,500	162,146	4,135,077
58-59	3,980,989	0	35,000	0	35,000	830,000	0	13,750	250,053	5,144,792
59-60	6,103,705	0	20,000	0	0	450,000	0	212,500	317,690	7,103,895
63-64	2,535,989	0	0	0	0	700,000	1,000,000	256,250	70,775	4,563,014
64-65	2,647,858	0	0	0	0	400,000	1,000,000	20,000	80,664	4,148,522
67-68	3,743,582	0	0	0	10,010	410,014	0	62,500	249,909	4,476,015
68-69	5,478,002	0	50,000	0	75,000	410,000	0	365,000	186,592	6,564,594
69-70	5,683,800	0	0	0	115,000	700,130	500,000	0	214,972	7,213,902
70-71	3,848,014	0	0	0	600,000	700,000	1,000,000	62,500	181,458	6,391,972
71-72	3,450,860	0	0	0	500,005	800,000	1,400,000	62,500	222,115	6,435,480
73-74	3,675,098	0	0	0	0	160,000	1,000,000	300,625	273,025	5,408,748
79-80	1,641,194	0	0	0	200,000	460,000	800,000	12,250	176,970	3,290,414
80-81	2,443,875	0	0	0	200,000	0	0	0	161,937	2,805,812

出典) BGB 10810-10837, 11830-11831, 10671-10679, the Nationaal Archief, The Hague.
　注) この表におけるペルシャ, スーラト, セイロン, およびコロマンデルの数値は, 図 1-13 では「その他」に含まれる。

5　バンテンおよびランプン各地からオランダ東インド会社に供

年	バンテン	その他	ランプン					
			スマンカ	テロック	カリアンダ	スカンポン	ニボン	ペネット
1753	1,193.19	147.00	437.91	519.55	894.70	447.98	54.43	242.30
54	1,693.78	29.92	1,007.38	892.89	1,684.88	584.33	157.18	319.89
55	594.43	26.33	783.34	705.85	641.06	342.90	71.90	143.64
56	897.00	28.80	371.30	592.43	1,365.23	334.56	178.72	164.31
57	421.35	63.69	996.57	318.97	1,996.71	259.00	183.80	131.62
58	697.16		627.42	753.81	1,898.39	758.53	157.49	197.76
59	617.00		1,401.44	1,335.90	2,412.00	1,108.78	175.28	322.54
60	535.63		1,410.20	532.06	1,366.58	285.21	123.86	236.07
61	686.01		851.75	513.18	1,555.87	445.81	56.52	145.28
62	299.84		1,004.55	582.86	1,424.92	534.21	183.91	286.05
63								
64								
65								
66								
67	419.01		1,495.13	1,311.04	3,712.32	798.49	379.88	868.96
68	431.53		760.09	1,848.69	3,445.48	1,507.59	586.77	830.37
69	208.21		1,241.16	1,512.75	2,368.96	999.90	808.76	665.73
70	518.13		1,753.87	2,008.84	3,837.45	1,625.38	939.45	855.28
71								
72	534.12		661.92	1,356.76	2,762.54	1,059.62	700.77	740.91
74	1,039.27		422.18	1,986.09	3,234.46	600.91	645.16	719.39
75	1,835.32		1,413.71	1,177.75	2,813.12	677.34	690.45	537.83
76	841.74		710.47	467.71	1,187.76	466.12	189.89	333.95
77	846.42		1,338.59	1,671.57	3,218.99	1,233.40	271.78	795.59
78	475.43		447.88	343.33	430.00	527.45	102.65	323.95
79	1,057.54		590.08	633.42	1,482.40	564.05	36.85	458.86
80								
81	1,245.99		1,273.80	924.54	2,495.43	807.07	245.49	820.88
82	1,311.54		1,030.75	544.35	1,323.68	324.69	264.29	523.33
83								
84								
85	1,907.49		468.82	268.87	1,928.47	475.57	230.48	171.03
86	1,808.99		150.28	296.37	1,303.58	180.70	203.14	546.23
87	922.34		273.63	674.76	1,750.87	521.86	316.68	551.97
88	1,120.69		272.49	474.46	1,036.90	382.84	274.15	244.94
89	2,705.00		85.70	686.84	3,169.56	358.37	239.17	39.85
90	715.03		253.52	1,125.99	1,809.61	856.23	502.43	508.76
91	525.00		185.40	657.20	717.45	632.65	408.04	73.84
92	1,272.85		75.26	664.75	814.70	587.40	190.92	175.88
93	1,051.19		75.84	357.72	716.92	745.82	190.52	225.36
94	512.84		245.25	1,155.11	1,039.70	964.00	155.02	268.89
95	1,020.36		273.00	600.00	1,054.29	394.91	0.00	72.60
96	326.74		340.59	796.29	726.45	923.07	0.00	128.07
97	1,759.18		215.73	585.63	1,531.87	508.50	0.00	122.96
98								
99								
1800								

資料 5

給された黒胡椒, 1753-1800 年

プティ	トゥラン バワン	小計	計 (バハル)
503.72	44.67	3,145.26	4,545.45
275.17	37.74	4,959.46	6,683.16
89.71	193.99	2,972.39	3,593.15
311.87	95.08	3,413.50	4,339.10
75.24	84.66	4,046.57	4,531.61
275.48	71.24	4,740.12	5,437.28
437.82	7.25	7,201.01	7,818.01
456.22	125.49	4,535.69	5,071.32
255.73	43.70	3,867.84	4,553.85
194.71	59.06	4,270.27	4,570.11
593.26	132.65	9,291.73	9,710.74
724.22	231.95	9,935.16	10,336.69
415.56	260.16	8,272.98	8,481.19
936.18	371.78	12,328.23	12,846.36
		0.00	
506.45	562.31	8,351.28	8,885.40
200.78	410.90	8,219.87	9,259.14
205.71	236.94	7,752.85	9,588.17
178.22	191.98	3,726.10	4,567.84
236.87	194.95	8,961.74	9,808.16
282.63	51.74	2,509.63	2,985.06
306.87	96.04	4,168.57	5,226.11
		0.00	
767.57	75.42	7,410.20	8,656.19
573.10	18.56	4,602.75	5,914.29
		0.00	
		0.00	
113.75	43.51	3,700.50	5,607.99
251.86	21.00	2,953.16	4,762.15
421.25	153.76	4,664.78	5,587.12
295.58	93.14	3,074.50	4,195.19
152.83	41.75	4,774.07	7,479.07
364.56	258.11	5,679.21	6,394.24
371.07	84.91	3,130.56	3,655.56
435.90	48.94	2,993.75	4,266.60
750.26	21.15	3,083.59	4,134.78
0.00	36.22	3,864.19	4,377.03
269.39	79.14	2,743.33	3,763.69
0.00	104.60	3,019.07	3,345.81
268.81	0.69	3,234.19	4,993.37
			1,209.00
			1,433.00

出典）1753-62 年：VOC 3094 2nd：11, 8 May 1763.
1767 年：VOC 3214 2nd：no pagination.
1768 年：VOC 3248：no pagination.
1769 年：VOC 3277, no pagination.
1770 年：VOC 3306, no pagination.
1772 年：VOC 3363, no pagination.
1774 年：VOC 3417, no pagination.
1775 年：VOC 3444, no pagination.
1776 年：VOC 3469, no pagination.
1777 年：VOC 3498, no pagination.
1778 年：VOC 3527, no pagination.
1779 年：VOC 3555, no pagination.
1781 年：VOC 3626, no pagination.
1782 年：VOC 3652, no pagination.
1785 年：VOC 3736：3.
1786 年：VOC 3762：3.
1787 年：VOC 3814, no pagination.
1788 年：VOC 3814, no pagination.
1789 年：VOC 3909, no pagination.
1790 年：VOC 3909：40.
1791 年：VOC 3965：39.
1792 年：VOC 3965：36.
1793 年：CZOHB 118：21.
1794 年：CZOHB 118：no pagination.
1795 年：CZOHB 119：9.
1796 年：CZOHB 119：4.
1797 年：CZOHB 119：no pagination.
1799 年：ADB 34：16, 4 Feb. 1801.
1800 年：ADB 34：16, 4 Feb. 1801.

注）「計」は筆者の再計算に基づく数値であり、原資料とわずかな差異のある箇所がある。

6 バンテンの住民台帳（1700年頃）に記される人々およびチャチャー[1]

　バンテン宮廷で1700年頃に作成された住民台帳は，バンテン地方の全ての人々を「自由民（プデカン pĕdhekan）」とそれ以外の人々（本書では「非自由民」と呼ぶ）の二つのカテゴリーに大きく分けている（第2章第2節）。自由民にも非自由民にも様々なタイプの人々が含まれるが，ここでは代表的な四つのタイプ，すなわち A. 自由民，B. 奴隷（アブディ・ダルム abdi dalĕm），C. カウム（kaum，イスラーム共同体の中でモスク役人に奉仕する人々）[2]，D. 債務者（サンブタン sambĕtan[3]）を取り上げる。このうち A は「自由民」カテゴリーの大半を占める人々であり，B，C，D は「非自由民」カテゴリーに含まれる人々である（本文の表2-2参照）。以下，資料のジャワ語をローマ字化したものを左に示し，その対訳を右に載せる。句読点は原資料にはなく，内容を考慮して筆者が補っている。

A. 自由民（プデカン）

　自由民はバンテン住民の大多数を形成し，住民台帳に記される総計約2万4,000-3万2,000人のうち，約2万-2万5,000人を占めた。自由民はさらに中核住民，未婚の若者などに区分され，それらの人々が1人の首長に率いられてユニットを形成した。

　自由民はこのようなユニットごとに，1人のパトロン──地域有力者（ポンゴウォ ponggawa）またはスルタン──の保護下に置かれた。住民台帳では，全ての住民がパトロンごとにまとめられる。最初に序の部分で，パトロンの名が記される。次にそのパトロンに属するユニットの構成員名が記される。そして最後にそのパトロンに属する人々の合計数が，彼らの社会区分──首長，中核住民など──ごとに示される。次に同じやり方で，別のパトロンのもとにいる人々が示される。この基本パターンは，アブディ・ダルムなど他のタイプの人々にも適用される。

Pdhekan[4] Pangeran Natadirad

［序］パンゲラン・ノトディラッドに属する自由民（プデカン pĕdhekan）

Ngabdi dalĕm, wukir Sukalimas, asal saking Pangeran Kidul. Jantĕn pun Nalajaya, kanca wasta pun Marmayi, pun Nuradi, pun Rakimah, ［さらに6人の名］　9

［ユニット1］パンゲラン・キドゥルのもとから来た，スカリマス地域にいる［かつての］アブディ・ダルム[5]。首長（ジャントゥン jantĕn）はノロジョヨ。彼の率いる中核住民（コンチョ kanca[6]）の名はマルマイ，ヌラディ，ラキマ，［さらに6人の名］　9

Kang sahukur, pun Nyam, pun Supriya, 2

・サフクル（sahukur）[7]：ニャムとスプリヨ　2

Kang jubag pun Dirun, pun Ditol, pun Masadi, pun Sumaka　4

・老人または働けない者（ジュバッグ Jubag）：ディルン，ディトル，マサディ，スモコ　4

Wukir Sukalimas. Jantĕn pun Wikrama, kanca wasta pun Narsadi, pun Salim, pun Nakun, ［さらに4人の名］　7

［ユニット2］スカリマス地域。首長はウィクロモ。彼の率いる中核住民の名はナルサディ，サリム，ナクン，［さらに

Kang sahukur, pun Penen	1		・サフクル：ペネン	1
Kang jubag, pun Sujana, pun Suwirja, pun Sumar,［さらに3人の名］	6		・老人または働けない者：スジョノ，スウィルジョ，スマル，［さらに3人の名］	6
Wukir Warnantaka. Jantĕn pun Wardiyah, kanca wasta pun Patra, pun Wardaya, pun Kadut,［さらに3人の名］	6		［ユニット3］ワルナンタカ地域。首長はワルディヤ。彼の率いる中核住民の名はパトゥロ，ワルドヨ，カドゥット，［さらに3人の名］	6
Ngabdi dalem, wukir Parung Sentul, asal saking Ratu Kamilah. Jantĕn pun Saja, kanca wasta pun Baki,［さらに21人の名］	22		［ユニット4］ラトゥ・カミラのもとから来た，パルン・スントゥル地域にいる［かつての］アブディ・ダルム。首長はソジョ。彼の率いる中核住民の名はバキ，［さらに21人の名］	22
Kang sahukur, pun Nurdin, pun Abdul, pun Sudira ［...］	3		・サフクル：ヌルディン，アブドゥル，スディラ ［...］	3

			［計］	
pakardi	218		労働者[8]	218
jantĕn	21		首長	21
sahukur	62		サフクル	62
jubag	68		老人または働けない者	68
santri	12		イスラーム専門家[9]	12
panambangan	12		パナンバンガン（panambangan）[10]	12
jumlah agung	383		全合計	383

（出典：LOr 2055：93 v, 96 v）

B．奴隷（アブディ・ダルム）

アブディ・ダルムは住民台帳に，2,200-2,800人ほどが記される。これは字義的には「宮廷の奴隷」であるが，スルタンだけでなく王族など有力者のもとに置かれることもあった。以下の例に示されるような，スルタンに「食料を供給する」義務はアブディ・ダルムにのみ言及され，自由民にはない。

Punika cacahing ngabdi dalĕm, kang miyosakĕn dhahar dalĕm, ingkang botĕn angaturi pupundhutan. Wukir Pawan. Jantĕn pun Nanggawilodra, kanca pun Kriya, pun Rĕmas, pun Nilapran,［さらに38人の名］	41		［序］これは，宮廷に食料を供給する［義務がある］が贈り物を提供する必要はないアブディ・ダルムのリスト（チャチャー cacah[11]）である。 ［ユニット1］パワン地域。首長（ジャントゥン）はナンガウィロドゥロ。彼の率いる中核住民（コンチョ）はクリヨ，ルマス，ニラプラン，［さらに38人の名］	41

Kang prajaka, pun Mĕngkang, pun Nuralim, pun Jakrama, ［さらに5人の名］	8
Kang sahukur, pun Muntĕna, pun Numi, pun Narban, ［さらに2人の名］	5
Kang jubag, pun Wahingin, pun Kumpul, pun Nawangsa	3
Ngabdi dalĕm wukir Waru, dhahar jantĕn pun Satyawacana, kanca wasta pun Sahidah, pun Baga, pun Mastrana, ［さらに11人の名］	14
Kang prajaka, Wangsa, pun Wijang, pun Wigana, pun Dewana	
Kang sahukur pun Bĕcik	1
［...］	

Jumlah ing dhahar wukir sabrang wetan, kang kirnan	558
kang prajaka	225
kang sahukur	27
kang jubag	129

・若い未婚男性：ムンカン, ヌラリム, ジャクロモ, ［さらに5人の名］	8
・サフクル：ムントゥナ, ヌミ, ナルバン, ［さらに2人の名］	5
・老人または働けない者：ワヒンギン, クンプル, ナワンソ	3
［ユニット2］食料を供給する［義務がある］ワル地域のアブディ・ダルム。首長の名はサトゥヨウォチョノ。彼の率いる中核住民はサヒダ, ボゴ, マストゥロノ, ［さらに11人の名］	14
・若い未婚男性：ワンソ, ウィジャン, ウィゴノ, デウォノ	4
・サフクル：ブチック	1
［...］	
［計］	

東部地方で食料［を供給する］労働者（キルナン[12]）	558
若い未婚男性	225
サフクル	27
老人または働けない者	129

（出典：LOr 2052：3 r, 7 r）

C. カウム

カウムは非自由民の1タイプであるが，以下のように，モスクに奉仕する人々の一部を成し，聖職者やモスクの職員といった自由民（プデカン）とともに，イスラーム共同体を構成した。カウムはまた，住民台帳の中では奴隷など他のタイプの人々と一緒に表記されることが多く，その全体の人数を把握することは困難である（本文中の表2-2参照）。

自由民とカウムから構成されるイスラーム共同体は，住民台帳の一つ（LOr 2052）の中で六つ挙げられており，そこでは計246人の人々が六つのモスク——カウィササントゥ（Kawisasantu），カワロン（Kawaron），パチナン（Pacinan），カスニャタン（Kasunyatan），カナリ（Kanari），セラン（Serang）のモスク——に仕えている[13]。以下はそのうち，パングル・セラン（Pangulu Serang）の権威下にあるマスジッド・セラン（Masjid Serang）というモスクに仕える人々の共同体を示した部分である。

Pdhekanipun Pangulu Serang, ingkang majĕng dhatĕng madsjid, habib, wasta pun Nabuyamin, pun Yahya, pun Nabas, modin, wasta pun Santri, pun Tana, pun Rukayah, pun Made, marbot wasta pun Jiwa, pun Putu, pun Suma, pun Sujana, pun Basanta, pun Thol Bancil, pun Abdul, pun Kasiyah, pun Cilibasri	16

パングル・セラン[14]のモスクに仕える自由民
・ハビブ（habib[15]）：ナブヤミン, ヤフヤ, ナバス
・モディン（modin[16]）：サントリ, トノ, ルカヤ, マデ
・マルボット（marbot[17]）：ジウォ, プ

		トゥ, スモ, スジョノ, ボサンタ, トル・バンチル, アブドゥル, カシヤ, チリバスリ	16
Kaum, pun Sudiya, griyang Balagĕndhong	1	・カウム：バラングンドンに住むスディヤ	1
Kang sahukur, pun Mirat, pun Abdul, pun Lanang, pun Suwarna, pun Nabul	5	・サフクル：ミラット, アブドゥル, ラナン, スワルノ, ナブル	5
titiyang ngali masjid	16	モスク職員の合計	16
kaumipun wasta pun Gudhul, griyang Serang, pun Naka, pun Wiraja, griyang Polopor, pun Pranawangsa, pun Gunĕm, pun Thol Saleh, pun Marta, griyang Ponthang	[7]	カウム：セランに住むグドゥル, ポロポルに住むノコとウィロジョ, ポンタンに住むプロノワンサ, グネム, トル・サレ, マルト	[7]
Pakardi	8	労働者［合計］	8
Sahukur	5	サフクル［合計］	5

（出典：LOr 2052：135 v. 下線は原テキストに付されている通り）

このように，上の引用箇所でカウムと数えられた人々（計8名）は，その下部の合計を示す部分では，「労働者（パカルディ）」と呼ばれている。つまりカウムは労働者と考えられている。さらに上記の人々が，同じ住民台帳の要約の部分にも以下のように挙げられている。

Awak-awak masjid Serang	16	マスジッド・セランの代表	16
Kaumipun pangulu, kang pakardi	8	パングルのカウム，労働者	8
Wĕh kang sahukur	5	サフクル	5

（出典：LOr 2052：186 v）

このように要約では，ハビブ，モディン，マルボットを合計したと思われる16人がモスクの代表とされ，カウムは労働者に数えられている。恐らくカウムとモスクの聖職者および職員はコミュニティを形成しており，その中でカウムは労働者として聖職者や職員に仕えていたと考えられよう。

このようなコミュニティは恐らく，中部ジャワでモスクの周囲に形成されたカウマン（kauman），またはプカウマン（pekauman）と呼ばれたイスラーム・コミュニティに相当するであろう[18]。もっとも，バンテンのモスク・コミュニティが，中部ジャワのそれと同様に，上位権力者に対する義務を一部または全て免除されていたかどうかは明らかでない。

D．サンブタン

サンブタンは住民台帳の一つ（LOr 2052）に370人余り含まれ，以下のように記される。

Titiyang sambĕtan, dhahar sabin Sihujung, asal saking Sultan Agung Tirtayasa, jantĕn pun Astrabaksana, kanca wasta pun Salimah, sambĕtan	25	スルタン・アグン・ティルタヤサのもとから来た，シフジュン地域の稲田から食料を（提供する）サンブタンの人々。首長はアストロバクソノ。彼の率いる中核住民は：サリマ，その借金は	25
pun Tirah sambĕtanipun	25	ティラ，その借金は	25
pun Sidik, sambĕtanipun	25	シディック，その借金は	25

pun Sako, sambĕtanipun	25	サコ，その借金は	25
pun Dirah, sambĕtanipun	30	ディラ，その借金は	30
pun Sihmĕ, sambĕtanipun	30	シフム，その借金は	30
pun Mayadi, sambĕtanipun	40	マヤディ，その借金は	40
pun Sarisiga, sambĕtanipun	40	サリシガ，その借金は	40
pun Ranti, sambĕtanipun	40	ランティ，その借金は	40
pun Lanang, sambĕtanipun	40	ラナン，その借金は	40
pun Suradi, sambĕtanipun	40	スロディ，その借金は	40
pun Sukur, sambĕtanipun	40	スクル，その借金は	40
pun Saribah, sambĕtanipun	25	サリバ，その借金は	25
pun Balman, sambĕtanipun	25	バルマン，その借金は	25

jumlah jantĕn 1, kirnan sambĕtan 14, artanipun 450 reyal

計：首長 1，サンブタンの中核住民 14，借金 450 レヤル

(出典：LOr 2055：30 r)

このグループの誰もが一定の借金を抱えていることから，サンブタンという身分は，明らかに借金（sambutan）に関連している。借金の額を示すのに使われているレヤル（reyal）という単位は，当時のバンテンの商業活動において最も重要であったスペインリアル貨幣を意味していることは間違いないだろう。「スルタン・アグン・ティルタヤサのもとから来た」という部分の意味するものは明らかでないが，これらの人々がスルタンと何らかの関係を持っていたことを示唆している。サンブタンはスルタンとだけでなく，ポンゴウォとも同様の関係を持つことがあったことが住民台帳に記されている。彼らは「計」の部分では皆労働者（キルナン）と記され，稲田で働き，食料（恐らく収穫された米）を提供することが義務づけられている（提供する対象は明らかでない）。これらのことを考慮すると，彼らはスルタンまたはポンゴウォに対する借金のために自由の身分を失い，彼らに米を提供するために稲田で働くことが義務づけられたと想定できよう。

E．バンテンにおけるチャチャーについて

ジャワの他の地域と異なり，バンテンでは，チャチャーという語に，人々を数えたり土地の価値を示したりする際の数詞または単位としての用法——例えば「30 チャチャーの村」や「500 チャチャーの地域」といった用例——（第 2 章注 59 参照）が，どの言語の資料にも見当たらない。

バンテンの住民台帳では，チャチャーという語はアブディ・ダルム，カウム，自由民などが示される箇所の，それぞれの最初のいくつかのユニットに用いられる（その一例として，上記 B．奴隷（アブディ・ダルム）参照）。ここでチャチャーという語は，いかなる人々や土地の単位も示しておらず，数詞としても用いられていない。それは単に，同じ住民台帳の中の一定部分を漠然と指している。

この用法は，チャチャーという語の本来の意味に近いように見える。H. N. ファン・デル・テュークと P. J. ズートミュルダーがそれぞれ編纂した古ジャワ語の辞書によれば，カーウィ（古ジャワ語テキスト）文書におけるチャチャーの派生語には以下のようなものがある。anacah, cinacah, kacacah という動詞形は「ばらばらに切る，細片に砕く，切りつける，

多くの傷をつける」といったことを意味し，cinacahakĕn という別の動詞形で「刻む，彫る」を意味し，cacahan という名詞形では「板などの上に刻まれたもの，彫られたもの」という意味になる[19]。J. F. C. ヘリッケと T. ロールダが編纂した近代ジャワ語辞書では，カーウィにおけるチャチャーの意味は「刻み目，切り込み」と要約され，近代における用法では名詞形の cacah が「細片，(土地，水田，人々，建物，魚などの) 数」を，動詞形の nacahi および nacahake が「(ものや人を) 数えること，何かを細片に切り刻むこと」を意味すると説明されている[20]。要するに，チャチャーという語の本来の中心的な意味は「刻み目」であり，刻み目は「数える」という行為と関連していたために，やがて「数」も意味するようになったように思われる。また，これらの辞書によれば，チャチャーという語はカーウィにおいては数詞として用いられていないことにも留意すべきである。この数詞としての意味は，より時代の下るジャワ語の辞書において初めて明示的に記される[21]。

バンテンの住民台帳においてチャチャーという語が示しているものは，ある人々が数えられた結果であり，そのため住民台帳の一定部分を指している。それを上の B. 奴隷 (アブディ・ダルム) の箇所では「リスト」と訳してみた。住民台帳は人々を数えるものであり，それゆえこの用法は語の本来の意味に近い[22]。ジャワの多くの地域では，さらにチャチャーの意味は数詞や，人々や土地といった資源の価値を表す特別な単語へと発展したが，バンテンにおいてはこのような発展は起こらなかったように見える。

注

1) LOr 2052, census of the population, Banten, 1696/97 ; LOr 2055, census of the population, Banten, c. 1700. これらの資料の詳細については，巻末資料 1 参照。
2) カウムはジャワの多くの地域で，イスラーム共同体を構成する人々を指すが，バンテンの住民台帳においては，カウムは労働力をイスラーム共同体に提供する人々と説明されている。C. Snouck Hurgronje, *De Islam in Nederlandsch-Indië* (Baarn : Hollandia-drukkerij, 1913), pp. 21-22 ; LOr 2052, census of the population, Banten ; LOr 2055, census of the population, Banten. 下記の「C. カウム」も参照。
3) 恐らく「債務 sambutan」の派生語。
4) ĕ の省略はジャワ語のテキストでは極めて一般的である。本資料では，プデカン pdhekan という単語の dh の字が，パサンガン文字 (pasangan) の th の字に似た，特徴的な $\smile$ という文字で示されることが多いが，一部は明確にパサンガン文字の dh $\smile$ で書かれている。
5) オリジナルの文章に「かつての」を意味する語はない。しかしここで「アブディ・ダルム (奴隷)」と呼ばれている人の数が「計」の箇所でパカルディ (pakardi, ここではパトロンに対し労働奉仕の義務を負う中核住民の意味。第 2 章第 2 節参照) に含まれていることから，非自由民であるアブディ・ダルムの地位を既に脱していることは明らかである。従ってこの文章は，かつてパンゲラン・キドゥルのもとで奴隷の身分であった者が，解放されて自由民となり，パンゲラン・ナタディラットの保護下に入ったと理解できる。
6) コンチョは本来「友人」の意味であるが，第 2 章第 2 節で詳しく論じたように，ここでの意味は首長 (ジャントゥン) に率いられた中核住民と理解できる。下記の注 12 も参照されたい。
7) この語の意味は明らかでない。
8) この労働者 (パカルディ) が，上で述べたコンチョを合計していることは，その数から確かめられる。
9) サントリは字義的には伝統的ムスリム学校の学生またはイスラームの教えを忠実に実行する者

を指すが，1821年のあるオランダ語資料は，バンテンにおけるサントリは，イマム（imam），ハジ（haji），グル（guru）といった宗教専門家（geestelijken）であると述べている。ADB 177 : B-1, Statistiek van Residentie Bantam, 31 Mar. 1821.

10) この語は，字義的には「従者」または「娯楽を提供する使用人」を意味するが，この文脈における意味は明確でない。

11) チャチャーに関しては，下記の「E. バンテンにおけるチャチャーについて」を参照されたい。

12) このキルナンが，前出の部分におけるコンチョを合計していることは，その数から確認できる。19世紀の資料からキルナンはパトロンに対して労働奉仕を行う義務を有した中核住民であることが分かっており，ここからこの住民台帳に記されるコンチョが中核住民を意味することが分かる（第2章第2節参照）。

13) LOr 2052 : 186 r-186 v. もう一部の住民台帳（LOr 2055）にはこの種のイスラーム・コミュニティは記載されていない。

14) パングル・セランはバンテンにおける全てのイスラーム専門家の最高位にある聖職者。ADB 177 : B-1, Satatistiek van Residentie Bantam, 31 Mar. 1821.

15) 予言者ムハンマドの子孫とされる人々。

16) モスクの宗教役員。

17) モスクの職員。

18) Clifford Geertz, *The Religion of Java* (Chicago : University of Chicago Press 1960), p. 132.

19) H. N. van der Tuuk, *Kawi-Balineesch-Nederlandsch Woordenboek* (Batavia : Landsdrukekrij, 1897) ; P. J. Zoetmulder, *Old Javanese-English dictionary* (The Hague : Nijhoff, 1982).

20) J. F. C. Gericke and T. Roorda, *Javaansch-Nederduitsch handwoordenboek* (Amsterdam : Mueller, 1875).

21) 比較的近年のジャワ語の辞書では，チャチャーに数詞としての意味があることが示されているが，それでも語の最初の意味としては「量」や「数」が示されている。Th. Pigeaud, *Javaans-Nederlands Woordenboek* (Leiden : KITLV, 1994 [1938]) ; Elinor Clark Horne, *Javanese-English Dictionary* (New Haven and London : Yale University Press, 1974) ; Stuart Robson and Singgih Wibisono, *Javanese English Dictionary* (Singapore : Periplus, 2002).

22) テオドール・G. Th. ピジョーが編纂した，オランダに所蔵されるジャワ語資料のカタログでは，筆者が上記「B. 奴隷（アブディ・ダルム）」で示したまさにその箇所のチャチャーという語を，一般的な数詞や単位の意味ではなく，「レジスター（register, 登録簿）」と訳している。筆者はピジョーの解釈におおむね賛成するが，ここに示したように「リスト」と訳す方が，住民台帳のどの部分を指しているかが明確にできると考える。Theodore G. Th. Pigeaud, *Literature of Java : Catalogue Raisonné of Javanese Manuscripts in the Library of the University of Leiden and Other Public Collections in the Netherlands* (The Hague : Martinus Nijhoff, 1970), vol. 3, p. 68.

資料7　487

7　ジャワ産砂糖の輸出先，1703-81年

オランダポンド

年	オランダ	ペルシャ	スーラト	マラバール	セイロン	コロマンデル	ベンガル	日本	バタヴィアにおける販売	その他	計
1703-04	1,996,722	732,861	496,065	0	659,468	0	0	1,662,062	26,217	742,649	6,316,044
04-05	2,008,243	2,721,885	0	0	260	0	0	1,218,316	0	147,228	6,095,932
08-09	905,782	554,509	973,278	30,127	512,984	29,652	0	1,282,579	0	487,919	4,776,830
13-14	2,245,153	800,222	698,217	0	525,274	0	0	807,487	0	35,978	5,112,331
15-16	1,686,135	1,275,679	775,186	14,980	564,364	132,265	0	898,148	0	712,809	6,059,566
18-19	4,411,592	1,363,845	912,667	25,964	468,782	244,157	0	1,408,002	0	56,071	8,891,080
21-22	3,816,512	365,912	802,132	108,632	807,522	246,473	260	853,218	0	973,945	7,974,606
23-24	4,423,909	0	0	54,566	726,641	278,752	0	838,865	0	1,022,881	7,345,614
24-25	4,842,477	0	0	53,563	747,349	170,697	0	791,713	0	354,608	6,960,407
26-27	5,344,541	0	1,330,036	8	573,701	0	0	675,340	0	299,195	8,222,821
30-31	1,922,821	110,893	821,471	93,749	1,640,233	0	0	512,485	0	382,548	5,484,200
32-33	3,873,680	559,332	1,340,533	0	1,351,253	35,513	0	799,974	0	406,747	8,367,032
33-34	2,061,563	92,378	0	543,966	945,607	100,236	565	781,738	0	321,578	4,847,631
34-35	2,715,637	613,337	1,928,852	847,339	978,257	30,172	0	902,020	0	853,787	8,869,401
36-37	3,451,080	226,211	0	329,945	454,655	59,552	0	1,150,154	0	979,435	6,551,032
37-38	2,641,787	0	40,053	1,002,446	1,408,055	0	365,574	1,250,679	0	35,192	6,743,786
38-39	2,485,807	362,685	1,356,926	1,767,035	483,998	234,150	725	1,000,235	0	129,583	7,821,144
39-40	1,410,820	631,456	2,124,844	897,096	891,206	600,121	1,338	1,000,510	0	462,441	8,019,832
40-41	345,129	32,962	0	966,986	0	0	0	468,864	0	52,829	1,866,770
42-43	0	133,121	227,680	281,840	0	0	1,383	608,559	612	158,780	1,411,975
48-49	2,093,820	0	1,380,625	1,152,385	259,650	0	0	2,000,431	3,679	51,724	6,942,314
50-51	801,512	0	1,411,649	1,291,818	150,018	689,291	151,206	2,400,248	2,482	618,757	7,516,981
53-54	1,000,008	0	3,596,048	726,448	1,175,122	100,230	143,774	1,700,698	1,243,181	2,016,637	11,702,145
54-55	454,226	0	3,492,177	1,396,577	1,580	111,875	52,086	1,947,732	860,276	1,281,710	9,598,238
57-58	489,307	0	1,790,194	0	202,317	350,337	351,958	1,800,694	0	1,617,019	6,601,826
58-59	1,514,555	0	3,916,739	1,787,189	101,051	0	1,577	2,550,444	0	861,966	10,733,521
59-60	2,384,420	0	1,972,432	1,206,508	12,029	0	2,068	1,799,994	29,584	986,626	8,393,661
63-64	1,000,000	0	2,191,850	1,017,390	101,418	0	797	1,200,314	185,636	1,753,325	7,450,730
64-65	1,065,822	0	4,208,818	1,101,409	31,771	293,473	1,500	750,025	1,876	1,915,192	9,369,886
67-68	1,025,697	0	3,044,797	573,608	83,623	314,259	1,583	1,400,209	438,875	125,302	7,007,953
68-69	1,702,860	0	347,213	1,708,878	1,206	0	1,510	1,500,423	0	218,796	5,480,886
69-70	1,000,559	0	3,837,725	697,307	100,993	0	445	1,200,192	0	139,598	6,976,819
70-71	1,300,191	0	2,859,475	0	61,968	100,728	1,169	1,600,137	0	96,630	6,020,298
71-72	1,161,727	0	1,525,237	761,986	80,840	0	9,025	1,200,508	0	185,307	4,924,630
73-74	629,484	0	674,310	849,235	157,264	0	4,522	890,186	0	243,153	3,448,154
79-80	315,254	0	1,931,665	776,505	175,219	355,503	5,304	1,200,210	0	857,150	5,616,810
80-81	393,483	0	0	774,260	125,952	102,711	0	700,399	0	232,619	2,329,424

出典）BGB 10810-10837, 11830-11831, 10671-10679, the Nationaal Archief, The Hague.
注）この表におけるコロマンデルとベンガルは，図7-1では「その他」に含まれている。「計」は筆者の再計算に基づく数値であり，原資料とわずかな差異のある箇所がある。

8 バンテンにおける行政区

1815 県 district	1815 郡 division	1817 県 district	1817 郡 divisie	1819 県 regentschap	1819 郡 divisie	1819 副郡 district
北部地域	Bantam	Bantam	*Bantam*	北部	Ceram	Bantam
	Jawana	Ceram	Nyawana			Nyaiwana
	Sardang		Serdang			Sarding
	Kalodran		Kalodran			Kalodran
						Cebaning
	Sirang または Siram		Ceram			Ceram
	Cipete		Cipete			Cipete
			Baros			
			Pakkem			
	Ceomas		Ciomas			Ciomas
	Tambakbaya	Ciruas	Tambakbaya			Tambakbaya
	Panenan		Panjaheran			Passakiran
	Cebaning		Cibening			
	Ciruas		Ciruas			Ciruas
	Tarate	Cilegon	Trate		Anyer	Trate
	Celegon		Cilegon			Cilegon
	Bujenagara		Bojonagara			Bossenagara
	Anyar	Anyer	Anyer			Anyer
	Tanara	Pontang	Tanara		Tanara	Tanara
	Pontang		Pontang			Pontang
	Ragas		Ragas			Ragas
	Underandi	Kolelet	Ondarander			Ondar Andir
	Cikandi		Cikande			Cikandi
	Pakam				Kolelet	Pakum
	Pamaryan		Pamarayan			Pamarayan
	Kolelet		Kolelet			Kolelet
	Baros				Pandeglang	Baros
	Cekek	Pandeglang	Cikek			Cikek
	Pandeglang		Pandeglang			Pandeglang
	Cadasari		Cadasari			Cidasari
	Koncang		Koncang			Koncang
					Cimanuk	Ciomas
	Cemanok		Cimanuk			Cimanuk
	Kadulosong		Kadulosong			Kadulosong
	Carita	Ceringin	Cirita		Dagocarik	Cerita
	Ceringin		Ceringin			Ceringin
	Panimbang		Panimbang Muncul			Panimbang
	Mines		Menes			Menes
	Kanarga		Kananga			Kananga
		Pandeglang		南部	Cibiliong	Cibiliong
	Ciangasa		Ciangasa			Patuja
南部地域	Binuwangan		Binuangan		Binoangan	Binoangan
						Kandang Sapi
					Mador	Mador
						Sawarna
			Sajira		Ciangasa	Ciangasa
	Somang					Somang
	Sajira					Sajira
						Bombang
	Parayan		Prahiang		Prahiang	Prahiang
	Parunkujang		Parung Kujang			Parong Kujang
	Kosik		Kosik			Kosik

出典）1815 年：Thomas Stamford Raffles, *The History of Java* (London: Black, Parbury, and Allen etc., 18 Residentie Bantam ; 1819 年：MK 2771, no pagination, 3 July 1819, No. 10 ; 1821：ADB 177, Statistiek 1834, Bijlage 2.

資料 8

分の変化, 1815-34 年

1821			1828			1834	
県 regentschap	郡 afdeling	副郡 district	県 regent-schap	郡 district (demang-schap)	副郡 onder district (bekschap)	県 regent-schap	郡 demangschap
北部	Ceram	Bantam	セラム または 北部	Bantam	Bantam	セラム または 北部	Bantam
		Nyawana			Nyawana		
		Sardang			Sardang		
		Kalodran		Ceram	Kalodran		Ceram
		Cibaning			Cibinong		
		Ceram			Ceram		
		Cipete		Baros	Cipete		Baros
					Baros		
				Ciomas	Ciomas West		Ciomas
		Ciomas Nr. G.			Ciomas Noord		
	Anyer	Tambakbaya		Ciruas	Tambakbaya		Ciruas
		Pangirangiran			Passahiran		
		Ciruas			Ciruas		
		Trate		Cilagon	Trate		Cilagon
		Cilagon			Cilagon		
		Bojanagara			Bojo Nagara		
		Anyer		Anyer	Anyer		Anyer
	Cikandi	Tanara		Tanara	Tanara		Tanara
		Pontang			Pontang		
		Ragas		Cikandi	Ragas		Cikandi
		Ondar Andir			Onder Andir		
		Ciandi			Cikandi		
		Pakum		Kolelet	Pakum		Kolelet
		Pamarayan			Pamarayan		
		Kolelet			Kolelet		
	Pandeglang	Baros		Pandeglang	Cikek		Pandeglang
		Cikek			Pandeglang		
		Pandeglang			Cadasari		
		Cadasari					
		Koncang					
		Ciomas Z. G.					
		Cimanuk	チャリンギン または 西部	Cimanuk	Cimanuk	チャリンギン または 西部	Cimanuk
		Kadulosong			Kaduleyang		
	Caringin	Carita		Ceringin	Carita		Ceringin
		Caringin			Ceringin		
		Panimbang		Panimbang	Panimbang		Panimbang
		Menes		Menes	Menes		Menes
		Kananga			Kenanga		
南部	Cilangkahan	Cibilong		Cibilong	Cibilong		Cibilong
		Patuja			Patuja		
		Binuangan	ルバック または 南部	Mador	Binuangan	ルバック または 南部	Mador
		Mador			Mador		
		Sawarna			Sawarna		
	Lebak	Ciang Gasa		Sajira	Ciang Gasa		Sajira
		Somang			Somang		
		Sajira			Sajira		
		Bombang		Lebak	Bombang		Lebak
					Lebak		
		Prahiang			Prahiang		
					Koncang		
		Parong Kujang		Parong Kujang	Parong Kujang		Parong Kujang
		Kosik			Kosik		

17), vol. 2, pp. 244-245 ; 1817 年 : ADB 176, no pagination, Staat van Bevolking en Objecten van Culture en Handel in de van Residentie Bantam, B-1 ; 1828 年 : ADB 182, Descriptive memorie, 1828 ; 1834 年 : ADB 96, Algemeen Verslag

9　バンテンにおける毎年の収入と地代の査定，1813-34年

オランダギルダー

	1813	1814	1815	1816	1817	1818	1819	1820
査定	8,309	82,984	355,635			135,707	126,679	151,124
収入		82,372	91,698	338		126,175	124,918	150,497
滞納		613	263,937			9,532	1,761	627

	1821	1822	1823	1824	1825	1826	1827	1828
査定	177,037							
収入					273,450			195,901
滞納								

	1829	1830	1831	1832	1833	1834
査定						
収入	295,606	319,469	335,663	348,364	409,548	420,852
滞納						

出典）1813-21年：JFR 19：no pagination, Yule to Assey, 12 Mar. 1813；ADB 95, Algemeen Verslag 1817 and 1821, no date；1825年：MK 2794：110r, Register der Handelingen en Resolutien van den Gouverneur Generaal in Rade；1828-34年：ADB 96, Algemeen Verslag 1834, Bijlage No. 22.

10 バンテンの人口, 1815-34 年

県	郡	行政区分 (1828 年) 副 郡	1815	1821	1828	1830	1832	1834
Serang または Noorder	Bantam	Bantam	5,235	4,920				11,286
		Nyawana	4,080	3,797				
		Sardang	8,713	10,328				
	Ceram	Kalodran	4,652	5,742				
		Cibinong	3,278	4,384				
		Ceram	18,693	21,490				27,597
	Baros	Cipete	3,203	7,400				
		Baros	9,158	7,270				20,886
	Ciomas	Ciomas West						
		Ciomas Noord	6,572	7,996				
	Ciruas	Tambakbaya	3,473	3,868				
		Passahiran	4,047	5,172				
		Ciruas	5,248	6,444				10,587
	Cilagon	Trate	5,632	5,892				
		Cilagon	15,244	17,184				36,384
		Bojo Nagara	8,744	6,042				
	Anyer	Anyer	17,952	17,710				27,951
	Tanara	Tanara	4,089	5,138				18,132
		Pontang	11,334	11,558				
	Cikandi	Ragas	3,235	3,144				
		Onder Andir	2,017	4,692				
		Cikandi	1,655	4,186				12,482
	Kolelet	Pakum	3,022	3,602				
		Pamarayan	–	2,690				
		Kolelet	1,983	3,497				14,667
	Pandeglang	Cikek	2,710	3,306				
		Pandeglang	2,908	3,881				24,011
		Cadasari	7,620	7,680				
	小	計	164,497	189,013				203,983
Ceringin または Wester	Cimanuk	Cimanuk	4,636	6,297				27,553
		Kaduleyang	1,663	7,172				
	Ceringin	Carita	4,143	2,418				
		Ceringin	8,404	15,369				22,010
	Panimbang	Panimbang	1,858	4,083				14,155
	Menes	Menes	1,756	3,454				23,725
		Kenanga	1,744	5,673				
	Cibilong	Cibilong		2,001				6,576
		Patuja		325				
	小	計	24,204	46,792				94,019
Lebak または Zuider	Mador	Binuangan	2,200	1,238				
				4,173			22,112	
		Mador		84			15,306	
		Sawarna		734				
	Sajira	Ciang Gasa	2,403	5,979				
		Somang	1,305	2,183				
		Sajira	*1,745*	2,190				12,256
	Lebak	Bombang		2,373				
		Lebak						19,841
								20,160
		Prahiang	*1,140*	2,607				
		Koncang	2,742	3,779				
	Parong Kujang	Parong Kujang	*1,800*	4,233				
		Kosik	*1,700*	3,824				
	小	計	15,035	33,397				89,675
		計	203,736	269,202	337,169	355,353	381,580	387,677

出典) 1815 年: Thomas Stanford Raffles, *The History of Java* (London: Black, Parbury, and Allen etc., 1817), vol. 2, pp. 244-245; 1828-34 年: ADB 96, Algemeen Verslag 1834.

注) 斜体字は推定値。人口変動を明らかにするために, 1815 年, 1821 年, 1834 年の資料に現れる各地域の人口を, 1828 年の行政区分に合わせて再整理している (資料 8 参照)。

図表一覧

図 1-1	バンテン・ギラン遺跡	45
図 1-2	コタ・バンテンの遺跡	54
図 1-3a	コタ・バンテン，1630 年代	55
図 1-3b	コタ・バンテンの中心部	55
図 1-4	王宮と要塞，1739 年	56
図 1-5	スロソワン王宮全景	57
図 1-6	スロソワン王宮の一部	57
図 1-7	タクシアルディ（人工島を周囲の湖から望む）	58
図 1-8	ワトゥ・ギギラン	58
図 1-9	スペールウェイク要塞	59
図 1-10	中華寺院	60
図 1-11	パチナン・ティンギ	61
図 1-12	オランダ東インド会社がバタヴィアで購入した黒胡椒の生産地，1703-81 年	62
図 1-13	オランダ東インド会社がバタヴィアで集荷した黒胡椒の輸出先，1703-81 年	63
図 1-14	バンテン王国からオランダ東インド会社に供給された黒胡椒，1701-1800 年	69
図 1-15	ランプンの様々な地域からオランダ東インド会社に供給された黒胡椒，1753-97 年	71
図 2-1	19 世紀前半のマスジッド・アグン	84
図 2-2	1930 年頃のカスニャタン	85
図 3-1	ムナラ山	131
図 3-2	ムナラ山の修行場	131
図 3-3	ムナラ山頂の巨大な岩	132
図 3-4	ムナラ山頂から望む周辺の山野	132
図 4-1	スルタンの収入，1747-1804 年	175
図 4-2	胡椒生産カンポンの分布，1765-90 年	194
図 4-3	胡椒の木	196
図 5-1	様々なサイズのクラスターに属するカンポンの数	215
図 5-2	様々なサイズのクラスターに属する胡椒栽培農民の数	215
図 5-3	カンポンと胡椒栽培農民に対するポンゴウォの影響力の推移，1765-90 年	220
図 6-1	ヨーロッパ商人によって広州に運ばれた胡椒，1770-98 年	256
図 6-2	イギリス東インド会社によって広州に運ばれた主な商品，1760-1800 年	257
図 6-3	カントリートレーダーによって広州に運ばれた主な商品，1760-1800 年	258
図 6-4	オランダ東インド会社によって広州に運ばれた主な商品，1751-90 年	258
図 7-1	ジャワ砂糖の輸出先，1703-81 年，およびジャワの砂糖生産，1786-1800 年	286

図 8-1	バンテン州における全地代の査定額と実収入，1813-34 年	322
図 8-2	バンテンの人口，1815-34 年	329
表 1-1	スルタンの収入，1747 年	63
表 1-2	コタ・バンテン－バタヴィア間の主要商品の輸出入，1767, 1774-77 年	65
表 2-1	1765 年胡椒栽培調査報告の「村落」リスト（一部）	100
表 2-2	バンテンの住民台帳に記される人々	101
表 4-1	スルタンの収入の詳細，1747-1804 年	168-169
表 5-1	1765-90 年における有力ポンゴウォの支配するカンポンと胡椒栽培農民の数	232-233
表 6-1	バンテン王国近海で記録された海賊活動，1750-1808 年	265
表 7-1	バンテン東部，西オンメランデン，東オンメランデンにおける砂糖工場の分布，1710-85 年	291
表 7-2	タンゲランとオンメランデンの人口，1739-1809 年	298
表 8-1	バンテンにおける主要な反乱と争乱，1810-30 年	325

索　引

ア　行

アイセルダイク, W. H. ファン　Wouter Hendrik van IJsseldijk　208-10
アウトロー　208, 315-8, 321, 324, 325, 332, 333, 338, 339, 344
アガルアガル　agar-agar　65, 70, 168
『アジア史』 Decadas da Asia　47-9, 79, 83, 466, 472, 474
アジア所領評議会　Raad der Aziatische Bezittingen en Etablissementen　464, 465
アチェ　Aceh　52, 85, 252, 257, 274, 275, 278
アチャ　Atja　468
アニャル　Anyar　67, 69, 139, 208, 230, 312, 316, 331
アブディ・ダルム　abdi dalěm　100, 102, 103, 107, 170, 480-2, 484　→奴隷も参照
アブル・ナザル　Abul Nazar　53, 170, 474　→スルタン・ハジ
アブン　Abung（人、川、地方）　39, 115, 178-181, 184, 185, 240
アヘン　63, 65, 140, 168, 169, 240, 249, 250, 254-6, 271, 274, 277, 280, 281, 284, 295-303, 306, 307, 344, 348
アヘン貿易協会　Societeyt tot den handel in amfioen　296　→アンフィユン・ソシエテイト
アムステルダム　167, 176, 223, 227, 463
アラック酒　Arak　63, 65, 66, 168, 169
アルマジャ　Armaja　324, 325
アルン・アルン　alun-alun　57, 58, 61, 119　→王宮前広場も参照
アレカナッツ　areca nuts　65, 66
アンダヤ、バーバラ・ワトソン　Barbara Watson Andaya　182, 240
アンフィユン・ソシエテイト　Amfioen Societeit　296, 299-302
アンボン　Ambon　129, 143, 173, 175, 312, 319, 473
イギリス東インド会社　East India Company　2, 35, 51, 53, 144, 145, 183, 184, 190, 195, 201, 238, 249, 250, 255-7, 275, 290, 348

生田滋　466
異人王　stranger king　13, 30, 188
イスマイル・ムハンマド, A.　A. Ismail Muhammad　472
イスラーム　1, 4, 5, 16, 22-4, 38, 46-50, 54, 61, 68, 72, 73, 75-93, 117-20, 122-4, 131, 133, 134, 162, 206, 321, 341, 346, 472, 481
── 教師　22, 23, 49, 75, 77-79, 83, 87, 119, 130
── 法　23, 102
── 共同体（コミュニティ）　75, 77, 84-6, 128, 480, 482, 483
一般政務報告書　Generale Missiven　183, 463
イデオロギー　29, 30, 49, 75, 77, 78, 117, 123, 124, 128, 134
イムホフ、ヒュスターフ・ウィレム・ファン　Gustaaf Willem van Imhoff　130, 288
イラヌン（Iranun）人　252, 262, 263, 269-72, 278, 279
岩生成一　21, 46
インドネシア国立文書館　Arsip Nasional Republik Indonesia　466
ヴァレンタイン、フランソワ　Francois Valentyn　16, 41, 90, 91
ウィリアムズ、マイケル　Michael Williams　5, 36, 141, 309, 317, 332
VOC 政庁資料　VOC Hoge Regering　466
ウェダナ　wedana　319
ウェタンガー　Wetager　218
ウォーラーステイン, I.　I. Wallerstein　14, 15, 347
ウォン・グヌン　wong gunung　135　→オラン・グヌンも参照
ウジュン川　Ci Ujung　36, 67, 68, 194, 220, 221
ウラマ　ulama　87, 118
ウンプ川　Way Umpu　71, 182
疫病　18, 236, 246, 297
エダム島　Edam Eiland　143, 473
エーデル, J.　J. Edel　468
エルソン, R. E.　R. E. Elson　5, 25, 96, 97

エンゲルト，W. C.　Willem Cristoffel Engert
　　207, 223, 228
エンゲルハルト，ニコラウス　Engelhard, Nico-
　　laus　465
王宮　54-59, 81, 213
王宮前広場　54, 55, 57, 81, 84, 119　→アル
　　ン・アルン
大橋厚子　9-11, 15, 29, 30, 141, 198, 200, 231,
　　310
岡本正明　333
オッセンブルフ，J. C. ファン　Jan Cornelis van
　　Ossenberch　150, 151, 154, 171-3, 185,
　　186, 188, 189
オッパー・マンドール　opper mandoor　108
オラン・グヌン　orang gunung　135, 152
　　→ウォン・グヌンも参照
オランダ国立文書館　Nationaal Archief
　　463-6
オランダ東インド会社　Verenigde Oostindische
　　Compagnie　2-4, 6-9, 11-23, 25, 28, 30,
　　31, 34, 35, 37, 39, 40, 51-3, 57-64, 67-9, 71,
　　72, 83, 93, 99, 108, 112, 119, 127-30, 133-51,
　　153-63, 165-7, 170-86, 189-92, 195, 198-
　　202, 205, 206, 208, 210-2, 218, 219, 222-5,
　　227-9, 231, 235-7, 239, 241-6, 247-50, 253-
　　5, 257-60, 262-4, 268-71, 273, 276-81, 284-
　　6, 288-90, 295-7, 299, 301-4, 306, 310, 311,
　　335, 342-5, 367, 463, 464, 466, 474, 476-8
オラン・ラウト　Orang Laut　262, 272
オールラム　oorlammen　288
オンホッカム　Onghokam　325
オンメランデン　Ommelanden van Batavia
　　175, 283-5, 287-92, 294, 297, 298, 300, 302,
　　305, 343, 347

カ　行

カイザー島　Keizer Eiland　270
海産物　7, 14, 70, 251-3, 255, 257, 259, 260,
　　302, 303, 344, 347, 349
海賊　4, 13, 14, 17, 18, 25, 28, 31, 119, 154,
　　174, 208, 213, 229, 235, 236, 243, 246-50,
　　262-4, 268-81, 302, 303, 305, 344, 345, 348
カウム　kaum　85, 102, 107, 480, 482-4
ガガ　gaga　68　→焼畑
華人　14, 31, 46, 52, 61, 62, 66, 68, 99, 142,
　　146, 147, 157, 168, 169, 211, 212, 247-55,
　　259-62, 265, 269-72, 275-7, 280, 283, 285,
　　287, 288, 290, 294, 298, 300-6, 310, 317, 344,
　　345, 348, 349, 468
──虐殺事件　バタヴィア　174, 285, 287,
　　288, 291, 298
──首領　60, 99, 171, 212, 296, 304, 305
──街　21, 60, 61, 143
──商人　9, 51, 60, 70, 71, 140, 226, 251,
　　253, 259, 274-7, 279, 280, 300
──の世紀　254
カスニャタン　Kasunyatan　84, 482
カーディ　qadi　23, 77, 87, 92
カティリタンビー＝ウェルズ，J. J.
　　Kathirithamby-Wells　21, 23
カナリ　Kanari　67, 84, 138, 158, 482
カナン川　Way Kanang　179, 241, 242
加納啓良　97
貨幣　70, 72, 155, 156, 226, 239, 287, 343, 484
カラン山（地）　Gunung Karang　35, 36, 43,
　　44, 68, 88, 136, 144, 148, 152, 155-7, 193,
　　194, 220-2, 226, 229
カランガントゥ　Karangantu（川，市場）
　　54, 59, 61, 211
カランガントゥ要塞　Fort Karangantu　59,
　　143, 169
カラン・セラン　Karang Serang　290, 302,
　　304
カリアンダ　Kalianda　70, 114, 119, 190,
　　277, 278, 478
カリマタ海　Karimata Sea　262, 263, 270,
　　272, 276, 281, 284, 303, 306, 307, 344
灌漑水田　68, 200, 231　→サワーも参照
環境　12, 29-31, 33, 36-8, 44, 46, 66, 67, 72,
　　128, 283, 296-8, 345, 346
カンディ川　Ci Kandi　35
監督官　Controleur　315, 323
カントリートレーダー　country trader　250,
　　254-7, 259-61, 275-7, 281
ガンビル　gambir　65, 211, 251-3, 260, 305
カンポン　campong, kampong　55, 60, 89, 97,
　　105, 110, 112-4, 122, 123, 149, 166, 193, 197-
　　9, 202, 214-21, 223-8, 230-4, 240-2, 249,
　　269, 270, 278, 279, 313, 321, 324, 329, 334,
　　335, 337, 339-41, 344, 350
ギアツ，クリフォード　Clifford Geertz
　　27-9, 75, 120
キ・アリア・トゥルナジャヤ［トゥルノジョ
　　ヨ］Ki Aria Trunajaya　222　→パンゲ
　　ラン・ディパナガラ［ディポヌゴロ］も参
　　照

索　引

飢饉　36, 236, 279
岸本美緒　11, 12, 349
貴種崇拝　90, 92, 134, 157
キヤイ・アリア・スラディラガ　Kyai Aria Suradilaga　222　→パングラン・スラディラガ
キヤイ・アリア・ティスナナガラ［ティスノノゴロ］　Kyai Aria Tisnanagara　223
キヤイ・タパ　Kyai Tapa　17, 89, 90, 127, 130-4, 136, 143-5, 148-50, 155-62
キヤイ・デマン・プルワセダナ　Kyai Demang Purwasedana　115, 184, 472　→ナコダ・ムダ
キヤイ・ファキー　Kyai Faqih　55, 87, 88, 122
ギヨー，クロード　Claude Gillot　21, 33, 40-2, 54, 57, 58, 84, 472
境界社会　31, 284, 301, 303-7
強制栽培制度　5, 36, 108, 285, 310
共同体　76, 93, 95-8, 111, 112, 114, 480, 482　→コミュニティ，イスラーム共同体も参照
キリ川　Way Kiri　179
キルナン　kirnan　103, 482, 484
儀礼　22, 58, 102, 119-21, 124, 170, 171, 191, 209, 341
金　63, 71, 241, 243, 251, 252, 274　→砂金も参照
銀　251, 254, 255, 257
キンマ　65, 211　→ビンロウ，シリーも参照
クタパン　Ketapang　146, 159, 290, 302, 317
首狩り　39, 184
クライアント　76, 94, 98, 99, 104-6, 108-13, 117, 123, 197, 198, 467
クラカタウ島　Pulau Krakatau　270
クラスター　214-6, 221
クラパ島　Pulau Klapa　274, 303
クラマット　Kramat　140, 290, 301, 302, 304
グラマン，クリストフ　Kristof Glamann　3, 285
クリス　Kris　122, 336
クリパン　Kripang　277
クルイ　Krui　34, 37, 121, 183, 184
クレイマー，C. H.　Cristiaan Hendrik Cramer　242, 243
グレンディン　Grending　159, 218, 225, 226, 275, 298-302, 305-7, 315, 343
クロウファード，ジョン　John Crawfurd　16, 195

郡　319, 320, 323, 338, 488, 489, 491
クーン，ヤン・ピーテルスゾーン　Jan Pietersz. Coen　51
クンデン（Kendeng）山地　35, 221
ケアレイ，ピーター　Peter Carey　310
劇場国家　28, 120
下港　46
県　100, 319, 320, 323, 324, 338, 488, 489, 491
乾隆帝　7
港市国家　3, 4
広州　7, 12, 52, 191, 254-7, 259-61, 275-7, 279, 281, 348
後光　78-80, 122　→チャフヤ
胡椒　4, 7, 12, 14, 15, 17, 18, 20-2, 24, 31, 33, 35-7, 39, 43, 50-3, 61, 62, 64, 68-73, 99, 105, 107-11, 113-6, 123, 124, 130, 144-7, 150-4, 157, 163, 165-7, 170-2, 174-86, 188-93, 195-8, 200-2, 205, 206, 208, 211, 213-41, 243-52, 254-61, 264, 268-71, 274-81, 283, 285, 290, 301-3, 305, 306, 310, 313, 314, 327, 342-7, 349, 351, 467, 468
──（買取）価格　183
──栽培促進政策　16, 31, 198, 205, 214, 223, 230, 231, 245
──栽培方法　195-6, 200
──栽培調査報告　99, 105, 111, 112, 123, 198, 214, 218, 219, 222, 226, 334, 335, 463
──取引　47, 116, 168, 171, 182, 185, 189, 197, 198, 202, 213, 228, 238, 245, 257, 261, 277, 343
コタ・バンテン　Kota Banten　33, 34, 37, 39-42, 44, 46, 48-55, 58, 59, 62-4, 67, 72, 73, 83-7, 116-8, 122, 127, 128, 133, 135-8, 146, 148, 152, 154, 155, 158, 171, 174, 175, 177, 178, 187, 197, 201, 211, 212, 218, 228, 237, 239, 241, 242, 245, 278, 296, 297, 301, 303-5, 307, 312, 316, 323, 343, 345, 347
コタ・ブミ　Kota Bumi　242
コーヒー　9, 11, 15, 68, 110, 198-200, 226, 227, 229, 231, 234, 235, 310, 343, 347
コミュニティ　60, 84, 85, 93-5, 97, 111-3, 123, 152-4, 171, 185, 197, 237, 306, 337, 339, 340, 350, 483　→共同体も参照
米　36, 37, 39, 66-71, 140, 141, 149, 162, 168, 195, 226, 229, 245, 249, 251, 260, 269-71, 295, 299, 314, 319, 327, 343, 346, 484
コロンバイン，フレーク　Freek Colombijn　21, 54, 56

サ 行

『最終提要』 107-11, 230
サイード・アフマッド Said [Sayyd] Ahmad 87, 128
サイード・アリ Said Ali 263, 264, 272
坂井隆 22
砂金 71, 168, 271 →金も参照
桜井由躬雄 28, 75
サザーランド，ヘザー Heather Sutherland 310
『サジャラ・バンテン』 Sajarah Banten 19, 45, 48-50, 54, 56, 67, 76-84, 88, 90-2, 122, 123, 467, 468, 472, 474
『サジャラ・バンテン・ランテ＝ランテ』 Sajarah Banten rante-rante 468
サダネ川 Ci Sadane 34, 42, 148, 149, 159, 218, 225, 284, 290-2, 294-307, 317, 347
砂糖 12, 66, 68, 148, 159, 168, 169, 175, 211, 212, 225, 252, 275, 283-97, 299-304, 306, 307, 348, 351 →糖業も参照
――（買取）価格 287, 289, 299
――工場 148, 159, 225, 275, 283, 287, 288, 290-5, 297, 299-301, 304
――キビ 291-4
――精製 290, 293
サハブ Sahab 324, 326, 330
サミアン (Samian) 王 47
ザミンダール (Zamindar) 制 320
サルトノ・カルトディルジョ Sartono Kartodirdjo 5, 309
サワー sawah 68 →灌漑水田
サワー・ヌゴロ sawah Negara 99, 106, 107, 109, 110, 314, 321
サワー・ヨソ sawah yasa 106, 109 →ヨソ地も参照
サントリ santri 89, 103, 104, 481, 482
サンブタン sambĕtan 102-4, 107, 480, 483, 484
シアク Siak (人，王国) 8, 262-4, 270-2
シクップ sikĕtp 104, 108
社会内国家モデル state-in-society model 26
ジャカトラ Jakatra 46, 51 →ジャカルタも参照
ジャカルタ 3, 45, 49, 133, 226, 297, 466 → ジャカトラ，バタヴィアも参照
ジャゴ jago 326
ジャシンガ Jasinga 148, 315

シャーバンダリー shahbandary 63, 140, 168
シャーバンダル shahbandar 60, 63, 99, 222
ジャヤディニングラット，フセイン Hoesein Jajadiningrat 19, 33, 49, 50, 78, 79, 467, 468, 472, 474
シャリアー syariah 23, 77, 88, 92 →イスラーム法も参照
ジャワ語 11, 19, 31, 37-40, 133
ジャワ人 37-9
ジャワラ jawara 309, 311, 317, 324-6, 330-3, 338-40, 344, 349, 350
ジャンク船 3, 14, 252-4, 260, 274, 294
ジャンク貿易 7, 8, 254
ジャントゥン jantĕn 103, 480-4
17人役員会 Heren Zeventien 463, 464
自由民 100, 102, 103, 106, 107, 480-2, 484 →プデカンも参照
住民台帳 40, 41, 84, 85, 89, 92, 99, 100, 102-6, 108, 111, 112, 123, 218, 334, 335, 467, 480-5
集落 35, 36, 42, 43, 89, 96-8, 100, 105, 111-4, 117, 123, 153, 178-80, 185, 193, 197, 263, 272, 301, 302, 304-6, 334, 335, 337, 346
出入船記録 64, 66, 463
ジュバグ jubag 103, 104, 480-2
ジュメネン jumeneng 78, 81, 83
商業の時代 Age of Commerce 2-4, 16, 350
称号 81-3, 85-7, 90, 91, 98, 99, 108, 115, 116, 121, 122, 124, 129, 130, 134, 143, 147, 154, 182, 184, 189, 239, 240, 319, 330, 334-6, 341, 343, 345, 346
樟脳 251, 257, 274
職田 ambteveld 336
植民省資料 Archieven van Ministerie van Koloniën；MK 465, 466
ジョホール人 Johorese 269, 270, 272
シリー sirih 212 →キンマ，ビンロウも参照
シレバル Silebar 90, 145, 183
シレブ Silebu 34, 35, 37, 70, 144, 145, 183, 184, 249, 250, 254, 274, 275, 281
白胡椒 167, 176, 196
シンガポール 252-4
シンケップ島 Pulau Singkep 272
人口 15, 29, 33, 34, 36, 37, 40-4, 67, 73, 96, 100, 104, 108, 111, 112, 136, 149, 160, 162, 174, 175, 182, 221, 229, 231, 236, 249, 251,

索引　499

264, 268, 294, 298, 300, 302, 304, 305, 307, 323, 328, 329, 336, 339, 345, 346, 467
人頭税　63, 64, 102, 107, 168, 174, 211, 296, 304
森林　290-2, 296, 347
森林産物　7, 70, 251-3, 255, 257, 259, 260, 268, 302, 303, 344, 347, 349
水田　36, 38, 39, 44, 66, 67, 73, 110, 112, 113, 140, 141, 148, 149, 162, 170, 193, 228-31, 234, 235, 237, 245, 268, 292, 314, 321, 327, 343, 346, 485
スカダナ　Sukadana　52, 262, 263
スカンポン　Sekampong　70, 71, 114, 178, 190, 264, 271, 277, 478
スコット, ジェームス　James Scott, カントリートレーダー　260
スコット, ジェームス　James Scott, 社会学者　113
錫　7, 251, 254-7, 260-2, 272, 347
鈴木恒之　24, 50, 114-6
ススフナン・グヌン・ジャティ　Susuhunan Gunung Jati　79, 90, 91　→スナン・グヌン・ジャティ
スタヴォリヌス, J. S.　Johan Splinter Stavorinus　58, 59
スダ・ナラ　Suda Nara　144, 145, 147, 150-3, 163, 223
ステル, エイブラハム・ファン・デル　Abraham van der Ster　237
ストロングマン　309, 317, 326, 338-40, 344　→ジャワラも参照
スナン・グヌン・ジャティ　Sunan Gunung Jati　49, 54, 75, 79-83, 90-2, 117-20, 122, 124, 472, 474
スピッパース, トーマス　Thomas Schippers　171, 173
スヒュルテ=ノルドホルト, ヘンク　Henk Schulte Nordhold　326
スーフィ　Sufi　23, 77
スーフィズム　Sufism　81　→スーフィ
スフースター, ウィレム　Willem Schoester　179, 180
スプティ川　Way Seputi　270
スペインマット　Spaanse matten　277
スペールウェイク要塞　Fort Speelwijk　59-61, 136, 139, 143, 150, 168, 169
スマンカ　Semangka　37, 70, 71, 114, 115, 119, 144, 152-4, 163, 166, 177, 183-90, 201, 202, 237-9, 249, 270, 272, 274, 275, 278, 468, 478
スラット・チャップ　surat cap　28, 120, 121
スーラト　Surat　86, 286, 288, 289, 303, 477, 487
スラバヤ　Surabaya　58, 323, 473
スールー（王国、海、人）　14, 252, 268
スルタン・アグン・ティルタヤサ　Sultan Agung Tirtayasa　4, 17, 21, 52, 53, 58, 86, 474, 483, 484
スルタン・アシキン　Sultan Abul Nazar Mohammad Arif Zainul Asikin　170-3, 206, 212, 473　→パンゲラン・アリフ・グスティも参照
スルタン・アビディン　Sultan Abulmahasin Mohammad Zainul Abidin　87, 118, 129, 467, 473
スルタン・アブドゥル・カディル　Sultan Abul Mufachir Machmud Abdul Kadir　85, 473
スルタン・アブドゥル・カハル　Sultan Abul Nazar Abdul Kahar　53, 473, 474　→スルタン・ハジ
スルタン・アブルファス・アブドゥル・ファター　Sultan Abulfath Abdul Fattah　52, 473　→スルタン・アグン・ティルタヤサ
スルタン・アリ・ウッディン1世　Sultan Abul Mochakir Mohammad Ali Uddin　205-8, 211, 213, 241, 473
スルタン・アリ・ウッディン2世　Sultan Mozaffir Mohammed Ali Uddin II　312, 313, 315, 473　→パンゲラン・モハンマド・アリ・ウッディンも参照
スルタン・アリフィン　Sultan Abulfath Mohammad Syifa Zainul Arifin　87, 129, 133, 134, 137, 142, 155, 175, 176, 184, 473
スルタン・サリヒン1世　Sultan Abul Fatah Mohammad Mochiddin Zainul Salihin　209, 316, 473　→パンゲラン・モヒッディンも参照
スルタン・サリヒン2世　Sultan Mohammad Mochiddin Zainus Salihin　316, 318, 319, 323, 473
スルタン・ツァフィウッディン　Sultan Mohammed Tsafiuddin　323, 473
スルタンの運河　67
スルタン・ハジ　Sultan Haji　4, 17, 34, 53, 56, 86, 473, 474　→アブル・ナザルも参照
スルタン・ハリミン　Sultan Abul Mohali

Mohammad Wasi Zainul Halimin　158, 165, 170, 186, 473　→パンゲラン・アリア・アディ・サンティカも参照
スルタン・マフムード　Sultan Mahmud　261-3, 270, 272
スルタン・マフムード・バダルッディン I 世　Sultan Mahmud Badaruddin I　182, 183, 239
スルタン・ムタキン　Sultan Abul Nazer Ishak Zainul Mutakin　17, 210, 211, 312, 473　→ラトゥ・バグス・イシャックも参照
スンダ海峡　17, 37, 70, 178, 187, 249, 250, 264, 269-71, 273, 274, 312
スンダ・カラパ［クラパ］　Sunda Kalapa [Kelapa]　45
スンダ語　38, 80, 120, 122, 132, 133
スンダ人　132, 135, 152, 346
税　43, 60, 63, 64, 70, 72, 76, 77, 85, 96, 97, 99, 104, 106-10, 112, 113, 123, 140, 149, 167-9, 171, 174, 182, 199, 211, 212, 234, 239, 288, 292, 310, 314, 321, 322, 326, 327, 331, 332, 338, 346
セイロン　62, 87, 129, 143, 158, 170, 175, 176, 287
世界経済　2, 10, 14-6, 248, 281, 284, 303, 307, 347, 348
石灰　36, 65, 69
セニュート川　Ci Seneut　194, 220, 221
セラム　Seram　178, 274
セラン　Serang　38, 67, 84, 136, 138, 139, 158, 161, 315, 316, 324, 325, 333, 482, 483
象牙　71, 274, 280
ソンカイ　Songkai（地域、川）　115, 180, 181, 236
村落　3, 10, 11, 22, 25, 41, 76, 77, 93-8, 104-6, 110-4, 117, 123, 124, 156, 166, 178, 193, 197, 199, 225, 230, 235, 311, 326, 333-9, 344
村落首長　27, 197, 199, 311, 329, 332-4, 336-9, 349

タ 行

ダイヤモンド　62, 63, 167, 168, 174, 211
第四次英蘭戦争　18, 237, 261, 464
タオスグ（Taosug）人　252, 253, 268
タグリアコッゾ、エリック　Eric Tagliacozzo　8, 13, 14, 253, 349
タシクアルディ　Tasikardi　57, 58, 206
ダダップ　dadap　195

タナラ　Tanara　63, 66, 67, 139, 140, 150, 157, 168, 169, 212, 230, 275, 302, 304, 305
タパ　Tapa　80-2, 88, 89, 131
タレカット　23, 77, 92
ターレンス、ヨハン　Johan Talens　5, 6, 22-4, 40, 52-4, 86, 88, 118, 135, 290, 474
タンゲラン　Tangerang　34, 35, 42, 133, 148, 158, 288, 297-301, 305-7
タンジュン・カイト　Tanjung Kait　290, 301, 302
タンジュン・ピナン　Tanjung Pinang　259
ダーンデルス、ヘルマン・ウィレム　Herman Willem Daendels　4, 17, 18, 35, 244, 305, 309-19, 322, 332, 333, 338, 339, 344, 465, 468
ダンマル　damar　70, 71, 264, 268
チアンパ　Ciampa　315
チコニン　Cikoning　67, 68, 315
地代　212, 234, 310, 320-2, 326-32, 336, 338, 339, 347
チ・ベラン　Ci Berang　→ベラン川
チマヌック　Ci Manuk　43, 46, 172, 230, 232, 315, 325
茶　7, 191, 251, 254, 348
チャチャー　cacah　94, 95, 97, 113, 481, 484, 485
チャフヤ　78-80, 122
チャリタ　Carita　67, 230, 250
チャリニ　Carini　145
チャリンギン　Caringin　66, 69, 135, 136, 139, 144-7, 150-4, 163, 168, 223, 229, 230, 232, 315, 325, 327, 331, 489
中華寺院　60, 61
中国　3, 7-9, 12-5, 21, 45, 50, 52, 62-4, 70, 91, 119, 191, 211, 247, 250-7, 259-61, 274-81, 283, 287, 289, 298, 303, 347-50, 468, 477
——市場志向型貿易　248, 254, 274, 276, 279-81, 303, 307, 350
——人　21　→華人
——東南アジア貿易　8, 14, 31, 247, 250, 251, 253-5, 281, 348-9
徴税請負　96, 211, 212, 310, 314
張燮　46, 468
長老　337, 339, 340
チリウン川　Ciliung　290
チリドゥック　Ciliduk　148
チレボン　Cirebon　9-11, 30, 34, 78, 79, 82, 83, 91, 118, 124, 141, 198-200, 231, 234, 235, 288, 294, 345, 468, 474

索引 501

燕の巣　14, 70, 248, 251, 274, 278, 280, 302, 347
ディアマント要塞　Fort Diamant　59, 139, 142, 150
テイッセイア，アンドリース　Andries Teisseire　292, 295, 299, 303
ティハミ，M. A.　M. A. Tihami　333
ティルタヤサ　Tirtayasa　52, 53, 58
ティレ，マルグリート・ファン　Margreet van Tille　326
テコ　teko　301
デマック　Demak　39, 47-9, 82, 83, 91
デマン　demang　319
テロック　Telok　70, 71, 119, 478
テロック・ブトゥン　Telok Betung　114
天水田　67, 141
籘　65, 70, 251, 268, 278, 302, 347
銅　8, 251, 286
糖業　31, 66, 168, 283-92, 294-306, 314, 344, 347, 348　→砂糖も参照
『東西洋考』　46, 50, 468
『東洋遍歴記』　466
トゥカン・ワヤン　Tukang Wayang　146, 147
トゥランバワン　Tulang Bawang　34, 35, 37, 70, 71, 114, 115, 146, 147, 166, 175, 177-83, 189, 190, 201, 228, 236, 238-46, 249, 268, 269, 271, 273, 274, 343-5, 479
ドゥリアン川　Ci Durian　35, 36, 67, 159, 290
ドゥリュブズ，G. W. J.　Drewes, G. W. J.　19, 88, 184, 468
トゥルノジョヨ　Trunajaya　52, 53, 147
土地査定　land settlement　320-2
トビアス，J. H　J. H. Tobias　334-6
ドラカルド，ジェーン　Jane Drakard　28, 120
奴隷　14, 100, 102, 133, 140, 170, 179, 180, 240, 242, 252, 262, 268, 272, 294, 480-2, 484　→アブディ・ダルムも参照
トレンガヌ　Terengganu　252, 259, 262, 275, 277
トロッキ，カール・A.　Karl A. Trocki　262
トワシア　Towasia　301

ナ 行

ナコダ・ムダ　Nachoda Muda　115, 152-4, 163, 184-9, 237, 468
ナショナリズム　3, 13

ナツメグ　68, 70, 225
ナドゥリ，グラム・A.　Ghulam A. Nadri　289
ナポレオン戦争　4, 281, 318, 323
ナマコ　14, 70, 251, 252, 270, 347
日本　4, 11, 52, 285, 286, 288, 289
ニボン　Nibong　70, 71, 271, 478
ニール，ロバート・ファン　Robert van Niel　310
ネーデルラント連合王国　Verenigd Koninkrijk der Nederlanden　323, 465
ネーデルラント連邦共和国　Republiek der Verenigde Nederlanden　208, 464
農作業暦　30, 128, 140, 141, 148
『ノゴロクルトブミ』　Nagarakretabhumi　468

ハ 行

バイテンゾルフ　Buitenzorg　148, 315
パカルディ　pakardi　85, 103, 481, 483
パカルドス　pakardos　103　→パカルディ
ハーグ委員会　Haags Besogne　464
パジャジャラン（Pajajalan）王国　38, 44, 46
ハーストラ，フェメ　Femme Gaastra　7
パセイ　Pasai　47, 49, 78, 79, 122
バセット，D. K.　D. K. Basset　250
パセバン　paseban　58, 119, 120, 191, 192
バタヴィア　Batavia　3, 5, 12, 35, 51, 52, 61, 64, 66, 69, 70, 72, 87, 128, 133-5, 139-43, 148, 149, 159, 161, 170, 172, 174-6, 200, 211, 223, 226, 227, 239, 252, 254, 257, 261, 274, 275, 283, 285, 287, 289, 291, 294, 297-8, 300-2, 304, 305, 307, 312-5, 318, 319, 327, 329, 331, 333, 342-5, 351, 463-6, 476, 477, 487　→ジャカルタ，ジャカトラも参照
──会計官資料　Boekhouder-Generaal te Batavia　8, 12, 289, 463
──政庁　4, 9, 11, 34, 35, 52, 53, 59, 102, 119, 128-30, 136-40, 142, 158, 167, 170, 173, 177, 183, 197, 198, 200, 208, 210, 223, 226, 228, 231, 234, 238, 243, 273, 286-9, 291, 292, 296, 299, 343, 463
──政庁資料　Archieven van de Hoge Regering Batavia　463, 466
畑　36, 39, 67, 68, 73, 107, 109-12, 149, 166, 179-81, 193, 195, 196, 198-200, 217, 224, 229, 231, 234, 235, 237, 241, 268, 280, 287, 292, 294, 321

パチナン　Pacinan　60, 61, 84, 482
パチナン・ティンギ　Pacinan Tinggi　61
パックス・ネールランディカ史観　17, 18, 19, 24-6
パッラ, P. A. ファン・デル　Petrus Albertus van der Parra　167, 170, 171
パティ　patih　51, 98, 331
バドゥイ（Badui）人　38
パトロン　41, 76, 102-7, 110, 112, 123, 136, 193, 197, 214, 218, 342, 467, 480
パトロン - クライアント関係　76, 94, 98, 113, 123, 198
パナティアン島　Pulau Panatian　88　→プリンセン島
バーナード, ティモシー P.　Timothy P. Barnard　8, 271
パニンバン　Panimbang　42, 68, 193, 194, 217, 220-2
パベアン　Pabean　60
ハーヘマン, J.　J. Hageman　17, 474
バリ　Bali　28, 75, 120, 137, 251
パレンバン　Palembang　18, 31, 34, 35, 37, 49, 52, 62, 71, 72, 115, 146, 178-80, 182, 183, 189, 190, 201, 202, 223, 228, 235, 239-46, 260, 268, 269, 271, 272, 343, 344, 476
バロス, ジョアン・デ　João de Barros　47, 466
パロン・クジャン　Parong Kujang　232, 324, 331
バンカ（Bangka）島　252, 256, 260, 263, 270, 272
パンカット　Pangkat　114, 115
パングル・セラン　Pangulu Serang　85, 482
パンゲラン・アディ・ウィジャヤ　Pangeran Adi Wijaya　241-5
パンゲラン・アブ・バカール　Pangeran Abu Bakker　146, 177
パンゲラン・アフマット　Pangeran Achmat　316-9, 326
パンゲラン・アリ・ウッディン　Pangeran Ali Uddin　312
パンゲラン・アリア・アディ・サンティカ　Pangeran Aria Adi Santika　142, 143, 155, 156, 158　→スルタン・ハリミンも参照
パンゲラン・アリフ・グスティ　Pangeran Arif Gusti　129, 132, 133, 143, 158, 170, 171, 175, 176　→スルタン・アシキンも参照
パンゲラン・シャリフ・アブドゥッラー・モハンメド・シャフィル　Pangeran Sharif Abdullah Mohammed Shafil　129, 142, 473
パンゲラン・ジャヤ・マンガラ・ムスタファ　Pangeran Jaya Mangala Mustafa　154-7, 161-3, 473
パンゲラン・スラディラガ　Pangeran Suradilaga　222　→キヤイ・アリア・スラディラガ
パンゲラン・ディパナガラ［ディポヌゴロ］　Pangeran Dipanagara　222　→キ・アリア・トゥルナジャヤ［トゥルノジョヨ］
パンゲラン・パネンバハン1世　Pangeran Panembahan I　135-6, 162, 473
パンゲラン・パネンバハン2世　Pangeran Panembahan II　134-6, 162, 175, 176, 473
パンゲラン・マドゥラ　Pangeran Madura　133, 156, 160, 172, 173, 473
パンゲラン・モハンマド・アリ・ウッディン　Pangeran Mohammad Ali Uddin　207, 209, 210, 473　→スルタン・アリ・ウッディン2世も参照
パンゲラン・モヒッディン　Pangeran Mochiddin　209, 210, 473　→スルタン・サリヒン1世も参照
パンゲラン・ラジャ・マンガラ　Pangeran Raja Manggala　206, 473
パンゲラン・ユダナガラ　Pangeran Yudanagara　223, 229
バンジャルマシン　Banjarmasin　62, 257, 260, 261, 272, 275, 476
パンジャン島　Pulau Panjang　35, 69, 168, 274, 302, 303
反植民地史観　19, 20, 24-6
バンダ（Banda）島　143, 173, 206, 473
バンダル　bandar　114, 115
バンディット　325, 326
パンデグラン　Pandeglang　159, 226, 316, 318, 324-7
バンテン川　Ci Banten　44, 46, 54-6, 59, 211, 347
バンテン・ギラン　Banten Gilang　44-6, 79, 90
バンテン反乱　17, 18, 23, 30, 89, 127, 128, 134, 147, 152, 160, 161, 165-7, 170, 172, 174, 177, 185, 209, 342, 344
バンテン・ヒリル　Banten Hilir　45-8, 54, 81
パンラコ　panlako　224
ピアグム　piagem　19, 50, 116, 121, 124, 182,

索引

189, 191, 341, 467
東インド貿易・所領委員会　Commité tot de Zaken van de Oost-Indischen Handel en Bezettingen　464
『ヒカヤット・ハサヌッディン』Hikayat Hasanuddin　468　→『ワワチャン・ハジ・マンスール』も参照
引継文書　Memorie van Overgave　59, 463
非公認貿易　248, 249, 274, 275, 279-81, 284, 298, 300-3, 305-7, 344　→密輸も参照
非自由民　100, 102, 103, 107, 480, 482
ピジョー、テオドール・G.　Th. Theodore G. Th. Pigeaud　40, 41, 467
ピナン　pinang　66　→アレカナッツ
ピュイ、フィリップ・ピーター・デュ　Philip Pieter Du Puy　312
ビンタン（Bintan）島　12, 259
ヒンドゥー　23, 44, 47, 54, 57, 73, 76, 79-82, 89, 92, 93, 117, 122, 123, 130, 341, 346, 472
ビンロウ　66, 69, 140, 211, 212
檳榔子　66　→アレカナッツ
ファウレ、H. P.　Hugo Pieter Faure　185-8, 192, 193, 223
ファルケンオーフ要塞　Post De Valkenoog　146, 177, 178
ファレテハン　Faletehan　47-9, 79, 472
ブギス（Bugis）人　8, 9, 137, 140, 252, 253, 259-63, 269-72, 279, 302
副郡　323, 328, 488-9, 491
副理事　Assistant Resident　323, 325, 331
プサントレン　pesantren　77, 88, 92
プジアストゥティ、ティティック　Titik Pujiastuti　78, 467
藤田英里　5, 6, 36, 309, 311, 335-7, 351
ブジャン　bujang　104, 294
プチャトン　pecaton　110, 111, 114, 230
プティ　Puti　71, 114, 179, 268, 269, 279, 478
プデカン　pědhekan　100, 102, 103, 106, 107, 480, 482　→自由民も参照
ブパティ　bupati　80, 83, 100, 230, 294, 310　→レヘントも参照
フマ　huma　68　→畑
ブミ・アグン　Bumi Agung　146, 177, 178, 182
ブライネッセン、マーティン・ファン　Martin van Bruinessen　23, 87, 88
ブラウン、P. G. デ　Pieter Gerardus de Bruijn　260

プラジョコ　prajaka　103, 104, 482
プラナカン　peranakan　147, 301, 304
ブラム（Bram）地域　181, 236
フランク、アンドレ・グンダー　Andre Gunder Frank　14, 15
プリアンガン　Priangan　9-11, 15, 30, 141, 159-61, 198-200, 227, 229, 231, 234, 310, 345, 349
ブリトゥン（Belitung）島　268, 270, 271
プリヤイ　priyayi　112
ブリュッセ、レオナルド　Leonard Blussé　3, 7, 21, 107, 285, 287
プリンセン島　Prinsen Eiland　70, 88, 144, 161, 279
『プルウォコ・チャルバン・ナガリ』Purwaka Caruban Nagari　468
ブレマン、ヤン　Jan Breman　93-7, 112, 113, 339
プロウ・スリブ　Pulau Seribu　69, 169, 274, 302, 303
ブロウサリ山　Gunung (Ukir) Pulosari　79, 80, 82, 88
ブローデル、フェルナン　Fernand Braudel　12, 29, 33
ベイノン、F. H.　Fredrik Hendrik Beijnon　208
ペナン　Penang　195, 254, 271, 281
ペネット　Penet　70, 71, 264, 271, 478
ベラン川　Ci Berang　194, 220, 221
ベンガル　Bengal　63, 237, 256, 286, 299, 306, 320, 321, 477, 487
ベンクーレン　Benkulen　90, 144, 145, 183, 187, 195, 201, 237, 249, 250, 256, 257, 274, 275, 302, 303
ヘンリー、デイヴィッド　David Henley　13, 30, 188, 189
ホーイマン、ヤン　Jan Hooyman　287, 292, 294, 303
貿易インパクト史観　21, 26
ボゴール　Bogor　131, 148, 315　→バイテンゾルフも参照
ボサイ　Bosai（川、地方）　71, 115, 179, 180
ホーデンパイル、J. G.　Jan Gijsberti Hodenpijl　180, 182
ホードレイ、メゾン・C.　Mason C. Hoadley　9-11, 29, 30, 199, 200, 234, 235
ホブズボーム、E. J.　E. J. Hobsbawm　325
ボームハールト、ピーター　Peter Boomgaard

25, 93, 96, 112, 285, 288
ポメランツ，ケネス　Kenneth Pomeranz　15, 251, 348
ホラント王国　Koninkrijk Holland　4, 312, 465
ホルトゥザッペル，C. G. J.　C. G. J. Holtzappel　93, 95, 96, 112-4, 339
ポルトガル　38, 39
ポンゴウォ　panggawa　98-100, 102-11, 113, 116, 117, 120, 121, 123, 124, 155, 166, 182, 191-3, 196-200, 202, 205, 212, 214, 216-35, 240-2, 245, 300, 313-5, 320-2, 324, 325, 328, 332, 333, 335, 338, 339, 341-6, 480, 484
ポンタン　Pontang　63, 67, 138, 150, 157, 168, 169, 230, 275, 331, 483
ボンダン・カヌモヨソ　Bondan Kanumoyoso　285

マ 行

マカッサル　Makassar　52, 253
薪　225, 290-2, 299
マジャパヒト　Majapahit　44, 46, 47, 95
マスジッド・アグン　Masjid Agung　84
マスジッド・セラン　Masjid Serang　85, 482, 483
マタラム　Mataram　9, 80, 95, 139, 147, 160, 200, 312
『マックス・ハーフェラール』　Max Havelaar　5
マッケンジー，コリン　Colin Mackenzie　465, 474, 475
マラッカ　Malacca　52, 261
マラッカ海峡　247, 254, 259, 260, 262, 263
マルカサナ　Markasana　67, 138-40, 143, 147, 158
マンクブミ　Mangkubumi　55, 98, 160
マンダル人　Mandarese　269, 270, 272, 277-80
マントリ・ダルム　mantri dalĕm　108
マンドール　mandoor　197, 324, 325, 334-6
ミグダル，ジョエル・S.　Joel S. Migdal　26-8
密輸　13, 14, 16, 18, 25, 28, 31, 116, 144, 151, 157, 177-9, 184, 186, 247-9, 258, 261, 275, 279, 302-4, 347, 349　→非公認貿易も参照
ミナンカバウ　Minangkabau　28, 114, 120, 121, 152, 184, 468
ミンツ，シドニー W.　Sidney W. Mintz　348

ムルタトゥーリ　Multatuli　5
ムンガラ　Menggala　179-82
ムンパワ　Mempawah　211, 262, 263, 269
瞑想修行　79, 82, 88, 131　→タパ
メイバウム，N. L.　Nicolaas Lieve Meijbaum　240
メイリンク＝ルーロフス，M. A. P.　M. A. P. Meilink-Roelofsz.　20, 21
メラック湾　Merak Baai　312, 315
メンデス・ピント，フェルナン　Fernão Mendes Pinto　49, 466
モスク　55, 61, 75, 81, 84, 85, 102, 107, 480, 482, 483
モッセル，ヤコブ　Jacob Mossel　40-2, 62, 174, 288, 295
モラナ［マウラナ］・ハサヌッディン　Molana［Maulana］Hasanuddin　49, 50, 54, 56, 79, 80, 82, 83, 88, 90, 91, 123, 132, 472-4
モラナ［マウラナ］・ムハンマド　Molana［Maulana］Muhammad　49, 82, 84, 473
モラナ［マウラナ］・ユスップ　Molana［Maulana］Yusup　49, 67, 473

ヤ 行

八百啓介　8
焼畑　36, 39, 68, 110, 112, 149, 217
唯物史観　3
ユスフ・アル＝マカッサリ　Yusuf al-Maqassari　86, 87
ユール，ウドニー　Udney Yule　230, 318, 321
ヨソ地　yasa landen　106, 107, 109, 321　→サワー・ヨソも参照
ヨンゲ，J. K. J. デ　J. K. J. de Jonge　17, 474
ヨンゲ・ペトルス・アルベルトゥス要塞　Fort De Jonge Petrus Albertus　237

ラ 行

ライオットワーリ（Ryotwari）制　321
ラインランド・ルーデン　Rynland roeden　292　→ルーデンも参照
ラゴンディ島　Pulau Lagondi　178, 249, 250, 270, 271, 274
ラジャ・アリ　Raja Ali　262, 263
ラジャ・ハジ　Raja Haji　260-2
ラジャ・ムハンマド・アリ　Raja Muhammad Ali　263, 264
ラジャムダ　Raja Muda　259-62

ラッフルズ，トーマス・スタンフォード Thomas Stanford Raffles　16, 18, 309, 314, 318-20, 322, 323, 334, 338, 339, 465
ラデン・アリア・ウィグニャディラジャ［ウィグニョディロジョ］ Raden Aria Wignyadiraja　222
ラデン・インタン 1 世　Raden Intan I　277
ラデン・インタン 2 世　Raden Intan II　18, 20
ラデン・ジャファール　Raden Jafar　241
ラデン・デマン・ボラクサ　Raden Deman Boraksa　217
ラトゥ・シャリファ・ファーティマ　Ratu Sharifa Fatima　23, 24, 87, 89, 127-30, 136-8, 142, 143, 158, 161, 167, 175, 176, 209
ラトゥ・バグス・アリ　Ratu Bagus Ali　209
ラトゥ・バグス・イシャック　Ratu Bagus Ishak　209-11　→スルタン・ムタキンも参照
ラトゥ・バグス・ブアン　Ratu Bagus Buang　17, 89, 90, 127, 133-6, 151-3, 156, 157, 160-2
ラーフェン，クライン　Kryn Laven　178-80
ランダック　Landak　7, 34, 52, 62, 63, 168, 174, 211
ランチャル　Lancar　155, 157
ランプン湾　Lampung Baai　184
リアウ　Riau　8, 12, 248, 252, 253, 257, 259-62, 269-72, 276, 280
理事　resident　230, 318, 319, 321, 323, 329-31, 334, 336
リックレフス，M. C.　M. C. Ricklefs　9, 47, 309, 337, 468
リード，アンソニー　Anthony Reid　3, 7, 8, 21, 33, 34, 40, 41
リーバーマン，ヴィクター　Victor Lieberman　8-10, 348
リンガ（Lingga）諸島　253, 262, 268, 270-3
ルスヤン，トゥバグス　Tbg. Roesjan　24, 130
ルーデン　roeden　34, 292　→ラインランド・ルーデンも参照
ルビス，ニナ・ヘルリナ　Nina Herlina Lubis　20, 40, 88
ルングー　lungguh　95, 96, 112
レガリア　regalia　121, 124, 341
レッカーカーカー，C.　C. Lekkerkerker　472, 474
レテ　Reteh　270, 271
レイノウツ，ヨハネス　Johannes Reijnouts　171, 238, 304
レヘント　regent　100, 117, 160, 198-200, 231, 234, 242, 310, 313, 319, 320, 323, 324, 330　→ブパティも参照
レメル川　Ci Lemer　194, 220, 221
ローデウェイクスゾーン，ウィレム　Willem Lodewycksz.　49-51, 56, 60, 84, 87, 89
ロビーデ・ファン・デル・アー，P. J. B. C.　P. J. B. C. Robidé van der Aa　18, 23, 160
ローフェレ・ファン・ブリューヘル，J. ドゥ　J. de Rovere van Breugel　16, 22, 42, 60, 89, 91, 107, 109, 211, 212, 222, 224, 235
ロンタル　Lontar　63, 66, 158, 168
ロンボック　Lombok　251

ワ 行

ワフユ　wahyu　79, 80, 211, 213
ワホウド　Wahoud　324, 325
ワリ・ソンゴ　Wali Sanga　75, 92, 117, 118
ワリンギン　waringin　57, 58
ワルン　warung　295, 299-301, 306
ワレン，ジェームス・フランシス　James Francis Warren　8, 13, 14, 25, 349
『ワワチャン・ハジ・マンスール』 Wawacan Haji Mangsur　468　→『ヒカヤット・ハサヌッディン』も参照

《著者略歴》

太田　淳
おお　た　　あつし

　1971 年　福岡県に生まれる
　2002 年　早稲田大学大学院文学研究科博士課程単位取得退学
　2005 年　オランダ・ライデン大学大学院文学研究科博士（文学）取得
　　　　　シンガポール大学ポストドクトラル・フェロー，台湾中央研
　　　　　究院助研究員等を経て，
　現　在　広島大学大学院文学研究科准教授

近世東南アジア世界の変容

2014 年 2 月 28 日　初版第 1 刷発行

定価はカバーに
表示しています

著　者　太　田　　　淳

発行者　石　井　三　記

発行所　一般財団法人　名古屋大学出版会
〒 464-0814　名古屋市千種区不老町 1 名古屋大学構内
電話 (052)781-5027 / FAX (052)781-0697

Ⓒ Atsushi OTA, 2014　　　　　　　　　　　　Printed in Japan
印刷・製本 ㈱クイックス　　　　　　　　ISBN978-4-8158-0766-5
乱丁・落丁はお取替えいたします。

Ⓡ〈日本複製権センター委託出版物〉
本書の全部または一部を無断で複写複製（コピー）することは，著作権法
上の例外を除き，禁じられています。本書からの複写を希望される場合は，
必ず事前に日本複製権センター（03-3401-2382）の許諾を受けてください。

小林寧子著
インドネシア 展開するイスラーム
A5・482 頁
本体6,600円

田中恭子著
国家と移民
―東南アジア華人世界の変容―
A5・406 頁
本体5,000円

重松伸司著
国際移動の歴史社会学
―近代タミル移民研究―
A5・430 頁
本体6,500円

家島彦一著
海域から見た歴史
―インド洋と地中海を結ぶ交流史―
A5・980 頁
本体9,500円

S. スブラフマニヤム著　三田昌彦／太田信宏訳
持続された歴史
―インドとヨーロッパ―
A5・390 頁
本体5,600円

J. ド・フリース他著　大西吉之／杉浦未樹訳
最初の近代経済
―オランダ経済の成功・失敗と持続力・失敗と持続力 1500〜1815―
A5・756 頁
本体13,000円

村上　衛著
海の近代中国
―福建人の活動とイギリス・清朝―
A5・690 頁
本体8,400円

秋田　茂著
イギリス帝国とアジア国際秩序
―ヘゲモニー国家から帝国的な構造的権力へ―
A5・366 頁
本体5,500円

籠谷直人著
アジア国際通商秩序と近代日本
A5・520 頁
本体6,500円

小杉泰／林佳世子／東長靖編
イスラーム世界研究マニュアル
A5・600 頁
本体3,800円